嵊州年鉴

SHENGZHOU NIANJIAN

（2023）

中共嵊州市委党史研究室
嵊州市地方志研究室　编

方志出版社
Publishing House of Local Records

图书在版编目（CIP）数据

嵊州年鉴. 2023 / 中共嵊州市委党史研究室，嵊州市地方志研究室编.—北京：方志出版社，2023.12

ISBN 978-7-5144-6144-2

Ⅰ. ①嵊… Ⅱ. ①中… ②嵊… Ⅲ. ①嵊州市－2023－年鉴 Ⅳ. ①Z525.54

中国国家版本馆CIP数据核字（2023）第253122号

责任编辑：王海荣
责任校对：张玉霞
责任印制：梅中英
出 版 者：方志出版社
地　　址：北京市朝阳区潘家园东里9号（国家方志馆4层）
邮　　编：100021
网　　址：http://www.zgfzcb.cn
发　　行：方志出版社图书营销中心（010-67110500）
印　　刷：嵊州市东方印刷有限公司
开　　本：889毫米×1194毫米　1/16
印　　张：26.5
字　　数：771千字
版　　次：2023年12月第1版
印　　次：2023年12月第1次印刷
定　　价：268.00元

编 辑 说 明

一、《嵊州年鉴（2023）》以马克思列宁主义、毛泽东思想、邓小平理论、“三个代表”重要思想、科学发展观、习近平新时代中国特色社会主义思想为指导，坚持辩证唯物主义和历史唯物主义的立场、观点和方法，是由中共嵊州市委员会和嵊州市人民政府主办、嵊州市地方志研究室编纂的综合性地方年鉴。

二、本年鉴全面、系统、客观地记录了嵊州市 2022 年度政治、经济、文化、社会、生态建设的基本面貌及发展状况，是集资料、信息和知识于一体的大型工具书。实事求是地记录一年中的人、事、物，力求思想性、科学性和信息性相统一。

三、本年鉴采用分类编辑法，设卷首、百科、卷尾 3 个基本组成部分和类目、分目、条目三级结构层次。卷首设地图、彩页、目录、特载、专记、大事记、市情概要；百科设中国共产党嵊州市委员会、嵊州市人民代表大会、嵊州市人民政府、中国人民政治协商会议嵊州市委员会、中共嵊州市纪律检查委员会 嵊州市监察委员会、民主党派、群众团体、法治、军事、农业、工业、建筑业、商贸业、商务服务与管理、开放型经济、市场与管理、交通运输·邮政·通信、金融业、财政·税务、经济管理与监督、区域合作与对口支援、水资源利用与管理、城乡建设与管理、生态环境、教育、科学技术、文化·旅游·传媒、卫生·体育、人力资源·社会保障、社会事务、平台建设、乡镇街道；卷尾设附录、索引。

四、本年鉴是嵊州市连续出版的第二十二部年鉴，在坚持年鉴内容的稳定性和连续性基础上，根据 2022 年度经济社会发展情况，对部分类目和分目做了必要的调整。

五、本年鉴文字、称谓、纪年按国家有关规范书写。所有数据以统计部门提供为准，统计部门未做统计的由各业务部门提供。由于资料来源和统计口径不同，某些数据可能不尽一致。

六、本年鉴数字用法、标点符号用法分别采用国家标准《出版物上数字用法》（GB/T 15835—2011）、《标点符号用法》（GB/T 15834—2011），计量单位采用国家技术监督局 1993 年 12 月发布的《量和单位》系列国家标准。考虑到社会使用习惯，亩不作统一换算。

七、本年鉴采用双重检索系统，书前有目录，书后有索引。索引采用主题分析法，按条目主题标引词首字汉语拼音顺序排列。

八、本年鉴的“省”指浙江省，“嵊”“市”指嵊州市。撰稿人或单位一律放在最后一个条目后。随文照片由单位提供的，不标注提供者姓名。

▲ **晨雾中的嵊州**（嵊州市融媒体中心 提供）

▲ 嵊州的红月亮（嵊州市融媒体中心 提供）

▲ **2022年1月8日，杭台高速铁路（嵊州新昌站）通车仪式举行**（嵊州市融媒体中心 提供）

▲ 2022年1月12日，中国共产党嵊州市第十五次代表大会开幕（嵊州市融媒体中心 提供）

▲ 2022年2月9日，2022年全市“三个年”活动推进大会暨“三比三争”动员部署会召开（嵊州市融媒体中心 提供）

▲ 2022年2月21日，中国人民政治协商会议第十六届嵊州市委员会第一次会议开幕（嵊州市融媒体中心 提供）

▲ 2022年2月22日，嵊州市第十七届人民代表大会第一次会议开幕（嵊州市融媒体中心 提供）

▲ 2022年3月15日，科技助力茶业，图为智能采茶现场（嵊州市融媒体中心 提供）

▲ 2022年4月21日，无人机为香榧授粉（嵊州市融媒体中心 提供）

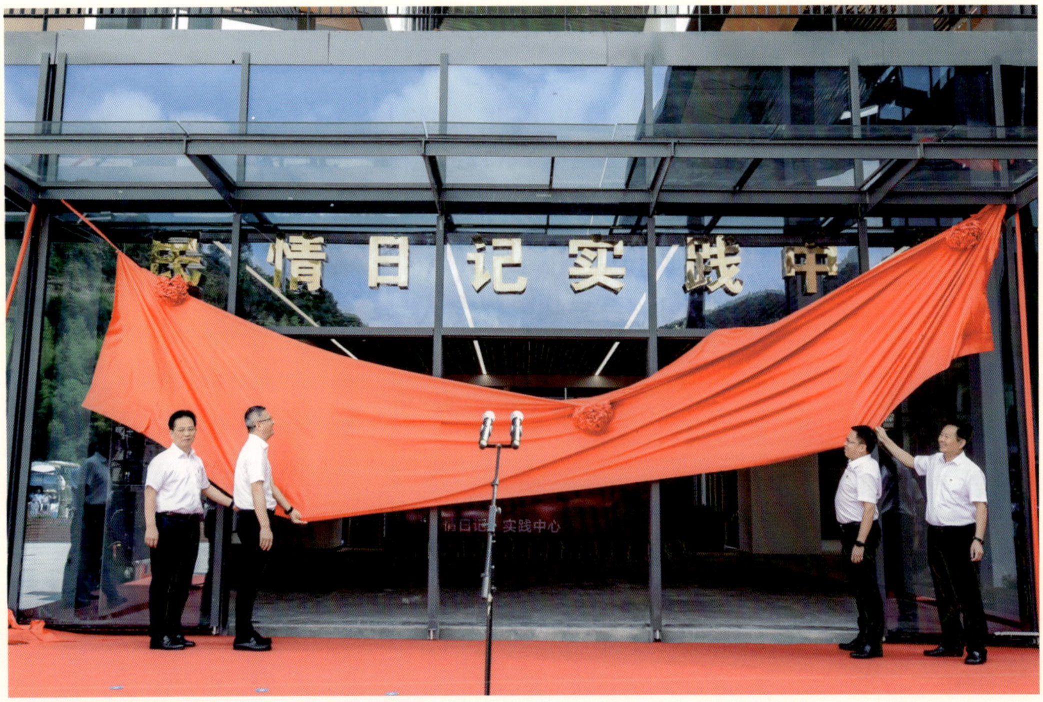

▲ 2022年7月2日，民情日记实践中心揭牌（嵊州市融媒体中心 提供）

▲2022年7月17日，嵊州市第七届道德楷模颁奖典礼举行（嵊州市融媒体中心 提供）

▲2022年8月11日，“人口、经济和共同富裕”主题研讨暨马寅初诞辰140周年纪念活动举行（嵊州市融媒体中心 提供）

▲ 喜迎党的二十大和农民丰收节（稻田艺术画）（嵊州市融媒体中心 提供）

▲ 2022年10月17日，三江街道开展党的二十大报告三走进巡回宣讲活动
（嵊州市融媒体中心 提供）

▲ 2022年10月，嵊州市首座现代化货运码头——绍兴港嵊州港区中心作业区码头通过交工验收（嵊州市融媒体中心 提供）

▲ 2022年11月3日，嵊州越剧艺术学校庆祝建校60周年，图为《甲子颂·我们迈上新征程》演唱会现场（嵊州市融媒体中心 提供）

▲ 2022年11月14日，马寅初研究院揭牌仪式举行（嵊州市融媒体中心 提供）

▲ 2022年12月25日，嵊州经济开发区成立30周年活动举行（嵊州市融媒体中心 提供）

目 录

特 载

专记

大事记

市情概要

中国共产党嵊州市委员会

嵊州市人民代表大会

嵊州市人民政府

中国人民政治协商会议 嵊州市委员会

中共嵊州市纪律检查委员会 嵊州市监察委员会

民主党派

群众团体

法治

军事

农业

工业

建筑业

商贸业

商务服务与管理

金融业

财政·税务

经济管理与监督

区域合作与对口支援

水资源利用与管理

城乡建设与管理

生态环境

教育

科学技术

文化·旅游·传媒

卫生·体育

人力资源·社会保障

附录

主题索引

特 载

建设更高水平“五个嵊州”打造共同富裕县域样板 奋力谱写现代化网络型山水城市建设新篇章

——在中国共产党嵊州市第十五次代表大会上的报告

市委书记 徐建役

（2022年1月12日）

中国共产党嵊州市第十五次代表大会，是在我市迈进社会主义现代化建设新征程、踏上实现第二个百年奋斗目标新的赶考之路的关键时期，召开的一次十分重要的会议。大会的主题是：坚持以习近平新时代中国特色社会主义思想为指导，深入学习贯彻党的十九大和十九届历次全会精神，弘扬伟大建党精神，忠实践行“八八战略”，奋力打造“重要窗口”，牢牢紧扣“五个率先”，建设更高水平“五个嵊州”，打造共同富裕县域样板，奋力谱写现代化网络型山水城市建设新篇章。

一、过去五年工作回顾

市第十四次党代会以来的五年，是嵊州发展历史上具有重要意义的五年。五年来，市委在中央、省委和绍兴市委的坚强领导下，团结带领全市人民直面困难、锐意进取、砥砺奋进，深入推进“三个年”“五个聚焦”“六个重塑”，圆满完成“十三五”规划目标任务，高水平全面建成小康社会，顺利实现“十四五”良好开局，为建设现代化嵊州、扎实推动共同富裕奠定了坚实基础。

这五年，我们致力应对挑战稳中求进，综合实力不断增强。面对严峻复杂的宏观形势，市委始终保持战略定力，坚持稳中求进工作总基调，全面落实“六稳”“六保”，主要经济指标保持稳健增长。地区生产总值突破600亿元，年均增长6.3%，财政总收入突破80亿元，一般公共预算收入突破50亿元，金融机构存贷款余额突破2000亿元。市场主体超过7万家，A股上市企业由1家增至7家，新三板企业达到9家。荣获全国县域经济竞争力百强县第53位、县域高质量发展百强县第70位、工业经济百强县第87位、投资竞争力百强县第75位、创新百强县第36位、营商环境百强县第77位、全面小康指数第32位等多个百强县市称号，成功创建全国文明城市、国家卫生城市、国家园林城市，含金量高、成色度足的城市金名片越来越多。

这五年，我们致力外引内育创新驱动，产业基础不断夯实。持续推进“招商选资年”活动，共签约落地亿元以上项目172个，其中50亿元以上项目7个，成功引进比亚迪新能源、贝达药业、长鸿高科、浙江纳米抗体、多肽产业园、晶越半导体等一批具有引领性的重大产业项目。大力实施数字经济“一号工程”，累计完成数字化改造企业 165 家，数字经济核心产业增加值年均增长 10%以上。深入开展“5+5”集群培育行动，智能厨电产业集群入选省新智造试点，三大传统产业加快向“中国丝高地”“中国电机之城”“中国智能厨房”跃升，数字 5G、生物医药、新材料等新兴产业不断壮大。每年引进各类人才 1 万名以上，设立浙江工业大学和绍兴文理学院两家高校研究院，巴贝工厂化养蚕项目入选全国十大颠覆性创新榜单。获评全国专精特新“小巨人”企业 4 家，培育省级“隐形冠军”企业 6 家、省政府质量奖企业 1 家，国家高新技术企业达到 221 家。

这五年，我们致力深化改革扩大开放，区位优势不断凸显。坚持以“最多跑一次”改革为牵引，大力实施改革领跑计划跟跑行动，12 个改革项目成为国家级试点。高标准落实“三驻三服务”，创新开展“优化企业服务联盟”“市长直通车”“企业服务月”等活动，全市营商环境不断优化。全面推进数字化改革，“152”体系基本建成，创新打造“校食安”“民情通”“数智文明”“枫桥式协同治理”等多跨场景应用。成功设立自贸区绍兴联动创新区嵊新片区，连续举办国际绿茶大会，与摩洛哥索维拉市正式建立友好交流关系，全力做好东西部扶贫、山海协作、对口支援等工作。金甬铁路加快推进，杭绍台高速嵊州段建成通车，绍兴港嵊州港区中心作业码头顺利建成，公路铁路水运三位一体的综合交通运输体系基本形成，“四港”联动枢纽节点城市建设项目成为全省交通强国建设试点。翘首以盼的杭台高铁开通运营，并争取到嵊州始发北京班列，嵊州人民的“高铁梦”成功圆梦，嵊州步入“高铁时代”。

这五年，我们致力市域一体协调发展，城市能级不断提升。深入推进城市有机更新，累计完成城中村改造 230 万平方米、拆违 1206 万平方米，成功创建省无违建县市，城南核心区基本建成。持续推进“平台提升年”活动，顺利完成开发区、高铁新城、高新园区体制机制调整，开发区省级综合排名上升至第七位，国家级开发区创建迈出坚实步伐，高铁新城 TOD 开发扎实推进，嵊州首个 CBD 初步形成。甬金高速西接线、杨港路等城市道路相继贯通，527 国道嵊州境内全线开工建设，城市二环基本建成。完成农村公路改造提升 1100 千米，实现“村村通公交”，农村物流入选全国乡村服务典型案例，获评全国电子商务进农村综合示范县。平稳高效完成乡镇行政区划和行政村规模调整，推进开展农村宅基地制度改革全国试点，全面消除年经营性收入 30 万元以下村，城乡居民收入比缩小至 1.85，入选首批部省共建乡村振兴示范县市创建名单。

这五年，我们致力文旅融合守正创新，越乡文化不断绽放。创设“十个一”越剧保护传承发展机制，越剧申遗写入省委“十四五”规划建议，启动国家级越剧文化传承生态保护区创建，越剧大戏《袁雪芬》、歌曲《我们村嫂》获省“五个一工程奖”，越剧《核桃树之恋》晋京展演。成立剡溪智库，系统开发浙东唐诗之路核心区，中国唐诗之城启动建设，越剧小镇即将全面建成，获评省级文旅产业融合试验区，成功创建省级全域旅游示范县市。实施“大嵊归来”嵊州小吃统标工程，成功创建“中国小吃文化名城”。文化博物馆群建设有序推进，新建越剧博物馆、嵊州博物馆，“四馆合一”项目启动建设，浙东清风馆、新党史陈列馆建成开馆，综合档案馆新馆成为国家级数字档案馆。文化“三走进”系列活动入选省公共文化服务示范项目，新时代文明实践中心全国试点建设扎实推进，城市文明风尚更好养成。

这五年，我们致力铁腕治污绿色转型，生态环境不断优化。全力打好污染防治攻坚战，创设“美丽嵊州警示日”“美丽嵊州实践日”，坚决完成中央和省委环保督察问题整改，成功创建省生态文明建设示范县市。扎实开展空气质量达标进位行动，$PM_{2.5}$ 平均浓度由 41 微克/立方米下降至 26 微克/立方米，全市 AQI 优良率达到 98.1%。狠抓曹娥江污水入河问题整治，以“三年任务两年完成”要求全力推进“污水零直排区”建设，创建省级“美丽河湖”8个。稳步推进土壤污染防治，获评省级农业绿色发展先行县市。扎实推进“无废城市”建设试点，静脉产业园建成投运，城乡垃圾分类覆盖率分别达到98%、100%。先后开展“12+1”“8+1”两轮行业整治，累计整治规范“低散乱”企业2167家，腾出用能空间21万吨标煤。一体推进美丽城市、美丽城镇、美丽乡村建设，高品质打造诗画剡溪、艇湖城市公园、“美妙三千米”等一批水系城市景观，小城镇环境综合整治高标准完成，201个村实现五星达标，21个村创建为3A级景区村。

这五年，我们致力改善民生强化治理，社会事业不断进步。坚持共享发展，扎实办好省、市、县三级民生实事，五年累计财政支出258亿元用于民生领域，全市居民人均可支配收入突破5万元。全市养老保险、医疗保险参保率分别达到99.01%、99.75%，城镇登记失业率控制在2.85%较低水平。教育质量稳步提升，“双减”政策有效落实，累计新建学校13所、改建22所、修建67所、移建1所，镇海中学嵊州分校签约落地，成功创建省基本教育现代化市。在全省率先开展基层医疗卫生机构医疗服务价格改革，组建市人民医院和市中医院两个医共体，启动异地新建市妇保院和疾控中心，实施中医院公共救治能力提升工程，新建镇街卫生院3家。推进嵊新水资源协同利用，顺利解决长诏水库3万吨/日、钦寸水库5万吨/日的水权问题，农村饮用水达标提标三年行动按期完成。坚持发展新时代“枫桥经验”，全面构建“一中心四平台一网格”基层治理体系，不断打响“嵊州村嫂”“红立方”“融调解”等治理品牌。深入开展扫黑除恶专项斗争，积极推进政法队伍教育整顿，切实抓好信访维稳、安全生产、食药品安全、消防安全、防汛抗台等工作，成功创建省“无信访积案县市”、省食品安全县市，夺得“平安金鼎”。

这五年，我们致力党要管党从严治党，党的建设不断加强。深入开展“两学一做”学习教育、“不忘初心、牢记使命”主题教育和党史学习教育，精心组织庆祝新中国成立70周年、中国共产党成立100周年等系列活动，坚决守护好“红色根脉”。及时跟进学习习近平总书记最新重要讲话精神和上级重大决策部署，深入贯彻落实习近平总书记对浙江、绍兴和嵊州工作重要指示批示精神，坚决筑牢“四个意识”“四个自信”，切实把拥护“两个确立”、践行“两个维护”体现在具体行动上。织密建强上下贯通、执行有力的组织体系，全面加强各领域党的建设，高质量抓好党政机构、事业单位改革，圆满完成乡镇领导班子和村（社区）“两委”班子换届。持续推进“作风建设年”活动，组织开展“六问聚共识、思想再解放”大讨论，健全完善争先创优大抓落实机制，促进“两个担当”良性互动。坚决扛起管党治党责任，健全完善“四责协同”机制，高标准抓好中央巡视、省委巡视反馈意见和“七张问题清单”整改，持续深化纪检监察体制改革，全覆盖完成十四届市委巡察任务。严格贯彻中央八项规定精神，切实落实基层减负各项要求，严肃查处重点领域腐败问题，清廉嵊州建设水平不断提升。全力支持人大、政府、政协、监委、法院、检察院和群团组织依法依章程履行职能，认真抓好意识形态、党管人才、民主党派、党管武装工作，群团、老干部、退役军人、双拥、关心下一代等工作取得新进展，全市上下齐心协力谋发展、风清气正干事业的良好态势不断巩固。

五年历程极不平凡，奋进道路饱含艰辛。特别是2020年以来面对突如其来的新冠疫情侵袭，市委闻令而动、果断出击，带领全市上下英勇奋战、迎难而上，坚决打赢疫情防控遭遇战阻击战歼灭战。坚持健全平战结合防控体系，加快构建六大机制，压紧压实“四方责任”，坚决做到“外防输入、内防反弹”。坚持发动全民防疫，医护人员、党员干部、社区工作者、志愿者、人武民兵等踊跃上阵，全面建立横向到边、纵向到底、全域覆盖的防疫工作网络。坚持两手抓两手硬，精准出台加快复工复产的政策举措，切实统筹常态化疫情防控和经济社会发展，交出“两战双赢”的高分答卷。坚持一方有难八方支援，义无反顾紧急驰援武汉和上虞疫情，以实际行动彰显嵊州人民的大爱和担当。

艰难方显勇毅，磨砺始得玉成。这些成绩的取得，得益于习近平新时代中国特色社会主义思想的科学指引，得益于党中央和省委、绍兴市委的正确领导，得益于历届市委班子的接续奋斗，得益于全体干部和全市人民的团结拼搏。在此，我谨代表中共嵊州市委，向全市广大党员干部群众，向各位老领导、老同志，向各民主党派、工商联、人民团体和各界人士，向驻嵊部队、武警官兵，向所有投身疫情防控战线和所有关心支持嵊州改革发展的同志们、朋友们，表示衷心的感谢，并致以崇高的敬意！

五年探索实践，经验弥足珍贵。我们深切体会到，办好嵊州的事情，关键在于“五个必须坚持”：一是必须坚持党的领导，才能不畏高远、行稳致远。我们坚持把党的政治建设摆在首位，增强“四个意识”、坚定“四个自信”、做到“两个维护”，加强党的全面领导和全面加强党的建设，有效应对各类风险挑战，确保嵊州各项事业始终沿着正确方向劈波斩浪、克难前行。二是必须坚持高质量发展，才能填补劣势、塑造优势。我们坚持完整准确全面贯彻新发展理念，切实打好“三个年”“五个聚焦”“六个重塑”高质量发展组合拳，着力补短板、增活力、扬优势，嵊州综合实力和竞争力逐年提升，正在成为浙江“重要窗口”中的亮丽风景。三是必须坚持改革开放，才能激发活力、增添动力。我们坚持向改革要活力、向开放要动力，创新解决一批制约发展的体制性障碍、机制性梗阻、政策性问题，并坚持“跳出嵊州发展嵊州”，不断解放思想、提升格局、扩大开放，加快开创嵊州发展新境界。四是必须坚持实干兴市，才能锚定难处、干在实处。我们坚持“实”字当头、“干”字为先，大力倡导“爱嵊州、加油干”，滚动打好“两大会战”，定期评选“奔跑奖”“蜗牛奖”，努力以“嵊州之干”推动“嵊州之兴”，不断形成大抓发展、大破难题的热潮。五是必须坚持人民至上，才能万众一心、守护初心。我们坚持以人民为中心的发展思想，创新发展新时代民情日记，主动顺应民心、尊重民意、关注民情、致力民生，不仅让全市人民充分参与城市建设、共享发展成果，更为各项事业高质量发展赢得群众支持、汇聚磅礴力量。这些经验是我们的宝贵财富，必须长期坚持、不断发展。

同时，我们也要深刻认识到存在的问题，主要是：经济总量不够大、质量不够优、综合实力不够强的局面还没有得到根本性转变；主导产业优势不够突出，新兴产业规模还不够大，龙头型、链主型企业和重大产业项目、高能级平台总体偏少，创新驱动力还不够强；城乡之间、镇街之间发展还不平衡不充分，公共服务供给有待普及优化；社会治理仍有薄弱环节，生态环境质量有待进一步提升，体制机制改革还需攻坚；部分党员干部统筹发展和安全、领导现代化建设的变革能力还不够强，个别干部思想不够解放、精神不够振奋、干事不够担当，风清气正的政治生态还需持续巩固涵养。对此，我们务必高度重视，采取更加有力措施加以解决。

二、今后五年发展的总体要求和主要目标

在“两个一百年”奋斗目标历史交汇关键节点，党中央召开十九届六中全会，全面总结党的百年奋斗重大成就和历史经验，确立习近平同志党中央的核心、全党的核心地位，确立习近平新时代中国特色社会主义思想的指导地位，为党团结带领全国各族人民创造新的历史伟业标定了历史方位、时代坐标和前进方向。奋进新征程、担起新使命，我们必须全面系统、准确完整地把握十九届六中全会的核心要义、精神实质、实践要求，坚定不移做“两个确立”忠诚拥护者、“两个维护”示范引领者，始终沿着习近平总书记指引的方向奋勇前行。

今后五年，是我国向第二个百年奋斗目标进军的第一个五年，也是我市率先走出社会主义现代化县域发展之路，全力打造浙江高质量发展、建设共同富裕示范区县域样板的关键五年。我们必须清醒认识肩负的历史使命，科学应对面临的机遇挑战，准确把握嵊州发展的阶段性特征，努力走出一条顺应时代要求、符合嵊州实际的赶超发展之路。

面对纷繁复杂的宏观环境，我们要有“以不变应万变、于变局中开新局”的战略定力。未来五年，在世纪疫情冲击下，百年变局加速演进，外部环境更趋复杂严峻和不确定，我国经济发展面临需求收缩、供给冲击、预期转弱三重压力。但我国经济韧性强，长期向好的基本面不会改变，仍处于重要战略机遇期。我们必须科学研判时和势，辩证把握危与机，坚定不移做好自己的事情，以自身发展的确定性应对外部环境的不确定性，真正开好顶风船、打好主动仗、走稳新征程。

面对千载难逢的战略机遇，我们要有“抓住机遇是本职、错失机遇是失职”的使命担当。未来五年，随着“一带一路”、长江经济带、碳达峰碳中和、新一轮科技革命产业变革、长三角一体化、共同富裕示范区、省“四大”建设、杭绍甬一体化、绍兴网络大城市建设等一系列重大发展战略的交汇叠加和深入实施，嵊州作为浙江“四港”联动枢纽节点城市，产业布局、枢纽地位、开放格局将得到系统优化、全面升级。机遇稍纵即逝，发展时不我待。我们必须强化抢抓机遇意识，提升用好机遇能力，切实把不可多得的战略机遇，转化为不可替代的竞争实力。

面对日益激烈的区域竞争，我们要有“不进是退、慢进也是退”的危机意识。未来五年，在区域协同大背景下，城市之间合作加速、竞争加剧，形成千帆竞发、百舸争流的追赶态势。我们必须时刻保持掉队落伍的危机感，牢固树立“没有走在前列也是一种风险”的忧患意识，坚决拿出拼的勇气、闯的劲头，推动嵊州各项工作从参与跟跑向提速竞跑甚至主动领跑转变。

面对嵊州发展的良好态势，我们要有“功成不必在我、功成必定有我”的责任境界。未来五年，是嵊州厚积薄发、跨越发展、大有可为的黄金时期，当前我们稳的态势在持续，进的力度在加大，新的动能在成长，好的因素在累积。我们必须保持历史耐心，发扬钉钉子精神，坚持一张蓝图绘到底、一任接着一任干，奋力跑好新的“接力赛”、走好新的赶考路，切实把嵊州扎实的基础、潜在的优势转化为发展的胜势、跃升的态势。

今后五年，我市经济社会发展的总体要求是：坚持以习近平新时代中国特色社会主义思想为指导，深入学习贯彻党的十九大和十九届历次全会精神，弘扬伟大建党精神，坚持稳中求进工作总基调，统筹发展和安全，把握新发展阶段，贯彻新发展理念，构建新发展格局，忠实践行“八八战略”、奋力打造“重要窗口”、牢牢紧扣“五个率先”，着力建设更高水平的实力嵊州、品质嵊州、美丽嵊州、幸福嵊州、数字嵊州，争取实现“经济体量翻一番”，加快建设现代化网络型山水城市，率先走出社会主义现代化县域发展之路，全力打造浙江高质量发展建设共同富裕示范区县域样板，在争当“两个确立”忠诚拥护者、“两个维护”示范引领者上走在前、作表率。

围绕这一总体要求，今后五年的总目标是：加快建设现代化网络型山水城市。“现代化”是发展内涵，就是要加快县域现代化先行，坚定不移走“五个文明”协调发展的中国式现代化新道路，加快实现经济发展、民主法治、文化发展、社会发展、生态文明和人的现代化，打造一座具有时代气息、走在发展前列的现代城市，为实现共同富裕夯实基础。“网络型”是城市形态，就是要对照多中心、多层级、多节点的网络型城市群结构布局，着力强化城市的活力、畅通、固本、特质、善治建设，加快完善现代产业体系、城市空间体系、公共服务体系、文化生态体系、全域治理体系，打造一座外联内畅、区域协同、城乡一体的枢纽节点城市，为实现共同富裕畅通路径。“山水”是嵊州特质，就是要依托嵊州独特的山水资源和深厚的文化底蕴，统筹提升自然山水意境、历史文化价值、城市功能品质，打造一座依山傍水、青山绿水、显山露水的生态城市、人文城市、宜居城市，为实现共同富裕增色添彩。具体目标为：

——奋力跻身经济发展第一方阵。以数字经济引领的现代产业体系基本确立，产业基础高级化、产业链现代化水平显著提升，“163”产业集群格局基本成型，成功打造创新引领智造之城。全市地区生产总值力争 1000 亿元，年均增长 8%左右，人均生产总值力争 14 万元，规上工业总产值超 1000 亿元，一般公共预算收入突破 100 亿元，A

股上市企业达到 15 家，R&D 经费占 GDP 比重达到 3.35%，实力嵊州的支撑更加有力。

——奋力推动城市品质蝶变跃升。县域经济向城市经济加快转型，市域一体均衡发展格局基本构建，部省共建乡村振兴示范县成功创建，常住人口超过 75 万，常住人口城镇化率达到 72%。对外开放格局进一步打开，立体化综合交通体系基本成型，高铁新城、艇湖新城顺利建成，成功打造“四港”联动枢纽之城、宜业宜居活力之城，成为长三角城市群和绍兴网络大城市的重要枢纽节点，品质嵊州的功能更加完善。

——奋力彰显内蕴外秀独特气质。越乡文化得到进一步传承弘扬，社会文明得到进一步巩固提升。生产生活绿色低碳转型成效显著，建成一批绿色工厂、绿色园区示范，打造一批低碳社区、低碳商业试点，成功创建国家生态文明建设示范县市、国家级全域旅游示范县市。美食、美景、美戏“三美嵊州”品牌不断打响，建成越韵诗路魅力之城、全域花园美丽之城，美丽嵊州的气质更加动人。

——奋力展现共同富裕样板图景。“扩中”“提低”取得积极成效，居民收入增长和经济增长基本同步。社会保障体系更加健全，公共服务均衡化、优质化、现代化水平全面提升，“富乐”行动取得积极进展，“嵊有系列”民生优享品牌不断擦亮，共同富裕“七大样板”精彩呈现。平安建设、法治建设、清廉建设一体推进，建成和谐共享平安之城，幸福嵊州的成色更加十足。

——奋力抢占数字文明时代高点。5G 网络、大数据、人工智能、物联网等“新基建”布局不断完善，数字化改革牵引全面深化改革的活力不断迸发，“全域覆盖、上下贯通、整体智治”的党建统领县域现代化治理体系基本形成。现代数字技术与城乡生产生活生态全面融合，数字文明新形态基本构建，数字嵊州的活力更加强劲。

要实现上述目标，必须牢牢把握以下路径：

一是深度融入长三角一体化，以更大的格局激活嵊州。坚持把融入长三角作为嵊州服务构建新发展格局的切入点，更大力度推进“接沪融杭承甬”，更深层次参与区域分工合作，进一步在产业互联中提升能级、在要素互通中集聚资源、在城市互动中彰显特色、在平台互建中实现共赢。

二是全面强化科技创新动能，以更强的引擎驱动嵊州。坚持把创新作为引领发展的第一动力，不断造浓全员创新、全链创新、全域创新的氛围，积极对接 G60、杭州城西、宁波甬江三大科创走廊，主动融入绍兴科创大走廊，加快构建“一城一室”创新策源格局，着力打造更具带动力和辨识度的剡溪创新带。

三是不断提高塑造变革能力，以更新的理念赋能嵊州。坚持把数字化技术、数字化思维和数字化认知贯穿经济社会发展和党政机关运转的全过程各领域，树立开放理念，着力建设变革型组织，更加善于创新方法、理念、制度、体系和手段，不断推动嵊州经济社会发展和治理能力质量变革、效率变革、动力变革。

四是牢固树立争先创优意识，以更足的干劲发展嵊州。坚持把“工业强市、实干兴市”工作基调落到实处，动员全市各级干部在“贯彻一件事、创新一件事、破难一件事、民生一件事、多跨一件事”上赛马比拼，在推动重大改革、重大政策、重大平台、重大项目上奋勇争先，进一步谱好发展主题曲、唱响实干主旋律。

三、踔厉奋发、笃行不怠，努力把“现代化网络型山水城市”美好蓝图转化为生动实景

实现未来五年的奋斗目标，要紧扣“五个率先”，围绕“五个嵊州”，力争在“没有先例”的方面率先探索、在“普遍在做”的方面形成特色、在“暂时落后”的方面华丽逆袭、在“具有优势”的方面作出示范，推动嵊州各项工作全面提升。

（一）聚焦聚力推动科技创新，锻造高质量发展新内核。始终坚持创新在现代化建设全局中的核心地位，坚定实施人才强市创新强市首位战略，加快建设区域性人才中心和创新高地，争创国家创新型县市，让创新成为现代化嵊州的“最硬核力量”。

打造高能级创新平台。以打造全市创新主引擎标准推进艇湖未来科创城开发建设，完善“创业苗圃—孵化器—加速器”的科技创业孵化链条，深化与中科院、浙大、浙工大等高校合作，五年内争取集聚科创载体10个以上。支持巴贝实验室深化多学科协同研究，积极争创国家级重点实验室，打造“世界一流家蚕研究院”。持续提升科创中心、产业创新服务综合体、北航（嵊州）科创园等科技孵化服务水平，建成运行双创大楼，探索构建杭甬沪深四大创新基地，构筑立体化多元创新平台体系。

激发各领域创新能力。深化企业研发投入倒逼激励机制，深入实施高新技术企业和科技型中小企业“双倍增”计划，推动规上工业企业研发活动全覆盖。支持龙头企业加强与科研院所合作对接，牵头组建产学研深度融合的创新联合体，带动中小企业融通创新。大力推广“揭榜挂帅”“赛马制”等科技攻关模式，积极参与省“尖峰”“尖兵”“领雁”“领航”计划，加强核心技术攻关，努力掌握更多“独门绝技”。

优化全方位创新生态。积极推进“产学研用金、才政介美云”十联动，健全科技评价激励和多元化投入机制，用好科技贷款、科技保险、产业基金等政策手段，加强知识产权保护运用，推动创新链、产业链、资本链有效融合。进一步唱响“巴贝故事”，支持鼓励企业保持“七年磨一剑”的定力和耐心，营造激励创新、宽容失败的良好科研生态。

引育多元化创新人才。迭代升级人才新政，加快建立“财富+荣誉+关爱”的多维人才激励机制、“领军人才+创新团队+项目”的集成人才使用机制，实现人才引育指数级增长。深化实施“剡溪英才计划”，持续推进“青年强嵊”、百名博士集聚、“学子归巢”等行动，更大力度推动资本回归、技术回归、项目回归。提升人才服务保障水平，着力打造近悦远来的一流人才发展环境，推动更多嵊籍人才回嵊、在嵊优秀大学生留嵊。

（二）聚焦聚力推动转型升级，开创工业强市新局面。坚持破立并举，加快走出“腾笼换鸟、凤凰涅槃”的工业强市之路，加快构建产业、人才、金融、实体经济融合发展的现代产业体系，让产业成为嵊州推动实现共同富裕的“最坚实基础”。

不断壮大优势产业集群。建立一条产业链、一位挂钩领导、一个工作专班、一个专项政策、一支产业基金的“163”集群发展机制，推动三大传统产业加快强链、扩大优势，支持数字5G、生物医药、新材料等战略性新兴产业精准补链、壮大规模，确保制造业占GDP比重达到40%以上。发挥比亚迪项目龙头引领作用，布局发展高端汽配产业。加快建筑业转型升级，力争建筑业总产值突破500亿元。纵深推进开发区（园区）工业全域治理，强化“碳均论英雄”“亩均论英雄”导向，全力淘汰落后产能，腾出低效用地，确保单位能耗增加值和亩均税收达到全省平均水平。加快开发区去行政化改革，确保省级排名持续靠前，争取早日创成国家级开发区。深化“1+N”现代平台体系建设，主题式、连片式、多模式推进镇街工业园区升级改造，不断提升园区承载能力和运营水平。

持续深化招大引强工程。迭代推进招大引强“1330”工程，力争50亿元项目年年有突破、龙头企业年年有入驻。动态完善重点产业链图谱，精准开展产业链招商、区域招商、乡贤招商、基金招商、以商招商，探索建立市场化招商选资奖励机制，评选“嵊商回乡创业功臣”和“服务家乡招商引资功臣”。实施未来产业招引培育计划，争取在5G技术、氢能与储存、脑智能、元宇宙等领域率先突破、占据高点。

全面提高嵊州制造实力。狠抓产品提档、企业提级，推动我市制造业实现脱胎换骨变化，加快从中低端向中高端迈进。鼓励企业“增品种、提品质、创品牌”，新增“浙江制造”培育企业10家以上，主持或参与制（修）订国际、国家（行业）标准20项以上。推动企业“长高长壮”，健全“微成长、小升规、高变强”梯次培育机制，新增培育各类“专精特新”“隐形冠军”“小巨人”企业共计50家以上。出台新一轮头部企业培育计划，支持头部企业开展全产业链垂直整合，引导龙头企业加快上市挂牌、资产并购，力争百亿级产值和市值企业均实现零的突破。

狠抓有效投资项目投入。坚持以高质量项目推动高质量发展，确保每年重大项目数量只多不少、投资只增不减、质量只升不降，确保固定资产投资增长与经济增长基本同步。强化项目全生命周期管理，健全“169”推进机制，推动能耗、土地、资金等要素向重大项目集中倾斜。实施“百企技改”计划，每年新增5000万元以上技改项目不少于30个。

大力发展高端服务业态。推进高铁新城、城南片区消费中心建设，大力发展高铁经济、总部经济、楼宇经济，统筹布局现代商圈、园区商圈、特色街区和商业综合体。推动生活性服务业向品质化多样化升级，加快培育康养、托育、文旅等产业，大力发展线上消费、体验消费、共享消费等多元消费业态。推动生产性服务业向专业化高端化发展，大力发展现代物流、会展经济、人力资源、工业设计等，促进现代服务业与先进制造业深度融合。

（三）聚焦聚力推动数字革命，塑造数字文明新形态。把数字化改革作为全面深化改革的总抓手，围绕共同富裕场景重塑治理体系、政府企业个人关系、产业体系、社会形态，让数字成为激发嵊州发展活力的“最活跃元素”。

加速数字经济发展。深入实施数字经济“一号工程”2.0版，加快发展第三代半导体、新型显示等基础产业，超前布局6G、卫星互联网等前沿产业。大力开展智能制造五年提升行动，围绕“产业大脑+未来工厂”核心场景，高标准构建工业互联网产业体系，积极推动主导产业实现数字化管理、智能化生成、网络化转型，努力培育未来工厂5家、智能智造示范车间80家以上，争创全国中小企业数字经济创新发展示范区。

拓展数字应用空间。加快构建“1512”数字化改革体系，加快推进平台贯通、应用贯通、体制机制贯通，创新推出一批符合需求导向、体现嵊州首创的重大应用场景。充分发挥数字化改革牵引撬动作用，持续深化各领域改革，全方位系统性重塑县域治理的体制机制、组织架构、方式流程、手段工具。优化升级“城市大脑”，构建数字孪生底座，统筹抓好数字政府、数字社会、数字法治等建设，提升党政机关整体智治水平。

构建良好数字生态。推进新一代信息技术基础设施建设，探索布局绿色数据中心，加快实现公共区域免费Wi-Fi全覆盖，打造“物联、数联、智联”的数字城市基本框架。完善数据资源开放共享制度，推动各类数据良性互动、融合应用。完善网络空间安全保障体系，筑牢数字安全屏障。重视解决老年人、残疾人等特殊群体“数字鸿沟”问题，倡导各类公共服务“数字无障碍”。

（四）聚焦聚力推动开放发展，积极服务构建新格局。依托高铁机遇和区位优势，主动融入内外循环新发展格局，全面拓展开放的广度和深度，不断增创区域合作和竞争新优势，让开放成为网络型城市的“最鲜明特征”。

以交通开放构筑“四港”联动枢纽。完善跨区域交通路网，建成运行金甬铁路，推动绍兴市域铁路嵊州段、嵊州至宁波城际铁路、甬绍金高铁、奉化至桐庐公路、诸嵊高速、甬金高速扩容等项目落地建设，加快形成“306090长三角通勤网”。推进建设长乐货运站物流中心、甘霖冷链物流园、黄泽供应链区域运营中心、三界水运物流园区，谋划建设嵊新综合性物流园，支持高铁快运、电商快递班列、多式联运班列发展，加快构建“123快货物流圈”。推进曹娥江中上游航道及船闸改造工程，谋划建设城关码头。积极争取通用机场项目、杭州萧山及宁波机场嵊州航站楼等项目。探索建设智慧高速、数字港口，打造数字智慧通道。

以区域开放构筑一体化先行区。深层次融入长三角一体化高质量发展，加快建设漕河泾开发区嵊州分区，加强与长三角城市群产业链供应链协同。推进甬绍一体化合作先行示范区建设，加强与宁波在产业、文旅等各领域的协同，推动设立嵊新奉特别合作区，加快建设义甬舟嵊新临港经济发展区，积极谋划万亩千亿产业园、甬嵊特色文旅发展带，打造义甬舟中部枢纽。念好新时代“山海经”，推进“科创飞地+产业飞地”建设，助推山区县跨越式高质量发展。

以商贸开放构筑“一带一路”节点。深入对接绍兴综合保税区、跨境电商综试区、市场采购贸易试点三大“国字号”开放平台，抓好自贸区绍兴联动创新区嵊新片区建设，积极发展服务贸易、数字贸易，探索外贸新业态新模式。提升“引进来”和“走出去”水平，着力招引外资和外资企业，鼓励本地企业参与“一带一路”建设，培育一批国际化企业。

以制度开放构筑一流营商环境。对照营商环境评价核心指标，进一步打破政策、服务、环境壁垒，实施重大项目“定制化”审批，推行“拿地即开工”，着力打造“嵊利办”营商环境品牌。完善和落实支持民营经济高质量发展的政策体系，健全政企沟通服务机制，推广企业走访、全链代办、全程帮办等服务模式，落实“解决问题在先”机制，建立“豁免清单”，唱响亲清政商“三字经”。实施融资畅通工程升级版，持续完善金融服务体系，存贷款规模争取突破4000亿元。深化投融资体制改革，加快国有企业市场化转型，不断做大做强国有企业。

（五）聚焦聚力推动城乡融合，提升城市发展新能级。协同推进新型城镇化和乡村振兴，加快构建工农互促、城乡互补、协调发展、共同繁荣的新型工农城乡关系，不断缩小城乡差距，让协调成为市域均衡发展格局的“最有力支撑”。

推进市域一体发展。完善“多规合一”国土空间规划体系，合理确定生产、生活、生态空间，构建“一主聚能、三带辐射、一环美丽”市域空间布局。持续推进共同富裕农村路网建设，扎实开展乡镇水厂和管网改造三年行动，全力推进“一湖一库六江百塘”水利系统工程，推动城乡交通、供水、电网、通信、燃气等基础设施统一规划、统一建设、统一管护。加快推进农业转移人口市民化集成改革，健全新型居住证制度，探索突破入乡返乡人员落户限制，努力让城乡居民不再有明显身份界限、城乡生活不再有明显落差。

提升中心城区品质。持续唱好“双城计”，联动推进老城区与新城区、浦口片区与城南片区开发建设、品质提升。以科产城人融合模式加快高铁新城、艇湖新城、嵊北新城开发建设，培育打造未来城市实践区。扎实推进未来社区建设、老旧小区改造提升，健全邻里中心、现代商超等功能配套，加快闲置地块绿化美化，布局一批口袋公园、体育公园。完善城市管理体制机制，推进城市社区建设，加强小区物业管理，完成开放式小区封闭式改造。深化城市综合治堵工程，推行数字治堵，探索构建“轨道+公交+慢行”绿色出行网络。开展5A级景区城创建，推进城乡风貌样板区试点建设，优化三江两岸绿道，合理布局一批城市地标和历史文化街区，打造体现高颜值、充满亲近感、洋溢文化味的韵味城市。

加强美丽城镇建设。调整乡镇财政体制，“一镇一策”构建镇域特色产业体系，打造一批经济强镇、文化名镇、商贸重镇、旅游强镇、千年古镇，培育一批民宿经济、温泉康养、冷链物流等特色小镇，争取打造全国千强镇5个。继续推进甘霖、三界小城市培育试点，完善集镇基础设施和功能配套，提升集镇精细化管理水平，展现现代集镇新形象。

全面推进乡村振兴。开展科技强农、机械强农“双强行动”，实施“72010”工程，大力推进三界国家级现代农业产业强镇和崇仁国家级现代农业产业园区创建，努力培育一批农业龙头企业、打造一批未来农场。落实最严格的耕地保护制度，坚决遏制耕地“非农化”、严格管控“非粮化”。加强农产品质量安全建设，持续提升“越乡龙井”“嵊州香榧”等区域公用品牌价值，争创国家级农产品质量安全放心县市。实施现代种业提升工程，加强“看禾选种”核心示范基地建设，启动建设中国蚕种质资源库。深化“三位一体”农合联改革，探索打造“新零售+智慧供应链+农业物联网”的智慧休闲农业平台。以“520”模式推进农村宅基地制度改革，深化“两进两回”长效机制，打造“一庭园三基地”10家。实施村级集体经济巩固提升三年行动，加快组建运行强村公司，打造共富基地50个以上，力争村均年经营性收入达到100万元以上。优化村庄规划布局，引导农民逐步向中心村及城镇集聚。迭代升级“五星3A”，推进乡村新社区建设，开展未来乡村建设试点，高标准打造乡村振兴先行村20个。

（六）聚焦聚力推动文化繁荣，打造文化文明新高地。坚定文化自信，深化传承创新，保障精神富足，着力推动更高层次的越乡文化繁荣和精神文明建设，不断提高文化软实力、文明感召力，让文化成为现代文明城市的“最深厚底蕴”。

提升思想文化引领力。坚持用习近平新时代中国特色社会主义思想立心铸魂，精心组织实施新时代爱国主义教育，加强“四史”学习教育，加大红色资源开发利用，不断从中汲取智慧力量，筑牢奋进新征程的思想根基。从严从实抓牢意识形态，坚决防范化解重大舆论和意识形态事件风险。推进媒体深度融合改革，提升对外传播能力，进一步唱响嵊州声音、讲好嵊州故事。

提升越乡文化影响力。深化越剧体制改革，扎实推进越剧申遗工作，加强越剧产品的多元开发和创新供给，争取中国越剧博物馆和中国越剧文化中心落地嵊州，打造国家级越剧文化传承生态保护区。恢复保护历史文化遗存，建设小黄山遗址公园，打造一批乡镇微型非遗馆和非遗工坊，创设嵊州民间工艺工作基地和嵊州小吃文化传承保护中心，加快领带、水稻、茶叶、围棋等博物馆群建设，让嵊州处处散发文化韵味。持续办好中国越剧艺术节、金庭国际书法朝圣节、唐诗之路主题活动等节会。深入实施文艺精品工程，培育一批有全国影响力的名师名家名品。

提升文旅产业竞争力。健全文旅产业发展体制机制，加快建设剡溪文化产业带，打响“越韵诗路”品牌。高标准推进浙东唐诗之路核心区建设，推出水上唐诗之路剡溪旅游线，打造越剧小镇、中国唐诗之城、绍兴温泉城三大核心景区，构建唐诗之路、书圣文化、氧气休闲“三大乡村旅游集聚带”，创建国家4A级旅游景区1个、5A级景区镇1个。推进文化基因解码，围绕传统文化打造商业生态，培育引进一批文化创意公司，不断做强做长文化产业链。

提升城市文明持久力。积极践行社会主义核心价值观，实施新时代公民道德建设工程，积极培育“浙江有礼”品牌，大力弘扬新时代“嵊州精神”。全域推进精神文明示范创建，实现文明实践站（所、中心）全覆盖，全力争创全国文明典范城市。扎实推进省级公共文化服务现代化领航项目，持续擦亮文化“三走进”品牌，建成“四馆合一”项目和一批城市书房、名人纪念馆等文化设施，加快乡镇（街道）文化设施新一轮提档升级，真正让百姓“富起来、乐起来”。

（七）聚焦聚力推动生态提质，绘就全域美丽新画卷。坚持把生态环境作为最公平的公共产品，坚定不移走生态优先、绿色发展之路，努力打造全国“绿水青山就是金山银山”实践创新基地，让绿色成为美丽嵊州的“最普遍形态”。

加强生态系统治理。坚决打赢污染防治攻坚战，持续推进“美丽嵊州实践日”，严格落实“河（湖）长制”“林长制”“田长制”，构建空天地一体化生态环境监测体系，全面提升生态环境质量。加强工业废气、城市扬尘、农作物秸秆禁烧等综合治理，$PM_{2.5}$平均浓度稳定控制在25微克/立方米以下。全力建设美丽河湖，全面完成“污水零直排区”建设，地表水达到或好于Ⅲ类水体比例保持100%。深入推进农用地土壤污染防治和安全利用，加快垃圾分类收集处置利用，高标准创建“无废城市”。推行“一把扫帚”城市保洁机制，打造一批“席地而坐”示范道路和街区。实施生态修复和生物多样性保护，加强森林资源和野生动物保护，争创全国森林城市、全国绿化模范县市。

推动绿色低碳发展。完善能耗总量和强度“双控”机制，引导企业加强节能减碳技术改造，支持企业开发绿色产品、打造绿色供应链。推进光伏发电项目建设，谋划抽水蓄能电站项目。建立健全生态产品价值实现机制，强化“生态+创新”产业打造，推动绿色产品和生态服务资产化，加快发展绿色创业投资。实施全面节约战略，倡导绿色低碳生活，争创全国节水型城市。

构建全域共美格局。大力开展新时代美丽乡村标杆县、示范乡镇、特色精品村和美丽庭院建设，不断做大美丽单元、做强美丽乡村圈，着力打造西白忘忧、丘山仙踪、鹿门访友、金庭问道等 4 条美丽乡村集成示范带。深入实施农村人居环境整治提升行动，精细化推进农村垃圾、厕所、污水“三大革命”，强化农房设计管控，切实保护传统特色村落和乡村特色风貌。科学规划城市园林绿地系统，建成区公园绿地服务半径覆盖率达到 90%以上，全力争创国家级生态园林城市。

（八）聚焦聚力推动民生改善，创造品质共享新生活。坚持以百姓之心为心，把满足人民群众对美好生活的向往作为打造共同富裕县域样板的根本追求，持续完善人的全生命周期民生服务供给机制，让民生成为幸福嵊州的“最温暖底色”。

稳步提高居民收入。实施就业优先政策，完善面向全体劳动者的终身职业技能培训制度，培育壮大嵊州小吃、越剧表演、农村电商等产业队伍。实施居民收入倍增计划，增加城乡居民工资性、经营性、财产性和转移性收入，稳步提升劳动报酬在初次分配中的比重。聚焦“扩中、提低、调高、禁非”，着力缩小收入差距，建立健全先富带后富、先富帮后富的制度体系。实施乡贤“慈善”反哺惠民工程，推进打造“慈善嵊州”。

大力推进教育现代化。推行教共体改革，深化“名校+”集团化办学模式，建成投运镇海中学嵊州分校，全面建设“嵊有优学”教育现代化市。落实“双减”政策，健全校内托管服务体系，努力创成全国学前教育普及普惠市、全国义务教育优质均衡发展市。优化中职教育资源布局，推动乡镇高中逐步向市区集聚，推动职普融通，促进职业教育、高中教育特色优质发展。积极引进高等高职院校及高校研究院，加快实现嵊州的“大学梦”。

全面提升健康水平。深入实施“嵊有健康”医疗保障行动，全面落地“健康大脑+智慧医疗”，深化家庭医生签约服务。坚持“三医联动”“六医统筹”，落实医保支付方式改革三年行动计划，持续推进医疗机构标准化建设。强化紧密型县域医共体建设，完善公共卫生应急管理体系和整合型医疗卫生服务体系，推动市人民医院争创三级甲等综合医院、市中医院创成三级乙等中医医院，高标准建成投运新市妇保院和疾控中心。推动体医、体教、体旅融合，实施公共体育服务惠民计划，打造体育健身“15 分钟公共服务圈”。

健全社会保障机制。不断完善基本保障制度，深化实施全民参保计划，健全覆盖全民、城乡统筹、权责清晰、保障适度、可持续的“嵊有温暖”多层次社会保障体系。实施“养老机构跟着老人走”行动，打造一批精品老年活动中心，加快构建居家社区机构相协调、医养康养相结合的“嵊有颐养”幸福养老服务体系。落实三孩生育配套支持政策，大力发展普惠性婴幼儿照护机构，构建“嵊有善育”育儿友好型城市。建立救助服务联合体，推进社会救助与社会保险、社会福利有效衔接。规范房地产市场秩序，健全住房保障体系，打造“嵊有安居”品牌。

（九）聚焦聚力推动社会治理，展现和谐和睦新风貌。坚持共建共治共享，着力打造新时代“枫桥经验”全域升级版，建设更高水平的平安嵊州、法治嵊州，促进富民安民相得益彰，让和谐和睦成为“嵊州之治”的“最朴素风尚”。

加快实现社会共治。纵深推进“县乡一体、条抓块统”改革，迭代升级“一中心四平台一网格”，加快“152”与“141”体系衔接，全面推行“大综合、一体化”行政执法体系。构建“126”民情通达机制，不断深化“民情通”乡村智治应用场景。推行“信用+社会治理”，加强村规民约、家规家训道德教化，持续推进移风易俗，着力建设“四治”融合的善治乡村，建立健全更富活力效率的新型城乡基层治理体系。

发展全过程人民民主。坚持和完善人民代表大会制度，持续深化人大代表联络站建设，丰富代表“一月一主题”活动，用好“民情月商会”“村嫂政协委员会客厅”等民主协商嵊州特色品牌，完善基层群众自治机制，不断丰富拓展民主参与的形式和渠道，积极打造践行全过程人民民主的县域典范。

全面推进依法治市。一体推进法治嵊州、法治政府、法治社会，健全执法、司法、法律服务衔接配套的综合服务保障体系。巩固政法队伍教育整顿成果，深化司法体制综合配套改革，打造法律监督服务平台，加快构建侦查、检察、审判、执行相互配合、相互制约、高效协同体系。实施“八五”普法规划，营造全社会尊法学法守法用法的良好格局。深化军民融合，争创全国双拥模范城（县）。

加强常态化疫情防控。突出动态清零、平战结合，不断健全疫情防控指挥体系，确保六大机制高效运转，实现“三责”联动，筑牢“外防输入、内防反弹”严密防线。加强防疫物资准备、人员准备和实战演练，全面提升快速有效应对突发疫情的能力水平。

筑牢风险防控底线。完善风险闭环管控大平安机制，深化平安法治“一件事”综合集成改革，常态化开展扫黑除恶斗争，确保平安嵊州“护鼎加星”，争创全国平安建设先进县市。进一步完善社会治安防控体系、应急管理体系、网络综合治理体系，加强信访维稳、生产安全、消防安全、金融债务、防汛防台等工作，确保政治安全、社会安定、人民安宁、网络安靖。

四、坚定不移推进全面从严治党，全力守护“红色根脉”，加快构建党建统领整体智治新格局

赶考新征程，关键在党、关键在人。要深入贯彻新时代党的建设总要求和党的组织路线，以党的政治建设为统领，以整体智治为牵引，继续推进新时代党的建设新的伟大工程，以高质量党建为高质量发展提供坚强政治保证。

1.忠诚拥护“两个确立”，坚定不移践行“两个维护”。深刻把握“两个确立”的决定性意义，毫不动摇忠诚核心、信赖核心、紧跟核心、维护核心，切实把“两个确立”转化为做到“两个维护”的思想自觉、政治自觉、行动自觉。建立健全“第一议题”学习制度，持续学懂弄通做实习近平新时代中国特色社会主义思想，不断提高政治判断力、政治领悟力、政治执行力，始终胸怀“两个大局”、牢记“国之大者”，坚决贯彻落实习近平总书记重要指示精神和上级重大决策部署，切实做到“总书记有号令、上级有部署，嵊州见行动”。

2.深入实施强基工程，坚定不移守好“红色根脉”。树立大抓基层、重抓党建的鲜明导向，深入实施“红色根脉强基工程”，努力在各领域培植选树一批党建工作示范点，着力打造新时代党建高地。抓深抓实“七张问题清单”，建立健全问题发现靠党建、问题发生查党建、问题解决看党建的长效机制。深化全域党建联盟引领共富行动，实施村社“四中心”建设提升三年计划，全面提升“一肩挑”书记履职水平和致富带富能力。坚持走好新时代党的群众路线，建成民情日记实践中心，持续深化新时代民情日记内涵，推动民情日记历久弥新、出新出彩。

3.着力打造干部铁军，坚定不移扛起时代之责。坚持新时代好干部标准，深入落实选人用人“一体系三机制”，加强干部立体画像、立体培养、立体考核、立体监督，注重以实干实绩实效论英雄，营造唯实唯先、善作善成的团队文化。围绕提升“八大本领、七种能力”，大力实施领导干部推进现代化建设新能力提升计划，加强年轻干部、女干部、党外干部培养，打造一支善于塑造变革、敢于争先创优的现代化高素质干部队伍。坚持严管厚爱，打好“两个担当”组合拳，健全“鼓励激励、容错纠错、能上能下”政策机制，最大限度激发干事创业的精气神。

4.全面推进从严治党，坚定不移优化政治生态。严格落实全面从严治党主体责任，持续深化政治巡察，不断完善以党内监督为主导、各类监督贯通协同的大监督体系，最大限度消除监督真空地带和用权任性空间。科学精准运用“四种形态”，严格落实“五张责任清单”，持续强化对“一把手”和领导班子的监督，严查重点领域违纪违法案件，严惩群众身边腐败和不正之风，一体推进不敢腐、不能腐、不想腐。锲而不舍落实中央八项规定精神，健全基层减负长效机制，坚持不懈纠“四风”、树新风。持续深化清廉嵊州建设，常态化开展廉政警示教育，引导全市党员干部知敬畏、存戒惧、守底线，巩固发展良好政治生态。

目标越宏伟，任务越艰巨，就越需要画好团结奋斗同心圆。要坚持党对一切工作的领导，充分发挥党总揽全局、协调各方的作用，持续加强市委自身建设，不断提高把方向、谋大局、定政策、促改革的能力。积极支持人大、政府、政协、监察机关、审判机关、检察机关依法履行职责，强化工青妇等群团组织的桥梁纽带职能，充分发挥民主党派、工商联、无党派人士作用，全力做好民宗、对台、外事、侨务、人民武装、老干部、档案等工作，为推动高质量发展、促进社会和谐稳定汇聚强大合力。

同志们，一切辉煌成就都是接续奋斗的结果，一切伟大事业都要在继往开来中推进。今后五年，必将是嵊州大干快上、大展宏图的五年，必将是嵊州全面进步、全面跃升的五年。我们一定要知责于心、担责于身、履责于行，响应时代号召，扛起发展重任，埋头苦干、勇毅前行，努力在新的赶考之路上交出让党放心满意、不负人民重托的优异答卷。

同志们，星光不问赶路人，时光不负奋斗者。让我们更加紧密地团结在以习近平同志为核心的党中央周围，在省委、绍兴市委的坚强领导下，夙兴夜寐、只争朝夕，以奋斗凝聚前进力量，以实干铸就时代辉煌，着力建设更高水平“五个嵊州”、全力打造共同富裕县域样板，奋力谱写现代化网络型山水城市建设新篇章，为实现中华民族伟大复兴的中国梦作出嵊州更大贡献！

中共嵊州市委关于忠实践行“八八战略”坚决做到“两个维护”在“两个先行”新征程中走在前作表率的决议

（2022年8月12日中国共产党嵊州市第十五届委员会第三次全体会议通过）

省第十五次党代会是在迎接党的二十大的关键节点召开的一次具有政治意义的大会，是在迈入共同富裕和现代化新征程的关键节点召开的一次具有标志性意义的大会，是在百年变局和世纪疫情交织叠加的关键时期召开的一次具有战略性意义的大会。大会的主题是高举习近平新时代中国特色社会主义思想伟大旗帜，忠实践行“八八战略”，坚决做到“两个维护”，在高质量发展中奋力推进中国特色社会主义共同富裕先行和省域现代化先行。袁家军书记代表十四届省委所作的党代会报告，深入学习贯彻习近平总书记关于浙江工作的重要指示精神，系统回顾总结过去五年的历史性成就和规律性认识，明确今后五年的总体要求、奋斗目标、工作导向和重大任务举措，科学绘就了我省共同富裕和现代化的宏伟蓝图，是我省坚定不移做“两个确立”忠诚拥护者、“两个维护”示范引领者的政治宣言，也是我省推进中国特色社会主义共同富裕先行和省域现代化先行的行动纲领。全市各级党组织和广大党员干部要深刻领会、全面把握省党代会报告的核心要义、精神实质和实践要求，自觉用党代会精神统一思想、统一意志、统一行动，以感恩之心、笃行之志、奋进之姿推进“两个先行”，努力在以下七个方面走在前作表率。

一要深刻领会把握习近平新时代中国特色社会主义思想的真理力量，在坚定高举伟大旗帜、坚决做到“两个维护”上走在前作表率。省第十五次党代会最鲜明的政治特征，是高举习近平新时代中国特色社会主义思想伟大旗帜。习近平新时代中国特色社会主义思想实现了马克思主义中国化新的飞跃，是党和人民实践经验和集体智慧的结晶，是中国特色社会主义理论体系的重要组成部分，是全党全国人民为实现中华民族伟大复兴而奋斗的行动指南。浙江是习近平新时代中国特色社会主义思想重要萌发地，我们要坚定不移高举习近平新时代中国特色社会主义思想伟大旗帜，坚定不移做“两个确立”忠诚拥护者、“两个维护”示范引领者，沿着习近平总书记指引的方向阔步向前。

二要深刻领会把握习近平总书记对浙江的关怀厚爱，在牢记重要嘱托、感恩奋勇前行上走在前作表率。省第十五次党代会指出，党的十八大以来，习近平总书记5次亲临浙江，对浙江工作作出一系列重要指示，亲自为新时代浙江赋予光荣使命、擘画宏伟蓝图。特别是过去五年，习近平总书记赋予浙江赓续革命传统、守好“红色根脉”的特殊使命，赋予浙江“努力成为新时代全面展示中国特色社会主义制度优越性的重要窗口”的全新定位，赋予浙江高质量发展建设共同富裕示范区的光荣使命。我们要牢记习近平总书记对浙江的每一次关怀，深刻感悟习近平总书记对浙江发展的高度重视和殷切希望、对浙江人民及浙江大地的真挚情感和关心厚爱，怀着对习近平总书记的感恩之心、爱戴之情、捍卫之志勇扛使命，奋力开创美好未来、赢得更大荣光。

三要深刻领会把握过去五年的历史性成就和规律性认识，在汲取重要启示、把准发展规律上走在前作表率。省第十五次党代会深入研究过去五年浙江发展所开启的系统性变革、实现的历史性跨越、取得的历史性成就，凝练了“8个方面规律性认识”。历史性成就推动浙江站上新的更高起点、夯实了“两个先行”的实践基础；规律性认识是省委团结带领全省人民共同奋斗、共同创造的宝贵财富。我们要通过历史性成就和规律性认识，不断深化对“两个确立”决定性意义的领悟，从中汲取重要启示，增强底气信心，在“两个先行”新征程上建新功、创新业。

四要深刻领会把握勇扛浙江使命、心怀“国之大者”的指引遵循，在履行新使命、谱写新篇章上走在前作表率。省第十五次党代会深刻回答“国之大者”与浙江使命、理论与实践、战略与策略、目标与路径等基本问题，研究提出了“5大战略指引”和“11方面重要遵循”，这是推动习近平新时代中国特色社会主义思想在浙江生动实践、指引“两个先行”的行动指南，也是浙江发展的重要“密钥”。我们要准确把握好“5大战略指引”和“11方面重要遵循”的内在联系，以一往无前的决心、果敢坚毅的行动，自觉做“红色根脉”的坚定守护者、“八八战略”的忠实践行者、“重要窗口”的优秀建设者、共同富裕和现代化的先行探路者、干在实处走在前列勇立潮头的不懈奋斗者。

五要深刻领会把握“八八战略”作为统领浙江改革发展总纲领的实践伟力，在忠实践行“八八战略”、奋力打造“重要窗口”上走在前作表率。省第十五次党代会明确指出，“八八战略”在“5大战略指引”中是管总的。习近平同志在浙江工作期间从省域层面对坚持和发展中国特色社会主义进行了卓有成效的理论探索和实践创新，创造了弥足珍贵的理论成果、实践成果、制度成果。特别是亲自擘画实施的“八八战略”，为浙江量身打造了指路引航的总纲领总方略。我们要以“八八战略”实施20周年为新契机新起点，自觉运用“八八战略”蕴含的立场、观点、方法来解决改革发展实际问题，用实干和实绩彰显“八八战略”真理光芒、实践伟力和时代价值。

六要深刻领会把握在高质量发展中实现中国特色社会主义“两个先行”的时代命题，在推进共同富裕先行、加快县域现代化先行上走在前作表率。省第十五次党代会确定的奋斗目标是，在高质量发展中实现中国特色社会主义共同富裕先行和省域现代化先行。“两个先行”锚定了浙江未来五年和更长时间的奋斗目标，标注了浙江新的历史方位和奋斗坐标。“8个高地”“5大工作导向”“10个着力”，是推进“两个先行”的具体目标和主要任务，是制胜未来的目标、战术、战法“组合拳”。我们要紧盯目标、瞄准跑道，全力打造浙江高质量发展建设共同富裕示范区县域样板，率先走出社会主义现代化的县域发展之路。

七要深刻领会把握以党的自我革命引领社会革命的本质要求，在加强党的全面领导、纵深推进全面从严治党上走在前作表率。省第十五次党代会明确今后五年要打造新时代党建高地和清廉建设高地，不断推进以党的自我革命引领社会革命在浙江的生动实践，充分体现了省委坚定不移加强党的全面领导和全面从严治党的坚强意志决心。我们要全面落实新时代党的建设总要求，大力弘扬伟大建党精神，严格落实管党治党政治责任，纵深推进全面从严治党，不断增强自我净化、自我完善、自我革新、自我提高能力，坚决守好“红色根脉”，为推进“两个先行”提供坚强政治保障。

推动省党代会描绘的宏伟蓝图在我市生动实践、落地生根，我们必须始终坚持以习近平新时代中国特色社会主义思想为指导，忠实践行“八八战略”、奋力打造“重要窗口”、牢牢紧扣“五个率先”，锚定现代化网络型山水城市建设总目标，坚定不移推进更高水平“五个嵊州”建设。一是在构建现代化经济体系上发力先行。以创新驱动引领高质量发展，坚定不移贯彻新发展理念，深化实施人才强市创新强市首位战略，着力构建现代科创体系、产业体系和金融体系。力争通过五年努力实现GDP达1000亿元、规上工业总产值超1000亿元、一般公共预算收入突破100亿元，奋力跻身经济发展第一方阵，加快打造创新引领智造之城，推动实力嵊州更高质量发展。二是在建设网络型未来城市上发力先行。以开放理念引领网络型布局，积极服务和融入新发展格局，更深层次融入长三角高质量一体化发展，持续深化“接沪融杭联甬”，构建“一心两副多节点组团式”的城市发展新格局。全面提升城市融合度、贸易开放度、消费活跃度、要素集聚度、通道顺畅度，建设外联内畅、区域协同、城乡一体的网络型城市，加快打造“四港联动”枢纽之城、宜业宜居活力之城，推动品质嵊州更大力度建设。三是在绘就全市域美丽图景上发力先行。以山水资源引领文生旅农融合发展，持续擦亮越剧、唐诗、小吃等文化金名片，不断打响美食、美景、美戏“三美嵊州”品牌，推进领带、围棋等博物馆群和刘文西、袁雪芬等名人纪念馆建设，着力推动全域文化繁荣全民精神富有。加快创建国家生态文明建设示范区、国家级全域旅游示范县市，加快建设越韵诗路魅力之城、全域花园美丽之城，推动美丽嵊州更靓颜值彰显。四是在促进高水平民生优享上发力先行。以优质共享引领普惠发展，坚定不移走以人为核心的现代化和全体人民共同富裕道路，全面提升社会建设战略地位，突出扩中提低、“一老一小”、全域均衡，统筹推进社会事业、社会保障、社会结构、社会单元和社会政策变革，大力提升高品质公共服务供给，不断擦亮“嵊有系列”民生优享品牌，推动幸福嵊州更好优质共享。五是在推进数字化变革智治上发力先行。以数字变革引领系统性重塑，扎实推进全民共享、引领未来、彰显制度优势的数字文明建设，构建“全域覆盖、上下贯通、整体智治”的党建统领县域现代化治理体系，建成“掌上办事之城”“掌上办公之城”“掌上治理之城”。一体推进平安建设、法治建设、清廉建设，全力打造全过程人民民主县域典范，加快建设和谐共享平安之城，推动数智嵊州更加活力迸发。

推进“两个先行”，奋斗时不我待。全市各级党组织和广大党员干部要更加紧密团结在以习近平同志为核心的党中央周围，高举习近平新时代中国特色社会主义思想伟大旗帜，以省第十五次党代会精神为引领，忠实践行“八八战略”，牢牢紧扣“五个率先”，着力建设更高水平“五个嵊州”，在高质量发展中加快建设现代化网络型山水城市，率先走出社会主义现代化的县域发展之路，全力打造浙江高质量发展建设共同富裕示范区县域样板，努力在“两个先行”新征程中走在前作表率，以优异成绩迎接党的二十大胜利召开，为实现第二个百年奋斗目标和中华民族伟大复兴中国梦作出新的更大贡献！

专　记

嵊州市数字化改革工作纪实

2022 年，嵊州市持续深化对数字化改革的认知，不断凝聚协同推进的合力，具有嵊州辨识度的成果逐渐显现，群众、企业、社会的获得感显著提升。

一、塑造变革迈入新阶段。高度重视数字化改革工作，切实把数字化改革作为撬动全市整体工作、推动经济社会发展、努力实现共同富裕的关键性工程，以高度的政治责任感和时代使命感来抓。

（一）“三改融合”一体推进。按照全面深化改革、共同富裕示范区改革、数字化改革一体融合的要求，在落实省改革工作要点的基础上，6 月 13 日出台《中共嵊州市委全面深化改革委员会 2022 年工作要点》，明确“6+1+1”系统（平台）和各级各单位重点任务指标，明确设立全年八大类改革项目清单，其中上级部署的改革项目和 16 项嵊州市级重大改革（应用）项目由市领导领衔，同时督促推动各系统、各单位专班化推进各自领域、各自单位重大改革（应用），努力打造具有嵊州味、改革味、突破性的数字化改革成果。构建以数字化改革为总抓手、以共同富裕示范区改革为重头戏、推动全面深化改革向广度和深度进军的新格局。

（二）数字赋能全域护航。按照“疫情要防住、经济要稳住、发展要安全”的总要求，充分发挥数字化改革的“关键一招”作用。聚力疫情要防控，嵊州市区域协查管控应用上线全省精密智控平台并在全省推广，有效实现精密智控。聚力经济要稳住，产业链预警机制经验得到副省长卢山批示肯定，迭代升级“校食安”促进校园安全，谋划推进“小吃共富”促进小吃产业从业人员增收。聚力发展要安全，坚持和发展新时代“枫桥经验”，检察院“非标油”偷逃税监督模型获全国检察机关大数据法律监督模型竞赛一等奖，深化平安建设领域数字化改革，建设“枫桥式”协同治理、公益保护（矿产资源类）平台、行政执法人员建档和画像、类案防控平台、网格地图全量数据应用、“嵊安矫”社区矫正就业帮扶应用等，推动社会治安防控立体化、智能化、法治化。持续迭代数字法治体系构架，开展“平安护航二十大”百村万户敲门入户专项行动，完善网格智治八大机制，构筑“除险保安”护城河防线。

（三）数字素养全面提升。各级领导干部认真学习《数字化改革概论》，打破思维定式和路径依赖，从“要我变革”到“我要变革”、从“适应变革”到“引领变革”，不断激发创造性张力，提高本领、推动工作。全省数字化改革培训会后的次日，即组织开展全市数字化改革专题培训，重点学习习近平总书记关于数字化改革的重要论述精神、省委关于数字化改革的最新部署和重大成果应用，开展现场调研和分组研讨,破解数字化改革的重点难点问题,找准全方位纵深推进数字化改革的思路和路径。各级领导干部聚焦数字化改革战略目标和重点任务，瞄准群众、企业、基层最为迫切的需求、最想解决的问题、最有获得感的领域，以数字赋能、多跨协同提高发现问题解决问题的能力;专题学习绍兴《数字化改革理论文章选编》，全面掌握数字化理念、方法、思路和手段。

二、“硬核”成果取得新突破。“6+1+1”系统（平台）和全市各单位咬定目标、靶向发力、重点突破，打造了一批特色“硬核”成果，获得中央部委或省领导批示3次,省数字化改革工作动态刊发3个，新增省经济和信息化厅试点33个，《人民日报》、中央电视台等国家级媒体报道3个。

（一）应用成果方面。“招生安”大数据监督应用、“大综合一体化”行政执法纪检监察嵌入式监督应用、“全域数字法院”应用三个项目列入《2022年全省重大改革(重大应用)“一本账S2”》。“区域协查管控”应用于8月2日上线省精密智控平台,获省委书记袁家军圈阅,副省长成岳冲批示肯定；“风雨哨兵”应用作为浙江省唯一案例入选国家预警信息发布中心七周年专题,获常务副省长徐文光批示肯定;政务信息《嵊州市迭代完善产业链预警机制 持续延伸数字化助企服务链条》获副省长卢山批示；“数字家医”应用被纳入全省“一地创新、全省共享”“一本账”S0，纳入全省“关键小事”新增应用之一,并列入全省第五批数字社会案例集。“数字+越剧”应用被列入全省文化和旅游数字化改革第一批试点项目；“全嵊通”项目被列入“融媒通”县域场景试点(县级融媒体试点全省仅嵊州和海盐2家）。检察院“非标油”智治应用被最高人民检察院评为全国检察机关大数据法律监督模型竞赛一等奖。

（二）理论成果方面。“风雨哨兵”“数字家医”两项应用在省数字化改革（工作动态）刊发；“区域协查管控”应用在省数字化改革（抗疫篇）刊发。《建设数字平台 助力基层治理》在《人民日报》(2021年12月8日第7 版)刊发；《绍兴嵊州：在建设共同富裕的道路上跑出“加速度”》在《人民日报》（2022年6月21日第13 版）刊发；《浙江嵊州：“邻舍+”志愿服务温暖百姓心》在《光明日报》（2022年3月16日 第4版）刊发。《打好预警“提前量” 发挥气象防灾减灾防线作用》6月6日被人民网专题报道。《嵊州市探索农村宅基地全链条管理模式》登载在农业农村部《宅基地改革与管理简报》（5月6日）和《浙江省委信息》（5月24日）；《嵊州市局研发“区域协查管控”应用精准高效处置涉疫风险》被浙江省公安厅简报第15期录用。

（三）制度成果方面。印发《嵊州市区域协查应用操作手册》《关于深化“县乡一体、条抓块统”改革推进基层智治系统建设的实施方案》《关于推动社会组织开展“邻里守望”关爱行动的通知》《关于全面推广使用“浙里民情”场景应用的通知》《市领导主抓直管多跨场景应用实施方案》《校园食材配送管理和服务规范》《关于印发嵊州首席数据官制度的通知》《嵊州市数字化改革多跨场景应用项目报送审核机制》《枫桥式非警务警情联动处置工作评估标准》《嵊州市政务信息化项目管理办法》《嵊州市政务云专区管理办法》《嵊州市“瓶安燃气”数字化改革实施方案》等文件，制定数字化改革应用谋划推进“五项机制”等一批制度规范。

三、提质扩面焕发新动能。鼓励教育、卫生、金融、国有企业、事业单位等相关领域融入改革大局，努力形成共创共建共享良好态势。

（一）制度建设方面。按照《全省事业单位数字化改革工作方案(征求意见稿)》提出的顶层设计构架，结合数字化改革进展现状，拟定嵊州市数字化改革工作方案,聚焦事业单位数字化改革行政服务、产业服务、民生服务3条跑道，组织开展事业单位数字化改革需求摸排,以事业单位数字化改革“三张清单”为载体，逐项梳理事业单位数字化改革应用场景,构建事业单位数字化改革重大应用“一本账”,并建立完善迭代机制,不断更新升级，为全市事业单位推进数字化改革提供数据支撑。

（二）需求转化方面。教育领域，依托省公权力大数据监督应用，抓住教育领域子场景“招生安”应用建设试点契机，联合打造“招生安”大数据监督应用建设项目，迭代升级原有“入学入园一件事”，推进阳光招生。卫生领域，建设以“数字家医”“医价通监测集成应用”等为代表的卫生健康数字化改革标志性成果，探索推进家庭医生签约服务和医保支付方式相结合的管理模式，走深走实惠民健康服务“最后一公里”。金融领域，谋划建设嵊州小吃“共富”数智服务场景应用，实现对蚂蚁金融、收银系统等多个系统间数据和业务融合，提供嵊州小吃全产业链的智慧服务。国企领域，通过数智管理、数智分析、数智监管三大功能，依托浙政钉自主研发上线 “国企员额智管”掌上应用平台，加强企业用工管理，提升整体智治水平。

（三）承接上级方面。教育领域，积极推进义务教育学段“双减”政策的数字化场景建设工作，在省定内容基础上，增加了学生作业布置情况（作业量与作业时长）常态化监管、学生作业信息采集与分析应用（精准教学）等内容。金融领域，积极做好“企业上市集成服务（凤凰丹穴）应用”“金融综合服务应用”及“数智金融运行” 组织实施工作，做好系统试运行，核对调整资本市场动态监测等模块的相关数据。

（市委改革办 王蓉）

民情日记工作纪实

习近平总书记指出，群众路线是中国共产党的生命线和根本工作路线，是中国共产党永葆青春活力和战斗力的重要传家宝。总书记在浙江工作期间，曾对发源于嵊州的民情日记给予高度肯定，并就坚持发展民情日记作出重要指示。多年来，嵊州市坚定不移沿着总书记指引的方向，坚决扛起“红色根脉”的政治担当，不断丰富民情日记的时代特征和精神内涵，系统性重塑新时代民情日记线上线下工作体系，推动党员干部持续走好新时代党的群众路线，着力打造密切党群干群关系的“嵊州样本”。

一、党建统领，筑牢为民服务根基。以强有力的组织力领导力抓好传承发展民情日记工作，全面夯实干部联系服务群众的政治基础。一是科学系统构建工作体系。坚持把新时代民情日记作为贯彻落实习近平总书记重要指示批示精神和省委工作部署的重要载体，把党建引领基层治理作为重要课题，成立以市委书记为组长的新时代民情日记领导小组，围绕“理论研究、干部培训、工作推进、业绩评价、数字治理”五大维度，打造从干部下沉到问题处置的全链条工作闭环，以“网格联心、干部带头、服务为先、共建共享”的理念凝聚治理共识，走深走实新时代党的群众路线，定期梳理研判基层治理重要事项，对重大矛盾、突发事件主动担当、及时响应、一抓到底。二是理论武装强化政治引领。用新时代党的创新理论武装党员、教育群众。坚持“第一议题”制度，党的二十大以后，全市各级党组织和广大党员干部第一时间开展学习，在学懂弄通做实中找到解决问题的科学答案、做好工作的“指路明灯”。结合“民情大走访”，组建党员干部开展走进村社、走进网格、走进群众的“三走进”活动，以群众喜闻乐见的方式，推动习近平新时代中国特色社会主义思想“飞入寻常百姓家”。三是寻根溯源擦亮政治底色。在省市县三级党校建立研究中心，组织专家学者深入剖析民情日记的发展脉络和理论内涵。精心开发《民情日记：群众路线的嵊州实践》等系列精品课程，推动民情日记走进课堂，全面强化干部党性教育、宗旨教育。在民情日记发源地石璜镇雅璜村建成民情日记实践中心，与省委党校合作成立干部教育基地，高标准打造民情日记参观交流基地、学习培训基地、研究实践基地，常态化组织教育培训，强化思想淬炼、政治历练、实践锻炼、专业训练，提升基层党员干部为民服务能力素质。全年举办民情日记金名片理论研修班、群众工作能力训练营等专题培训30余场次，培训基层干部3500余人次。

二、深入群众，时刻保持血肉联系。围绕习近平总书记对民情日记的十八定义，干部全员下沉网格一线，变“等上门”为“登上门”，让基层成为全方位提升干部群众工作能力的实训场。一是坚持访万家联万户。坚持民情在一线掌握、问题在一线解决、服务在一线开展，组织干部下沉开展“民情大走访”，实现“人往格中去、事在网中办”。要求部门干部每月、乡镇干部每周下村开展1次走访服务，驻村指导员每月走访不少于20%农户，每年全覆盖走访不少于2次，做到既联村又联户。着眼细化治理颗粒度，建立网格常态化走访、机关党组织和党员“双挂联”、民情微心愿认领等机制，推动“1+3+N”网格团队全员下沉入格，打通常态化联系服务群众“最后一公里”。2022年，各级服务团队走村入户26.5万户次，走访企业1.1万家次，记录民情日记9.5万余篇，开展服务5.6万余次，收集意见建议3600余条。二是坚持群众事无小事。建立常态化问题收集办理机制，发挥网格沉底到边的独特优势，第一时间将治理需求、群众诉求搜集起来。确定每周二全市以村社党组织为单位召开民情议事会，组织干部群众会商民意，综合分析走访过程中反馈的共性问题信息，整合社会组织、共建单位、乡贤、志愿者等力量进行解决。全年解决各类问题2.3万余个，问题办结率达99.8%。6月，组织开展“民情周”集中走访活动，全市干部累计走访群众3.2万余户、企业852家，慰问困难群众3223人次，摸排企业政策需求552条，开展志愿服务3700余人次，帮助解决问题3061个。三是坚持办实事求实效。充分发挥网格前哨探头作用，建立问题“发现—交办—办理—反馈”闭环机制，按照难易程度分“能现场解决、需协调解决、短期内难以解决”等3类问题，精准匹配办理层级和责任单位进行解决。网格员对服务过程中发现的问题当场着手解决，最大限度把问题矛盾消弭在萌芽、解决在一线。对网格团队现场无法立刻解决的问题，由网格长记录形成民情日记后，一键向上推送，村社党组织书记根据事项内容进行分流处置。遇到村社无法解决的事项，通过基层智治系统上报市社会治理中心，由相关职能部门承接办理，确保“事事有回应，件件有着落”。

三、数字赋能，引领提升治理效能。开发上线“浙里民情”场景应用，跃迁升级民情日记数字孪生版，全面引领基层治理现代化。一是“四大场景”夯实智治底座。打造“访民舍记民情、想民心议民事、解民难帮民富、强基富乐指数”四大实战场景，打通民政、住建、农业农村等部门数据，制定党员、退役军人、低保户、“一老一小”等家庭和个人标签，党员干部带着数据上门走访，为困难群众提供精准服务，实现村情民情在线记录、问题事项线上流转、会商记录系统留痕，有效解决传统民情日记传承不便、查阅不便、保存不便等问题。截至12月，导入居民档案27.1万户，化解矛盾纠纷4075余起，排除信访隐患423起。二是“云上分析”提效智能服务。以“浙里民情”数据库为依托，开发“民情分析”模块，自动抓取热点高频事项，及时发现基层治理共性问题，发出异常事项预警，为党委政府剖析问题、决策部署提供参考，从“解决一件事”升格为“解决一类事”，从服务“个体”拓展为服务“大众”。出台更具针对性的《嵊州市关于强化村级常态化疫情防控工作30条》等政策。三是“三网融合”打造治理闭环。建立“党建统领、产业兴旺、治理有效、乡风文明、生态宜居、生活富裕”六维评价体系，全景掌握干部基层治理工作实效。通过“浙里民情”数字驾驶舱，对苗头隐患提前分析预警，实现问题源头化解以及“小事不出网格、大事不出村社、信访问题不出镇街”。截至12月，解决矛盾纠纷850余起，提前排除隐患320余个。网格团队定期上门对已化解办结的矛盾纠纷进行“回头看”，确保不出现反复。依托“浙里民情”多跨协同功能，做到事件分析比对可视化、问题上报办结动态化、平台流转交办数字化、事件处置考评闭环化，实现党建网、治理网、数字网“三网融合”。

（市委组织部 姜金涛）

大事记

1月

1 日,《区域全面经济伙伴关系协定》(RCEP)生效,嵊州市格琳园艺有限公司通过中国国际贸易单一窗口成功申请嵊州市首票 RCEP 原产地证书。是月，嵊州市共签发 RCEP 优惠原产地证书 142 份,金额近 3000 万元,签证商品主要为纺织服装、机电产品、塑料制品等传统优势产品。

8 日，杭台高速铁路正式通车，嵊州告别“无铁”历史，迈入高铁新时代。杭台高铁线路全长 266.9 千米，设计时速 350 千米。全线设杭州东、绍兴北、上虞南、嵊州北、嵊州新昌、天台山、临海、台州、温岭 9 个车站。

同日,嵊州高铁新城综合枢纽建成投用暨嵊州江南环球港项目开工仪式举行。

10 日，嵊州始发北京高铁列车开通仪式在杭台高铁嵊州新昌站举行，“越剧诞生地 嵊州更有戏”冠名专列同时首发,嵊州出发六个半小时可直达北京。

12 日至 13 日,中国共产党嵊州市第十五次代表大会召开。徐建役代表中国共产党嵊州市第十四届委员会作题为《建设更高水平“五个嵊州” 打造共同富裕县域样板 奋力谱写现代化网络型山水城市建设新篇章》的工作报告。 大会选举产生新一届中共嵊州市委员会、市纪律检查委员会。徐建役当选市委书记，李英豪当选市纪委书记。

14 日，中共嵊州市委社会建设委员会揭牌仪式举行。该委员会是在市委领导下，指导和统筹全市社会建设的市委派出机关，与市发改局合署办公，负责牵头全市社会建设的顶层设计和统筹谋划，研究社会建设重大问题，拟定重大政策，督促推动重大改革、重大政策、重大任务落地。

18 日，嵊州市融媒体中心通过“爱嵊州”App 等全媒体平台，以“战疫情、促消费、过大年”为主题，推出首届融媒粉丝节。

19 日，绍兴市委常委、组织部部长王琴英到嵊州开展“助企开门红”活动，先后走访昂利康制药、晶越半导体、巴贝集团等企业。

22 日，全市党史学习教育总结会议召开，市委书记徐建役在会议上强调,深入巩固拓展党史学习教育成果,汇聚建设现代化网络型山水城市强大合力。

27 日，市委十五届二次全体（扩大）会议召开，会议学习贯彻党的十九届六中全会、省委十四届十次全会和绍兴市委八届十二次全会精神，审议通过《中共嵊州市委关于深入学习贯彻党的十九届六中全会精神　以走在前作表率姿态争当“两个确立”忠诚拥护者“两个维护”示范引领者的决议》。同时召开市委经济工作会议，贯彻落实中央、省委、绍兴市委经济工作会议和市第十五次党代会工作部署。

29 日，全市基层党建工作会议召开，学习贯彻习近平总书记关于基层党建的重要论述精神，贯彻新时代党的建设总要求和党的组织路线。

2月

1日，绍兴市委副书记、代市长施惠芳到嵊州市检查疫情防控工作，并看望慰问一线防控人员。

9日，全市“三个年”活动推进大会暨“三比三争”动员部署会召开。为推动全年工作落到实处，市委、市政府决定，组织开展“共富建设年”“项目推进年”“作风提升年”活动，同步开展以“比实绩、争先进，比攻坚、争先锋，比变革、争先行”为主要内容的“三比三争”活动。

8日和10日，盛阅春、施惠芳、谭志桂、魏伟、杜旭亮等绍兴市四套班子领导，结合开展“助企开门红”活动，集中调研绍兴市重点项目建设情况。10日，调研组一行到嵊州市，先后调研了比亚迪新能源动力电池生产基地、贝达创新药产业化基地、浙江纳米抗体生产基地。

15日，镇海中学嵊州分校项目开工仪式举行。该校按照六年一贯制完全中学和一类标准设计建设，项目总用地面积160.68亩，建成后由镇海中学统一运行。

17日，举行2022年一季度48个重大项目集中签约、集中开工和集中投产活动，项目总投资达317.88亿元。

21日至23日，中国人民政治协商会议第十六届嵊州市委员会第一次会议召开。会议审议通过政协第十六届嵊州市委员会第一次会议期间提案审查情况的报告；审议并表决通过政协第十六届嵊州市委员会第一次会议决议。会议选举产生了新一届政协领导班子，柴理明当选为主席。

22日至24日，嵊州市第十七届人民代表大会第一次会议召开。会议表决通过《关于政府工作报告的决议》等6个决议。孙海荣当选市十七届人大常委会主任， 裘建勇当选新一届嵊州市人民政府市长。

25日，嵊州农商银行贵门支行举行揭牌仪式，升格为一级支行。至此，全市所有乡镇（街道）都设立了嵊州农商银行所辖支行。

3月

1日，《浙江省电子商务条例》正式实施。根据《条例》规定，外卖商家应当在经营者信息页面的显著位置，以视频形式实时公开食品加工制作现场，并使用封签对配送食品予以封口。依据新《条例》，当日，市市场监管局组织执法人员，在全市范围内开展外卖封签专项检查。

2日，市融媒体中心与市图书馆联合主办的广播剧《民族的号手——任光》品鉴会在剡溪书房知联馆举行。

6日，由浙江晟喜华视文化传媒有限公司出品的电影《柳浪闻莺》在嵊州举行路演见面会。该电影根据茅盾文学奖得主王旭烽系列小说《爱情西湖》改编，主要讲述20世纪90年代江南越剧团两位女演员与一个画家之间的诗意爱情故事。嵊州是电影取景地之一，片中呈现了近20分钟越剧唱段及大量嵊州景观、古戏台场景。

7日，绍兴市首个五星级庄稼医院——嵊州市草莓农合联庄稼医院揭牌、授牌仪式在浦口街道大江村举行。

8日至9日，省委政法委副书记王中毅率省平安建设考核组到嵊州市考核检查全市2021年度平安建设工作。

10日，绍兴市委书记盛阅春到嵊州市调研，先后走访金庭镇高龙村、东坑村和甘霖镇施家岙村，在基层一线宣讲绍兴市第九次党代会精神。

12日，全市领导干部会议召开，传达学习贯彻全国两会精神。市委书记徐建役主持会议，传达全省、绍兴市领导干部会议精神，并就嵊州市学习宣传贯彻工作提出要求。

18日，嵊州市人民政府与中国人民财产保险股份有限公司绍兴市分公司签署战略合作协议。根据协议，双方将在经济转型升级、乡村振兴、保险改革创新、投融资等方面加强合作。

19日，疫情防控精密智控实战演练在市区开展。

20 日开始，市市场监管局组织开展为期一个月的进口水果专项整治行动，全力筑牢进口水果安全防线。

24 日，市投控公司在中国银行间市场交易商协会发行 2022 年度首期企业债 10 亿元，期限 5+2 年，票面利率 3.8%，创全国区县级同期限同评级企业债历史最低利率。

27 日，“越耀剡溪 成就未来”纪念袁雪芬 100 周年诞辰暨致敬越剧改革 80 周年活动在市文创园主题馆开幕。此次活动持续时间为 3 月至 10 月，共安排有“求索”——纪念袁雪芬 100 周年诞辰主题展、纪念袁雪芬 100 周年诞辰暨致敬越剧改革 80 周年座谈会、纪念袁雪芬 100 周年诞辰暨致敬越剧改革 80 周年演唱会等活动 10 余项。

28 日，浙江省美丽浙江建设领导小组生态环境保护工作专班通报第四批清新空气示范区评价结果，共评出 2 个设区城市、7 个县级城市，嵊州市位列其中。

29 日，省委党史和文献研究室主任刘芸一行到嵊州调研党史和文献工作。

是月，绍兴市公布新一批绍兴市级非物质文化遗产传承基地，嵊州市山乘山根艺馆、紫砂工艺厂、崇仁镇溪滩村、攀登工艺竹编厂、魏和酱品观光园、泉岗名茶开发有限公司 6 家单位入选。至此，嵊州市共有绍兴市级非遗传承基地 22 个。

4 月

7 日，2022 年第一季度村（社）书记擂台赛——“头雁话共富专场”举行。

11 日，市政府专题召开全国学前教育普及普惠市创建动员部署会。

14 日，浙江乐芙医疗用品有限公司向上海漕河泾新兴技术开发区捐赠 5000 件隔离衣和 5000 套防护服。

15 日，浙江省公布 2022 年一季度投资“赛马”激励名单，嵊州市作为绍兴市唯一的县（市、区）入选上榜，获得建设用地指标奖励 100 亩，中央预算内投资资金奖励 500 万元额度。

19 日，市科技创业中心通过国家级科技企业孵化器认定，成为嵊州市首家国家级科技企业孵化器。

20 日，副省长王文序到嵊州市调研“浙里长寿”及社区工作等情况。

21 日，省农科院和巴贝集团签署《联合推进农村“小蚕工厂”促进共同富裕合作协议》和《深化工厂化养蚕全产业链科技合作协议》。

25 日，绍兴市委常委、组织部部长王琴英到嵊调研基层党建工作。

同日，嵊州市第三届志愿服务项目大赛开展立项评比。“越剧传唱新思想、好习惯”“没溺人生——数智化防溺水应急救援志愿服务”“‘邻舍+’宣讲团‘三讲三进’志愿服务活动”等 20 个项目立项进入实施阶段。

29 日，市农村道路提升改造重点工程——东兰线道路（故江—兰溪村）建成通车，全长约 6 千米，设计时速为 40 千米，市区至下王镇的车程较原先缩短一半。

5 月

6 日，城市更新改造工作动员大会暨未来社区建设推进会召开。根据会议部署，2022 年城改工作主要包含白莲堂未来社区建设项目等 5 个项目，涉及户数约 2550 户，征迁建筑面积约 34.5 万平方米，计划投资约 32.7 亿元。

11 日，嵊州市人民政府与国家开发银行浙江省分行签署《银政协同助力嵊州市高质量发展 建设共同富裕示范区战略合作协议》。

13 日，嵊州市举行学习贯彻“庆祝中国共产主义青年团成立 100 周年大会”精神主题团日活动。

17 日，嵊州市人民政府与中国农业发展银行浙江省分行举行《银政协同助力嵊州市高质量发展建设共同富裕示范区战略合作协议》签约仪式。

18 日，“风雅宋——最是宋韵在绍兴”特别展览在绍兴博物馆举办，嵊州市共 8 件文物亮相特展，其中的“会稽开国”和“会稽开国王府之记”

两方铜印为国家级珍贵文物。

20 日，全市民营经济暨制造业高质量发展大会召开。市委书记徐建役在会上强调，坚定信心，踔厉奋发，奋力谱写民营经济和制造业高质量发展新篇章。

同日，嵊州市邮政管理局成立大会暨揭牌仪式举行。

23 日，纪念《在延安文艺座谈会上的讲话》发表 80 周年暨刘文西“以人民为中心的创作”研讨会在嵊州市举行。

25 日至 27 日，第三届“嵊州杯”中国王中王围棋争霸赛在嵊州宾馆举行，李轩豪获得冠军。

26 日，全市高质量发展建设共同富裕大会、市委农村工作会议暨强村富民、粮食安全工作会议召开。市委书记徐建役在会上强调，要努力开创嵊州“三农”工作新局面，加快取得高质量发展建设共同富裕示范区县域样板的标志性成果。

同日，全市道路交通百日安全大整治行动部署会召开，整治行动持续至 8 月底。

29 日，在沪嵊州籍学生返嵊专线开通，实行点对点闭环接送，护送嵊州籍学子安全返乡。

31 日，以“嵊情南雀 琴投茶香”为主题的第二届绍（绍兴市嵊州市）台（台湾省南投县）书画文化交流活动在嵊州市举行。

是月，《应对疫情嵊州市文化产业定向补助政策》出台，对文化企业（经营主体）实行定向扶持。

6 月

1 日，省委副书记、省长王浩到嵊州调研，先后走访巴贝集团、弗迪电池、贝达药业，实地察看生产线，详细了解企业生产经营和市场销售情况、存在的困难以及享受减税退税、援企稳岗等政策实施情况，对嵊州市科技创新、产业发展、项目建设等工作作出指示。

2 日，全市经济稳进提质攻坚行动工作推进会召开。

7 日，京东“6 · 18”嵊州厨电主题促销暨第二届嵊州 · 京东厨电美食节战略合作启动仪式举行。

8 日，第十九届中国嵊州国际书法朝圣活动在嵊州市金庭镇举行。

9 日，全国政协副秘书长、农工党中央专职副主席曲凤宏到嵊州调研社会服务工作。

13 日至 19 日，全市机关党组织开展“民情周”集中走访活动。市领导徐建役、裘建勇、孙海荣、柴理明等深入基层、深入群众，为民排忧解难，助企共克时艰，助力全市高效统筹疫情防控和经济社会发展。

14 日，比亚迪新能源动力电池生产基地项目通线仪式举行。绍兴市委书记盛阅春、比亚迪集团董事长兼总裁王传福出席并讲话。该项目由比亚迪股份有限公司投资建设，主要包括新能源电池及相关配套产业等核心产品的制造。项目总投资约 130 亿元，全部达产后预计年产值超 200 亿元。

14 日至 27 日，首届拉赫玛尼诺夫国际音乐大赛在莫斯科举行，嵊州人竺元亨进入决赛。

21 日，迎亚运 · 2022 年绍兴市青少年摔跤锦标赛结束。嵊州队获 15 枚金牌、13 枚银牌和 11 枚铜牌，团体总分位列第一。

24 日，2022 年剡溪“越”你“申”“嵊”不息——上海高校招才引智系列活动启动，邀上海学子到嵊州创新创业。

28 日，绍兴市村（社区）党组织书记领雁擂台赛在嵊州市仙岩镇西鲍村举行。

同日，2022 贵门乡首届宋韵文化节暨第六届茶旅文化节启动仪式在鹿门书院举行。启动仪式包括寻茶问道、经典诵读、炒茶能手颁奖、共富项目签约授牌、特色文创产品发布等内容。

29 日，省政协副主席陈铁雄一行先后到嵊州陌桑高科股份有限公司、浙江帅丰电器股份有限公司，开展“推动数字赋能新场景应用”监督式调研。

30 日，嵊州澧河泾长三角协同发展产业园揭牌，园区总面积 15.54 平方千米。

同日，浙报集团融媒共享联盟嵊州市首批微融站授牌仪式暨新闻宣传对接会举行，市纪委市监委、市委组织部等 13 家部门和乡镇（街道）成为首批微融站单位。

是月，省首个粮食数字化平台——“百亿崇粮”，在嵊州市崇仁镇建成启用。

7月

2日，嵊州市“民情日记”实践中心在石璜镇雅璜村揭牌。市四套班子主要领导徐建役、裘建勇、孙海荣、柴理明为中心揭牌。

4日，全市稳进提质攻坚行动工作会议召开。会议强调，找准方位、明确定位、争先进位，为全省“两个先行”开门红作出嵊州贡献。

5日，绍兴市政协副主席、九三学社市委会主委张宪疆一行到嵊州调研迎亚运百日攻坚“三大行动”工作。

6日至7日，国家发展改革委就业司副司长常铁威一行到嵊州，先后调研比亚迪新能源动力电池项目、巴贝集团、越剧小镇和嵊州美食街等地。

10日，为期2天的“崇仁古镇杯”2022年绍兴市青少年武术散打锦标赛在嵊州市崇仁镇落幕，来自越城、柯桥、上虞、诸暨和嵊州等5个区、县（市）的代表队共124名运动员参赛，嵊州代表队获团体总分第二名。

11日，“共同富裕·携手共进”——绍兴市女画家协会2022美术作品展在嵊州市文创主题馆开展。画展共展出作品163件，其中23件获评优秀作品。作品涵盖了国画、油画、水彩粉画、版画、综合绘画等画种。

12日，中国工程院院士、浙江大学能源工程学院副院长郑津洋回家乡考察对接氢能产业工作。郑津洋一行先后实地走访浙江吴越能源有限公司、艇湖未来科创城双创大楼项目现场、嵊州市科创中心、嵊州市浙江工业大学创新研究院、碳然科技（嵊州）有限公司等地。

13日，省人大常委会党组副书记、副主任李卫宁一行到嵊州开展中央人大工作会议和有关文件精神落实情况督查，并专题调研代表工作。

14日至16日，文化和旅游部非遗司副司长胡雁一行到嵊州考察调研越剧文化（嵊州）生态保护区创建工作。

15日，浙江农林大学环境与资源学院与嵊州市交通投资发展集团校企合作推进会暨共建党建联盟和研究生工作站签约仪式在嵊州市举行。双方签订了党建联盟协议、研究生工作站协议，还举行了研究生工作站揭牌仪式。

17日，嵊州市第七届道德楷模颁奖典礼暨志愿服务工作先进典型表彰大会在市越剧艺术中心举行。

19日，嵊州市大综合一体化改革现场会暨乡镇（街道）综合行政执法队集中授牌仪式在黄泽镇举行。

20日，绍兴市委常委、副市长王涛一行到嵊州调研科技创新工作，并宣讲省第十五次党代会精神。

22日，市融媒体中心、移动公司、农商银行等9家单位启动成立“帮促共富”党建联盟。各联盟单位以党建联盟为依托，打破行政壁垒，发挥国有企业独特优势，将党建工作与业务工作、稳进提质与共富助跑有机融合，推动村企结对和合作。

23日，市委书记徐建役，市委副书记、市长裘建勇，市人大常委会主任孙海荣，市政协主席柴理明等市四套班子领导，分组到各地开展美丽嵊州实践日“河湖长制巡查，创建省、市级美丽河湖”专项活动，并就污水零直排工作进行专项督查。

25日，浙江经济职业技术学院嵊州校区战略合作协议签约仪式举行。

26日，白莲堂未来社区签约动员大会召开。

27日，2022年绍兴市最美退役军人表彰会议在绍兴市举行，嵊州市公安局剡湖派出所辅警吕建新名列其中。

28日，绍兴市“名家进礼堂”专场晚会暨绍兴数智礼堂启动仪式在嵊州市浦口街道屠家埠村文化礼堂举行。

29日，人保财险嵊州支公司签出嵊州市首单政策性叶菜成本价格指数保险，为浙江飞翼生态农业有限公司种植的120亩青菜提供18万元的风险保障，嵊州市第一单“菜篮子”蔬菜基地农险产品落地。

30 日，“集成厨房·智嵊未来”中国集成智能厨房产业转型升级先行区共建揭牌仪式举行。

是月，绍兴市寅越专利代理事务所（普通合伙）嵊州分所设立，并完成国家知识产权局备案，嵊州市第三方知识产权服务机构实现零的突破。

8 月

1 日，2022 中国·嵊州第二届国际肖像漫画展在市文创园开幕，来自美国、俄罗斯、巴西、意大利、土耳其、以色列等 33 个国家和地区的作者参展，共展出作品 273 幅，画展持续至 8 月 15 日。

5 日，为提振消费信心，促进消费回暖，爱嵊州 App 发放首轮消费券，总金额 611 万元。

6 日，嵊州市在上海举行“融入长三角·携手向未来”招商推介会，与在沪嵊籍乡贤和企业界代表共话合作愿景，共绘发展蓝图。

8 日至 10 日，嵊州市分区域开展全员核酸检测应急演练。

9 日，以“奋进新征程 同心话共富”为主题的 2022 第五届嵊州越商大会在嵊州宾馆举行，18 个项目成功签约，总投资 275.4 亿元。

11 日，“人口、经济和共同富裕”主题研讨暨马寅初 140 周年诞辰纪念活动在嵊州市举行。

12 日，市委十五届三次全体（扩大）会议召开。全会认真学习贯彻省第十五次党代会和绍兴市第九次党代会、九届二次全会精神，对今后一个时期全市经济社会发展作出部署。会议审议通过《中共嵊州市委关于忠实践行“八八战略”坚决做到“两个维护”在“两个先行”新征程中走在前作表率的决议》和《关于加快建设现代化网络型山水城市的实施意见》。

17 日，省农业农村厅厅长王通林到嵊调研高温干旱农业防御应对工作。

20 日，第五届中国越剧艺术节闭幕式在嵊州市越剧小镇举行。

22 日，市委书记徐建役，市委副书记、市长裘建勇，市人大常委会主任孙海荣，市政协主席柴理明等市领导，分组到各地开展“美丽嵊州实践日”——生态环境保护督察整改销号巩固提升活动，对第二轮中央生态环境保护督察信访件开展“回头看”。

23 日至 25 日，以“智能科技，引领未来”为主题的 2022 中国厨电智能化技术研讨会在嵊州市召开。

24 日，2022 嵊州市上市公司公益基金颁奖大会在嵊州宾馆举行，表彰奖励奋发有为、全面发展的优秀学子和爱岗敬业、教书育人的优秀教师（团队）。

25 日，2022 年中国大学生机械工程创新创意大赛——“卓然·笃舜杯”过程装备实践与创新赛总决赛闭幕式在嵊州市举行。

27 日，2022 嵊州市第七届市民运动会暨“凯栎杯”男子篮球超级联赛决赛举行，市晨曦体育代表队获联赛冠军。

9 月

1 日，中国戏剧家协会公布 2022 年第二十六届“中国少儿戏曲小梅花荟萃”审核结果，城南小学梅一可、陈一诺被授予“小梅花”称号，选送的集体节目《越乡小戏娃》被评为“小梅花集体节目”。

5 日，在省第十七届运动会国际式摔跤比赛上，市少体校史可可夺得女子自由式摔跤 46 公斤级冠军。

6 日至 7 日，绍兴市开展“互看互学互比”活动，盛阅春、施惠芳、谭志桂、魏伟、杜旭亮等绍兴市四套班子领导，考察 6 个区、县（市）的 12 个重点项目，与企业家面对面交流，了解项目建设和企业发展情况。7 日，绍兴市领导集中考察了嵊州市金达视讯屏显产业基地项目和金帝智能厨电“未来工厂”试点项目。

9 日，市委统战部、市融媒体中心联合各党派团体举行“嵊世谱华章 同心铸辉煌”——喜迎二十大·嵊州市统一战线大型中秋主题晚会。

14 日，绍兴市委书记盛阅春到嵊州市实地检查指导防汛防台工作，督查台风“梅花”应对防御措施落实情况。

17 日，2022“相约越乡”全国越剧票友擂台赛暨新时代“越剧票友十姐妹”颁奖典礼在嵊州市举行。

22 日，省政协党组成员、副主席裘东耀一行到嵊州专题调研“15 分钟品质文化生活圈”建设工作。

22 日至 23 日，市委书记徐建役，市委副书记、市长裘建勇，市人大常委会主任孙海荣等市领导，分组到各地开展“美丽嵊州实践日”暨长江经济带污染源大排查大整改督查，并检查安全生产工作。

24 日，“山河锦绣 英雄回乡”傅洪德烈士遗骸交接仪式在嵊州市谷来镇竹溪村举行。傅洪德烈士于 1944 年任新四军浙东游击纵队金萧支队坚勇大队班长，在嵊县（今嵊州市）苦竹溪战斗中牺牲。交接仪式后，傅红德烈士遗骸将迁至义乌市烈士陵园集中安葬。

24 日至 29 日，“越享宜居 幸福嵊州”2022 嵊州秋季房博会在吾悦广场举办 。

26 日，浙江省绿色城镇项目嵊州市城乡供排水一体化工程（二期）——第四水厂通水、长乐水厂扩容投运、富西水厂及乡镇大口径管网建设启动仪式举行。

27 日，全省“浙里捐赠”微信渠道开通上线仪式在嵊州市举行。“浙里捐赠”数字平台由浙江省财政厅联合浙江省民政厅、国家税务总局浙江省税务局共同建设，嵊州市是“浙里捐赠”应用全省首批试点地区。

同日，浙江省交通强省建设领导小组办公室公布首批浙江交通强国试点县（市、区）名单，嵊州市以“四港”联动为创建方向入选其中，标志着嵊州市“四港”联动枢纽节点城市建设进入新阶段。

28 日，嵊州市分别与重庆市綦江区、湖北省竹溪县签署劳务战略合作协议，并在三地设立劳务协作服务站和劳务协作工作站，加强劳务交流合作，推动共同富裕。

29 日，2022 浙江・长江下游水稻新品种大会首次以云展直播的方式，在嵊州市国家级水稻新品种展示评价基地举行。

同日，“海纳百川”浙江省高层次人才智力项目洽谈对接会（嵊州站）暨第六届嵊州市创业创新大赛总决赛落幕。北京、上海、广州等地分场赛晋级总决赛的 31 个高层次人才项目，经过分组答辩、专家评审等环节，最终决出 A 类奖 2 个、B 类奖 3 个、C 类奖 5 个。

29 日至 30 日，嵊州市木雕（圆雕）传统技艺大赛暨 2022 年度绍兴市职业技能大赛（工艺美术雕塑）嵊州市选拔赛在市文创园举行。

是月，最高人民检察院通报全国检察机关大数据法律监督模型竞赛结果，嵊州市人民检察院非标油偷逃税监督模型获一等奖。

10 月

9 日，央视《新闻联播》播出嵊州丰收景象。

10 日，交通运输部办公厅、国家邮政局办公室联合公布第三批农村物流服务品牌名单，嵊州市的“推动客货电商深度融合 多方合力助推农村物流创新发展 探索共同富裕之路”入选，这也是绍兴市唯一入选的案例。

10 日和 11 日，全市开展全员核酸检测，应测对象为市内所有居民，分两天分批完成。

16 日，嵊州市党员干部群众认真收看党的二十大开幕式。

22 日，市委书记徐建役，市委副书记、市长裘建勇，市人大常委会主任孙海荣等市领导，分组到各地开展“美丽嵊州实践日”暨蓝天保卫专项行动督查。

24 日，傅全香故居开馆仪式在嵊州市崇仁镇镇南村举行。市委书记徐建役，市委副书记、市长裘建勇为故居揭牌。

26 日，省人大常委会党组书记、副主任梁黎明一行到嵊州调研全过程人民民主基层单元建设情况。

同日，市科协开展中国科学院老科学家科普演讲团进校园活动，陈洪、许木启、卢汉清、林钢华、王文利 5 名科学家分别走进嵊州市各所学校，与学生面对面交流。

27 日，全市科技创新大会召开。市委书记徐建役在会上强调，要全面落实党的二十大、省第十五次党代会以及省、绍兴市科技创新大会精神，推动嵊州全面转入创新驱动发展模式，交出科技创新高分报表。

28 日，《越剧百年图说》首发式暨图稿画展在嵊州越剧艺术学校举行。

29 日，嵊州市首台高端直线加速器在嵊州市人民医院（浙大一院嵊州分院）开机，嵊州市肿瘤诊治中心同时启用。

30 日，越剧文化传承推广节目《中国好声音·越剧特别季》在浙江卫视播出，以全新视听手段展现了百年越剧的魅力。

是月，嵊州市首座现代化货运码头——绍兴港嵊州港区中心作业区码头交工验收，具备投运条件。该码头位于三界镇，于 2019 年 4 月开工，具有 6 个 500 吨级泊位，设计年通过散杂货 178 万吨、集装箱 2 万多标箱（TEU），总投资 4.2 亿元，是义甬舟开放大通道建设、服务嵊新两地协同发展的重点项目。

11 月

1 日，市委召开全市党史工作会议。市委书记徐建役强调，要构建“大党史+大党建”工作格局，开创嵊州市党史工作新局面。

3 日，嵊州越剧艺术学校建校 60 周年纪念大会在嵊州市越剧艺术中心举行。

4 日，剡溪讲堂暨市委理论学习中心组（扩大）专题学习会举行。省委党校经济教研部主任、软科学研究所所长、经济学博士王祖强教授作题为《高举中国特色社会主义伟大旗帜，为全面建设社会主义现代化国家而团结奋斗》的专题报告，学习宣传贯彻党的二十大精神。

8 日，“共富百村行”融媒大行动启动。主要包括“助富越乡”新闻行动、“美在家乡”视频大赛、“创富典型”展评活动、“童眼看越乡”创作大赛、“主播带你赢”直播活动、“文艺走基层”巡演活动、“嵊种嵊养·共富共享”云上认种认养活动等七大系列活动。

同日，由嵊州市越剧艺术保护传承中心和绍兴市加东文化传播有限公司共同出品的越剧电影《汉文皇后》在东阳市横店影视城启动拍摄。

9 日，在“技行绍兴 能创未来”技能人才发展大会上，嵊州市农民培训学校被评为绍兴市特色小吃技能培训共富基地。

11 日，浙江省政府官方网站发布《浙江省人民政府关于给予蒲元强等 16 名见义勇为先进人物记功奖励的决定》，嵊州市长乐镇曹溪村村民郑待赎获记一等功。

同日，省委宣传部副部长、省社科联主席盛世豪一行到嵊州市调研文化工作，实地走访嵊州市文创主题馆等地。

14 日，马寅初研究院成立大会在嵊州举行。北京大学校务委员会副主任海闻担任研究院院长，浙江大学发展委员会副主席周谷平担任研究院学术委员会主任。

16 日至 18 日，2022 第十五届中国（嵊州）电机·厨具展览会在嵊州国际会展中心举行。

20 日至 21 日，省政协书画之友社在嵊州市组织开展“学习宣传党的二十大书画名家进企业促共富”书画笔会活动。

12 月

2 日，全市农业高质量发展大会召开。会议学习贯彻习近平总书记关于粮食安全、农业发展的重要论述和党的二十大关于“加快建设农业强国”“坚持农业农村优先发展”等重大决策部署，坚持农业农村优先发展的战略定位，推进农业全面高质量发展，加快建设现代农业强市，为中国式现代化县域实践提供有力支撑。

同日，全市服务业高质量发展大会召开。会议强调，要扎实推动变革重塑，加快构建产业新体系。

5 日，市委农村工作领导小组召开会议，全面总结 2022 年全市乡村振兴工作，研究部署 2023 年目标任务。

6 日，党中央、全国人大常委会、国务院、全国政协、中央军委在北京人民大会堂隆重举行江泽民同志追悼大会。市四套班子成员等在市行政中心集中收听、收看江泽民同志追悼大会现场直播。

8 日，位于杭台高铁嵊州新昌站的萧山国际机场嵊州航站楼正式启用，场地面积约 10000 平方米，是萧山国际机场迄今规模最大、规格最高的城市航站楼。

同日，“李渔杯”首届全国清廉戏曲优秀作品展演活动评选结果揭晓，市文化馆创排的越剧小戏《“一把手”上门》获优秀剧目奖。

13 日，“相聚剡溪 续写诗路”2022 浙东唐诗之路系列活动在嵊州开幕。

15 日，中共嵊州市委农村工作领导小组办公室正式挂牌。领导小组是市委议事协调机构，办公室设在市农业农村局。办公室承担市委农村工作领导小组具体工作，履行决策参谋、统筹协调、政策指导、推动落实、督导检查等职能。

同日，义甬舟开放大通道建设现场推进会在衢州市举行，嵊新临港经济区获首批义甬舟综合性战略平台，为首批授牌的两家平台之一。

17 日，“万名干部走万企”嵊州专项行动出征仪式举行。市委书记徐建役授旗，市委副书记、市长裘建勇作动员讲话。

17 日至 18 日，2022 年度浙江考古重要发现评选会在杭州举行，共评选出 10 项 2022 年度浙江考古重要发现，其中，嵊州下方山及周边墓群入选。

22 日，中国共产主义青年团嵊州市第二十一次代表大会召开。

25 日，以“三十年砥砺绘宏图 新征程扬帆谱华章”为主题的嵊州经济开发区成立三十周年活动在开元名都大酒店举行。商务部副部长盛秋平对嵊州经济开发区工作作出批示。

同日，527 国道嵊州黄泽段（二期）举行通车仪式。至此，527 国道新昌大市聚至嵊州黄泽段全线通车。

30 日，全省公安机关功模表彰大会在杭州召开，130 多名公安功模代表受表彰。嵊州市公安局交警大队吴文超获全省模范人民警察荣誉称号，嵊州市公安局黄泽派出所获评全省优秀公安基层单位，嵊州市公安局刑侦大队商朝阳获全省优秀人民警察荣誉称号。

是月，市委宣传部、市文广旅游局、浙江小百花越剧院联合出品的原创越剧现代戏《核桃树之恋》和市委宣传部、市融媒体中心出品的广播剧《民族的号手——任光》入选浙江省第十五届精神文明建设“五个一工程”。　（市志室 裘芳）

市情概要

自然地理

【地理位置】 嵊州市位于浙江省东部，曹娥江上游。地处北纬 29° 19′ 45″ ~29° 49′ 55″ 、东经 120° 27′ 23″ ~121° 06′ 55″ 。东西长 64.1 千米，南北宽 55.4 千米。1992 年土地详查面积为 1789.62 平方千米。东与宁波市奉化区、宁波市余姚市相邻，西连绍兴市诸暨市、金华市东阳市，南和绍兴市新昌县、金华市东阳市交界，北接绍兴市上虞区、绍兴市柯桥区。

【地质地貌】 嵊州市地质属浙东华夏褶皱带构造，上虞至丽水深断裂带从境内穿过。境内出露的地层有前震旦系、侏罗系、白垩系、上第三系、第四系等。地势自西南向东北倾斜，地貌层次明显，类型多样，有“七山一水二分田”之说。地形属盆地低山。中部是溪江冲积而成的河谷平原，分布在沿江两岸，海拔 10 米至 70 米，面积 404.7 平方千米，占全市面积的 22.6%；丘陵台地在东南部和北部，海拔 70 米至 500 米，面积 575 平方千米，占全市面积的 32.1%；低山区分布在嵊新盆地四周，海拔 500 米至 1000 米，面积 724.6 平方千米，占全市面积的 40.5%；中山区分布在西白山和四明山，面积 80.2 平方千米，占全市面积的 4.5%，有 8 座山峰海拔 1000 米至 1100 米，以西白山主峰 1096 米为最高。

【水系】 嵊州市属曹娥江水系，全市水域面积 75.56 平方千米。剡溪为曹娥江上游，是嵊州市的母亲河，起自长乐江与澄潭江汇流口至三界镇下市头，全长 32.2 千米，其干流澄潭江和支流长乐江、新昌江、黄泽江在市区相继汇入。

（市自然资源局 斯维婕）

【气候】 嵊州市 2022 年度总体气象年景差，气象灾害频发。多强冷空气影响以及短时暴雨、雷雨大风等突发性强对流天气，汛期出现不同程度干旱，台风 2 个。年平均气温高于常年，7 月至 8 月出现连续高温天气，年雨量、雨日较常年偏少，日照时数较常年略少。强对流过程频发，短时雨强大，雨量分布不均，局地伴有冰雹及雷雨大风。受“梅花”台风影响严重。

年平均气温 18.0℃，比常年偏高 0.8℃。除 2 月、5 月、10 月和 12 月以外，其余月份气温均不同程度偏高，其中 3 月、7 月、8 月及 11 月份明显偏高 3.3℃、2.3℃、2.8℃及 3.0℃。年极端最低气温为-4.5℃，出现在 12 月 19 日；年极端最高气温为 41.4℃，出现在 8 月 23 日，为嵊州本站有记录以来历史第二位。高温天气（≥35℃）共 61 天，其中超过 37℃的有 43 天，超过 38℃的有 33 天。6 月 26 日出梅后，6 月至 8 月以晴热高温天气为主，出现 35℃以上高温日数为 55 天，8 月 2 日至 26 日连续 25 天出现 35℃以上的高温天气。

年降水量为 1306.6 毫米，比常年偏少 48.5 毫米。其中，2 月、3 月、5 月、9 月降水量均多于常年，其余月份降水量不同程度少于常年。8月降水异常偏少，仅48.6毫米，较常年偏少71.2%，9月16日至10月5日连续20天无降水。6月及9月为全年雨量最多的两个月份，6月为231.5毫米，较常年略少，9月降水量226.4毫米，较常年明显偏多116.3毫米。全年总雨日为147天，比常年偏少5.4天。

年总日照时数为1692.2小时，比常年平均少4.5小时。各月分布不均匀，除3月、4月、6月、7月、8月、9月比常年偏多外，其余月份日照时数均较常年偏少。（市气象局 贾安琪 姚佳骏）

【河流湖泊】 嵊州市属曹娥江水系，至2022年底，共有1条省级河道曹娥江（剡溪），5条市级河道澄潭江、长乐江、新昌江、黄泽江、剡溪古河道，1条县级河道上东江，总长度101.17千米。全市水域总面积75.56平方千米，水域总容积为51949万立方米，水面率4.22%；其中河道共1255条（段），水域面积为37.18平方千米，水域容积为19426万立方米；全市有水库140座，水域面积为15.56平方千米，水域容积为25126万立方米；山塘566座，水域面积为4.41平方千米，水域容积为1448万立方米；人工渠道110条，水域面积为1.30平方千米，水域容积为212万立方米；蓄滞洪区1处，水域面积为7.57平方千米，水域容积为4293万立方米；其他水域6375个，水域面积为9.54平方千米，水域容积为1444万立方米。

（市水利局 赵岳正）

【土地资源】 嵊州市域内低山和中山的成土母质主要为岩石风化的残积物和坡积物，以红壤为主，黄壤次之。台地丘陵的成土母质主要以红壤、岩性土为主。河谷平原的成土母质为不同时期的洪积物和冲积物，大部分是水稻土。土壤分红壤、黄壤、岩性土、潮土和水稻土共5个土类、12个亚类、41个土属、75个土种。红壤是境内分布最广的土类，面积96602公顷，占全市土壤面积的56.3%，主要分布在海拔500米以下的丘陵山地。黄壤面积16760公顷，占全市土壤面积的9.4%，主要分布在海拔500米以上的山地。岩性土面积9192公顷，占全市土壤面积的5.4%，主要分布在低丘台地。潮土面积2840公顷，占全市土壤面积的1.7%，主要分布在河流两侧及河漫滩阶地。水稻土面积46077公顷，占全市土壤面积的26.9%，主要分布在河谷平原。

【生物资源】 嵊州市地处中亚热带常绿阔叶林植被带，自然植被以天然林木植被为主，有乔木、灌木、竹类、草本植物等。森林植被中还有许多具有经济价值和药用价值的野生植物。人工植被包括农田作物和林园植物。农田作物有粮食类、油料类、纤维类、绿肥类、瓜菜类；林园植物有观赏花木、用材林及茶、桑、果等经济林。全市森林覆盖率63.8%，林地保有量171.27万亩，林木蓄积量536.46万立方米，省级公益林面积90.6万亩。境内野生动物资源丰富，有兽类20余种、鸟类40多种、爬行类20种、两栖类6种。属于国家保护动物的兽类1种、鸟类3种。1991年，南山林场小溪坑林区被省林业局认定为蛇类自然保护区。有野生动物驯养繁殖基地2家。2005年7月，黄泽镇华丰村重新发现已灭绝半个世纪的国家二级保护动物东方蝾螈。2006年11月，位于剡湖街道张墅水库边的市河麂种源繁育基地被列入省野生动植物保护项目。当年12月27日，国家林业局批准设立南山湖国家级森林公园。2011年，四明山北麓发现国家二级重点保护野生植物小勾儿茶。

（市自然资源局 斯维婕）

【水资源】 2022年度，全市水资源总量21.30亿立方米，多年平均水资源总量为13.11亿立方米，其中地表水10.15亿立方米。曹娥江水系过境水量22.38亿立方米。水力资源蕴藏总量8.4万千瓦，至2022年已开发5.9万千瓦。

（市水利局 赵岳正）

【矿产资源】 境内有已知矿产涉及15个矿种、55处产地，分能源、金属、非金属、建筑材料、泉水和矿泉水五类。其中，硅藻土、黄沙、萤石、花岗岩被称为嵊州矿产“四宝”。硅藻土远景总储量5亿吨，属特大矿藏，居全国首位。黄沙品质优良，沙源地带长21千米。花岗岩资源总储量

12 亿立方米以上。能源矿产匮乏，金属矿短缺，非金属、建筑材料矿产丰富，其中硅藻土、饰面石材、麦饭石等矿种具有较大开发远景和较好经济效益。（市自然资源局）

建置沿革

【夏至清时期】 大约在新石器时代早中期，甘霖小黄山就有人类生息繁衍。新石器时代晚期遗存中，代表性的有甘霖孙村和三界朱盂遗址。相传大禹治水功毕了溪（今剡溪）。夏、商、西周、春秋、战国属越（于越）国。秦王嬴政二十五年（前 222），降越君，置会稽郡，县为属地。秦始皇二十六年（前 221），会稽郡辖 26 个县，剡县在其中。秦始皇三十七年（前 210），秦始皇东巡会稽，使人在星子峰南凿坑，以泄王气，曰剡坑。西汉高祖六年（前 201）为荆王刘贾封地。西汉高祖十二年（前 195）为吴王刘濞封地。新王莽始建国元年（9）改剡县为尽忠县。东汉建武元年（25）复称剡县。东汉永建四年（129）析上虞南乡置始宁县，县治今嵊州市三界镇。东汉初平、兴平年间（190—195），剡长贺齐从江（剡溪）东移县治于今址，即筑有城墙。三国吴、晋、南朝、隋时，先后属会稽郡、会稽国、郐稽国、吴州、越州。唐武德四年（621），剡县升置嵊州，并析置剡城县。武德八年（625）废嵊州及剡城县，复为剡县，属越州。唐时，县设乡、里，辖 40 个乡。咸通元年至二年（860—861）改剡县为赡县。五代吴越国时属东府越州。后梁开平二年（908），吴越王钱镠析县东南 13 个乡置新昌县。北宋太平兴国三年（978），一说乾德五年（967）复称剡县。北宋熙宁三年（1070）行保甲法，置乡、里、都、保。北宋元丰八年（1085）废都、保。嘉泰《会稽志》载，县辖 27 个乡、133 个里。北宋宣和三年（1121）七月改剡县为嵊县，仍属越州。南宋绍兴元年（1131），属绍兴府。元改乡、里为都、图。元至元十三年（1276），属绍兴路。元至正二十六年（1366），属浙江行中书省绍兴府。明万历十六年（1588），设东西 2 个隅、51 个都、84 个图。清承明制，仍属绍兴府。清宣统三年（1911），设县城和 13 个乡、2 个镇。

【中华民国时期】 中华民国元年（1912），直属浙江省，推行区、村制，设 22 个区。民国 3 年（1914），属会稽道。民国 16 年（1927），废道，复属省。民国 18 年（1929），推行村里制，全县为 506 个村里。民国 19 年（1930），改设乡、镇、间、邻。民国 21 年（1932），属省第三行政督察区，县辖 6 个区、200 个乡、25 个镇、3985 个间。民国 23 年（1934），实行乡、镇、保、甲制。次年，县辖 37 个乡、6 个镇、1030 个保、10213 个甲。民国 35 年（1946）9 月，撤区划并乡镇。民国 37 年（1948），属第二行政督察区。7 月，县辖 39 个乡、3 个镇。1949 年 5 月 22 日嵊县解放后，属浙江省第二（宁波）专区，废除保甲制；6 月下旬，属第十（绍兴）专区。

【中华人民共和国时期】 1949 年 11 月，属绍兴专区。年底，县辖 8 个区、40 个乡、3 个镇。1952 年 2 月，随绍兴专区并入宁波专区。1956 年年底，县辖 10 个区、45 个乡、6 个镇。1958 年 9 月，全县人民公社化，以区建社，乡改为农业生产大队；11 月，新昌县划归嵊县（10 月已合并办公），县设 19 个人民公社、130 个大队。1959 年 1 月，改大队为 113 个管理区。1961 年 7 月起，恢复 19 个区，管理区改为人民公社；10 月 15 日，新昌县恢复建制。1964 年 9 月，恢复绍兴专区，县属绍兴专区。1968 年 5 月，绍兴专区改名为绍兴地区，县属绍兴地区。1979 年底，县辖城关镇和 10 个区、64 个人民公社。1983 年 3 月起，改人民公社为乡、村建制；7 月，撤销绍兴地区，改设省辖绍兴市，县属绍兴市。1992 年 5 月，撤区扩镇并乡，撤销 11 个区公所，调整为 17 镇、11 乡。1995 年 8 月，撤嵊县，改设嵊州市（县级）；12 月 6 日，举行嵊州市成立仪式。2000 年 6 月，建立嵊州经济开发区管理委员会。2001 年 7 月，建立嵊州市百丈飞瀑风景旅游区管理委员会；12 月，行政区划调整，全市辖 11 个镇、6 个乡、4 个街道。2004 年 8

月，建立嵊州市城南建设管理委员会。2007 年 9 月，调整行政村规模，从 1077 个调整为 463 个。2011 年 7 月，城南建管委更名为城南新区管委会，与三江街道合署办公，统称为城南新区管委会（三江街道）。同时成立温泉旅游度假区管委会，撤销百丈飞瀑景区管委会。2014 年 3 月，嵊州经济开发区管委会和浦口街道办事处合署办公，统称为嵊州经济开发区（浦口街道）管理委员会。2016 年 5 月，温泉旅游度假区管委会与市旅游局合署办公，托管的 10 个行政村划归原乡镇（街道）管理。2019 年 7 月，全市行政村规模再次调整，行政村由 452 个调整为 241 个。2019 年 8 月，完成部分乡镇区划调整，全市乡镇行政区划调整为 10 个镇、1 个乡、4 个街道。2020 年 5 月，调整嵊州经济开发区和高铁新城管理体制。其中，开发区核心区整合原浦口街道、三江街道（不含高铁新城管委会管理的区域）、剡湖街道城北工业区，面积约为 138 平方千米；开发区管理委员会不再与浦口街道办事处合署办公，调整为单独设置；撤销嵊州市领尚小镇建设指挥部、嵊州市城北工业区整合提升工作领导小组办公室，撤销单位相关职能并入嵊州经济开发区管理委员会；撤销开发区（浦口街道）党工委、纪工委，成立开发区党工委、纪工委和浦口街道党工委、纪工委。高铁新城区域范围包括原城南建管委（三江街道）规划的高铁新城核心区域，鹿山街道丽湖区域、小砩区域，甘霖镇越剧小镇区域，面积约 27 平方千米；撤销嵊州市城南建设管理委员会，成立嵊州市高铁新城管理委员会，负责区域内城市开发、建设、管理工作；撤销城南建管委（三江街道）党工委、纪工委，成立高铁新城党工委、纪工委和三江街道党工委、纪工委。

【市区建置】 位于市境中部偏南、嵊新盆地中心，长乐江、澄潭江、新昌江、黄泽江先后汇入剡溪。老城区南临剡溪，西北枕剡山（又称鹿胎山），金波山、艇湖山屏于东北。常台（上三）高速、甬金高速在市区交会，杭台高铁、杭绍台高速、104 国道、527 国道穿境而过。东汉初平至兴平年间（190—195），剡长贺齐始迁为剡县县治。五代吴越国中叶，称赡都镇。两宋时称剡镇。北宋熙宁三年（1070），县城内设坊。南宋嘉泰元年（1201）有 10 个坊。元代，县城设隅、坊，明、清沿用元制。明成化年间（1465—1487），分城东、城西隅。清宣统二年（1910），设城区。民国 18 年（1929），城区撤销，与游孝、雨钱区合并为第一区，改隅、坊为里。民国 21 年（1932），城内分设 7 镇。民国 23 年（1934），合并为城东、城西镇。民国 27 年（1938），第一区复称城区。抗日战争胜利后，城东、城西镇合并，称鹿山镇。1949 年 5 月，鹿山镇改为城关镇，为嵊县人民政府驻地。1992 年 5 月，撤销临城区、新市乡、新明乡、中爱乡、城郊乡、新联乡、城溪乡，并入城关镇。1995 年撤县设市后，为嵊州市人民政府驻地。2001 年 12 月，撤销城关镇、浦口镇、三塘乡，设置剡湖、三江、鹿山、浦口四个街道，由市政府直管。2004 年 11 月，将三江街道新明工作片 14 个（2007 年调整为 8 个）行政村和中爱片上杨村委托经济开发区代为管理。2009 年 8 月，三江街道三塘片 6 个行政村委托开发区代为管理，城南建管委和三江街道实行“两块牌子，一套班子”的管理体制。2011 年 6 月，城南建管委和三江街道合二为一，更名为城南新区管委会（三江街道）。7 月，剡湖街道碑山村委托温泉旅游度假区代为管理。2014 年 3 月，嵊州经济开发区管委会和浦口街道办事处合署办公，统称为嵊州经济开发区（浦口街道）管理委员会。2018 年，市区面积 217.41 平方千米，81057 户，237282 人，30 个城市社区、居民委员会，71 个行政村。2019 年 7 月调整为 33 个城市社区、居民委员会，38 个行政村。2020 年 4 月调整为 34 个城市社区、居民委员会，38 个行政村。2021 年 6 月调整为 35 个城市社区、居民委员会，38 个行政村。2022 年 11 月调整为 45 个城市社区、居民委员会，38 个行政村。

（市志室 裘芳）

行政区划

【概况】嵊州市下辖4个街道（浦口街道、剡湖街道、三江街道、鹿山街道）、10个镇（三界镇、甘霖镇、崇仁镇、长乐镇、黄泽镇、石璜镇、谷来镇、仙岩镇、金庭镇、下王镇）、1个乡（贵门乡）。

【界桩界线联检】2022年，市民政局联合诸暨市民政局及属地乡镇、村完成诸嵊线行政区域界线界桩联检工作，界线、界桩位置得到强化。同时与各乡镇（街道）界桩管理员签订行政区域界线界桩管理委托书，明确了上山日常巡查制度，确保界桩完好无损。（市民政局 朱洁琳）

人口概况

【年末实际人口】2021年年底，嵊州市15个建制街道、镇、乡上报人口总数为714469人，2022年年底，加减四项变动（出生、死亡、迁入、迁出）后，年末嵊州实际总人口数为709739人。

【人口及变动情况】2022年末，全市共有254487户709739人，其中男性361700人，女性348039人，男女性别比例为1.04∶1。2021年12月1日至2022年11月30日，全市出生2870人，其中男性1485人，女性1385人，出生率为4.03‰；死亡6637人，其中男性3816人，女性2821人，死亡率为9.32‰；自然增长率为-5.29‰。迁入12150人，其中省外迁入1174人，省内迁入10976人；迁出13126人，其中迁往省外608人，迁往省内12518人。

表1　2022年度嵊州市人口及其变动情况表

街道（乡镇）	期末总户数（户）	期末总人口数（人）		
		合计	性别	
			男	女
浦口街道	11647	35985	17677	18308
剡湖街道	27926	77024	37511	39513
三江街道	28491	78374	37382	40992
鹿山街道	19696	57741	28233	29508
三界镇	17453	55117	28153	26964
甘霖镇	28751	79778	40744	39034
崇仁镇	27005	72967	38593	34374
长乐镇	24067	60311	31403	28908
黄泽镇	14508	41889	21621	20268
石璜镇	11960	31913	17080	14833
谷来镇	11140	32236	16913	15323
仙岩镇	5261	14123	7510	6613
金庭镇	14445	39531	21143	18388
下王镇	4305	11807	6419	5388
贵门乡	7832	20943	11318	9625
合计	254487	709739	361700	348039

（市公安局 徐春潮）

年度主要天气气候事件

【降雪和强冷空气过程】主要冷空气过程有3月16日至18日、4月12日至14日、10月3日至5日、11月12日至14日、11月28日至12月1日、12月16日至18日，日平均气温过程降温幅度8℃~16℃。11月28日至12月1日受寒潮影响，全市出现剧烈降温、降水及大风天气，嵊州站日平均气温过程降温15.7℃，12月1日最低气温降至0.5℃，全市平均雨量61.4毫米，凌晨时段山区出现雨雪转换，降水同时伴随大风，全市共9个站点出现 8 级以上大风。12 月 16 日至 18 日受寒潮影响全市出现强降温、低温冰冻及大风天气，嵊州站日平均气温过程降温 8.4℃，18 日最低气温平原 -4℃ ~ -6℃，山区 -7℃ ~ -9℃，有严重冰冻，有 2 个站点出现 8 级以上大风。

【强对流、强降水】 6 月 24 日下午，嵊州市前后共经历东南部雷暴大风、城区冰雹、全市飑线共 3 次强对流过程，出现明显雷雨大风、短时强降水及冰雹天气。16 时至 17 时谷来镇等地先后出现 10 到 20 分钟小冰雹过程，观测到冰雹最大直径 30 毫米。全市平均雨量 20 毫米，6 个站点雨量超过 40 毫米，最大浦口眠牛弄水库雨量 46.9 毫米。全市均出现不同程度雷雨大风，共计 21 个站点出现 8 级以上大风。7 月 24 日 15 时至 18 时，嵊州市出现明显雷雨大风、短时强降水天气，全市平均雨量 5.2 毫米，4 个站点雨量超过 30 毫米，最大雨量为金庭念宅 58.8 毫米，小时雨强最大为金庭念宅 50.7 毫米；29 个站点出现 8 级以上大风，其中崇仁淡山 10 级。

【台风】 2022 年对嵊州影响较大的台风有 2 个，分别为“轩岚诺”和“梅花”。台风“轩岚诺”期间（9 月 2 日 8 时至 5 日 20 时），全市平均雨量 119.8 毫米，11 个站点雨量超过 200 毫米，最大雨量为下王覆卮山 371.7 毫米；13 个站点出现 8 级以上大风，其中牛团仓、白岩风力 10 级。台风“梅花”期间（9 月 12 日 8 时至 15 日 5 时），全市平均雨量 169.4 毫米，2 个站点雨量超过 400 毫米，最大下王镇覆卮山 630.3 毫米；27 个站点出现 8 级以上大风，最大风力为仙岩镇白岩 11 级。“梅花”对东部乡镇（街道）造成严重影响，9 月 13 日起，四明山区普降大暴雨，其中下王镇出现特大暴雨，引发里东江小流域山洪，下王、金庭、仙岩、浦口 4 个镇（街道）受灾人口 4.8 万余人，风雨综合致灾强度达到了特重（1 级）。全市共提前转移 11621 人，处置险情 49 起，无人员伤亡。

9 月 13 日，受台风“梅花”影响，下王镇部分道路坍塌，图为处理现场

【夏季高温】 6 月 26 日出梅后，以晴热高温天气为主，出现 35℃以上高温日数为 55 天，其中 8 月 2 日至 26 日连续 25 天出现 35℃以上的高温天气，嵊州站 8 月 23 日最高气温为 41.4℃，为该站有记录以来历史第二位（历史第一为 2013 年 8 月 11 日 42.7℃）。

（市气象局　贾安琪　姚佳骏）

中国共产党嵊州市委员会

重要会议

【市委十五届二次全体（扩大）会议】 1月27日，市委召开十五届二次全体（扩大）会议暨市委经济工作会议。市委常委会主持会议。市委书记徐建役讲话，市委副书记裘建勇部署2022年经济工作，市委副书记屠强出席。会议坚持以习近平新时代中国特色社会主义思想为指导，深入学习贯彻党的十九届六中全会、省委十四届十次全会和绍兴市委八届十二次全会精神，全面贯彻落实中央、省委、绍兴市委经济工作会议和市第十五次党代会工作部署，听取和讨论徐建役受市委常委会委托作的工作报告。会议总结2021年工作，部署2022年任务，审议通过《中共嵊州市委关于深入学习贯彻党的十九届六中全会精神以走在前作表率姿态争当"两个确立"忠诚拥护者"两个维护"示范引领者的决议》。会议号召全市上下更加紧密团结在以习近平同志为核心的党中央周围，深入学习贯彻党的十九届六中全会精神，以走在前、作表率的姿态，争当"两个确立"忠诚拥护者、"两个维护"示范引领者，以"开局就要决战、起步就要冲刺"的精神状态，踔厉奋发、笃行不怠，奋力挺进现代化网络型山水城市建设新征程，以优异成绩迎接党的二十大胜利召开。

【全市基层党建工作会议】 1月29日，全市基层党建工作会议召开。市委书记徐建役在会上强调，要深入学习贯彻习近平总书记关于基层党建的重要论述精神，坚决落实新时代党的建设总要求和党的组织路线，按照全省、绍兴市基层党建工作会议部署，大力弘扬伟大建党精神，深入实施"红色根脉强基工程"，牢固树立"大抓基层、重抓党建"的鲜明导向，以高质量党建为建设更高水平"五个嵊州"、打造共同富裕县域样板、奋力谱写现代化网络型山水城市建设新篇章提供坚强保障。

【全市"三个年"活动推进大会暨"三比三争"动员部署会】 2月9日，全市"三个年"活动推进大会暨"三比三争"动员部署会召开。市委书记徐建役在会上强调，坚持以习近平新时代中国特色社会主义思想为指导，深入贯彻党的十九大和十九届历次全会精神，忠实践行"八八战略"、奋力打造"重要窗口"，牢牢紧扣"五个率先"、着力建设"五个嵊州"，以"拉满弓、绷满弦"的奋斗姿态和"开局就是决战、起步就要冲刺"的奋战状态，坚持"三比三争"，深入推进"三个年"活动，努力交出经济社会发展高分报表，确保现代化网络型山水城市建设开好局、起好步，以优异成绩迎接党的二十大胜利召开。会议强调，2022年工作要紧扣省委"稳进提质、除险保安、塑造变革"要求，突出"三比三争"工作导向，深入推进"三个年"活动，确保现代化网络型山水城市建设开好局、起好步。

【全市民营经济暨制造业高质量发展大会】5月20日，全市民营经济暨制造业高质量发展大会召开。市委书记徐建役在会上强调，要深入学习贯彻习近平总书记关于民营经济发展和实施制造强国战略的重要论述精神，全面落实省和绍兴市有关会议精神，进一步坚定发展的信心和决心，踔厉奋发、笃行不怠，奋力谱写嵊州民营经济和制造业高质量发展新篇章，为建设现代化网络型山水城市、打造共同富裕示范区县域样板提供强大支撑，以优异成绩迎接党的二十大胜利召开。全市上下要始终坚持“两个毫不动摇”方针，构建坚强有力的保障环境、稳进提质的政策环境、新型亲清的营商环境和公正阳光的法治环境，切实营造民营经济和制造业高质量发展的良好环境。

【全市稳进提质攻坚行动工作会议】7月4日，全市稳进提质攻坚行动工作会议召开。市委书记徐建役在会上强调，稳进提质攻坚战是省委省政府落实习近平总书记“疫情要防住、经济要稳住、发展要安全”重要指示的具体抓手，是破解当前复杂严峻经济形势的“组合拳”，也是促进长远发展的重大机遇，更是贯彻落实省第十五次党代会精神、推进“两个先行”交出的第一张成绩单。必须站在“两个维护”的政治高度、贯彻落实省党代会精神的战略高度、抓实“三个年”和坚持“三比三争”的现实高度，锚定目标聚力攻坚，进一步巩固经济稳进提质良好局面。要科学设定工作目标，强化经济运行调度，全力补齐各项短板， 在“稳增长、补短板”上聚力攻坚。要进一步加快政策集成落地，加大驻企服务力度，推动企业转型升级，在“强服务、增信心”上聚力攻坚。要强化项目招引，提速项目建设，加强项目储备，在“抓项目、扩投资”上聚力攻坚。要强化向上争取力度、要素支持保障和金融服务保障，在“争要素、优保障”上聚力攻坚。要想方设法留住出口货源，大力培育外贸新增长点，促进消费持续回暖，在“稳外贸、促消费”上聚力攻坚。要全力保障基本民生，推动房地产市场平稳健康发展，全力以赴防范风险，在“惠民生、防风险”上聚力攻坚。全市上下要把推进经济稳进提质作为当前省党代会精神在嵊州落地落实的主战场，进一步健全组织领导机制、工作推进机制、晾晒评比机制和督查考核机制，切实把学习贯彻成果转化为打好攻坚行动的强大动力、具体行动和工作成果。

【市委十五届三次全体（扩大）会议】8月12日，市委十五届三次全体（扩大）会议召开，市委书记徐建役代表市委常委会作报告，并在全会结束时讲话。市委副书记裘建勇、屠强出席。会议高举习近平新时代中国特色社会主义思想伟大旗帜，全面贯彻省第十五次党代会和绍兴市第九次党代会、九届二次全会精神，坚定不移做“两个确立”忠诚拥护者、“两个维护”示范引领者，以绝对忠诚之心牢牢守好“红色根脉”，以感恩奋进之心忠实践行“八八战略”，坚定扛起“两个先行”使命担当，在高质量发展中加快建设现代化网络型山水城市，以优异成绩迎接党的二十大胜利召开。全会审议通过《中共嵊州市委关于忠实践行“八八战略”坚决做到“两个维护”在“两个先行”新征程中走在前作表率的决议》《关于加快建设现代化网络型山水城市的实施意见》。（市委办　竺慧俐）

办公室工作

【概况】2022年，市委办公室坚持以习近平新时代中国特色社会主义思想为指导，深入学习贯彻党的二十大、省第十五次党代会和绍兴市第九次党代会精神，围绕市委各项决策部署，落实“五个坚持”要求，发挥“四最一中枢”的关键作用，在围绕中心、服务大局中进一步提升谋划统筹能力、以文辅政能力和督查督办能力，保障市委各项工作统筹有序开展。

【服务保障】一是会务承办。全年完成市委全会、书记专题会议、市委常委会会议和全市“三个年”活动推进大会暨“三比三争”动员部署会等各类会议活动的筹备工作503场次，以及全国人大常委会副委员长吉炳轩、中央考察组、省长王浩、省委副书记黄建发、省委组织部部长王成、省纪委书记傅明先和比亚迪集团董事长王传福等上级领导和重要客商到嵊州调研重要接待活动69次。同时，严格落实精文减会相关要求，从严控制一类、二类、三类会议数量。二是值班协调。做好市委、市政府总值班室值班值守工作，第一时间收集、梳理、上报、反馈、处理重大敏感信息、机要急情，协调有关部门、属地及时处理各类突发事故和紧急事件。三是后勤保障。立足工作实际，备齐备足各类通信硬件设施，不断夯实硬件基础，确保密码通信的安全和畅通，确保办公室有序运转。全年累计译收办理各类文电4000余份，调试、保障视频会议200场次，均实现“零差错”。

【以文辅政】 一是文稿撰写。完成市第十五次党代会、市委十五届二次和三次全会报告等领导讲话稿、汇报材料300余篇。《全面推进数字化改革，引领县域现代化先行》《打造“四港”联动枢纽节点城市，服务构建新发展格局》《擦亮绿色生态本底，建设全域花园美丽之城》《实施“十大行动”，打造共同富裕县域样板》等4篇文章刊载于《记忆绍兴》。二是公文把关。以无延误、无滞留为基本要求，严把公文起草关、审核关、收发关、办理关，确保公文快速有序流转。2022年，全市累计制发重点精简的三类文件230个，比往年有所下降。三是信息报送。全年累计省委办录用信息34篇，绍兴市委办录用103篇，刊发《嵊州动态》232期，刊登每日简报信息500余篇，上报紧急信息40余条。同时，做好市四套班子月度工作交流会、市领导及乡镇书记一周工作预安排、双休日工作小结、市委书记大事记等资料编撰，全年实现“零差错”。

【督查督办】 一是督查问效。制订《2022年度全市督查检查计划》，进一步完善交办督办落实反馈机制和红黄牌警示督办机制，全年累计开展督查340余次，发出工作督办单8份、各类通报63份。持续抓好领导批示精神落实，逐条记录、分析和交办，全年共办理绍兴市委主要领导批示件320余件，嵊州市委主要领导批示件340余件。二是优化考核方式。坚持强化过程管控，突出专项考核，优化考核机制，印发2022年度目标责任制考核办法，推动各项阶段性目标任务顺利完成，发挥专项考核的指挥棒作用。三是坚持党建统领，“七张问题清单”走深走实。将“七张问题清单”作为抓党建带全局的关键性抓手，构建高效协同的工作体系和闭环管控的整改体系，压紧压实各相关单位工作责任，加强协同联动，不断提升问题整改质效。截至2022年年底，省下发牵头整改问题6个，完成整改5个，完成率83.3%；绍兴市下发牵头整改问题136个，完成整改95个，完成率69.9%；嵊州市级录入问题217个，完成整改214个，完成率98.6%。建立示范案例预备库，挖掘提炼典型案例，实行动态更新、逐项推进，全年4个案例入选绍兴市示范榜。

【数字赋能】 依托一体化智能化公共数据平台，深化推动党政机关整体智治综合应用建设。一是加强组织领导。建立党政机关整体智治系统专班，组建市委办服务党政机关整体智治系统工作专班，优化服务机制，确保改革工作顺利推进。二是推进应用建设。开展各部门核心业务以及全市重点工作项目梳理工作，形成核心业务目录和“两单两图”，全年累计深化完成拆解核心业务1821项；围绕上级重大专项部署开展事项梳理，完成重大任务梳理事项286项。全力抓好省市“七张问题清单”“浙里好干部”“浙里兴村治社”等重大应用承接贯通。结合嵊州特色，谋划推进“浙里民情”、“招生安”大数据监督、“大综合一体化”行政执法纪检监察嵌入式监督、“首席数据官”、“暖心乡贤一件事”和“个人全生命周期档案”等六大特色应用。三是总结提炼向上争取。“大综合一体化”行政执法纪检监察嵌入式监督应用、“招生安”大数据监督应用和“个人全生命周期档案”综合智治应用等3项内容获省厅级以上试点；“浙里民情”等做法被上级期刊刊发；制定出台《关于全面推广使用“浙里民情”场景应用的通知》等12项配套制度成果，嵊州党政机关整体智治基础不断夯实。

（市委办 樊骏笠）

组织工作

【概况】2022年，全市组织工作在市委的正确领导下，紧扣喜迎党的二十大主题主线，以数字化改革为牵引，在变革重塑中创新突破，在创新突破中整体提升，各项工作迈上新台阶。至年底，全市有基层党组织2839个，其中党委（党工委）235个，党总支214个，党支部2390个，党员55866人，其中女党员14685人。

【护航大局】抽调340余名干部参与未来社区征迁、信访百日攻坚等中心工作，选派990名驻企服务员、15个专家团组护航经济稳进提质，建立完善“平战一体、先锋亮旗”长效机制，助力打赢“11·22”疫情防控阻击战。开展“党建助跑共富”行动，深化党建联建和共富工坊建设，打造“共富飨铺”等特色平台106个，全市241个行政村经营性收入均达到50万元。

【思想教育】围绕学习贯彻习近平总书记重要指示批示精神，实施政治铸魂、提能促变、整体智训、增智赋能等“四大行动”，以疫情防控、数字化改革等为主题举办主体班次20个，调训干部同比增长12.5%。深入学习贯彻党的二十大精神和省第十五次党代会精神，全覆盖推进基层党组织“七个一”活动，制定出台组织系统争先示范行动12条举措。

【干部队伍建设】坚持抓人促事，搭建“擂台比武、实绩比评、单项冠军”三条赛道，开展“晾晒评比”“爱嵊州、加油干”中层干部争一流等活动，推动干部创先争优。深入开展年轻干部“互换成长计划”，选派170余名优秀年轻干部到重大项目、重点工作岗位轮岗锻炼，健全选调生“育管用”全链条体系，优秀年轻干部“基本盘”不断扩大。深化领导干部“四考合一”综合评价体系，实施领导干部量化纪实监督制度，及时调整不适宜任职的领导干部，推动干部能上能下。

【干部监管】深入推进省委巡视反馈问题整改，有序做好“三超两乱”规范化清理工作。扎实开展政治制度落实情况、违规津补贴发放等多轮专项督查，结合新一届市委巡察工作，对11家单位开展巡察选人用人专项检查。组织开展领导干部年度个人有关事项填报和家产家事动态监督管理，609名市管领导干部实现全覆盖。规范中层干部选拔任用程序，完成64批次中层干部选拔任用审核监督工作，有效防止和抵制各种不正之风。

【公务员管理】持续巩固公务员职务与职级并行成果，用好职级晋升“政策包”，发挥表彰奖励示范引领作用，市生态环境分局何晓获评“省人民满意的公务员”。注重基层导向和高素质专业化需求，持续加大应届生和“双一流”选调生考录力度，高质量完成公务员招录工作。推进公务员平时考核，市人民法院、黄泽镇、石璜镇3家单位入选绍兴市级公务员平时考核工作示范点。

【民情日记】深入贯彻习近平总书记关于民情日记的重要指示精神，着力推进新时代民情日记体系建设，建成民情日记实践中心，与省委党校合作建立干部教育学院现场教学点。迭代升级“浙里民情”场景应用，相关做法在《浙里改》刊登，并被省委改革办推荐至中央深改办，被省委组织部纳入“浙里干部之家”子场景，获评2022年度绍兴市数字化改革“最佳应用”。建立“民情大走访”等制度，推动干部深入了解记录民情，民情日记工作获中央政治局委员、时任浙江省委书记袁家军批示肯定。

【基层基础】深化“强基富乐”工程，纵深推进现代社区建设和党建统领网格智治，打造1090个网格、7103个微网格，选配“1+3+N”网格团队，推进村社“四中心”建设，高标准打造慧民、龙会、桃源等一批现代社区示范阵地。抓实村社干部日常管理，举办季度村社书记交流会，激励“头雁”互比争先。完成农村发展党员违规违纪排查整顿，全面加强流动党员摸排工作，创新“积分管理”模式，确保流动党员应管尽管。

【两新党建】持续开展“克难攻坚抓覆盖”行动，通过区域联建、龙头领建等方式，新建单建党支部27个、联建党支部21个，新增覆盖非公企业130家，50人以上、规模以上企业党组织覆盖率80%以上。深入开展"三型"党组织创建，全年新创建"三型"党组织140个，推动全市两新党建整体创优建强。巩固提升新业态新就业群体党建试点成果，分设交通运输和快递行业党委，紧扣"党建引领暖心服务"理念，打造爱心驿站"百站联盟"特色品牌，全年新增"e平方驿站"18个，嵊州市长运城乡公交公司农村物流党总支获评"浙江省快递物流行业党建示范点"。

【人才引育】 坚持人才工作"书记抓、抓书记"，高规格召开市委人才工作会议，建立人才计划申报工作"三级"动态通报机制。组建经信、科技、人力社保等部门多跨协同的引才工作专班，与8家中介机构签订引才协议，累计推介各类人才信息600余条。专班推进人才计划申报工作，入选国家引才计划10人，同比增长42%；入选省引才计划10人，同比增长400%；入选绍兴"名士之乡"英才计划22人、领军型团队3个。

【人才平台】 着眼三大传统产业和战略性新兴产业协同创新发展，推进艇湖未来科创城开发建设，与浙江大学合作共建绍兴首个"蚕桑科技小院"，科创中心被认定为国家级科技企业孵化器，浙工大创新研究院连续两年荣获绍兴市绩效考评优秀。新建浙江理工大学嵊州研究院，与武汉大学、西安交大、西安美院签订人才战略合作协议，着力推进产学研用全生态合作。举办第六届嵊州市创业创新大赛，启动"才聚嵊州·矩阵引才"云招才计划，组织开展高校引才专列、人才夜市、上海高校招才引智等系列活动，新增就业高校毕业生1万余人。

【人才生态】 持续加大人才政策支持力度，迭代升级人才新政5.0版，及时出台补充意见及实施细则，"越快兑"兑现政策资金1.17亿元。优化其他类人才子女就学认定标准，切实帮助企业人才解决"关键小事"。制定出台加强疫情防控期间人才招引工作7条意见，实行重点人才工作推进例会制度，常态化开展"访百企、送政策、优服务、促引才"专项行动，为人才创新创业营造最优生态。

【自身建设】 深入推进数字组工建设，贯通使用浙里干部之家、浙里好干部、浙里红色根脉强基工程等应用。开展"找差距、补短板、扬优势、争一流"活动，定期晾晒评比、分析研判，推动形成比学赶超良好氛围。健全组织工作重点任务推进机制和闭环考核机制，推行"马上就办、事不过夜"工作作风。定期组织开展组工讲堂、支部主题党日等活动。（市委组织部 黄越淙）

宣传工作

【概况】 2022年，嵊州市宣传思想文化战线突出学习贯彻党的二十大主题主线，担当起举旗帜、聚民心、育新人、兴文化、展形象的使命任务，着力打造思想理论高地、精神力量高地、文明和谐高地、文艺精品高地、文化创新高地，为建设更高水平"五个嵊州"、打造共同富裕县域样板、奋力谱写现代化网络型山水城市建设新篇章注入文化力量和精神动力。

【党的二十大精神学习宣传】 开展六学六进六争先——剡溪之声·学思践悟党的二十大精神集中宣讲活动，组织专题学习、宣讲500余场次。组织领导干部"识变、应变、求变"大讨论活动，各级各部门累计开展学习研讨1100余场次。全面启动"奋进新征程 建功新时代"大型主题采访，开设"贯彻落实党的二十大精神"专栏，推出五年成就系列报道、"一把手"访谈、"2022我们都是答卷人"访谈，全年推出主题报道500余篇。创作推出20名梅花奖演员参与录制的越剧版《一起向未来》，广播剧《核桃树之恋》在FM100.3首播。举办"喜迎二十大·携手共富路"2022年嵊州市群众文艺创作大赛，开展"喜迎二十大，争做好网民"等线上活动。

【越剧传承发展】 统筹推进越剧申遗，谋划越剧体制机制改革。越剧文化生态保护区创建为浙江省文化传承生态保护区。组织开展"越耀剡溪 成就未来"——纪念袁雪芬诞生100周年暨致敬越剧改革80周年系列活动，举办第五届中国越剧艺术节闭幕式。与浙江卫视联合推出《中国好声音》越剧特别季，直播累计观看人次逾9500万。越剧《核桃树之恋》赴北京、西安、杭州等13个重点城市开展巡演。越剧电影《汉文皇后》完成前期拍摄。越剧小戏《“一把手”上门》获浙江省第十一届群众戏曲小戏大赛银奖。出版越剧“非遗”传承普及读本《品味越剧》《百年越剧图说》。推动越剧博物馆新馆建设，新建“爱越小站”30个。中国越剧之乡（嵊州）被列为首批浙江文化标识培育项目。

【文化工作】 3月，市委召开文化工作会议，动员全市上下学习贯彻习近平总书记关于文化工作的重要论述，贯彻落实省委、绍兴市委文化工作会议精神，高标准推进新时代文化嵊州建设。越剧《核桃树之恋》、广播剧《民族的号手——任光》入选省“五个一工程”奖。广播剧《核桃树之恋》获“学习强国”学习平台2022年全国县级融媒优秀作品二等奖。组织举办纪念《在延安文艺座谈会上的讲话》发表80周年暨刘文西“以人民为中心的创作”研讨会、“人口、经济和共同富裕”主题研讨暨马寅初140周年诞辰纪念活动，成立马寅初研究院。中国越剧之乡等三个项目获评省文旅厅文化基因解码“优秀解码项目”。“越剧小镇”文旅项目入选全省示范级文化和旅游IP。

【数字文化系统建设】 启动数字文化系统建设，成立数字文化工作领导小组。开发上线“数智文明创建”2.0、“数字+越剧（爱越剧）”、崇仁村建筑群消防安全数字化应用平台、“全嵊通”应用。“数智文明创建”获评第二批全省宣传文化系统重点应用、绍兴市数字化改革最佳应用，相关做法刊登于《新华每日电讯》，被舟山市岱山县复用。崇仁村建筑群消防安全数字化应用平台被纳入省“文物安全”应用场景建设“揭榜挂帅”首批试点项目。“全嵊通”项目被浙报集团列入“融媒通”协同内容生产县域场景试点。

【媒体融合】 加强与人民网、新华网、中新网等重点媒体战略合作，建立“融媒体联盟”，组建成立首批浙报集团融媒共享联盟微融站。7篇报道登上央视新闻联播，25篇报道在《浙江日报》头版刊发。完善落实“三情”联动机制，做好疫情防控宣传和权威信息发布，上线“战疫求助平台”，推出《主播说防疫 大家齐努力》系列短视频。“爱嵊州”直播社区（挺进服务最前沿 打通最后一公里）获评2022年长三角广播电视媒体融合传播力案例。市融媒体中心连续第二年获评全省“融媒中心20强”。全力打造“三美嵊州”抖音号，粉丝数逾10万人。

【精神文明建设】 开展文明窗口、文明农贸市场等文明示范典型创建活动，累计创建30类示范点位86个。抓好迎亚运攻坚“洁美行动”。完善提升各级文明实践阵地，印发《深化拓展新时代文明实践中心建设重点工作》《嵊州市村级新时代文明实践基金实施办法（试行）》，组织“浙江有礼·喜迎亚运·文明嵊行”第三届志愿服务项目大赛。做好文明典型选树，沈红平获第七届“浙江慈善奖”（志愿服务奖），送奶工郑待赎荣立浙江省见义勇为一等功，5人获评绍兴好人。打造“浙江有礼·文明嵊行”品牌，印发《“浙江有礼·文明嵊行”文明新实践实施方案》，发布“有礼地图”，王贤琴入选“浙江有礼·绍兴文明代言人”。

（市委宣传部 杨程怡）

统战工作

【概述】 2022年，市委统战部坚持“勇争先、强执行、开新局”工作导向，围绕“稳进提质、除险保安、塑造变革”工作大局推进统战工作。印发《全市统一战线认真学习宣传贯彻党的二十大精神的通知》，组织统一战线各领域开展党的二十大精神学习宣传贯彻专题活动。开展全市统一战线“三变”大讨论活动。建立市四套班子领导联络服务制度，每位市领导联系结对党派团体、异地商会和乡贤代表人士。举办“嵊世谱华章 同心铸辉煌”喜迎二十大·嵊州市统一战线大型中秋主题晚会。原创新歌《两棵树》被选送为2022年度浙江统战宣传好作品。选调1名年轻干部从事民族宗教工作，配强民族宗教工作力量。

【民主党派自身建设】 召开农工党、民建、民盟、民革年度工作会议，凝聚思想政治共识。民革嵊州市总支部委员会升格为民革嵊州市基层委员会。制定《关于推行各民主党派发展对象事前申报制和综合联审制的实施方案》《嵊州市民主党派发展对象资格审查操作办法》，创新实行事前申报制和综合联审制，严格把好民主党派入口关。加强党外代表人士队伍建设，召开组织部、统战部两部联席会议。梳理党外年轻中层干部、后备干部，新提拔副科级以上党外领导干部7名。

【参政协商】 制定出台《2022年中共嵊州市委与党外人士专题协商计划的通知》，开展专题协商7次。聘请10名党外代表人士担任“特约检察员”。围绕中心工作精准选题、建言献策，提案建议成果被省级以上平台录用11篇。市两会期间，共提交提案164件，同比增长65.6%。选送的“寻美绍兴”优秀短视频《赵洪：农田守望者》被中央统战部“寻美中国”平台转发。

【社会服务】 培育各民主党派“一派一品一基地”社会服务特色品牌，4个党派实现社会服务基地全覆盖。农工党贵门乡基地入选首批全省唯一的农工党中央社会服务基地；农工党中央专职副主席曲凤宏率队到嵊州考察调研社会服务；承办农工党浙江省委会建设高质量社会服务基地推进会暨全省社会服务工作会议；农工党浙江省委会联合浙江省油画院在贵门乡挂牌浙江省油画院创作基地，并举办“之江同心·浙爱无痕”创作基地揭牌仪式。民盟省委会助力乡村振兴实践基地在谷来镇揭牌，民盟“雏鹰·关爱之家”“药榧共生”新模式做法获副省长成岳冲批示肯定。民建建立“青蓝营”基地，民革“博爱牵手 候鸟筑梦”共富实践基地揭牌启用。

【民族团结】 创新谋划中华民族共同体体验馆项目——沉浸式越剧服饰智能换装项目。谷来镇马溪村“石榴红”家园项目纳入省民宗委民族发展资金重点项目。打造“之江同心·石榴红”家园、驿站、工作室、宣讲团、志愿服务队各3个，创建绍兴市民族团结进步重点培育单位2家。

【宗教领域安全稳定】 依法查处非法宗教、境外渗透活动3起，事先发现并及时制止非法传教活动2起，会同公安部门开展邪教集中收网行动，全面排查大学生校外租住房周边非法宗教活动、涉宗教领域牌位供奉等情况。深入实施“十百千万”普法工程，组织宗教界举办各类普法教育、反恐演练等活动60余场次，参与人数超1万人次，推荐申报省级宗教普法示范点、普法基地各1处。围绕宗教中国化“151”体系，申报推荐省级宗教中国化场所2家。完成绍兴和嵊州市级“七张问题清单”问题整改销号，限期整改宗教领域各类安全隐患504处，做好宗教领域消防安全、疫情防控、“大综合一体化”改革等各项工作。

【乡贤工作】 组建异地商会筹建工作专班，新成立贵州、长沙2家嵊籍异地商会。开展新一轮嵊籍乡贤全面摸排，根据行业性质，分类整理形成信息库，共入库七类乡贤数据1670余人。举办第五届嵊州越商大会，邀请在外嵊籍乡贤代表、异地商会代表等 255 人参会，签约比亚迪二期等项目18个，总投资达275.4亿元，乡贤招商做法在绍兴市委统战工作会议上作典型发言。实施新乡贤带富工程，打造禾下土、比亚迪、纳米抗体等一批共富示范基地，越剧传承创新发展基金、上市公司公益基金等13支共富基金共发放近1400万元，助推文化、教育、养老扶困事业发展。发挥乡情乡谊联系纽带作用，春节、中秋等节日期间开展重点乡贤及其家属走访慰问活动，组织乡贤直系亲属健康体检。推选“嵊商回乡创业功臣”、“服务家乡招商引资功臣”和“天南地北绍兴人”人选15名，激发广大乡贤的爱乡之情和报乡之志。

【服务企业】 举办“亲·清”讲堂，实施新生代企业家“双传承”计划和“青蓝接力工程”，完善新生代企业家“导师制”，组织新生代企业家到知名企业考察。每季度开展统一战线同心·企业服务月活动，走访企业405家次，梳理并协调解决土地指标不足、招工难、留才难等问题170余个。开展2022年万家民营企业评营商环境问卷调查，举办“亲清直通车·政企恳谈会”3场，助力营商环境持续优化。赴丽水市青田县开展“助力26县跨越式发展·促进共富共进”活动，嵊青两地达成合作协议2项。

【服务侨胞】 召开嵊州市归国华侨联合会第五届第五次全体委员会议。组织开展“侨心向党·跟着总书记读好书”主题读书月活动。开展浙江省基础侨情信息调查工作，采集涉侨代表人士和侨资企业信息。开展“发展侨胞人才优势，助推嵊州经济发展”“挖掘海外资源，拓宽引资渠道”调研及专题协商。开展“百侨助百村”结对活动，推动7家侨资企业和村社结对，推进共同富裕。根据国际形势，摸排嵊州籍侨胞、留学人员及其他旅外人员，联系引导其安全撤离。持续开展“我为侨企解难题”三服务走访活动。做好高考“三侨生”身份确认等工作。（市委统战部 邢燕君）

改革工作

【概况】 2022年，全市共新增省部级试点1项，省级部门以上试点45项，其中，数字化改革试点35项。3个场景（应用）被列入全省重大改革（重大应用）“一本账S2”，5个应用入选《绍兴市数字化改革重大应用六十例》。“非标油”偷逃税监督模型在全国检察机关数字检察工作会议上汇报演示，并获全国检察机关大数据法律监督模型竞赛一等奖。《嵊州市数字技术赋能智慧小区建设，提升基层社区治理水平》在国务院办公厅《电子政务工作简报》刊发。“数字家庭医生”应用入选省“一地创新、全省共享”“一本账S0”，区域协查管控应用上线省精密智控平台并全省推广，严重精神障碍患者管理服务（实战落地）列入省数字法治系统“一本账S3”。

【改革延伸扩面】 教育领域依托省公权力大数据监督应用，抓住子场景“招生安”应用建设试点契机，联合打造“招生安”大数据监督应用建设项目，迭代升级“入学入园一件事”，推进阳光招生。打造“校食安”应用，构建校园食材标准化智慧监管体系，守护校园“舌尖上的安全”。卫生领域建设“数字家医”“浙里健康e生”“医价通监测集成应用”等数字化改革标志性成果，探索推进家庭医生签约服务和医保支付方式相结合的管理模式，走深走实惠民健康服务“最后一公里”。金融领域谋划建设嵊州小吃“共富”数智服务场景应用，实现对蚂蚁金融、收银系统等多个系统间数据和业务融合，提供嵊州小吃全产业链智慧服务。国有企业依托浙政钉自主研发上线“国企员额智管”掌上应用平台，发挥数智管理、智能分析、智慧监管三大功能，提升国企员额整体智治水平。事业单位聚焦数字化改革行政服务、产业服务、民生服务3条跑道，组织开展数字化改革需求摸排，以事业单位数字化改革“三张清单”为载体，梳理改革应用场景，构建事业单位数字化改革重大应用“一本账”，推动“一本账”迭代升级。

【重点任务指标推进】 一是坚持“三位一体”，明确“6+1+1”系统（平台）和各级各单位重点任务指标，设立八大类改革项目清单，30个省、绍兴市牵一发动全身改革项目全面承接推进，16个市领导领衔改革领跑计划项目扎实推进，系统、部门、镇街协同联动，各系统、各单位专班化推进本领域、本单位重大改革（应用）。二是推动重大应用建设和贯通，按照“省统建、市县贯通”“一地创新、全省共享”要求，对照2022年全省重大改革（重大应用）“一本账S2”时间节点，对照贯通要求开展自查自纠。三是大脑建设水平提升，提升“数据”资源质量，市级公共数据平台建成运行，初步具备支撑全市数字化改革多跨场景应用能力。依托绍兴市城市大脑云资源平台，采用托管模式建设嵊州市云资源平台，建设完成嵊州市视屏赋能共享平台与公共数据平台，并推进实景三维共享平台建设。四是干部塑造变革能力增强，学习《数字化改革概论》《数字化改革理论文章选编》，开展数字化改革专题培训会，增强提高领导干部用数据说话、用数据决策、用数据管理的能力。

（市委改革办 王蓉）

机构编制工作

【概况】2022年，嵊州市审议批复机关事业单位、国有企业请示71件。核准批复机关事业单位年度用编计划707名、国有企业员额年度使用计划47名。办理机关事业单位人员入编884人次，出编1089人次，审核部门、乡镇（街道）中层干部职数90家。办理机关事业单位编外人员入编228人次，出编195人次。办理国有企业员额增加213人次，减少192人次。出台《嵊州市部门执法人员编制“县属乡用”管理办法（试行）》《关于明确市级部门执法队伍“县属乡用”编制的通知》等文件，全面推进“大综合一体化”行政执法改革工作。出台《关于加强乡镇（街道）编制统筹管理深化基层管理体制改革的实施方案》，推进嵊州市基层管理体制改革工作。出台《嵊州市事业单位数字化改革实施方案》，培育事业单位优秀数字化改革项目，努力打造全省先进标杆。

【“大综合一体化”行政执法改革】3月，出台《关于嵊州市“大综合一体化”行政执法改革机构编制调整的通知》（嵊编〔2022〕5号），撤销能源监察大队、住房城乡建设执法稽查大队、民政综合行政执法大队、劳动保障监察大队、水政执法大队等5支执法队，全面构建“1+8”执法队伍体系，共计精简执法人员编制41名。5月、7月相继出台《关于印发〈嵊州市部门执法人员编制“县属乡用”管理办法（试行）〉的通知》（嵊编办〔2022〕10号）和《关于明确市级部门执法队伍“县属乡用”编制的通知》（嵊编办〔2022〕18号），明确“县属乡用”编制564名，8月、10月联合纪委、组织部、司法局等部门对人员下沉情况开展专项督查，推动乡镇（街道）执法力量到位。推进行政监管事项认领和行政检查事项覆盖工作，认领率、覆盖率均达到100%。

【基层治理系统建设】根据《浙江省“141”基层治理体系迭代升级工作指南（试行）》《关于深化“县乡一体、条抓块统”改革推进基层治理系统建设的实施意见》等文件精神，在社会矛盾纠纷调处化解中心基础上，迭代升级组建正科级事业单位——嵊州市社会治理中心，主要承担“162”体系与“141”体系衔接贯通的枢纽功能，依托基层智治大脑对党建统领、经济生态、平安法治、公共服务4条跑道运行情况开展实时监测、预测预警，负责协调跨层级、跨地域、跨领域、跨业务、跨部门的重大矛盾纠纷化解和事件办理。综合考虑全市工作现状，将15个乡镇（街道）实行分类管理，按照“6+7+2”的模式划分为特大、较大、一般三类。12月，印发乡镇（街道）“三定”规定，推动内设机构优化重塑，在机构限额内统一构建“1+4+X”组织架构，其中“1”为综合信息指挥室，“4”为党政综合办公室、党建工作办公室、经济发展办公室、社会事务服务管理办公室，“X”为因地制宜设置的特色科室，并将所有内设科室“一对一”或“多对一”精准嵌入4条跑道。

【智慧编办建设】为规范国有企业用工管理，编办自主研发上线全省首个“国企员额智管”浙政钉掌上应用平台，出台《嵊州市国有企业员工实名制管理实施办法》《国企员额智管平台操作规程》等文件，将国企人员信息尽数归集，实现编办和国企数据信息互联共享。建立“国企申请、主管部门审核、编办核准”三级业务办理机制，用编申请、出入编登记、信息变更等业务实现线上办理、自动流转，并设置业务限时办结提醒、操作留痕追溯等功能。与市财政局、市人力社保局等部门建立联动协作机制，串联员额审批、人员录用（调配）、员工薪酬监管等环节，实现员额、人员、薪酬等一体化闭环管理。2022年，通过平台共办理国企员工入编108人次，出编93人次。

【机构编制调整】全年共召开编委会2次。准确把握现代化网络型山水城市的发展定位，聚焦经济发展、平台建设、生态环保、文化旅游等重点领域，坚持“撤一建一”原则，严控事业机构总量，及时调整、撤并职能弱化、职责相近的事业机构，着力优化事业单位布局结构。获批设立嵊州市温泉旅游度假区建设服务中心、嵊州市社会治理中心等2家正科级事业单位和嵊州经济开发区服务中心等1家副科级事业单位。经编委会审议，新设立嵊州市保密技术服务中心（挂嵊州市党政专用通信服务中心牌子）、嵊州市剡城中学、嵊州市蛟镇幼儿园、嵊州市干部人事档案管理中心、镇海中学嵊州分校、嵊州市马寅初研究中心、嵊州市医疗保障信息中心等7家正股级事业单位，撤销嵊州市能源监察大队、嵊州市住房城乡建设执法稽查大队、嵊州经济开发区招商投资促进中心、嵊州市谷来镇显潭小学、嵊州市鹿山街道小砩中学、嵊州市长乐镇绿溪中心小学、嵊州市非物质文化遗产保护中心（挂市越剧文化研究中心牌子）等7家正股级事业单位。

【事业单位章程制定】 按照“谁举办、谁负责”的原则，压实各举办单位、行业管理部门、事业单位的主体责任，严把章程起草、审核、核准、备案等程序，执行事业单位、举办单位、登记管理机关三轮审核制度，2022年完成全市374家事业单位章程制定，推动事业单位明晰权责、高效运转。

【编外用工管理】 由组织部牵头，编办、财政、人力社保等部门组成联合督查组，对编外用工招聘、使用、管理等方面进行检查，实地指导核查，单位13家，集中对账87家，共发现3大类18个问题，相关单位均制定整改方案，逐步整改销号。11月，出台《嵊州市机关事业单位规范编外用工管理实施办法》（嵊市委办发〔2022〕76号），进一步规范编外用工流程，提升用工效能。全面核定全市学校、医院编外用工控制数，确保编外用工管理全覆盖，提前完成嵊州市“十四五”期间3%的编外用工控制数核减任务。

【用编计划审核审批】 编制使用遵循全市面上动态平衡的原则，将有限的编制资源向经济发展和民生事业等重点领域倾斜，以事业人员补充为主，行政人员基本保持总量平衡。2022年，批复核准用编695名，其中包括行政事业招考149名、教师招聘91名、卫健系统招聘119名、编外用编276名。

【机构编制实名制管理】 做好实名制系统中的机构、编制、职数、批复文件等台账信息和人员信息日常维护更新工作。2022年，通过“一件事”平台办理机关事业单位人员入编884人次，出编1089人次，审核人员信息变更1669人次。

【中层干部职数管理】 严格规范中层职数配备和使用，根据“三定”规定、中层干部任职文件、中层干部名册、实名制管理系统信息，对各单位上报的中层职数使用申请仔细比对审核，全年共审核部门、乡镇（街道）中层职数90家。加强中层职数使用日常监管，要求各单位在中层职数调整后及时报备任免文件，提供最新中层干部配置情况表，同步更新实名制管理系统的人员信息，形成闭环。

【机关群团统一社会信用代码赋码】 2022年，办理机关群团统一社会信用代码赋码59件。完成全市420个事业单位中文域名的注册维护及充值工作，中文域名注册有效率达100%。

【事业单位登记管理】 通过“无纸化”线上年检实现全程“跑零次”，提前完成2021年度373家事业单位法人年度公示工作，公示合格率100%。办理事业单位法人的设立登记7家，变更登记116家，注销登记2家。按照3%的比例随机抽取11家不同领域的事业单位进行法人公示信息实地核查，听取法定代表人报告，切实强化事业单位事前事中事后全过程监管闭环。

（市委编办　许越婷）

老干部工作

【概况】 全年共有离休干部59人。其中安置外地3人，异地安置到嵊2人；男52人，女7人；抗日战争时期入伍11人，解放战争时期入伍48人。市行政事业单位39人（其中垂直部门1人），企业单位18人（其中垂直部门2人）。享受地（专）级待遇1人，享受副处（县）级待遇22人，病故11人。离休干部平均年龄93.3岁。其中90岁以上的57人。

【老干部待遇】 一是加强思想政治建设。召开老干部“喜迎二十大，展望新愿景”座谈会，组织开展“建言二十大”调研活动、“献礼二十大”文化活动、“学习二十大”宣教活动等，以“银领五星”党支部规范化建设为抓手，为共同富裕凝心聚力。二是深化离休干部“一人一策”精准服务工作机制。开展“冬送温暖”“春送健康·防疫关爱”“夏送清凉”“秋送祝福”四季关爱活动，上门走访服务老干部350多人次，帮助解决实际困难。组织开展老干部健康体检。加强与市卫健局以及相关医疗单位的跨界协同，完善和畅通老干部看病就医“绿色通道”机制，为老干部提供优质、高效的医疗服务。三是推进文化颐养。完成市老年大学综合改造工程，组建越韵银光合唱团，成立诗词朗诵队，开设16个专业、26个班，招生规模近1300名，1名老师被评为全省优秀教师，1幅作品入选全省十佳。组建嵊州老年教育联盟，12家市级部门以及涉老教育机构（单位）协同联动，启动老年教育资源统筹整合工作，加快向乡镇（街道）、村（社区）延伸覆盖，建成6所“家门口老年大学”。获评省级“银尚之家”1家、银尚达人2名、“乐活驿站”1家，获评绍兴市级“银尚之家”5家、银尚达人40名、“乐活驿站”3家。

【老干部活动】 一是开展专项培训。组织开展“银龄跨越数字鸿沟”专项行动和“全民反诈行动”集中宣传月活动，开设智能手机、电信网络反诈、健康养生等方面专题讲座，推广“浙里老干部”等应用场景，共培训2500余人次，丰富老干部“指尖”生活。二是助力共富建设。深化“促共富”系列活动，组织老领导开展“走基层、看变化、促发展”活动2次，助推市委中心任务在基层落地生根，引领更多老干部为“银耀剡溪·共建共富”增添更多“银耀动能”。三是唱响“银耀最美声音”。拓展志愿服务领域，将老干部志愿服务活动向农村、社区延伸，组织老年大学学员、老年书画研究会会员开展文化惠民活动，共赠送书画1000多幅，丰富群众精神文化生活，引领和带动银色正能量。四是开展才艺展示。组织“喜迎二十大、银耀共富路”才艺大展示活动，举办“喜迎二十大、国艺颂辉煌”老年书画、工艺美术作品主题展，全方位展示老干部共建共享共富的形象。老年大学师生编排的舞蹈和自创诗词获得2022年嵊州市群众文艺创作大赛二、三等奖。五是拓展助学内涵。做好青少年经济和心理帮扶工作，关心青少年健康成长。牵线结对资助特优贫困大学新生6名，开展筑梦基金公益助学“暖冬”关爱专项行动，慰问资助青少年学生30名。对100名受助学生开展心理评估，为6名大学毕业生择业和考研提出意见建议。六是开展红色教育。围绕精神谱系课程等主题，开展线上线下红色教育200余场，覆盖青少年10000余人次。开展“勿忘历史 强国有我”清明主题活动，8000余名中小学生参加，制作缅怀作品1200余件。开展“传承马老精神 争做强国少年”系列活动，纪念马老140周年诞辰直播间点播量达到4万余人。

（市委老干部局　周颖）

信访工作

【概况】 2022年，市信访局学习贯彻《信访工作条例》，以“一图（信访问题五色图）一指数（信访工作力指数）”为抓手，以社会治理中心为平台，运用数字化思维，推动信访工作体制机制更加健全、源头预防更加高效、解决问题更加及时、信访业务更加优化。“信访工作力指数”2次居全省各县（市、区）首位，“信访问题五色图”排名居全省前15位。

【健全信访工作体系】 建立健全党委统一领导、政府组织落实、信访联席会议协调、信访部门推动、各方齐抓共管的信访工作格局。各级各部门压实信访工作责任，深入贯彻落实《信访工作条例》，各镇街全部建立信访工作联席会议制度，强化疑难复杂信访事项的协调。同时，建立市委巡察机构与信访局工作协调机制，完善纪委监委和信访局联动的信访调处质量“酸辣督评”机制，典型做法被刊登于5月27日《浙江日报》。

【市矛调中心迭代升级】 8月，矛调中心迭代为社会治理中心，并升格为市委直属正科级事业单位，整合应急联动中心、基层社会治理综合指挥管理中心、公安110指挥中心、政务热线“12345”服务中心等资源，打造运行监测、矛盾调处、协同流转、应急指挥、督查考核、分析研判等功能一体联动、闭环管理的基层治理共同体，发挥“141”（一中心四平台一网格）体系在防范化解矛盾和信访问题中的重要作用，全域推进信访治理现代化。

【重大信访矛盾化解】 将重大信访问题清单指数作为重要抓手，完善闭环机制，全面压实压紧整改责任，提高精准度和实效性，推动重大信访矛盾化解。2022 年以来，共销号化解 1 件省级、9 件绍兴市级、16 件嵊州市级问题清单，销号率 100%。2 月至 10 月，历次全省排名均列前 20 位，其中 8 月份全省排名第 5 位。

【信访秩序维护】 贯彻全省依法维护信访秩序工作推进会精神，市信访联席会议牵头，健全市委政法委、市信访局、市法院、市检察院、市公安局、市司法局等共同参与的依法维护信访秩序工作领导机制。

【信访积案“百日攻坚”】 通过市级层面抓统筹，党政主要领导挂帅成立指挥部，实行市领导包案、专班化运作、扁平化指挥、多举措化解、高频率晾晒，推动骨头案、钉子案、疑难案、复杂案攻坚化解。累计化解国家级积案 185 件、省级积案 203 件，在 5 月、9 月、11 月实现三次动态巩固清零。

【重大活动期间信访保障工作】 着眼保障重大节会稳定，各级各部门全链条压实维稳安保责任，全领域梳理面上风险隐患，全体系强化信访维稳保障，通过建立领导下访接访约访工作制度，健全早预想晚回想的“双想”工作机制、信访积案包案化解工作机制，加大信访矛盾化解力度，切实维护重要节点时期全市信访秩序平稳有序。

【人民建议征集】 结合绍兴人民建议征集试点工作，明确职责分工，印发《嵊州市人民建议征集工作办法（试行）》，开展“浙智汇”场景应用培训，深化新时代民情日记，推进人民建议征集落地生根、见行见效。全年共发布 18 个主题征集、31 个专题征集、27 个民意调查，累计收到人民建议 2800 余条，嵊州市信访局被省信访局评为 2022 年人民建议征集工作成绩突出单位。

（市信访局 孙泽铭）

机关党建

【概况】 纵深推进“清廉机关、模范机关”建设，抓深抓实“双建”工作督查，市级部门（单位）、乡镇（街道）实现全覆盖，有效破解党建、业务“两张皮”问题。开展机关党建提升行动，打造“山脉党建”“桃李党建”等机关党建品牌，形成“党建引领、绿色提升”“党建业务互融、守护‘高山流水’”等机关主题党日活动特色案例。选优配强机关党组织班子队伍，完成全市 437 个党组织集中换届选举，实现班子结构功能“双强”。

（市委组织部 黄越淙）

党校工作

【干部教育培训】 市委党校全年举办“建设现代化网络型山水城市 打造共同富裕县域样板”能力提升班、新疆阿瓦提县“共同富裕·绍阿同行”头雁疆浙行“十百千”行动轮训班、全市科级干部学习贯彻落实省第十五次党代会精神培训班、嵊州市选调生能力提升班、全市机关党组织书记培训班等主体班次、备案班次和社培班次 60 期、6000 余人次，主体班次学员测评满意率 95%以上。

【干部心理关爱】 健全市干部心理健康关爱中心运行机制，承接各乡镇和部门开展干部心理关爱活动，创新开展疫情防控心理疏导等专题培训，通过线上推送心理健康知识和技能、“一对一”心理关爱热线等方式开展活动百余次。

【新型智库建设】 开展“聚共富 践先行”主题教研活动等系列教研活动 6 次；修订《教学科研奖励基金管理办法》，推动《家风家训建设与乡村振兴互进研究——以金庭王氏为例》《数字赋能乡村治理的实践及其启示——以嵊州“浙里民情”为例》等绍兴市级以上课题立项 2 项；《在浙江精神引领下推动越剧高质量发展》公开发表；1 篇学术文章被绍兴市委党校录入《共同富裕先行的绍兴实践》。

【民情日记研究】结合党的二十大报告，做好民情日记实践中心前期及后续展陈设计，完成“民情日记：群众路线的嵊州实践”“民情日记的科学与艺术”等2门精品课程开发，民情日记实践中心列入绍兴市委党校干部教育培训现场教学基地。

【红色根脉传承】转化浙东清风馆、帅丰电器等教学资源，丰富嵊州“红色专线”现场教学模式，服务全市乡镇（街道）和部门持续开展“红色专线”现场教学43场次2043人次。

【参与中心工作】完成白莲塘未来社区房屋征收工作；协助联系镇推进耕地“非农化”“非粮化”专项整治，做好“美丽嵊州实践日”服务活动。常态化参与全国文明城市“红立方”志愿服务，深入联系企业、村（社区）开展“三驻三服务”。

（市委党校 韩若冰）

档案工作

【概况】至2022年年底，市档案馆保管文书档案322个全宗320125卷、844431件，资料14655册，照片档案22013张，录音录像档案26盘，实物档案656件。

【档案接收与保护】一是有序推进文书档案规范化接收。下发2022年档案接收计划，加强现场业务指导。全年接收市政府、党史室、融媒体中心等24家单位档案共计63273卷、41883件，完成地籍档案、土地确权档案的预接收。二是重点抓好重要民生档案的接收，全年接收退伍军人档案、婚姻登记中心、出生医学证明等重要民生档案共计4530卷、7256件。三是开展重点档案、重大活动档案接收工作，完成党史学习教育、市第十五次党代会相关档案数字化成果的接收、整理并初步建立专题数据库，启动高质量建设共同富裕示范区档案、数字化改革档案和实施碳达峰碳中和行动档案资料电子条目收集工作。

【档案查阅与利用】一是巩固线下查档服务。2022年全市集中开展为期2年的补领婚姻登记证工作，查阅人次与查档量明显增加，全年共接待查阅利用者11507人次，同比增长166%；提供档案24548卷、9832件，出具有效证明13751份。二是提升线上查档水平。以乡镇（街道）结婚证补领为契机，全面推广“一网查档、百馆联动”、长三角区域“跨馆服务、便民查档”与电子出证，实现全省综合档案馆数据的在线即时共享。全年共提供网上查档1336次，同比增长235%。

【档案数字化改革】一是嵊州市被确定为浙江省档案工作数字化转型示范区创建试点。二是联合市大数据中心打造嵊州市“个人全生命周期档案”综合智治应用，项目被列入“浙里数字档案”重大应用场景目录，嵊州市成为全省唯一试点县市。2022年梳理完成基于嵊州市民的出生、教育、工作、置业、出行、婚育、就医、救助、养老、身后事10个人生阶段共计182个事项，并开展数据档案化治理，为下一阶段应用场景建设打下基础。三是完成智慧档案馆建设方案编制，并申报列入2023年政府投资项目。

【档案信息化建设】一是实施2022年度全市党政机关、国有企事业单位新增文书档案规范化整理及数字化项目，完成近100家单位123400件2021年新增文书档案的整理和数字化工作。二是推进政务服务事项电子化归档工作，各部门审批办件数14365件，正式归档数13900件。三是推进2022年度OA电子文件归档工作，做好党政机关电子文件单套制归档和电子档案单套制管理的扩面工作，2022年全市各单位完成电子文件归档2665件。四是配合做好浙江省档案数据共享中心数据归集工作，推进全省档案数据在线即时共享。

【档案文化建设】一是开展档案文化编研工作。完成口述历史——《援鄂医疗队采访记录》的摄制；有序开展“记忆嵊州”系列编研档案资料征集；协助做好民情日记实践中心展陈内容设计及马寅初诞生140周年纪念活动相关档案收集整理；协助市政协完成《历史文化名人资源的开发与利用》课题调研。二是开展档案宣传活动。结合“6·9”国际档案日系列宣传活动，线上线下同步推出“喜迎二十大·档案颂辉煌”图片展；配合绍兴市档案馆完成馆藏珍贵档案宣传专栏《绍兴特藏》宣传4

期。三是推出档案开放日系列活动。结合党史学习教育、清明节及党的二十大等重要节日，发布党史学习专题报道宣传，抓好党史陈列馆日常开放工作，共计接待参观1800余人次。

【基层档案工作】 一是深化协作机制，强化档案局、馆联席会议制度，加强工作协商，解决难点、疑点、堵点问题。二是全面推进档案工作标准化建设，在三界镇开展镇、村两级档案工作标准化建设试点工作，起草试点工作方案，制定《基层档案工作标准化建设操作手册》，明确工作要求和验收标准；在全面完成试点工作的基础上，通过每月开展“红黄绿”晾晒评比，年度考核等措施推进工作落实，2022年度完成全市15个乡镇（街道）及72个行政村（社区）档案工作标准化建设。

【档案法治建设】 一是对全市各乡镇(街道)、机关部门及重点企事业单位实行网格化管理，2022年共计完成3轮基层督查检查，强化基层档案监管。二是配合做好“大综合一体化”行政执法改革，共计完成掌上执法17次，其中本部门执法2次，跨部门执法15次。三是实施档案中介服务企业登记备案制度，共备案6家，进一步规范档案中介服务，维护档案中介市场秩序。

（市档案馆　马静馨）

党史编研

【概况】 市委党史研究室为正科级单位。单位内设综合科、党史科、方志科，参公编制8名，在编6名，其中硕士学历1名，本科学历5名。设置主任1名，副主任1名。2022年，党史研究室以习近平新时代中国特色社会主义思想为指导，贯彻落实上级党史和文献研究（地方志研究）部门的部署，坚持围绕中心、服务大局，忠实履行“存史、资政、育人”职能，推动新时代史志工作再上新台阶。

【党史三卷编撰】 2022年，按照省、绍兴市的统一部署，完成《中国共产党嵊州历史（第三卷）（1978—2012年）》纲目制定，并组建编撰工作专班，按计划开展资料长编编写工作。

【调研资政】 收集整理省临工委（省工委）机关旧址相关资料，完成调研课题《省（临）工委机关旧址历史地位和现实意义研究》。完成《绍兴红色文化根脉》《中国地方志年鉴（2022）》浙江部分相关内容编写。参与民情日记实践中心建设，协同梳理民情日记发展脉络和图文资料收集整理，审核民情日记实践中心展陈大纲。走访中共宁绍特委机关旧址、张珂表烈士墓、嵊西革命纪念馆等地，推动革命遗址保护利用。

【史志宣教】 发挥党史陈列馆作用，“网上+线下”相结合加大宣传力度，利用“VR全景”实现网上参观，累计浏览量3万人次，线下共接待团队96个、参观者10000多人次。更新维护“嵊州春秋”网站，做好史志动态和史志作品数字化更新。加强与市融媒体中心合作，提升爱嵊州App史志频道“春秋”栏目，挖掘、宣传嵊州党史和文史，推出剡溪文化系列、红色文献系列、剡溪诗路名人系列等专题，全年累计发布190篇。

【《嵊州年鉴（2022）》出版】 12月，嵊州市地方志研究室编纂的《嵊州年鉴（2022）》由中国商务出版社出版，楼向前主编，是连续出版的第21部年鉴。该年鉴共有37个类目，下设260个分目、1500余个条目，记载2021年嵊州市政治、经济、社会、文化、生态事业发展情况。首次全彩印，全书共70万字。

【文脉梳理】 参与市政协组织的“嵊州宋韵文化建设”专题调研，指导贵门乡做好宋韵文化馆策展工作；参与嵊州博物馆历史厅展陈文本、非标及多媒体项目设计方案审阅工作；为杭台高铁嵊州新昌站精品站房设计优化提供资政服务；参与高山流水古道、石门岭古道、敕书岭古道等唐诗之路核心区文化遗存保护利用工作。

【乡镇志和村志编修】 加强对方志编纂工作的指导和业务培训，推进乡镇（街道）和行政村修志工作。2022年，《三界镇志》申报为全省乡镇（街道）志编修工作首批试点。

（市委党史研究室　吕欣）

嵊州市人民代表大会

综述

【概况】 2022年，市人大常委会在中共嵊州市委领导下，高举习近平新时代中国特色社会主义思想伟大旗帜，深入学习贯彻党的二十大精神，以习近平总书记关于坚持和完善人民代表大会制度的重要思想为指引，切实履行宪法和法律赋予的职责，圆满完成市十七届人大一次会议确定的目标任务。全年共举行常委会会议9次，听取和审议“一府一委两院”专项工作报告24项，作出决议、决定8项，任免国家机关工作人员159人次；召开主任会议12次，开展视察、执法检查、专题询问等8次，为促进全市经济社会高质量发展作出了贡献。

（市人大办 张旭光）

重要会议

【市十七届人大一次会议】 市十七届人民代表大会第一次会议于2022年2月21日至2月24日在嵊州宾馆召开。出席会议的正式代表293名，列席人员67名，特邀人员22名。大会听取和审查市人民政府工作报告，审查和批准市2021年国民经济和社会发展计划执行情况报告及2022年国民经济和社会发展计划、市2021年财政预算执行情况报告及2022年财政预算，听取和审查市人大常委会工作报告、市人民法院工作报告、市人民检察院工作报告，选举市十七届人民代表大会常务委员会主任、副主任和委员，市人民政府市长、副市长，市监察委员会主任，市人民法院院长，市人民检察院检察长，出席绍兴市第九届人民代表大会代表，通过市第十七届人民代表大会专门委员会组成人员名单，票决产生2022年市人民政府民生实事项目。市委书记徐建役到会讲话，充分肯定市人大常委会过去一年的工作，并对新一年的工作提出希望和要求。

2月21日至24日，嵊州市十七届人大一次会议在嵊州宾馆召开

【市人大常委会会议】 2022年，市十六届人大常委会共举行1次会议，市十七届人大常委会共举行9次会议，听取和审议“一府一委两院”专项工作报告24项，作出决议、决定8项，任免国家机关工作人员159人次。

2月14日，十六届人大常委会举行第四十一次会议。会议听取和审议政府工作报告、国民经济和社会发展计划报告、预算报告、市人大常委会工作报告、市人民法院工作报告、市人民检察院工作报告（送审稿）；审议通过2022年市政府民生实事候选项目；听取市政府关于嵊州市2022年重点建设项目和政府投资项目建设计划的报告，审查批准2022年嵊州市人民政府重大投资项目计划（新建）；审议通过市十七届人大一次会议建议日程；审议通过市十七届人大一次会议各组织建议名单；办理有关人事任免事项。

2月24日，十七届人大常委会举行第一次会议。会议审议通过市人大常委会关于加强自身建设的决定。

3月24日，十七届人大常委会举行第二次会议。会议学习解读《浙江省公共数据条例》；审议各人大街道工委2021年工作情况和2022年度工作计划的报告，并作出决议；审议通过市人大常委会代表资格审查委员会组成人员名单；办理有关人事任职及辞职事项。

5月25日，十七届人大常委会举行第三次会议。会议听取和审议市政府关于国有资产管理情况的报告；听取和审议市政府关于打击涉企违法犯罪工作情况的报告；听取和审议市政府关于2021年度生态环境状况和环境保护目标任务完成情况的报告；审议通过《嵊州市人大常委会议事规则（修订）》；办理有关人事任免事项；办理有关许可事项。

7月22日，十七届人大常委会举行第四次会议。会议审议通过市人大常委会关于加强越剧文化生态保护区建设的决定；听取和审议市政府关于2021年度财政收支决算（草案）的报告；听取和审议市政府关于2021年市本级财政预算执行和其他财政收支审计的报告；审查和批准2021年度市本级财政收支决算；审查和批准《嵊州市2022年地方政府债务限额和地方政府新增债券使用方案的报告》；听取和审议2022年上半年全市国民经济和社会发展计划执行情况、2022年上半年市级财政预算执行情况的报告；审查和批准市政府关于要求调整2022年重点建设项目计划的报告；审查和批准市政府关于提请将上三高速公路嵊州服务区增扩建项目纳入《嵊州市国民经济和社会发展第十四个五年规划和二〇三五年远景目标纲要》和相关征地项目纳入《嵊州市2022年国民经济和社会发展计划》的报告；听取和审议市人民法院关于行政诉讼工作情况的报告；办理有关人事任免事项。

9月19日，十七届人大常委会举行第五次会议。会议办理有关人事任免事项；办理有关许可事项；审查和批准市政府关于调整2022年政府、市管国有企业投资项目计划的报告；听取市监委关于整治群众身边不正之风和腐败问题工作情况的报告；听取和审议市政府关于代表建议办理情况的报告；听取和审议市政府关于落实减轻义务教育阶段学生作业负担和校外培训负担政策、促进学生全面健康发展情况的报告；听取和审议市政府关于"共同富裕·强村富民"工作情况的报告。

10月21日，十七届人大常委会举行第六次会议。会议审议通过市人大常委会关于加快建设现代化网络型山水城市的决定；办理绍兴市九届人大代表有关辞职和补选事项；办理有关人事任职事项。

11月28日，十七届人大常委会举行第七次会议。会议传达学习贯彻党的二十大精神；听取和审议规范性文件备案审查工作情况报告；办理市十七届人大代表有关辞职事项；办理有关人事任免事项；举行开发区（高新园区）、高铁新城人大工作联络处授牌仪式。

12月21日，十七届人大常委会举行第八次会议。会议开展人大任命干部述法工作；开展市政府组成部门依法履职工作评议；审查和批准市政府关于调整2022年度财政预算的报告；办理有关人事任免事项。（市人大办 张旭光）

监督履职

【领悟、落实"国之大者"】 认真学习贯彻党的二十大精神，出台实施意见，周密安排部署，组织学习研讨、主题宣讲、对标落实等，把"国之大者"贯穿到人大履职的全过程各领域。严格落实

"第一议题"制度，推动党史学习教育常态化长效化，深学笃行习近平总书记重要讲话和重要指示批示精神，增进政治认同、思想认同、理论认同和情感认同。深入开展"识变应变求变"大讨论活动，在交流中碰撞思想火花，在探讨中凝聚行动共识，进一步扛起"市委有部署，人大见行动"的政治担当。

【发挥、展示制度优势】 紧紧围绕市委中心工作履行法定职责，把党的主张通过法定程序转化为全市人民的共同意志和自觉行动。围绕贯彻落实市委决策部署，及时作出《关于加快建设现代化网络型山水城市的决定》《关于加强越剧文化生态保护区建设的决定》，开展"共同富裕·强村富民""生态文明·垃圾分类"两大专项监督和助力经济稳进提质攻坚行动，发挥人大职能作用，凝聚人大代表力量，推动嵊州改革发展和治理现代化再上新台阶。

【阐释、传播"人大故事"】 一体推进人大制度和人大工作的理论研究、宣传报道、教育培训，推进国家根本政治制度深入人心。围绕全过程人民民主、人大数字化改革等认真组织学习研讨，形成高质量的理论成果。精心做好人大宣传工作，组织开展人大好新闻评选，在新华网等各级媒体刊发宣传信息60余篇。把习近平总书记关于坚持和完善人民代表大会制度的重要思想作为理论学习中心组学习、干部教育、代表培训的重要内容，进一步夯实理论基础，提升履职能力。

【加强经济工作监督】 专题审议半年度计划执行情况报告，组织全市代表线上线下同步听取"一府两院"半年度工作报告，推动各级各部门紧盯目标、合力攻坚，确保完成经济社会发展各项任务。开展新一轮国有资产管理情况审议，深化全口径预决算审查监督，借助审计"外力"，推动问题有效解决，进一步提升财政资源统筹能力。

【推动平台载体建设】 关注开发区（高新园区）、高铁新城开发建设情况，监督、推动"一区一城"高质量发展。继续开展重点投资项目跟踪监督，视察项目建设情况，在监督中支持政府大抓项目、抓大项目，促进经济加快回升向好。发挥改革的牵引撬动作用，专题听取政府数字化改革工作情况汇报。持续监督推进文旅融合发展，努力把文化资源优势转化为经济发展优势。

【凝聚代表智慧力量】 组织全市各级人大代表开展"六访六促"主题活动，助力打造共同富裕县域样板。响应省人大助力八大攻坚行动的号召，结合嵊州实际组织实施。常委会组成人员带头深入企业走访调研，各乡镇（街道）人大组织代表开展助力稳进提质主题活动。上下联动开展《中华人民共和国就业促进法》《中华人民共和国节约能源法》等执法检查。

【聚焦公共服务优质共享】 跟踪监督养老服务体系建设，专题询问《关于高质量推进养老服务发展的决定》贯彻落实情况，并在网络上进行全程直播，超5.1万人次在线观看、评论、转发，拓展各方参与的深度和广度，助力构建养老服务新格局。听取和审议义务教育阶段"双减"工作情况报告，全力助推教育生态健康重塑。监督推动退役军人服务保障运行体系建设高质量发展，切实增强退役军人的获得感、幸福感。

【聚焦民生实事落实落地】围绕2022年民生实事项目开展联合监督、分线督查，推动政府部门聚焦重点抓统筹、紧盯关键抓保障、强化跟踪抓落实，确保民生实事承诺一件、兑现一件。为保障人民生命安全和身体健康，对公共卫生应急体系建设开展专项监督，推动加强部门联动和队伍建设，不断提升公共卫生应急防范能力、保障能力和救援能力。

【聚焦城乡区域协调发展】 坚持生态环境报告制度，常态化听取和审议政府专项工作报告；视察小型水库（重要山塘）系统治理工作。开展垃圾分类专项监督，推动生活垃圾管理纳入法治轨道。结合乡村振兴"一法一条例"执法检查，开展强村富民专项监督，围绕乡村产业发展、农业经营主体培育、惠农政策落实、农村集体经济发展壮大等方面开展调研监督和专题审议，促进农村农民共同富裕。

【助推法治建设】 连续第三年对法治政府建设开展专项监督。围绕整治群众身边不正之风和腐败问题，首次听取监委专项工作报告。聚焦法院行政诉讼、检察院法律监督、公安机关打击涉企违法犯罪等工作，开展调研、监督和审议；视察全市“大综合一体化”行政执法改革情况，上下联动开展执法检查。

【促进依法行政】 在听取市政府关于法治政府建设“总”汇报的基础上，创新开展政府组成部门依法履职工作评议，当年对市经信局等6个部门进行了评议。突出加强常委会规范性文件备案审查制度和能力建设，进一步规范工作程序，组建法律专家咨询团，开展“全国统一大市场建设”规范性文件专项审查。通过“听”汇报、“议”工作、“查”文件、“督”整改，构建法治政府建设监督闭环。

【提升法治素养】 坚持任前见面、宪法宣誓、部门主要负责人述法评议等制度，根据新修订的《中华人民共和国地方各级人民代表大会和地方各级人民委员会组织法》及时更新考试题库，组织任前法律知识考试49人次、拟任职发言14人次。围绕《浙江省公共数据条例》《绍兴市“枫桥经验”传承发展条例》等法律法规，组织开展会前学法、专题讲座等，进一步提升干部的法治素养。

【迭代升级联络站】 根据人大践行全过程人民民主基层单元“联”“商”“督”“促”“智”五方面功能要求，结合嵊州实际，研究制定实施意见，报请市委批转。以代表联络总站为统领，以崇仁镇联络站为试点，推进全市代表联络站迭代升级，逐步形成“市联络总站—乡镇（街道）联络站—村社企联络室”上下贯通、全域协同的完整布局。全面推行“三化一改”“三进一访”“三会一课”的“三三一”工作体系，突出基层单元的人大味、数字味、改革味和嵊州味。

【多层次协同融合】 建立各专（工）委挂联基层单元机制，坚持人大履职计划向代表、群众征集，实施过程请代表、群众参与，监督结果受代表、群众评判。完善代表小组活动规则和代表履职考评办法，15 名市级领导干部人大代表赴联络站开展“人大践行全过程人民民主基层单元”主题活动，引领全市各级人大代表常态化开展“进选区、进网格、进联络站，访民情”活动，更好发挥密切联系人民群众制度优势。

【全链条闭环处理】 制定完善代表建议办理工作考核细则及督办方案，组织开展“局长·代表面对面”、国家机关负责人进站“见代表·办建议”专题月活动16批次，推动解决问题103个。160件代表建议的办理过程和办理结果满意率均达到100%。主动对接基层治理“141”平台和“浙里民情”系统，通过民情分析会、协商座谈会、跟踪评议会，构建群众意见分级分类汇总梳理、分析研判、交办督办、反馈评价的线上线下双闭环。

【强化党建统领】 常委会党组充分发挥把方向、管大局、保落实的作用，坚持党建工作与依法履职同谋划、同部署、同推进。准确把握人大工作是党委工作重要组成部分的基本定位，履职中的重大事项、重要情况、重要工作一律报请市委把关定向，重点监督视察调研报告及时报送市委审阅，确保各项工作在市委领导下依法有序开展。全年共召开党组会议17次，向市委请示报告24次。持续加强机关党的建设，成立机关党总支，进一步压紧压实全面从严治党主体责任，支持市纪委监委派驻纪检监察组工作，纵深推进清廉机关建设。

【推进数字化改革】 审议通过《关于加强自身建设的决定》，修订《市人大常委会议事规则》《主任会议议事规则》，不断提升履职的规范化、制度化水平。纵深推进人大数字化改革，抓好履职通、基层单元、法治政府监督等重大应用场景的推广使用，加快数字化平台、机制、数据贯通。加强对人大干部、人大代表的数字化培训和实践指导，拓展运用数字化思维、数字化手段开展工作的能力。有序推进开发区人大工作，报请市委批转工作方案，设立开发区（高新园区）、高铁新城人大工作联络处，成立两个专业监督小组，协同推进“一区一城”人大工作全面活跃。

【增强整体实效】 指导乡镇（街道）人大工作，坚持人大工作例会制度，密切上下协同联动，强化基层人大工作队伍建设，促进能力提升、精力回归、发力精准，进一步增强人大工作整体合力。尊重基层首创精神，总结提炼雅璜民情联络室、金庭桃形李专场民情分析会等做法经验，加大推广力度，鼓励基层人大积极探索“能为、善为、敢为”的有效路径，打造家门口的“全过程人民民主”最佳实践地。（市人大办 张旭光）

专题视察

【视察小型水库（重要山塘）系统治理工作情况】 5月16日，市人大常委会视察全市小型水库（重要山塘）系统治理工作情况，先后到鹿山街道长征水库、剡湖街道唐家坂水库等地实地察看，并召开汇报会，详细了解小型水库（重要山塘）系统治理项目谋划、项目实施、建后管护等情况。

【视察“大综合一体化”行政执法改革情况】 9月7日，市人大常委会视察“大综合一体化”行政执法改革情况，先后到黄泽镇综合行政执法队、浦口街道综合行政执法队等地实地察看，并召开汇报会。

【视察政府重点投资项目和工业投资重点项目】 10月13日，市人大常委会视察政府重点投资项目和工业投资重点项目，先后到开元名都大酒店、比亚迪新能源动力电池生产基地和艇湖教育中心等地实地察看，并召开汇报会。

（市人大办 张旭光）

执法检查

【《中华人民共和国就业促进法》执法检查】 4月至8月，根据省、绍兴市人大常委会部署，开展《中华人民共和国就业促进法》执法检查。

【《浙江省综合行政执法条例》执法检查】 5月至12月，根据省、绍兴市人大部署要求，开展《浙江省综合行政执法条例》执法检查。

【《中华人民共和国乡村振兴促进法》《浙江乡村振兴促进条例》执法检查】 5月至12月，根据省、绍兴市人大部署要求，开展《中华人民共和国乡村振兴促进法》《浙江乡村振兴促进条例》执法检查。（市人大办 张旭光）

专题询问

【询问《关于高质量推进养老服务发展的决定》贯彻落实情况】 10月31日，市人大常委会召开《关于高质量推进养老服务发展的决定》贯彻落实情况专题询问会，听取市人民政府《落实〈关于高质量推进养老服务发展的决定〉有关工作情况的报告》，并围绕养老服务工作开展专题询问。

10月31日，市人大常委会专题询问《关于高质量推进养老服务发展的决定》贯彻落实情况

【询问“生态文明·垃圾分类”工作情况】 11月29日，市人大常委会召开“生态文明·垃圾分类”专题询问会，听取市人民政府关于垃圾分类工作推进情况的汇报，并围绕“生态文明·垃圾分类”工作开展专题询问。（市人大办 张旭光）

代表建议

【概况】 2022年，共收到代表建议158件，涉及监察与司法方面4件，财政经济方面13件，城建环保方面60件，农业农村方面32件，教科文卫方面26件，社会建设方面14件，其他9件。其中，将关于建立区域性集中养老的建议等12件作为重点建议，交市政府办公室研究处理，将其他146件建议分别交有关部门和乡镇（街道）研究处理。

表 2　2022 年嵊州市人大代表重点建议一览表

建议编号	建议标题	提出代表
第 2 号	关于区域性集中养老的建议	沈先君等 7 名代表
第 34 号	关于加强“美丽乡村”建设的建议	吴尧根等 10 名代表
第 42 号	关于补齐基层医疗和公共卫生短板的建议	吕志英等 2 名代表
第 47 号	关于要求将崇仁古镇列入嵊州市重点旅游项目建设的建议	黄军良等 5 名代表
第 55 号	关于保障农村生活污水运维管理的建议	范少彤等 8 名代表
第 62 号	关于加大职业教育力度为企业发展提供人才保障的建议	邢海英等 4 名代表
第 86 号	关于坚持外引内育并重支持成长型工业企业发展的建议	汪益龙代表
第 92 号	关于城乡风貌整治提升和老旧小区改造的建议	王祎萍等 10 名代表
第 104 号	关于加强政府投资项目招投标管理和标后管理的建议	周方均等 4 名代表
第 129 号	关于发展壮大村级集体经济推进共同富裕的建议	陈钢梁代表
第 140 号	关于提升城市社区服务能力的建议	汤自力等 6 名代表
第 151 号	关于要求加快启动嵊张公路黄泽至金庭观段拓宽改造的建议	宋亮等 4 名代表

（市人大办　张旭光）

嵊州市人民政府

综述

【概况】2022年,全市地区生产总值达711.08亿元，增长4.1%，增速高于全省1个百分点、全国1.1个百分点。一般公共预算收入47.28亿元，增长–9.1%，增速位居绍兴第2位。固定资产投资264.87亿元，增长15.3%，增速位居绍兴第1位。外贸出口增长42.0%，增速位居绍兴第1位。社会消费品零售总额298.13亿元，增长4.5%。城乡居民人均可支配收入分别达到72865元和40495元，分别增长4.6%、6.9%。全市共6个县获全国百强县称号，全国高质量发展百强县排名进位至第68位，重返全国综合实力百强县且位列第91位。

【工业经济】启动实施制造业企业“长高长壮”、规上工业增加值提升、亩均税收提升三年行动，新增产值1亿元以上工业企业24家、国家级专精特新“小巨人”企业6家、省级隐形冠军2家，完成“小升规”99家、“下升上”45家，全市规上工业增加值增长10.7%，规模以上工业亩均税收和亩均增加值分别增长15.05%和25.34%。实施新一轮高新技术企业和科技型中小企业“双倍增”计划，新认定国家高新技术企业50家、省科技型中小企业161家、省级以上企业研发机构12家，新入选省科技小巨人企业1家，高新技术产业投资69.15亿元，增长144.2%。深入实施“凤凰行动”升级版计划，新增IPO辅导备案企业3家、股份制公司35家。工业全域治理完成企业整治1738家，腾出用地2000亩，挖掘能耗3.2万吨标煤，城北化工园区通过省级复核。

【商贸服务】加快提升消费市场新能级，社会消费品零售额增长4.5%，网络零售额增长11.9%。举办促消费活动17场，发放消费券1315万元，带动消费超1亿元。风情美食街、吾悦广场分别被评为绍兴市级文旅夜间消费集聚区和智慧商圈，27家企业获评绍兴市夜间经济特色门店，入列2022年中国服务业百强县第58位。自贸区绍兴联动创新区（嵊新片区）建设成效初显，建立外贸企业培育库,动员企业通过跨境电商平台抢抓订单,外贸出口额和RCEP(区域全面经济伙伴关系)出口额分别同比增长42.0%和66.2%。进出口增速连续7个月位居绍兴第一。

【乡村振兴】农林牧渔业增加值增长3.5%，增速位居绍兴第1位。完成“非粮化”整治7.93万亩。完成粮食播种面积28.5万亩，粮食总产量10.4万吨，生猪存栏20.16万头。全力打造引领现代农业高质量发展的新型农业生产主体和生产模式，全链提升农业现代化水平，建成省级数字农业工厂2家、市级未来农场4家，陌桑高科入选省首批未来农场十强。创成省级美丽乡村示范乡镇1个、未来乡村4个，新培育乡村振兴先行村7个，“西白忘忧”上榜省新时代美丽乡村共同富裕示范带，“水上诗路”“剡西忘忧”入围省县域风貌样板区试点，“一路嵊风”项目获评部级农村物流服务品牌。组织举办精品水蜜桃品质大赛、桃形李擂台争霸赛、蟠桃采摘节等活动，参与网上农博，打造高端茶叶品牌，打响品牌知名度，越乡龙井入选2022年中国绿茶区域公用品牌价值20强。

【科技创新】 充分激发企业创新主体活力，实现规模以上工业企业研发费用24.72亿元，同比增长27.8%；研发活动覆盖面达到88.2%。新引进浙江理工大学嵊州创新研究院。科创中心被认定为全市首个国家级科技企业孵化器，科创中心、北航（嵊州）科创园新增入驻企业48家，杭州研发“飞地”累计引进落户科技（人才）项目16个。深化实施人才强市战略，新入选国家引才计划10人，新增海外院士2名，入选绍兴“名士之乡”英才计划创业创新人才项目22个，省领军型创新（创业）团队3个。新引进高校毕业生12798人，其中硕士、博士297人，新增省级博士后工作站5家，新培育高技能人才2201人。

【城市建管】 杭台高铁正式通车，金甬铁路基本贯通，527国道黄泽段建成通车，曹娥江（剡溪）清风船闸及航道工程加快推进，三界码头如期建成，杭州萧山国际机场嵊州航站楼建成投用，义甬舟嵊新临港经济区列入首批省级义甬舟开放大通道综合性战略平台，获评“四好农村路”省级示范县，列入全省首批“四港”联动交通强国试点县市，完成更新改造4个区块12.5万平方米，提升改造老旧小区28.21万平方米，丹桂社区、芷湘社区、捣臼爿社区和下中西社区列入省第五批未来社区创建名单。开元名都大酒店开业，新时代中心、城市阳台、三江口音乐水秀亮相。“一把扫帚”管保洁、“一把剪刀”管园林、垃圾分类定时定点投放模式深入推进，城乡生活垃圾分类收集覆盖率、资源化利用率均达到100%，回收利用率达61%，被列为省级资源循环化利用示范基地创建试点。

【项目推进】 迭代升级招大引强“1330”行动，赴上海召开“融入长三角 携手向未来”招商推介会，举办第五届嵊州越商大会，全年签约1亿元以上项目52个，完成1亿元以上项目开工35个、投产30个，新签约项目总投资262.4亿元，投资130亿元的比亚迪项目一期投产。深入推进“项目推进年”活动，以“169”行动计划为抓手，实行“月通报、季晒拼”督查激励，及时协调解决项目推进中的难点、堵点，3个省市县长项目全面落地，省重大项目开工率位居全省第1位，在绍兴率先上榜省投资“赛马”激励。全力夯实要素保障，获得国家发改委审核下达23个专项债资金项目，发行29.1亿元；分级分类申报政策性开发性金融工具项目31个，申请基金额度24.28亿元，申请制造业贴息贷款7.76亿元、制造业中长期贷款30.49亿元。获得新增建设用地计划奖励指标1628.35亩，新增能耗指标29.65万吨标准煤。

【生态环保】 开展“美丽嵊州实践日”暨长江经济带污染源大排查大整改活动，完成长江经济带生态环境问题整改落实。深入推进“污水零直排区”建设、河湖生态缓冲带划定、农村饮用水达标提标三年行动等工作，编制全市“供水污水两张图”，提前完成“污水零直排区”建设任务，第四水厂通水，完成三界水厂、长乐水厂扩容提升，城区21个排水口水质全部达标，创成省级美丽河湖1条、省级美丽山塘5个，完成山塘水库整治37座。全市15个县级及以上考核断面水质达标率、跨行政区域河流交接断面水质达标率、县级以上集中式饮用水水源地水质达标率均达100%。空气质量指数优良率95%，$PM_{2.5}$平均浓度为26微克/立方米，获评“省清新空气示范区”。持续拓宽“两山”转化途径，创新开展“林权碳汇”省级试点，获农发行全省首单GEP（生态系统生产总值）授信贷款9.5亿元。严格落实能源“双控”，做好“迎峰度夏”“迎峰度冬”能源保供。

【共同富裕改革】 坚持以“缩小城乡差距、收入差距”为主攻方向，实施“五大工程”，打造“十大标志性成果”。厘清“1+7+N”重点工作和“1+5+N”重大改革工作清单，形成一批有效支撑标志性成果的工作举措，“校食安共富班车”“数字家庭医生”入选绍兴市高质量发展推动共同富裕示范区最佳实践。推进强村富民改革，“三界种粮大队”获省领导批示肯定，“一庭园三基地”入选省强村富民乡村集成改革典型案例，新增就业 2 万人，经营性收入低于 50 万元薄弱村全面清零。持续打造对口工作和山海协作升级版，实施山海协作产业项目 15 个，促进结对地区群众增收。

【数字化改革】 全面推进数字经济发展，重点围绕厨电行业，探索推进可复制推广的“N+X”新模式，完成数字化改造企业 103 家，新增工业机器人 284 台，森歌、金帝、迪贝、钜丰列入省智能工厂培育库，“亿田智能”列入未来工厂培育名单，智能厨电产业大脑列入第二批省级建设名单，嵊州入选全省首批中小企业数字化改造试点县。深入推进数字政府建设，完成 1 个市级中心、15 个乡镇（街道）、272 个村级网点以及 38 个代办网点的“一网通办”站点建设，政务服务“一网通办”办件率达 94.39%，新增省厅试点 33 个，3 个场景（应用）列入全省重大改革（重大应用）“一本账 S2”，一体化智能化公共数据平台获省“五星”好评，获得省委省政府领导批示肯定 7 次，数字化民情日记首次在中央层面推荐。

【营商环境改革】 出台《嵊州市营商环境“嵊利办”品牌建设硬核行动 3.0 版实施方案》，推出优化营商环境“十二条”举措，从办事流程优化、项目高效审批、拓宽融资渠道、加速政策兑现等多个角度开展全方位助企服务。进一步便捷市场准入环境，持续优化“一日办”“证照分离”改革。全省第三次营商环境评价列全国前 30 位。启动全国信用示范城市创建前期工作，做好各类企业及个人信用审查工作，开展“征信修复”问题专项治理。

【民生事业】 民生保障持续改善，全面完成 144 项省市县三级民生实事，高质量办结人大代表建议和政协委员提案 410 件，民生支出同比增长 7.5%，城市社区每万人社工数达 18 人。新建小区养老服务用房 31 处，建成康养联合体 3 个，每千人口拥有 3 岁以下婴幼儿托位数增加至 3.81 个。特困人员供养基本生活费每人每月增幅 17.3%，城乡低保标准每人每月增幅 18%，户籍人口基本养老保险和基本医保参保率达 99%。社会风尚更加文明，获评省婚俗改革试点县。医教事业稳步发展。成立规模 2 亿元的上市公司公益基金。浙经院嵊州校区成功签约，镇海中学嵊州分校高中部主体结顶，新城实验学校、蛟镇幼儿园建成开学，通过全国学前教育普及普惠县（市）省级督导评估，获评省特级教师 2 名，4 名学生被清华大学、北京大学录取。人民医院二期动建，中医院通过三乙中医医院评审，新妇保院及疾控中心项目主体结顶，智慧健康管理行动列入省级示范试点，数字赋能医价改革获评省综合医改“十佳典型案例”。文旅深度融合，举行马寅初 140 周年诞辰、袁雪芬 100 周年诞辰系列活动，成立马寅初研究院，傅全香故居建成开馆；《中国好声音·越剧特别季》广受好评，越剧文化传承生态保护区通过省级验收；小黄山遗址纳入上山文化遗址群保护和申报世界文化遗产预备名单，下方山及周边墓群列入 2022 年浙江考古十大重要发现；嵊州获评中国文旅融合创新典范城市，入选“2022 年全国县域旅游综合实力百强县名单”。

【基层治理】 因时因势优化调整疫情防控措施，打赢“11·22”疫情阻击战。抓深做优民情日记嵊州样本，建成民情日记实践中心。开展“大综合一体化”行政执法改革，全市域推行“一支队伍管执法”，迭代升级“一中心四平台一网格”，市级社会治理中心实体化运作，“一支队伍管执法”黄泽经验获省领导肯定。平安嵊州建设持续深化，完成党的二十大安保任务，建成全市“15 分钟应急救援圈”，刑事、治安、电诈等警情持续下降，生产安全事故起数和死亡人数较前三年平均下降 40%。平安创建实现“十三连冠”。

（市府办 金明洋）

重要会议

【市政府全体会议】 2022 年，嵊州市人民政府召开全体会议 2 次，即十七届一次全体（扩大）会议、十七届二次全体（扩大）会议。

3 月 24 日，嵊州市人民政府召开十七届一次全体（扩大）会议，贯彻市党代会、市委全会、市两会等会议精神，部署2022年政府工作重点任务。市委副书记、市长裘建勇强调，政府系统广大干部要统一思想、振奋精神、大干快上，积极投身到“三比三争”的热潮中来，以更加扎实的工作、更加明确的举措、更加优良的作风，坚决践行新一届市政府对全市人民的庄严承诺，以优异成绩向党的二十大胜利召开献礼。裘建勇指出，2022年的政府工作报告就加强政府自身建设提出“五型”政府的要求，强调“强执行、快落实、不过夜”的工作指引，要求新一届政府在强执行中突出一个“强”字，以无私无畏的勇气攻坚克难，以非凡的战斗力体现非凡的执行力；在快落实中突出一个“快”字，以快制胜、以快赶超，做到决策快、行动快、见效快；在不过夜中突出一个“不”字，树立“今天再晚也是早，明天再早也是晚”的理念，确保各项任务按计划节点落实、压茬推进。裘建勇就如何做到“强执行、快落实、不过夜”强调，必须涵养思想行动自觉，作为政府系统的干部尤其要增强“强执行、快落实、不过夜”的政治自觉、思想自觉和行动自觉，始终保持一种“抓落实”的强烈使命感、责任感和紧迫感。会上，周尊隆就《政府工作报告》作任务分解，解读“嵊州市提高政府执行力十条意见措施”和“嵊州市优化营商环境‘硬核行动’实施方案”。市发改局、市住建局、市经信局、开发区、甘霖镇、石璜镇、交投集团在会上作表态发言。

8月17日，嵊州市人民政府召开十七届二次全体（扩大）会议，深入贯彻省十五次党代会、省政府第十一次全体会议、绍兴市委九届二次全会、绍兴市政府九届二次全体会议以及市委十五届三次全体（扩大）会议精神，总结回顾上半年工作，系统部署下半年任务。市委副书记、市长裘建勇强调，政府系统广大干部要进一步坚定信心、拼搏奋进，按照“深入干、带头干、盯着干”要求，做到执行再强化、落实再提速，确保圆满完成全年各项目标任务，以优异成绩迎接党的二十大胜利召开。裘建勇指出，2022年以来，面对超预期的疫情影响和经济下行压力，政府系统全面统筹“疫情要防住、经济要稳住、发展要安全”三件大事，认真贯彻上级重大决策部署，交出了“疫情防控、经济发展、除险保安”三张高分报表。与此同时，既要清醒看到工作中存在的短板弱项，更应看到发展的积极因素正在增多，政府系统广大干部务必保持清醒头脑，强化责任落实，全力补齐短板。就下半年工作，裘建勇强调，各级各部门要切实增强大局意识，找准主攻点、盯紧主抓手、打好主动战，重点抓好经济稳进提质、工业强基、改革创新、城乡协同、强村富民、民生保障、风险防控等七大领域，政府系统干部要驰而不息加强自身建设，做到“深入干、带头干、盯着干”，持续加压奋进，克难攻坚，确保市委全会精神落到实处，确保政府工作各项目标任务圆满完成。会上，周尊隆通报了上半年市政府重点工作、市级重点建设项目、三级民生实事进展情况，与会人员观看了“强执行、快落实、不过夜”工作亮点专题片，三江街道、发改局、经信局、开发区、石璜镇、水投集团作表态发言。

【市政府常务会议】 2022年，嵊州市人民政府召开常务会议19次，即十六届市政府第七十九次常务会议至第八十次常务会议、十七届市政府第一次常务会议至第十七次常务会议。

1月24日，十六届市政府第七十九次常务会议召开。会议听取了《2022年嵊州市重点建设项目和政府投资项目建设计划》《关于嵊州市2021年国民经济和社会发展计划执行情况、2022年国民经济和社会发展计划草案的报告》《关于嵊州市2021年财政预算执行情况和2022年财政预算（草案）的报告》《政府工作报告（送审稿）》《2022年民生实事项目建议方案》起草情况的汇报，强调要全力聚焦工作重点，坚持科学统筹、精心谋划，切实在保运行稳增长、谋项目促发展、优环境提质效、保民生办实事等方面取得新的更大成效。会议研究了《嵊州市极端天气“村安工程”三年行动实施方案》，强调要进一步提升监测精密、预报精准、服务精细水平，筑牢气象防灾减灾“第一道防线”。会议听取了《关于鼓励开展以旧换新等活动促进汽车消费的政策意见》起草情况的汇报，强调要鼓励汽车以旧换新，释放政策拉动效应，尽快细化具体工作指引,优化政策兑现流程,让政策措施早落地、早实施、早见效。会议还研究了其他事项。

2 月 16 日，市政府第八十次常务会议召开。会议研究审议了提高政府执行力“十条意见措施”，强调要强化执行理念，牢固树立“强执行、快落实、不过夜”的优良作风；要创新执行机制，优化决策、部署、落实、协调、反馈机制；要强化执行监督，紧盯重大决策、重点工作、重点项目、重要批示指示落实情况，建立交办、承办、催办、督办、落实、反馈的闭环运行督查体系，全面提升政府执行力。会议研究了《嵊州市优化营商环境“硬核行动”实施方案》，强调要以数字化改革为引领，以问题导向、标杆引领、数字赋能、改革集成、系统推进，加快制度重塑、服务提质，在市场主体准入、准营、运营、退出等环节解决一批堵点难点问题，持续打响“嵊利办”营商环境品牌。会议研究审议了开展“村企携手、帮促共富”活动的相关事项，强调要以精准对接为前提，以产业振兴为关键，切实帮助相对薄弱村建立起符合市场经济规律的集体经济发展新机制，增强村级经济“造血”功能，确保在结对期内实现年经营性收入有明显提升。会议还研究了其他事项。

3 月 17 日，十七届市政府第一次常务会议召开。会议组织学习了《中华人民共和国数据安全法》和《浙江省公共数据条例》，强调要找准结合点和发力点，抓紧制定完善公共数据平台管理规范，明确数据归集、数据共享相关流程，加快实现公共数据多跨流通、全面贯通。会议研究了 2022 年“五水共治”（河湖长制）有关工作，强调要围绕国家生态文明建设示范区创建目标，深入推进城镇“污水零直排区”建设行动、“五水共治”找寻查挖专项行动以及“五水共智”数字化改革行动，加快构建高质量控源截污网、高品质幸福河湖网、高水平水资源配置网、高标准防洪排涝网、高效能河湖管护网，确保夺得“大禹鼎”。会议研究审议了《关于进一步促进民营经济高质量发展的若干意见》，强调要瞄准企业发展痛点，进一步创新制度供给，拿出让企业“真实可感”的政策干货，提振企业信心。同时，要持续开展政策宣贯，推动政策更加精准落到实处，焕发全市民营企业创新创造热情。会议还研究了其他事项。

4 月 14 日，市政府第二次常务会议召开。会议传达学习了习近平总书记关于安全生产工作重要指示批示精神，听取了关于全市一季度安全生产和自然灾害情况、二季度风险研判工作建议的汇报。会议指出，全市一季度安全生产和自然灾害防范形势持续稳定向好，但不少领域隐患排查整治仍然任重道远。会议强调，要突出高层建筑消防隐患整改，强化重点行业专项治理，确保 2022 年事故起数、死亡人数双下降。尤其是当前，汛期将近，要做实做细隐患排查整改、应急物资储备、救援实战演练、宣传教育培训等各项工作，积极应对强对流灾害天气，确保人民群众生命财产安全。会议研究了嵊州市城区、农村“一把扫帚”环卫保洁工作实施方案，强调要加快构建城乡环卫“全方位覆盖、无缝隙对接、一体化管理”新格局，持续改善人居环境，为嵊州市现代化网络型山水城市建设保驾护航。会议研究审议了《开展“六大行动”促进农民增收共同富裕实施意见》，强调要多措并举拓宽增收渠道，深化创业促富、就业促富、改革促富、品牌促富、服务促富、兜底保障促富六大行动，不断增加农民家庭经营性、工资性、财产性和转移性收入。会议还研究了其他事项。

4 月 27 日，市政府第三次常务会议召开。会议听取了关于一季度经济运行情况的汇报，会议指出，一季度全市经济稳定开局，实现了“开门稳”“开门好”，强调要聚焦既定目标，全力夺取“半年红”；要聚焦助企纾困、扩大投资，强化项目要素保障和协调服务，千方百计推动项目早开工、快建设；要聚焦畅通循环，以更有力措施推动消费、外贸稳增提质；要聚焦除险保安，全力维护社会稳定。会议研究审议了《嵊州市“大综合一体化”行政执法改革推进方案》，强调要全面梳理、科学编制执法目录，持续抓好执法目录动态管理和完善；要赋权配强镇级平台，推进部门执法力量下沉一线，激发基层治理活力；要总结深化黄泽镇“一支队伍管执法”试点工作经验，加快打造法治嵊州建设亮丽“金名片”。会议听取了关于全市“供水一张图”工作情况的汇报，强调要大力推进乡镇水厂和配水管网改造提升，大力推进智慧水务建设，统筹推进“污水零直排区”建设，着力提升城镇污水处理效能，加快实现供水从源头到龙头、污水从排水到尾水的全流程动态实时监管。会议还研究了其他事项。

5 月 20 日，市政府第五次常务会议召开。会议听取了贯彻落实国务院安全生产 15 条重要措施精神的汇报，强调要把保障安全生产、维护安全局面作为当前各项工作的重中之重，全力推进消防、道路交通、危化品、建设施工、工矿、城市运行、旅游等重点行业领域专项整治，严厉打击安全生产违法行为，坚决消除各类隐患，确保“除险保安”各项工作取得更大实效。会议研究审议《2022 年招大引强“1330”迭代升级行动方案》和《关于进一步做好招大引强工作的若干意见》，强调要全力构建“大招商”工作格局，创新招商工作方式，充分利用乡贤优势，开展“以商引商”；要用心服务有增资扩产需求的本地企业，从土地、资金、人才、审批等方面予以支持；要围绕产业链精准招商，进一步延链补链强链，持续做大做强“163”现代产业集群。会议研究审议《2022 年嵊州市共同富裕农村公路建设方案》，强调要着力开展“公路等级提升”“路况治理改善”“路网结构优化”三大行动，加快打通城乡协调发展的交通堵点，努力串联起特色小镇、美丽乡村等地域节点，不断提高农村公路通达水平。会议还研究了其他事项。

6 月 9 日，市政府第六次常务会议召开。会议研究审议《嵊州市企业投资低风险小型项目审批“最多 15 个工作日”改革实施方案》，强调要以“数字化”改革为抓手，加快优化审批流程、完善配套政策；要充分发挥投资在线平台作用，实行统一收件、统一审批、统一出件；要进一步完善批后监管，推行“执法部门+许可部门”联动监管。会议研究审议了《嵊州市数字人民币试点工作实施方案》，强调要重点探索数字人民币在旅游行业、政务服务、文化金融等领域的应用，加快构建多方参与、协同推进、共建共享的数字人民币生态体系；要重点围绕政务、文化、旅游、生活等领域支付需求，加快推进一批重点场景建设和应用。会议听取了《关于进一步减负纾困助力中小微企业和个体工商户发展的若干意见》起草情况的汇报，强调要牢牢抓住当前窗口期，将更多政策红利转化为发展胜势；要主动担当作为，加快政策承接落实、推动政策直达快享；要多措并举强化工作成效，统筹抓好费用缓缴、金融支撑、稳链保畅等工作，全力以赴保市场主体、保就业、保民生，扎实推动嵊州市经济稳进提质。会议还研究了其他事项。

7 月 4 日，市政府第八次常务会议召开。会议传达学习了《信访工作条例》精神，听取 2022 年以来全市信访工作情况汇报，研究部署当前及下一阶段信访工作，强调要严格按照程序办理各类信访事项，不断提升工作标准化、规范化、法治化水平；要建立健全信访工作机制，紧盯重点领域、重点问题，做细矛盾排查化解工作。会议听取了《关于 2022 年半年度法治政府建设情况的汇报》，强调要在狠抓工作落实上再发力，完善源头预防、协调联动、多元化解的行政争议解决机制；要在强化数字赋能上再发力，不断提高依法行政、依法治市的能力和水平。会议听取了《关于全市稳进提质十大攻坚行动专班设立总体情况汇报》，强调要坚定信心决心、谋实工作举措，因地制宜精准谋划本地特色政策；要进一步强化使命担当，奋力争先进位，为全省“两个先行”多作贡献。会议研究审议了《嵊州市上市公司公益基金筹建工作方案》，强调要做实筹建工作，做严资金管理，严格按照各项规范明确资金用途、制定使用办法；要造浓舆论氛围，积极报道相关先进事迹，大力营造良好的慈善氛围。会议还研究了其他事项。

7 月 27 日，市政府第九次常务会议召开。会议传达学习了全国安全生产电视电话会议精神，听取了关于嵊州市半年度安全生产、自然灾害防范和消防安全工作情况的汇报，强调要聚焦道路交通、城市运行、建设施工、危化工矿等重点行业领域，用有力的预防监管手段有效遏制事故的发生；要紧盯汛期、高温期等重要时间节点，完善应急预案，抓好应急演练，坚决守住安全“底线”“红线”。会议听取了关于上半年经济运行和社会稳定情况的汇报，强调要对标对表“两稳一促”工作要求，培育市场主体，扩大消费内需，打出稳就业、促增收、保民生组合拳，扎实有力做好下半年各项工作，以优异成绩迎接党的二十大胜利召开。会议听取了《关于进一步加强砂石加工点清理整治和规范管理的方案》《关于落实最严格耕地保护制度 全面推行“田长制”的实施方案》起草情况的汇报，强调要明确“生态保护、集约节约、保障发展”原则，加快砂石整治步伐，构建耕地保护责任体系；要依托不断升级的数字化平台和“技防+人防”监管体系，形成责任明确、协调有序、监管严格、运行高效的绿色资源保护发展机制。会议还研究了其他事项。

8 月 16 日，市政府第十次常务会议召开。会议传达学习了《国务院关于加强数字政府建设的指导意见》和《浙江省人民政府关于深化数字政府建设的实施意见》，强调要全面对标对表，抓紧制定嵊州市数字政府建设的实施细则，落细落实各项工作任务和举措；要突出实战实效，加快推进特色应用开发和迭代升级，努力打造更多具有嵊州辨识度的应用成果；要强化督导督查，健全“专班+部门”联动开发体系，建立动态周报、月报和定期会商、挂图作战等工作机制，不断提升工作精准度、实效性；要求全市政府系统要加强对“两个意见”的宣传解读，准确理解把握数字政府建设的丰富内涵和内在要求，清晰掌握浙江数字政府建设的目标任务和实现途径，全力推动数字政府在经济调节、市场监管、疫情防控、政务服务等方面发挥更大作用，努力以深化数字政府建设为“两个先行”提供强大驱动力。会议还研究了其他事项。

9 月 8 日，市政府第十一次常务会议召开。会议传达学习全省老龄工作暨“浙里康养”推进会精神，强调要认真落实积极应对人口老龄化国家战略，加快完善社会保障体系、养老服务体系、健康支撑体系。会议研究审议了嵊州市“六小”服务行业废水规范排放管理办法，强调要着力提升行业排水设施管理质量，加快推进城区雨污管网建设，规范排水许可证办理，逐步消除运维管理盲区。会议听取了关于《嵊州市“一把剪刀”园林绿化工作实施方案》起草情况的汇报，强调要高标准做好园林绿化养护工作，精准划分四个街道园林绿化辖区，精细设置十二个专业养护小组，通过绿地管养“三级”分级养护，实行公共地段差异化管理及养护投入。会议听取了《关于全面提升城市社区物业管理工作的实施意见》起草情况汇报，强调要积极构建“党建统领、网格智治”基层社会治理体系，加强政府对城市社区物业管理工作的组织领导，要持续聚焦基层治理重大需求和“一老一小”关键群体，加快实现全市物业管理全覆盖，推动城市社区物业服务提档升级。会议还研究了其他事项。

9 月 23 日，市政府第十二次常务会议召开。会议听取了关于嵊州市第 12 号台风“梅花”防御工作复盘评估报告的汇报，强调要全面总结复盘此次防御台风的经验做法和短板不足；要统筹完善协调机制，健全扁平化指挥体系；要全面厘清“八张风险清单”，落实重点区域、重点领域分类、分层的风险闭环管控；要坚决夯实防灾减灾基础，全面提高应对各类风险的能力和水平。会议听取了关于《浙江省健康县市区创建方案》《嵊州市健康县区建设发展规划（2022—2023 年）》和《嵊州市健康影响评价工作实施方案》起草情况的汇报，强调要树立“大卫生、大健康”理念，制定健康促进政策，广泛开展全民健康促进行动，引导居民养成良好的生活习惯和生活方式。会议听取了关于《嵊州市创新券实施管理实施细则》起草情况的汇报，强调要大力推进创新驱动发展战略，逐步破解部分企业创新活力、动力、能力不足，研发投入不足等问题，要加快政策激励、优化流程、创新服务等惠企纾困措施落地落实，让创新成为现代化嵊州的“最硬核力量”。会议还研究了其他事项。

10月 20 日，市政府第十三次常务会议召开。

会议听取了关于2021年度工业企业绩效综合评价有关情况的汇报，强调要坚持公平公正，落实精准帮扶措施，找准企业短板弱项、提升方向，有针对性地为企业提供指导和帮扶；要强化激励导向，引导低效企业加快改造提升、“腾笼换鸟”。会议听取了关于2022年度“五水共治”（河长制）工作进展情况的汇报，强调要高质量完成年度治水工作，加快提炼经验做法，形成上下贯通、协同发力的整体工作格局。会议研究了养老服务设施布点规划以及加强残疾人工作的有关事项，强调要持续推动托养照护、居家养老等保障措施落细落实，科学合理确定养老、残疾服务设施的网点布局，探索引入社会化管理模式，着力构建全生命周期服务体系。会议传达学习了《浙江省固体废物污染环境防治条例》《浙江省知识产权保护和促进条例》《浙江省推进长三角区域社会保障卡居民服务一卡通规定》《浙江省人民代表大会常务委员会关于修改〈浙江省县级以上人民政府行政执法监督条例〉的决定》，传达学习了全省“大综合一体化”行政执法改革大会精神、海洋强省建设推进会精神。会议还研究了其他事项。

11月4日，市政府第十五次常务会议召开。会议听取了关于嵊州市三季度经济形势和社会稳定形势及党的二十大安保工作情况的汇报，强调各乡镇部门要学深悟透党的二十大精神，贯彻落实到经济社会发展各领域全过程，要多措并举保持工业迅猛发展，千方百计推动服务业复苏增长，全力以赴推进重大项目建设，尽最大努力争取四季度和全年工作达到最好效果。会议传达了关于贯彻落实绍兴市生活垃圾治理工作推进会议精神，强调要切实提高站位，清醒认识到做好生活垃圾治理工作的重要性和紧迫性，要压紧压实责任，加强监督检查，落实好部门、乡镇（街道）、村（居）、经营主体责任；要科学设置设施，因地制宜布局，夯实垃圾治理基础；要强化宣传动员，充分发挥基层干部、社区、网格工作人员宣传服务职能。会议学习了《绍兴市居家养老服务条例》，强调要以政治任务的高度落实居家养老服务行动计划，加快统筹完善居家养老硬件设施、服务标准、考核机制建设，要强化要素保障，组建服务队伍，探索形成稳定长效的运营机制，真正做到让老年人老有所养、老有所依、老有所乐。会议还研究了其他事项。

11月29日，市政府第十六次常务会议召开。会议传达学习了上级有关疫情防控会议精神，强调全市上下要自觉扛稳扛牢疫情防控政治责任，严格执行国家20条、省23条防控措施，全面梳理复盘疫情防控歼灭战中的经验教训，持续巩固来之不易的防控成果。会议听取了《关于嵊州市全域“无废城市”建设实施方案》起草情况的汇报，强调要紧紧围绕“生态塑韵”美丽嵊州的绿色发展目标，统筹推进一般工业固体废物、危险废物、生活垃圾、建筑垃圾和农业废弃物污染防治，突出资源化、无害化、链条化治理，加快构建制度、技术、市场和监督体系，广泛引导群众对“无废理念”的理念认同和积极参与。会议研究审议了有关推动食品安全属地管理责任落实落地工作，强调要坚持食品安全党政同责，建立健全分层分级精准防控、末端发力、终端见效工作机制，形成市、镇、村三级包保干部的责任清单、任务清单和督查清单，切实将责任和压力传导至食品安全最小工作单元，不断提升食品安全治理体系和治理能力现代化水平。会议还研究了其他事项。

12月15日，市政府第十七次常务会议召开。会议听取了《政府工作报告（送审稿）》《2023年嵊州市重点建设项目和政府投资项目建设计划》《关于嵊州市2022年国民经济和社会发展计划执行情况、2023年国民经济和社会发展计划草案的报告（送审稿）》《关于嵊州市2022年财政预算执行情况和2023年财政预算（草案）的报告》《2023年民生实事项目建议方案》起草情况的汇报，强调要紧紧围绕工作重点，稳步促进运行增长、稳健谋定项目发展、稳妥保障民生实事。会议听取了关于嵊州市“4173”产业集群培育行动、制造业企业“长高长壮”三年行动、亩均税收提升三年行动、规上工业增加值占比提升三年行动起草情况的汇报，强调要持续开展工业企业综合评价、低效能企业倒逼出清、数字化改造等行动，着力形成一批网络协作紧密高效、产业生态体系完善、主导产业占据价值链中高端的先进制造业集群。会议听取了关于嵊州市 2023 年“抢开局、稳增长”十二项举措和“开门稳、开门红”支持企业稳岗留工十条举措起草情况的汇报，强调要完善工作方案、提质服务措施、强化统筹调度，全力以赴推进稳进提质、招商引资、要素护航，确保实现一季度“开门红”。会议还研究了其他事项。

【市政府专题会议】 2022 年，嵊州市人民政府召开专题会议 18 次。

3 月 28 日，重点项目推进工作部署会暨双月例会第一次会议召开。会议强调，要进一步统一思想、压实责任，攻坚破难、大干快上，加快推动项目建设的速度和节奏，迅速掀起新一轮抓项目、扩投资、促发展的热潮，为全市经济社会高质量发展夯实基础。市领导周尊隆、赵伟龙、张小文、宁春、郭伟锋、王霞燕、裘庆军参加会议。市长裘建勇指出，必须树牢“项目为王”的鲜明导向，强化“大抓项目、抓大项目”理念，以重大项目的攻坚突破打开嵊州高质量发展的新局面。市长裘建勇强调，必须拿出“攻坚克难”的硬核举措，以工作的实绩实效推进项目。各镇街各部门要以强烈的责任感、紧迫感和责任感抓好项目建设，要紧盯节点抢攻进度，通过清单化管理，销号式落实国要紧盯难点处理政策，确保重大项目零障碍推进；要紧盯堵点强化保障，强化项目储备，做好项目审批服务，加大土地、资金、能耗等要素保障；要紧盯项目工程质量，确保经得起时间检验。市长裘建勇强调，必须强化“争先创优”的实干担当，以责任的压紧压实推进项目。全市上下要以背水一战、力争上游的姿态和决心，凝聚一切可以凝聚的力量，进一步完善协调联动机制，完善督查考核机制，完善联系指导机制，结合“红黄绿”三色预警、“奔跑奖”“蜗牛奖”评选，共同唱好大合唱，奋力跑出加速度。

4 月 13 日，开发区（高新园区）、高铁新城“突破超越，进位争先”十大攻坚行动动员部署会召开。会议强调，要以翻篇归零再出发的心态，认识新形势、把握新机遇、迎接新挑战，奋力书写两大平台跨越发展新篇章，为建设更高水平“五个嵊州”、打造共同富裕“县域样板”、谱写现代化网络型山水城市新篇章贡献更大力量。市委常委、开发区（高新园区）党工委书记、高铁新城党工委书记赵伟龙参加会议。市长裘建勇在会上就抓好两大平台建设强调，要增强辐射带动能力，在推动开放融合、引领共富先行、建设更高水平“五个嵊州”、推进“三比三争”活动中彰显担当，助推全市经济社会高质量发展。他还指出，要增强干事创业能力，切实发挥“争示范”“当表率”的带头作用，围绕市委、市政府的决策部署要求，两大平台要以嵊州城市建设和经济发展“王牌部队”的目标定位，增强战略清醒、保持战略定力、把握战略主动，助力嵊州经济社会稳进提质。开发区（高新园区）要发挥经济发展主战场作用，加大招商选资力度，加快项目建设进度，提升科技创新水平，促进产业园区提质，推动产城融合发展，持续提升综合实力。高铁新城要发挥城市经济主引擎作用，立足新时代，做好新规划，立足新标准，展现新品质，立足新战略，培育新业态，努力打造成为嵊新两地的“形象之窗”。

5 月 19 日，全市重点项目推进工作部署会暨双月例会第二次会议召开。会议强调，要深入总结梳理前阶段项目建设的进展情况，研究解决项目推进中的困难问题，全面推进项目建设，着力扩大有效投资，尽快形成实物工作量。市领导周尊隆、赵伟龙、李剑光参加。市长裘建勇在会上指出，上一次重点项目推进工作部署会以来，呈现出核心指标快速增长、重大项目推进有序、项目谋划争列有效、工作氛围更加浓厚的特点，取得的成绩值得肯定。但必须正确认识短板问题，加快补上。裘建勇强调，必须紧紧抓住用好政策“窗口期”，聚焦二季度的固定资产投资目标和省市项目新建项目开工率 70%、投资进度 60%的要求，攻坚推进重大项目建设，确保各项工作在上半年实现“时间过半、任务过半”，努力争取二季度全省有效投资“赛马”激励。要做到项目计划要优化，厘清项目计划安排，及时协调推进；攻坚力度更大，突出重点项目和节点管理，持续加快工作节奏；服务管理更优，通过全流程的优质服务，确保更多好项目、大项目落地生根发芽；要素保障更全，完善“要素跟着项目走”机制，解决好项目推进的后顾之忧；项目谋划更远，准确把握发展大势、竞争态势，适度超前谋划储备一批好项目、大项目，建好项目“蓄水池”；项目通报要更精准，发挥好考核“指挥棒”作用，形成推动项目的强大合力。

5 月 24 日，全市法治政府建设推进会暨府院、府检联席会议召开。会议强调，要高质量完成各项年度目标任务，全力以赴预防和化解好行政争议，不断提高政府治理和社会治理的法治化水平，不断把法治政府建设的工作成效转化为推动发展的强大动力，以实际行动迎接党的二十大胜利召开。副市长蒋明、市人民检察院检察长黄宇峰参加。会议通报了全市行政机关应诉工作情况、全市行政审判和行政检察、行政公益诉讼相关工作情况。市长裘建勇在充分肯定成绩后指出，2022 年是党的二十大召开之年，也是新一届政府开局之年，做好 2022 年的法治政府建设工作责任重大、意义非凡。一定要从全市大局出发，以行政诉讼“双下降”为突破，以府院联动为支撑，全面推行行政诉讼“双下降、双提升”十项机制，坚决扭转被动局面，加快转变政府职能，着力建设权限分工合理、职责范围明确、协同运转高效的法治政府，为嵊州高质量发展提供强大的法治保障。裘建勇强调，要突出重点、精准发力，全力打好法治政府建设的攻坚战、翻身战。要紧紧围绕今年法治政府建设总目标，建立健全“三大机制”：建立健全源头化解机制，通过强化合法性审查、坚持依法行政、做到公开透明，从源头上预防和减少行政争议；建立健全协同联动机制，通过强化府院、府检联动，合力推动诉源治理；建立健全调撤化解机制，通过加强诉前化解、诉中调解和领导包案，实质解决行政争议。要压实责任、凝聚合力，持续提升法治政府建设的执行力、落实力。

6 月 21 日，全市招大引强推进工作部署会暨季度例会第一次会议召开。会议强调，招大引强工作事关全市经济发展大局，相关单位和属地要统一思想、压实责任，攻坚破难、大干快上，加快储备一批、招引一批、落户一批重大项目，为全市经济社会高质量发展作出更大贡献。市委常委赵伟龙主持会议。会议通报 2021 年工作，部署 2022 年工作任务。市长裘建勇对过去一年里取得的成绩表示肯定，他指出，招大引强是地方经济社会发展的重中之重，各相关部门和乡镇（街道）要在思想上高度重视，再接再厉、扬长补短、奋勇争先，争取在新的一年取得更多更好的新成绩。裘建勇强调，要找准立足点，以更坚定的信心决心推进招大引强。实践证明，招大引强是嵊州发展的唯一选择，当前是招商引资的最佳时期，同时也面临着异常激烈的竞争，各相关部门和乡镇（街道）要坚定信心、拓宽思路、把握机遇，争取有所作为。要找准着力点，以更过硬的工作举措抓好招大引强，聚焦产业链条找项目、聚焦发展优势找项目、聚焦短板弱项找项目，充分发挥乡贤招商、驻外招商、中介机构招商以及以商引商的力量，逐步从招商引资向招商选资转变，招引更多的大项目好项目落户嵊州。要找准落脚点，以更优良的营商环境支撑招大引强，坚持内引外育相结合，打造一流的政策体系，营造一流的政务环境，提供一流的服务保障体系，建立健全体制机制，全力助推企业发展，争取在招大引强上有新的突破，努力交出具有嵊州特色的高分答卷。

6 月 23 日，全市农村人居环境整治提升工作现场会召开。会议强调，农村人居环境整治提升工作事关全市经济发展大局，大家要牢固树立以人民为中心的发展理念，全力以赴抓好落实，持续推动农村人居环境整治提升工作取得新的成绩。市委副书记、政法委书记屠强主持会议，市领导周勇、夏春燕、宁春、张科卿参加会议。裘建勇一行先后走访了长乐镇镇西村、沃基村，听取镇、村两级干部在农村人居环境整治提升工作的情况汇报，对现场发现的问题要求及时整改并召开座谈会。会上，通报了 5 月份农村人居环境测评情况，对嵊州市农村人居环境整治提升工作差距进行了精准分析，并就如何推进下阶段工作提出了具体措施。裘建勇指出,改善农村人居环境是实施乡村振兴战略的重要组成部分,全市上下要齐心协力,形成强大的工作合力,常抓不懈、久久为功,全面提升农村人居环境质量和水平。裘建勇强调,相关部门和乡镇街道要提高站位、凝聚共识,切实增强抓好人居环境整治提升工作的责任感、紧迫感和使命感。要统筹推动、精准发力,实干快上抓落实,加快补齐乱堆乱放、两路两侧、集镇面貌三大短板,重点突破农村垃圾分类、三线序化、危旧房屋三大难点,构建保洁、收运、处置三大体系,明确分工,强化统筹,充分运用好保洁公司、农村党员以及综合执法这三支队伍,全力以赴抓好各项工作。要勇于担当、强化保障,合心合力抓落实,进一步压实责任,强化督考闭环,共同营造农村人居环境整治提升工作的浓厚氛围。

6 月 24 日,市政府党组(扩大)会议召开。会议强调,学习好宣传好贯彻好省党代会精神,是当前重要的政治任务,全市政府系统要迅速掀起学习贯彻省党代会精神的热潮,确保各项目标任务落到实处,努力为浙江在高质量发展中奋力推进中国特色社会主义共同富裕先行和省域现代化先行贡献更多嵊州力量。市委常委、常务副市长周尊隆,副市长李剑光、蒋明参加会议。市长裘建勇指出,省第十五次党代会是浙江省迈入高水平全面建设社会主义现代化、高质量发展建设共同富裕示范区新征程召开的第一次党代会,具有重大政治意义和战略意义。全市政府系统要始终坚持高举习近平新时代中国特色社会主义思想伟大旗帜,忠实践行"八八战略",坚决做到"两个维护",在高质量发展中奋力推进中国特色社会主义共同富裕先行和省域现代化先行。裘建勇强调,要把学习贯彻省第十五次党代会精神作为当前和今后一个时期的重要政治任务,为抓好各项工作落实提供坚强保障。要提高站位,迅速掀起宣贯热潮,广泛开展集中学习和交流研讨,把理论宣讲和解决老百姓急难愁盼问题结合起来,切实把学习成果转化为提升能力、推动工作、解决问题的实际成果。要争先进位,奋力交出高分答卷,通过创塑系统变革优势,大力推进项目建设,精准帮扶企业发展,着力提升城乡品质,不断改善民生福祉,营造和谐社会环境,努力为浙江在高质量发展中奋力推进中国特色社会主义共同富裕先行和省域现代化先行贡献更多嵊州力量。

7 月 7 日,重点建设项目推进工作会议召开。会议强调,要以如坐针毡的紧迫感、如临深渊的危机感、如履薄冰的责任感,解放思想、创新思路、靶向攻坚,确保重点项目建设有力有序推进。市领导周尊隆、赵伟龙、李剑光、宁春、郭伟锋参加会议。会议通报了项目推进情况和"169"行动方案推进情况,各项目单位对照《重点建设项目计划》《政府(国有企业)投资项目计划》依次汇报了项目目前进展、年度任务预计完成情况和下一步打算。针对项目实施中遇到的困难,市长裘建勇边听边记,要求项目单位深刻查摆存在问题,立即研究部署推进措施,确保项目按照时间节点保质保量完成。裘建勇强调,必须紧盯重点项目建设这个"压舱石",把项目放在首要位置,推动嵊州在新一轮振兴发展中抢占先机、争取主动。要坚持咬定目标不动摇,全力争取绍兴前列、全省激励,紧紧围绕"169"行动方案,以 9 月为项目开工底线,制定作战图,倒排时间表。要坚持主体责任不动摇,每个项目都要实行双主体责任、明确攻坚目标,对进入省级重点项目库的项目还要重点攻坚,确保每月都能取得新成绩,展示新形象。要坚持通盘谋划不动摇,在"7 月底前谋划、12 月底前确定"要求的基础上厘清明年项目,为实施升级版"136"行动方案夯实基础。要坚持正向激励不动摇,通过在每个项目单位内部通报、在《今日嵊州》每月向社会公开、对项目进度落后单位实行"一票否决"等方式方法,凝聚上下同心、齐抓共管,合力营造推动项目建设的良好氛围。

7 月 14 日,全市开发区(园区)工业全域治理推进大会召开。会议强调,各级各部门要凝心聚力、狠抓落实,奋力打造工业全域治理的嵊州样板。市委常委、常务副市长周尊隆主持会议,副市长郭伟锋参加。会议通报了开发区（园区）工业全域治理工作进展情况，部署了下阶段工作任务。裘建勇指出，自开展开发区（园区）工业全域治理工作以来，各项工作取得了积极进展，但仍存在任务推进力度不够、统筹协同能力不够等问题，大家务必高度重视，认真研究，并在下阶段工作中切实予以解决。裘建勇强调，推进工业全域治理是有效落实总书记殷切嘱托的现实行动，是推动嵊州工业动能转换的关键一招，也是满足群众美好生活向往的题中之义，各级各部门必须进一步提高站位，切实把思想和行动统一到市委、市政府的决策部署上来，以更磅礴的气势攻坚推进。要突出重点、精准发力，以更扎实的举措"腾笼换鸟"，运用"大数据筛选+属地核实"的方法，全面摸清问题底数，科学谋划整治方案，把握好依法行政和工作推进的关系，坚持一把尺子量到底。持续深化园区软硬件建设管理，加快场景应用建设，切实提升运营水平。要细化责任、强化统筹，健全组织领导机制、问题解决机制、赛马晾晒机制和舆论引导机制，加快形成上下联动、合力推进的攻坚态势，确保各项工作任务落到实处，奋力打造工业全域治理的嵊州样板，全力推进更高水平"五个嵊州"建设，为全省奋进"两个先行"贡献更多力量。

7 月 26 日，白莲堂未来社区签约动员大会召开。会议强调，要深入学习贯彻习近平总书记以人民为中心的发展思想，始终坚持人民至上理念，进一步统一思想、协调配合，快节奏、高效率做好未来社区签约各项工作，为全市建设更高水平"五个嵊州"、打造共同富裕"县域样板"、奋进现代化网络型山水城市作出新的更大贡献。市领导周勇、李剑光、蒋明参加。市长裘建勇指出，未来社区建设事关民生、事关发展、事关城市转型。前期，在大家的共同努力下，未来社区建设相关工作取得了一定成绩，为后续工作打下了坚实基础，但对照目标任务仍有一定差距，接下来全市上下要振奋精神，持续发力，从战略全局的高度，深刻认识未来社区建设的重大意义，进一步坚定背水一战的决心和干则必成的信心，力争最快速度打赢签约攻坚战。裘建勇强调，全市上下要认清形势、直面挑战，进一步增强背水一战的向心力，倒排节点、挂图作战，进一步压实各方责任，确保按期完成各项工作任务。要突出重点、聚力攻坚，进一步增强攻城拔寨的战斗力，紧紧围绕讲透政策抓签约，干部带头抓签约，分类施策抓签约的战略部署，继续保持优良作风，在签约攻坚上更下苦功、更求突破。要夯实保障、齐抓共管，进一步增强决战决胜的凝聚力，强化组织保障、资金保障、司法保障、宣传保障，以最强合力、最快速度打赢签约攻坚战，向市委、市政府，向全市人民交上一份满意的答卷。

8 月 17 日，全市深化生活垃圾治理工作推进会召开。会议总结上半年工作，剖析存在短板，部署　下阶段工作。会议强调，各级各部门要认真贯彻　习近平总书记对垃圾分类工作的重要指示批示精神，以重新起步的姿态奋起直追，着力提高生活垃圾治理的实效性和执行力，全力打好打赢垃圾治理攻坚战。副市长李剑光主持会议。市长裘建勇指出，推进垃圾治理是落实上级决策部署的重要举措，是推动绿色发展的必然要求，也是补齐工作短板的现实需要。当前，嵊州市垃圾治理工作上短板依旧突出，生态文明建设任重道远，各级各部门要认清形势、提高认识，不断增强生活垃圾治理的紧迫感，加快补齐各个环节的短板弱项，切实提升全市生活垃圾治理成效。就做好下阶段工作，市长裘建勇强调，要突出重点，靶向发力，严格落实"5+3+3"工作举措，即：加快构建垃圾处置、垃圾收运、责任落实、示范创建、考核问责五大工作体系；紧盯全程分类、源头减量、全民参与三个重点环节；严格按照全面发动示范带动，全力扩面健全体制，巩固提升着眼长效三个阶段的时间节点，落实落细各项工作，着力提高生活垃圾治理的实效性。裘建勇强调，各级各部门要统筹联动，细化任务清单，推动工作落实落细。要狠抓长效机制，探索市场化运行、基层社区治理、物业考核、群众激励等机制，不断提高垃圾处理的社会化、法治化、智能化、专业化水平。要狠抓督查问效，完善考核监督办法，强化工作保障，用好考核指挥棒，切实强化生活垃圾治理的执行力。

8 月 23 日，全市安全生产暨防汛抗旱工作会议召开。会议强调，全市上下要深入学习贯彻习近平总书记关于防汛抗旱抢险救灾工作的重要指示精神,时刻紧绷思想之弦,坚决落实防范之责，全力保障人民群众生产生活安全。市领导周尊隆、李剑光、蒋明、王霞燕等参加。会议传达学习了习近平总书记关于防汛抗旱抢险救灾工作的重要指示精神；听取了 2022 年上半年安全生产工作通报，安排部署下半年重点工作任务；听取了抗旱及水资源调度工作、8 个专委办 2022 年上半年安全生产工作等汇报。市长裘建勇指出，2022 年以来，全市上下严格按照省、市部署要求，大力推进除险保安专项行动，取得了阶段性明显成效。看到成绩的同时也要清醒认识到，安全生产形势依旧严峻，要在思想认识上做到紧之又紧,真正把安全生产工作抓紧抓牢抓实。裘建勇强调，要树牢“大减灾”理念，聚焦重点行业、重点领域和重点点位，动态清零道路交通、消防安全、危化工矿、防汛抗旱、建设施工、城市运行、旅游、农业等方面的各类风险隐患，切实有效堵住安全管理漏洞。要树牢“大应急”理念，动态更新各类应急预案和操作手册，持续完善应急联动机制,加快完成综合性救援队伍建设，切实提升应急救援能力。要树牢“大安全”理念，强化源头治理和前端处理，实现从排查整治向源头整治转变；加快场景建设和推广应用，实现从传统监管向智慧监管转变;加强部门间的横向协作和沟通会商，实现从各自为战向协同作战转变，持续健全安全监管体系。

8 月 25 日，重点建设项目推进工作双月例会召开,总结梳理前阶段工作,研究部署下阶段任务。会议强调，全市上下要树牢“抓项目就是抓发展”意识，按照“深入干、带头干、盯着干”工作要求，压紧责任、鼓足干劲、强化执行，全力以赴推动项目大建设、投资大提速、发展大跨越。市领导周尊隆、李剑光、王霞燕参加。市长裘建勇指出，2022 年以来，面对超预期的疫情影响，全市上下坚持稳中求进、比拼争先，交出了“疫情防控、经济发展、除险保安”三张高分报表，特别是在项目建设上力度更大、速度更快、氛围更好，成功获得了一季度的省投资赛马激励。但大家也要清醒认识到，当前发展形势依然严峻，问题短板仍然存在，全市上下必须在思想上清醒坚定，把“抓项目就是抓发展”意识树得更牢，着力扩大有效投资，形成更多实物工作量。裘建勇强调,各级各部门要强化项目谋划，在行动上快速坚决,把争先进位决战决胜的干劲鼓得更足。要按照“深入干”“带头干”“盯着干”的工作要求，主要负责人发挥好带头表率作用，及时协调解决项目推进中的困难问题;要强化执行盯进度，对照目标任务，明确时间节点，倒排工作计划，管牢工作进度，全力以赴抓好落实；要精准谋划快启动，及时梳理确定 2023 年的实施项目，争取投资目标、推进计划更加精准，前期工作提前启动；要统筹合力优服务，强化项目建设“一盘棋”的大局意识，在项目审批、服务上主动作为，确保项目建设按时完工投产。

9 月 24 日，全市重点建设项目“百日攻坚”行动暨工程项目标后监管工作部署会召开。会议强调，全市上下要牢固树立进度和质量两手抓、两手硬的发展理念，鼓足干劲，落实“深入干、带头干、盯着干”工作要求，加快形成“大干快上抓进度、强化监管抓质量”的攻坚态势，努力交出项目建设“全年红”的高分答卷。市领导周尊隆、赵伟龙、李剑光、宁春、郭伟锋、王霞燕等参加。会前，裘建勇一行先后实地走访了陌桑高科、亿田智能厨电、无底井片区产业园建设项目等地，详细了解各个项目进展情况,现场协调解决项目推进过程中的问题。市长裘建勇在会上强调，“百日攻坚”时间紧、任务重，各项工作等不得、慢不起，全市上下必须狠抓前期谋划，比一比项目储备，突出“强优势、塑亮点，补短板、惠民生，打基础、利长远，善包装、有收益”四个导向，做好下阶段项目的谋划储备。要狠抓跑部进厅，比一比对接实效，积极向上建立稳定联系,全面及时掌握形势、读懂政策，主动推介项目，赢得更多要素倾斜。要狠抓项目推进，比一比工程进度，进一步加快政策处理、要素保障和施工效率，形成更多投资实物量。要狠抓标后监管，比一比规范管理，压实监管责任，明确监管流程，堵住监管漏洞，强化执法震慑，切实把《嵊州市政府及国有企业工程建设项目标后监督管理实施办法》的各项要求落实到位。

10月13日，绍兴市十运会筹备委员会第一次会议召开。会议强调，绍兴市十运会是嵊州市有史以来承办的规格最高、规模最大的综合性体育盛会，全市上下要提高认识、凝聚合力、快速行动，确保把各项筹备工作抓紧抓好、做实做细，努力把十运会办成一次隆重、热烈、精彩、难忘的体育盛会。市委常委、宣传部部长史向俊，副市长王霞燕参加会议。会议通报了前期筹备工作情况并部署下阶段工作任务。市长裘建勇指出，办好十运会是展示城市形象和综合实力的大舞台，是提升城乡面貌和公共服务的助推器，是厚植人文素养和城市精神的催化剂，是驱动特色产业和经济发展的动力源。全市上下要切实增强使命感和紧迫感，深度挖掘展示嵊州特色优势，把十运会打造成为展示成绩、彰显实力的亮点事件，全力提升嵊州知名度和影响力。市长裘建勇强调，此次赛事规模为历届之最，筹备时间紧、工作任务重，各成员单位要突出重点，落实落细各项赛事安排，精心谋划开、闭幕式，以最严密的组织方案筹备十运会。要加快推进各个专业比赛场馆的建设，提前对接落实参赛人员的服务保障工作，以最完善的配套设施迎接十运会。要全力推进场馆及周边环境整治提升，做到全域环境干净整洁、沿线地带大方精致、节点区域特色鲜明，以最美丽的城乡面貌亮相十运会。要配强志愿服务力量，提前抓好人员招募，全力规范服务流程，以最优质的赛事服务助力十运会。要加强本市运动员的备战训练，确保以最巅峰的竞技状态备战十运会，全力争金夺牌、勇创佳绩。

11月17日，全市秋冬季大气污染防治攻坚推进会暨“五水共治”工作夺鼎誓师会举行。会议强调，全市上下要树立舍我其谁的责任感、决战决胜的使命感、不进则退的危机感，确保治气达标、治水夺鼎。副市长宁春主持会议，副市长郭伟锋参加。会议通报了2022年“五水共治”、秋冬季大气污染防治工作进展情况，并对下阶段工作进行部署。市长裘建勇指出，良好的生态环境是最普惠的民生福祉，大家一定要提高认识，站在讲政治的高度，抓好治气治水工作，重塑嵊州的美丽品牌。裘建勇强调，各级各部门要聚焦重点，树立决战决胜的使命感。以“达标”“夺鼎”为载体和手段，通过“攻坚冲刺”的过程，真正把工作提上去，让空气、水质优起来。在治气工作上，要坚持源头导向，按照不同区域不同时段进行分级管控，利用好数字监控系统，实现全时段无盲区监管。在治水工作上，要突出治本控源，以“污水零直排区”建设为核心载体和重要抓手，加快精准截污；要突出综合施策，实施工业污染治理、六小行业污染治理、农业面源污染治理三大行动和屠家埠国控断面汛期污染整治的“3+1”多元整治；要突出网格巡查，推进智慧化监管、常态化巡查、铁腕化执法，实现数字赋能、常态长效；要突出查漏补缺，注重与上级部门的积极对接，确保不失分、得高分、加足分、保得分，全力夺鼎攻坚。

12月7日，重点建设项目推进暨招商选资工作会议召开。会议强调，锚定全年目标，拿出最佳状态，采取最实举措，发扬最硬作风，以“百米冲刺”的状态决战决胜，以攻城拔寨的劲头狠抓落实，迅速掀起决胜四季度、誓夺全年红的工作热潮，用实际成绩贯彻党的二十大精神、向全市人民交出一份良好的“期末答卷”。周尊隆、赵伟龙、李剑光、郭伟锋、王霞燕等市领导出席会议。市长裘建勇在会上指出，2022年以来，嵊州市重点建设项目推进工作和招商选资工作总体进度较快，在项目投资、招大引强、要素保障等方面取得了较好的成绩，值得充分肯定。市长裘建勇强调，要进一步提高思想认识，切实增强“慢不得”的危机感，清醒认识当前面临整体推进不够平衡、攻坚破题不够有效、招大引强不够有力等问题，以担责担当精神克服困难、迎头赶上。要进一步强化工作举措，切实增强“拖不起”的紧迫感，项目推进要再提速，项目瓶颈要再突破，项目服务要再优化，项目招引要再攻坚。要进一步强化组织保障，切实增强“坐不住”的责任感，强化项目调度，强化督查督办，强化联动协作，强化考核问效。要树立必胜的信心决心，一刻不松奋勇冲刺，一着不让大干当前，确保圆满完成全年各项目标任务，为2023年稳进提质打好基础。

12月22日，法治政府建设工作会议暨府院府检联席会议召开。会议强调，要深入学习贯彻党的二十大关于“坚持全面依法治国，推进法治中国建设”的有关精神，全面落实绍兴法治政府建设会议的各项部署，强化府院府检联动，不断提高依法行政和行政争议预防化解能力，推动嵊州市法治政府建设不断走向纵深。市领导周尊隆、蒋明等参加。会议宣读了新一届市政府法律顾问名单，通报了全市法治政府建设情况、行政诉讼情况和行政执法检查监督情况，并就做好下一步工作提出了对策建议。市长裘建勇指出，2022年以来，全市政府系统始终坚持在法治轨道上推进各项工作，取得了良好进展，有效护航了经济社会高质量发展。但当前法治政府建设还存在不少短板，大家要正视问题，推动法治政府建设不断取得新成效。裘建勇强调，各级各部门要深刻领会、全面贯彻党的二十大对法治建设提出的新部署新要求，突出重点、靶向发力，推动工作举措再精准。要以更大力度抓好源头管控，从制度入手，把好决策关、执行关和执法关，全力规范执法行为。要以更大力度抓好过程解纷，继续完善多元调解机制、行政复议机制和行政应诉机制，确保把矛盾纠纷化解在基层、解决在苗头。要以更大力度抓好案结事了，认真履行生效裁判、归纳总结教训、做好释法工作，确保争议事项得到实质化解。 （市府办 金明洋）

办公室工作

【思想工作】 市政府办坚持把思想政治建设摆在首位，结合党的二十大精神学习等活动，详细制订年度学习计划，通过办公室党组理论学习中心组学习、周一夜学等载体，全年组织集中学习67次、网络学习45次、个人自学36次，有效提高全体人员的理论水平和政治素养，进一步树牢“四个意识”，坚定“四个自信”，做到“两个维护”。

【综合协调】 发挥沟通上下、联系左右、协调内外的作用，保持与市委、人大、政协等各大班子办公室以及各镇街、部门之间紧密协作。编制市政府领导每周工作安排、每月工作完成情况和次月工作计划，保障重要工作、重大事项有效衔接。针对常务会议和各类协调会议，明确“一天内送签、两日内下发”工作要求，编撰下发常务会议纪要19期、专题会议纪要4期。

【活动组织】 完善会议登记、审批、统筹制度，组织开展各类重大活动，做到精心编制工作方案、合理设置活动流程，有效保障政府全体会议、国际绿茶大会等30余次重大活动顺利举办。坚持厉行节约，规范接待程序，提高服务质量，全年共完成各级领导到嵊州督查、调研等公务接待100多批次，均严格落实事前审批、事后审核程序，未发生超标准接待情况。

【督查督办】 聚焦市政府重点工作、重点建设项目、领导批示以及会议部署的重大事项，做到第一时间交办、第一时间跟踪、第一时间反馈。增设市府办专属值班室，建立值班工作专项自查机制，压实政府值班责任。全年共督办市长批示件2205余件，下发督查通报20期，督查常务会议决策事项168项，通报批评单位4家，有效促进各项任务落地。2022年，嵊州市在绍兴重点任务预考核中排名进位至绍兴第三，省级民生实事提前至10月完成，绍兴市级民生实事完成率排名绍兴第一。《嵊州市关于区域协查管控流调、管控效率不高的问题》入围绍兴市“七张问题清单”2022年第二季度整改示范案例。

【外事管理】 持续拓展对外交流渠道，完成友协和翻译协会换届工作，组织“外事服务月”嵊州专场活动，建立与国外友好协会、海外同乡会、工商会等组织的联系，推动嵊州投资政策宣传。强化涉外管理，做好境外项目、境外安保、风险预警等服务，妥善处置在柬埔寨嵊籍公民经济纠纷，配合完成乌克兰撤侨工作。全年未发生涉外安全负面事件。

【办文辅政】 精简发文数量，推进公文收发、拟制、流转等环节规范化建设，落实公文统一登记、当日送签、备案复查等机制，做到急件急办、特件特办、密件专办，公文处理质量和运转效率提高。全年共起草编发市政府文件73期、市政府办公室文件158期，完成政府工作报告、市政府全体会议报告、领导讲话材料等各类文稿300余篇。

【信息报送】 围绕领导关注、群众关心的重点领域和各项工作的症结难点，创办“每周一刊”，挖掘有效线索，及时总结特色亮点，推介先进做法，为领导掌握情况、指导工作、科学决策提供信息服务。2022年，《嵊州政务信息》发出55期，上报绍兴市政府办、省政府办信息400余篇，上报省专报信息13篇，获省领导批示9个，完成国办约稿近300篇，总成绩居全省第23位。

【数字政府建设】 联合相关部门出台《嵊州市加快推动数字政府建设实施方案》，共组织会商15次，下发《应用贯通情况通报》9期；联合大数据中心对重大应用贯通活跃情况实施动态监测，数字政府系统全省 38 个重大应用实现应贯通尽贯通，7大特色场景迭代推进，取得10项国家级、省级理论成果、3项制度成果。其中，“区域协查管控”上线省精密智控平台，相关做法获省委书记袁家军圈阅、副省长成岳冲批示肯定；“风雨哨兵”获副省长徐文光批示肯定，入选《浙江省气象数字化改革 S0“一本账”》；“医保基金监管”做法获副省长成岳冲批示肯定；“校食安应用”相关做法被人民网报道，并通过 IRS 成功复制共享到天台县。

【稳进提质攻坚行动】 统筹“9+2”专班各项工作，聚焦上级政策方针，及时捕捉经济稳进提质新情况、新问题，持续拓宽信息报送渠道，服务领导决策。全年共出台简报27期、专项简报217期，上报信息专报102篇、工作简讯105条，被绍兴录用信息41篇，获副省长批示信息专报1篇。

【廉政建设】 层层签订全面从严治党目标责任书，班子主要负责人严格落实党风廉政建设第一责任人职责，班子其他成员认真履行“一岗双责”，抓好分管线党风廉政建设。完善公务接待、办公用品采购、公务报销、财务内审等管理制度，落实值班和请销假制度，严格执行“三公”经费管理相关规定。全年共开展谈心谈话逾50次，谈心谈话对象逾100人次，无工作人员被问责追责。

【法治政府建设】 建立行政诉讼案件“红黄绿”分类预警机制，全年一审行政诉讼收案 141件，较去年同期下降25.8%，下降幅度居绍兴第一；行政诉讼败诉率为2.90%，创历史新低，近三年败诉率下降幅度居绍兴第一。全年答复办理政府信息公开申请56件，其中涉及行政复议4件，被纠错2件；涉及行政诉讼3件，败诉0件。

（市府办　金明洋）

建议提案办理

【概况】 2022年，共收到人大代表建议160件，其中，涉及监察与司法方面4件，财政经济方面13件，城建环保方面62件，农业农村方面32件，教科文卫方面26件，社会建设方面14件，其他9件；收到政协委员提案250件，其中，属城建环保交通的44件，属农林水利的38件，属教育卫生体育的33件，属文化旅游的31件，属经济发展改革的25件，属政法民政市场监管的25件，属劳动人事社会保障的21件，属金融商贸的14件，属政务改革、党风党纪、科学技术等其他方面19件。4月21日，市政府组织召开人大代表建议、政协委员提案交办工作会议，共有12件人大代表建议和 12 件政协委员提案由市政府相关领导牵头领办、市政府办公室具体承办，其余提案建议均逐一明确承办单位和完成时限。在市人大常委会、政协常委会指导和代表、委员配合下，各承办单位积极办理，410件人大代表建议和政协委员提案高质量办结，满意率均达100%。（市政府办　金明洋）

2022年十大民生实事

【教育基础设施提升】 新（改扩）建公办幼儿园2所，新增学位450个；新（改扩）建公办义务教育学校2所，新增义务教育学位540个；完成9所高中、25所初中校园安全防护提升；完成87所中小学校教育装备升级改造。

【公共健身设施建设共享】 打造“10分钟健身圈”，新建体育公园1个、社会足球场1个、体育设施进公园2个、社区多功能运动场1个、百姓健身房8个、村级全民健身广场1个、健身步道50千米，提供免费游泳培训场所，培训学生2000名。

【城乡水安全保障】 整治提升病险小型水库17座、病险山塘10座。加快农村饮用水改造，完成村庄管网改造60个，惠及农户17358户，新建供水管网15千米。

【养老设施建设】 新增认知症照护专区床位66张，建设智慧养老院1家，为15家乡镇（街道）级居家养老服务中心配备无感服务智能终端。

【城乡交通品质提升】 新建公交候车亭20个、电子站牌5个，新增（调整配套）高铁站周边公交站点1个、接驳公交线路1条，新增200人以上较大自然村公交线路4条，新增（更新）公交车43辆，新增（更新）新能源出租车10辆，新建公交车充电站2个（8个充电桩）。建设ETC停车场1个，养护提升农村公路74千米，新改建农村公路11.5千米。

【食品安全保障】 组织农村食品从业人员食安专项技能提升培训，年度培训颁证1000人；开展农产品快速检测送检下乡活动30次，开展农村食安科普宣传下乡并发放宣传册5万份；新培育“5S”现场管理食品小作坊12家，新培育传递民俗、传承文化食品小作坊4家；创建放心农贸市场4家。

【嵊州工匠培育】 培养高素质技能型人才队伍，全年开展各类职业技能培训10000人次，新增高技能人才1500人。推广“智慧技能一体化应用”系统，全面推行“电子培训券”，全年使用职业培训券2000张以上。推行职业技能等级社会化认定，全年认定人数达5000人次。

【消防设施改建提升】 完成64个高层住宅小区智能防控设备增配，对高层住宅建筑1000余台电梯安装“电瓶车管控系统”，全面修复高层住宅小区的消防设施。改造电气线路，为750间农村老旧民房增配漏电保护装置；沿农村主要道路增设消防取水口40个，提档升级90个村级义务消防队，配套建设村级消防宣传室。

【老旧小区改造提升】 完善基础设施，改善人居环境，推进既有建筑加装电梯，综合提升改造老旧小区9个，涉及改造建筑面积25.7万平方米，受益户数2100余户。

【卫生应急保障能力建设】 加强疫情防控应急能力建设，向全市群众发放集疫情防护指南、健康养生为一体的健康礼包30万个；新配备应急救护车6辆，新（改、扩）建规范化村卫生室（社区卫生服务站）5家，打造“15分钟应急救援圈”15个；为高危人群免费开展前列腺癌筛查31700例，为重点人群免费开展阿尔茨海默病筛查和早期干预22200例。

（市政府办 金明洋）

发展和改革工作

【指标完成情况】 2022年，嵊州市地区生产总值达711.08亿元，增长4.1%；完成固定资产投资264.8亿元，同比增长15.3%，居绍兴市第一。3个省市县长项目落地；8个省“4+1”重大项目投资完成率172.81%，居绍兴市第一；11个省重点建设项目完成年度计划的161.4%，获一季度省投资“赛马”激励，累计获得省稳进提质项目投资类绿牌6张，累计获得绍兴重点项目“红旗”奖5个。

【共同富裕】 市发改局起草并出台《嵊州市

2022 年打造浙江省高质量发展建设共同富裕示范区县域样板工作要点》《嵊州市 2022 年打造浙江省高质量发展建设共同富裕示范区县域样板考评细则》，制定县域样板建设系统架构图，“林权碳汇”“未来碳中和无废乡镇”试点列入绍兴市共富试点；巴贝实验室“小蚕工厂”模式助力共富；“深耕一庭园三基地”入选《浙江强村富民乡村集成改革典型案例》。

【营商环境优化】 出台《嵊州市营商环境“嵊利办”品牌建设硬核行动 3.0 版实施方案》，开展营商环境培优活动。全省第三次营商环境评价，嵊州市位列县市区第二档，为绍兴市各县（市、区）提升分数最多的县（市）。

【数字社会改革】 “数字家医”应用入选全省“一地创新、全省共享”“一本账”S0 清单，被省《数字化改革》《浙江政务信息》录用。新增上线应用 1 个；投放“关键小事”宣传视频，注册体验员 4000 余人；2022 年数字社会改革全省评价四星半，较年初提高半星。

【要素资源争取】 获国家发改委审核下达专项债资金项目23个，发行29.1亿元；省发改委审核通过金融工具项目8个，基金数6.54亿元；设备更新改造贴息贷款项目10个，贷款需求7.76亿元，投放5个，投放金额2.77亿元；制造业中长期贷款项目27个，累计贷款需求30.49亿元，投放5个，投放金额1.08亿元。“林权碳汇”获省农发行全省第一单贷款授信9.5亿元；3个项目入选省重大产业实施类项目，新增建设用地计划奖励指标656亩，项目数和用地指标创新高；15个项目获节能批复，共争取能耗指标29.65万吨标煤。

【政策集成落地】 加强政策统筹协调，按照“力度最大、应出尽出、高效落实”的原则，统筹协调“5+4”政策体系形成，贯彻执行省级政策4个，出台配套政策33个。通过“越快兑”平台，累计兑现2022年政策资金12.83亿元，其中“1+9”政策兑现11.17亿元。

【重大平台建设】 义甬舟嵊新临港经济区省级平台授牌；甬绍（奉化、嵊州、新昌）特别合作区框架协议签订；推进三界（始宁）千年古城复兴示范地创建；越剧小镇、领尚小镇年度考评提升至良好，甘霖省级小城市试点建设年度评价良好；长江经济带污染源排查完成销号；15个项目列入绍兴市新兴产业重点项目清单；新增浙江湃肽生物股份有限公司多肽合成技术浙江省工程研究中心，实现嵊州省级工程研究中心建设零的突破。

（市发改局 董烘霞）

数据资源管理

【概况】 2022 年，市大数据中心对标“两个先行”，聚力“五个率先”，围绕市党代会提出的“建设现代化网络型山水城市、打造共同富裕县域样板”目标，立足“平台+大脑”的新阶段新定位，在提升公共数据平台的智能化能力，谋划多跨场景应用，推动重大应用贯通落地，“浙里办”“浙政钉”两端应用建设推广等方面都取得积极成效。4 月，《合同无纸化 签约数字化——嵊州上线区块链公共服务电子合约系统“嵊里签”》在《绍兴日报》头版刊发。8 月，全省一体化智能化公共数据平台县（区、市）考核，嵊州居全省第 20 名，绍兴第 1 名。10 月，联合市公安局开发的“嵊州市区域协查管控应用”在省数字化改革 2022 年第 9 期（抗疫篇）刊发。11 月，《浙江省嵊州市以数字技术赋能智慧小区建设，提升基层社区治理水平》作为政务数据共享优秀案例在国务院办公厅《电子政务工作简报》上刊发。2022 年，大数据中心连续两次获得“晾晒赛马”单项冠军。

【公共数据平台建设】 一是统筹建设视频融合赋能平台。整合市公安局、市综合执法局、市交通运输局等单位视频资源，汇集视频监控资源，实现对各类专网、互联网、物联网等视频资源的统一监管，提升统一视频算法共享能力。二是统筹建设实景三维共享平台。大数据中心与自然资源局联合，开展全域地形级三维项目建设，应用于消防、疫情防控、旅游等场景，支撑数字化改革三维地图需求。三是统筹建设个人全生命周期基础治理应用。大数据中心与档案馆合作开展个人全生命周期档案赋能综合应用建设工作。该应用是浙江大学“数据档案化治理基础理论和实践路径研究”的国家课题实证案例，被列入“浙里数字档案”重大应用场景试点。

【实战实效数字化应用】 联合市公安局开发上线“区域协查”应用，围绕区域协查“快、准、严”目标要求，通过体系重塑、流程重造、机制重构，是全省首个具有智能研判功能的区域协查应用。联合市教体局开发上线“学校健康申报”应用，通过整合大数据、公安、教体等数据，实现家长、学生、老师信息一键申报。打造“嵊里签”应用，成为全国首个区县级区块链电子合约系统。全年上线企业安全生产、保密协议、房屋租赁、车位出租、收据等6个签约场景，共完成文件签约2330份，实现“零接触”签约。

【1612与141体系贯通】 首批4个试点重大应用（七张问题清单、防汛防台在线、社区矫正、E行在线）贯通通过省级验收，第二批6个重大应用（公权力监督、红色根脉、亩均论英雄、森林防火、人大代表履职、政协履职服务）技术贯通通过省级验收。

（市大数据中心 陈玲英 朱璐颖）

行政审批工作（公共资源管理）

【概况】 2022年，市政务服务中心围绕省、绍兴市关于加强政务服务建设有关工作部署及市“共富建设年、项目推进年、作风提升年”工作要求，全面贯彻落实新发展理念，推进各项工作稳步提升。

【互联网+政务服务】 深化市镇村三级政务服务“一网通办”，全市建设完成“一网通办”站点市级中心1个、乡镇（街道）15个、村级网点272个，新增“一网通办”金融代办网点38个，通办事项1775项。组织开展业务培训2次，推动“一网通办”在乡镇（街道）、村（社区）应用落地。实现“一网通办”常态化运行，总办件率92.7%，大厅办件率90.2%，均达到省定考核要求。制定高频事项“掌办网办”“就近办”宣传推广计划，梳理掌办网办事项100个，通过“嵊州发布”公众号、“爱嵊州”App集中开展线上宣传，通过上门服务、发放宣传资料等方式开展线下宣传。统一发布宣传专题16期，其中医保参保、老年公交卡等民生事项点击量均达1万以上。

【镇村便民服务】 落实绍兴市改革办和政务服务办《关于进一步加强乡镇（街道）、村（社区）政务服务标准化建设的指导意见》，制定指导手册，加强业务指导，按照“三集中三到位”理念，分步推进基层站所进驻。黄泽镇完成便民服务新大厅搬迁，剡湖街道、鹿山街道、甘霖镇、三界镇完成便民服务中心提升改造设计方案，2个镇级便民服务中心和8个村级便民服务中心标准化提升试点完成创建。市政务服务中心会同改革办制定出台《关于进一步推进政务服务事项下沉实现“就近办事”的工作通知》，90%以上（267项）省定民生事项在乡镇（街道）可办、90项以上高频民生事项在村（社区）可代办。细化市级有关部门和乡镇（街道）职责，建立下放事项办件分流报送机制，每季度通报各乡镇（街道）下放事项承接情况。会同市督考办对15个乡镇（街道）便民服务中心建设开展督查通报。会同市人力社保局、市医保局推动8项高频民生事项下沉各乡镇（街道）就近办理。

【营商环境】 常态化运行水电气业务报装外线接入“一站式”服务。推行小微企业低压用电报装“零上门、零投资、零审批”服务、高压用户用电报装“省时、省力、省钱”服务，完成32个项目的水电气报装，低压用电“三零”服务小微企业1820家，高压用电“三省”服务用户119户。加强部门协同，开展工程建设项目监管验收服务集成改革。推进工程竣工限时联合验收，完成工业企业投资项目联合验收25个、洗车业联合验收项目10个。出台企业投资项目联合验收时效管理规定，印制企业投资项目办事指南，召开企业投资项目审批代办服务培训会，提升代办员业务水平。以“金融+政务”为突破口，加强政府和银行协同服务。通过银行网点应用统一的政务服务 2.0“一网通办”平台，为群众提供更多的办事网点选择，梳理 150 项帮办代办事项，主要涉及社保、医保、公安等高频业务，新增 38 个金融代办网点，配置 42 个专职政务服务人员，有效扩展服务广度，提升服务温度。加快资金兑付政策集成落地，明确涉企政府补贴补助工作任务，加强沟通协调，强化条块结合，全面梳理补贴补助政策落实情况以及政策资金兑现堵点和难点，确保补助补贴类政策“应纳尽纳、应兑尽兑”。

【大厅管理】 健全完善智能导服、电话咨询、现场咨询等多渠道咨询体系，持续推进大厅办事“好差评”评价。重视意识形态工作，动态关注网络舆情，妥善处置各类信访件 34 起，实现闭环管理。加强监督检查和月度考核，完善《进驻部门（单位）窗口管理考评办法》，对窗口工作纪律、标准化管理、人员管理等方面，实行常态化现场检查和月度考核，持续改进服务，提升效率。完善服务大厅综合管理系统和季度工作例会制度，深化“三亮三比四评”活动，开展月度优胜窗口评比。抓好常态化疫情防控，严格执行各项防疫措施，确保政务大厅安全有序。

【公共资源交易管理】 市政务服务中心会同市纪委、审计局、建设局等有关部门赴义乌、上虞等地学习考察标后监管经验，出台《嵊州市政府及国有企业工程建设项目标后监督管理实施办法（试行）》，建立标后监管体制机制。完善招投标活动组织及监督管理工作，起草《工程建设项目招投标活动组织和监督管理办法》，2022 年完成公共资源交易项目 188 项，其中建设工程项目 112 项、政府采购 11 项、产权交易 65 宗。协助招标人和行业主管部门共同处理工程建设项目异议 10 件。统筹协调公安、住建、水利等部门，对标中发现的 3 起违法违规嫌疑线索进行联合查处。推行限额以下（400 万元以下）工程建设项目电子交易系统建设。改变乡镇（街道）自行招标项目的线下招投标模式，实现限额以下工程建设项目“不见面开标”全覆盖，有效解决传统线下开标模式的不利影响，“不见面开标”系统的开发建设进入实质性阶段。规范全过程工程咨询服务管理，制定出台《嵊州市政府及国有资金投资项目全过程工程咨询管理指导规则（试行）》，对全过程工程咨询的服务内容、评标标准，计费模式及合同条款进行了规范统一。

（市政务服务中心　林佳丽）

应急管理

【概况】 2022 年，市应急管理局全面贯彻落实习近平总书记关于加强应急管理的重要论述和重要指示批示精神，坚持统筹发展和安全，全市未发生自然灾害亡人事故。

【应急预案体系完善】 动态更新应急预案，完善应急联动机制，提高各应急联动单位对突发事件的应急处置能力，指导全市 276 个行政村（社区）编制综合性“多案合一”应急手册或重点灾种（防汛防台、森林火灾、地质灾害、城市内涝等）应急处置方案。全年共完成市级应急演练 7 场，市级部门应急演练 23 场，乡镇级应急演练 93 场。

【救援队伍建设】 新建综合性应急救援队伍 6 支（石璜、谷来、仙岩、金庭、下王、贵门），配备 8 大类 74 种装备物资，救援队员 270 名；新建队伍全部通过验收并投入实体化运作，实现乡镇综合应急救援队伍全覆盖。制定出台《嵊州市社会救援队伍管理（考核）办法》，从队伍管理、应急装备物资管理、应急救援宣传培训、应急预案制定和演练、应急值守和救援等 5 个方面对社会救援队伍进行考评。

【基层应急和消防一体化建设】 推动基层应急和消防管理工作融合，15 个镇街成立由主要领导担任主任的“1+X”应急和消防管理委员会，并完成应急和消防管理办公室挂牌。各村明确应急管理负责人和网格员，织密应急管理乡镇（街道）—村（社区）—网格三级网格。落实应急管理工作专项资金，配足配好执法车辆和装备。强化基层应急和消防队伍建设，各乡镇（街道）共配备人员 145 人，依托民兵预备役人员、专职消防队、保安员、基层警务人员、医务人员等，组建“一专多能、一队多用”的综合性应急救援队伍，共389人，村（社区）以党员干部为主体的应急突击队伍共7618人。

【防灾减灾能力提升】 规范应急物资储备体系建设，出台《嵊州市应急物资储备基本标准（试行）》，明确市、镇、村三级应急物资储备基本标准和储备单位，做好市级救灾物资储备。全年完成50个村级避灾安置场所规范化建设，增加村级救灾物资储备7025件，全市村（社区）级避灾安置点规范化率达81.68%。

【台风气象灾害防御】 2022年，防御强降雨3次、台风2个。9月，12号台风“梅花”过境，各乡镇（街道）、市防指成员单位做到“四个到位”（迅速部署到位、监测预警到位、风险管控到位、值守处置到位），应急响应持续时间66小时，全市提前转移11621人，无人员伤亡，无重大灾情。

（市应急管理局　陈思）

招商选资

【概况】 2022年，全市签约1亿元以上项目52个，总投资363.42亿元，新落地1亿元以上项目50个，总投资351.33亿元。其中10亿~20亿元以上项目6个，20亿~50亿元以上项目3个，50亿元以上项目1个。完成1亿元以上开工项目35个，占全年任务的116.7%，完成1亿元以上投产项目29个，占全年任务的96.7%。引进外资2283.4万美元，占全年任务的22.8%。“一把手”外出招商共141次，开展各类活动共22次。

【靶向招商】组建4个驻外招商引智小分队，分别派驻北京、上海、深圳、成都。3月，参加绍兴市举行的出征仪式和驻外招商引智业务能力专题培训；6月，4个驻外招商引智小分队陆续前往驻点城市开展工作。全年共报送项目信息94条、人才资源信息125条，完成招商调研报告4个，完成人才调研报告2个。

【项目引领】 组织开展全市第一季度扩大有效投资活动和2022年上海招商推介活动，协助市委统战部举行第五届嵊州越商大会，共签约项目39个，总投资达425.3亿元。

【专班运作】坚持“制度先行”的招商机制，开展招大引强专班攻坚行动，定期召开专班工作例会，针对招商任务攻坚、项目推进以及外资招引短板，开展任务盘点和部署。坚持“日调度、周例会、月晾晒”机制，每月结合招大引强“1330”迭代升级行动工作情况，针对签约、开工、投产、外资等关键指标晾晒“三色图”，推进各平台、镇街“外资清零行动”。

【外资引进】坚持“强磁拓外”的招商体系，推进存量项目到资，摸排一批具有存量合同外资的项目，促成波璞澜项目存量合同外资到资332万美元；推进已有外企增资，对接有增资潜力的外资企业；推进在谈项目生成，落实专人全周期跟踪对接。

（市招商投资中心　童慧慧）

机关后勤事务

【概况】 2022年，市机关事务服务中心做好行政中心、商检大楼、国资综合大楼、爱德人才公寓的管理和服务工作，实现安全保卫、食堂餐饮、物业管理、会务服务等各项后勤保障工作有序运行，全年安全无事故。根据市委、市政府统一部署，参与“未来社区”征迁等重点建设项目，助力各项重点工作顺利推进。整合大数据、“互联网+”等新科技手段，推进房产管理、后勤保障、公共机构节能管理等方面的数字化改革，着力提升后勤服务水平。2022年，市机关事务服务中心获评全省机关事务先进集体及绍兴市机关事务系统先进集体。

【办公用房管理】 加强全市党政机关办公用房规范管理，出台《嵊州市党政机关办公用房管理实施细则》。完成枫桥经验专班等临时机构办公用房调配工作。根据统一部署，做好嵊州市党政机关办公用房管理系统信息数据转入浙江省党政机关办公用房数字化管理平台相关工作，全市各单位建立子账号并下发，截至2022年年底，完成72个单位的信息上传。

【后勤餐饮】 建成智慧食堂采购系统，采用平板和智能秤验收食材原料，通过信息化、规范化、一体化的采购方式，实现称重数据、实物图片、供应商信息等订单数据实时上传云端，后台数据实时查询，提升食堂采购运行效率和管理水平。与市供销社合作，引进“嵊来销”供销自助售货机，实现选购、结算全流程自助。助力“山海协作”，实现机关超市直营青田进口商品。

【公共机构节能】 2022年，全市公共机构人均综合能耗和单位建筑面积能耗分别比2021年下降2.04%和1.01%，人均水耗同比下降1.46%，完成年度节能目标任务。指导市税务局获评全国公共机构能源资源节约典型示范案例。推行光伏改造，与商旅集团、供电公司合作，引进社会资本，打造可复制推广的“校园+光伏”应用场景，指导19所学校和4家公共机构实施光伏发电改造项目，预计年供电630万千瓦时。开展示范创建活动，2022年创建浙江省节水型单位3家、浙江省节水标杆单位1家、绍兴市“无废机关”5家、嵊州市节约型机关10家、嵊州市生活垃圾分类示范单位12家。

【会务接待】 做好绍兴市两会、嵊州市两会、杭台高铁通车仪式绍兴分会场活动、绍兴市领导集中调研重点项目、纪念《在延安文艺座谈会上的讲话》发表80周年暨刘文西“以人民为中心的创作”研讨会活动、嵊商大会等大型活动，及2021年度全面从严治党主体责任延伸检查组、省平安建设考核组等专项工作组的后勤服务保障工作。全年完成接待270余批次、约4200人次，保障会议1000余场次、4万余人次，实现零差错。

【安全管理】 升级市级机关三个大院门禁系统，常态化做好疫情防控“守小门”工作，全年安全运行。做好安全设备更新维护工作，按照省反恐办要求和党政机关反恐怖防范标准，对大院原有监控设施设备进行等保升级，对各科室自建系统进行等保测评，对反恐怖防范设施设备进行完善，并不定期组织开展反恐怖防范演练，提升监控防范能力。　（市机关事务服务中心　单梦婷）

中国人民政治协商会议嵊州市委员会

综述

【概况】 2022年，市政协坚持以习近平新时代中国特色社会主义思想为指导，认真贯彻落实中共二十大精神，在中共嵊州市委领导下，坚持发扬民主和增进团结相互贯通、建言资政和凝聚共识双向发力，主动担当作为，履职尽责。全年召开政协全体会议1次、常委会会议9次，组织主席（扩大）会议专题协商5次、对口协商7次、重点提案办理协商12次，视察调研3次，督办提案250件。同时，开展专项民主监督、联络联谊、“五下乡”等活动。（市政协办 金律）

重要会议

【市政协十六届一次全体会议】 2月21日至23日，市政协十六届委员会第一次会议在嵊州市区举行，参加会议的政协委员252名，列席人员86名，收到提案230件。会议听取并审议十五届政协常委会工作报告和提案工作报告，选举产生政协第十六届嵊州市委员会主席、副主席、秘书长和常务委员。柴理明为主席，张科卿、钱群飞、史萍、裘庆军、卢秋桢为副主席，孙益林为秘书长，其他常务委员35名。市委书记徐建役在会上讲话，充分肯定政协过去五年的工作，并对新一届政协工作提出希望和要求。与会政协委员列席了市十七届人大一次会议，听取并讨论市委副书记、代市长裘建勇所作的《政府工作报告》和其他有关报告。市委、市政府领导到会听取意见建议。会议通过决议，号召全市各级政协组织、各参加单位和广大政协委员，更加紧密地团结在以习近平同志为核心的中共中央周围，高举中国特色社会主义伟大旗帜，在中共嵊州市委的正确领导下，努力干出新样子，展现新作为，为奋力打造高质量发展建设共同富裕示范区县域样板作出更大贡献，以优异成绩迎接中共二十大胜利召开。

【市政协常委会会议】 2022年，市政协共召开常委会会议9次。

十五届二十九次常委会会议于1月6日召开。会议围绕市第十五次党代会报告（征求意见稿）开展专题政治协商，从以数字经济引领现代产业体系、五级书记共抓乡村振兴、打造高辨识度的城市风景、加快建设名人库等方面提出了意见建议。会议还审议了其他事项。

十五届三十次常委会会议于1月24日召开。

会议听取“一府两院”工作报告起草情况说明，并审议通过了市政协十六届一次全体会议有关事项。

十六届一次常委会会议于 2 月 23 日召开。会议审议通过《政协第十六届嵊州市委员会常务委员会关于加强自身建设的意见》。

十六届二次常委会会议于 3 月 23 日召开。会议审议通过政协办事机构负责人，各专门委员会主任、副主任、委员组成人员名单；乡镇（街道）工作委员会主任名单；政协各界别活动组组长名单等有关人事事项；审议通过了《政协第十六届嵊州市委员会 2022 年度工作要点》，并通报市政协领导班子成员分工情况。

十六届三次常委会会议于 4 月 20 日召开。会议传达学习绍兴市政协九届一次会议精神，审议通过了有关人事事项和《关于构建“11777+N”履职新格局，推动政协工作提质增效的实施意见》《政协嵊州市委员会常务委员年度述职实施意见》等规章制度，通报了《政协嵊州市委员会主席会议工作规则》《政协嵊州市委员会关于加强协商智库建设的意见》等相关规章制度。

十六届四次常委会会议于 7 月 12 日召开。会议专题协商“着力构建‘一城一室’创新策源格局，加快建设区域性人才中心和创新高地”课题。与会委员和有关部门积极互动，提出了提升理念认知水平、着力打造创新平台、引育紧缺适用人才、强化人才配套服务、加强科创成果转化等协商意见。

十六届五次常委会会议于 8 月 23 日召开。会议听取“一府两院”半年度工作情况通报。与会委员围绕“一府两院”工作协商建言，并从强化政治担当、注重改革创新、坚持数字赋能、加强队伍建设等方面提出意见建议。

十六届六次常委会会议于 10 月 10 日召开。会议专题协商“依托义甬舟开放大通道建设，打造甬绍合作先行区县域样板”课题。与会委员和有关部门积极互动，提出了提高顶层设计水平、完善交通网络建设、提高产业准入标准、加速专业人才引育、强化资源要素供给等协商意见。

十六届七次常委会会议于 12 月 29 日召开。会议围绕市委十五届四次全会报告（征求意见稿）和《在建设现代化网络型山水城市中奋力谱写中国式现代化县域实践新篇章的决定》（征求意见稿）开展专题政治协商，从优化营商环境、加强人才引育、深化文旅融合、坚持科创引领等方面提出了意见建议。

【市政协主席（扩大）会议】 2022 年，市政协召开主席（扩大）会议专题协商 5 次。

7 月 6 日，市政协召开主席（扩大）会议，专题协商历史文化名人资源的保护、开发和利用工作。会议听取市文广旅游局有关情况汇报，提出加强统筹谋划、强化要素保障、加深文旅融合等协商意见。

8 月 15 日，市政协召开主席（扩大）会议，专题协商“挖掘海外资源，拓宽引资渠道”工作。会议听取市招商投资中心有关情况汇报，提出切实加强政策引领、探索新型招商模式、更好优化营商环境等协商意见。

8 月 29 日，市政协召开主席（扩大）会议，专题协商产业工人技能培训工作。会议听取市人力社保局有关情况汇报，提出加大政策扶持引导力度、创新“嵊州工匠”培养模式、营造重技尊匠社会氛围等协商意见。

8 月 31 日，市政协召开主席（扩大）会议，专题协商“发展壮大村级集体经济，助推共同富裕”工作。会议听取市农业农村局有关情况汇报，提出规范村级财务制度、构建市场多元机制、激活农村人才市场、夯实农村共富基石等协商意见。

10 月 25 日，市政协召开主席（扩大）会议，专题协商助力提升企业创新研发能力工作。会议听取市科技局有关情况汇报，提出加强科学管理、加强引导推动、加强服务保障、加强创新意识、加强培训辅导等协商意见。（市政协办 金律）

政协提案

【立案情况】 2022 年，全体政协委员、政协各参加单位、专委会、工作委坚守“围绕中心、服务大局、提高质量、讲求实效”的提案工作方针，共提交提案253件，经审查立案250件，转社情民意3件，其中《关于充分发挥数字化改革在共同富裕示范区建设中作用的建议》等12件提案被列为重点提案。

【提案办理】 根据“分级负责、归口办理”的原则，250件提案分别落实到49个单位负责牵头办理，均在规定时间内办理答复完毕，提案面商结果和办理结果满意率均为100%。

【提案督办】 为提高提案办理质量、提升提案办理速度，市政协召开常委会会议听取市政府2022年度提案办理情况通报，并开展提案“督办月”活动，对提案办理工作进行监督落实。

（市政协办 金律）

表3 政协第十六届嵊州市委员会第一次会议重点提案目录

立案号	提案者（团体）	案由
1	农工党嵊州市委会	关于切实提升我市小区物业管理水平的建议
2	民建嵊州市基层委员会	关于加快推进节能减排，为嵊州工业发展赢得更大用能空间的建议
3	民盟嵊州市基层委员会	关于推进抽水蓄能电站建设，助力“双碳”目标实现的建议
4	民革嵊州市支部委员会	关于提高我市粮食生产服务能力的建议
5	市工商联	关于加快数字化改革，推进传统产业高质量发展的建议
6	市知联会	关于振兴集体经济， 推进强村富民的建议
8	潘科良	关于强化数字赋能，提升基层诊治能力的建议
9	操海芳	关于加强高技能人才培育，助力嵊州高质量发展的建议
12	王科英	关于加快基础设施建设，推动嵊州“四港联动”城市发展的建议
13	马　颖	关于科学实施“双减”政策，促进教育普惠公平的建议
18	市政协中共界	关于进一步加强我市名人故居保护和利用的建议
108	丁　蕾	关于进一步发展夜间经济，增添城市活力的建议

协商议政

【发挥人才优势，助推嵊州经济发展】 4月14日，市政协专题协商“发挥人才优势，助推嵊州经济发展”工作，听取市委统战部有关情况汇报，提出搭建高质量引才平台、制定针对性优惠政策、提高服务能力水平等协商 意见。

【知识产权保护】 4月27日，市政协专题协商知识产权保护工作，听取市市场监管局有关情况汇报，提出增强部门协同联系、强化政府服务理念、搭建公共服务平台等协商意见。

【退役军人服务保障体系建设】 4月28日，市政协专题协商退役军人服务保障体系建设工作，听取市退役军人事务局有关情况汇报，提出加强平台政策支持、规范人员考核制度、提高基层宣传力度等协商意见。

【发展夜间经济，提升城市软实力】 5月26日，市政协专题协商“发展夜间经济、提升城市软实力”工作，听取市商务局有关情况汇报，提出策划特色精品活动、完善基础设施建设、优化夜间公共服务等协商意见。

【小型水库系统治理】 9月20日，市政协专题协商小型水库系统治理工作，听取市水利水电局有关情况汇报，提出提前布局谋划、提升设计水平、加快人才培养等协商意见。

【宋韵文化建设】 9月28日，市政协专题协商嵊州宋韵文化建设工作，听取市文广旅游局有关情况汇报，提出深入挖掘文化资源、切实做好产业转换、精心打造特色产品等协商意见。

【推进老旧小区电梯安装】 10月27日，市政协专题协商推进老旧小区电梯安装工作，听取市住建局有关情况汇报，提出全面摸清底数、完善补偿机制、加强后续管理等协商意见。

（市政协办 金律）

专项视察调研

【视察共同富裕农村路网建设情况】 6月8日，市政协专题视察共同富裕农村路网（“四好农村路”）建设情况。视察组先后赴北漳农村物流站、东兰线、仁村农村物流点等点位视察，了解“四好农村路”运营成效。视察组听取市交通运输局工作汇报，提出统筹交通规划、加快数智赋能、打造特色路段等意见建议。

【视察多元化创新人才引育工作】 7月4日，市政协专题视察多元化创新人才引育工作。视察组先后到科创中心、巴贝实验室等点位视察，了解“多元化创新人才引育”工作取得的成效。视察组听取市委组织部工作汇报，提出打造具有辨识度的“政策链”、建强做优新发展的“主阵地”、全力构筑重才聚才的“生态圈”等意见建议。

【视察重点项目建设情况】 12月8日，市政协专题视察重点项目建设情况。视察组先后到新时代中心、比亚迪新能源动力电池生产基地、艇湖教育中心等点位视察，了解重点项目建设情况。视察组听取市发改局工作汇报，提出加快重点项目推进、做好前期规划工作、强化项目要素保障等意见建议。

12月8日，市政协开展重点项目建设情况暨在嵊省、绍兴市政协委员会前视察活动

【调研甬绍合作先行区县域样板打造工作】 紧扣“依托义甬舟开放大通道建设，打造甬绍合作先行区县域样板”专题议政性常委会会议重点协商课题，组织专题调研组，7月至10月间先后赴合作创新平台、研究院校、部门单位、行业企业开展调研，共召开座谈会16次，走访调研100余人次，形成调研报告，为市委、市政府提供决策参考。

【调研区域性人才中心和创新高地建设】 紧扣“着力构建‘一城一室’创新策源格局，加快建设区域性人才中心和创新高地”专题议政性常委会会议重点协商课题，组织专题调研组，围绕平台、政策、服务及企业现状等方面开展调研。4月至7月，调研组一对一访谈平台、部门和街道12个，召开企业协商座谈会15场，问卷抽样调查321份，形成调研报告，助力区域性人才中心和创新高地建设。（市政协办 金律）

民主监督

【平安建设突出问题专项整治】 2022年，市政协专门成立民主监督小组，对平安建设突出问题整治情况开展专项集体民主监督，提出以“大平安”理念推进平安创建“护鼎加星”、以规范化机制压实平安工作主体责任、以精准化智治推动数字法治改革、以网格化建设强化平安建设基层基础、以务实性举措推动平安工作专业力量下沉等意见建议。

【耕地“非农化”“非粮化”整治】 市政协围绕耕地“非农化”“非粮化”整治工作开展专项集体民主监督，聚集“非农化”图斑数量多、农民种粮积极性普遍不高、腾退后农业用水困难等问题，提出加强与上级对接、加大种粮扶持力度、持续改善耕种条件等意见建议。

【科技创新工作】 市政协专门成立民主监督小组，对科技创新工作开展专项集体民主监督，针对企业研发实力不强、创新共建平台偏少、成果转化效率偏低、资源要素保障不足等问题，提出强化企业创新主体地位、有效发挥政府引导作用、充分做好人才引育工作等意见建议。（市政协办 金律）

其他工作

【理论学习】 市政协以深入学习宣传贯彻中共二十大精神为首要政治任务,召开党组会议传达学习会议精神,出台实施意见,组织学习研讨、主题宣讲、对标落实等,把党的二十大精神贯穿政协工作全过程。制定出台习近平新时代中国特色社会主义思想学习座谈会制度,开展线上线下专题学习19次,各层面集中学习51次,深学笃行习近平总书记重要讲话和重要指示批示精神,开展"识变应变求变"等讨论活动,坚定政治信念、激励奋进斗志。创新打造"四位一体"剡山系列读书体系,揭牌设立"剡山书院·龙会馆",推进"嵊州版"书香政协建设。开展"矢志不渝跟党走、同心奋进新征程"系列活动,引导各界人士把思想和行动统一到党中央决策部署上来。

【服务民生】市政协赴贵门乡开展"五下乡"活动,分发各类资料2000多份,赠送书画作品50多件,开展义诊200多人次。总工会界别等委员工作室开展"心连心·话共富"协商活动。鼓励政协委员参与公益事业,全年累计结对贫困户41户,资助贫困学生207名,参与公益事业270件次,捐资275万元。开展"三服务"活动,收集意见建议210条,解决实际问题52个。

【创新履职格局】 构建以政协全会为龙头,以专题议政性常委会会议为重点,以专题协商、对口协商、提案办理、民主监督和专项视察等为常态的"11777+N"的履职新格局,全年共举行履职活动50多场,形成一批高质量的调研报告和协商纪要,为嵊州发展建言献策。

【嵊州村嫂政协委员会客厅】 把准五星级委员会客厅功能定位,以助力共同富裕和乡村善治为主题,组织"村嫂话共富"读书会、巾帼大宣讲、短视频大赛等主题活动12场;打造2.0版会客厅,丰富活动内容,提升建设水平,新设立妇联界别委员工作室和共享法庭,特色经验得到省政协领导批示肯定。在绍兴政协九届一次会议上,作为县级政协唯一委员会客厅代表,作口头发言,并获绍兴市委主要领导批示推广。

【民生议事堂】 深化发展新时代民情日记,建立"民生议事堂+民情月商会"工作体系,成立工作专班,召开现场推进会,组织"双十佳"评比,实现民生议事堂、协商驿站建设全覆盖,组织开展"助力共同富裕示范区建设"专题协商月活动。全年开展协商活动200多场,《共富工坊,暖了民心鼓了荷包》等2个典型案例在《人民政协报》宣传推介;2个民生议事堂、27个协商驿站、7个协商案例入选绍兴政协以奖代补项目。建成委员工作室37个、社情民意信息点16个,形成一批有特色的"三位一体"品牌。

【社情民意信息】 2022年,上报社情民意信息43篇,共有18篇社情民意信息被上级政协录用,其中《关于俄乌冲突背景下加强海外引才力度的意见建议》获绍兴市委常委、组织部部长王琴英批示,并被全国政协录用;另有3篇社情民意信息被省政协录用。

【文史宣传】 注重文史资料挖掘整理,加强文史专员队伍建设,定期开展座谈交流;办好联谊会刊《人文嵊州》,启动《嵊州茶经》编纂工作。加强政协宣传思想工作,改版升级门户网站,办好微信公众号,积极在国家和省市媒体上推介工作亮点。全年在中新社、《人民政协报》《联谊报》以及"同心苑"微信公众号等省级以上媒体平台上宣传报道政协工作19篇次,在当地媒体开辟《政协之窗》《提案追踪》专版专栏,推送政协履职好经验、好故事220多篇,持续提升政协影响力。

【政协团体】 2022年,市政协之友社召开八届一次会议暨"我为新时代政协工作献一计"座谈会,组织学习习近平总书记关于加强和改进新时代人民政协工作重要思想,选举产生市政协之友社第八届理事会成员,审议通过《嵊州市政协之友社章程》;嵊州市政协书画院举行"喜迎二十大·永远跟党走"书画展活动。 (市政协办 金律)

中共嵊州市纪律检查委员会
嵊州市监察委员会

综述

【**概况**】2022 年，全市纪检监察组织在上级纪委监委和市委的坚强领导下，坚持稳中求进、服务大局，坚定不移把正风肃纪反腐与深化改革、促进治理、推动发展结合起来，纪检监察工作呈现高质量发展良好态势，全面从严治党成效度达 97.94%。在绍兴市纪委监委通报排名的 8 项工作中，涉纪信访工作综合成效、乡镇（街道）纪检监察工作规范化建设、党风廉政建设宣传三项工作位列第一，监督检查、审查调查、案件审理等工作位居前列。（市纪委市监委　李崇）

重要会议

【**集体廉政谈话会**】4 月 8 日，市委常委、市纪委书记、市监委主任李英豪对全市各乡镇（街道）和部门（单位）“一把手”开展集体廉政谈话。会议强调，新征程上，面对更高标准的发展要求、更加严峻的发展形势、更为艰巨的发展任务，“一把手”要深刻领悟习近平总书记对全面从严治党提出的一系列要求，提高站位，切实扛起“第一责任人”责任，严格落实关于加强对“一把手”和领导班子监督二十项制度；压实责任，着力管好班子带好队伍，切实履行好抓班子带队伍的政治责任，当好党员干部的领路人；强化执行，以真抓实干、抢抓快干、说干就干的良好作风，进一步提振精气神；筑牢防线，自省自律、廉洁用权、规范用权，强化家风建设，把好亲清政商关系。

【**清廉嵊州建设推进会**】9 月 30 日，清廉嵊州建设推进会召开。市委书记徐建役讲话。会议学深悟透习近平总书记关于全面从严治党的重要论述精神，贯彻落实省第十五次党代会以及清廉浙江、清廉绍兴建设决策部署，进一步细化清廉嵊州建设颗粒度，掀起全域清廉建设新高潮，为加快建设现代化网络型山水城市，奋力推进“两个先行”提供坚强纪律保障，以风清气正的政治生态迎接党的二十大胜利召开。会议肯定清廉嵊州工作所取得的成绩，深刻分析存在的问题短板，要求对标对表习近平总书记重要指示批示精神，锚定浙江“打造新时代清廉建设高地”这一目标，推动清廉嵊州建设向更高水平、更深层次迈进，全力打造一批具有鲜明嵊州辨识度的清廉建设成果，全方位展现清廉嵊州良好形象，为清廉浙江、清廉绍兴建设提供更多嵊州经验。（市纪委市监委　李崇）

监督执纪问责

【政治监督】 聚焦学习宣传贯彻党的二十大精神、习近平总书记重要指示批示精神等内容，围绕党中央“疫情要防住、经济要稳住、发展要安全”总体要求，开展“平安护航二十大”、常态化疫情防控、高质量发展建设共同富裕示范区等主题监督600余次，发出各类监督检查通报240余期。紧盯迎接党的二十大胜利召开重要政治任务，组建22个专项督查组，累计出动493人次，检查单位、镇村、卡点等场所733个，督改问题404个。加强对“一把手”和领导班子监督，严格落实“五张责任清单”要求，推进“一把手”集体廉政谈话、新任“一把手”和领导班子“廉政交底”等活动，不断强化对意识形态等领域监督检查，推动党员干部严守政治纪律和政治规矩。

【疫情防控监督】 坚持全年常态化开展疫情防控检查，下发整改通知书21份，发现并整改薄弱环节1961个。“11·22”疫情期间，共派出110组288名人员，督改问题294个，助力短时间实现社会面清零。

【反腐败工作】坚持受贿行贿一起查，以“全周期管理”一体推进不敢腐、不能腐、不想腐，全年共处置问题线索1571条，同比增长18.65%；运用“四种形态”处理1614人次，其中第一和第二种形态占比93%；立案查处各类违纪违法案件376件，同比增长76.5%，党纪政务处分383人，其中开除党籍68人，开除公职4人，留置6人，移送司法机关7人。

【正风肃纪】 牵头开展“作风提升年”活动，联合多部门建立活动专班和运行机制。严格落实中央八项规定精神，针对重要节点、重点对象、重点领域开展专项监督检查，查处违规吃喝、违规收送礼品礼金、违规发放津补贴等享乐主义、奢靡之风问题21起，党纪政务处分10人。开展“酒驾醉驾”“酒局牌局”专项整治，党纪政务处分党员干部204人，当年新发酒驾醉驾案件同比下降35.8%。强化执行力建设，持续开展“奔跑奖”“蜗牛奖”评比，推动干部聚力发展、担当作为，4轮共评出“奔跑奖”项目11个、“蜗牛奖”项目6个。亮剑形式主义、官僚主义问题，查处典型案例48起，党纪政务处分28人。坚持优化营商环境，畅通企业反映问题渠道，在全市95家重点企业设立作风监测点，聘请184名作风监督员，量身定制“纪委书记直通码”，着力解决企业急难愁盼问题。加强对干部激励保护、松绑解压，为7名党员干部澄清正名。

【专项治理】 对砂石资源、招投标、国有资产、“污水零直排区”建设等领域不正之风和腐败问题，开展“破梗提速”十大专项行动。推进砂石资源专项整治，全市121处非法涉砂点位全部整改，督促各职能部门立案175件，累计罚款1960余万元，采取刑事强制措施15人；运用“四种形态”处理13人，其中党纪政务处分6人，采取留置措施1人，领域乱象得以有效遏制。开展招投标领域专项整治，对全市53个项目开展招投标专项检查，问责干部20人，政务立案1人，追缴违约金500余万元。一线监督“污水零直排区”建设，现场纠改172个工程点位质量问题602个，督促职能单位作出扣分、约谈等处罚228次，罚款金额168万元。联合财政等部门推进国有资产专项清查工作，梳理出未办权证房产1.37万平方米、闲置房产32.3万平方米，增加资产原值5.63亿元。

【维护群众利益】 整治群众身边突出问题，深化“群众点题、部门答题、纪委监督、社会评价”工作机制，聚焦教育乱收费、社保政策落实、城镇居家养老保障等领域，开展漠视侵害群众利益问题专项治理，查处腐败和作风问题43个，党纪政务处分27人。做好农村集体经济合同清理“后半篇文章”，规范清理疑难问题合同185份，拖欠承包款追缴率达99.86%。着力解决群众诉求，提升信访举报受理办理质效，推进纪检监察领导干部信访包案督办、下访接访工作，同步开展重复举报“清零”专项行动和信访积案化解“百日攻坚”专项监督，全市检举控告量、农村检举控告量、重复举报量分别同比下降36.56%、37.41%和71.93%。坚持群众参与监督治理，通过搭建“监督一点通”平台、开展村级监察联络站“站站联动”等方式，共采集有价值问题信息422条。（市纪委市监委 钱昕航）

体制机制改革

【机构改革】 强化改革突破和先导作用，根据上级统一部署，稳步推进开发区（高新园区）纪检监察体制改革，成立派出开发区（高新园区）纪检监察工委，加强机构建设和力量配备，推动监督履职更加贴身高效。

【数字化改革】 完成“大综合一体化”行政执法纪检监察嵌入式监督和“招生安”大数据监督两大省纪委改革试点任务。其中，嵌入式监督应用入选全省“大综合一体化”行政执法改革实践成果典型案例，获评省纪委公权力大数据监督应用“最佳场景”；“招生安”大数据监督应用获评绍兴市数字化改革“最佳应用”。开展“枫桥纪检监察指数”试点建设，统合基层监督各类信息，创设多维度指标体系，及时掌握各部门单位、乡镇（街道）政治生态、工作动态。运用基层公权力监督平台，构建预警事项交办处置闭环体系，提升处置实效。

（市纪委市监委 李崇）

队伍建设

【“654”培养工程】 以巩固党史学习教育成果和学习宣传贯彻党的二十大精神为主线，实施纪检监察干部“654”培养工程，创设自主学、专题学、测试学、感悟学、跟班学、一线学“六学一体”载体，搭建年轻干部“学思践悟大讲堂”，提升干部能力水平。共组织开展专题业务培训班和专题学习会25场次、内部应知应会知识测试4次，领导干部上讲台63人，参与双向挂职锻炼及跟案学习36人次。

【警示教育月活动】 全市纪检监察系统集中开展“警示教育月活动”，严格落实纪检监察干部“九个严禁”各项要求，深化案例警示、风险排查、党性剖析等措施，增强干部纪法意识、规矩意识。

【规范机制】 坚持以制规行，严格落实《中华人民共和国监察法》《中国共产党纪律检查委员会工作条例》等法律法规，优化完善日常监督、审查调查、信访举报、案件审理等工作流程，做到有规必依、执纪必严。坚持自觉接受各方监督，开展市监委向市人大常委会报告专项工作，发挥特约监察员作用，加大自我约束、自我净化力度。

（市纪委市监委 李崇）

巡察工作

【概况】 2022年，市委巡察机构深入学习贯彻党的二十大精神和习近平总书记关于巡视工作的重要论述，落实中央、省委关于巡视巡察工作的新部署新要求，按照绍兴市委、嵊州市委工作部署，提高站位、忠诚履职，十四届市委反馈问题整改有力有效，十五届市委巡察工作开局良好。市委常委会5次组织学习习近平总书记关于巡视工作的重要论述和中央、省委、绍兴市委相关会议和文件精神。市委书记带头履行“第一责任人”责任，主持召开市委书记专题会议3次，专题听取巡察工作情况汇报，对重点问题整改和问题线索处置提出明确要求，审定年度巡察工作计划和每一轮巡察方案。分管市领导切实履行“一岗双责”，参加十五届市委第一轮和第二轮巡察工作情况反馈会。全年部署三轮巡察，对9个市级部门（单位）、4个镇街所辖42个村（社区）党组织开展巡察；共发现问题783个，其中村级问题363个，推动完成整改问题466个，问责处理党员干部162人，其中党纪政务处分19人，组织处理2人，追缴违纪违法款及挽回经济损失1658万余元。

【服务中心大局】 一是紧扣中心工作，助推市委、市政府重点工作落地落实。十五届市委第一轮巡察期间，结合全市砂石资源专项整治，同步开展生态环境保护暨砂石资源“机动式”巡察，发现问题 27 个，移交问题线索 3 条。第三轮巡察期间，结合对三江、鹿山街道及所辖村（社区）党组织的巡察，就落实中央环保督察整改“污水零直排区”建设工作开展监督，形成专题报告 2 个。二是关注民生实事，以“七张问题清单”为抓手，紧盯共同富裕、县域治理现代化等热点问题整改，以巡促改、以巡促治。“数字化赋能问题整改，破解‘非标油’治理难题”等 2 个问题整改被列入“七张问题清单”绍兴市级和省级示范榜。三是突破重点难点，通过组织会商、上门督导、巡察建议书等方式，压紧压实被巡察党组织主体责任，推动纪委监委、组织部门强化巡察整改日常监督，持续推进重点难点问题整改，实现十四届省委巡视嵊州反馈问题“清零”。

（市委巡察办 胡相东）

党风廉政宣传教育

【示范创建】 全市成功创建省级清廉村居建设示范村（居）2 个、廉洁文化教育基地 1 家、清廉学校 1 家；绍兴市级廉洁文化教育基地 3 家、清廉示范学校 6 家、清廉单元建设示范单位 7 家。

【廉洁文化建设】 精耕越剧艺术、家规家训、名人典故中的廉洁元素，丰富视频展播、抖音推荐等传播载体，宣传展播鹿门讲坛、廉洁书法、马寅初廉洁故事等微视频、纪录片，提升廉洁文化可看性，增强感染力。

【廉政教育】 开展沉浸式、场景化教育，浙东清风馆、马寅初风节园、王羲之家训综合馆等廉政教育基地共接纳 1000 余批次 2 万余人，“李强清廉宣讲团”进机关、企业、学校开展宣讲 30 余场次。强化警示教育，针对监督检查、违纪违法案件暴露的问题，制作《严明纪律规矩远离“酒局”“牌局”》等警示教育片 3 部，开展现场集中警示教育 6 次。

12 月 5 日，市“李强清廉宣讲团”团长李强开展专题宣讲

（市纪委市监委 李崇）

民主党派

综述

【概况】2022年，嵊州市4个民主党派基层组织共计440名成员，其中省人大代表1人，省政协委员1人，绍兴市人大代表6人、绍兴市政协委员9人，市人大代表5人、市政协委员71人。党派成员在各级人大、政协会议上共提交建议、提案200余件。民革嵊州市总支部升格为民革嵊州市基层委员会。

【参政履职】2022年，全市开展市委十五届四次全会重大决定征求党外人士意见建议专题协商、数字化改革专题协商、共同富裕专题协商、招大引强“1330”迭代升级行动协商、法检“两院”年度重点工作情况专题协商、党风廉政建设和反腐败工作情况通报会等7次协商活动，提出意见建议近100个。

【二十大主题活动】农工党开展“矢志不渝跟党走，踔厉奋发启新程”中共二十大精神专题学习活动，举办“五新”党员培训班。民建举行“喜迎二十大 奋进新征程”——“青蓝话共富”活动。民盟开展“学习二十大 同心跟党走”主题学习活动。民革开展“矢志不渝跟党走、携手奋进新时代”政治交接主题教育、“喜迎二十大，低碳健步行”等活动。

【一派一品一基地】各民主党派立足自身优势，培树社会服务特色品牌，4个党派实现社会服务基地全覆盖。农工党贵门乡基地入选首批农工党中央社会服务基地。6月，农工党中央专职副主席曲凤宏率队到嵊考察调研社会服务工作。民盟省委会助力乡村振兴实践基地在谷来镇中学揭牌，打造民盟“雏鹰·关爱之家”，建成雏鹰悦读园。民建在会员企业浙江中益机械建立“青蓝营”基地，设立民建“同心共富”基金，推动新生代企业家“双传承”计划。民革“博爱牵手 候鸟筑梦”共富实践基地在城东小学揭牌启用，并与之建立长期帮扶机制。

（市委统战部　郑浙东）

农工党嵊州市委员会

【概况】2022年，农工党嵊州市委会下设2个总支，6个支部，共有党员224名，党员中有省人大代表1名，绍兴市人大代表1名，嵊州市人大代表3名（其中常委会委员2名）；绍兴市政协委员5名（其中常委1名），嵊州市政协委员26名（其中常委5名）。年度发展新党员7人。

【中共二十大精神专题学习】10月16日，市委会组织广大党员以多种方式观看中国共产党第二十次全国代表大会开幕直播。10月24日至30日，各总支、支部组织开展“矢志不渝跟党走，踔厉奋发启新程”中共二十大精神专题学习会，进一步提高全体党员的政治判断力、政治领悟力、政治执行力，始终保持清廉操守，弘扬务实作风，引导广大党员不断增进对中国共产党领导和中国特色社会主义的“四个认同”，忠诚拥护“两个确立”，坚决做到“两个维护”，凝心聚力、团结奋斗的共同思想政治基础更加坚实。

【农工党党员之家】 持续深化“农工党党员之家”升级版建设，注重内涵，提升实效，激发活力，增强组织凝聚力。农林水支部就如何保持“党员之家 ”长久生命力，探索可持续的运行机制，丰富和完善各项制度。科技文教总支完成“农工党党员之家”升级版建设。4 月 25 日，农工党绍兴市委会主委徐泳一行到农工党嵊州市农林水支部召开座谈会，并参观指导支部“党员之家”创建工作。

【参政议政】 向市两会提交集体提案 4 件，委员个人提案 31 件，内容涉及物业管理、技能人才培育、城市建设、基层医疗诊治等方面。委员俞露娜代表市委会作《关于切实提升我市小区物业管理水平的建议》的大会发言，《关于加大投入，高标准解决嵊州市城市内涝问题的建议》《关于加强高技能人才培育，助力嵊州高质量发展的建议》《关于数字赋能提升基层诊治能力的建议》等 3 件集体提案作书面交流。《关于切实提升我市小区物业管理水平的建议》《关于强化数字赋能，提升基层诊治能力的建议》《关于加强高技能人才培育，助力嵊州高质量发展的建议》被评为优秀提案。

【“五新”党员培训】 8 月 27 日至 28 日，市委会在嵊州市委党校举办“矢志不渝跟党走、携手奋进新时代” “五新”党员培训班。60 名“五新”党员（新任市委会委员、监督委员会委员，新任支部主任，新一届政协委员和人大代表以及 2017 年以后入党的新党员）参加培训，开展分组研讨，赴浙东清风馆、中共浙江省工委机关旧址现场教学。

【社会服务】 6 月 9 日，全国政协副秘书长、农工党中央专职副主席曲凤宏率队到嵊州考察调研社会服务工作。6 月 29 日到 30 日，农工党浙江省委会“喜迎二十大 助力共富路”建设高质量社会服务基地推进会暨全省社会服务工作会议在嵊州召开。11 月 8 日，嵊州市委统战工作会议召开，王霞燕主委代表农工党嵊州市委会作了《凝心聚力、助力共富，打造民主党派社会服务金名片》的交流发言。持续开展“凝聚农工党员力量，助力贵门乡村振兴”活动，组织名医搭建健康桥、名师进校助教育、“鹿门讲坛”兴文化活动。3 月 12 日，市委会组织 20 余名党员到贵门乡上坞山村开展植树活动。种植“红粉佳人”樱花 500 株，助力打造网红打卡地。10 月 9 日，“农工党嵊州市委会·湃肽奖教基金”首次颁奖暨古筝捐赠仪式在贵门乡中心学校举行。6 月 29 日，省委会服务团专家赴贵门乡调研社会服务基地，围绕农业产业升级、文化艺术支教、乡村旅游规划等主题进行指导，为贵门乡推进共同富裕先行建言献策。4 月 26 日，农工党绍兴市委会徐泳一行到贵门乡开展政协农工党界别活动组“助力贵门，强村富民”调研活动。11 月 18 日，举办“之江同心 美丽亮富”浙江省油画院贵门创作基地揭牌仪式，省油画院组织美术家到贵门采风创作，助力提高贵门的知名度。

6 月 9 日，全国政协副秘书长、农工党中央专职副主席曲凤宏（左一）一行赴嵊州考察调研社会服务工作

【工作业绩】 2022 年，农工党嵊州市委会获评 2022 年省级社会服务先进集体，贵门乡社会服务基地被授予首批农工党中央社会服务基地。党员董毓被浙江省人民政府评为“忠实践行‘八八战略’奋力打造‘重要窗口’”立功竞赛先进个人；党员陈剑红获评绍兴市劳动模范；党员陈炉钢获全国轻工技能能手称号；党员韩纪兰被评为《小学生时代》（省级）作文优秀指导师；党员徐华铛著作出版

《中国竹编》《中国根雕》等9部图书。党员宓风光举办《越剧百年图说》首发式暨图稿画展，党员吕如达举办八十岁作品展《琴心画韵》。

（市农工党　韦园英）

民建嵊州市基层委员会

【概况】 2022年年末，民建嵊州市基层委员会共有会员149人，平均年龄50.7岁。其中，女性51人，大专以上学历132人，中高级职称82人，经济界78人。会员担任各级人大代表、政协委员37人，其中绍兴市人大代表2人、政协委员2人，嵊州市政协常委6人。全年发展新会员7人，其中经济界3人。

【思想政治建设】 举行“喜迎二十大　奋进新征程”——青蓝话共富活动，围绕“传承创新发展共富”主题凝心聚力。组织会员参演“嵊世谱华章同心铸辉煌”——喜迎二十大统一战线中秋晚会。召开“奋进新征程、展现新作为”专题学习会，推进领导班子研讨学习。各支部开展主题学习贯彻活动，民建二支部赴中共嵊新奉中心县委旧址开展红色教育，四、五支部赴嵊州浦口英烈馆开展红色教育，三支部赴中共浙江省工委机关旧址、浙东清风馆开展红色教育和清廉教育，交流学习体会，深刻领会中共二十大精神，不断提高政治站位。贯彻落实中共中央八项规定精神，持续加强会内监督和纪律作风建设，邀请监督委员会成员参加重要会务活动。依托“民建大讲堂”，邀请嵊州市纪委常委李一平作“警钟长鸣　清风徐来”专题讲座，增强政治意识、纪律意识和责任意识。开展案例警示教育，做到警钟长鸣。

【民建之家】 9月21日，在会员企业浙江中益机械有限公司举行嵊州民建之家暨民建青蓝营基地揭牌仪式。该平台围绕“传承创新发展共富”主题，每季度开展“青蓝营”活动，通过民建前辈和新生代企业家相互交流学习，培养民建“四有”新生代企业家。

【参政议政】 2022年两会期间，担任人大代表、政协委员的会员提交大会提案建议共33件，其中民建集体提案4件，被市政协评为优秀提案2件，被列为市政协重点提案4件；大会发言提案1件、书面发言材料4件。加强与对口联系部门的协商交流，围绕“数字赋能奋力推进市场监管工作实现新发展”“推进老旧小区电梯安装工作”“推进实施共同富裕农村路网建设”等选题开展专题协商交流。

5月14日，民建人大代表、政协委员和信息联络员培训会议召开

【民主监督】 撰写社情民意20篇，国家级录用2篇次、省级录用7篇次，其中全国政协和民建中央录用的1篇海外招才信息受到全国政协重视，绍兴市政协主席魏伟应邀在全国政协人才工作专题协商会上作交流发言。

【社会服务】 “民建·红十字公益救生装备”社会服务品牌连续第五年开展捐赠活动，累计在全市主要河道池塘设置救生装备1100多套，成功施救37人。该项社会服务2022年获省红十字会公益项目三等奖，并在绍兴市推广示范。5月，基层委联合市关工委开展“强国有我、富乐童行”活动，会员企业浙江佳歌电器有限公司为马寅初小学困难学生捐赠学习用品价值1万元。7月28日，由佳歌电器发起设立“嵊州民建同心共富基金”，迪贝、中益、欧赛、敏特等会员企业参加，基金主要用于扶贫帮困，助力共同富裕。会员企业迪贝电气公司参与发起和设立“嵊州市上市企业公益基金”，捐赠100万元，用于全市教育和医疗建设；参与“村企携手、帮促共富”结对活动。

【自身建设】 完善《民建嵊州市基层委员会关于研究课题参政议政宣传报道等稿件的奖励办法》，激发会员撰写议案提案和社情民意的履职积极性；出台《民建嵊州市基层委员会2022年度工作计划》，对支部工作进行量化，与年度评先评优挂钩，促进支部活动有主题、有内涵、有高度，确保民建组织月月有活动、季季有亮点、年终有成果。

【工作实绩】 50多家会员企业全年实现销售60.1亿元，实缴税收2.3亿元，提供就业6300多个岗位。迪贝电气、东方电机、东星纺机被评为市工业企业“30强”“30优”，钜丰科技荣获市长质量奖，龙威机械获评省“隐形冠军”，亿厦集团被评为建筑企业十强，迪贝电气、好运来集团和亿厦集团被评为市“纳税20强企业”。会员王璟成为嵊州市内分泌科后备学科带头人，在SCI上发表论文1篇；裘巧芳主演的越剧电影《汉文皇后》开拍，其学生张颖娜获得第26届“中国少儿戏曲小梅花”称号；竹青演唱的原创歌曲《两棵树》在省市各大媒体播出、演唱的歌曲《领航》在“学习强国”浙江平台推送；丁蕾制作的公益广告《“天落馒头”吃不得、网络投资莫轻信》被省广电局评为2022年度扶持项目三等奖；律师张文江为多名残疾人提供法律咨询公益服务。（市民建 贝仲林）

民盟嵊州市基层委员会

【概况】 2022年，民盟嵊州市基层委员会发展新盟员2人，共有盟员36人，创建为省级“双十佳”特色基层组织（社会服务类），盟员方燕雁获绍兴市劳动模范称号。

【参政议政】 向市政协十六届一次会议提交提案15件，并就《关于推进抽水蓄能电站建设，助力“双碳”目标实现的建议》和《关于科学实施“双减”政策，促进教育普惠公平的建议》2件提案作大会发言。盟员政协委员累计参加专题协商会10次，在数字化改革、共同富裕、招商引资等专题协商会上议政建言。参加嵊州市小型水库系统治理、绍兴市全市域水库群联网联调机制等课题调研活动，在建言资政和凝聚共识中双向发力，助推嵊州高质量发展。

【社会服务】 4月24日，绍兴“民盟同心·名医服务站”在谷来镇中心卫生院挂牌成立。6月9日，民盟省委会乡村振兴实践基地在谷来镇揭牌，基地聚焦共同富裕，在教育共富、产业共富、健康共富、治理共富等方面，助力谷来镇打造共同富裕山区样板。与民盟浙江大学华家池总支、谷来镇人民政府签署校地合作三方协议，打造药榧融合发展基地。完成谷来镇中学勤耕园、谷来镇小学“榧凡少年”主题馆建设。

【联络联谊】 民盟浙江大学华家池总支、民盟浙江农林大学总支、民盟柯桥区基层委员会、民盟开化县总支等先后组织到嵊州指导交流。

【对外宣传】 5月27日，《嵊州药榧共植促增收》一文在《浙江日报》上刊登，并由新华网转发。团结报《打造共富山区样板》，联谊报《谷来镇的共富路——三级民盟合力助推山乡发展纪事》报道民盟嵊州市基层委员会助力谷来镇共同富裕相关工作。（市民盟 金斌）

民革嵊州市基层委员会

【概况】 民革嵊州市基层委员会前身为民革嵊新小组，组建于2017年12月29日。2019年8月16日，民革嵊州市支部委员会成立，共有民革党员14名（含预备党员3名）。2020年12月31日，民革嵊州市总支部委员会成立，下设2个支部。2022年9月8日，民革嵊州市总支部委员会正式更名为民革嵊州市基层委员会。截至2022年12月底，共有党员28名，其中嵊州市政协委员7名，绍兴市政协委员1名。

【思想宣传】 强化思想政治引领，坚持正确政治方向。组织党员参加市委统战部举办的“嵊世谱华章·同心铸辉煌”——喜迎二十大·嵊州市统一战线大型中秋主题晚会。通过组织“喜迎二十大，低碳健步行”、参观浙东清风馆开展廉政警示教育、参加越剧版《领航》录制等特色专题活动，推进思想建设、组织建设、参政议政、社会服务等各项工作有机融合。2022 年，嵊州民革微信公众号共编发各类宣传资讯 50 余篇，其中多篇被绍兴民革和省民革公众号采用。3 名党员被评为绍兴思想宣传工作先进个人。

【组织建设】 夯实组织建设基础，发展党派队伍力量。民革嵊州市基层委被评为 2022 年度民革全省组织工作先进集体、2022 年度绍兴民革市委会先进基层委员会二等奖，一支部和二支部分别被市委会评为 2022 年度先进支部二等奖、三等奖。基层委党员之家获省 2022 年度五好民革党员之家称号。4 名党员获 2022 年度绍兴民革市委会优秀党员称号，2 名党员获评绍兴民革市委会组织工作先进个人。

【参政议政】发挥党员优势，推进参政履职。全年共提交社情民意信息 40 余篇，其中中共浙江省委办录用 1 篇，省民革录用 1 篇，中共绍兴市委办录用 3 篇，绍兴政协录用 12 篇。3 名党员获评绍兴民革参政议政工作先进个人。调研报告《探索乡村新形态产业创新下的模式与路径——以“浙江省嵊州市”为例分析》和《数智化转型背景下粮食产业发展探索——以浙江嵊州为例》被民革中央、浙江省政协主办的第五届莫干山会议录用，并作现场发言。1 篇被录用为民革省委会参政议政研讨会交流材料，1 篇调研课题获市委会优秀调研成果三等奖。提交市政协会议集体提案 2 件，个人提案 9 件，用于绍兴市委会提案 2 件，其中《关于提高我市粮食生产服务能力的建议》在政协大会上作发言，被评为市政协优秀提案。

【社会服务】关注社会热点，推进社会服务。与城东小学携手建立“博爱牵手 候鸟筑梦”共富实践基地，向全校学生捐赠校服，开设普法课堂、文艺课堂、阅读课堂、手工制作等，启用博爱·牵手阅读角，持续关爱外来务工人员子女健康快乐成长。邀请民革省委会常委周坚红教授团队走进嵊州民革党员之家开展“关爱女性健康，助力‘浙有善育’”主题讲座。开展“映山红读书会”活动，组织里南中心小学留守儿童开展模拟法庭、法制报告会等夏令营活动。各支部相继开展全民反诈护航共富、“三五”学雷锋广场志愿服务、“博爱中秋、月饼 DIY”等活动。联合法院为 60 名“共享法庭”庭务主任开展商事纠纷专题培训，联合三界司法所、下王司法所，开展以“法助共富、法护平安”为主题的社区矫正对象普法宣传教育，在下王司法所建立博爱法律服务站，提供法律援助。1 名党员获评嵊州政协公益之星，2 名党员获评绍兴社会服务先进个人，1 名党员获评全省社会服务先进个人。

【祖国统一工作】 坚持反“台独”促统一，深化两岸融合发展。组织党员收听省民革“同心圆梦、两岸一家亲”祖统沙龙讲座，参加民革绍兴市委会召开的“迎中秋促祖统”座谈会，赓续民革优良传统，促进两岸同胞心灵契合、更亲更近。

（市民革　丁英杰）

群众团体

嵊州市总工会

【概况】2022年，市总工会全面贯彻落实市第十五次党代会和市委十五届三次全会决策部署，强化自身建设，提升工作水平，团结引领广大职工投身高水平“五个嵊州”建设。

【工运史馆建设】投资30万元，建成嵊州工运史馆，共收集照片315张、劳模工匠奖章等物品209件，展示工人阶级在不同时期为建设国家所作出的贡献。

【“基层建设攻坚年”活动】全市100人以上企业工会建设实现全覆盖、25人以上企业工会应建尽建，新建工会组织105家，新增会员6195人，其中新业态工会16家。以奖代补80万元，建立“嵊州市‘强五力、增三性’示范基层工会”22家。

【助力疫情防控】建立200家规模以上企业工会网络联系群，及时发布防疫信息，动员职工投身防疫。

【助力经济发展】组织开展疗休养，拉动消费3000多万元。落实企业减负政策，发放慰问职工暖心礼包2000多个，返还小微企业工会经费400多万元，受益企业200余家。

【助力除险保安】落实市委除险保安工作要求，建立专项工作机制。排查全市职工1.8万余人，及时化解隐患53起，调解劳资纠纷41起，挽回职工损失147.36万元。完善劳动关系监测预警和信息报送机制，全市15个乡镇（街道）均配备劳动关系信息员。

【主题宣传活动】宣讲党的二十大精神；开展“守好红色根脉·班前十分钟”活动200余场；组建由劳模工匠代表、工会干部、企业职工参加的宣讲队伍，构建“工会干部带头讲、劳模工匠引领讲、基层职工主动讲”的宣讲格局，持续开展“中国梦·劳动美”主题宣传教育；开展“我心向党·劳动创造幸福”劳模宣讲活动60余场次。

【提供“四季帮扶”】开展“稳岗·留工·助企”服务，发放暖心大礼包600份计9万元。“春送岗位”为166名职工提供就业服务，开展“夏送清凉”活动发放高温慰问品1221份；开展“金秋助学”活动补助困难职工子女5.38万元，开展“冬送温暖”活动发放补助金10万元、困难职工帮扶资金3.6万元。职工医疗互助保障参保4.5万人，总金额270.3万元。新业态新就业群发放专项慰问金6万元、货运司机“防疫礼包”300份。打造“户外职工爱心驿站”“妈咪暖心小屋”“爱心托管”等30多家。开展“尊法守法、携手筑梦”系列宣传活动15次，接待农民工近2000名，发放普法宣传资料1500多份。

【新时代产业工人队伍建设】推选重点工程

立功竞赛示范项目浙江省级1家、绍兴市级3家。推选浙江省第十二批高技能人才（劳模）创新工作室1家、绍兴市劳模（工匠）创新工作室3家。推选全国“工人先锋号”和浙江省“工人先锋号”各1个、浙江工匠7人、绍兴工匠12人、绍兴市劳模10人、绍兴市模范集体2家、绍兴金蓝领荣誉称号6人，选树嵊州工匠19人。

表4 2022年嵊州市受表彰的各类先进一览表

荣誉名称	荣誉对象
全国工人先锋号	浙江盛泰服装集团股份有限公司计划部
浙江省工人先锋号	四川中富晟建筑工程有限公司
绍兴市模范集体	嵊州市越剧艺术保护传承中心
	嵊州市陌桑高科股份有限公司
绍兴市劳动模范	周　健（男，华汇建设集团有限公司董事长）
	方燕雁（女，嵊州市初级中学校长）
	陈剑红（女，嵊州市中医院妇科主任）
	杨曙东（男，嵊州市良种繁育场党支部书记、场长）
	李　波（男，浙江帅丰电器股份有限公司实验室主任）
	骆悟男（男，浙江伟发钢网制造有限公司工程部技术副经理）
	邓伟林（男，浙江双鸟机械有限公司钳工）
	刘景越（男，浙江新中港热电股份有限公司副总经理）
	郑小英（女，浙江双鸟机械有限公司机械设计工程师）
	胡苗忠（男，嵊州市五石岗茶叶专业合作社社长）
浙江工匠	张文炯（男，嵊州市中等职业学校）
	徐　杰（男，浙江华发茶业有限公司）
	王　剑（男，浙江中益机械有限公司）
	安　吉（女，嵊州市中等职业学校）
	李　铭（男，嵊州市元途汽车有限公司）
	叶小江（男，浙江双鸟机械有限公司）
	倪　利（男，国网浙江省电力有限公司嵊州市供电公司）
2021年绍兴工匠	王　剑（男，浙江中益机械有限公司）
	叶小江（男，浙江双鸟机械有限公司）
	厉　明（男，浙江亿田智能厨电有限公司）
	过诗妍（女，嵊州市创远职业技能培训学校有限公司）
	吕洋明（男，绍兴市越匠文化创意有限公司）

续表 4

荣誉名称	荣誉对象
	李　铭（男，嵊州市元途汽车有限公司）
	安　吉（女，嵊州市中等职业学校）
	张文炯（男，嵊州市中等职业学校）
	陈炉钢（男，绍兴禅悦轩雕刻有限公司）
	胡苗忠（男，嵊州市五石岗茶叶专业合作社）
	倪　利（男，国网浙江省电力有限公司嵊州市供电公司）
	徐　杰（男，浙江华发茶业有限公司）
第四届嵊州工匠	王博桦（男，　嵊州市职业教育中心）
	李志炳（男，嵊州市新起点焊接科技有限公司）
	余卫虎（男，浙江康牧药业有限公司）
	王小明（男，浙江万丰科技开发股份有限公司）
	童啸霄（男，国网浙江省电力有限公司嵊州市供电公司）
	陈　杨（女，嵊州市职业教育中心）
	胡森林（男，嵊州市宝钿金属制品有限公司）
	鲁健航（男，浙江特种电机有限公司）
	任建新（男，浙江省嵊州市长运集团有限公司公共交通分公司）
	田果加（女，　嵊州市广利机械有限公司）
	郑　燕（女，嵊州宾馆有限公司）
	张荣江（男，嵊州市佛光艺术品有限公司）
	沈红平（女，嵊州市两头门餐饮管理有限公司）
	钱　程（男，嵊州市和木雕塑艺术工作室）
	周乐军（男，浙江普森电器有限公司）
	卢　胜（男，浙江天乐集团有限公司嵊州电声分公司）
	王秋锋（男，浙江双鸟机械有限公司）
	吴俊文（男，浙江蓝炬星电器有限公司）
	任小慧（男，嵊州市抱璞斋玉石雕刻工作室）
第十二批浙江省高技能人才（劳模）创新工作室	万丰科技开发股份有限公司陈国东创新工作室
绍兴市级劳模（工匠）创新工作室	浙江中益机械有限公司王剑创新工作室
绍兴市级劳模（工匠）创新工作室	浙江亿田智能厨电股份有限公司 厉明创新工作室
绍兴市级劳模（工匠）创新工作室	嵊州市长运集团李铭汽修工作室

（市总工会 张露）

共青团嵊州市委员会

【概况】 2022 年，全市共有基层团委 51 个、团工委 8 个、团总支 23 个、团支部 1045 个，团员 25246 名。共青团嵊州市委员会获评“建设清廉机关、创建模范机关”先进单位、2022 年度市级先进集体。嵊州市中医院骨一科、国家税务总局嵊州市税务局第一税务所办税服务厅、浙江嵊州瑞丰村镇银行股份有限公司三界支行等获评 2020—2021 年度浙江省青年文明号，国网浙江省电力有限公司嵊州市供电公司童俊杰获 2020—2021 年度浙江省青年岗位能手称号。

【主题团日活动】 5 月 13 日，嵊州市学习贯彻“庆祝中国共产主义青年团成立 100 周年大会”精神主题团日活动举行。市委书记徐建设寄语广大青年，要深入学习贯彻习近平总书记重要讲话精神，大力弘扬“五四精神”，勇立潮头、勇当标杆，以更加昂扬的斗志、更加积极的作为，在嵊州建设现代化网络型山水城市、打造共同富裕示范区县域样板的新征程中，创造更加璀璨的青春业绩、谱写更加激昂的青春乐章，以优异成绩迎接党的二十大胜利召开。市领导孙海荣、柴理明、屠强、周尊隆等参加。活动传达习近平总书记重要讲话精神；发布“青春心向党 建功新时代”庆祝中国共产主义青年团 100 周年嵊州青年主题宣传片，并举行赠书仪式。青年代表杨冰、吕京娜作交流发言。活动结束后，共青团嵊州市第二十届委员会召开了第六次全体（扩大）会议。

5 月 13 日，庆祝中国共产主义青年团成立 100 周年主题团日活动现场

【守护明天“6+1”计划】 6 月 18 日，共青团嵊州市委联动青年团干、青联委员、青年企业家、青少年事务社工、青少年心理咨询师、剡青 e 站学子等，开展“守护明天‘6+1’计划——嵊州市青少年健康成长项目”启动仪式。该项目发挥各级团组织和团员青年纾困解难、助力共富的作用，整合多方资源，共同守护青少年健康成长。向六类志愿者代表、青少年普法宣讲团团长、青少年心理咨询专家志愿服务队队长颁发“青苗守护者”志愿服务聘书、“普法宣讲团团长”聘书、“心理咨询志愿服务队队长”聘书。青企协代表王鹏程、剡青 e 站学子代表周啸凡分别为结对青少年代表捐赠爱心助学金、赠送暖心书信。共青团绍兴市委书记金一鸣、嵊州市委副书记、政法委书记屠强出席活动。

6 月 18 日，青企协代表王鹏程为结对青少年代表捐赠爱心助学金

【北京大学思想政治实践课教育基地】 8 月 11 日，北京大学党委常委、副校长、秘书长（兼）孙庆伟与嵊州市委书记徐建设共同为北京大学思

8 月 11 日，北京大学思想政治实践课教育基地揭牌

想政治实践课教育基地揭牌。市委常委、宣传部部长史向俊主持揭牌仪式。基地由北京大学经济学院和共青团嵊州市委共建，坚持理论与实践相结合、学以致用与用以促学相结合，为嵊州发展提供人才和智力支撑。

【少先队辅导员争章技能培训班】 为迎接党的二十大，落实《中共中央关于全面加强新时代少先队工作的意见》和《中共浙江省委关于全面加强新时代少先队工作的实施意见》精神，9 月 21 日至 25 日，“传承红色基因，培育时代新人”——2022 年嵊州市少先队辅导员争章技能培训班在教师进修学校举办。活动由共青团嵊州市委、市教体局、市少工委主办，嵊州市教师进修学校、全国中小学教师继续教育网承办，全市各小学大队辅导员参加培训。

【青年创新创业大赛】 11 月，以“聚才聚智聚三界·创新创业创未来”为主题的 2022 年嵊州市青年创新创业大赛启动。此次大赛由共青团嵊州市委、嵊州市人社局、三界镇主办，嵊州市青联、嵊州市青年星火带头人联谊会、北航投星空众创科技有限公司承办。国内外 32 支青年创客团队报名参与，涉及乡村旅游、3D 打印、环保科技、农业数字化、户外研学、农产品赋能等领域，共 11 个项目入围决赛。经过角逐，碳然科技—高压储氢瓶口阀组件国产替代开拓者项目获得大赛一等奖，乡荐—嵊州本地特色产品品牌升级与共创、Layer 智能 3D 打印房屋、玖象黄酒等项目分获其他奖项。

【团市委第二十一次代表大会】 12 月 22 日，共青团嵊州市第二十一次代表大会召开，市委书记徐建役出席开幕式并讲话，寄语广大青年发扬“党有号召，团有行动”的光荣传统，在干部敢为、地方敢闯、企业敢干、群众敢首创的青年实践中释放“青春嵊州”新活力，在第二个百年奋斗目标新的赶考之路上勇立潮头、实干奋进、示范争先，努力在建设现代化网络型山水城市的火热实践中绽放青春风采、贡献青春力量。团绍兴市委副书记周艳应邀出席并讲话。市领导裘建勇、孙海荣、屠强、周尊隆等出席。会议深入学习贯彻落实党的二十大精神，审议共青团嵊州市第二十届委员会工作报告。

12 月 22 日，中国共产主义青年团嵊州市第二十一次代表大会召开

【“剡青优选”平台】 为解决农特产品流通销售难及品牌赋能提升等问题，团市委与汇通达浙江网络有限公司合作，发挥汇通达 MCN 机构优势，打造农特产品销售平台“剡青优选”，发挥助力消薄、促进共富作用。同时，通过搭建小程序、直播达人输出和线下门店等方式，解决品牌包装后的农特产品销售问题，促进全市农户增收。

【青年志愿服务】 以打造“剡溪青年”志愿服务金名片为总牵引，分层分类建立团市委主导的三级青年动员体系。出台《机关、企业、村（社）青年“平战”结合志愿服务机制》，坚持志愿服务平战结合、剡溪青年“一呼百应”。2022 年，全市机关单位实现青年志愿突击队全覆盖；新组建全市两新领域志愿者队伍 550 支共计 2500 余人；依托政法委全科网格体系，动员 2700 余名青年参与网格服务，组建村社网格志愿服务队 61 支共计 500 余名志愿者。青年志愿服务组织“平时”常态化开展志愿服务，“战时”做到志愿力量“供需精准对接”，特别是在疫情防控中，明确三级青年志愿者战时工作职责，确保事事有人办、事事办得好。

【“剡青 e 站”塔群】 面向在外嵊籍青年学子，以城市和高校为单位，成立多个“剡青 e 站”，打造招引青年人才、推介城市品牌、信息交流互动的塔群式平台。至 2022 年年底，累计建立 e 站 25 个，吸纳在外嵊州籍青年 4000 余名。疫情期间，“剡青 e 站”助力市委、市政府开通返嵊州专线，其中“剡青 e 站”上海群转为上海嵊州籍学子返乡群，24 小时在线为学子答疑解惑，接送 42 名在沪嵊州籍大学生安全返乡。同时，依托 e 站属性，开展线上和线下宣讲，累计开展宣讲 30 余场，覆盖 1.5 万余人次。

【创新“校外课堂”教育】 打造“10 分钟”青少年公益服务圈，在三江街道丹桂社区、江晓社区、慧民社区等 6 个社区设立社区少工委，每周六开展思政教育引领、科创制作教育、劳动实践体验等 10 多项服务，丰富家门口少儿公益课堂。推出二十四节气劳动实践教育，组织芒种插秧、大暑摘西瓜、立秋开莲蓬等活动，推动传统教育与劳动教育有机结合。利用校外公益资源助力“双减”活动，联合青少年宫、文联、越剧艺校、非遗中心等单位组建“文化传承大联盟”，将传统戏曲、技艺带进“双减”课堂，传播传统文化。

（团市委　徐泽鸿）

嵊州市妇女联合会

【概况】 2022年，嵊州市妇联动员三八红旗手、岗位建功标兵、女企业家和村嫂组建巾帼宣讲员队伍，开展党的二十大群众性主题宣传教育活动，宣传党的理论和政策。开展“三八红旗手”“最美村嫂”“最美巾帼奋斗者”等优秀女性寻访宣传活动，越为首食品有限公司方丽莉和小麦家政公司总经理刘凤被评为2022年度省级巾帼建功标兵。开展“庆三八女性风采云上大展示”，推出楼红文、方丽莉、吕京娜等8名女性创业典型，鼓励和引导更多的妇女走创业创新之路。

【服务创业就业】 依托专业培训机构，持续开展母婴护理、茶艺技能、民宿管理、村播电商等技能培训。培育浙东优森产业园、老台门贸易有限公司2个巾帼电子商务创业实践基地。支持下王镇小溪村电商直播基地建设启动。与商务局、团市委联合举办嵊州市首届“十大网红”主播比赛，评选女性电商致富带头人7人，并被聘请为巾帼云创客。依托剡溪巧厨娘平台，开展女性创业宣传和嵊州特色美食推广。深化与银行合作，以“金玫瑰信用贷”“越美村嫂贷”等金融服务为创业妇女提供低息免押贷款，全年发放454户共6768.17万元，发放妇女创业小额贷款贴息4万元。

【助力乡村振兴】 举办嵊州市第十届“最美工匠”职业技能大赛，探索“村妇联+经纪人+农户”的来料（来单）加工模式，发展来料加工点285个，探索打造来料加工“共富工坊”31个。开展“村嫂云助力，巾帼促共富”和“我为嵊州农产品代言”系列活动。开展美丽庭院展播，发动妇女带头参与垃圾分类等活动，美化庭院、美化村庄，投身美丽嵊州大花园建设。

【推进岗位建功】 在全国巾帼文明岗——甘霖收费站建立嵊州市首家巾帼岗位建功实训基地，设立专门的培训场地，配备巾帼内训讲师6名。依托“现场教学+实践体验”模式，引导广大妇女履职建功。2022年，申报创建市级巾帼文明岗24个、省级巾帼文明岗10个。

【保障妇女儿童权益】 开展“三八”维权周活动，开设巾帼普法微课堂。成立嵊州市“八五”普法巾帼讲师团，开展“送法进家庭”活动10场。稳步有序推进“枫桥式妇女之家”建设，实现村社全覆盖。整合基层妇联执委、村嫂、女性社会组织等力量，搭建“妇女之家”议事平台，定期走访困难妇女、受家暴妇女等特殊群体，帮助解决实际困难。

【妇联特设“共享法庭”】 9月23日，市妇联特设“共享法庭”揭牌。该法庭旨在整体构建市镇村三级联动、纵向到底的“共享”模式，为广大妇女儿童在家门口提供诉讼咨询、网上立案、在线庭审、跨域开庭、巡回审判等多元司法服务。

【关心关爱妇女儿童】 2 月，市妇联联合城东小学（一所外来务工人员子女为主的学校，90%以上的学生无电影院观影经历）开展“献爱微公益 圆梦微心愿”爱心活动，发布“微心愿”招募书，组织该小学毕业班全体学生观看电影《长津湖》。5 月 7 日，市妇联联合嵊州村嫂政协委员会客厅组织开展“巾帼爱 温暖家”关爱贫困母亲活动，为环卫行业、物流行业、家政行业贫困母亲送上节日的问候。春节、六一期间，帮扶慰问困境妇女儿童30名。开展低保女性健康公益保险，275名低保女性享受了康乃馨女性健康公益保险。

【妇儿驿站建设】 通过资源整合，以“5+X”一站式服务模式为基准，对标对表“六有”建设标准，2022年建成省级妇儿驿站1家、绍兴市级9家，嵊州市级23家。坚持寻找、吸纳、培育、孵化、联动共赢并举，组织发动巾帼志愿者和社会公益团体，形成“专业社工+社会组织+志愿者服务”运行模式，推动驿站常态化、制度化、规范化运行管理，每个驿站每年组织活动10场左右，增添了社区活力。

【服务家庭教育】 以市妇女儿童活动中心为基地，组建以学校、社区（村）家长学校为主体的家庭教育阵地2个，成立专家讲师队伍、学校教师队伍和志愿者队伍；实施家庭教育专项指导员三年培训计划，全年培训80人，为开展村社家庭教育提供基层末梢人才队伍支撑。全年开展点单式送家庭教育公益课堂下基层活动12场，开办“智慧父母”学堂，成立“莎丽姐姐”心理咨询工作室，启动“阳光关爱”青少年身心健康公益活动，开展“嘉育”家风家训系列活动。

【清风传家系列活动】 “嘉育大课堂”之“汉字里的家风家训”系列课程开讲，溯汉字源头探究背后故事，从文史典故提炼家风家训，以好家风引导孩子养成好品行。开展“嘉育少年行”特别活动，组织孩子赴鹿门书院、浙东清风馆、崇仁古镇、金庭观等地，以朗诵、歌舞、三句半等形式，感受和学习清廉文化。开展嵊州市“清廉家风伴我行”——廉洁书法进基层活动，邀请女书法家现场创作廉洁书画，赠送清廉家庭、最美家庭，引导形成以德治家、以廉持家良好风尚。（市妇联 陈莹）

嵊州市科学技术协会

【“一家三站”】 2022年，市科协围绕重大项目“招才引智”计划，把人才、科技工作贯穿于全领域，加强与各级学会及科技型企业的联系，对接企业关于科技人才和项目合作的需求，加快推进“一家三站”建设。浙江万丰精密制造有限公司、浙江万能弹簧机械有限公司创建成为绍兴市级院士专家工作站；浙江一景乳业股份有限公司、浙江昂利康制药股份有限公司、浙江湃肽生物有限公司、浙江美亚特精密机械有限公司、浙江艾立鼎智能科技有限公司、浙江华发生态科技有限公司等6家企业创建成为绍兴市博士创新站；嵊州市电机行业协会创建成为浙江省电机动力学会嵊州服务站。

【科技小院】 浙江嵊州蚕桑科技小院由浙江大学和浙江巴贝集团联合组建、中科协命名，致力于蚕桑产业全产业链研发应用，打造现代化蚕桑综合开发利用平台。7月，教育部、农业农村部、中国科协联合发文，确定将该科技小院列入支持建设名单。

【科普数字化】 全面融入市委、市政府和上级科协数字化改革工作大局，接轨省科协数字化改革，优化推广“银龄跨越数字鸿沟”“群团助力双减”“千博进千企”等数字化平台应用。其中“千博进千企”博士入企活跃度排名居全省前列。

【科普活动】 在“530 全国科技工作者日”“喜迎二十大 科普向未来——2022年度全国科普日”等主题活动日，共发放科普宣传资料23000余份，走访慰问科技工作者、学（协）会及高新技术企业，送服务下基层、送书下乡等活动15次。组织中医学会、兰花协会、蔬菜、果业协会等学（协）会，全年开展乡村振兴科普带头人培训、工艺美术科普、“科技引领果业绿色高质量发展”现场会、水果高质高效生产技术科普培训、电商直播平台销售和病虫害防治科普培训、下基层义诊等活动和会议30余场。

【科普进校园】 邀请中国科学院老科学家科普演讲团成员，开展“科普大咖”进校园活动。在全市10所中小学开展科普报告巡讲32场次，共有8000余名师生参与。通过现场观摩和体验的方式，激发学生的科学梦想和创造活力。

【科普宣传】 梳理生态环境保护、防灾减灾、节能减排、食品安全等内容，编印科普系列丛书，通过展览展示、科普培训、送书下乡等形式，深入开展科普宣传。在《今日嵊州》开设“科普园地”专栏，发布疫情防控等科普信息，同步在“爱嵊州”App推送。

【赋能乡村振兴】 市科协组织开展嵊州桃形李技术研讨会、2022嵊州水果技术产业化研讨会、农技“微”课堂等“科技赋能乡村振兴”系列活动20余场；实施乡村振兴战略智力培训工程，因地制宜做好实用技术和操作技能培训，培养新型农民队伍，完成农函大培训2100余人次；获评浙江省科普教育基地1家、绍兴市级农村科普示范基地4家、科普书吧5家；实施科普重点资助项目36项。

【科普培训】 组织实施全民科学素质行动计划纲要，持续推进“银龄跨越数字鸿沟”专项培训和“群团助力双减”活动，共完成培训187场、10131人次；完成“群团助力双减”72场、101112人次。

【助企纾困】 履行市科协桥梁和纽带职责，组织动员科技工作者投身创业创新。以科学家精神为价值引领，聚焦医药生物、高端厨电、新能源应用等重点领域，开展服务企业活动。2022年，中国科协、广东省科协、浙江省科协、绍兴市科协先后组织专家，赴嵊州市调研走访昂利康制药、新光药业、亿田智能厨电、森歌厨电、一景乳业等企业，下沉一线，助企纾困。（市科协 魏津钧）

嵊州市社会科学界联合会

【概况】 2022年，市社科联坚持以习近平新时代中国特色社会主义思想为指导，围绕市委、市政府中心工作，认真履行工作职能，开展社科理论研究和社科知识普及，抓好社团规范化建设，全市社科工作取得良好成效。

【社科理论研究】 学习贯彻党的二十大精神和全市工作大局，做好2022年哲学社会科学研究课题征集、立项和评审工作。组织举办纪念《在延安文艺座谈会上的讲话》发表80周年暨刘文西“以人民为中心的创作”研讨会、“人口、经济和共同富裕”主题研讨暨马寅初140周年诞辰纪念活动，成立马寅初研究院，深化与北大、浙大等高校的战略合作，提升理论研究水平，为全市经济社会高质量发展提供智力支持。编辑出版《浙江文史记忆丛书（嵊州卷）》。

【社科知识宣传】 发挥各学会、研究会的专业优势，开展健康中国、防疫抗疫、文明创建、家风家教等社科普及活动。挖掘贵门乡宋韵文化内涵，报送《浙江文化大讲堂》社科栏目相关素材。

【社团规范化建设】 强化归口学会、研究会日常管理和业务指导，完成年检工作。推进社团和基地规范化建设，指导嵊州书城开展绍兴市级社科普及基地创建活动，以点带面推进社科普及基地建设。（市社科联 李乐铭）

嵊州市工商业联合会（总商会）

【概况】 2022年，嵊州市工商联围绕促进民营经济健康发展和民营经济人士健康成长工作主题，助力民营经济稳进提质，推动构建亲清政商关系，加强民营企业家队伍建设。

【组织建设】 3月26日，嵊州市工商联（总商会）第九次代表大会召开，选举产生新一届工商联（总商会）执行委员会。第九届执委会共计164人，其中民营经济代表人士161人，占98.2%；平均年龄46岁，大专及以上文化程度占86.5%。较上届相比，九届委员平均年龄小，文化水平高，代表性更加广泛。

3月26日，嵊州市工商业联合会（总商会）第九次代表大会召开

【参政议政】 市两会期间，市工商界政协委员提交个人、集体各类提案 11 件，内容涉及人才培育、数字化改革、知识产权保护等方面。其中提交的《关于加快数字化改革，推进传统产业高质量发展的建议》获评优秀提案。参与建设四港联动枢纽节点城市、加快中小企业数字化转型等政协课题调研。全年走访调研规模民营企业 309 家次，包括“万家民企评银行”调查、“万家民营企业评营商环境”调查、季度经济运行状况调研、劳动关系监测调研、民营企业社会责任调研等。

【服务企业】 举办“亲清直通车·政企恳谈会”税务、商务、银企专场活动 3 场次，协调解决惠企助企政策、数字化改造、双循环、人才引育等方面问题 22 个。举办“亲清”讲堂专题宣讲 2 次，参与 500 人次。以花木园林商会为试点，联合市法院推进基层商会“共享法庭”建设，与法院建立日常联系和联席会议机制，为企业拓展司法服务内容与形式。

【服务新生代】 深化市“优化企业服务联盟”，加强新生代企业家队伍建设，吸收 67 名优秀新生代企业家为工商联执委、常委，占企业家执委总数的 41.6%。实施“青蓝接力工程”，开展“传承百年企业、实现家业长青”系列活动，传承老一辈企业家“四千精神”，培育新“工匠精神”。参与嵊青“山海协作”，嵊州市新生代企业家联合会与丽水市青田县鱼米之乡农业发展有限公司（新彭村强村公司）签订消费帮扶合作协议，引导新生代企业家助力浙江山区 26 个县高质量发展。

【加强联络联谊】 新建长沙、贵州 2 家异地商会；在春节、清明、中秋等传统节日期间，走访慰问异地商会会长及其家属；赴长乐、黄泽开展乡贤直系亲属健康体检活动，组织四个乡镇的 54 名乡贤亲属参加体检，系紧乡情纽带。利用全市民营经济和制造业发展大会、第五届嵊州越商大会等契机，邀请乡贤代表列席大会；通过北京市嵊州商会牵线，促成京东和市厨电协会合作，开展京东“6·18”厨电专场活动，助推重点产业发展。

【参与中心工作】 参与第五届嵊州越商大会，签约项目 18 个，总投资 275.4 亿元；依靠乡贤资源，促成比亚迪新能源动力电池项目二期、海威汽车车身一体化轻量化项目二期等 12 个招商项目落户嵊州，总投资 208.28 亿元。培育浙江亿田智能厨电股份有限公司、浙江帅丰电器股份有限公司、浙江龙威机械制造有限公司、浙江万事兴电器有限公司 4 家企业成功创建为绍兴市级清廉民企建设标杆单位，双鸟机械获评 2021 年度绍兴市清廉单元建设示范单位，构建亲清政商关系。完成首批 18 家定向招工式“共富工坊”建设；引导民营企业家投身“帮促共富”党建联盟；发动会员企业向四川省乐山市峨边红十字会捐赠价值 26.5 万元物资；组织企业代表赴青田县开展“助力 26 县跨越式发展·促进共富共进”活动，累计消费帮扶 9 万元。

（市工商联 王琼）

嵊州市文学艺术界联合会

【概况】 2022 年，嵊州市文联学习贯彻中央、省、市有关精神，围绕中心、服务大局，面向基层、服务群众，以文艺助共富、艺术乡建为工作主线，团结带领广大文艺工作者，深入生活，潜心创作，举办各类文艺展赛活动，助力“五个嵊州”建设。

【市作家协会】 9 月 24 日，市作协组织“宋韵风雅书香贵门”文学采风活动；11 月 15 日，举办采风活动改稿会。中国作协会员、市作协副主席周建达小说集《零空图》出版，邢增尧散文集《越地诗章》出版，陈瑜主编的《嵊州文学十年作品选》完成稿件征集工作。

吕群芳童话作品《听风儿》获第三届小十月文学奖，儿童小说《养壶》发表于《少年文艺》2022 年 7、8 月合刊，获《少年文艺》2022 年度佳作奖。吕丹的网络小说《穿成极品老妇之后只想当咸鱼》获第三届泛华文网络文学金键盘奖。裘冬梅的中篇小说《山顶》发表于《野草》2022 年第 3 期。邢增尧的散文《感受王羲之》入选《2021 浙江散文精选》。戴茜的散文《警营里的“半边天”》发表于人民公安报“剑兰副刊”。叶远钦的散文《春光无限好》发表在《中国青年作家报》上，《母亲的微笑》发表在《浙江工人日报》上。周奎的散文诗《信仰的闪电》发表于《散文诗》（青年版）2022年第1期，散文诗《剡溪之畔》发表于《星星·散文诗》2022年第9期。

【市美术家协会】 1月，市美协组织会员参加浙江省第三期粉画创作研修班研创活动。同月在微信公众号上推出山水篇、人物篇、水彩粉画篇、国画花鸟篇、油画篇等美术作品微展。3月9日，文联携多位书画家赴长乐中学对学生进行书法、美术专项指导，助力学校“双减”工作。4月，组织会员参加绍兴市行走乡村文化润乡主题作品展。5月24日，组织10名书画家赴金庭镇开展“清廉家风伴我行”——廉洁书法进基层活动，现场创作书画作品50余幅，并将作品赠予清廉家庭和最美家庭。7月18日，举办《琴心画韵——吕如达八秩作品展》。10月28日，举办《越剧百年图说》首发式暨图　　稿画展。7月11日，举办“共同富裕·携手共　　进”——绍兴市女画家协会2022美术作品展。8月1日，举办2022（中国·嵊州）第二届国际肖像漫画展。7月，组织会员参观全国青年美展。9月，组织参与嵊州市政协书画院“喜迎二十大·同心跟党走”书画作品展。

张婷婷、王家林、王基龙等6名画家参加绍兴市美协迎春作品线上展。黄东涛、周长河、王学军粉画作品入选浙江省第四届粉画优秀作品展（台州）。黄东涛、金孝明作品获浙江省第三届水彩粉画写生展学术提名奖，王学军、金凡程作品入选。王基龙粉画作品《光明史》入围2022年上海粉画夏季线上作品展。9月30日至10月20日，喜迎二十大，扬帆新征程——绍兴市“行走乡村 文化润乡”优秀美术作品巡展（嵊州站）在嵊州市文化馆展出，嵊州市28名书画家作品入展。

【市书法家协会】 1月26日，市书协联合新昌书协赴杭台高铁嵊州新昌站，开展“文艺送万家，文明助共富”文艺志愿服务活动。1月12日至27日，市书协“迎春送万福”活动走进东圃小学、三江街道桥里村、剡湖街道桥东新村、三界镇卫院、浙江华发茶业有限公司等地，共计赠送对联3000多副、福字10000多个。6月，举办“起航杯”首届嵊州市硬笔书法大展、“问道金庭”2022中日韩兰亭书会国际书法展、浙江省行书百家和草书百家“双百”展、第二届“卫夫人杯”全国书法篆刻展、第三届嵊州·兰山书法篆刻联展、浙江省第七届女书法家作品展暨第六届女篆刻家作品展。7月底，举办刘东芹博士草篆字法公益课。8月20日，举办“艺术乡建”陈文龙书法展。9月26日，邀请浙江书法家协会理事何来胜到嵊州作书法艺术讲座并对书法大展作品点评。

马欢欢书法作品获“玉海雅集”浙江省第七届女书家作品展优秀奖，汪静、俞方晴入展，张文蝶（篆刻）入选。在浙江省2022年“年度百家”遴选中，张兴南（隶书），马欢欢、张文蝶、张洲阳、俞忠毅、斯鹏华（行书），周恒（草书）共7人入展。马欢欢书法作品获第二届“卫夫人杯”全国书法篆刻展优秀奖，张洲阳、张永、张棂获优秀提名奖，马思涛入展，骆银、王建中、李均、冯全良（篆刻）入选。

【市音乐舞蹈家协会】 2月1日，市音舞协会直播举办2022年新年音乐会——“民族歌剧情”中国经典歌剧唱段专场晚会。2月7日，举办浙江省艺术基金项目《剡溪风流越人歌》（声乐组曲）网络首演，直播点击量18.5万人。5月，开展中国音乐小金钟——全国古筝展演（业余组）嵊州选拔赛，共评出金奖2人、银奖2人、铜奖4人。其中金奖选手朱古力、金熙妍上送绍兴赛区参赛，均获绍兴市二等奖。6月，举办“相约越乡”第二届嵊州市青少年艺术大赛暨浙江省青少年艺术大赛(音乐专场）。8月23日，分别在长乐镇和新华书店举办《剡溪风流越人歌》巡演活动。

刘琼参与《电吉他》考级教材编写。周红创作歌曲《我让地球更美丽》收录慈济慈善事业基金会成为慈济歌曲。姚华江创作的歌词《童年》、金才汉创作的歌词《嵊州小笼包》均获浙江省文化馆主办的“歌颂新时代·喜迎二十大”全省歌词大赛铜奖。音协创排的双人舞《核桃树下》在浙江省第三十二届群众舞蹈大赛中获浙江省银奖，绍兴选拔赛金奖。

【市民间文艺家协会】 5月28日，在崇仁镇赵马村开展“民间文艺家驻村，发掘文艺特色资源”系列志愿服务活动。11月4日，成立“映山红代代红”嵊州市文联党的二十大精神民间文艺宣讲团，通过讲故事、唱红歌、体验民间工艺等方式，使党的二十大精神深入人心。

嵊州市民间文艺家协会被评为2022年度浙江省民协工作先进集体。尹子衿、陈正军采写的《嵊州村史采写团：为村落立档存志留住“乡愁”》被《中国艺术报》、浙江文艺等媒体报道。王鑫鸳作品《柳老师的祖传秘方》获“吴文昶”杯全国故事征文大赛一等奖。王鑫鸳、袁兴志合作的故事《永不失联的爱》发表于《上海故事》10月特刊。王鹏作品《向往春天》发表于《卷宗》杂志；《水库里的三鲜》发表于《鸭绿江》杂志2022年第4期。丁武诗歌《迎新年》和朱慧芳诗歌《跨年》发表于《诗天下周刊》。邢增尧《红色的脚印——庆祝伟大的党诞生100周年》入选《悦续余香——学党史，读经典主题征文精粹》。金才汉作词的歌曲《红船美》（梁雪琴曲）发表于《歌曲》2022年第1期，歌词《忆知青》《我的老兵我的亲》发表于《花港词刊》2022 春季号。王鑫鸳的民间文学作品《凤起越乡》获第八届浙江民间文艺“映山红奖”。

11月4日，“映山红 代代红”文艺宣讲团在剡湖街道龙会社区新时代文明实践中心宣讲党的二十大精神

【市摄影家协会】 1月8日，嵊州市摄协联合浙江省摄影家协会、绍兴市摄影家协会赴嵊州市甘霖镇亳岭村，开展“艺心向党浙里共富——文化进万家，温暖全家福”摄影惠民活动。1月26日至2月15日，举办“艺心向党浙里共富”嵊州十年“全家福”摄影展，摄影展被《浙江日报》《绍兴日报》《中国艺术报》等纸媒报道，其中新华社阅读量近百万。4月23日，开展“文化润乡”走进贵门摄影活动，组织21名摄影志愿者分赴贵门村、上坞山村、雅安村、楼村、玠溪村、丰潭村采风。5月，举办“越剧故里戏曲小镇”摄影大赛。6月5日，举办“文化润乡走进甘霖”摄影采风活动。6月，组织摄影家记录乡村系列拍摄活动，走进长乐镇石碑村、三界镇长桥村、金庭镇东林村、崇仁镇廿八都村摄影采风。8月5日至7日，举办2022浙江省中青年摄影人才研修班。8月，邀请金向怡导师作系列摄影艺术讲座。11月11日至13日，组织摄影金像奖得主和摄影名家走进嵊州采风创作。12月15日至18日，邀请大画幅摄影家到嵊州创作采风。

嵊州市摄协获全省志愿服务突出贡献集体，市摄协主席汪毅强获省摄协先进个人。组织会员参加第二届绍兴摄影艺术展，获得3枚金牌、3枚银牌，共24件作品入选。协会会员3件作品入选浙江省摄影展。谢南华、徐灿法、陈小利、裘坚钢、陈君贤、王武军6名会员共27篇图文被“学习强国”平台推送。

1月8日，“艺心向党浙里共富——文化进万家，温暖全家福”摄影惠民活动举行

【市民间工艺家协会、市根雕艺术家协会】 9月，“根雕艺术提升工作坊”举办，中国木雕工艺大师、高级工艺美术师吴尧辉作《艺在技外，美在其韵》讲座，浙江省民协主席团成员、中国美院博士生导师、民艺博物馆原馆长吴光荣作《木雕漫谈》讲座。市根协选拔全市19名根艺后备人才参加工作坊学习，其间组织学员赴东阳参加“新征程·新民艺”浙江省木雕艺术大展巡展。

黄刚强、黄科军、吕洋明、郑兴国、叶桂兰、俞田等 31 人获第十届中国（浙江）工艺美术精品博览会金奖。俞田获 2021 年“百花杯”评审活动金奖，竹根雕作品《琴棋书画》获第八届浙江民间文艺“映山红奖”。郑兴国获 2021 年“百花杯”评审活动银奖。陈炉刚入选 2022 年度“浙江省‘五个一批’文艺人才孵化项目·新峰人才”培养对象。

（市文联　薛凯）

嵊州市残疾人联合会

【概况】 嵊州市残联属正科级群团单位，内设办公室、康复组宣部，参公编制5名，理事长一正二副，兼职、挂职副理事长3名。下属事业单位嵊州市残疾人康复就业服务中心，事业编制9名。15个乡镇（街道）残联专兼职理事长、残疾人专职委员配备到位。有肢残人协会、盲人协会、聋人协会、智力残疾人亲友协会、精神残疾人亲友协会和孤独症亲友协会等6个专门协会。2022年年末，全市有持证残疾人1.7万名。

【省级助残民生实事工程】 一是完成体育中心、职业教育中心、人民医院、中医院、美妙三公里滨江公园、政务大厅、工商银行嵊州分行营业中心、农业银行嵊州分行营业中心、中国银行嵊州分行营业中心、建设银行嵊州分行营业中心等十个重要公共服务场所无障碍改造。二是高标准提升残疾人之家，做到高标准施工、高标准管理。金庭、贵门残疾人之家由二星级提升为三星级。三是清单化提升规范儿童康复机构，如期完成嵊州新世纪医院软硬件规范化提升任务。7月8日，在绍兴市残联组织开展的2022年县级残联高质量发展“三比三争”第一次赛比活动中，嵊州市残联获得第二名。

【换届工作】 根据《中国残联人联合会章程》和《浙江省残疾人联合会关于全省市县乡三级残疾人联合会换届工作的意见》（浙残联发〔2022〕25号）文件精神，开展残联系统五年一次换届工作。9月底，15个乡镇（街道）完成换届。10月28日，嵊州市残疾人联合会第八次代表大会召开，残联本级换届完成。

10 月 28 日，嵊州市残疾人联合会第八次代表大会召开

【共同富裕实施意见】 12月，为促进残疾人全面发展和共同富裕，嵊州市出台《关于进一步加强残疾人工作促进共同富裕的实施意见》。该《意见》明确，一是强化组织领导，乡镇（街道）残联分管领导由原人武部部长调整为党（工）委副书记；二是补齐设施短板，加快推进残疾人托养设施规划建设，确保“十四五”期间建成运营公益性、规范化的重度残疾人托养机构1家。

【康复工作】 2022年，完成辅助器具适配服务212人，儿童康复救助57人，精准康复服务率达99.98%。精神病人免费服用抗基本精神药物，实现全覆盖。市残疾人康复指导中心全年门诊新收治病人24人，免费康复训练960人次，为老病人免费提供康复锻炼场所及指导，服务5200人次。完成无障碍设施进家庭95户，三江街道丹桂社区创建为省级无障碍社区。

【就业培训】 2022年，完成按比例残疾人就业情况审核540家，安置残疾人1081人。健全党政机关、国有企业等带头安排残疾人就业常态化机制，完成安置2名残疾人的任务。加强残疾人职业培训与就业服务，就业培训314人，新增就业213人。

【扶贫解困】 2022年，开展“迎新春、送温暖”活动，共慰问贫困残疾人家庭531户，发放慰问金12.6万元。与市民政局协同，精准核对残疾人两项补贴数据。按规定发放360名下肢残疾人机动轮椅车燃油补助金9.36万元；累计补助各类残疾人大学生和残疾人家庭子女大中专学生学费和住宿费172人，补助金52.07万元；为1.7万名持证残疾人提供人身意外伤害保险，参保率达100%。开展爱心企业助残行动，嵊州市路通水泥制品有限公司出资10万元，资助100户困难残疾人家庭；嵊州市三源丝针织服装有限公司和嵊州市东方电机有限公司被评为“残疾人之家”。开展“宣贯省党代会精神夏日送电扇”活动，向294户困难残疾人家庭配送电扇300台、空调7台。

【第32次全国助残日活动】 2022年5月15日，嵊州市开展“促进残疾人就业 保障残疾人权益”为主题的扶残助残活动。市残联会同志愿者队伍和爱心企业慰问困难残疾人家庭20户；市残联和中国狮子联会浙江艺都服务队、浙江百合服务队、浙江狮爱飞扬服务队相关人员到贵门乡汉溪村，慰问重建新居的3户残疾低保户。

【助残服务事项数字化改革】 依托“浙里助残”体系与数字社会“弱有所扶”跑道，普及“关键小事”应用，迭代升级“数字残联”，持续推进残疾人证跨省通办、残疾人按比例就业联网认证跨省通办，逐步建立“无感化”联办模式。加强“最后一公里”助残服务能力建设，持续打造帮办、代办、上门办、网上办等残疾人综合服务金名片。2022年，残疾人大学生助学补助进入浙江残联数字平台。

【信访工作】 2022年，接待残疾人来访、网上信访、“12345”市长专线及“12385”残疾人帮护热线电话共65批69人次，残疾人法律救助工作站受理残疾人法律救助4件。

【城区残疾人专用车年检年审】 2022年，协同公安部门为422辆运营残疾人专用机动车开展年检年审，完成残疾人专用车整治工作。

【“红立方”系列活动】 按照上级统一部署，全力以赴参与谷来和禹溪高速卡口疫情防控工作。开展日常“红立方”志愿服务，参与北直街和城中路交叉口（北岗亭）“文明交通劝导”以及中医院路“街长制”巡查等志愿服务活动。

（市残联 陈美姣）

嵊州市红十字会

【概况】 2022年，市红十字会围绕市委、市政府中心工作和上级红十字会重点工作，开展“救·在身边”红十字主题活动，打造“群众身边的红十字会”，为人民群众提供更加优质的人道服务。全市有红十字基层组织328个，其中乡镇（街道）红十字会15个、村（社区）红十字会275个、学校红十字会38个，共有红十字会会员11504名，注册红十字者3250名。34个单位和个人被省红十字会、绍兴市红十字会评为先进集体（个人），市红十字会被绍兴市红十字会评为担当作为先进集体。

【“救在身边”专项行动】 市委办、市府办印发《嵊州市关于高水平推进应急救护工作的实施意见》，制定校园守护、交通救护伴行、机关先行、志愿同行、安老护老、救援先锋、助力企业安全生产、亚运同行、安全网格等“救在身边”九大专项行动工作清单，建立健全应急救护工作联席会议制度。全年建成规范化应急救护培训基地3个、校园救护培训工作坊1个，新增公共场所AED（自动体外除颤仪）17台，开展救护知识普及培训41291人、救护员培训3215人、CPR+AED取证培训3237人。

【人道筹资】 坚持线上线下结合，深化拓展以项目带筹资的人道资源动员机制。5月，发动市民参与“5·8”人道公益日互联网众筹项目，超额完成“嵊州为生命救援赋能”和“博爱家园”等两个众筹项目的筹资目标任务，募资总额14.26万元，累计参与捐赠1427人次。发动爱心企业、爱心人士捐赠，绍兴烟草嵊州分公司捐赠23万元用于公益事业，嵊州市路通水泥制品有限公司捐赠残疾人救助资金10万元，实施“乡贤回馈”定向捐赠项目4个、捐资148万元，浙江昂利康制药股份有限公司、浙江亿田智能电器股份有限公司等企业及时捐赠冠名项目后续资金。为东西部协作扶贫对口地区募捐物资价值近 60 万元，为新冠疫情防控工作募捐防疫物资价值近 10 万元。全年累计接受捐赠款物 300 余万元。

【人道救助】 1 月，在全市组织开展 2022 年“红十字博爱送万家”活动，市红十字会联合各乡镇（街道）红十字会走访慰问全市 15 个乡镇（街道）困难家庭共 345 户，累计发放慰问金 25.25 万元、物资价值 2 万余元。实施“民生药业竺福江助医济困爱心基金”，救助崇仁镇大病患者困难家庭 15 户，发放救助金 16.62 万元。“浙江昂利康·白血病救助基金”救助白血病患者 5 名，发放救助金 4.6 万元。“嵊州农商银行博爱助学基金”资助困难学生 45 名，发放助学金 13.5 万元。慰问造血干细胞捐献者和人体器官（遗体）捐献者家庭 22 户（人），发放慰问金 4.8 万元。向 100 名残疾人发放救助金 10 万元。“炉峰慈联·大病救助”项目救助病患 9 例、“小天使基金”项目救助患儿 3 例。全年累计发放救助款物 74.77 万元，受益 532 人（户）。

【志愿服务】 围绕“生命教育，人道伴行”主题，开展红十字博爱周主题宣传活动，发动全市各级红十字会开展以助困、助老、助医、助学、救护、救援以及造血干细胞和人体器官捐献宣传为主要内容的红十字志愿服务，受益 2 万余人次。组织红十字应急救援队参与自然灾害、事故灾难、公共卫生事件等突发事件中的紧急救援和重大活动的救援保障工作，及时为走失老人、溺水人员等各类失踪人员提供搜救服务，出动救灾救援 50 余次，受益 2000 余人次。“一圈一杆一绳 生命守护之神——防溺水志愿服务项目”获“情暖浙江”红十字志愿服务项目大赛三等奖。8 月 17 日，《人民日报》、央视新闻、浙江卫视对市红十字应急救援队实战化应急救援训练进行一小时同步直播。

【“三献”工作】 开展以造血干细胞捐献和人体器官（遗体）捐献为重点的“三献”工作。6 月，联合市献血办开展“6·14”无偿献血者日广场活动。全年完成捐献造血干细胞志愿者采样入库 85 例，实现造血干细胞捐献 1 例；登记人体器官（遗体、组织）捐献 523 例，实现人体器官捐献 2 例、遗体捐献 4 例。

【基层组织建设】 推进红十字基层组织规范化建设，全市累计建成绍兴市级博爱家园 16 个，9 个博爱家园被命名为第二批绍兴市级博爱家园。剡湖街道江滨社区中国红十字会城市社区博爱家园示范点建设结项，三江街道桥里村红十字会被评为省级工作成绩突出红十字基层组织，仙岩镇红十字会在全省红十字系统基层组织建设培训班上介绍基层组织建设经验。

【监事会工作】 制定出台《嵊州市红十字会监事会工作规则》《嵊州市红十字会监事会“1+专+X”监督工作实施办法》《嵊州市红十字会 2022 年度专项监督事项计划》，探索建立“1+专+X”红十字会监事会工作机制，建立理事会决策、执委会执行、监事会监督的红十字会运行机制。11 月 17 日，市红十字会在全省红十字会系统监事会工作培训班上介绍监事会工作经验。

【红十字会第三次代表大会】 7 月 22 日，市红十字会第三次会员代表大会召开。大会审议并通过市红十字会二届理事会工作报告、2016—2021 年度捐赠款物接受和使用情况报告，选举产生市红十字会第三届理事会和监事会。聘请徐建役、裘建勇为市红十字会名誉会长；选举王霞燕为市红十字会会长，陈勇为常务副会长，郑建标为副会长，王春江、方南平、孙伟勇、陈钢梁、周瑛、斯学军为兼职副会长，沈祖飞为监事长，黄芳为专职副监事长。

7 月 22 日，嵊州市红十字会第三次会员代表大会召开

（市红十字会 杜海斌）

法 治

政法综治

【概况】 2022 年，全市政法战线坚持以习近平新时代中国特色社会主义思想为指导，全面贯彻落实党的二十大精神，忠诚履职，担当作为，全力以赴防风险、保安全、护稳定、战疫情、促发展，全市社会环境安全和谐稳定，确保人民安居乐业、社会安定有序。

【平安嵊州建设】以“大平安”理念为先导，平安创建水平稳步提升。市委常委会全年 13 次研究平安建设工作，制定建设“平安嵊州”任务清单。开展百村万户敲门入户专项行动两轮次，共走访 85 万余户，发放各类宣传资料 80 余万份，发现并整改问题隐患 34934 个，相关经验做法在绍兴市推广。健全完善联合暗访、函告督办、问题追责、挂联考核、联动宣传五项平安建设长效机制，市领导带队每季度开展督查，市委平安办组织开展联合暗访检查 13 次，检查各类场所 363 家次，排查梳理问题隐患 566 个，下发各类整改函、通报 114 份，问题整改落实率 100%。加强对社会组织培育和引导，更高水平打造“越乡村嫂”“民间救援队”等服务品牌，联合“七彩阳光”“爱心义工团”等社会志愿组织，开展各类平安主题活动 100 余场次。嵊州市平安创建获十四连冠，考核成绩位居全省第 13 位、绍兴市第 2 位。

【维护社会稳定】以党的二十大安保为主线，全市社会稳定局面更加巩固。推进“除险保安”专项行动，梳理 6 类 164 项风险目录，摸排重大风险隐患 50 项 1520 个，处置率 99.21%。抓好重大决策社会风险评估特别是涉众型重大政策社会风险评估，共评估 134 件，完成率 134%。常态推进扫黑除恶专项斗争，打掉涉黑涉恶组织团伙 10 个，破获刑事案件 171 起，打处十类黑恶犯罪嫌疑人 254 名。重视信息工作，实行每日信息零报告制度，编发《全市除险保安每日要情》130 期。对发现的问题和隐患，以提示单、警示单、交办单等形式第一时间进行交办，共下发工作提示单 28 件、警示单 35 件、交办单 112 件，完成全国两会、党的二十大等重要节点安保任务。

【市域社会治理】 以夯实基层基础为根本，实现有效社会治理与高质量经济发展的良性互动、相互促进。全面落实绍兴市创建全国市域社会治理现代化试点合格城市任务，开展“六大专项行动”，找差距、补短板、增优势、创品牌。升级打造新时代“民情日记”，该工作被列入中央政法委全国市域社会治理现代化试点项目。迭代升级社会治理中心，规范中心建设与运行管理，23 个部门 82 人入驻办公；迭代“基层治理四平台”，推进三界镇、甘霖镇综合信息指挥室试点创建工作。完善网格治理体系建设，共细化建立网格 1072 个，其中行政村网格 675 个，城市社区网格 236 个，专属网格 161 个，严格落实“1+3+N”网格队伍配备模式。做好严重精神障碍患者管理，全面实施全市严重精神障碍患者积分动态管理模型数据赋能，推广在剡湖、鹿山两个街道的试点做法，推行严重精神障碍患者社会公益保险。

【数字法治建设】 推动“全域数字法院”改革、法律监督模式改革和现代警务一体化集成改革，建设提升智慧治理、智慧公安、智慧检察、智慧法院、智慧司法、智慧执法六个分领域的系列特色应用，数字法治整体架构不断迭代完善。“枫桥式”协同治理应用、虚假诉讼协同智治应用、严重精神障碍患者管理服务应用进入全省数字法治系统“一本账 S3”。“非标油”智治应用获评全国检察大数据法律监督模型竞赛一等奖。“区域协查管理”应用入选绍兴市“七张问题清单”示范案例。

【服务大局】 护航经济社会发展，保障全市各项中心工作。政法战线严格落实疫情防控各项措施，快速打赢“11·22”疫情遭遇战，确保疫情控制在最小范围；平稳推进中林案件办理。政法各单位出台服务保障经济稳进提质十项措施、司法服务保障“两个先行”实施意见、优化营商环境十六项检察保障措施、护航经济发展十二条措施等，为嵊州市高质量发展营造良好的法治营商环境。加强安全隐患排查整治，未发生较大及以上安全生产、食品药品安全、生态环境安全等责任事故，公共安全得到有效保障。

【队伍建设】 以作风能力建设为重点，从严从实推进政法干部队伍建设。巩固政法队伍教育整顿成果，八个多跨制度落地见效，判实未执、刑事诉讼涉案物品处置等重点疑难问题有效解决，政法领域顽瘴痼疾整治成效显著。组织举办全市政法系统中层骨干政治轮训班和数字法治暨平安建设专题研修班，组织干警参加依法履职知识专题考试，不断提升干警政治素养；抓好《中国共产党政法工作条例》贯彻落实，严格落实重大事项请示报告制度，审核同意任免干部 136 名。配合绍兴市委政法委对市司法局进行纪律作风督查巡察，立整立改问题 17 项。加强法学会建设，指导镇街设立法学会联络站，在城市书吧设立法学会会员读书角。

（市委政法委　叶乐园）

法治政府建设

【依法治市】 2022 年，市司法局立足于市委全面依法治市委员会办公室和市建设法治政府（依法行政）工作领导小组办公室的工作职责，切实担负统筹协调、指导推进、督促落实等工作责任。4 月 7 日，召开市委全面依法治市委员会办公室第三次会议。5 月 24 日，召开全市法治政府建设推进会暨府院、府检联席会议。8 月 26 日，召开法治嵊州建设工作会议。制发《嵊州市法治政府建设实施方案（2021—2025 年）》《2022 年法治嵊州（法治政府）建设重点工作清单》《嵊州市“法助共富、法护平安”专项行动 2022 年重点工作清单》《嵊州市贯彻落实〈关于打造法治政府建设升级版的实施意见〉任务书》。组建法治人才库，向社会公示候选人名单共 37 人。

【行政规范性文件管理】 编制《嵊州市合法性审查指导手册》，梳理行政规范性文件负面清单、认定方法等，把好政府决策的“第一道关口”；制作市乡两级审查工作流程，规范“提拟发文”等 6 步流程，细化申请立项等 13 个具体环节，明确各环节的时间节点、材料清单及注意要点，指导行政规范性文件合法性审核工作。2022 年，共审核常务会议议题 86 件，审查市政府重大行政决策、行政规范性文件、重大协议 50 余件，反馈相关部门征求意见 36 份，提出法律意见 160 余条。以备案审查为切入点开展“线下审查”，完成全市乡镇（街道）和部门半年度规范性文件制定和备案审查专项检查，共发现和整改问题 30 余个，形成问题清单，并下发通报。将规范性文件制定主体全部纳入浙江省行政规范性文件管理系统并开展线上审核，推动行政规范性文件合法性审核数字化。2022 年，完成线上审核 30 余件。8 月，联合市场监管局对涉及“全国统一大市场建设”的全市部门、乡镇（街道）行政规范性文件依法开展专项审查。清理部门规范性文件共 7 件，其中废止涉及公平竞争的规范性文件 4 件。对行政规范性文件“三统一”制度实施以来的 340 件市级行政规范性文件进行全面清理，继续有效的行政规范性文件共 249 件，停止执行的 84 件，修改 7 件，宣布失效 26 件，清理结果经市政府常务会议审议通过并公开印发。印发《行政规范性文件案例选编》，共入选合法性审核典型案例 10 个，成册 100 余份。

【行政应诉复议】 研究制定《嵊州市推进行政诉讼“双下降、双提升”八项机制》，建立行政诉讼案件“红黄绿”分类预警机制，通过工作例会、专题化解会议、重点单位走访等形式，对风险败诉案件进行逐案分析、专案化解。规范类案办理，特别是针对政府信息公开领域，印发近 3 年嵊州市行政诉讼和行政复议中信息公开领域案件情况白皮书，并召开白皮书发布会。2022 年，市司法局（行政复议局）共计收到行政诉讼案件 65 件（一审 30 件，二审 22 件，再审 13 件），答辩 65 件（一审 29 件，二审 23 件，再审 13 件）（含旧存），出庭应诉 25 次（一审 14 次，二审 11 次）。行政败诉率从 2021 年的 7.1%下降至 2022 年的 2.9%，降幅居绍兴首位，实现收案量、败诉率双下降的年度目标。2022 年，市司法局（行政复议局）共收到行政复议案件申请 248 件。受理并审结行政复议案件 120 件（含旧存），其中直接纠错（以确认违法、撤销、责令履行等方式结案）13 件，纠错率 10.8%；终止（以调解、和解或撤回行政复议申请等方式结案）79 件，受理前调解 75 件，调撤率 74%，同比上升 35.2%，居绍兴市第一；维持 22 件，驳回 6 件。

【行政执法监督】 制定《嵊州市行政执法证件管理工作指引》，确保行政执法人员依法行使职权。在全市范围内开展行政执法主体和执法证件清理工作，对不具备行政执法主体资格的单位通过“执法主体执法人员管理系统”进行统一清理，2022 年，共保留行政执法主体 47 个，清理不符合要求执法主体账号共计 98 个。审核“双执法主体”证件，对符合要求的相关领域下沉人员，第一时间予以审核，全年共审核 223 人，均通过电子执法证审核。推进行政执法协调监督工作，对行政执法过程中出现的瑕疵下发行政执法监督通知书，全年共下发工作提醒函 7 份、行政执法监督通知书 8 份。督促 15 个赋权乡镇（街道）全面开通并应用省统一行政处罚办案系统，对系统运用工作开展专项监督，统计每周各乡镇（街道）行政处罚办案数据。推广运用两法衔接平台，全市 30 个部门完成会商，协同推进。2022 年，账号派发率和部门开通率均达 100%，共汇聚行政处罚案件 8965 件，提示红灯警示案件 7 件，黄色预警案件 50 余件，督促处置排查结果 24 件，移送公安 26 件。

【重大行政决策目录化管理】 贯彻落实《浙江省人民政府办公厅关于印发浙江省重大行政决策事项目录编制指引（试行）的通知》（浙政办发〔2021〕3 号）精神，做好市政府重大行政决策事项目录编制工作，同时要求全市各单位做好本单位重大行政决策事项目录的编制工作。履行重大行政决策的合法性审查工作职责，严格遵循“公众参与、专家论证、风险评估、合法性审查和集体决定”等法定决策程序。2022 年，38 个单位公布重大行政决策事项共计 43 项，市政府重大行政决策合法性审查 2 件。

【证明事项清理】 为减证便民、全面推行证明事项告知承诺制，做好全市证明事项清理工作，市司法局向各乡镇（街道）、市级有关部门发送《关于进一步做好证明事项有关工作的函》，建立证明事项工作定向联系制度，由市住建局、市市场监管局、市卫健局等 41 个部门联合建立浙政钉工作交流群，摸排、更新证明事项工作推进情况，每月对工作情况开展常态化统计。2022 年，办件量达 3 万余件。

【社会大普法格局】 制定《嵊州市 2022 年普法依法治理工作要点》《中共嵊州市委全面依法治市委员会守法普法协调小组成员单位 2022 年度法治宣传教育责任清单》，开展政府常务会议学法 7 次。落实领导干部任前考试制度，组织领导干部任前法律知识考试5场67人次。出台《嵊州市“一月一法”学习活动实施方案》，逐月开展国家安全法、信访工作条例、浙江省公共数据条例、行政处罚法等普法宣传。开展“法助共富、法护平安”专项普法活动284场、“护航二十大、普法在行动”专项普法宣传活动179场、百名律师千场讲座进文化礼堂活动271场。持续围绕《中华人民共和国民法典》中群众关心的热点难点，推出“九斤姑娘助共富”“九斤姑娘护平安”普法系列短剧，制作播出《给你的私房菜办理身份证了吗》《紧急救助损害，要担责吗》等，全年共制作九姑娘普法短剧26期。

（市司法局　金昕）

公安

【概况】 2022年，全市公安机关以党的二十大安保为主线，统筹推进维护社会稳定、护航经济发展、办好民生实事、打击违法犯罪、夯实基层基础、推进公安改革、加强队伍建设等工作，为维护嵊州社会治安稳定、打造共同富裕示范区县域样板、建设“五个嵊州”和现代化网络型山水城市提供安全稳定和谐的社会环境。市公安局获评“平安绍兴建设突出贡献奖”先进集体、绍兴市市域社会治理现代化领域先进集体等。

【维护社会稳定】 深化涉政、涉恐领域专项斗争，建成“四联三防”点位15个，检查涉恐单位、场所580家次，发现整改问题200处，抄告处罚96家，反恐法处罚单位9家；推进“除险保安”“金盾清底”等系列行动，开展岁末年初平安大巡防，解决各类纠纷2265起，化解信访积案126起，完成冬奥会、全国两会等59场次安保任务。

【护航中心发展】 加强疫情防控，制定平战结合、“三责”联动快响激活等工作机制；推广项目警官制度，明确100个省市重点建设项目项目警官，建成警企联络室13家，上门指导防范1436次，化解不安定因素47起；护航企业发展，排查化解金融领域风险19个，破获涉众、恶意逃废债等经济犯罪案件37起，抓获犯罪嫌疑人104名，挽回损失2800余万元。

【办好民生实事】 推进全民反诈，开通“96110”反诈劝阻专线22路，开展反诈宣传1078场次，推广注册安装反诈小程序51.3万人次，破获电诈案件196起232人，劝阻拦截资金6.7亿元，全年电诈发案、案损均下降；深化交通“综治”工程，推行放学一小时免费停车位、违停车辆提醒纠正10分钟内驶离免罚等便民举措，累计提醒、免罚违停机动车4.3万余辆，整治省市挂牌隐患点7处，整改道路隐患4662处，现场查处酒驾等违法行为11万起，事故亡人数同比下降5.4%；推进政务服务“一网通办”“一窗通办”建设，优化调整“就近办”点位17个，增加代办人员54人，累计为群众提供“一站式”代办帮办业务2.5万件，为企业“绿色通道”办证165次。

【打击违法犯罪】 以“百日行动”“雷霆”等活动为抓手，打击各类违法犯罪，全年破获各类刑事案件782起，采取刑事强制措施1479人，移诉1233人，打处七类黑恶人员217人，抓获逃犯113人，现发命案保持18年全破，6起案件获批公安部督办，5起案件获批省厅督办，2起案件发起全国集群战役；严打黄赌违法犯罪活动，检查重点场所5700家次，关停整顿36家，打掉黄赌团伙24个1059人，农村赌博治理做法被《人民公安报》刊登，黄赌警情同比下降29.9%。

【夯实基层基础】 推进“枫桥式”派出所、交警中队等十大系列创建，推广“乡贤网格”“警保联动”等做法，黄泽派出所获评第二批“省枫所”，并获省委省政府通报表扬；创新成立“和合”寻亲工作室，帮助76对失散家庭实现团圆，相关事迹被“央视新闻”报道，经验做法获全国人大常委会副委员长丁仲礼批示；融入基层治理，建成智安校园68个、智安小区20个，完成271个村社警务站（室）“四化”建设，在4个农村所推行“交队合一”模式，全年累计走访群众6.1万余人，入户采集信息4.3万余条，警民双向熟悉率提升7.1%，农村交通警情8分钟以外重复报警同比下降62.5%。

【推进公安改革】 推进“公安大脑”建设，

"枫桥式"协同治理项目列入全省重大应用"一本账 S2"、全省数字法治系统"一本账 S3",被列为全省基层事项协同处置试点;"严重精神障碍患者管理"应用获全省(实战落地)试点;"区域协查管控"应用入选绍兴市"七张问题清单"示范案例;"三能"(平常时间能看得出来;关键时刻能冲得出来;危急时刻能豁得出来)积分评价体系、"安心印刷"应用在全绍兴市推广。推广"侦勘研"一体化及"集中办、专业办"模式,组建 10 组 39 人集中办案队,统筹刑侦、网安等 40 名精干警力入驻侦查中心,做强侦查研判打击工作;规范执法办案中心运行,抓好巡查考核、检法协作、案件会商等工作,中心累计起诉案件 776 起 1176 人,检法办理速裁案件 685 起 959 人,专业警种办案率达 65%,派出所办案率同比下降 19.4%。

【加强队伍建设】 统筹推进党史学习教育、"三能"主题教育实践、实战大练兵等系列活动,深入学习贯彻党的二十大精神,开展最小作战单元送教上门、剡警讲坛集中授课等教学培训活动 136 场次;23 个团队、35 名个人在比武中获奖,6 个集体、140 人次民(辅)警立功获奖;深入推进肃清流毒、防违纪工作,排查化解队伍风险 145 起,队伍违法违纪同比下降 71.6%;优化爱警措施,开展警察节、荣退仪式、联谊等系列活动 36 场次,走访慰问、送奖上门 2080 人次,帮助民(辅)警解决实际困难 118 个,核查出具澄清正名通知书 16 份。

1 月 10 日,在市公安局举行警察节升旗仪式

(市公安局 徐春潮)

检察

【概况】 2022 年,市检察院以习近平新时代中国特色社会主义思想为指导,围绕服务保障共同富裕主线,聚焦高质量发展主题,紧扣市委、市政府各项工作部署,发挥数字检察重塑变革作用,全面加强新时代检察机关法律监督工作。

全年受理提请批捕和审查起诉黑恶犯罪 11 件 62 人。办结危害公共安全犯罪、杀人、抢劫、强奸等 8 种暴力犯罪 39 件 66 人,聚众斗殴、寻衅滋事犯罪 15 件 40 人,盗窃、诈骗等侵害财产犯罪 192 件 281 人,"黄赌毒"犯罪 82 件 146 人,打击涉网犯罪 120 件 211 人,涉案金额 2200 余万元,挽回经济损失 200 余万元。

2022 年,全院干警获省级及以上荣誉 8 项、绍兴市级荣誉 15 项,3 名干警入选省检察院专业人才库,2 名干警分别获评年度全省优秀办案检察官、"枫桥式检察官",1 名干警记个人二等功。

【服务企业发展】 打造"企业家法治会客厅",邀请全市 11 位民营企业家担任特约检察员,畅通检企对话机制。实施优化营商环境十六项检察保障措施,严惩侵犯企业权益犯罪 27 人,涉案金额 6700 余万元,守护企业安全发展。

【未成年人司法帮扶】 依法不起诉未成年犯罪嫌疑人 25 人,帮助 30 余名"失足少年"重返社会;联合市场监管局对全市在册文身店安装身份识别设备,闭环治理未成年人文身乱象。

【推进数字化改革】 对接基层治理四平台、矛调中心、"12345"等市域基础信息平台以及公安、法院等 12 家行政机关、司法机关,汇集各类数据和案件信息近 70 万条,打造法律监督服务平台。搭建和研发数字监督模型 10 个,"非标油偷逃税监督模型"获评全国检察机关大数据法律监督模型竞赛一等奖。创建的 3 项数字检察工作被列入浙江数字检察"一本账"并获全省推广,1 项工作做法录入省《大数据法律监督办案指引》,2 篇大数据办案理论成果在最高人民检察院《人民检察》上发表。

【刑事检察】 全年审查起诉816件1261人；监督立案、撤案48人，纠正漏捕、漏诉21人；针对部分民营医院从业人员骗取医保资金问题，成立专案组，建立数字办案模型，发现18人犯罪线索并由公安机关立案侦查，守牢群众“救命钱”。履行检察侦查职能，办理指定异地管辖的司法工作人员职务犯罪3件3人，涉案金额5500万元，追赃挽损550万元；受理各地纪委监委移送审查起诉职务犯罪8件11人，追缴全部犯罪所得总计1660余万元。其中，办理中央纪委监委、最高检指定管辖的原最高人民法院法官王某某等2人受贿案。

【民事检察】全年主动审查民事案件236件，张某某建设工程施工合同纠纷案被最高检评为典型案例。精准打击虚假诉讼，提出再审检察建议25件，提出审判程序和执行活动监督9件，涉案金额达1430余万元。融入全市整治欠薪工作大局，支持10名农民工提起诉讼，帮助追讨工资17.08万元；坚决打击虚构劳动争议逃废债行为，办理相关案件23件，挽回损失470余万元。在全省率先构建车辆执行监督数字模型，并在全省范围内推广应用，助力法院依法处置查封扣押车辆510辆，已执行到位1431万元。

【行政检察】 加强行政诉讼监督，办理行政生效裁判结果监督案3件。开展行政违法行为专项监督，向行政机关制发检察建议3件，规范行政管理行为，助力新时代法治政府建设。推动行政争议实质性化解，依法妥善化解长达8年的王某某等人申请征地拆迁国家级信访系列监督案件。

【公益诉讼】 当好公共利益“守护人”，立案55件，其中重特大案件18件，督促追回国有财产近900万元。办理绍兴首例非法狩猎惩罚性赔偿案，对危害食药安全、环境保护行为提出惩罚性赔偿6件次并追偿40余万元。在谷来镇设立小舜江重点示范保护点和古香榧林公益守护人驿站，激活香榧种植和旅游康养业发展。联合市文广旅游局、市自然资源局以及浦口街道等单位，解决高山流水古道自然侵蚀损毁难题，推进修缮工程启动并落实修缮资金600万元。

11月19日，嵊州市检察院在吕岙村设立公益守护人驿站

【剡溪书房·检察馆】 11月，绍兴剡溪书房·检察馆建成，开启了检察院与文化融合的新篇章。该馆由嵊州市人民检察院、市文广旅游局、市图书馆合作共建，建筑面积120平方米，拥有藏书4500册，公共阅览座席30余个，面向社会免费开放。市政协“民生议事堂”入驻检察馆，共同助力基层治理。嵊州市法学会设立会员读书角，为会员提供专门阅读场所。

11月19日，绍兴市剡溪书房·检察馆举行揭牌仪式

（市检察院 王俞彬）

法院

【概况】 2022年，市人民法院全年共受理各类案件14554件，办结14631件（含旧存，下同），未结案1585件，分别同比下降19.79%、19.29%、

4.63%，主要办案质量、效率和效果指标保持良性运行态势。健全一站式多元解纷和诉讼服务体系，严格落实立案登记制，法院当场立案率超99%。

【平安嵊州建设】 审结刑事案件634件，判处罪犯1028人。始终保持对严重危害社会治安犯罪的高压态势，审结严重暴力犯罪案件32件，多发性侵财犯罪案件165件，涉“黄赌毒”犯罪案件74 件。常态化开展扫黑除恶斗争，审结涉黑恶案件7件。审结养老诈骗、电信网络诈骗案件13件，其中 1 件入选全省法院打击电信网络诈骗典型案例。审结危害食品药品安全、高空抛物、侵犯公民个人信息犯罪案件9件，依法对张某某饮酒后随意从16米左右高的窗户投掷空啤酒瓶、姚某某等人以“一买多卖”方式贩卖公民个人信息的行为追究刑责，守护人民群众“舌尖上”“头顶上”及“个人信息”安全。

【除险保安】 聚力“保交楼、保民生、保稳定”，配合协同市委、市政府做好涉房地产等重点领域纠纷处置，针对“恒大”系列纠纷，发出风险提醒和决策建议16条，促成710余起纠纷案结。注重防范化解金融风险，审结非法吸收公众存款、组织领导传销活动等涉众型经济犯罪案件11件、金融类商事案件684件。审结涉案金额超10亿元的某集团组织、领导传销活动案，全案44人均认罪认罚且未上诉。

【优化营商环境】 出台服务保障经济稳进提质十项措施、“两个先行”实施意见，常态化开展法企同行“三服务”活动，参与“嵊利办”硬核行动3.0版，助力完成世界银行营商环境执行合同及办理破产等指标达标创优。发挥破产审判“司法康复”作用，审结破产案件27件，盘活企业不良资产8.79亿元，释放土地资源463亩、房产面积24.6万平方米。运用法治手段处置天乐微电重大破产清算案，实现资产溢价率55.8%，拖欠6年的198名职工债权100%清偿。发挥知识产权司法保护主导作用，成功获批知识产权案件管辖权，牵头召开全市知识产权司法保护联席会议，开展越剧文化保护座谈会等系列活动，扩大知识产权审判影响力，嵊州市人民法院获评2022年度浙江省知识产权保护工作成绩突出集体。

4月26日，嵊州市法院牵头召开越剧文化知识产权保护座谈会

【化解民事纠纷】 受理民商事案件6715件，办结6811件。筑牢“一老一小”及妇女的法治护盾，审结婚姻、继承、抚养、赡养等案件641件，发出人身安全保护令、家庭教育令、家庭教育提醒书66件。依法裁定禁止长期酗酒的父亲对女儿陈某某实施家庭暴力，并联合民政、妇联及属地政府对陈某某进行救助，省高院对此案进行了报道。主动构建和谐劳动关系，与劳动仲裁部门会商选聘兼职仲裁员10名，推动建立劳动争议仲裁前置、五部门联合打击虚假仲裁、虚假诉讼等工作机制，审结劳动争议案件251件，追回劳动报酬1152万余元。审理教育、住房、医疗、社会保障等案件296件，以“示范调解+指导自行和解”模式，化解上悦城1084户群体性购房纠纷。

【化解行政争议】 监督和支持行政机关依法行政，受理行政案件141件，审结138件。围绕行政诉讼“双下降、双提升”攻坚目标，出台助推法治政府建设15项工作清单，健全败诉案件“三色”分级预警机制，构建“行政收案周通报+败诉风险月通报”“敏案专报+要案磋商”分类型互动模式，一批涉重点项目的行政争议得到化解。推进异地管辖案件化解，联合职能部门、审理法院化解案件10 余起。联动市司法局开展信息公开领域败诉集中整治，连续4年召开府院联席会议、发布审判白皮书，常态化开展旁听重大庭审、剖析败诉案例等活动，帮助提升依法行政能力。涉嵊州市的行政收案同比下降25.8%，败诉率下降至2.9%。

12月22日，法治政府建设工作会议暨府院府检联席会议召开

【诉源治理】 市委政法委2次召开全市深化诉源治理工作推进会，万人成讼率等指标被纳入乡镇（街道）平安建设考核。联合市司法局选聘16名调解员，建立专职法官诉前指导、专题培训等工作机制，调解成功案件2673件。在金庭镇打造“法庭—镇街”双向派单式纠纷治理模式，协同推进纠纷源头化解和“无讼村庄”创建，金庭镇万人成讼率为全市乡镇（街道）最低，嵊州市万人成讼率76.97%，系绍兴市最低。专项治理民间借贷、买卖合同等十大纠纷，开展类案治理，买卖合同治理经验获省高院刊发信息推广。

【胜诉权益兑现】 执结案件6990件，到位金额7.7亿元，执行标的平均到位率等核心指标位居绍兴市第1位。善意文明执行，最大限度减少执行措施对各类市场主体的不利影响，“活用三招”促使国家级高新技术企业脱离千万余元担保泥潭案，获法治浙江微信公众号推送。创新法律援助、检察监督、债权人两层表决等个人债务集中清理机制，让诚而不幸的被执行人“重获新生”，审结渐冻症患者单亲母亲魏某个人债务集中清理案，免除债务128.51万元。坚决打击逃避、抗拒执行行为，移送拒执犯罪28件，对3781人次作出拘留、罚款决定，常态曝光失信被执行人1232人。

【公正裁判】 把社会主义核心价值观融入审执工作，让司法裁判有力量、有是非、有温度。依法审结“好意同乘”案，减轻机动车驾驶员赔偿责任，对善意行为予以肯定和倡导，鼓励互帮互助。开展打击虚假诉讼专项行动，打击虚假诉讼78件；联动检察机关开展虚假诉讼甄别筛查，对6名虚假诉讼行为人处以罚款。

【数字法院】 试点参与的“虚假诉讼协同智治”应用在全省上线推广，并入选全省“数字法治好应用”。创新涉众刑财案件案款统一发放模式，实现案款发还“就地领”，为全国各地1.8万余名当事人发放执行款。联合社保机构、银行打造养老金按月发放、全程留痕、跟踪监管的“一件事”应用场景，依法保障无其他收入来源的被执行人基本生活。深化“执行一件事”集成改革，实现县域范围内车辆查控、不动产查封等高频协作事项一网通办，共发起协查申请7919次，平均办理时长0.43天。

【共享法庭】 推进“共享法庭”建设，全市累计建成308家共享法庭，实现镇街、村社全覆盖。针对金甬铁路（嵊州段）重点工程施工劳资纠纷多发问题，专门设立项目化共享法庭，诉前化解劳资纠纷290余件。打造特色共享法庭品牌，“房地产行业协会共享法庭”获评全省示范共享法庭。

（市法院　曹文莹）

司法行政

【概况】 2022年，全市司法行政系统坚持以习近平新时代中国特色社会主义思想为指导，围绕保障党的二十大胜利召开和学习宣传贯彻党的二十大精神，统筹推进全面依法治市和司法行政各项工作，注重系统观念、法治思想、强基导向，履行法治建设和司法行政工作职责，为全市经济社会高质量发展作出贡献，共获绍兴市级以上荣誉16项，其中省级以上荣誉8项。

【矛盾化解】 深入推进“法助共富、法护平安”矛盾纠纷化解清源行动、“调解促稳定、喜迎二十大”矛盾纠纷调解专项行动，聚焦疫情防控、婚姻家庭、劳动争议、民间借贷、山林土地等常见多发矛盾纠纷加强排查，整合力量把纠纷化解在当地、消除在萌芽状态。发挥调解突击队作用，整合“精兵”开展巡调，化解某乡镇因误拆合法住宅的一审败诉行政赔偿案件。2022 年，全市调解组织共排查受理矛盾纠纷 3503 件，调处 3475 件，调解成功 3412 件，调处率、成功率分别为 99.2%和 98.2%。优化专职人民调解员队伍结构，与法院共同以政府购买服务的方式落实嵊州市联合人民调解委员会专职人民调解员 16 名，其中选聘退休法官、教师和乡镇干部 5 名。邀请女性律师和家庭问题心理咨询专家各 1 名，定时进驻“九斤姑娘”调解室参与调解。组织开展人民调解员等级评定，2022 年，全市共有一级人民调解员 6 名、二级人民调解员 8 名、三级人民调解员 14 名、四级人民调解员 19 名。持续推进“融调解”工作机制，梳理归集“嵊里调”“九斤姑娘”“羲之调解”“始宁调解”“情源调解”“两头门调解”等各具特色的调解品牌，打造品牌集群。

【基层依法治理】 坚持发展新时代“枫桥经验”，发挥基层法治建设“桥头堡”作用，推进司法所建设提档升级，浦口司法所创建为绍兴市级“枫桥式”司法所。开展民主法治示范村（社区）创建工作，全年新创国家级民主法治示范村（社区）1 家、省级“民主法治示范村（社区）”22 家、绍兴市级“民主法治示范村（社区）”65 家。有序开展“法治带头人”“法律明白人”“尊法学法守法用法示范户”评选，全年新培育“法治带头人”272 人、“法律明白人”816 人、尊法学法守法用法示范户 1360 户。持续提升公民法治素养，新增金庭镇金兰村、马寅初初级中学、浙东清风馆、“九斤姑娘”调解工作室、青少年法治教育基地等绍兴市级公民法治素养观测点 5 个。

【社区矫正】 以推进“数字法治，智慧司法”建设为核心，加强社区矫正工作与现代化信息技术深度融合，共计投入 110 万元升级“智慧矫正中心”，优化为“三区十八室”，以“平台+区块链应用”为中枢核心，配齐数字化案管室、远程视频会见室、自助矫正终端、移动执法设备和 VR 体验式教育等信息化终端，通过省级“智慧矫正中心”验收。以司法所为主体，对辖区内 529 名社区矫正对象开展“拉网式”排查走访，做到“五清”即犯罪事实清、现实表现清、监管责任清、思想动态清、行为去向清。推进公检法司联合联动，强化政法单位数据协同互通，开展数字联查、信息预警、智慧联动，确保精密管控不脱节，矫正对象不脱管。截至 12 月底，全市社区矫正对象共 527 名，其中缓刑 479 人，假释 32 人，暂予监外执行 16 人；社区矫正对象未成年 4 人；全年矫正接收 327 人，期满解矫 229 人；办理调查评估 150 件次，训诫 92 人次，警告 6 人次，撤销缓刑 5 人，收监执行 2 人，变更居住地 11 人，无重新犯罪人员。

【安置帮教】 持续加强监地协作，深化安置帮教“牵手工程”，开展以“云会见”“接力帮扶”“大帮教”为主要内容的“情暖高墙内外、助力浪子回归”帮扶帮教系列活动。与全省 16 所监狱、全市 11 个部门合作开展“视频会见”“修心教育”“亲情慰问”“大帮教”等多项帮扶活动，共计帮助服刑人员 370 人，帮助服刑人员家属 744 人。至 12 月底，全市安置帮教对象共 2336 名，帮教率 100%。

【队伍建设】 组织干警重点学习习近平法治思想和党的二十大精神，开展以“学习贯彻党的二十大精神”为主题的党日活动及党史学习教育 20 场次，分批组织干警开展各类教育 100 余人次，参与率 100%。定期开展作风建设督查，做好重大节点廉政教育和自查自纠工作，对全局干警、辅助人员和下属事业单位工作人员进行节日廉政纪律提醒，及时开展节后党风廉政和行风效能自查工作。全年共开展党风廉政和行风效能自查 11 次。

（市司法局 金昕）

仲裁

【概况】 2022 年，市人力社保局开通劳动人事纠纷调处绿色通道，进企业、园区、课堂普法，强化源头治理；建好“速裁庭”“共享法庭”及“流动仲裁庭”，提升仲裁质效；防范虚假诉讼、群体事件和“人情仲裁”，提高仲裁服务水平。全年受理劳动争议案件525件，上年度结转19件，涉及劳动者人数703人，其中10人以上集体劳动争议案件9件。结案528件，涉案金额3078.55万元，其中调解344件、撤诉89件，裁决95件。网络申请4件，视频调解250件。全市劳动人事仲裁结案率97.06%，调解成功率82.02%，网络办案率49.81%。（市人力社保局 姚毓岚）

军 事

人民武装

【概况】2022年，嵊州市人武部始终坚持以习近平新时代中国特色社会主义思想为指导，在军分区党委和嵊州市委、市政府领导下，深入贯彻习近平强军思想，以“强党、备战、筑基”为重点，着眼制衡强敌抓准备，振奋精神、真抓实干，稳步推进各项工作，总体形势向上向好，被省军区表彰为全面建设先进人武部。

【思想政治工作】开展党的二十大精神系列学习贯彻活动；组织“五学五争”学习教育实践活动、庆祝建军95周年系列活动、专武干部思想政治教育等思想政治建设；践行理论学习日、每周党日活动制度，开展理论辅导授课、学习体会交流、党员思想汇报、谈心交心等活动；正规部机关秩序，确保绝对忠诚可靠。

【应急救灾】以军事训练为中心，开展各类专业训练、抢险救灾行动。在抗击台风“梅花”中，组织民兵加固河堤水坝、转移受灾群众。出动民兵参与疫情防控、防汛抗台等急难险重任务。

【权益保障】2022年，市人武部协调地方出台“拥军优属十条措施”，协同地方节庆日、征兵期间开展走访、慰问烈军属活动，督促市教体局、市退役军人事务局等部门落实相关制度政策，维护和保障军人军属权益。

【国防教育和国防动员】加强对民兵和预定新兵的教育，结合训练、役前训练开展民兵、预定新兵授课。组织参观浙东清风馆、祭扫革命烈士墓、观看电影《水门桥》等，坚定爱国主义信仰。加大《中华人民共和国国防法》《中华人民共和国退役军人保障法》等宣传力度，推进国防教育进校园和村社文化礼堂“两榜一栏”、军人荣誉墙建设。

【军事训练】开展专武干部集训，选派专武干部参加省军区、军分区轮训；组织民兵分队集训和军事职业教育，完成年度学习任务。以连续夺取岗位练兵比武第一名为目标，推进民兵基础技能训练，选拔专武干部和民兵骨干开展集训，参加军分区组织的岗位练兵比武。

【民兵整组】严格按照上级下达的民兵调整改革任务和检查考评要求，会同交通、住建、卫健等部门，深入各个行业系统、企业和社会组织调研，采集规上企业和人员潜力信息。组织基干民兵骨干任免和整组工作资料会审，开展乡镇基干民兵体检和政审工作，完成15个乡镇（街道）及有关部门、企业民兵点验工作，确保2022年度民兵整组任务完成，人武部被省军区表彰为全省民兵工作先进单位。

【征兵工作】围绕“稳增长、进前列、守底线”总体目标，落实“一年两征”制度，坚持以征集高质量兵员为核心，以征兵“五率”为导向，根据一年两征政策新变化，全方位多渠道开展征兵宣传发动，严把体检、政审、走访调查、役前集中管理教育、新兵输送等各个关口。嵊州市被省征兵办表彰为征兵工作成绩突出单位。

【民兵训练基地改造】 2021年12月至2022年9月，协调市委、市政府，投入资金对市民兵训练基地进行升级改造。

（市人武部 龚锡烊）

武警

【概况】 2022年，中国人民武装警察部队浙江省总队绍兴支队执勤大队嵊州中队（以下简称“武警嵊州中队”）深入贯彻习近平强军思想，以《军队基层建设纲要》为基本遵循，坚决落实三级党委（扩大）会议精神，围绕“瞄准一流、夯实基础、发扬优势、梯次前进、摆脱后进”总体思路，夯实自身建设基础，努力实现“两个确保”，争创“四铁”先进单位目标。

【执勤战备】 聚焦“两个维护”使命任务，牢固树立备战打仗意识，培育一不怕苦、二不怕死的战斗精神，按照平战一体、战备训练任务一体的要求，战备教育经常，战备制度落实，战备秩序正规，装备物资齐全。深入贯彻十六字执勤思路，树立底线思维，端牢执勤饭碗，落实“人人执勤，人人应急”要求，加强战备训练演练，调整完善编携配装，提升应急响应和快速反应能力。常态保持好应急战备水平，高效应对各类突发情况，全年实现执勤目标安全无事故，全力为党的二十大胜利召开营造安全稳定环境。

【军事工作】 学习习近平主席在中央军委军事训练会议上重要讲话和开训动员令，严格训练“八落实”要求，深入践行“任务牵引、课题主导、分级分类、周期循环”模式，严格落实新大纲的按纲施训周期运行法，坚持实战实训、按纲施训、从严治训，年内军事训练总评成绩达到良好以上，全年无训练事故；提高警官、警士队伍组训能力和指挥技能素质，努力实现教练员“四全”要求；加强针对性适应性训练，全年无偏训、漏训科目和训练事故。多次开展岗位竞赛、创破纪录等群众性练兵比武，每季度组织评选，张榜公布，将训练尖子、训练标兵纳入先进表彰评比和入党积极分子培养对象，激发官兵“训练有功、训练有为、训练有味”热情。

【政治工作】 始终把政治建设放在首位，围绕“忠诚维护核心、矢志奋斗强军”主题，结合中队实际，做好思想政治工作。传承红色基因，弘扬优良传统，培养“四有”革命军人，严格落实教育制度，创新拓展教育方式方法，开展大谈心活动，深入研究思想预防工作，确保内部关系纯洁和谐、官兵精神状态良好、理想信念坚定可靠、正能量浓厚充盈。深入学习中央军委开训动员令、党的十九届六中全会和党的二十大精神，推进“忠诚维护核心、矢志奋斗强军”主题教育，灵活运用“云课堂”教育载体，用活用好网络平台。坚持用“三种眼光”管好部队带好兵，加强经常性法纪警示教育，用好“三互”（互帮、互学、互教）、“双四一”（干部要知道战士在哪里、在干什么、在想什么、需要什么，思想政治工作和管理工作要跟上；战士要向干部报告在干什么、在想什么、需要什么，有问题找组织解决）等活动载体，认真分析摸排官兵思想，做好教育和思想疏导工作，与官兵家属联系，形成联管机制。每月分析官兵思想、安全形势、预防犯罪形势，针对性开展工作，每季度对要害部位人员进行政治考核，每年对执勤人员进行政治考核，确保放心人放在放心的岗位上。组织“军民共建庆八一”等“双拥共建”活动，加深部队与地方人民的感情，营造“军民一家”的良好氛围。

【后勤保障】 为科学、有效、及时防范和应对可能出现的新冠疫情，认真做好监测、报告和各项应急准备工作，做到“早发现、早报告、早诊断、早隔离、早治疗”，确保疫情不传入，确保部队官兵健康，维护部队稳定和战斗力。根据《中国人民解放军传染病防治条例》和《武警部队处置突发公共卫生事件应急预案》等法规制度和支队首长指示精神，结合疫情特点和中队实际制定应对新冠疫情防控预案。武警嵊州中队党支部建立以中队长为首的防疫工作领导小组，做好前排指挥、一线协调、中队预防和治疗药品器材等急需物资配备和储备工作。中队后勤保障人员牢固树立服务思想，严格按照后勤保障相关规定，全面提升后勤服务保障能力。强化集体理财意识，本着“官兵吃得好才会干劲足”的理念，做好做实保障工作。以疫情常态化防控和各类传染病、季节性疾病防治为重点，搞好营区日常消毒，做好各类疾病预防，组织官兵体检，确保官兵身心健康。（市武警中队 朱啸雨）

人民防空

【人防工程产权制度改革】 省级改革试点项目嵊州市人防工程产权制度改革取得阶段性成果。

【人防数字化改革】 嵊州市人防工程开发应用系统完成建设，并上线“浙里办”。该系统是全省数字化改革“一本账 S1”中“浙里人防工程监管”重大应用建设的重要子场景。

【应急应战演练】 12 月 15 日，市人民防空指挥部指挥长召集各副指挥长及相关指挥部成员单位开展“浙江金盾—22”（绍兴·嵊州）演习。此次演习结合应急疏散预案及疏散安置方案，接收来自杭州的疏散人员，并进行安置，完成演习任务。

【预警警报系统建设和警报试鸣】 完成“5·12”“9·18”防空警报试鸣工作。5 月 12 日 10:00—10:44 和 9 月 18 日 10:00—10:23，全市统一鸣放防空防灾警报。市区和甘霖镇、崇仁镇、长乐镇、三界镇、黄泽镇同步报警，警报试鸣率为 100%。全年新增防空警报器 10 台，升级改造防空警报器 10 台，截至 2022 年年底，全市防空警报器数量为 42 台。

【宣传教育】 结合“3·1”国际民防日、“5·12”防灾减灾日和“9·18”国难日，通过报纸、电视、网络及微信公众号等途径，推送警报试鸣公告及防灾减灾知识。在人防教育基地开设面向全市中小学生的人防教育课程，发放人防教材。在市区各小学开展防灾减灾知识讲座。组织社区居民和重要经济目标单位浙江万丰科技开发股份有限公司开展人防疏散演练。（市住建局 骆梦薇）

农　业

综述

【概况】2022年，全市农业农村经济快速增长，农林牧渔业产值63.08亿元，按可比价计算较上年增长3.7%，增速位列绍兴第一。其中，农业产值43.97亿元，同比增长0.52%；林业产值4.77亿元，同比下降0.48%；牧业产值12.55亿元，同比增长21.62%；渔业产值1.17亿元，同比下降2.93%；农林牧渔服务业产值0.62亿元，同比增长9.82%。

【农产品质量安全检测】全年开展各类农产品定量抽检1262批次，其中省级抽检277批次，合格率100%；绍兴市级185批次，合格率98.92%；嵊州市级800批次，合格率99.75%；及时处置不合格样品，查处率100%。15个乡镇（街道）农产品检测室完成农产品定性检测总计4926批次，合格率为100%。

【绿色优质农产品认定】开展绿色优质农产品认证，新认定绿色食品2个，绿色食品续展4个，新申报绿色食品12个，无公害水产品新认证1个，无公害农产品复查换证49个。开展绿色优质农产品证后监管，绿色优质农产品监督抽检15批次，其中绿色食品12批次，地理标志农产品3批次，处置不合格的绿色食品樱桃1批次。

【“治违禁 控药残 促提升”三年行动】实施食用农产品“治违禁 控药残 促提升”三年行动，严格落实属地监管责任和生产经营主体责任，强化培训宣传、检打联动、风险排查、专项整治等各个环节，有效解决违法使用禁限用药物问题。全年定量抽检完成800批次，重点品种抽检27批次，重点品种抽检占比3.4%；开展蔬菜、水产等重点品种安全用药培训4次，出动检查人员1279人次，检查农业经营主体484家；办理食用农产品行政执法案件31起，其中移交公安机关处置1起。

【农业标准化生产】开展省级农产品标准化绩效评价工作，现场检查嵊州市金庭镇岩马山家庭农场、嵊州市汝锋家庭农场和嵊州市初明家庭农场，综合评分分别为63分、60.5分、66分，评价等级均为C级。开展农产品质量安全追溯体系建设，推进食用农产品合格证使用工作，指导生产主体规范开具追溯码和食用农产品承诺达标合格证，2022年新增追溯主体12家，全市累计300家。

【基层农产品质量安全网格化管理】出台《关于印发〈加强乡镇（街道）农产品质量安全网格化管理工作方案〉的通知》（嵊农〔2022〕75号）文件，全市15个涉农乡镇（街道）均开展农产品质量安全网格化管理体系建设，各乡镇（街道）配备农产品质量安全监管员19名、检测员15名和协管员262名，进一步提升基层农产品质量安全治理能力。

【农业投入品执法】 结合绿剑执法行动，检查全市农资店，共抽检种子13批次、农药15批次、肥料14批次，对抽检不合格的农资店作出行政处罚，共立案4起，结案6起，案件线索移交乡镇4条。开展禁限用农药检查，巡查辖区内农资商店，摸排限用农药经营主体，对无限用农药经营资质的农资商店擅自经营毒死蜱等限用农药的行为，责令整改并督促落实。结合双随机执法检查，加强对农资商店实名制销售假劣农药检查，规范农药、肥料等投入品销售。

【重大植物疫情防控】 根据省及绍兴市关于植物疫情防控要求，下发《关于开展春季加拿大一枝黄花防控工作的通知》和《关于组织开展红火蚁专项调查》等文件，年初与6个监测点签订植物疫情监测协议，协助开展红火蚁、柑橘黄龙病、水稻细条病等检疫性有害生物的调查。调查苗木种植基地、草坪、农田田埂等各类场所26处，共计17340平方米，采取诱捕监测23次，未发现红火蚁。普查全市加拿大一枝黄花1000亩，现有发生面积135亩，开展跟踪防控督查86人次，实施防控面积160亩，化除率90%。开展产地检疫工作，对枳壳苗、蔬菜种子开展田间调查，全年共签发产地检疫合格证23份，进行柑橘黄龙病PCR检35个。

【“肥药两制”农资监管】 开展“肥药两制”农资系统安装工作，实地走访全市195家农资商店，在商店内安装摄像头、读卡器等电子设施，建设购买“刷脸同步”的农资商店163家，运用浙政钉平台“浙农优品”后台对其进行线上监管。

【农业生产事故调处】 全年接报各类农业生产事故12起，涉及农药药害和水稻种子质量纠纷等，全部完成调处，切实保障农民和农资经营者的合法权益。 （市农业农村局 徐伟荣 肖诗湉）

种植业

【概况】全市特色农业基地面积近100万亩，其中茶叶种植面积21万亩，常年性蔬菜基地面积5万亩，水果种植面积11.2万亩，香榧种植面积13万亩，肉猪年存栏20万头，粮食、水果、蔬菜、茶叶、香榧等主导和特色产业不断发展，实现经济效益、生态效益与社会效益多赢。

【粮食生产】 全市粮食播种面积28.5万亩，粮食总产量10.4万吨，建有粮食生产功能区356个，认定粮食生产功能区面积18.02万亩。2022年实收小麦种植面积1.86万亩，早稻种植面积0.98万亩，晚稻种植面积10.35万亩，玉米种植面积3.52万亩，薯类种植面积6.23万亩，大豆种植面积3.35万亩，其中早稻种植面积较上年增长122.7%。创建省级水稻绿色高产高效千亩示范片5个、省级旱粮百亩示范方3个，共计示范面积6195亩。

【蔬菜生产】 2022年，全市蔬菜播种面积15.43万亩，比2021年增加0.78%；产量35.72万吨，比2021年减少0.08%；产值7.88亿元，比2021年增加0.18%。蔬菜种植受夏季旱情影响，产量较2021年有所下降。但由于疫情以及气候影响，蔬菜价格普遍较2021年上涨且幅度较大，其中叶菜类尤为明显。

【茶叶产业】2022年，全市茶叶种植面积21万亩，总产量1.88万吨，总产值10.69亿元。全年共出口茶叶6.01万吨、出口额10.5亿元，分别比上年增长4.2%和1.4%，嵊州茶叶出口量约占全国茶叶出口量的1/6、绿茶出口量的1/5，是茶叶出口第一县。“越乡龙井”品牌价值34.47亿元，被评为中国绿茶区域公用品牌价值20强。受夏季持续高温干旱影响，全市茶园中重度受旱500亩，中度受旱1.1万亩，轻度受旱5万亩，造成直接经济损失500多万元。

【水果产业】2022年，全市水果种植面积11.2万亩，产量8.81万吨，与2021年持平，产值为7.95亿元，同比增长5%。桃形李增产25%，产值增长40%，市场仍供不应求。桃子、甜柿、柑橘、红美人产量增长，价格较好。

【农作物区域试验工作】 2022年，全年共承试国家级、省级鲜食甜、糯玉米、鲜食春秋大豆、马铃薯、瓜菜、草莓、水稻六大类作物区域试验、生产试验、展示共45组439个品种。其中，承担国家级、省级农作物区域品种试验24组297个品种，生产试验18组65个品种；承担全省农作物新品种展示示范3组77个新品种。

【绿色防控与统防统治工作】 2022年，建设省级水稻病虫害绿色防控（农药定额制）示范区8个，建设省级玉米病虫害绿色防控（农药定额制）示范区1个，核心示范区面积9060亩，辐射推广面积4.5万亩，实施统防统治11.7万亩，绿色防控14.2万亩，培育认定市级示范性统防统治服务组织9个。开展示范区内全域灌水杀蛹，并依申请为农户提供灌水杀蛹补助。全年实际完成灌水杀蛹面积22618.89亩，服务组织和规模主体实施统防统治面积分别为76095.03亩和41237亩，合计统防统治面积139950.92亩，超出目标面积22950.92亩，完成率119.6%。

【2022浙江·长江下游水稻新品种大会】 9月28日至29日，2022浙江·长江下游水稻新品种大会以“云展直播+现场观摩”的形式在嵊州举办。此次水稻新品种大会展示的水稻品种及区试品种477个。涵盖上海、江苏、浙江、江西等7个省市43家单位选送的水稻新品种。水稻新品种田间展示包括超级稻展示区、旱稻专区展示区、种质资源展示区、区试品种展示区等多个区域。水稻新品种大会在嵊州已连续举办6届，累计展出水稻新品种超过2000个，成为国内展示水稻新品种创制成果的重要平台和看品种、选品种的重要窗口。

9月28日至29日，2022浙江·长江下游水稻新品种大会首次以云展直播方式在嵊举行

（市农业农村局　邵若玄）

林业

【概况】 全市自然资源部门树立习近平总书记强调的“尊重自然、顺应自然、保护自然”的理念，按照省、市林业工作会议精神和市委、市政府全面推进“森林嵊州”建设的战略要求，践行“两山”理念，贯彻落实“五年绿化平原水乡、十年建成森林浙江”的决策部署，突出抓好生态建设，做到疫情防控和林业复工复产、森林自然保护和现代林业发展两手抓，推进绿色发展和国家森林城市创建，打造生态宜居城市，发展生态林业、富民林业和人文林业。全市森林覆盖率63.8%，林地保有量171.27万亩，林木蓄积量536.46万立方米，省级公益林面积90.6万亩。

【现代林业发展政策】 出台《2022年加快国土绿化美化行动推进现代林业发展的政策意见》，对国土绿化、森林质量提升、古树名木保护、产业科技研究、林业机械研制、林下经济发展、林木新品种培育、种质资源库建设等方面给予经费补助，推动林业高质量发展。

【营林工作】 实施珍贵树种赠苗造林3.7万株，完成2022年新增百万亩国土绿化美化行动造林2479亩，完成国家造林任务715.45亩，改造油茶低产林596亩；创建省级“一村万树”示范村5个；完成千万亩森林质量精准提升工程21648亩，战略储备林及美丽生态廊道建设5114亩，珍贵彩色健康森林建设3000亩；建成林区道路35千米。

【国家森林城市创建】 举办创森宣传系列活动，通过广播、电视、网络等媒体和广场视频、出租车LED屏、短信等平台，全面开展创森宣传，弘扬生态文明，营造全社会参与森林城市创建的良好氛围。配合国家林草局华东院调整完善创森指标技术评估验收资料并上报国家林业和草原局；下王镇创建省级森林城镇总体规划通过省级专家评审；谷来镇创建为省级香榧产业强镇；贵门乡雅安村获评省级森林人家；贵门乡上坞山村、西景山村获评浙江省森林氧吧；吕岙村、白雁坑村完成“千村万元”林下经济帮扶工程；下王镇泉岗村获评浙江省生态文化基地。

【花木产业】 审核办理新林木种苗生产经营许可证 196 套，换发证 9 套，有效期内数量共计 860 套。

【林产品推介】 参加第十五届中国义乌国际森林产品博览会，8 家“嵊州香榧”品牌企业获金奖 4 家、优质奖 4 家，栀香富润牌栀子花获评博览会优质奖；举办“香榧香、来谷来”2022 年嵊州市谷来镇第十届香榧文化旅游节、“嵊州香榧”推荐品牌评选、“嵊州香榧我代言”——嵊州村嫂助力“嵊州香榧”活动启动仪式、嵊州村嫂抖音短视频大赛活动；开展山海协作捐赠仪式，向丽水市青田县万阜乡赠送香榧大苗 1500 棵，提供香榧种植管理、炒制技术培训和产业技术服务；举办春兰网络展、蕙兰网络展和秋季兰花线下展等活动，网展分别评出金奖 10 个、银奖 20 个、铜奖 33 个。

【林业技术培训】 6 月 10 日至 11 日，在嵊州市老年大学举办香榧林下生态套种、香榧堆制后熟技术与绿色病虫害防治、香榧证明商标使用管理规定及香榧品牌包装管理规范技能培训，67 名香榧种植户及企业代表参加。9 月 16 日至 18 日，在嵊州市智峰职业技能培训学校举办兰花病害处理、修剪、网络销售技能培训，224 名兰花种植户参加。10 月 27 日至 28 日，在嵊州市智峰职业技能培训学校举办丛生与拼接之心得与植物美学、新时代背景下绿化发展趋势、花木抖音制作与销售技巧培训，300 名花木种植户参加。

【林业科技成果】 嵊州市林业技术服务中心参与的“华东地区玉兰属资源收集评价、新品种选育及产业化应用”项目获第十三届梁希林业科学技术奖二等奖；参与的“毛竹笋用林高效培育关键技术示范与推广”科技项目获浙江省科技兴林奖二等奖。创建省级“亩山万元钱”科技推广高质量示范基地 1 个，新增省级乡土专家 2 名。

【林业病虫害防控】 2022 年，林业有害生物防治成灾率小于 2‰，无公害防治率大于 99%，测报准确率大于 99%，均高于绍兴下达的目标管理指标；完成省松材线虫病防治年度任务，未出现因处置质量、疫木管理等问题被通报批评的情况；开展美国白蛾虫情调查，未发现病虫发生情况；共设立病虫测报点 8 个，其中香榧测报点 1 个，松褐天牛测报点 2 个，美国白蛾测报点 5 个。

【松材线虫病防治】 组织验收上年度松材线虫病防治工作项目，完成上年度枯死松木清理扫尾工作，截至 4 月，共清理松林 6 万亩，枯死松树 4.4 万株，枯死松木 440 万公斤；开展疫情监测普查工作，春秋两季对全市 559141 亩松林进行全面普查，监测覆盖率 100%，秋季普查发现枯死松树发生面积 3.9 万亩 1.2 万株；对南山水库、市林场、温泉湖景区等重要地段的 2.5 万余株松木进行打孔注药，共用药 50000 瓶。

【松材线虫病疫木检疫执法】 根据省局要求，4 月开始开展疫木检疫检查行动。重点检查涉木企业、木材市场，加强对企业使用、调运松木包装材料的检疫检查，并向涉木企业发放林业法律法规宣传册，增强企业检疫意识，降低检疫风险。共检查涉松企业 2 家，苗圃 17 个，涉木企业 42 家。劝导房前屋后囤积疫木的村民 4 户，销毁疫木 2650 公斤。

【森林消防宣传】 加强森林消防宣传，通过网络、短信、微信朋友圈公益广告等途径，利用广播、宣传车、宣传条幅三大载体，开展多渠道、全方位、广覆盖的森林消防宣传，普及森林消防法律法规和防扑火安全知识，增强全民森林消防意识。创新工作方法，坚持群防群控，线上线下教育并重，推进宣传教育进企业、进农村、进社区、进学校、进家庭，构筑全民思想防线。组织 2 辆宣传车到 15 个乡镇（街道）巡回宣传森林防火政策，张贴宣传横幅 500 多条。 （市自然资源局 斯维婕）

畜牧业

【概况】 2022 年，市农业农村局强化引导管理，抓紧重大动物疫病防控和生猪增产保供工作，推动全市生猪产业高质量发展，确保生猪产能稳步增长。坚持依法治牧、科技兴牧，不断提升畜牧产业化经营质量和水平，提高畜产品质量安全和畜牧生产效益，全市畜牧业生产健康、持续、协调发展。

【产业情况】 全市留存生猪养殖场355家，生猪存栏207023头，比上年同期18.6万头增加11.3%，其中母猪存栏19491头，比上年同期2.16万头减少9.76%；牛存栏1557头，比上年同期1585头减少1.77%；羊9524只，比上年同期9801只减少2.83%；家禽存栏240.7万羽，比上年同期231.06万羽增加4.17%；兔存栏10.35万只，比上年同期11.5万只减少10%；肉类总产量41616.91吨，比上年同期44172.44吨减少5.79%；禽蛋产量2938吨，比上年同期4234吨减少30.6%。

表5 2022年嵊州市四季度生产报表

单位：万头、万只、吨

指标名称	其中			当年出栏数	产量	指标名称	产量
	期末存栏数	能繁殖母畜	当年生仔畜				
一、大牲畜	1557	—	—	787	104.43	肉类总产量	41616.91
1.牛	1557	754	803	787	104.43	其中：牛肉	104.43
（1）黄牛	980	468	512	591	74.02	猪肉	26601.6
（2）奶牛	0	0	0	0	0	羊肉	177.08
其中：荷斯坦奶牛	0	0	0	0	0	禽肉	14570.4
（3）水牛	577	286	291	196	30.41	兔肉	163.39
其中：奶水牛	0	—	—	—	—	奶类产量	0
（4）牦牛	0	0	0	0	0	1.牛奶产量	0
2.马	0	0	0	0	0	其中：水牛奶产量	0
3.驴	0	0	0	0	0	牦牛奶产量	0
4.骡	0	—	—	0	0	2.羊奶产量	0
5.骆驼	0	0	0	0	0	3.其他奶产量	0
二、猪	207023	19491	—	284500	26601.6	山羊绒产量	0
三、羊	9524	7594	—	10222	177.08	山羊毛产量	4.3
1.山羊	9524	7594	—	10222	177.08	绵羊毛产量	0
其中：绒山羊	0	—	—	—	—	其中：细羊毛产量	0
奶山羊	0	—	—	—	—	羊细羊毛产量	0
2.绵羊	0	0	—	0	0	兔毛产量	98.7
其中：细毛羊	0	—	—	—	—	蜂蜜产量	1389.51
半细毛羊	0	—	—	—	—	禽蛋产量	2938.25
四、家禽	2407000	—	—	9622053	14570.4	其中：鸡蛋产量	1142.7
1.鸡	2275900	—	—	8921743	13462.43	鸭蛋产量	1795.55
（1）专用型蛋鸡	70900	—	—	97192	122.54	鹅蛋产量	0
（2）专用型肉鸡	2205000	—	—	8824551	13339.89	蚕茧产量	252.7
其中：白羽肉鸡	0	—	—	0	0	其中：桑蚕茧产量	252.7

续表 5

指标名称	其中			当年出栏数	产量	指标名称	产量
	期末存栏数	能繁殖母畜	当年生仔畜				
黄羽肉鸡	2205000	—	—	8734447	13209.89	柞蚕茧产量	0
(3)兼用型鸡	0	—	—	0	0	—	—
2.鸭	126538	—	—	689333	1075.3	—	—
3.鹅	4562	—	—	10977	32.67	—	—
五、兔	103500	—	—	111961	163.39	—	—
六、蜜蜂	17500	—	—	—	—	—	—

【重大动物疫病强制免疫】 全市共注射牲畜口蹄疫高效苗 67.55 万毫升，免疫生猪 45.62 万头次，免疫牛羊 2.15 万头次；使用高致病性禽流感疫苗 615 万毫升，免疫家禽 587 万羽次；使用猪瘟疫苗 70.4 万头份，免疫生猪 45.62 万头次；使用高致病性蓝耳病疫苗 29.84 万头份，免疫生猪 18.85 万头次。另外，组织猪流行性乙型脑炎、伪狂犬病、猪丹毒、猪肺疫、链球菌病、新城疫、羊痘、狂犬病等的计划免疫工作，全市重大动物疫病均得到有效控制。

【重大动物疫病免疫抗体检测】 2022 年，全市共抽检畜禽样品 5245 份，主要检测猪瘟、口蹄疫、高致病性禽流感和新城疫等主要动物疫病的免疫抗体。实验室共完成 O 型口蹄疫抗体检测 1025 份，其中合格样品 999 份，合格率 97.5%；猪瘟抗体检测 877 份，其中合格样品 866 份，合格率 98.7%；高致病性猪蓝耳病抗体检测 556 份，其中合格样品 511 份，合格率 91.9%；高致病性禽流感抗体共检测 1823 份，其中 H5 亚型免疫抗体检测 1292 份，合格样品 1283 份，合格率 99.3%，H7 亚型免疫抗体检测 531 份，其中合格样品 522 份，合格率 98.3%；新城疫抗体检测 406 份，其中合格样品 406 份，合格率 100%；小反刍兽疫抗体检测 359 份，其中合格样品 352 份，合格率 98.1%；羊布鲁氏病检测 199 份，均未检测出阳性。抗体指标全部达到绍兴市动物植物疫病疫情防控指挥部规定的合格标准。

【重大动物疫病免疫病原检测】 全市共完成各类动物疫病病原学监测 2805 份。其中非洲猪瘟病原学检测 1627 份，高致病性猪蓝耳病病原学检测 120 份，猪口蹄疫病原学检测 236 份，高致病性禽流感病原学检测 463 份，小反刍兽疫病原学检测 359 份，检测结果均为阴性。

【非洲猪瘟防控】 建立排查工作机制，落实周报告制度，全市乡镇（街道）组织当地防疫人员包村包场开展日常监测排查，重点排查生猪养殖场、屠宰场、无害化处理厂。根据全省非洲猪瘟专项监测要求，对直连直报系统内 95 家年存栏 300 头以上规模猪场实施入场采样检测全覆盖，并结合实际情况对年存栏少于 300 头且出栏 500 头以下的养殖场（户）开展抽检工作。2022 年非洲猪瘟专项监测共采集养殖场（户）116 家样品 1329 份，检测结果均为阴性。

【“两化”试点工作】 2022 年，市畜牧业发展中心累计下乡进场指导 10 余次，开展点对点培训 3 场，组织“两化”专家、第三方检测机构开展“两化”工作集中培训 2 次，参与省、市两化专题培训会 1 次。截至 2022 年年底，确定饲料环保化试点场 5 家（其中 1 家为示范场）、兽药减量化试点场 13 家（其中 2 家为示范场）。针对试点场较多的情况，创新开展“点对点”工作模式，即一个工作人员负责 1 家或 2 家试点场工作，确保每个试点场有专人全面、全时的管理和指导。所有试点场兽药入库和用药情况均导入手机 App 统一管理，并同步导入浙江省数字畜牧应用系统，保障“两化”工作顺利开展并通过验收。

【“先打后补”试点工作】 1月25日，市畜牧业发展中心制定并印发嵊州市重大动物疫病强制免疫“先打后补”实施方案，明确补贴的范围、标准、对象、流程等内容，开展对全域、全强制免疫病种实行“先打后补”工作。发动养殖户使用浙里办App，通过“先打后补”模块功能，读取存栏数、疫苗使用量、检测结果、产地检疫数等数据，自动核算补助经费，全面推行网上申报，实现养殖场户“自主申报、在线审核、直补到户”，提高工作效率和服务质量。截至2022年年底，全市所有养殖场、第三方服务公司（散养户）均使用该模块。

【生猪增产保供】 挖掘生猪生产能力，鼓励防疫条件较好、粪污处理能力有富余的规模场，按生产设计能力及时补栏，指导其扩大养殖规模，提高生猪产能。加大补贴力度，制定《嵊州市生猪引种补贴实施细则》，对具有种畜禽生产经营许可证的养猪场以及引进种猪的留存规模养猪场，按规模养猪场实际引进合格种猪的数量，给予1000元/头的补助。鼓励养殖场引进优质良种公、母猪，52家养殖场申报引种需求。制定《生猪价格指数保险实施方案》，完善生猪生产的长效支持政策，缓解生猪价格周期性波动对养殖户收益及养殖信心的影响，实行政策扶持与市场化运作相结合，保费由绍兴和市两级财政合计补贴50%。建立产能基地，对年设计出栏1万头以上的规模猪场，按照猪场自愿加入并配合开展产能调控的原则，创建国家级生猪产能调控基地，嵊州市越冬牧业有限公司被认定为2022年度国家级生猪产能调控基地。

【畜产品质量安全监管】 产地检疫和屠宰检疫全部做到痕迹化管理，产地检疫共开证18159份，畜禽数量为5947765头，其中动物B证18092份，畜禽数量为5708233头；开出猪肉的产品B证12154份，猪肉产品数量约14506吨；家禽产品开出1390份，家禽产品数量约为647吨。全年产地检疫生猪66067头，屠宰生猪131233头，宰前检查不合格数26头，均作无害化处理。全年完成省级样品抽检68批次，其中猪肉猪肝35批次、猪尿14批次、禽肉禽蛋19批次。完成绍兴市级抽样任务52批次（猪肉猪肝28批次、禽肉禽蛋24个批次），其中屠宰风险监测抽样抽取猪肉7批次，猪肝6批次；完成市本级畜禽产品质量安全监督抽检共200批次（猪肝95个批次、猪肉105个批次）。

【生猪无害化处理】 全市全年集中无害化处理病死猪55788头，核准补助数55788头。做好病死病害动物及其产品开展入场查验、无害化处理、产出流向等全过程监管工作；农业、财政等部门每月对无害化处理相关工作开展检查和数据核查，确保不发生病死猪污染问题。

【动物卫生执法监管】 开展生猪调运专项执法检查工作，查处违法行为2起。开展生猪养殖场日常执法检查，加强养殖环节监管。开展动物诊疗机构专项巡查，严厉打击未经从业准入、未按照规定开展动物诊疗活动，以及未按照规定处置医疗废弃物等违法行为，促进动物诊疗行业健康发展。

【定点屠宰执法监管】 履行全市生猪定点屠宰行政执法检查和处罚工作职责，开展面上日常巡查，受理全市生猪定点屠宰违法行为投诉及举报，严厉打击和取缔私屠滥宰行为。全年共开展面上日常巡查125人次，检查经营户72户次。

【畜产品安全监督执法】 开展定点屠宰场专项检查，加强屠宰环节监管，保障猪肉产品安全供应。开展活牛交易市场专项检查，对42头活牛瘦肉精尿液样本快速检测。开展猪肉产品质量安全抽检工作，检测2批猪肉猪肝猪尿样本17个，未发现违法违规行为。　（市农业农村局　李超）

水产养殖业

【概况】 2022年，全市水产养殖面积24195亩，渔业总产量5268吨，其中淡水捕捞产量896吨，淡水养殖产量4372吨。渔业总产值8281万元，其中渔业产值6495万元，占总产值的78.43%，服务型休闲渔业经济产值1786万元，占总产值的21.57%。渔业产值中，淡水捕捞产值899万元，淡水养殖产值5431万元，水产苗种产值165万元。

【现代渔业】 2022年，渔业产值8281万元，同比增长1.3%，水产价格整体稳定，市外销售量提升。生态甲鱼养殖面积、产量稳中有升；青虾养殖产量、面积趋于稳定；增殖放流态势喜人，既净化了水质，又提高了嵊州市主要流域水生生物多样性，效益逐步显现，捕捞量896吨，累计产值899万元，较上年均有增加。淡水捕捞量896吨，其中鱼类848吨，甲壳类28吨。淡水养殖产量4372吨，其中鱼类3551吨（青鱼43吨、草鱼319吨、鲢鱼988吨、鳙鱼662吨、鲤鱼493吨、鲫鱼615吨、鳊鲂268吨、泥鳅71吨、黄颡鱼43吨、罗非鱼25吨，其余为小数量鱼种），甲壳类184吨（青虾136吨、克氏原螯虾48吨），贝类20吨（螺20吨），其他类617吨（龟10吨、鳖607吨）。山塘、水库渔业结构调整，名优水产比例增加，常规鱼养殖产量、产值略有提升。马口鱼、光唇鱼等具有高商业价值、高特色性的鱼种养殖量、产量均有所上升，泥鳅、小龙虾等特色养殖种类日渐丰富。主要水产苗种，淡水鱼苗0.04亿尾，淡水鱼种155吨，投放鱼种300吨，幼鳖87万只，较2021年度变化调整较小，数据波动不大。休闲渔业形势良好，总计经营主体39家，从业人员177人，全年接待人数累计达8699人次，总投资2751万元，其中投资规模200万元以上的休闲渔庄3家，投资50万元~100万元的休闲渔庄17家，休闲渔业总产值为1711万元。水产苗种场产值165万元、内陆淡水养殖产值5431万元，与2021年比较相对平稳。

【淡水养殖】2022年，全市淡水养殖产量4372吨，其中池塘面积14070亩，产量3193吨，平均亩产226.94公斤。湖泊面积150亩，产量24吨，平均亩产160公斤。水库面积9225亩，产量887吨，平均亩产96.2公斤。河沟面积615亩，产量84吨，平均亩产136.6公斤。稻田面积2610亩，产量175吨（稻田养殖以泥鳅、鲫鱼、甲鱼、龙虾等品种为主），平均亩产67.05公斤。

【畜禽水产遗传资源普查】 2022年，对浙江白中王绒业股份有限公司的浙系长毛兔开展外貌个体、体重体尺、产毛性能、毛品质、繁殖性能等方面性能测定。组织水产养殖种质资源普查工作，截至年底，全市水产种质资源数据核查检验全部完成。

【禁渔期专项执法】 剡溪（屠家埠大桥至嵊州市、上虞区交界处）禁渔期为3月1日至6月30日，其他区域为4月1日至5月30日。禁渔期间，农业行政执法队加大执法检查力度，推进渔政专项执法行动。分发张贴禁渔通告等宣传资料1500余份，与公安、乡镇（街道）联合开展执法检查，及时处理群众举报。全年立案查处禁渔期违法捕捞行为案件5起，查获违法捕捞人员5人；移送公安机关处理案件4起、4人次。同时，加强市内主要河道的巡逻检查，组织专业打捞无主渔具网队伍，共组织清理10次，清理无主渔具350余张，缴获电鱼设备6套。

【水生野生动物保护执法】 2022年，农业行政执法队联合乡镇开展水生野生动物保护行动。在贵门乡辖区水域进行保护执法，在谷来、下王等乡镇开展水生野生动物保护宣传，加强日常联合检查，共计开展联合检查8次。

【渔船安全检查执法】 2022年，农业行政执法队联合交通运输局、三界镇综合执法队开展渔船安全联合专项执法，定期联合巡查曹娥江上游，全年共巡查3次，清理地笼渔网120余张。

【渔业资源可持续利用和水生态环境改善】7月和12月分别组织增殖放流活动，投入资金约17万元，放流鲢鱼、鳙鱼共计577.2万尾，其中夏花556万尾，冬片21.2万尾。

（市农业农村局 李超 肖诗涺）

农村经济管理

【概况】 2022年，市农业农村局按照上级关于农经工作的总体部署，贯彻落实中央、省、市农村经济工作会议精神，围绕发展农村经济和促进农民增收目标，创新思路、改进方法、打造亮点、狠抓落实，为农民增收和农村社会和谐稳定提供有力保障。

表 6　2022 年嵊州市农村集体经济组织收益分配统计表

指标名称	代码	计量单位	合计数
甲	乙	丙	1
一、总收入	01	元	568206578.13
（一）经营收入	02	元	114473996.62
（二）发包及上交收入	03	元	86078652.22
（三）投资收益	04	元	85235340.36
（四）补助收入	05	元	225036754.75
（五）其他收入	06	元	57381834.18
二、总支出	07	元	297496109.58
（一）经营支出	08	元	24025367.96
（二）管理费用	09	元	108556724.29
其中：1.干部报酬	10	元	59942914.47
2.报刊费	11	元	2932820.60
（三）其他支出	12	元	164914017.33
三、本年收益	13	元	270710468.55
四、年初未分配收益	14	元	975611.62
五、其他转入	15	元	60359602.17
六、可分配收益	16	元	211326478.00
（一）提取公积金、公益金	17	元	132238508.45
（二）提取应付福利费	18	元	52154497.64
（三）外来投资分利	19	元	0.00
（四）农户分配	20	元	0.00
（五）其他分配	21	元	0.00
七、年末未分配收益	22	元	26933471.91

【“三资”数字化改革】 2022 年，全市 269 个村（居）全部上线使用省农村集体经济数字管理系统中的合同管理、资产管理、会议管理、预警管理等模块内容。全年录入合同 932 条，上传会议记录 1299 条，录入资产卡片 6048 条，2022 年度网上审核村级集体资金 77260 笔、涉及金额 158453.19 万元，处理预警数据 2581 条。

【立体监督体系】 推进村级财务审计“三年一轮审”工作，所有乡镇（街道）完成第一年度共计 92 个村（社）的集体经济审计工作。通过监管网络系统，定期对各乡镇（街道）财务公开、电算入账等情况进行检查。对乡镇（街道）“三资”管理队伍建设、合同清理工作、“三资”制度执行等方面开展全覆盖监督检查，及时向属地乡镇（街道）反馈问题，并同步向市纪委监委移交问题线索。

【村级工程监管】 开展村级工程结算审核抽查复审，编制 2022 年度村级工程项目实施及审计结算汇总表，每月动态更新并抽审。全年按不少于 10%的比例，随机抽取复审项目 25 个，共核减工程款 12.07 万元。

【村经济合作社运行问题专项治理】出台《关于印发〈嵊州市村经济合作社运行问题专项治理方案〉的通知》，针对群众反映较集中的不规范问题开展专项治理，主要包括机构设计不规范、民主决策程序不到位、问题合同清理等，共摸排问题1378个，整改1371个，完成率99%。

【“三资”制度完善】出台《关于贯彻落实〈绍兴市农业农村局关于进一步加强农村集体“三资”管理的意见〉的通知》（嵊三资办〔2022〕1号）、《关于进一步规范村级集体经济组织银行结算账户开立管理的通知》（嵊三资办〔2022〕2号）、《关于规范村属企业管理的若干指导意见（试行）》（嵊三资办〔2022〕5号）、《关于下发〈嵊州市村社财务内部查询及清查管理制度〉的通知》（嵊三资办〔2022〕6号）、《关于转发〈关于明确村级集体资金支付文化演出活动经费的通知〉的通知》（嵊三资办〔2022〕7号）等文件，构建长效管理制度体系，全面规范农村小微权力运行。

【“三资”业务培训】12月，组织全市“三资”管理服务中心工作人员、代理会计以及269个村（社）“一肩挑”人员、村监会主任、村报账员等1000余人，进行“三资”管理相关制度培训，内容包括农村集体“三资”管理制度、农村财务管理与审计等，以此提高农村集体三资管理及监督人员的知法用法能力，增强农村干部和财管人员按制度操作的执行力，有效打通制度落实的“最后一公里”。

11月24日，开展2022年度农村集体三资管理业务培训

【清廉村居建设】2022年初，根据省、绍兴市关于深化清廉村居建设的有关精神，出台《关于开展2022年度嵊州市清廉（标杆）村居建设申报工作的通知》（嵊农〔2022〕37号），拟定2022年度清廉（标杆）村居、标杆乡镇建设名单。每月及时上报清廉村居建设月度工作“四张清单”和月度工作总结，并按要求上报建设典型案例，做好经验总结和宣传推广，以点带面，营造全市清廉村居建设氛围。截至年底，新建成清廉村居32个，培育标杆村居15个，清廉标杆乡镇2个（下王镇、贵门乡）。

【农经统计工作】做好年报、清产核资等农经统计工作，完成全市农经年报的编制任务。开展村级集体经济消薄项目的情况调查、绍兴市定经济薄弱村“一村一策”备案表、每月一次的村社日常收入监测的调查汇总等工作。

（市农业农村局 宓巧萍）

农业机械化

【概况】2022年，市农业农村局坚持以深化农业领域“机械强农”行动、推进农业“机器换人”高质量发展为主线，以农机农艺融合、农机化与信息化融合为抓手，推进农机购置补贴政策的阳光实施和农机安全生产治理的开展，推动农机化工作提质提速、健康发展。

【“一县三基地”建设】起草《嵊州市关于推进现代化农事服务中心建设的规划方案》，明确2022年到2027年现代化农事服务中心建设目标任务、工作举措和时序进度。开展“一县三基地”建设，创建农机服务中心1个、全程机械化应用基地4个、农机创新试验基地1个。基地分布在三界、甘霖、石璜等乡镇，涉及水稻、茶叶、蔬菜设施农业等产业，新农机、新装备推广应用为农业高质量发展提供农机化支撑。

【农机购置补贴】全年农机购置受益农户1094户，购置机具1681台，补贴金额515.76万元，其中中央补贴资金506.01万元，省级补贴4.26万元，县级补贴5.49万元。农机报废申请20台，补贴 26.05 万元。申请无人机飞防植保作业服务补贴经营主体 4 家，服务 4.16 万亩，补贴 10.4 万元。

【“智慧农机”建设】 2022 年，共推广新农机 1681 台套，其中茶机 985 台，插秧机、拖拉机、收割机等田间作业机具 253 台，烘干机、碾米机等收获处理设备 8 台、套，轨道运输机 59 台，水果干果处理保存设备 155 台、套，修剪机 176 台，植保无人机等智慧农机 22 台、套。全市主要农作物耕种收综合机械化水平达 62.62%，水稻综合机械化率 86.6%。开展农业无人机、无人驾驶拖拉机、北斗农机终端等“智慧农机”的试验示范和多场景应用，全市无人机飞防作业面积超 5 万亩。

【农机安全隐患综合治理】 根据《浙江省拖拉机和联合收割机报废更新管理办法》，督促到期车辆办理报废注销手续，逾期未办理报废注销登记的，依法公告其拖拉机登记证书、号牌、行驶证作废，全年共处理 154 辆。开展警农联合上路执法，严查变型拖拉机上路、报废拖拉机上路、拖拉机违规载人等违法行为，上路执法 13 次，出动人员 50 多人次，查处报废拖拉机上路等违法行为 3 起；做好农机户、农业经营主体、农机企业的安全指导检查，开展农机安全生产检查 6 次，出动人员 32 人次，排查农机安全生产风险隐患 5 处，并整改到位。建立免费实地检验工作制度，对联合收割机、农田作业拖拉机开展免费实地检验，检验机具 282 台，其中联合收割机 110 台、农田拖拉机 172 台。开展手扶拖拉机运输机组的免费年度检验，实施拖拉机“亮尾工程”，按规定粘贴反光标识，检验 151 台，2022 年在册拖拉机和联合收割机年检率达 94%。结合免费实地检验工作的实施，对纯农田作业拖拉机、联合收割机、插秧机、烘干机、植保机、无人机等可危及人身安全的农业机械，实行农机安全保险 60%的保费补贴，全年度参保机具 141 台，保费 13.07 万元，总保额 8710.4 万元。

【农用谷物烘干机安全隐患专项整治】 2022 年，共排查农用谷物烘干中心 41 家，烘干机 133 台，存在安全隐患 43 处。开展全市消防安全知识和农用谷物烘干机安全操作技术培训，统一发放操作规程制度牌和安全风险警示牌；按照不少于烘干机数量的标准，配备消防灭火器 236 个，库存燃料与烘干机分开，规范存放。同时制定《谷物烘干车间安全生产管理制度》和《谷物烘干机安全操作规程》。

（市农业农村局　周丽燕）

农村新能源

【概况】 2022 年，市农业农村局以农村大气污染防治和节能减排为中心，以农村新能源清洁开发利用为重点，开展农村新能源建设。

【畜禽养殖废弃物资源化利用】 网络监控设备覆盖全市规模猪场，“一场一策”开展养殖污染治理。根据养殖量大小配备沼气池、氧化塘、堆粪棚等设施，通过“减量化、无害化、资源化、低成本”治理方式达到粪尿污水的“零排放”。同时，养殖场与周边蔬菜、水果、苗木、茶叶等农业种植户签订沼液供应协议，将沼液作为肥料全部就地就近综合利用，实现养殖业与种植业紧密对接，达到畜禽排泄物零污染。全市畜禽养殖粪污综合利用率保持在 99%以上。

【农业废弃物回收处置】 实施整洁田园行动，落实农药废弃物包装物回收处置“1+N”工作体系。全市现有回收站及回收点 33 个，2021 年至 2022 年对其开展提升改造，建成有基础、有设施、有专人、有数据、有成效的“五有”回收点 30 家。全年农药废弃包装物回收 72.54 吨，回收率 98.41%，处置 72.54 吨，处置率 103.58%。组织村民收集田间废旧农膜进行集中处置。截至 12 月，农膜使用量 1270 吨，回收处置数量 1210 吨，回收率 95.3%。推广玉米地使用可降解农膜，减少环境污染。

【秸秆综合利用】 以“还田为主、多化并举、全量利用”为导向，通过“政府主导、企业主体市场运作、群众支持”，推进秸秆资源化、产业化利用，提高综合利用率。建立年度秸秆产生量和利用量台账，推进秸秆数据共享平台建设。开展秸秆基料化、饲料化及多形式还田利用，薯类、玉米、茭白、稻草等秸秆通过网点收集用于瓜果和苗木的覆盖、养殖场叠层、牛羊饲料以及其他农作物的肥料等。2022年，秸秆综合利用率达98.1%。

【商品有机肥推广应用】 2022年省下达商品有机肥推广任务600吨，全市实际推广应用1221吨。市陌桑高科股份有限公司工厂化养蚕产出大量蚕沙有机肥，每年度推广使用1.5万吨。

【农村沼气安全生产指导服务】 定期随机巡查沼气工程安全运行情况，全年组织开展检查11次，检查单位53家，发现并督促整改完成安全隐患86处。 （市农业农村局 邵若玄 李超）

农业产业化

【项目建设】 2022年，嵊州市人工饲料工厂化养蚕项目和嵊州市禾下土现代农业产业园（一期）项目被列入绍兴市农业产业提升“双十大”项目。

【茶叶低温气象指数保险】 2022年，全市共有55个合作社（农户）参加茶叶低温气象指数保险，投保茶园面积4403.8亩。

【茶叶数字化生产线】 2022年，全市建立茶叶数字化加工生产线5条，涵盖龙井茶、香茶、眉茶。

【春茶产销形势分析会】 3月2日，2022年嵊州市春茶产销形势分析会以线上方式举办，宁波、杭州、上海、济南、济宁、西安、郑州等地茶叶经销商、嵊州本地茶叶生产商、省级茶叶专家及茶行业负责人等60余人参会，与会代表分析春茶生产形势，交流产业现状。这是省内茶行业首次举办的线上直播活动。

【茶产业发展座谈会】 2月18日，市政府召集茶叶企业、合作社、基地等代表在嵊州市茶京堂茶业有限公司举行嵊州市茶产业发展座谈会，副市长宁春出席。

【未来农场】 2022年，创建未来农场4家。未来农场以农业的生态化、智慧化、景观化、休闲化、效益化“五化”为特征，环境优美，农业机械化率高，数智场景应用广，农旅融合度高，生态、经济、社会效益好。

【茶产业高质量发展论坛】 12月31日，2023年茶叶产销形势分析暨嵊州茶产业高质量发展论坛以线上方式举办，会议主题为“三茶”并举开新局 产销携手促“两旺”。省内外茶企和茶商、大专院校、科研机构、行业协会，省市业务主管部门等单位共125人参会。

【农产品展示展销】 1月14日至20日，嵊州市69家农业企业参加2022绍兴网上农博会，嵊州市藏天岗农副产品专业合作社、浙江一景乳业配送有限公司、嵊州市信义食品有限公司等3家企业进入2022绍兴网上农博会销售额前10强。6月13日，嵊州市5家茶企参加2022绍兴“云上茶博”，在2022惠享越茗·绍兴茶云上消费茶企直播活动中，嵊州市越禾茶业有限公司销售量排名第一。12月2日至6日，嵊州市36家农业企业参加2022浙江网上农博会，禾下土香榧、一景牛奶、越乡嫂榨面、魏和酱油获农博会金奖。

【农事节庆活动】 2022年，举办金庭镇“嵊州桃形李”新闻发布会、“嵊州桃形李”擂台争霸赛、崇仁镇嵊州市精品水蜜桃品质大赛、黄泽镇蟠桃采摘节等系列农事节庆活动，农产品品牌影响力、销售量及价格均得到提升，增加了农户效益。

（市农业农村局 汪新贵 杨贺军）

工　业

综述

【指标增长】 发挥“稳链强链”和“助企纾困及腾笼换鸟”两大专班攻坚作用，建立周监测、月晾晒、季提示制度。2022年，规上工业增加值同比增长10.7%，连续7个月位列绍兴市第一。制造业投资增速81.8%，工业投资增速85.4%，均位列绍兴第一。市经信局被省经信厅评为先进单位，获嵊州市“共同富裕贡献奖”。

【数字化改革】 全力打造以“产业大脑+未来工厂”为核心的数字经济系统，智能厨电行业产业大脑列入第二批省级建设名单并迈出实质性步伐，2022年，产业大脑能力中心正式启动，系统搭建同步推进，累计完成智能化改造企业123家，新增工业机器人284台，嵊州市入选全省首批中小企业数字化改造试点县（市、区）。

【产业引育】对准省“415X”和绍兴市“4151”确定的集群赛道，实施“4173”产业集群培育行动，一体推进产业、企业、项目等协同发展，“中国集成智能厨房产业转型先行区”申报成功。建立重点工业项目全生命周期服务机制，推进比亚迪、长鸿生物等优质大项目落地投产，成为绍兴市一季度唯一上榜省投资“赛马”激励的县（市、区）。

【产业链预警机制】 精准把握产业链运行态势，率先打通产业链要素数据精准采集，成为绍兴市最早完成规模以上工业企业数据采集的区（县、市），并扩面至360家模拟重点规模以下工业企业，获评绍兴市“最佳实践”。

【企业服务】 全面落实中央、省、市稳经济稳大盘一揽子政策，制定出台2022年工业经济高质量发展政策，简化政策兑现流程。全年兑现资金8.02亿元，兑现率超100%，惠及企业736家次。累计完成减负降本13.84亿元，完成率102.1%。助力企业做优做强，新培育产值1亿元以上企业24家，2家企业产值达10亿元以上（其中比亚迪30亿元以上）。嵊州陌桑高科股份有限公司、浙江万能弹簧机械有限公司等6家企业获评国家专精特新小巨人企业，浙江双鸟机械有限公司获评国家专精特新重点小巨人企业。获评国家级工艺美术大师1人。入选国家引才计划10人，同比增长40%以上。

【疫情防控】 完善疫情防控各项机制，快速集结物资，累计支出防疫物资1168.43万元。加快“无疫工厂”创建，实施重点工业企业闭环生产，完成661家规模以上企业创建任务，生产安全两手抓，两手硬。

表 7 2022 年嵊州市工业企业 30 强一览表

序号	乡镇（街道）	企业名称（以集团口径申报）	行业
1	浦口街道	浙江亿田智能厨电股份有限公司（集团）	厨具
2	浦口街道	浙江巴贝领带有限公司（集团）	领带
3	剡湖街道	浙江昂利康制药股份有限公司（集团）	医药
4	浦口街道	浙江帅丰电器股份有限公司（集团）	厨具
5	浦口街道	浙江森歌智能厨电股份有限公司（集团）	厨具
6	黄泽镇	浙江双鸟机械有限公司（集团）	机械
7	浦口街道	浙江盛泰服装集团股份有限公司（集团）	服装
8	三江街道	浙江迪贝电气股份有限公司（集团）	机械
9	三界镇	浙江湃肽生物股份有限公司	医药
10	剡湖街道	浙江新光药业股份有限公司	医药
11	剡湖街道	浙江新中港热电股份有限公司（集团）	其余
12	浦口街道	浙江万事兴电器有限公司（集团）	厨具
13	浦口街道	嵊州市路通水泥制品有限公司	其余
14	浦口街道	嵊州市东方电机有限公司	电机
15	黄泽镇	浙江星耀纺织机械有限公司	机械
16	浦口街道	鑫利达集团有限公司（集团）	针织
17	三江街道	浙江万丰科技有限公司（集团）	机械
18	仙岩镇	嵊州市西格玛科技有限公司	其余
19	浦口街道	嵊州雅戈尔毛纺织有限公司	服装
20	剡湖街道	浙江康牧药业有限公司（集团）	医药
21	仙岩镇	嵊州市宇信纸业有限公司	造纸
22	三界镇	嵊州市特种链轮有限公司	机械
23	浦口街道	嵊州市新起点焊接科技有限公司	机械
24	甘霖镇	嵊州天脉导热科技有限公司	其余
25	浦口街道	浙江佰利领带服饰有限公司（集团）	领带
26	浦口街道	浙江莎美实业股份有限公司（集团）	针织
27	仙岩镇	嵊州市恒丰纸业有限公司	造纸
28	三江街道	浙江奥田电器股份有限公司	厨具
29	浦口街道	浙江美多电器有限公司	厨具
30	仙岩镇	嵊州市宇丰纸业有限公司	造纸

表 8　2022 年度嵊州市成长型企业 30 优一览表

序号	乡镇（街道）	企业名称（以集团口径申报）	行业
1	浦口街道	绍兴汉立工业自动化科技有限公司	机械
2	三界镇	嵊州炭鼎炭素科技有限公司	其余
3	三界镇	浙江华发生态科技有限公司（集团）	其余
4	浦口街道	嵊州盈益机械有限公司	机械
5	甘霖镇	绍兴米乐可米婴童用品有限公司	服装
6	崇仁镇	浙江阿斯克建材科技股份有限公司（集团）	其余
7	黄泽镇	浙江东星纺织机械有限公司	机械
8	浦口街道	浙江雅士林智能家居有限公司（集团）	厨具
9	石璜镇	嵊州市东日茶业有限公司	其余
10	甘霖镇	浙江凯迪制冷设备有限公司	机械
11	三界镇	绍兴正舜建材有限公司	其余
12	浦口街道	浙江睿达电器有限公司（集团）	厨具
13	黄泽镇	浙江大明制冷科技有限公司（集团）	机械
14	浦口街道	浙江蓝炬星电器有限公司	厨具
15	三界镇	浙江新锐焊接科技股份有限公司（集团）	机械
16	甘霖镇	嵊州市优瀚制衣有限公司（新办企业）	服装
17	浦口街道	浙江万力铜业有限公司	机械
18	浦口街道	绍兴市威可多电器有限公司	厨具
19	崇仁镇	嵊州市恒泰电声科技有限公司	电子电声

（市经信局　王洪斌）

服装行业

【概况】 2022 年，全市规模以上服装企业完成工业总产值 47 亿元，同比增长 14.3%；实现营业收入 46.9 亿元，同比增长 16.2%；实现利润 16.2 亿元，同比增长 45.7%。拥有全自动电脑横机 3000 台、套口机 4000 多台，年生产针织服装能力 7000 万件，产品出口 6 大洲 100 多个国家。从业人员 3 万余人，是嵊州市主要支柱产业之一。

【智能制造】 服装行业智能制造稳步推进，智能化、数字化技术在研发设计、生产制造、物流仓储、经营管理、售后服务等关键环节实现深度应用。服装企业智能化升级改造主要体现在生产制造端的智能化水平提升和品牌零售端的智慧门店建设两个方面。在整个生产流程中，自动化设备的使用率已经达到 80%，基本实现了服装全流程自动化制造。三维人体测量、服装 3D 可视化及模拟技术精准性大幅提高，以“智能吊挂系统+自动缝制单元或自动模板缝制系统+全自动立体仓储物流系统”为主的全流程自动化制造模式逐步推广。柔性制造系统、全自动立体仓储物流系统广泛应用，智能化现代工厂不断涌现。

【校企合作】 7 月 4 日和 7 月 17 日，浙江理工大学郑晶晶副教授一行 5 人，联合嵊州市服装行业协会专题走访和调研嵊州丝绸织造、服装、服饰等 10 家企业，调研了解企业现状，梳理企业发展情况，设计有关技术路线和制备工艺数据，并根据项目要求，与企业签订了合作意向。

【行业培训】 根据产业的不同发展阶段和不同工作的技术需求，市服装行业协会组织举办专题讲座和技能培训。8 月 7 日，相关企业一线人员参加版师培训。每季度邀请浙江理工大学专家团队赴企业就服装企业智能化改造作现场指导。

【技能竞赛】 12 月 8 日，市妇联联合市总工会、市针织服装协会举办 2022 年嵊州市第十届寻找“最佳工匠（巧女）”套口、修补职业技能竞赛，嵊州市宏达制衣有限公司、浙江宏泰针织制衣有限公司等 17 支代表队 68 名选手参加竞赛，宏达制衣的施秀英等 12 名选手分获一、二、三等奖。

（市经信局　王洪斌）

领带行业

【概况】 全市现有领带专业生产企业 200 多家，其中规模以上企业 40 家，规模以上企业总产值 27.7 亿元，占全市的 4.47%；主营业务收入 26.22 亿元，占全市的 4.57%。年产领带 1.1 亿条；从业人员 3 万余人。产品出口 6 大洲 100 多个国家（地区）。拥有浙江省及绍兴市级出口名牌 5 家。

【对接交流】 7 月，领带行业协会组织浙江巴贝领带有限公司、浙江雅士林领带服饰有限公司、嵊州市全顺色丝业有限公司等 13 家企业 30 名设计师和经营管理人员，赴江苏盛泽、杭州参加中国服装设计师峰会及中国（杭州）国际纺织服装供应链博览会。11 月，组织麦地郎、全顺公司参加绍兴国际服装供应链博览会。

“中国领带名城”证书

【中国领带名城复评】 10 月 21 日，中国纺织工业联合会印发《关于确认江苏省江阴市等 193 个地区为纺织产业集群试点地区的决定》，嵊州市通过复评，再次获中国领带名城荣誉称号。

电机行业

【概况】 2022 年，全市电机产业规模以上企业 77 家，实现产值 60 亿元，累计同比增速–7%；营业收入 57.6 亿元，同比增速–8%；完成税金 2.2 亿元，同比增速–9.5%；营业利润 1.35 亿元，同比增速–36%；研发费用 2.65 亿元，同比增速 17.8%。浙江晋一特种电机有限公司研发的永磁电机荣获浙江省机械工业科学技术奖三等奖。浙江迪贝电气股份有限公司和浙江钜丰科技股份有限公司获评嵊州市高新技术企业创新能力十强企业。受疫情影响，全行业企业订单减少、客户流失不稳定，特别是出口产品受冲击较大，货款回笼不及时。

【“浙江制造”审核认证】 6 月，绍兴市希多电机有限公司研发中心完成“浙江制造”现场审核。9 月，绍兴市希多电机有限公司、浙江晋一特种电机有限公司分别获“浙江制造”认证。

【嵊州服务站】 7 月，电机行业协会与浙江省电机动力学会合作共建浙江省电机动力学会嵊州服务站。该服务站利用专家团队技术优势，融合攻关与科技成果转化等方面，多维度提升嵊州电

7 月 1 日，浙江省电机动力学会嵊州服务站授牌仪式举行

机产业基础，从人才培育、学术交流、技术及产业科技创新能力，助力嵊州电机产业高质量发展。

（市经信局　王洪斌）

机械行业

【概况】 2022 年，机械行业呈现缓慢恢复总体向好态势，全年保持个位数的小幅增长，主要经济数据随着疫情的变化而波动。1 月至 2 月，得益于各项扶持政策的出台和实施，机械行业快速增长达 20%以上；3 月，随着上海疫情的发展和市场的变化，行业主营收入下跌 18.1%；4 月起逐月收缩降幅，至 8 月转跌为升；年底疫情管控全面开放后，受本地疫情的影响，企业不能正常开展生产经营，主要经济指标下滑。213 家规上机械企业，全年产值 137.64 亿元，同比增长 5.7%；主营业务收入 132.57 亿元，首次超过 130 亿元，同比增长 2.7%；实现利润 30361 万元，同比下降 63.7%；税金 32407 万元，同比增长 7.2%。

【学术论坛】 1 月 8 日，由中国机械工程学会可靠性工程分会主办的“第三十四届全国机械行业可靠性技术学术年会暨国际可靠性学术论坛”在嵊州召开。此次活动以线上线下结合的方式举行，会场参会副教授以上近百人，网上直播累计线上观看人数达 1400 余人次，峰值在线 800 人次。

【校企合作】 为缓解部分会员企业对技工的用工需求，机械行业协会与嵊州市中等职业技术学校合作，组织高二机械专业学生走进企业参观交流。5 月 10 日，50 余名学生赴丰利粉碎、盛达机器人、高翔制冷等企业生产现场，近距离接触产品生产线，并与企业负责人座谈交流、面对面答疑，为学生了解专业相关知识，明确未来发展方向，以及后期实习与就业做了铺垫，也为企业人才招引打下了基础。

5 月 10 日，学生参观浙江丰利粉碎设备有限公司

【职称评审】 2022 年，通过中级资格审查 62 人、初级资格审查 26 人，获工程师资格 38 人、助工资格 24 人。

【助企纾困】 为加强商事纠纷诉源治理，服务保障民营经济高质量发展，助力优化法治化营商环境，7 月 21 日，市人民法院商事共享法庭（机械行业协会服务站）在浙江高翔工贸有限公司揭牌，助企纾困促进经济稳进提质座谈会同步举行。座谈会上，各企业负责人围绕经营管理上的难点和痛点、法律疑难问题和司法延伸服务需求等开展交流，市人民法院工作人员作了现场解答。座谈会还安排了法律讲座，并结合机械行业案例讲解，开展《中华人民共和国民法典》买卖合同方面内容等学习。

【项目申报】 丰利粉碎、盛达智能、博大泵业等 3 家企业相关产品通过 2022 年度省“首台（套）”装备认定，实现嵊州市“首台（套）”申报零的突破。高翔工贸、博仑高精、威荣精锻、星耀纺机、万丰科技、创宇机械 6 家企业的 6 个产品通过 2022 年度绍兴市装备制造业“首台套”认定。双鸟机械获评嵊州市首家国家专精特新重点小巨人企业，万能弹簧、来福谐波获评国家专精特新小巨人企业。全市共 10 家小巨人企业，机械行业有 4 家，占 40%。龙威机械入选 2022 年度浙江省“隐形冠军”企业名单。（市经信局　王洪斌）

电器厨具业

【概况】2022 年，全行业有规模以上企业 65 家，规上工业总产值达 73.91 亿元，全行业销售额 151 亿元。厨具产业是嵊州三大支柱产业之一，销售的厨具系列产品数量占全国的 25%以上，其中，集成灶、集成水槽产销量分别占全国的 60%、80%以上。全行业新增国家级高新技术企业 5 家，累计达 45 家。加强与浙江工业大学、浙江理工大学等院校合作，其中，浙江万事兴电器有限公司和浙江工业大学合作的绿色低碳集成灶关键技术及产业化项目获得中国轻工业联合会 2022 年度科技进步二等奖。

【数字化改造】 截至 2022 年年底，嵊州厨具行业累计有 70 多家企业参与数字化改造，其中规模以上企业 46 家。亿田获评浙江省级数字化车间并被列入省“未来工厂”试点，森歌获评绍兴市智能工厂，浙江万事兴电器有限公司、浙江蓝炬星电器有限公司、浙江兰特电器有限公司、浙江佳歌电器有限公司、浙江科恩电器有限公司、绍兴市金帝电器有限公司、浙江雅士林智能家居有限公司 7 家企业获评绍兴市级智能车间。机器人代替传统的冲压和焊接人工作业，企业用工减少 60%，产品质量提升 50%；出入库管理系统上线使用，有效降低企业库存成本；建设智能物流系统，解决盘库难的问题，实现收发货准确率 100%。

【嵊州·京东厨电美食节】 6 月 7 日，由市商务局、市经信局、京东家电共同举办的“京东 6·18 嵊州厨电主题促销暨第二届嵊州·京东厨电美食节战略合作启动仪式”举行。京东家电厨卫业务部与市厨具行业协会签订《京东与嵊州厨具产业战略合作暨“6·18”冲刺目标协议》，并举行“京东嵊州厨电馆上线”启动仪式，亿田、帅丰、森歌等 13 家企业进入与京东战略合作企业名单。据统计，在京东“6·18”活动期间，嵊州厨具行业实现销售同比增长 40%。

【转型升级】 根据《嵊州市工业发展“十四五”规划》，2021 年嵊州市全面启动“中国厨具之都”向“中国集成智能厨房产业基地”的转型升级，并被中国五金制品协会认定为“中国集成智能厨房产业转型升级先行区”。2022 年 7 月 30 日，“集成厨房·智嵊未来”中国集成智能厨房产业转型升级先行区共建揭牌仪式在嵊州市举行。中国五金制品协会理事长张东立，市委副书记、市长裘建勇为中国集成智能厨房产业转型升级先行区揭牌。嵊州市以共建先行区为契机，凝聚产业发展新优势，构建智能厨房领域新格局，打造嵊州厨具产业发展新名片，争取成为全国智能厨房产业发展的示范区。

【厨房排气道系统技术规程编制】 11 月，由嵊州市住建局与嵊州厨具协会牵头，有关专家和部分厨具企业参加编撰的《住宅厨房混合排气道系统应用技术规程》获浙江省住建厅批准发布实施。这是中国第一部有关住宅厨房排气道系统的技术规程，对住宅厨房排气道的规范设计、施工，以及集成灶产品的推广应用，具有积极的现实意义。

【电机·厨具展览会】 11 月 16 日至 18 日，2022 第十五届中国（嵊州）电机·厨具展览会在国际会展中心举行。本届展会以“中国电机之城·中国智能厨房”为主旨，以“绿色低碳、集成智能”为主题，由中国电器工业协会、中国机电产品进出口商会、中国五金制品协会、中国电子元件行业协会微特电机与组件分会及中共嵊州市委、嵊州市人民政府主办。展览会采用“线下+线上”方式举行，

11 月 16 日，第十五届中国（嵊州）电机·厨具展览会开幕

吸引了包括亿田、帅丰、森歌、海康威视等在内的 200 余家省内外企业现场参展，展品包含集成灶、烟机灶具、水槽洗碗机等，展示行业关键核心技术及最新智能化产品。

【中国集成智能厨房先行区发展论坛】 11 月 16 日，第十五届中国（嵊州）电机·厨具展览会活动之一的中国集成智能厨房先行区发展论坛在嵊州宾馆举行，嵊州市厨具、电机行业协会成员单位主要负责人、高校院所专家教授代表、市委科技创新委员会成员单位负责人、各乡镇（街道）科技

分管负责人等100多人参加论坛。会上，中国科学院院士房建成、中国计量大学校长徐江荣、浙江理工大学经济管理学院副院长奉小斌分别作主旨演讲。此次论坛，以“集成智能·嵊厨先行”为主题，分析行业未来发展趋势和方向，探讨前沿理念和技术，描绘中国集成智能厨房先行区发展路径，剖析“集成智能·嵊厨先行”的现实意义，助推嵊州加快打造“中国集成智能厨房之都”进程，实现嵊州市厨电行业高质量发展。（市经信局 王洪斌）

生物医药业

【概况】 全市现有生物医药企业13家，包括中成药制剂、西药兽药农药原料与制剂、医药包装、医用材料与器械、油脂化工等生产类型。2022年，全市生物医药企业生产经营正常，各项经济数据均实现增长，行业总产值28.28亿元，同比增长约14%。（市经信局 王洪斌）

造纸业

【概况】 2022年，全市有规模以上造纸企业6家，从业人员1233人，主要产品为70~130克高强瓦楞原纸、A级白板纸，产品作为纸箱包装用的原材料，主要销往江、浙、沪及闽、赣等周边省市的箱板纸生产企业。全行业完成工业总产值20.47亿元，同比增长9.5%。主营业务收入19.89亿元，同比增长43.98%。利润总额-1.61万元，同比下降521.42%。应缴税金1.29亿元，同比增长6.78%。

【项目及荣誉】 1月10日，浙江华天再生资源有限公司年产30万吨A级白板纸生产线开机出纸，该项目投资超4亿元，总用地约4万平方米，总建筑面积约3.8万平方米。嵊州市宇信纸业有限公司被评为浙江省节水标杆企业。嵊州市宇丰纸业有限公司再次续任浙江省造纸行业协会第六届常务理事单位。（市经信局 王洪斌）

工艺美术业

【概况】 2022年，全市有中国工艺美术大师1人，浙江省工艺美术大师12名，绍兴市工艺美术大师42人，嵊州市工艺美术大师75人。6月，嵊州市工艺美术行业参加第十届中国（浙江）工艺美术博览会，共获金奖31件、银奖26件、铜奖22件。8月，嵊州市工艺美术大师郑剑夫入选第八届中国工艺美术大师，成为嵊州市、绍兴市四十三年以来该领域的第一人。2022年年末，市经信局联合市人力社保局组织开展第三届嵊州市工艺美术大师评选，共评出嵊州市工艺美术大师25名。（市经信局 王洪斌）

电力工业

【概况】 2022年，嵊州电网拥有供电区域1789平方千米，共有35千伏及以上公用变电站28座，其中500千伏变电站1座，220千伏变电站3座，110千伏变电站13座，35千伏变电站11座，35千伏公用线路27条，10千伏公用线路294条。全市供电最高负荷76.69万千瓦。全社会用电量39.69亿千瓦时，同比增长12.75%；工业用电量24.62亿千瓦时，同比增长9.82%，增幅排名均为绍兴市第一。

【电网建设】 全年完成电网投资2.90亿元，新建（改造）高压线路109.57千米、低压线路251.94千米、配电容量3.98万千伏安，完成网架提升项目19个，建成标准网格6个，解决末端无联络线路22条，完成标准接线40条。聚力打造智能电网，完成118座站点自动化改造和203套三遥量子/5G智能开关安装改造工作，完成就地型馈线自动化投运34条、全自动集中式FA投运12条。绍兴缸窑110千伏输变电工程竣工投产，弗迪110千伏输变电工程外线第一路送电，甬金铁路绍兴嵊州牵引站220千伏外部供电工程入场施工。

【优质服务】 持续推广网上国网 App，实现办电服务“让数据多跑路，让客户不跑路”。精简业扩报装流程，大项目业扩例会线上组织，做到随报随审；低压简单业扩直接装表，容量放开至 160 千瓦；高压业扩合并竣工验收、合同签订和装表送电环节。创新打造前哨式驻点抢修模式，在贵门、苍岩等偏远乡村设立 29 个抢修驻点，有效提升极端天气下应急响应能力。2022 年全市供电可靠性 99.99%，同比提升 67 个基点。优化全市充电基础设施布局，完成 35 座小区公共充电站的电力配套建设。

【绿色转型】 4 月 21 日，嵊州市人民政府和绍兴电力局签署战略合作框架协议，双方以建设多元融合高弹性电网为主要途径，加快构建以新能源为主体的新型电力系统。政企合力推进国有产权单位屋顶分布式光伏建设，其中 2 个项目共 2.55 兆瓦并网送电。深化“供电+能效”服务，针对造纸企业实施“一企一策”定制能效提升方案，并指导开展节能改造，累计完成造纸企业余热回收利用改造 3 家，年减排二氧化碳约 226 吨。强化需求侧响应，推动建立数智化空调负荷管理机制，完成全市 315 千伏安及以上商业、公共机构等空调资源摸排并形成基础信息库，累计接入可控空调负荷 1.1 万千瓦。

（市供电局 马宁）

建筑业

综　述

【概况】 2022年，全市建筑业总产值196.68亿元，其中省内产值144.84亿元，同比增长10.01%；建筑业增加值41.61亿元，占全市生产总值的5.85%；建筑业税收5.17亿元，占全市入库税收8.4%。至2022年年底，全市共有建筑业企业263家，其中特级总承包企业1家，一级总承包10家，一级专业承包8家，二级总承包21家，三级总承包80家。（市住建局 骆梦薇）

行业管理

【企业扶持】 2022年，建筑业兑现奖励资金839万元，完成率129%。华汇建设获评绍兴市骨干企业、品牌创建优秀企业，亿厦建设、宏嘉建设、天宇建设被评为成长型企业，富恒建设被评为外向型企业，中林工程管理被评为优秀监理企业，禾泽都林设计被评为优秀勘察设计企业。

【项目获奖】 2022年，嵊州市长乐中学改扩建工程等7个项目获嵊州市“越乡杯”优质工程奖，浙江润宇建设有限公司承建的嵊州市吉鸿小微企业园区3号厂房及5号厂房、浙江鹿山园林绿化工程有限公司承建的嵊州市艇湖旧村改造地块（剡艇苑）建设项目（二标）获绍兴市“兰花杯”优质工程奖；越江府项目、陌桑现代茧业1号厂房、2021年嵊州市老城区雨污分流改造工程（七标段）、金达视讯屏显产业基地项目（一期）EPC总承包项目获评绍兴市标化工地，其中华汇建设集团有限公司承接的2021年嵊州市老城区雨污分流改造工程（七标段）、金达视讯屏显产业基地项目（一期）EPC总承包项目获评浙江省级标化工地。

（市住建局 骆梦薇）

建筑市场管理

【优化营商环境】 市住建局加快推进工程建设项目审批制度改革，完善质量安全监管提前介入、图审与基础施工同步交叉进行等配套措施，实现一般项目施工图施工许可后审，推行企业投资低风险小型项目审批“最多15个工作日”改革。2022年，共办理施工许可131项，建筑面积288.59万平方米；竣工备案办理97项，建筑面积295.23万平方米。

【建筑施工企业信用评价】 按照《关于浙江省建筑施工企业信用评价的实施意见》（浙建〔2022〕16号）及《关于工程监理企业信用评价的实施意见》（浙建〔2022〕6号）要求，指导全市建筑业企业做好基本信息录入工作，并做好信息上报和审核工作，全市房屋建筑施工企业96家、市政工程施工企业97家参与浙江省平台信用评价，全年采集录入良好信息44条、不良信息

10 条。

【建筑市场专项整治行动】2022 年，市住建局加大政府投资项目标后监管力度，对房建市政工程进行全覆盖检查，全年共计罚款 300 多万元，发出责令改正书 11 份，立案查处招投标领域串标案件 1 起，移交综合执法局案件 13 起，并对相关企业在浙江省建筑诚信平台作出诚信扣分处理。

（市住建局 骆梦薇）

工程质量安全管理

【概况】市住建局贯彻落实中央、省、市关于安全生产工作精神，坚持“安全第一，预防为主，综合治理”方针，强化现场监督监管，深化隐患排查治理，完善安全生产管理体系，全年未发生较大以上质量安全事故。2022 年，新受监工程 131 个，新受监面积 302.6 万平方米，竣工验收 91 个项目。

【专项治理】对新开工项目均制定质量监督方案，开展监督交底，组织开展工程日常质量监督抽查，参与基础结构、主体结构及竣工三大验收。对工程材料检测单位和预拌混凝土企业开展全覆盖检查。2022 年度，共检查工地 621 个，排除安全隐患 4056 处，下发整改单 346 个，下发停工通知单 49 个。

【安责险推广】全市落实新开工工地 100% 投保安责险，2022 年，全市共投保建工安责险 130 项，保费 766 万元。

【数字化管理】全市在建项目实现“浙里工程建设现场管控”应用全覆盖，同步对接城管智慧城市系统，5000 平方米以上建筑工程全部安装扬尘监测等系统，通过互联网实时观测，提升建设工程数字化管理水平。（市住建局 骆梦薇）

勘察设计管理

【概况】全市有本地勘察单位 2 家、设计单位 2 家，其中浙江禾泽都林建筑规划设计有限公司设计甲级、勘察乙级，华汇工程设计集团有限公司设计甲级，浙江中林控股集团有限公司勘察甲级。

【勘察设计管理】做好“绍兴市智慧勘察系统”平台项目监管，强化工程勘察设计质量监管措施，严格执行《浙江省建设工程勘察设计管理条例》等法律法规。开展嵊州市勘察设计市场和质量监管专项整治行动，整治范围为 2019 年以来完成图审的项目，企业自查 650 个项目，涉及相关企业 65 家；邀请专家线上检查项目 8 个，涉及相关企业 19 家。重点检查有无违反强标、人员注册执业情况、工程法定程序履行情况等，发现问题立即通知相关单位整改。2022 年，完成图审政府服务政府采购招投标工作，确定 3 个专业类别 4 家图审机构进行图审政府购买服务，完成图审费用结算 298 万元。（市住建局 骆梦薇）

产业创新

【装配式建筑】2022 年，政府公建项目 100% 实施装配式建造，新建装配式民用建筑占新建建筑比例达 39%。推广绿色建筑，全市实施一星级及以上绿色建筑 21 个，其中二星级 6 个，三星级 4 个。完成太阳能等可再生能源建筑应用 25.3 万平方米；完成太阳能光伏建筑一体化装机容量 8.6 兆瓦；完成既有公共建筑节能改造 4.16 万平方米；民用建筑可再生能源利用率大于 12%的项目新开工 1.58 万平方米；完成既有居住建筑节能改造 3.2 万平方米。

【建筑产业现代化】推广应用建筑业新技术、新工艺、新材料。2022 年，全市建筑业企业获国家级 QC 二等奖 1 项，省级 QC 二等奖 3 项，绍兴市 QC 成果二等奖 2 项；获得专利 10 项（3 项发明专利，7 项实用新型专利），参与编制省标 1 项，完成省厅科研项目 1 项。全市设计企业获绍兴市优秀勘察设计成果奖 2 项，1 家企业获得绍兴市文化服务业“亩产效益领跑者”称号。

（市住建局 骆梦薇）

商贸业

综述

【概况】 2022 年，全市社会消费品零售总额 298.13 亿元，同比增长 4.5%；限额以上社会消费品零售总额 52.04 亿元，同比增长 4.3%。出台服务业高质量发展政策、服务业市场主体纾困解难政策和汽车促消费政策，帮助服务业市场主体纾困解难、提振信心。（市商务局 汪梦莎）

表 9　2022 年嵊州市社会消费品零售总额一览表

单位：万元

指标名称	1—12 月	同比增长
社会消费品零售总额	2981273	4.5%
限额以上社会消费品零售额	520406	4.3%
限额以上批发业销售额	1608772	29.5%
限额以上零售业销售额	566633	23.4%
限额以上住宿业营业额	27064	14.1%
限额以上餐饮业营业额	41815	18.4%

批发零售业

【概况】 2022 年，全市 92 家限额以上批发业企业销售额 160.88 亿元；77 家限额以上零售业企业销售额 56.67 亿元。全市发放绍兴消费券 1314 万元，发放嵊州消费券 1000 万元，带动消费 2 亿元；共开展 3 轮汽车促消费活动，发放补贴 3500 万元，拉动消费 9 亿元，市场消费日益活跃。

（市商务局　汪梦莎）

电子商务

【概况】 2022 年，全市网络零售额 243.5 亿元，同比增长 11.9%，增速居绍兴市第一位，总量稳定保持在绍兴市第二位，占绍兴全市网络零售额的 26.4%。

【服务业电商发展】 新成立电子商务园区 1 家（金天得电商产业园）。开展电商直播基地申报工作，金天得电商产业园获评 2022 年度省级直播电商基地。开展嵊州市十大电商主播评选、公益助农直播等系列活动。依靠大平台发展大电商，举办第二届京东“6·18”嵊州厨电主题促销活动，彼此战略合作不断深化。创建数字生活特色镇 1 家（三江街道）。布局电商直播共富工坊，“汇心向农”直播共富工坊入选全省首批百家电商直播式“共富工坊”典型案例。

【农村电商优化升级】 以全国电子商务进农村综合示范项目建设为重点，带动农村电商发展，全市创建淘宝镇 3 个、电商专业村 10 个。发挥嵊州市电子商务公共服务中心作用，结合邮政、供销等电子商务服务站点，升级改造乡镇分中心 11 个、电商村级服务站点206个。开展网上年货节、谷来镇农特产品对接会等活动4场。打造农村电商培训体系，共开展普及培训22场，培训1318人次；提升班培训6场，共229人次；创业孵化培训2场，共78人次。

【跨境电商发展】 融入绍兴跨境电商综试区建设，优化发展政策，培育市场主体，引导和支持企业应用跨境电子商务，全市新增跨境电商企业20家。嵊州云电商产业园获评2022—2024年度省级跨境电子商务产业园。培养跨境电商人才，开展各类跨境电商培训10场，跨境电商孵化班4期，培训跨境电商人才200人次以上。

（市商务局　袁航）

住宿餐饮业

【概况】 2022年，市商务局组织开展“越惠悦生活·消费促进月”系列促消费行动，举办促消费活动17场，以及“赏越剧”“享美食”“购金秋”专场活动3次。指导嵊州市越剧艺术城、风情一条街提升改造，建成吾悦广场市级夜间经济示范集聚区，开拓夜间消费多元发展模式，绿一叶等27家企业获评绍兴市夜间经济特色门店。全市16家限额以上住宿业企业营业额2.71亿元；51家限额以上餐饮业企业营业额4.18亿元。

（市商务局　汪梦莎）

特色小吃

【嵊州榨面】 嵊州榨面制作始于明景泰元年（1450）。据嵊州地方志记载，明清时期当地乡民常以榨面作为礼品，或送产妇，或赠长者，或馈亲友，以示吉祥，祝健康，喻团圆。相传崇仁镇溪滩村裘瑛为照顾老母，采用水磨发酵方法制作利于消化的早米面食。后经改良，逐渐形成水磨熟团工艺。其成品形如圆盘，色如银丝，具有韧而不硬，干不易碎的特点。1982年，溪滩村被嵊县人民政府评为榨面专业村。1992年，嵊县榨面参展浙江省农副产品展销会，溪滩村被《浙江省名村志》收录。“溪滩榨面”成为知名的市场品牌。2010年12月，嵊州市榨面商会成立。2015年，榨面制作技艺被列入第七批绍兴市非物质文化遗产项目名录。2020年，嵊州市农业技术推广中心和浙江大学合作培育榨面专用稻品种浙大高直优1号（品种推广名定为“嵊优1号”），并改进制作工艺，始创新米做榨面的先例。2022年，全市有榨面生产企业（作坊）近100家，年产量1000万公斤，年销售超1亿元，产品畅销杭州、江苏、上海、广东等地，成为农民致富产业。

（市商务局　邢锋）

会展业

【概况】 2022年，嵊州国际会展中心举办各类会展项目6个，总展览面积3万平方米，吸引参观客商2万人次。

表10　2022年嵊州市国际会展中心会展情况表

序号	展会名称	时　间	主办单位	承办单位
1	第二届“卫夫人杯”全国书法篆刻大赛评审	5月8日至9日	浙江省书法家协会、嵊州市人民政府	嵊州市书法家协会
2	第二届“卫夫人杯”全国书法篆刻展	6月8日至7月7日	浙江省书法家协会、嵊州市人民政府	嵊州市书法家协会
3	青石雕刻大师精品嵊州展	5月14日至30日	嵊州市山水合作办	嵊州市国际会展中心
4	嵊州市家博会	7月17日至18日	嵊州市凯尼恩家居建材有限公司	嵊州市国际会展中心

续表 10

序号	展会名称	时　间	主办单位	承办单位
5	第十五届中国（嵊州）电机·厨具展览会	11 月 1 日至 18 日	中国电器工业协会、中国机电产品进出口商会、中国五金制品协会、中国电子元件协会微特电机与组件分会、中共嵊州市委、嵊州市人民政府	嵊州市科技局 嵊州市商务局 嵊州市商旅集团
6	嵊州市车博会	12 月 9 日至 11 日	嵊州市商旅集团	嵊州市国际会展中心

（市商务局 徐晨霞）

粮油业

【概况】 2022 年，全市粮食总产量 10.40 万吨；粮食需求量 30.63 万吨，产需缺口 20.23 万吨，比 2021 年的 21.39 万吨略有减少。粮食缺口主要依赖市外购进，对外依赖度较大，外购主要来源地为东北三省及江苏、安徽等产粮大省；需求方面，口粮消费变动不大，主要消费品种为面粉、早籼米、中晚籼米、晚粳米和榨面、年糕等本地特色粮食；工业用粮（加工食品、制酒等）有所增长，饲料用粮显著增长。

【粮食安全责任制考核】 2022 年是国家粮食安全党政同责的“首考之年”，市委、市政府始终把粮食安全作为头等大事，不断强化危机意识、忧患意识和责任意识，从保安全、保稳定的高度，把粮食安全保障工作落到实处。市委、市政府主要领导和分管领导带头开展专题调研，研究部署粮食安全工作，与各乡镇（街道）党政主要领导签订粮食安全责任书，压实各级责任。坚持保护耕地、选好种子、种好粮食、储好粮食、供好粮食，全链条协同发力，统筹推进粮食生产、储备、流通、应急保供等各项工作，考核达到良好水平。

【粮食收购】 开展早晚稻收购工作，其中早稻继续实行订单全覆盖政策，所有农户均可签订订单合同，享受订单补贴，市地方储备粮管理有限公司与 122 户农户签订早稻订单，订单面积 12405 亩，实际收购 4093 吨，共计发放订单奖励 245.59 万元。晚稻订单签约对象为具有早稻订单的种粮农户或无早稻订单但晚稻实际种植面积 50 亩以上的种粮农户，共签订 134 户，订单面积 15787 亩，实际收购 5500 吨，共计发放订单奖励 173.93 万元。粮食订单收购和政策奖励额度，均实现 2015 年以来新高。订单政策的有效落实和订单奖励的高效发放，保障了种粮农户利益，提高了种粮积极性。

【粮油应急供应】 2022 年，市发改局牵头修订《嵊州市粮食安全应急预案手册》，全面落实各项应急措施，由 4 家粮食应急加工企业、35 家粮油应急供应网点、1 家应急运输企业组成的粮食应急供应网络，粮食应急加工能力达 300 吨/日，粮食应急供应保障工作基础坚实。

【粮油价格】 2022 年，国有粮食企业主要粮食即早稻谷、晚籼谷、晚粳谷、籼粳型杂交晚谷收购指导价分别为每 50 公斤 128 元、133 元、135 元、133 元；本地订单早稻谷、晚籼谷、晚粳谷、籼粳型杂交晚谷每交售 50 公斤享受政府奖励资金分别为 30 元、20 元、20 元、15 元。主要粮油品种零售价格总体稳定，均在正常范围内波动，特一面粉 4.0 元/公斤左右，普通大米 4.5 元/公斤左右，调和油/大豆油 11 元/公斤左右。

（市发改局 魏俊）

供销合作商业

【概述】 2022 年，全市供销社系统商品销售总额 34.46 亿元，同比下降 1.6%。农资销售额 0.86 亿元，同比下降 4.4%，市供销社获绍兴市综合业绩考核优秀奖。

【生产服务】按计划完成1920吨市级化肥应急储备，保障化肥农资供应价稳量足。“春备耕”期间下乡服务，实地走访农合联会员、专业合作社、种养殖户45家，提供科技咨询、技术指导等服务1200余人次。围绕茶叶、香榧、烟叶等特色产业，确定个性化农民培训主题，全年共开展培训12期，培训650人次。绍兴市鲜桃产业农合联成立首支专业农技服务队——鲜桃修剪队，集合12名农技专家，免费为会员开展果树修剪等农技服务。5月19日，举办无人机绿色防控演示现场会，推广农药减量增效技术。6月15日，举办果树修剪技巧与果园管理培训班，并赠送修剪装备。城关供销社会同浦口农合联种粮户屠福成注册家庭农场，并联合其他部门提供技术、政策等支持，10月14日，央视新闻频道《新闻直播间》栏目播出相关内容。

【订单农业】市农合联统筹协调，推动贵门乡政府和上坞山村民达成合作，设立上坞山高山蔬菜直销点，发展订单萝卜0.75万公斤，黄芽菜2000公斤；与禾下土农业有限公司合作，发展番薯订单农业，由公司提供秧苗，与农户签约450亩，保底价收购约75万公斤，保障农民收益。基层农合联延伸服务触角，其中浦口农合联与魏和酱厂合作，订单化收购30亩稻米。

【金融合作】联合农商银行开展会员授信服务，全年授信478户，金额4.08亿元，实际贷款354户，贷款金额3.59亿元。谷来支行和香榧产业农合联合作，集中信贷资源，优化金融供给，定向支持香榧产业发展，共向2100户榧农发放贷款3.6亿元，助力榧农增收致富。

【庄稼医院】3月7日，绍兴市持续推进“三位一体”改革经验交流会暨星级庄稼医院创建工作会议在嵊州召开，嵊州市草莓农合联庄稼医院被评为五星级庄稼医院，并作为试点经验向绍兴市推广。全年完成“星级”庄稼医院创建8家，开展测土配方、农技培训、“三巡”服务，年问诊量达7200人次。牵头发布《星级庄稼医院规范化建设评价标准》，为全市庄稼医院上“星”发挥示范引领作用。

【品牌建设】4月20日，嵊州市嵊农公用品牌运营有限公司注册成立。6月，与商投集团对接，签订品牌公司运营委托协议。7月11日，经公开招投标，浙江芒种品牌管理有限公司中标。截至12月底，嵊州市区域公用品牌“嵊情家味”名称、口号、形象等核心内容确认，品牌项目规划文本、形象手册等逐步完善，并按流程启动商标注册工作。

（市供销社 张娜）

烟草专卖

【概况】2022年，全市累计销售卷烟3.5万箱，同比增长2.31%；实现卷烟批发销售额18.99亿元，同比增长5.67%；实现利润4.74亿元，同比增长7.72%；实现利税5.55亿元，同比增长7.69%。种植烟叶483.6亩，同比增长47.13%；收购烟叶878.18担，同比增长51.8%；烟叶销售额352.08万元，同比增长63.65%。查获违法卷烟案值763.71万元，同比下降5.76%；上缴财政罚没款68.8万元，同比增长145.63%。

【打假破网】市烟草专卖局切实深化与公安、运管等部门响应机制，打假破网稳步推进。全年共采取刑事强制措施121人，其中刑拘45人，取保候审21人，逮捕4人，判刑51人。“2020.08.05”运假专车网络案件，涉案金额223万余元，申报为二级国标网络案，“2021.8.10”涉毒电子烟网络案件，涉案金额624万余元，申报为一级国标网络案，该案件是嵊州市首例利用电子烟吸食毒品的新型烟草制品犯罪网络案件，也是绍兴市第二起涉毒电子烟网络案件。

【市场监管】2022年，市烟草专卖局查处各类违法案件228起，同比增长14.57%；查获卷烟5.2万条，同比下降9.56%；市场净化率97.5%。查获大户案件67起，取缔大户18户，查获5万元或5件以上案件58起，同比增长45%，其中查获省外“双五”以上无证运输案件9起。

【依法许可】市烟草专卖局持续优化行政许

可服务，引进衢州市局（公司）“行政许可前置服务工具的研制”QC成果，优化行政许可服务，推进“网上办、零见面”新模式，将“群众跑”变为“数据跑”，提升行政许可办理实效。全年受理各类申请2425件，网上办证率、按时办结率均为100%，行政许可服务保持“零差评”。

【品牌培育】 市烟草分公司聚焦数字营销，依托香溢成长学苑、直播等媒介，深入开展品牌培育活动，创新培育方式，激发品牌培育新动能。全年累计销售重点品牌3.34万箱，同比增长3.51%。

【终端建设】 市烟草分公司围绕“提质提量”，通过线上线下培训和检查考核，提高现代终端客户数字化经营能力。铺设双屏机客户占比24.96%，使用电子标价签客户占比4.54%，位列绍兴市第一。人脸支付设备占比19.98%，位列绍兴市第二。推进市场容量调查、数采2.0、零售客户满意度调查等工作。自主开发卷烟零售价格跟踪小工具、营销指标一键查询等数字应用工具，并在全绍兴推广应用。

【烟叶生产】 市烟草专卖局（分公司）认真落实香料烟生产收购计划，多措并举，扩产增量。全年收购烟叶878.18担，同比增长51.8%；烟叶收购总额209.72万元，同比增长69.09%。收购均价47.76元/公斤，同比增长11.38%。

（市烟草局 刘梦瑜）

盐务

【概况】 2022年，全市销售各类盐产品4378吨，其中销售小包装食盐1720吨、食品加工用盐1008吨、工业盐1650吨，实现营业收入855万元。

【盐业专营法规宣传】 市盐业公司联合市疾控中心开展第29个防止碘缺乏病日系列活动，以“智慧人生健康路，科学补碘第一步”为主题，宣传科学用盐，引导群众树立科学补碘观。全年组织开展“四进”（进机关、进学校、进企业、进社区）活动65场，通过一对一解释、展示盐品、发放宣传资料、推广公众号等形式，宣传用盐科普知识，提倡健康用盐理念。

【储备盐管理】 落实储备盐进仓、堆放责任制，实行专人管理，一年轮换两次以上，保质保量完成食盐储备任务；与市经信局、市财政局联合，签订嵊州市市级政府食盐储备协议，明确职责，确保市场食盐安全，发挥国有企业主渠道作用，向市场供应安全放心食盐。

【推动混改工作】 根据《浙江省人民政府关于省盐业集团混合所有制改革方案的批复》（浙政函〔2018〕130号），参与集团公司二次混改，做好人员分离、骨干入股工作，年底混合所有制改革顺利落地。

（市盐业公司 冯斌）

商务服务与管理

法律服务

【概况】 2022年，全市共有律师事务所10家，执业律师139人，实习律师13人；基层法律服务所8家，基层法律服务工作者44人。共办理各类案件5967件，其中刑事案件353件，民事案件3486件，经济案件1567件，行政案件171件，非诉案件390件，业务收费8087.22万元，同比增长5.5%。各基层法律服务所代理各类案件1657件，调解各类纠纷59件，业务收费9423739元，同比下降16.48%。中共浙江齐蓝诚律师事务所支部委员会被省律协党委评为2022年度浙江省“三强双进”律师事务所党组织、被绍兴市律协党委评为2022年绍兴市律师行业先进基层党组织；丁小兰被浙江省律师协会评为第三届浙江省优秀女律师；范芳妮、王斌育被绍兴市司法局评为表现突出法律援助工作者；陈旭初、周鼎帆、王凯鸣被绍兴市律协评为绍兴市优秀青年律师；任江杰、王华锋、任江峰、周鼎帆被绍兴市律协党委评为2022年绍兴市律师行业优秀共产党员；茹洒威被绍兴市律协党委评为2022年绍兴市律师行业优秀党务工作者。

【规范管理】 制定《全市律师和基层法律服务行业教育整顿活动方案》，全面部署教育整顿活动的各项工作。发送监管提醒函，严格规范执业，全年发送监管提醒函5份，开展警示教育187人次、大学习187人次。建立公证质量互查机制，实行一月一自查，一季度一互查，强化公证质量监管和执业风险防控。开展防范虚假诉讼、滥诉工作，全市10家律师事务所139名律师签署诚信诉讼承诺书。与市法院、市检察院、市公安局联合共建离任人员信息库，定期报送、汇总、入库离任人员基本信息和离任情况。自2021年1月以来，市公检法三部门共有离退休等出编人员56名，通过平台信息比对筛查，均不存在违规从事律师职业的情况。

【营商环境】 开展市场主体法律顾问服务网格化全覆盖工作，全市共划分法律顾问服务网格326个，覆盖市场主体总数71037个，其中企业20341个，指导、帮助中小企业完善治理结构和规章制度，助力企业转型升级，深度服务特色行业和个体工商户群体，为企业“小升规”提供针对性法律服务。全市100多名律师以定期值班、现场走访、法律讲座等方式开展法律顾问服务，帮助企业排忧解难。2022年，累计提供法律咨询服务1347次，推送资料567份，开展法治宣传339次，调处矛盾228起，提供法律服务指引819次。开展“百所联百会”工作，6家律师事务所与工商联及所属5家商会签订协议，派员协助做好会员企业法律咨询、普法宣传、权益维护、纠纷调解等工作，合作举办法律讲堂、法务培训、座谈交流等，并建立法律服务公众号、微信群等信息化工作平台，为民营企业提供网上普法、在线咨询、远程调解等法律服务。全年共出具法律意见957个，制定、修订行规行约和团体标准19个，参与商会调解161件，开展联合调研和情况会商40次，提供法律咨询解答1699次，开展普法宣传104次、权益维护417次，共建法律服务公众号1个，举办法务培训60次，联合开展党建活动4次。市律师行业结合“市场主体法律顾问全覆盖”“三服务”“法雨春风”“我为群众办实事”等活动，为民营企业提供形式多样的法律服务。市司法局打造营商环境“嵊利办”品牌，出台《关于开展“法企同行”活动的通知》，组织全市法律服务人员定期开展企业法治体检活动，并出具法治体检报告单。全年开展企业无偿法治体检12203家，组织企业清患、帮扶企业经营发展等各类活动179次。

【法律援助】 2022年，嵊州市法律援助中心共接听“12348”法律咨询1353次，接待来访咨询450批次；办理法律援助465件，其中刑事332件，民事133件。7月起，启动浙里律动线上7×24小时法律咨询工作，累计处理各类法律咨询2026件。全年共发放民事案件援助补贴218849元，刑事侦查阶段补贴80430元，审查起诉阶段补贴151026元，审判阶段补贴374517元，总计605973元。发挥基层援助工作站的作用，推进“法援惠民”保障老年人群体。通过律师现场咨询、“法律援助夜市”、发放法律宣传手册等形式，推动法律援助进社区、进超市、进公园、进广场、进家庭，全市各援助机构共发放宣传资料3000余份。市法律援助中心全年共受理涉老民事援助案件21件，其中，交通事故赔偿纠纷11件，赡养纠纷5件，劳务合同纠纷3件，人身损害赔偿1件，变更监护权纠纷1件。实行“容缺受理”制度，采用先受理、后补齐材料的程序，确保申请人尽快实现求助目标。

（市司法局 金昕）

公证服务

【概况】 嵊州市现有公证人员8名，其中在编人员5名（获得公证员资格的4名），聘用人员3名。公证处主任储小江被评为2022年度绍兴市优秀公证机构负责人。2022年，共办证2450件，同比上升5.15%，其中网上办证239件，网办率9.76%。收费247万元，同比下降7.16%。

【公证服务优化】 为老弱病残人员上门服务30次，为70周岁以上老年人办理遗嘱23件，共减免公证费2万元。继承类公证，当事人无法提供亲属关系证明的，实行告知承诺制，公证处对当事人承诺内容调查核实。凡是公证处能通过数据共享等方式获取的材料，当事人可以不提交。证明材料不齐全的公证事项，启用容缺受理机制，允许当事人事后补齐。

（市司法局 金昕）

会计管理与服务

【会计人员管理】 健全会计人员入职、继续教育、职称考试、职称评审、人才培养、晋升、转岗、调转和离岗全过程管理，构建全生命周期管理体系。全年共审核会计人员信息登记397名，会计人员信息变更849条，外省（含宁波）调入会计人员信息15名。做好2022年度会计专业技术资格考试报名工作，共报考初级929人、中级618人、高级27人。开展2022年度高级会计师评审资格审核，完成9名财务人员高级会计师职务任职资格的审核工作。通过浙政钉群、爱嵊州App等渠道，动员财会人员参加全省财会知识大赛，共有1292名财务人员参赛，占全市财务人员的10.48%。加强防诈宣传，提高财会人员反电信诈骗识别能力。

【会计中介机构管理】 推行告知承诺改革，中介机构申请从事代理记账业务，只需登录浙江会计之家代理记账机构管理系统，提交加盖中介机构公章的告知承诺书以及符合要求的相关申请材料，经审核后，即可不见面办理执业许可证书。2022年，共办理10家。做好2022年代理记账机构年度备案工作，汇总分析备案信息，形成代理记账行业分析报告。全市代理记账机构全年实现业务总收入2458万元，其中代理记账业务1383万元，同比增长16%；代理记账客户数1749户，代理记账机构专职从业人员 133 人。联合市市场监管局，开展代理记账行业违法违规行为专项整治，重点查处无证经营、虚假承诺等行为。（市财政局 陈津）

广告管理

【概况】2022 年，全市共有广告经营单位 145 家，其中广告公司 86 家，兼营广告企业 59 家，包括广播电台、电视台等媒体 1 家，经营广告的网站 3 家。按所有制分，事业单位 1 家，国有企业 2 家，集体企业 2 家，个体经营户和民营企业 140 家。设计制作类三级广告企业 1 家，广告从业人员 513 人，广告经营额 5400 万元。投入较多的是房地产、家用电器、服装服饰、药品、保健食品等行业，占全市广告经营额的 54%。组织开展传统媒体与互联网等领域虚假违法广告、借重大活动从事违法违规商业广告、违法违规商业营销宣传等专项整治行动，严厉打击直接关系人民群众健康安全及社会高关注度的医疗、药品、保健食品、房地产等虚假违法广告，加强监管，营造健康发展的市场秩序。全年共立案查处广告违法案 19 件，其中印刷品违法广告 1 件，网络违法广告 13 件，户外违法广告 5 件，共计罚没款 8.07 万元。

（市市场监管局 张宏业）

商标监管与服务

【概况】截至 2022 年年底，全市有效注册商标共 26191 件，其中商品商标 21002 件（农副产品商标 3123 件），服务商标 5189 件；新增注册商标 3290 件；集体商标 4 件（小笼包行业协会 1 件、嵊州领带 1 件和甘霖冷链 2 件），地理标志证明商标 3 件（嵊州珠茶 1 件、嵊州香榧 2 件），品牌指导服务站 3 家（经济开发区、金庭镇、香榧产业协会）。“嵊州香榧”办理地理标志证明商标质押登记，质押金额 1 亿元，贷款授信 3000 万元。查处商标侵权违法案件 9 件，涉及罚没款 27.07 万元，案值 11.51 万元。（市市场监管局 张宏业）

中介信息服务

【概况】2022 年，全市社会中介组织多专业、多形式、多业态健康发展，成为推动经济社会发展的重要力量。至年底，共有工商登记在册的社会中介组织 1940 家，其中房地产中介 497 家，会计、审计、税务及商标服务类 166 家，商务信息咨询类 522 家，工程监理类 181 家，造价咨询类 194 家，其他中介组织 380 家。中介组织涵盖会计、审计、评估、工程技术、工程监理、造价咨询、各种代理、职业介绍等主要行业门类，组织形式包括有限责任公司、合伙企业、个体工商户等。

（市市场监管局 张宏业）

企业担保

【概况】2022 年，全市共有登记在册担保公司 2 家，均为融资性担保公司，分别是嵊州市惠民融资担保有限公司，注册资本 10000 万元，是由市政府投资的担保公司；嵊州市三农融资担保有限公司，注册资本 3000 万元。

（市市场监管局 张宏业）

开放型经济

综述

【概况】 2022年，全市自营进出口1041827万元，同比增长42.1%，其中出口1015969万元，同比增长42%，进口25858万元，同比增长45.2%。全市服务贸易进出口额21700万元，服务外包离岸执行额1016万美元。全年共组织企业参加展会158家次，新拓展出口市场21个。（市商务局 金嘉）

对外贸易

【主要出口商品】 2022年，全市有出口实绩企业604家，出口商品涉及19大类。主要产业商品出口额860594万元，占全市出口总额的84.7%。分别为领带服装出口366294万元，同比增长44.3%，占全市出口总额的36.1%；电器厨具出口98841万元，同比增长3.9%，占全市出口总额的9.7%；机械电机出口193259万元，同比增长20.1%，占全市出口总额的19%；农产品出口71529万元，同比增长9.9%，占全市出口总额的7%；其他（医药化工、家具、塑料制品等）出口130671万元，同比增长44.2%，占全市出口总额的12.9%。

【出口规模企业】 2022年，全市出口3000万元以上企业75家，共计出口额611200万元，同比增长32.3%，占全市出口总额的60.2%。其中出口1亿元以上企业17家，出口额313961万元，同比增长38.7%，占全市出口总额的30.9%。

【出口市场分布】 2022年，全市产品销往180个国家和地区，出口额1015969万元。销往亚洲45个，出口额357958万元，同比增长60%，占全市出口总额的35.2%；非洲46个，出口额86458万元，同比增长21.4%，占全市出口总额的8.5%；欧洲43个，出口额232846万元，同比增长27.9%，占全市出口总额的22.9%；拉丁美洲35个，出口额63311万元，同比增长62.8%，占全市出口总额的6.2%；北美洲2个，出口额252702万元，同比增长37%，占全市出口总额的24.9%；大洋洲9个，出口额22694万元，同比增长49.7%，占全市出口总额的2.2%。

【进口贸易】 2022年，全市有进口实绩企业201家，进口商品国家和地区63个，进口额25858万元。进口商品涉及18大类，其中，纺织原料及制品进口额8104万元，同比增长72.7%；机电产品进口额6916万元，同比增长148.4%；光学、医疗仪器等进口额3712万元，同比增长1397.3%。三类商品合计进口额18732万元，占全市进口总额的72.4%。（市商务局 金嘉）

服务贸易

【概况】 2022年，全市服务贸易进出口额21700万元，其中服务贸易出口6200万元，服务贸易进口 15500 万元。服务外包企业 7 家，服务外包从业人员 2970 人，离岸合同额 1687 万美元，同比增长 435.6%；离岸执行额 1016 万美元，同比增长 229.8%。（市商务局 金嘉）

对外经济合作

【概况】 2022 年，全市新批境外投资企业 3 家，总投资 13673 万美元，中方投资额 9783 万美元，同比增长 3260%；境外投资企业历年累计 85 家。全市完成境外工程承包营业额 1506 万美元，同比增长 0.3%。（市商务局 马浙霞）

表 11　2022 年嵊州市新批（含增资）境外投资企业情况表

单位：万美元

中方单位	境外企业名称	国家和地区	中方投资额	行业所属行业
嵊州市华宝电器有限公司	越南华宝电器有限公司	越南	56	电气机械和器材制造业
嵊州盛泰针织有限公司	盛泰棉纺织（越南）有限公司	越南	6007	纺织业
嵊州盛泰针织有限公司	奥盛科技有限公司	澳大利亚	3710	农业
嵊州市金基医药投资有限公司	金基兴盛国际	中国香港	10	研究和试验发展

表 12　2022 年嵊州市境外工程承包情况表

单位：万美元

企业名称	地区	新签合同额	完成营业额	同比增长
华汇建设集团有限公司	阿尔及利亚	—	1506	0.3%

引资

【概况】 2022 年，全市新批项目 11 项，增资项目 7 项，合同利用外资 16632 万美元，同比增长 769.9%；实际利用外资 2358 万美元，同比增长 28.9%。

【利用港资】 2022 年，全市合同利用港资 16378 万美元，同比增长 849.5%；实际利用港资 2198 万美元，同比增长 79.1%。

【国别地区】 2022 年，全市新批项目 11 家，其中中国香港 7 家、中国台湾 1 家、加拿大 1 家、其他 1 家、投资型公司投资 1 家。

【企业投资规模】 2022 年，新批（含增资）总投资 500 万美元以上项目 8 个，合计总投资 20645 万美元。（市商务局 马浙霞）

海关

【概况】 2022 年，绍兴海关新嵊办事处支持嵊州市委、市政府关于义甬舟大通道建设、嵊新无水港、长乐货运监管场所等开放平台建设，推进各级海关保稳提质措施落地生效，全力提升贸易便利化水平。嵊州市全年实现外贸进出口总值 104.1 亿元，同比增长 42%，其中出口 101.5 亿元，同比增长42%，增幅居绍兴市首位，进口2.6亿元，同比增长45.2%，增幅列绍兴市第2位。

【优化营商环境】 推进辖区“两步申报”“两段准入”“汇总征税”等通关便利化改革，着力压缩整体通关时效，进出口整体通关时间低于关区平均水平，两步申报比例、产地证自助打印比例明显提高。扩大产地证自助打印和“信用签证”范围，推进RCEP协定生效后各项工作，开展上门送政策活动，帮助企业用足用好自贸协定带来的关税红利，全年签发产地证同比增长24.6%，可减免目的国关税约5000万元以上，其中与RCEP成员国之间的各类自贸协定原产地证书共签发4691份，金额约9.5亿元。优化窗口功能，基本实现网上办理“一次不用跑”。建立口岸协调机制和重点企业挂联定点服务机制，帮助企业解决通关难题，协调优化查验方式，增强企业获得感。

【出口茶叶专项整治】 通过政策宣贯、企业排查、基地管理、现场检验、原料抽检等系列整治措施，督促9个不符合条件的备案基地自主取消备案，检出眉茶筛糖不合格16批次。与商务局举办联合宣贯培训，联合市场监管局开展监督检查，推动形成齐抓共管局面。通过专项整治，出口茶企质量意识提高，出口眉茶掺杂白糖情况好转，全年共检验出口茶叶6.01万吨，金额10.5亿元，实现量价质齐升。

【助企纾困】 开展“我为群众办实事”活动，承办杭州海关走进中国出口茶叶之乡嵊州“十地百团助千企”活动，多渠道、多形式及时了解企业困难和诉求，将助企纾困落到实处。全年累计走访企业50多家，开展政策宣讲专场4次，帮助解决问题20余个。健全完善大企业服务联络员制度，主动跟进盛泰集团、致威家具、华发茶叶等重点出口企业，以及比亚迪弗迪电池等可能新增出口业务的企业，提供政策指导和快速通关服务。

【统计研究】 运用海关自身信息平台和技术支撑，关注国内外形势和行业动态，及时收集研判国外贸易和技术壁垒，做好进出口监测预警，每月编报《统计快讯》，针对辖区外贸出口形势分析编报《海关要情》，为地方政府决策建言献策，推动地方出台相应AEO认证、跨境电商新模式企业等奖励政策。（绍兴海关驻新嵊办事处　王运）

市场与管理

江滨市场

【概况】 嵊州市江滨市场于 1992 年 5 月 28 日动工，1993 年年底竣工，1994 年 1 月投入使用。市场与商住楼联体开发，底层为农副产品市场，一、二层为市场，二层设有自产自销区和便民摊。市场建筑面积 21500 平方米。2011 年被评为浙江省三星级文明规范市场，2013 年被评为省级文明示范农贸市场，2019 年被评为浙江省放心农贸市场，2020 年被评为浙江省五化市场。一楼分东、中、西三个区，设有固定摊位 371 个，东区为蔬菜、豆芽和水发菜、副食和杀白鸡鸭摊；中区为肉类、豆制品、熟食、酱菜、粮食制品、茶叶、禽蛋类摊；西区为水产品摊。二楼西区设有自产自销摊 228 只，便民摊 14 只。2022 年共收租金约 1585 万元。市场设有服务台、场内监控、广播室等配套设施，以及市场监督管理、治安保卫、食品检测、投诉受理等管理服务机构。

【疫情防控】 江滨市场作为嵊州市重点疫情防控单位，严格执行各项防控措施，开展场内消杀、健康记录等工作，确保市场健康平稳运行。

【房租减免】 为应对新冠疫情对小微企业日常经营影响，加快复工复产，减免江滨市场经营户 3 个月租金，共计摊位 170 个、金额 455 万元。

【物业管理】 完成三年一度的市场物业招租工作，绍兴市剑之盾保安服务有限公司中标。通过强化物业管理，规范市场日常管理，经营秩序更趋优良。

【市场招租】 完成江滨市场摊位公开招租 183 个，与中标业主签订合同和责任书。

（市商旅集团 丰丹瑜）

中国领带城

【概况】 中国领带城原名浙东服装城，于 1992 年元月动工兴建，同年 12 月 18 日开业，1993 年 10 月更名为浙东领带服装城，1995 年 5 月再度更名中国领带城，占地面积 3.5 万平方米。2020 年 4 月 1 日搬迁至领带精品展销中心，改造后设有摊位 149 个，其中一楼摊位 66 个，主要经营领带、围巾等，市场内设有建设银行，总面积 100 平方米；二楼摊位 83 个，主要经营领带面料、辅料及相关配套产品。领带城停车场共有停车位 230 个。中国领带城已成为集交易、展示、科研、电子商务、仓储加工、物流配送、休闲观光、办公、信息发布于一体的现代化新型专业市场群。2022 年成交额达 51122 万元，同比增长 1.87%。销售遍及全国 20 多个省、自治区、直辖市，以及美国、日本、澳大利亚、俄罗斯、比利时等 80 多个国家和地区，是全国较大的领带专业批发市场。

【市场管理】 市场实行“定岗、定员、定责”网格化管理，制定经营户不良行为扣分准则，落实便利化、智慧化、人性化、特色化、规范化“五化”规范，场内导购图、宣传图、经营户的营业执照、商品种类、规格、价格等信息统一录入浙江省专业市场综合管理平台，确保经营秩序井然，环境整洁美观，同步提供快捷有效的各项服务。为加强知识产权保护，领带城一楼上墙布置有知识产权相关制度，电子显示屏滚动播放相关内容。

【**疫情防控**】 贯彻落实各项防疫政策，采取多项措施保障市场安全。严格管控，守好“小门”；定期开展市场场内环境消杀。贯彻落实减免小微企业房租政策，场内所有经营户减免租金 3 个月，合计 144.06 万元。

【**消防安全**】 制定中国领带城消防疏散灭火预案，成立消防安全小组，定期开展消防演练，与市场各经营户签订消防安全责任书，切实做好消防相关工作，确保市场安全。

（市商旅集团 袁燕娜）

中国领带城物流中心

【**概况**】 中国领带城物流中心是浙江省重点建设项目、浙江省现代服务业集聚示范区。中心位于嵊州市城南新区，是嵊新城市组团的核心区块，规划总用地面积 713 亩，总建筑面积约 80 万平方米。项目由领带服饰家纺城、会展中心、信源商业城、嵊州市文化传媒中心、汽车城等多个项目组成。

【**领带服饰家纺城**】 领带服饰家纺城占地面积 81 亩，建筑面积 7.7 万平方米，由四层钢筋砼框架结构组成，设有室外停车位 800 余个。四层为嵊州市政务服务中心，一至三层为西皮茂·城市客厅商业体，市场面积 5.7 万平方米，入驻品牌有越江南足浴、最上餐厅、欧润超市、星巴克、肯德基、CK 影院、G20 酒吧、星爵健身、剡溪国印新能源汽车、苹果游乐网红蹦床等，2022 年营业收入 1.6 亿元。

【**国际会展中心**】 国际会展中心占地面积 40 亩，建筑面积 4.3 万平方米，建筑主体由地上三层、地下一层的钢筋砼框架结构组成。一层和二层设有室内国际标准展位 750 个，地下停车位 200 多个；广场设施面积 2 万平方米，可设置室外临时展位约 250 个。2022 年举办车博会、家博会等展会 6 次。中心获评 2022 年度全国优秀会展统计工作先进单位、2022 年度中国会展之星优秀品牌会展中心。

【**汽车城**】 汽车城占地面积 85 亩，建筑面积约 5 万平方米。截至 12 月，入驻宝马、奥迪、一汽大众、上海大众、一汽丰田、长安福特、东南三菱、广汽本田等 8 家汽车 4S 店和广汽本田、红旗 2 家直营店，是当前嵊州、新昌两地最大的汽车 4S 店集群。2022 年营业收入 11 亿元，同比增长 10%。

【**信源商业城**】 信源商业城一期五金电子汽配城用地面积 65.54 亩，规划建筑面积 10.92 万平方米，主要经营五金电子、电线电缆、汽车配件、汽车装潢等，设各类商铺近 4000 个。二期居然之家用地面积 63.86 亩，规划建筑面积 15.4 万平方米，主要经营建筑陶瓷、卫浴、灯具、家具、建筑装潢材料等，设各类商铺近 2000 个。2022 年营业收入 1.47 亿元，同比增长 7%。

【**嵊州市文化传媒中心**】 该项目位于三江街道杨港路南侧，国际会展中心东侧，由嵊州市城市建设投资发展集团有限公司投资建设。项目规划总用地面积 65366 平方米，总建筑面积 100616.96 平方米，主要功能为融媒体中心、嵊州书城、职工和青少年培训中心、地下室、健身公园、物业管理用房、社区管理及服务用房等。项目投用后，将满足媒体融合、文化宣传普及等需要，有效推动媒体和文化融合发展。

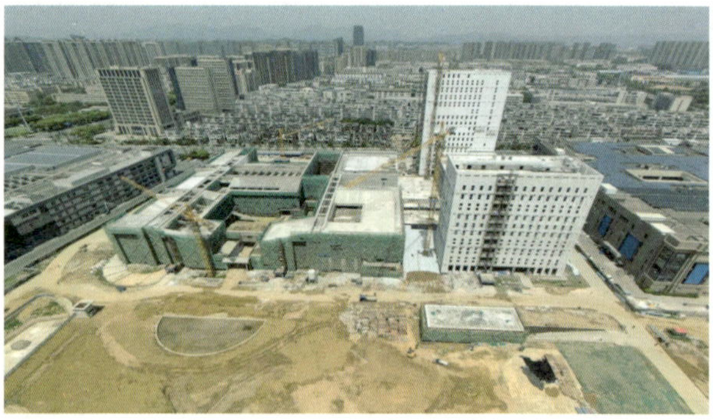

嵊州市文化传媒中心项目现场

（市商旅集团 池黎明）

商品市场

【概况】 2022年，全市有各类市场30家，其中消费品市场29家（消费品综合市场、农贸市场、农副产品市场26家，工业消费品市场3家），生产资料市场1家；有市场经营管理单位30个，其中企业法人30个；市场经营户2082户；市场成交额66.33亿元，同比增长-10.73%。年成交额前四位的市场为浙东农副产品物流中心31.77亿元，嵊州市江滨市场6.89亿元，嵊州（中国）茶叶城——茶叶物流交易中心6.45亿元，嵊州五亿二手车交易市场5.7亿元。

【省放心市场创建】 实施硬件提升改造，加强管理人员业务培训，嵊州市江滨市场、嵊州市莲塘农贸市场、嵊州市长乐镇综合贸易市场、嵊州市三界镇农贸市场创成2022年省放心农贸市场。截至2022年年底，全市共有省级放心农贸市场10家。

【星级市场创建】 11月，嵊州市江滨市场、嵊州市莲塘农贸市场、嵊州市长乐镇综合贸易市场、嵊州市三界镇农贸市场、浙东农副产品物流中心被认定为三星级文明规范市场。

【市场提升改造】 利用省和嵊州市财政划拨专项资金，完成嵊州市黄泽镇集贸市场"五化"改造并通过验收。

【数字化转型】 所有商品市场的基础信息、市场管理人员、从业人员信息全部录入浙江省商品市场综合管理平台，实行闭环管理；设置"阳光专区"，各市场在主要进出口和主场景安装视频监控，并接入浙江省商品市场综合管理平台和浙江市场在线系统，实施智能抓拍监管。

【农贸市场长效管理】 市财政安排专项资金55万元，通过管理考评，对江滨市场等多个农贸市场予以奖励，全市市场环境和管理服务水平持续提升。 （市市场监管局 张宏业）

房地产市场

【概况】 2022年，全市房地产业投资75.1亿元，共成交新建商品住宅1589套，成交面积20万平方米，同比下降73.8%；成交金额25.2亿元，同比下降68.5%。新建商品住宅成交均价为12568元/平方米，同比上涨16.6%。房地产业从业人员工资总额三季度同比增速8.1%。全年二手住房成交3930套，面积42万平方米，同比下降13.2%；平均价格7701元/平方米，同比上涨6.9%。

【房地产共享法庭】 由住建局和法院联合设立房地产共享法庭，调解各类房地产纠纷1100余起。2022年8月，嵊州法院房地产业行业协会共享法庭获评全省第二批示范共享法庭。

嵊州法院房地产业行业协会共享法庭庭议现场

【房地产销售】 8月26日，出台《嵊州市房地产市场平稳健康发展的若干政策意见》（嵊政办〔2022〕82号），通过契税补贴、商业贷款贴息等措施，拉动全市房地产销售。9月，举办2022年秋季房地产博览会，9家房地产公司的12个项目参展，8个楼盘达成交易，成交34套，房产总成交金额6818万元。

【城乡危旧房整治】 2022年，完成20处存量城镇危房实质化解危，实质性解危率22%。5月起，开展城乡自建房专项整治行动，截至12月，排查自建房203141处，其中经营性自建房9105处，发现疑似危房1613处，已全部完成鉴定，鉴定结果为B级1153户、C级252户、D级208户，C、D级危房全部完成整治销号。6月底，农房“浙建事”全生命周期综合管理服务系统实现全覆盖应用，完成C级农村困难家庭危房治理改造79户，完成率100%；完成D级农村困难家庭危房治理改造8户，完成率100%；无房户救助1户，救助率100%。（市住建局 骆梦薇）

农副产品批发专业市场

【概况】 浙东农副产品物流中心拥有冷库10000立方米，可贮存货物9900吨；总摊位数1530个（含商铺摊位），联结基地5500亩。2022年销售总额约31.7亿元。（市供销社 俞坚）

茶叶市场

【概况】 2022年，嵊州茶叶城茶叶成交量6712吨，交易额7.1亿元，其中龙井茶交易量5780吨，交易额6.2亿元。（市农业农村局 汪新贵）

花木物流交易中心

【概况】 嵊州市花木物流交易中心总投资18658万元，是集花木、古玩、字画交易于一体的综合性市场。总用地面积21768平方米，总建筑面积25686平方米，共有商铺出租者116户。2022年交易额约1.32亿元。（市自然资源局 斯维婕）

交通运输·邮政·通信

综述

【概况】 2022年，GDP指标道路运输总周转量实现正增长，全年安全生产形势平稳有序，道路运输和交通工程领域实现“零事故”。全年完成交通投资37.5亿元，同比增长8.1%，527国道新昌大市聚至嵊州黄泽段建成通车，东兰线完成提升改造，杭州萧山国际机场嵊州航站楼建成投用，嵊州港三界中心作业区交工验收，金甬铁路、527国道甘霖至长乐段、清风船闸及航道工程等在建项目顺利推进，甬金高速增设金庭互通工程动建，甬金高速改扩建工程、诸嵊高速、312省道等重点项目前期工作进展顺利。绍兴市和浙江省普通国省道养护体制改革现场会相继在嵊州召开，启动全市共同富裕农村公路建设，完成农村公路大中修99千米，亮化66千米。新增200人以上较大自然村公交线路4条、新能源公交车43辆，新建公交候车亭20个、公交车充电站2个，新增接驳高铁站周边公交线路6条。“推动客货电商深度融合 多方合力助推农村物流创新发展 探索共同富裕之路”被交通运输部、国家邮政局联合评为第三批农村物流服务品牌，嵊州市创建成为“四好农村路”省级示范县、全省首批“四港”联动方向浙江交通强国试点县、全省首批农村客货邮融合发展星级样板县。

（市交通运输局 何鑫森）

陆上交通设施建设和管理

【普通国省道全寿命周期养护试点】 针对普通国省道管养模式落后、路况指数差等情况，着眼模式创新与机制改革，探索推行普通国省道全寿命周期养护，基本建立规范化养护机制，政企协作管理模式基本形成。项目涉及104国道、527国道、212省道总计104.3千米，实行“5+3”模式，8年规划“一张图”统揽、养护管理“一张网”统筹、绩效考核“一张表”统抓。2022年全省PQI（路面使用性能指数）排名列全省第4名，11月17日至18日全省普通国省道养护体制改革现场会（全寿命周期养护EPC+绩效考核）在嵊州召开。

【“四好农村路”省级示范县】 结合嵊州农村公路特点，以“改革聚合力、创新助共富”为主题，总结提炼，扬长避短，发挥特色，打造嵊州四好农村公路品牌，2月通过省验收，6月省政府发文明确嵊州创建为2021年度“四好农村路”省级示范县。

（市交通运输局 张樟兴）

【金甬铁路嵊州段】 金甬铁路东起杭甬铁路宁波站，西至沪昆铁路金华站，正线全长184.8千米，总投资估算290亿元。途经嵊州市境内线路长约52.7千米，总投资约77.5亿元，设嵊州新昌站和南山湖站。4月16日，由中铁二局四公司承建的金甬铁路重点控制性工程——东梅村隧道，比原计划提前31天顺利贯通；5月13日，由中铁十一局承建的金甬铁路3标段首座超千米隧道——牛头山隧道顺利贯通；8 月 25 日，金甬铁路首座高风险长大双线隧道——大庄隧道顺利贯通；12 月 5 日，新建金甬铁路重点控制性工程——新昌江特大桥实现全桥贯通。

新昌江特大桥

（市交通运输局 孙杰）

【527 国道嵊州甘霖至长乐段工程】 该项目为浙江省重点工程，起点为甘霖镇桂山村，终点在长乐镇梨头园村西侧，与原嵊义线顺接，主线长约 19.3 千米，同步建设石璜连接线长约 2.1 千米，主线采用一级公路标准，双向四车道，路基宽 24.5 米（其中嵊州西至绍甘线段为双向六车道，路基宽为 32 米）。全线主要工程量为桥梁 17 座，普通公路服务站 1 处，路基总填方 227 万立方米，挖方 77 万立方米，沥青面层约 53 万平方米。项目总概算 19.56 亿元（其中省级补助 4.9 亿元），工程建设总工期 30 个月。截至 2022 年年底，完成年度有效投资 7.6 亿元，累计完成投资 10.6 亿元，累计完成总体形象进度 69%，其中路基工程完成约 80%，桥涵工程完成约 85%，全线桥梁完成梁板架设施工。 （市交通运输局 徐鸿）

【527 国道新昌大市聚至嵊州黄泽段工程（嵊州段）】 该项目为浙江省重点工程，起点设在六岭地南侧新昌、嵊州交界处，与 527 国道新昌段顺接，终点在甬金高速黄泽互通出口与嵊张线的交叉口处，接 527 国道嵊州黄泽至甘霖段工程的起点，全长约 4.28 千米。项目采用双向四车道一级公路标准，设计速度 80 千米/小时，路基宽 24.5 米，总概算投资 2.33 亿元，建设工期 27 个月。截至 2022 年年底，项目完成交工验收并全线通车。

（市交通运输局 张铧）

水上交通设施建设和管理

【港口码头】 绍兴港嵊州港区中心作业码头位于三界镇红旗畈，建设 6 个 500 吨级泊位（码头水工结构按照 1000 吨级标准），设计年吞吐量 175 万吨、2 万 TEU 集装箱，总投资 5.2 亿元。2019 年 4 月开工建设，2020 年完成主体工程，2021 年完成附属配套设施工程。项目总投资约 6000 万元，对码头露天堆场实行封闭加盖，并建设水、电、消防等附属设施，改造堆场约 3.24 万平方米，包括 3 个矿建煤炭堆场、2 个钢材堆场、1 个水泥及杂货堆场。2022 年 9 月 30 日，码头完成总体交工验收。

绍兴港嵊州港区中心作业区码头附属配套设施工程

【清风船闸及航道工程】 该项目起自常台高速居家埠大桥下游约 200 米处（三聚潭），终至三界大桥下游 4 千米与上虞交界处（下市头），全长 16.4 千米，按照Ⅳ级航道标准建设，在清风枢纽处建Ⅳ级船闸 1 座，总投资估算约 6.7 亿元。2022 年完成三界锚地施工及一期围堰区域所有工作量并开坝放水，至 12 月底完成二期围堰合龙，整体形象进度达 40%。

【航道养护工程】 根据航道通航及码头、渡口等水运设施运行管理的需要，2022 年，开展例行养护工程和专项养护工程各 1 项。航道例行养护工程包括破损护岸修复、沉船打捞、航标维护、航道扫测及航道水面清障保洁等工作，总投资 100 万元；专项养护工程完成三界港航管理码头提升改造，在原港航管理码头北侧新增 2 座 500 吨级泊位，并建设应急仓库及相应陆域设施，全面提升港航中心水上交通管理服务及应急能力，工程总投资 700 万元。

曹娥江航道嵊州段

【航道规划研究】 重点围绕曹娥江水路货运向上游延伸、打造千吨级货运航道、建设浙东唐诗之路特色旅游航道等目标，开展城关作业码头前期谋划和嵊州市旅游航道2个项目研究，编制研究报告，初步确定城关作业区建设选址方案及旅游航道改造方案，为嵊州水运发展奠定基础。

【安全监管】 全年共巡航40次，巡航里程320千米，出动检查人员150人次。开展“清网”、农（渔）用小划船碍航专项整治，联合巡查5次，进乡（镇）、村宣传3次。组织船员安全教育1次，渡工安全再教育1次，消除安全隐患3个。开展“除险保安”百日攻坚行动、内河客渡运安全专项治理等各类专项行动。

【船舶运力】 2022年，在册营运船舶14艘，运力3457吨，平均吨位247吨，全年完成货运量33.67万吨，周转量5346.19万吨公里。检验商船（公务船）21艘，其中临时检验4艘，中间检验1艘，年度检验15艘，换证检验1艘；按《渔船检验规范》开展渔船检验，查验船、证、图三者符合情况，协助6艘渔船完成图纸补录工作，全年共完成渔船检验6艘。

【五水共治】 每月巡河2次，对渡船进行燃油检测。开展船舶污染物接收转运处置联合监管专项行动4次，共计处理船舶垃圾3.1公斤，接收量提升10%，转运处置率100%。

（市交通运输局 俞琼琳）

客货运输和管理

【公路运输行业概况】 2022年，全市有道路客运和危险货物运输驾驶员1104人，其中班线和包车客运驾驶员125人，城市公交车驾驶员159人，城乡公交车驾驶员318人，巡游出租车驾驶员421人，危货车驾驶员81人；拥有道路客运和危险货物车辆831辆，其中班线客运和包车102辆，城市公交车146辆，城乡公交车252辆，巡游出租车251辆，危货车80辆。2022年，全行业安全生产形势总体平稳，未发生交通运输行业行车死亡上报事故。

【疫情防控】 根据疫情动态及时调整防控措施，严格对照疫情防控工作指引，落实各项防控措施。强化应急运输服务保障工作，共落实应急保障客运车辆53辆（客车40辆，公交10辆，出租3辆），驾驶员53人；应急保障货运车辆36辆（普货26辆，危货10辆），驾驶员36人。发放公路运输企业防疫补助金64.6万元。

【客车安全铁腕整治】全面推广应用客运“安全码”，全市142名两客驾驶员全部申领安全码；发展定制客运班线3条；淘汰重点大型客车25辆；常态化开展公交行业服务质量考核工作，督促公交企业及时整改，改善群众出行环境；落实专人分析研判疑似黑车线索，布控15辆，查获3辆，加强客运监测系统异常线索分析，确保异常处置工单应转尽转；建立联合执法检查常态工作机制，加强联动联勤执法，共查处10座以上客运车辆违法违规行为12起。

【危货安全“铁拳”整治】 2022年，绍兴发布10期危货运输智控指数县级分解评分，嵊州市得分均在90分以上；常态化开展危货运输企业安全等级动态评价，4家危货运输企业动态评价得分均在80分以上；开展常压罐车专项整治，严格罐体年审，共完成罐检30辆，合格率100%；会同应急管理部门常态化开展托运人落实“五必查”和充装互联情况联合检查；启动危货运输车辆公共停车场建设，会同开发区完成停车场选址（剡湖街道漩泽墅村）并完成相关地块拆迁。

【出租汽车行业管理】 建设巡游出租车数字监管平台，有序推进客运安全监管一体化系统构建，对全市251辆巡游出租车安装监控平台，加强运输管理；8月，开通“95128”出租车电召服务热线，新增爱心出租车5辆；有序推进巡游出租车天然气价补助、城市交通发展奖励金和新能源补助发放，共计补贴资金394.54万元；妥善处置嵊新高铁站嵊新两地出租汽车经营纠纷，硬化出租车道左侧候客区绿化带，安装视频监控，完善高铁站出口处标志标识，现场派驻交通执法队员，加强高铁站片区的执法工作。

【驾培和维修行业管理】 开展驾培行业专项整治，2月中旬全面启用“浙里驾培”人脸及地理位置信息技术认证功能，3月10日启用机动车驾驶员模拟培训；落实新教学大纲，在理论培训中增加道路安全、应急抢救、防止二次事故等内容。持续推进汽车尾气治理站（M站）建设；做好1、2类维修企业维修电子记录数据实时归集工作，推进3类维修企业维修电子记录数据实时归集工作；常态化开展货车非法改装、“大吨小标”专项整治，全面排查车辆维修企业和非法改装站点。

【行业安全形势】 组织开展岁末年初道路交通安全综合治理行动、重点营运车辆动态监控专项整治、防汛防台安全隐患大排查、“两客两货”领域安全生产联合检查、“平安护航二十大”安全隐患大排查大整治、“两客一危”专项检查、道路交通百日安全大整治等一系列安全生产综合管理活动，督促运输企业完成安全生产标准化达标建设，严格落实安全生产责任，建立健全隐患排查治理与风险防控机制，开展风险评估和危害辨识。加强阶段性、季节性和重大节假日运输安全管理，开展针对性专项检查，全力保障党的二十大和“春运”“十一”黄金周等重点时段的行业安全稳定。落实国家15条、省委省政府25条、市安委会35条安全生产举措，督促企业建立全过程、全环节的安全生产责任体系，强化安全生产管理和内部岗位责任人、企业员工的责任落实，全年共出动检查人员1395人次，检查企业386家次，发现隐患127处，全部完成整改。

【反恐安保】 严格执行客运站实名售票、安检和货运代理实名制登记、安全验视等工作要求，督促运输企业落实汽车租赁承租人身份查验制度，规范签订车辆租赁合同，配合公安部门做好异常信息报送工作。全年客运中心实名制售票337726人次，未发现人票证不一致情况；查获普通刀具363件，易燃易爆品165件，管制刀具5件。

【交通执法】 完成治超非现场执法数据直传改造，8家重点货运源头企业数据接入省治超监管平台，迭代升级治超非现场三聚潭点位前拍相机，化解常年来强光灯干扰抓拍难的问题，普通公路超限率保持在2%以下，非现场执法案件占比37.8%、处罚率65.47%、设施完好率100%，双随机检查完成率100%，超限100%以上车辆处罚率100%。开展“寒风行动”“惊雷行动”“嵊风行动”“天剑行动”“非现场车辆集中整治专项行动”等专项行动，共出动执法人员6000余人次，办理各类案件1211件，行政复议与行政诉讼均为零，其中查处“双百”车辆61辆次，百吨王2辆次，实现非税收入4901355元。（市交通运输局 周李宁）

公共交通

【概况】 2022 年，新增或优化公交线路 21 条，其中高铁站接驳公交线路 6 条，200 人以上较大自然村公交线路 4 条。新增（更新）新能源出租车 119 辆，新能源出租车（网约车）比例达到 76%。新增（更新）新能源公交车 43 辆，其中城市公交车 29 辆、城乡公交车 14 辆，城市公交车辆新能源比例达到 93.15%。新建公交候车亭 20 个、公交车充电站 2 个、电子站牌 5 个，新建高铁站周边公交站点 1 个，嵊新高铁站公交首末站投入使用。持续推进“一路嵊风”农村物流服务品牌建设，开辟农特产品物流专线 1 条（徐家培毛笋专线），改造具备小件快运服务能力的城乡公交线路 1 条。（市交通运输局 周李宁）

邮政管理

【概况】 2022 年，全市邮政快递业在落实各项防疫政策的前提下，克服疫情影响，做好保供配送和物流畅通工作，保障产业链供应链稳定，行业运行总体平稳。10 月，“一路嵊风”农村物流项目入选交通运输部第三批全国农村物流服务品牌。11 月，嵊州市被评为浙江省农村客货邮融合发展三星级样板县。

【嵊州邮政管理局挂牌成立】 5 月 20 日，嵊州邮政管理局挂牌成立，承担全市邮政业规划编制、绿色评价、末端网点建设等邮政业发展工作；负责全市邮政行业安全监管信息系统的建设运行维护；承担邮政行业安全监管、应急管理的技术工作，承担从业人员安全培训相关工作；承担邮政业消费者申诉的调处相关工作。

【企业经营现状】 2022 年，全市有邮政公司和 8 家品牌快递企业（顺丰、京东、德邦、申通、圆通、中通、韵达、极兔等）、2 家国际件公司（希凯易、泛远）、4 个品牌末端（菜鸟、兔喜、驿收发、丹鸟）；有处理场所、分支、末端网点 149 个，其中法人处理场地 5 个，分支 49 个，末端 95 个，从业人员 1013 人。全市快递年度业务总量 2275.3 万单，同比增长 9%；实现业务收入累计 21909.9 万元，同比增长 13.8%；投递量 4974 万件，同比增长 21.3%。港澳台业务量 12366 件，同比增长-24.25%，业务收入 107.11 万元，同比增长-3.18%；国际业务量 37888 件，同比增长 20.32%，业务收入 973.92 万元，同比增长 50.95%。

【行业党建】 8 月，中国共产党嵊州市快递物流行业委员会更名为中国共产党嵊州市快递行业委员会。行业党委发挥党建引领作用，党建带群建，群团全覆盖，成立以共产党员、共青团员为骨干的“邮驿先锋”突击队。联合市委两新工委、总工会等举办嵊州市“长运杯”农村快递物流人员技能竞赛，实现村级服务站点业务能力、技术能力、服务水平大幅提升，竞赛情况刊登在中国邮政快递报。

【普遍服务保障】 市邮政公司做好邮政普遍服务保障和机要通信服务保障工作，提升邮政普遍服务水平，确保机要通信安全。对 24 家邮政营业网点开展邮政普遍服务达标检查。发行“壬寅年”第一部《中国共产党章程》通过一百周年、中国共产党第二十次全国代表大会等题材纪特邮票，并开展销售专项检查。协助绍兴市邮政管理局，开展邮政机要通信监督检查。

【行业规范提升】 按照邮件快件处理场所安全管理“四个全覆盖、五个必须、六个严禁”标准和快递网点规范“六个统一”标准，督促企业做好快件处理场地标准化、规范化工作，打造形象好、安全好、管理好、服务好的企业品牌。推动快递专用电动三轮车标准化、规范化工作，督促快递企业完善车辆车况、定位等要件，全年上牌 197 辆，完成率 131.3%；更新提升快递新能源车辆 8 辆。

【行业安全监管】 落实快递企业（网点）主体责任，寄递“三项制度”以及行业生产安全、信息安全、疫情防控、许可经营、绿色治理等各项措施，开展“扫黄打非”“除险保安”专项行动。全年共出动检查人员 1625 人次，检查企业（网点）631 家，发现并督促整改隐患 374 处，约谈企业（网点）负责人 11 人次，配合绍兴市局对涉及安全类、许可类、发展类、绿色类等违规行为立案查处 10 家。中国邮政集团有限公司浙江省嵊州市分公司城北邮政所入选绍兴市首批邮政快递业“扫黄打非”示范站点名单。

【“两进一出”工程】 一是快递进村。完成全市 238 个村级邮政快递综合服务站建设，构建“3 个市级分拨中心，11 个镇级转运场站，238 个村级末端站点”的三级农村快递物流体系，推进“邮快”“交快”和“交邮”等合作模式，有效解决“农产品进城”和“工业品下乡”的最初和“最后一公里”问题。崇仁镇镇南村邮政快递综合服务站入选绍兴市首批四星级共富驿站。二是快递进厂。促进“快递+制造业”服务协作，邮政、“三通一达”、顺丰等快递企业与集成灶、服装、领带、特色小吃等 25 家企业建立非单一性深度协作关系，支撑制造业产值达 8.1 亿元。三是快递出海。中国邮政速递物流股份有限公司开设中邮海外仓，开展境外仓配一体化服务，在美国、加拿大、英国等 11 个国家设立13仓，国内设立上海仓、宁波仓、重庆仓等中转仓，全年累计出货51个方，价值62万元。

【疫情防控】压实企业主体责任，落实“人、物、环境同防”要求，管住人，守好门。全面落实进口邮快件消杀检测工作，完成杭州、越城等4起涉疫快递件协查工作，全年未发生邮快件涉疫事件。

（市邮政管理局 钱港）

电信

【概况】2022年，中国电信股份有限公司嵊州分公司（以下简称嵊州电信）累计完成基础建设投资近1亿元。宽带在网10万余户，移动在网20万余户，固话在网6万余户。

【推进5G建设】嵊州电信作为与联通公司共建共享5G的单位，2022年完成5G四期工程建设任务，新增室外站108个、室分点41个，累计完成472个5G室外基站以及137家单位的室分建设，除满足城区、五大集镇以及党政军等重要用户的5G信号覆盖外，还实现了杭台高铁、苏台高速沿线的5G信号覆盖。

【强化网络与信息安全】全面打造网络与信息安全体系，守护清朗网络空间。一是打造自主可控的“两平台一中心”，建立安全服务平台、运营支撑平台和设备物料供应中心，从根本上确保信息化接入的稳定性和安全性。针对客户的不同需求，提供定制化的信息安全服务。嵊州电信“智云护航”体系为150多家党政军及重要企事业单位客户，提供从网络到信息化建设的一站式全程服务。二是打造全方位的网信安全服务能力，重点针对自有系统强化防护、重点保障对象加强支撑，完成二十大、冬奥会等重大会议和赛会期间的网信安全保障工作，全年未发生较大网络信息安全事件。

【优化服务功能】2022年，嵊州电信以客户为中心，从用户需求出发，开展满意服务升级行动。5月，省公司统一发布“好服务、更随心”六大服务举措，全方位提升电信服务能力。一是数智随心，拨打万号，一呼就灵，为客户提供信息化需求的答疑解惑；二是关爱随心，爱心“翼”站，关爱随行，老百姓家门口的电信营业厅，提供四大类解忧关爱服务；三是网络随心，网络问题，接诉即办，兑现对客户的网络承诺；四是消费随心，资费透明，放心消费，让客户购得明白、问得便捷、花得透明、用得放心；五是便捷随心，全面上线，即办即用，让客户随时随地办理，随心随意生活；六是安全随心，智能防扰，安全守护，免费提供防骚扰功能、营销电话智能拦截服务，更多安全，更少骚扰。

【智慧城市建设】2022年，嵊州电信完成谷来镇王院美丽城镇建设项目，融入嵊州市智慧城市二期建设；完成嵊州市公安局智安校园二期建设项目；完成综合协调管理平台建设和示范街街面监控建设；完成执法单兵、执法记录仪及采集站建设；完成政务云主机租赁及政务云安全建设，提高全市的安全指数，提升人民群众的获得感、安全感和满意度。

【疫情防控保障】为疫情期间重要客户的通信畅通，多次对市疾控中心、市应急管理局等地进行安装调试，保障通信；参与高铁站等重大项目建设；疫情期间开展精准宣传，累计发送公益短信99万余条。

（中国电信嵊州分公司 赵晨）

移动

【概况】2022年，中国移动嵊州分公司（以下简称嵊州移动）通服收入累计5.03亿元，同比增长11.46%。

【5G网络建设】全年开通5G基站290个，累计开通921个。推进700兆频段5G规划建设，全面扩大5G网络覆盖区域，实现行政村全覆盖。做好算力网络基础布局。完成12个5G机房的规划建设，累计建成节点机房110个。重点落实比亚迪等政府重点项目的通信保障，全力支撑重点企业的通信保障。完成甬金铁路嵊州段共38个基站规划立项。

【数字化改革】 打造多跨协同典型应用，协助建设数字政府、数字经济、数字法治等综合应用。构建治水大脑平台，提升水务、环保资产运营管理效率。中标嵊州市50个供水站监控集成服务项目，有效保证供水生产安全和民生安全。打造教育数字化场景应用，构建“双减”数字化场景综合管理平台，智慧助力减负。构建“招生安”大数据监督平台，实现招生“三化”。中标智能化疫情防控“守小门”项目，提升疫情防控效能。构建视频联网整合、开放共享平台，促进社会治理智慧化水平提升。对市区18座公厕实现智能化、精细化管理，有效提升城市形象。

【为民服务】 秉持“客户为根、服务为本”理念，进社区、进楼宇、进商圈、进企业、进校园，帮助客户实地解决问题。开展直播助农销售桃形李公益活动、“银龄跨越数字鸿沟”服务及“沟通更近，服务用心”活动，社会效益良好。

【党建工作】 在嵊州市委组织部领导下，嵊州移动联合9家央企、国企成立嵊州市“帮促共富”党建联盟，坚持资源共享、活动共办、队伍共建、制度共创，打造国企党建金名片。围绕“干什么学什么”“缺什么学什么”“定什么学什么”创新开展“知行夜学”活动，学习宣传党的二十大精神。设置“首席和创联络员”，鼓励党员利用自身客情资源，攻坚集团认领项目。弘扬民情日记“六百”精神，创新打造“民情直通车”“枫桥式”网格，提炼“责任不缺位、服务不缺席、矛盾不上交”三大内涵。在党建、业务、合规等方面制定15项评价指数，指导网格建设。

（中国移动嵊州分公司 杜洁霞）

铁塔

【设施建设】 嵊州铁塔持续深入推进5G基础设施建设，统筹三家运营商的网络覆盖需求，全年新增开通5G基站423个，实现主城区、乡镇、重要工业区5G网络的加强覆盖；强化“5G基站一件事”改革及《建设工程配建5G移动通信基础设施技术标准》，完善各类建筑楼宇5G配建规范；积极向上争取资源，将5G建设投资纳入嵊州统计，全年累计完成投资8967万元。

【特色服务】 中国铁塔利用“点多面广、站高望远、配套齐全”的资源特点和专业化运营优势，聚焦“山水林田湖草沙”和政法等重点行业，围绕视觉感知、数据采集、图像分析、信息处理等数字化需求，打造全国统一开放的铁塔视联平台，形成标准规范、按需定制、丰富多样的“铁塔视联”产品，建立130多种算法的AI算法仓，通过“铁塔+5G+AI”，为千行百业装配“千里眼”“顺风耳”“智慧脑”。为全市提供“耕地智保”智能化应用服务，共计改造218座“通信塔”为“数字塔”，“人防+技防”有效保护耕地资源。

（中国铁塔嵊州办事处 周洪涛）

金融业

综述

【概况】2022年，全市有银行业金融机构23家、小贷公司3家、行业转贷基金2家、金融服务公司3家、民间融资服务中心1家、证券公司8家。至5月末，全市银行业金融机构贷款余额首次突破千亿规模，进入存贷款规模“双超千亿”时代。12月末，全市银行业金融机构存款余额为1321.03亿元，同比增长17.57%；贷款余额为1078.61亿元，同比增长18.47%；存贷款总额2399.64亿元，同比增长17.97%。

【凤凰行动】 制订出台《嵊州市深入实施促进经济高质量发展“凤凰行动”计划（2022—2026年）》，全年新增股改企业35家，省股交中心挂牌企业10家，IPO辅导备案企业3家，股权融资12.46亿元。上市后备企业库从30家扩面至42家。全年开展各类金融专题辅导培训10场次，北交所上市培育企业2家。

【金融保障】 制定出台《金融支持激发市场主体活力的意见》《金融支持稳进提质若干政策》《嵊州市金融助企纾困服务稳进提质除险保安的若干意见》等文件，有效承接上级利好政策。全面推进政府性融资担保，担保费率从1%降至0.5%，全年担保业务95笔，担保余额3.56亿元。实施服务业企业贴息补助，共受理3批次183家企业申请，补助利息107.16万元。修订出台《2022年度金融支持地方经济发展考评办法》，突出支持实体经济发展导向，常态化开展政银企对接，12月末，制造业贷款余额达到230.97亿元，比年初增加33.21亿元。发展普惠金融、科创金融、绿色金融，全市普惠小微贷款余额258.76亿元，同比增长21.29%；2022年末，人才企业贷款余额达12.1亿元，新增人才企业贷款10.81亿元，新增人才保险5单，新增知识产权质押融资9.38亿元；全省首笔“GEP生态价值贷”落地，全市排污权抵押贷款余额1.94亿元。开展金融“三比三争”组团助发展专项行动，推广金融顾问服务机制，组建嵊州市金融服务顾问团和嵊州市金融顾问工作室，切实为企业提供专业的金融服务。

【金融创新】 开展数字人民币试点工作，截至12月末，开设数字人民币对公钱包9426个，个人钱包35.41万个，交易金额9.02亿元，搭建应用场景13147个。承接省级数字化应用，推广“凤凰丹穴”系统应用，借力“凤凰丹穴”系统，在浙政钉机关内跑系统上线上市合法合规证明“一件事”集成办理事项。贯通应用省金融风险“天罗地网”监测防控系统，实现省市县三级联动。牵头组建上市公司公益基金，8家上市公司（含1家拟重点上市公司）出资设立公益基金，规模暂定2亿元，每年4%增值收益部分即800万元可实际用于公益事业。

【金融安全】 制定出台《关于建立和完善财

政金融风险处置工作机制的若干意见》，构建“1+4+N”财政金融风险处置机制。牵头组建“筑牢防范化解财政金融风险安全屏障专班”，创新设立“1+7”帮扶体系，在全市范围内开展风险企业定期摸排工作，实施风险企业清单动态管理。全年为1881户企业办理转贷2787笔，转贷金额达91.19亿元，重点企业融资难题破解率100%。开展全市非法金融风险集中排查整治、养老领域非法集资专项整治，组织开展打非联盟公益巡回演出，守护百姓的“钱袋子”。（市金融办 阮春娜）

金融监管

【概况】截至2022年12月底，辖内银行各项存款余额1321.03亿元，比年初增加197.41亿元，同比增长17.57%；各项贷款余额1078.61亿元，比年初增加168.20亿元，同比增长18.47%；不良贷款余额7.26亿元，比年初增加0.22亿元，不良率0.67%，比年初下降0.10%。全年总保费收入18.28亿元，同比增长5.52%。其中产险公司保费收入6.80亿元，寿险公司保费收入11.48亿元，同比分别增长6.85%、4.75%。2022年全市保险机构累计赔款5.83亿元。全市金融运行持续保持平稳发展。

【监管督导】嵊州市监管组会同市医保局加强乡镇走访督导，指导保险机构加大宣传力度，2022年度嵊州市“浙里医保·越惠保”参保率达73.61%，其中由嵊州市监管组负责的银行保险机构参保率超96%，率先在绍兴全市超额完成70%参保率目标。为应对新冠疫情、俄乌冲突对外贸企业的影响，指导银行聚焦涉外主体避险，加强与市经信局等部门对接，成立外汇联络员服务队伍，开展“外汇联络员暖心助企”专项行动。指导机构开展汇率避险知识宣讲，覆盖出口企业500余家，摸排100余家企业金融需求60余个。聚焦乡村振兴，围绕金融助力强村消薄、共同富裕，结合地方实际，调整修改相对薄弱村“一镇一行”结对帮扶名单，开展主题调研4次。引导机构做深做实基础金融服务，针对不同主题，创新开发金融产品。指导嵊州农商行针对春耕备耕，创新开发“越美·农机贷”产品3个，累计投放涉农贷款16.17亿元，惠及农户5763户，为900余户涉农生产主体降低春耕备耕融资成本150余万元。

【除险保安】一是扎实推进风险防控化解。嵊州监管组立足部门职责，配合政府做好河南村镇银行存款风险事件、中林控股集资事件及恒大楼盘风险事件的处置化解，督促相关机构加强风险监测、研判，做好积极应对，全力降低风险影响。强化对辖区信用风险的监测，按月统计风险报表，做好下情上传和上情下达。二是深化巩固银行安防基础。聚焦二十大安保和重大节假日银行网点现金业务增多、人流密集、疫情防控压力大等阶段性特点，会同市公安局开展会期和元旦、春节期间安全大检查和抽查，强化机构网点内部排查，提升人防、物防、技防能力，确保“平安嵊州”建设。三是强化为民监管意识。把信访消保工作作为“送上门”的群众工作，在核查处理信访件中推进监管能力和群众工作能力双提升。2022年，收到上级转办件4件，同级纪委转办件1件，群众来访来电20余件次，做到件件有回复。推动嵊州金融共享法庭建设，加强对银行业保险业人民调解委员会嵊州调解工作室的指导，全年累计调解案件283件，金额58843.6万元，调解成功案件94件，金额13465.8万元。

【服务经济】一是增加制造业中长期贷款投放。根据绍兴银保监分局制定出台的《“稳存量、促增量”金融服务工作方案》，引导法人银行加大融资供给，尤其是制造业中长期贷款投放力度。11月末，辖内两家法人银行制造业中长期贷款余额41.3亿元，较年初增长102.95%。二是回归信用本源支持稳链固链。鼓励各银行针对制造业项目投资规模大、产出周期长、融资需求强等特点，优化组织各类融资方式，回归信用本源，全力支持项目融资需求和产业链供应链的安全稳定。11月末，两家法人银行制造业信用贷款16.99亿元，占比20.56%，分别较年初增加4.94亿元，上升4.39个百分点。三是迭代升级融资支持工具。推进“双保”助力融资支持机制，对前景良好但资金缺乏的中小企业，通过“双保”贷款，提供增量资金支持。整合中期流贷、无还本续贷等模式，有效缓解贷款与企业经营周期不匹配的堵点。11 月末，两家法人银行无还本续贷余额 31.08 亿元，较年初增长 26.18%。四是推动地方农险高质量发展。指导人保财险新开办茶叶低温气象指数保险，为全市 55 位种植户 4403.8 亩茶叶提供 660.57 万元的风险保障，赔付金额 164.59 万元，有效减轻低温霜冻造成的茶农经济损失。实现桃形李成熟期种植气象指数保险增量扩面，为金庭镇 4137.4 亩桃形李种植提供 1241.22 万元的风险保障，参保面积同比增加 2718.4 亩，守护嵊州桃形李“甜蜜”产业。

【法人监管】 围绕主责主业，深化法人机构“评级评价评估”。结合 2022 年度对辖内两家法人现场及非现场监管情况，开展两家法人银行 2022 年度监管评级、小微企业金融服务监管评价、高管履职评价、合规示范区建设评估等工作，总结梳理后形成 2022 年度监管意见书，揭示机构经营发展中存在的风险和问题，提出监管意见和监管任务，强化跟进，形成闭环。持续推进“大审计”+“小专项”的外审模式，摸清法人银行风险底数，对外审发现的问题，要求机构逐项销号，强化问责，全面自查，形成长效机制。参与指导法人流动性压力测试和应急演练，督促机构合理配置资产负债期限，加强流动性风险管控。全年共开展监管评级 2 家次、各类评价评估 10 家次，开展监管会谈 7 家次，监管约谈 2 家次，下发监管意见书 2 家次。根据省局下发疑点数据清单，配合完成对嵊州瑞丰村镇银行各项检查，查实疑点数据 83 条，对该行分两次作出行政处罚共计 50 万元。配合分局现场检查工作安排，派员参加新昌农商行全面内控现场检查，共计 14 项工作。（市银保监组　陈彦）

银行

【中国人民银行嵊州市支行】 一是促进融资总量稳定增长。用好降准释放的长期资金等，引导银行业金融机构加大信贷投放力度，增强信贷总量增长的稳定性，为稳定宏观经济大盘营造适宜的货币金融环境。推进银行间市场债券融资创新发展，增强资本市场服务实体经济能力。2022 年全市贷款新增 168 亿元，社会融资规模新增 210 亿元。二是发挥结构性货币政策工具导向作用。用好结构性货币政策工具，引导金融机构加大对普惠金融、科技创新、绿色发展等领域的金融服务力度，增强经济增长潜能。全年各项优惠资金落地总额近 30 亿元。三是推动综合融资成本稳中有降。发挥贷款市场报价利率（LPR）改革效能，引导银行业金融机构加大减费让利力度，做到各类手续费应免尽免，应减尽减，鼓励政策性融资担保机构实行优惠担保费率，进一步激发市场主体发展活力。四是金融助企持续发力。贯彻落实小微企业贷款延期还本付息支持政策，对因疫情影响暂时遇困的小微企业贷款实施延期还本付息。指导银行做好逾期信息甄别工作，避免因疫情造成不良信用记录。五是涉外经济保稳提质。推动银行提升汇率风险管理服务水平，开展银行汇率避险业务专项劳动竞赛，约谈 4 家汇率避险业务开展工作滞后的银行。开展外汇联络员“暖心助企”专项行动，指导 3 家地方国企成功在境外发债，为企业提供全流程服务。扩大优质企业贸易外汇收支便利化政策受惠面，筛选出 50 家“专精特新”优质中小企业推荐给银行，支持银行上报纳入试点范围。督促银行用好区块链融资平台，引导银行做好与重点企业的对接，利用“订单+清单”系统，拓展企业在线融资渠道。六是服务民生更显质效。畅通国库服务“绿色通道”，退税做到“快、准、优”。提升征信服务便利度，形成以人行征信服务窗口为中心，辐射全城的查询服务网络。推进数字人民币试点，推进示范街、农贸市场、商圈等重点应用场景建设和应用。拓展“枫桥式”农村金融服务内涵。新增 1 家“枫桥式”农村金融服务站。在此基础上，拓展“枫桥经验”在征信、金融纠纷化解等工作中的应用，建立“枫桥式”征信服务工作室、“枫桥式”金融纠纷化解村级工作室。七是防范治理金融风险。建立征信市场监测清单，做好征信市场乱象治理。打击治理电信网络新型违法犯罪和跨境赌博，做好账户风险管理，在常态化存量账户排查基础上，组织银行开展账户排查、核查。加强银警协作，协助账户查冻扣等工作，建立7×24小时协助查询机制，协助公安机关冻结止付银行卡。八是做好房地产金融保障。执行差别化住房信贷政策，稳定房地产开发贷款投放，满足个人住房贷款合理需求，推动房地产贷款平稳增长。做好监管银行预售资金监管行为的监督指导，加强重点项目后续监测。

（中国人民银行嵊州市支行 袁璐慧）

【中国工商银行嵊州支行】 一是支持制造业及民营经济发展。根据“增加总量、稳定存量、优化增量”的原则，2022年年末支行信贷总量投放48.65亿元，较年初新增21.27亿元。其中制造业贷款余额12.97亿元，较年初新增2.18亿元；民营企业贷款余额21.52亿元，较年初新增4.16亿元；绿色贷款余额14.46亿元，较年初新增8.66亿元。二是响应普惠金融发展。围绕“普百业、惠万千”的主题，加大小微贷款投放，对重点区域、重点领域和重点行业，实施主动授信，做到应贷尽贷、尽早投放，截至12月末，普惠贷款余额15.5亿元，较年初增加3.5亿元；落实乡村振兴工作，强化组织推动，提升金融服务能力，2022年年末涉农贷款余额51.18亿元，较年初新增21.72亿元；新增农户e贷金额4156万元。三是创新机制助力企业发展。推广无还本续贷、中期流贷、网贷通随借随还等产品，全面实施“连续贷+灵活贷”机制，做到应续尽续，持续扩面增量，为企业稳信心、稳预期注入正能量；投放“双保”应急融资，服务“六稳”“六保”工作。截至12月末，无还本续贷余额4.8亿元，较年初新增4.5亿元。四是守住底线，做好风险化解和社会稳定工作。不简单收贷、压贷、延贷，依靠政府、监管部门等协调指导，合理制定风险化解方案；优化审批流程，优惠贷款利率，降低财务成本，帮扶企业破解难题，化解和处置不良贷款。 （中国工商银行嵊州支行 王莎利）

【中国农业银行嵊州支行】 2022年报批项目贷款5个，获批金额57.4亿元，发放项目贷款15.8亿元。实施新经济战略，支持高端制造业、高科技产业等，发展绿色贷款，重点支持基础设施绿色升级、清洁能源产业、绿色制造业等领域。全年新增制造业贷款4.33亿元，同比增速33.5%，其中，中长期制造业贷款3525万元，同比增速25.55%。围绕“以普惠金融促进共同富裕”，落实专项配套政策，全年净增普惠贷款2.4亿元。打造“宣传+交易+营销+场景拓展”四个阵地，扩大惠农生态圈覆盖，全年惠农e贷、个人消费贷款分别较年初增加2.68亿元、6424万元。打造“智慧+”场景服务新模式，中标嵊州市机关事务服务中心食堂（资金专户）开户项目，并取得资金专户和嵊州市政府智慧食堂项目。开立嵊州市慈善总会和亿厦建设共同委托的慈善信托账户，为全绍兴农行系统办理的首单慈善信托。引导青年员工提升自身综合能力，承担社会责任，常态化、规范化做好反电信网络诈骗、个人信息保护、征信知识、存款保险、反洗钱等方面宣传。进工厂、进社区、进学校、进市场、进乡村开展金融知识讲座，助力营造健康、平安的金融环境。 （中国农业银行嵊州支行 吴赛萍）

【中国银行嵊州支行】 加大对重要领域、重大项目、重点企业的支持力度，全年批复重大项目4项，批复金额40.85亿元，投放16亿元，发行PPN10亿元。加大对制造业金融供给，全年中长期制造业贷款新增1.24亿元，科技金融贷款新增1.12亿元，增速57.41%，科技金融客户数42户，增速达82.61%。推进普惠型小微企业贷款“增量、扩面、提质、降本”，2022年末普惠贷款余额10.14亿元，较年初新增3.65亿元，增幅达56.36%，户数新增129户。推动强村富民，2022年实现乡村振兴共富贷“零”的突破；践行“两山”理念，紧扣“双碳”目标，绿色信贷新增11.98亿元。顺应场景化、数字化发展趋势，深耕场景项目，加快数字化拓客步伐，全年落地个人场景项目1个，发展对私数字钱包2.51万个、对公数字钱包973个。融资+融智服务国内国际“双循环”，全年办理国际贸易结算 26595 万美元，同比增长 13%，实现跨境人民币业务量 20418 万元，同比增长 2.24%，承销境内债 10 亿元、联合承销境外债 150 万美元。坚持金融惠民，先后推出中银 E 贷、中银 E 分期、小吃贷等产品，满足不同客户金融消费需求，全年投放按揭贷款 2.99 亿元、非房消费贷款 3.18 亿元；优化基础服务，推进“进企业、进社区、进农村”工作，为群众宣传金融知识、反电诈知识，提供一站式上门服务，全年共计开展金融知识、反诈、消保等宣传 10 次，开展上门服务 45 次，惠及人次 2 万余人。（中国银行嵊州支行 李晓媛）

【中国建设银行嵊州支行】 助力实体经济发展，先后贷款支持嵊州城投集团“白莲堂未来社区项目”、贝达药业（嵊州）“创新药产业化基地项目”，深化与帅丰电器、昂利康制药、金帝智能厨电、浙江钜丰科技、浙江博赛制冷等企业信贷合作。截至年末，对公非贴贷款余额 31.5 亿元，比年初新增 8.8 亿元，增幅 38.6%。助力乡村振兴，推广“共富贷”产品，全年发放 353 笔，累计投放 1.29 亿元。服务乡村，推行“裕农通”，全市裕农通服务站点共 193 个，乡村振兴裕农通卡新增 12431 张，实现全市行政村“裕农通”全覆盖。落地全省建行 2022 年首笔债券销售和全国首单 5 亿元“乡村振兴主题”理财直融工具，联合政府职能部门和监管平台实现全国首例农村宅基地数字化有偿选位。全年开展“共促消费公平 共享数字金融”金智惠民培训、送清廉金融知识和反电信网络诈骗知识进校园等大型金融宣教活动 5 次。深化劳动者港湾建设，推进省级文明单位创建，践行新时代新金融文明行动。2022 年，支行职工书屋获评省级职工书屋，户外劳动者服务站点被绍兴市总工会评为“品质站”，下辖营业部“妈咪暖心小屋”被评为绍兴市“妈咪暖心小屋”示范点。

（中国建设银行嵊州支行 徐若逸）

【交通银行嵊州支行】 2022 年，支行存款新增 4.6 亿元；贷款新增 2 亿元。一是支持实体经济发展，加大信贷投放力度，减税降负。截至 12 月底，支行对公实质性贷款 26.13 亿元，较年初增加 10.58%。二是拓宽融资渠道，服务中小微企业。新发展“0+N”模式的小微客户，拓宽新的授信申报方式；新申报嵊州市政府下属惠民融资担保公司授信 1 亿元，至 12 月末，通过国有融资担保公司的担保贷款余额 5445 万元，构建“商行+投行”“融资+融智+融合”“境内+境外”“股+债+贷”四位一体服务体系，为企业提供全周期、全流程服务。组织开展普惠业务专项培训活动，进企业、进园区、进乡镇、进社区推广线上抵押贷、普惠 e 贷、税融通等普惠业务，方便中小微企业申请贷款。三是加大支持嵊州市基础设施建设力度，为国有企业投放贷款 3.5 亿元，投资国企发行的债券。四是加强内外合规管理，防范风险。截至 2022 年年底，不良率 0.3%，比年初下降 2.2%。五是聚焦老年人金融“最后一公里”，延伸金融服务触手。在网点内提供老视镜、放大镜、轮椅、医用急救包等用品；结合老年客户偏好，全程陪同和指导；扩大“适老”服务半径，为有需要的老年人提供上门服务，解决其因出行不便造成的困扰，让金融服务有质量更有温度。（交通银行嵊州支行 张峰）

【中国邮政储蓄银行嵊州市支行】 一是贯彻绿色金融理念，实现绿色融资及客户占比稳步提升，累计发放绿色贷款 0.47 亿元，同比增长 31.52%。二是创新产品服务，加快推进农村金融服务创新，满足三农客户需求，发展新农贷小额贷款产品业务。支持共同富裕示范区建设，崇仁镇 22 个薄弱村均完成增收目标；加大对“两小贷款”经济的资本支持力度，全年小微贷款投放 7.68 亿元，同比增长 61.01%，小企业贷款投放 12.79 亿元，同比增长 42.74%；城区以“极速贷”为主打产品，加大对交易市场、特色产业的支持，推进主动授信白名单转化，以非抵押类业务差别化覆盖客户，集中力量推进农村信用体系建设，提高农村区域客户占比。三是推进信用村及信用户建设。围绕乡村振兴战略，壮大农村信贷规模，完善农村信用体系建设，全年累计建设信用村 249 个、信用户 4742 户，并给予更优惠的利率水平、更丰富的还款方式等金融支持。四是由服务“小农户”向服务

“大三农”转变，推进农业龙头企业贷款及农业基础设施贷款，促进农村资金配置效率提升；优化信贷结构，推进组合贷，提高农业产业授信能力，缓解新型农业经营主体贷款难、融资贵问题；加大对农业基础设施的支持力度，提高生产能力、产出效率和收入水平，降低贷款偿还风险，全年涉农贷款净增 1.26 亿元。五是做好金融知识宣传服务工作，设立宣传海报，发放宣传资料，组织开展金融知识进学校、金融服务进乡村、金融培训进基层等活动，提高农村及年老、年幼人群反诈防诈、网络信息安全、消费者权益保护等意识，营造良好的金融环境。

（中国邮政储蓄银行嵊州支行 沈芾儿）

【农业发展银行嵊州市支行】 一是聚焦主责主业，保障粮食安全。坚持“保资金、强服务、实库存”定位，保障地方粮食供应，支持收储企业做好地方储备粮食收购工作，累计发放贷款 17630 万元，累计收回贷款 18043 万元。二是聚焦乡村振兴，加强银政合作。与嵊州市政府签订银政协同助力嵊州市高质量发展建设共同富裕示范区专项合作框架协议，重点围绕产业提升、乡村振兴、城乡融合、生态建设和普惠金融等领域，构筑全方位、多角度、深层次的合作体系，在城中村改造、改善农村人居环境、水利建设、农村公路等领域提供支持。全年累计发放长江大保护贷款 15.83 亿元、城乡一体化贷款 15.68 亿元、农地贷款 7.75 亿元，新获批贷款 9 个，金额 48.7 亿元。三是聚焦履职担当，提升服务质效。支持民营企业发展，坚持“上门访”与“进企谈”相结合，实地调研走访，提前掌握客户融资和续贷意向，提前启动后续贷款申报工作，降低企业资金周转成本。截至 12 月末，支持民营企业贷款客户 7 家，贷款额度 4220 万元，其中小微企业 5 家，贷款额度 3220 万元。四是聚焦提质增效，实现业务高质量发展。推出公司自营、前期贷等融资模式，创新“公益性项目+经营性项目”整合融资模式，以嵊州市整合国有企业开展市场化运作为契机，保障政府投资项目顺利实施，先后支持嵊州市城乡供排水一体化工程、农村道路提升改造、美丽城镇建设以及嵊州三溪水库前期费用等重点民生项目，发挥政策性金融当先导、逆周期、补短板的调节作用。

（中国农业发展银行嵊州市支行 骆振辉）

【浙江嵊州农村商业银行】 加快普惠生态版图建设，“线上+线下”标准化产品联动，打造线上以“小微易贷”“小微速贷”“丰收 E 贴”为主，线下以“新苗贷”“税银贷”“订单贷”为主的金融产品体系，为制造业、餐饮业、旅游业等不同类型企业提供综合化、多元化融资服务。建立金融服务小微企业“敢贷、愿贷、能贷、会贷”长效机制，将信贷资源向首贷户倾斜，帮助更多小微企业获得信贷支持，破解首贷户融资“最先一公里”难题。截至 2022 年年末，普惠小微贷户数 15334 户、贷款余额 105.42 亿元，小微企业首贷户新增 812 户、余额新增 23.85 亿元。出台《金融助力稳经济大盘工作二十二条》《助企纾困金融服务二十条》等举措，设立助企纾困专项信贷资金 50 亿元，开展“金融助企行”“金融支持百万市场主体”等专项行动，将更多优惠政策传导给小微企业。扩大减费让利范围，严格执行差异化利率定价机制，加大产业发展转贷基金使用力度，减免抵押类贷款押品评估费、抵押登记费、账户开户费及管理费等相关费用，灵活运用无还本续贷、政策性融资担保、宽限期、延期还本付息等惠企政策。全年延期还本付息金额 82627 万元，惠及企业 413 家；无还本续贷金额 60848 万元，惠及企业 196 家；累计发放数字利率优惠券 2198 张，减费让利金额达 1 亿元以上。发挥决策链条短、经营机制灵活的优势，通过金融指导员驻点、客户经理驻企等模式，高效整合“首贷培植”“数字普惠大走访”“金融赋能重点项目”等活动，实施常态化、网格化、系统化走访，深入摸排企业经营中存在的困难和问题，“一企一策”为企业提供专业化、个性化金融服务方案。开辟“助企服务绿色通道”，通过预约办理、集中办理、上门办理等方式，利用展业平板、背夹等移动终端，将融资端口连接至企业端，不断优化金融服务体验。2022 年共走访企业 2 万余家，汇集企业融资需求超 2500 个，实打实为企业解决金融需求

2326个。（嵊州农商银行　徐剡玲）

3月19日，嵊州农商银行客户经理走访辖内农业企业，现场办理金融服务

【浙江嵊州瑞丰村镇银行】 一是推进农村信用体系建设。以“普惠签约”为抓手，借助移动开卡的便利性，对“普惠授信”客户进行现场开卡和签约，实现业务办理零上门。5月，与贵门乡签订党建联盟协议，共谋银乡合作发展之路，因地制宜推出强村富民—剡富贷，面向农户、村集体组织、个体工商户、小微企业（主）及农村其他经济组织，提升助力共同富裕的精准性。截至2022年末，为134户客户提供信贷支持超2300万元。二是支持乡村振兴产业贷款需求。参与嵊州市农村承包土地经营权抵押贷款试点工作，发放嵊州市首笔农业企业经营权抵押贷款；推出农业供应链金融产品“农链贷”，以省级农业龙头企业、绍兴市粮食应急加工企业——嵊州市三碗米业有限公司为核心，以向企业销售稻谷、小麦的承包种植大户为下游，支持粮食产业链全面发展。截至2022年年末，农村承包土地经营权抵押贷款余额500万元，农链贷农户135户，贷款余额2469.13万元。三是加大绿色信贷发展力度。响应碳达峰碳中和政策，加快绿色金融产品创新。针对电镀、印染、化工等产业，将绿色要素作为增信、用信的重要考量，加强客户“低碳行为”考核；降低绿色类客户信贷准入门槛，实施差异化授信和利率定价，适当放宽绿色产业授信条件，降低利率水平；将“绿色理念”融入授信准入、投向管理、贷后审查等各个环节，提升信贷服务和产品的绿色内涵，加强对绿色科技、绿色生产、绿色文化产业相关主体的批量化服务能力。四是深化小微金融服务模式。以“春潮行动”为契机，制定《嵊州瑞丰村镇银行关于深化小微企业（个体工商户）首贷金融服务暨支持青年创业建功共同富裕“春潮行动”的活动方案》，推出“青”系列专项金融产品，对市内有实际融资需求但尚未获得银行贷款的青年创业主体，开展精准培植，实行首贷户名单制管理。截至2022年年末，提供信贷支持超2亿元。同时，优化各类金融服务平台，接入浙江省金融综合服务平台，推广“贷款码”，实现各平台互联互通。围绕国家高新、专精特新、“小巨人”企业和单项冠军企业等重点客群，加大贷款利率让利幅度，推动各类数据集成共享，实现融资供需精准对接。2022年扫码630户，支持市场主体541户，支持金额48308万元。

（嵊州瑞丰村镇银行　金慧）

6月28日，嵊州瑞丰村镇银行支持贵门乡共同富裕综合授信贰亿元

【绍兴银行嵊州支行】 一是发挥集镇网点优势，助推共同富裕示范区建设。以“城商银行服务乡村振兴标杆行”为目标，“上网下乡”，实现市域五大中心镇网点全覆盖，不断提升乡村服务能力，打响集镇金融名片。二是提升数字赋能，推进信贷产品迭代升级。丰富网络金融产品货架，优化“物业物产贷”“创业担保贷”“满系列”“金系列”“兰花易贷”“共富贷”等金融“拳头”产品，提升综合竞争力。三是坚持金融向实，落实落细一揽子稳经济措施。贯彻落实市委、市政府和监管部

门的工作要求，实行延期还本付息、无还本续贷等举措支持实体经济，惠及户数 560 户，无还本续贷余额 7.46 亿元；持续运用转贷基金制度，切实减轻企业转贷负担，全年累计运用转贷基金 122 次，转贷金额 7.67 亿元，惠及企业 101 家。四是强化优质金融供给，传播“绍行”好声音。推行限时审批制度，落实标准产品“一日审批”，增强客户体验感；运用金综平台大数据共享、在线抵押登记、线上供需对接等手段，打通小微金融服务“最后一公里”；持续推进“美好厅堂”创建，推动厅堂服务模式转型，争做区域“好银行”。

（绍兴银行嵊州支行 王芸蕾）

【招商银行绍兴嵊州支行】 聚焦创新型融资业务，帮助客户优化融资结构，降低融资成本，提高融资效率，密切银企合作。2022 年，支行协同境外招商永隆银行高效联动，以联席簿记管理人和联席牵头经办人身份，协助嵊州两家国企在境外分别成功发行债券 1.43 亿美元和 1.42 亿美元，期限三年，发行利率分别为 2.7%和 3.5%，有效解决优质企业“融资贵”问题。

（招商银行嵊州支行 胡新东）

【中信银行绍兴嵊州支行】 一是举办 2022 年政府专项债及综合融资宣讲会，重点宣讲新形势下政府平台融资及地方专项债业务，提高国有企业融资能力。全年实现国有平台新增融资、债券认购 5.8 亿元。二是开展拆迁金融服务保障工作，成立拆迁金融服务保障工作领导小组，动员全行员工做好金融服务保障，帮助拆迁户理智选择金融产品和服务，使“钱袋子”保值增值。通过驻点服务，为四个拆迁区块（白莲堂社区、仙湖幼儿园北侧商品房、鹿山街道双燕区块、浦口街道无底丼及高窑山区）拆迁户上门开卡 600 余张。

（中信银行嵊州支行 林菊）

【上海浦东发展银行绍兴嵊州支行】 一是坚持高质量发展主线，把握科创、绿色、中长期三个主题，加快信贷机构优化调整。全年新增投放科创贷款 3.85 亿元、绿色贷款 1.5 亿元、中长期贷款 2.78 亿元。二是助力实体经济，制造业贷款余额 11.08 亿元，较年初增长 33087 万元；公司普惠贷款余额 19655 万元，较年初增长 3746 万元；零售普惠贷款余额 22343 万元，较年初增长 2184 万元。全年合计为 11 户企业进行无还本续贷操作，累计金额 8800 万元；累计为 53 户企业减费让利。三是积极响应国家发改委、人民银行、财政部联合发文的关于推动设备更新改造贷款、中长期贷款的专项政策，重点走访相关企业，协助企业申报，共获批设备更新改造贷款 2 笔，中长期贷款 1 笔，合计金额 2.8 亿元。

（浦发银行嵊州支行 祝磊）

【华夏银行绍兴嵊州支行】 一是拓展零售业务渠道，加快零售转型步伐。开展客户营销活动，扩大客户群体。维护存量客户，开拓新客户。2022 年，支行金融资产总量基本保持稳定且略有增长；完成信用卡新发卡 548 张，国际业务结算量 3390 万美元。二是发展普惠金融，运用房贷通贷款、小企业网络贷等一系列适合当地小企业客户的产品，帮助小微企业解决“转贷难”“融资贵”问题。在平台金融开发中，为核心企业的上下游小企业客户提供了新的融资渠道。三是拓展公司类资产业务及投行业务，确立商行加投行的发展模式。加大对公司项目的营销力度，实地走访了解企业经营状况及融资需求，制定针对性的营销计划。重点做好投行业务，主要向各政府平台公司做好融资租赁、公司债、信托代销等联系沟通协调工作。做好财政性存款的招投标工作和破产管理人账户营销工作，以产品带动存款。四是强化风险管理，夯实资产质量基础。坚持抗疫和发展“两手抓”，提升风险协调、统筹和处理问题的能力。对所有授信客户进行分类管理，做实贷前调查与贷后检查，强化对第一还款来源的管控。

（华夏银行嵊州支行 卞嵊凤）

【浙商银行绍兴嵊州支行】 一是推动“政企银”三方联动，稳健发展公司业务，持续完善平台化服务模式，打造流动性服务、产业链供应链服务、财富管理服务的差异化竞争优势，对嵊州市主要的城建公共类国有企业授信进行全覆盖。加强与行业协会对接合作，搭建嵊籍商人合作平台，了解嵊商投融资情况，与嵊州市工商业联合会签订战略合作协议。二是利用总分行利率优惠政策，运用还贷通到期转、五年贷等小贷业务特色产品，以线上线下相结合方式，缓解小微企业融资难。三是设置网点服务“暖心驿站”，构建温暖大厅，打造贴心、暖心、有温度的银行。截至2022年，支行与嵊州市三界镇临杭园区、置信智造谷园区合作，累计发放贷款22笔，贷款金额1.9亿元。

（浙商银行嵊州支行 陈莹）

【中国民生银行嵊州支行】 坚持客户经理过程管理，建立网格化走访机制，实施分层级定期走访制度，掌握第一手市场信息。集中精力抓重点客户和主要项目，实现对钦寸水库（3.9亿元）、嵊州城投（2.5亿元）、盛泰服装（1亿元）等重大项目的有效投放。9月，支行与嵊州市金融办联合举办“越享民生 智嵊未来”中小企业金融服务交流会，与厨具协会、盛泰服装、金帝厨具等企业签署4.4亿元战略合作协议。在嵊州市白莲堂未来社区项目拆迁兑付中，为拆迁客户上门开卡108张。

（民生银行嵊州支行 单莉）

【宁波银行绍兴嵊州小微企业专营支行】 一是加大普惠金融支持，降低小微企业融资成本。2022年支行普惠贷款利率较年初下降41个BP，在此基础上推出15亿元普惠贷款优惠专案，加大小微企业利率优惠力度。全方位减免宁波银行企业App基础办公模块、财资大管家等各类产品系统服务费和手续费，降低企业经营成本。截至12月末，支行普惠贷款余额4.26亿元，同比增长1.1亿元，增速35%；累计投放255笔，金额2.95亿元。二是全面助力产业升级。截至12月末，支行全口径支持嵊州区域的制造业贷款余额5.41亿元，同比增长113%。同时，与宁波银行旗下金融租赁子公司合作，提供设备融资租赁服务，全年累计投放4300万元，拓宽企业融资渠道。助力科技型企业发展，2022年知识产权质押合作企业3家，授信金额5000万元；新合作“专精特新”企业10家，合作覆盖率从年初的23%提升至57%；授信金额3.39亿元，较年初提升2.68亿元，其中信用担保方式5家，授信金额2.23亿元。三是依托外汇金管家线上服务平台，配强服务团队，帮助外贸企业做好汇率管理。四是开展政银企联动，利用直播、短视频、微信公众号、客户微信群等方式，向目标客户精准推送普惠政策和产品信息。2022年，累计开展直播活动5场，观看人数超1万人。

（宁波银行嵊州支行 周兰）

【浙江泰隆银行嵊州支行】 一是创新金融服务，满足多样需求。推出“融资+融智”服务，打造“产品智库”1.0平台，建立行业标准库36个，制定行业指引40项，建立产品专家服务团队，通过“1+N”模式服务小微企业客户。推动无担保、纯信用线上产品“税e贷”，通过共享小微客户纳税信用评价结果，有效解决信息不对称问题。推广知识产权质押业务，凭专利权、商标权等知识产权质押可获得融资，为无有效抵押物的小微企业解决融资难题。助力破解“首贷难”，对接“首贷户”融资需求，量身定制“一户一策”金融融资服务；持续优化流程，减时间、减环节、减材料，提高业务办理时效。二是深化科技金融，支持“专精特新”企业发展。探索投贷联动模式，通过“融资+融智”模式，服务小微科创企业创业创新。成立科技金融创新发展联席小组，从专项资金调配、人力资源、绩效考核、费用支持等方面助力小微科创、区域经济转型升级。三是打造数字风控，提升精准服务。引进工商、法院、税务等外部数据，建立统一的指标库和标签库，以“外部数据+数据模型”的方式赋能数据在反欺诈、评级、贷后的应用，实现对客户的准入、额度管控和精准贷后管理，完善预警机制。 （泰隆银行嵊州支行 徐璐琼）

【台州银行绍兴嵊州小微企业专营支行】 坚持支农支小的市场定位，为小微企业、个体工商户、“三农”等客户群体提供普惠型金融服务。一是落实助企纾困政策。实施小微企业、个体工商户贷款符合延期还本付息政策“应延尽延”，符合续贷条件“应续尽续”，已授信贷款“应贷尽贷”，缓解小微企业、个体工商户财务困境。全年办理无还本续贷产品客户49户，金额3183万元。二是加强产品创新。快递物流行业推出“快递贷”产品；批发零售行业客户推进易收款“T+0”服务；加大园区易贷、园区租金易贷及购建厂房企业等中长期贷款投放；推出“e购贷”授信产品，打通供应链核心企业与下游小微企业融资难点。三是缓解企业担保难，加大信用贷款推广力度。截至2022年年末，纯信用贷款631户，余额1.35亿元，占比36.68%。推广“连续贷+灵活贷”服务机制，全年共计发放贷款金额4.43亿元。四是推进绿色金融发展。优化授信政策，加大对低碳产业、“6+1”重点领域的支持力度，面向制造业企业推出绿色节能贷款产品，提供信用贷款或利率优惠等措施，鼓励该类群体购买节能设备，或者改进生产流程、降低生产能耗、实现节能减排，促进企业转型升级。全年新增绿色贷款310万元。（台州银行嵊州支行 王瑛）

【嘉兴银行绍兴嵊州小微企业专营支行】 4月，推出“嘉抵e贷”“嘉富贷”等线上产品，截至年末，“嘉抵e贷”用信26户、3947万元，“嘉富贷”用信82户、1785万元，新增小微企业首贷户8户。加大贷款延期、无还本续贷、“双保”应急融资等政策工具的推进力度和覆盖面，截至年末，无还本续贷业务占“两增两控”小微业务的35.31%，较年初提高13.87%。借助分支行获批准入的融资担保有限公司，全年落地合作业务11笔共3950万元。开展“访客户、问需求、优服务”百日大走访活动，聚焦“专精特新”“小巨人”、行业“隐形冠军”企业，共走访200余家。“一企一策”提供金融扶持，向15家科技型企业提供信贷金额9760万元。以“嘉富贷”产品为契机，加大反哺“三农”力度，增加农业生产开发、种植、养殖等信贷；参与“卮山共富工坊”，推动下王镇共同富裕从“串点成线”向“组团发展”；谋划“乡村致富带头人+金融服务模式”，向2户种粮大户授信500万元。（嘉兴银行嵊州支行 黄甜甜）

【平安银行嵊州支行】 践行开放银行、AI银行、远程银行、线下银行、综合化银行相互衔接、有机融合的零售转型新模式，打造“智能化银行3.0”，推进数字化线上经营。运用大数据、AI、物联网、区块链等技术，推动小微专属产品“新微贷”实现数字化升级，持续优化“宅抵贷”“抵押E贷”等普惠产品，有效缓解企业融资难、融资贵。响应“减费让利”政策，助力小微企业和个体工商户等市场主体减负。开展“AI+T+Offline”（“人工智能+远程线上专员+线下智能网点及理财经理”）全新经营模式。发布平安银行口袋银行App6.0，全面升级界面设计、智能交互、适老化无障碍、生活权益、理财服务等功能，打造更加便捷、智能、安全的使用体验。

（平安银行嵊州支行 张夏芳）

【民泰银行绍兴嵊州小微综合支行】 依托“一平台两系统”，紧扣乡村振兴各项工作，加大金融创新支持三农力度，先后将桃形李树、三角枫、知识产权等产品作为抵质押物，解决种植养殖农户缺少抵押物和担保人的融资难题。针对客群开展专项营销活动，组织业务人员定时定点在美妙三公里、西皮茂、黄塘桥、江滨市场和丽湖小区等开展外拓营销。坚持暖心金融服务，严格按照星级网点标准，美化营业环境，完善服务设施，增设大堂医药箱、针线盒、雨伞、轮椅和老视镜等便民设施，配备点钞机、碎纸机、手机充电宝等设备。常态化开展助力疫情防控和文明城市创建等志愿者活动，加大防范电信诈骗、反洗钱、反假币、金融消费者权益保护等方面的宣传力度。（民泰银行嵊州支行 陈霞）

【杭州银行绍兴嵊州小微专营支行】 2022年，支行实施“明确客群、渠道建联、获取名单、制定政策、访客触达、运营转化”的营销新模式，有效触达小微企业，服务有房、有税、有结算三大客群。减费让利，助力小微企业降成本，全年共发放57张减息券，涉及合同金额近7500万元，减免利息约35万元。加大制造业小微客户和产业链上下游小微企业的信贷支持力度，开展“耕园行动”，走访经济开发区、三界工业园区、黄泽工业园区等发展平台，利用总行靶向名单和园区白名单，细分客户产业集群，做好小微圈链的营销和储备。依托线上小微信贷产品，提供线上申请、自动审批、随借随还等便利化服务。通过云抵贷和云小贷数字化平台，整合申请入口，持续优化业务流程、准入模型、额度测算、利率测算等功能，通过数据挖掘、业务场景分析等手段，强化数智赋能。推进企业版云抵贷、税金贷，提升法人客户用信体验，加大对法人客户日常结算、现金管理、票据承诺等综合服务力度。（杭州银行嵊州支行 冯琪尔）

4 月 26 日，杭州银行绍兴嵊州小微专营支行开业

证券市场

【概况】 2022 年，全市共有证券公司 8 家，共实现证券成交金额 2984.67 亿元，新增开户数 20513 户，比 2021 年增长 5638 户，增长 38%，纳税总额 2.74 亿元，比 2021 年增长 1.4 亿元，增长 105%。是年，各证券公司在整体市场低迷的情况下，全面实行流程精细化管理，着力提升全员服务水平及专业技能，开展投资者教育讲座，拓展证券交易创新产品，打造提升客户满意度的优质平台，取得了较好的经营业绩。（市金融办 王芳兰）

表 13　2022 年嵊州市证券公司及交易一览表

公司名称	交易金额（亿元）	新增开户数（户）	实缴税收（万元）
海通证券	1801	5214	11026.85
中信证券	330.39	1576	14774.11
国信证券	258.06	6386	219.12
财通证券	139.5	1706	41.24
国元证券	82	2665	362.35
光大证券	87.28	462	40.81
浙商证券	263.32	550	895.37
方正证券	23.12	1954	47.03
合　计	2984.67	20513	27406.88

小额贷款

【概况】 2022 年，全市共有小贷公司 3 家，合计注册资本 5 亿元，12 月末贷款余额 6.20 亿元，贷款笔数 2945 笔，年加权平均利率 20.50%，实现营业收入 9249 万元，利润 5451 万元，实缴税收 2182 万元，不良率 38.18%。

（市金融办 姜敏智）

表 14　2022 年嵊州市小贷公司运行情况表

公司名称	注册资本（万元）	贷款余额（万元）	放贷笔数（笔）	年平均利率	不良率	营业收入（万元）	净利润（万元）	实缴税收（万元）
恒丰小贷	20000	19679	129	17.38%	78.68 %	1170	261	87
国银小贷	20000	27937	2756	21.68%	25.46%	6478	4384.8	1732
泰鑫小贷	10000	14377	60	22.46%	7.32%	1601	805	363
合计	50000	61993	2945	20.50%	38.15%	9249	5451	2182

保险业

【概况】2022年，全市共有保险机构28家，其中财产保险15家，人寿保险13家。全年总保费收入18.28亿元，同比增长5.53%，其中财产保险业务增长6.85%，人寿保险业务增长4.77%。

表15　2022年嵊州市财险公司业务数据一览表

保险机构	保费收入（万元）		赔付支出（万元）		未决赔款（万元）	市场份额
	总收入	其中车险	总支出	其中车险		
人保财险	24818.14	16581.51	14691.89	11676.05	4916.02	36.52%
平安产险	13016.03	10987.48	8236.21	7722.21	4343.84	19.15%
太平洋产险	12562.73	9562.88	8212.38	7375.57	3178.61	18.48%
国寿财险	4544.05	3798.33	3266.73	2851.96	1602.50	6.69%
浙商保险	2496.66	1065.10	3086.34	1089.45	1071.58	3.67%
中华财险	2200.15	1533.27	2053.63	1247.68	682.08	3.24%
长安责任	1598.83	1194.04	1623.09	1210.01	500.05	2.35%
其他机构	6729.03	5236.82	4911.23	4618.73	2020.16	9.90%
总　计	67965.62	49959.43	46081.50	37791.66	18314.84	100%

表16　2022年嵊州市寿险公司业务数据一览表

保险机构	保费收入（万元）		保险给付（万元）			市场份额
	总收入	其中个人营销	总支出金额	其中短险赔款	其中年金给付	
中国人寿	32392.34	29268.77	7325.63	1581.81	792.08	28.21%
泰康人寿	20642.15	20642.15	81.69	—	0.86	17.98%
太平洋人寿	15840.10	13098.40	316.50	316.50	—	13.80%
平安人寿	14165.28	14147.51	3402.33	40.45	110.44	12.34%
新华人寿	9046.07	9014.94	1983.84	37.51	198.82	7.88%
太平人寿	6108.66	6108.66	780.98	52.91	227.35	5.32%
信泰人寿	4786.19	4625.75	264.20	1.09	184.08	4.17%
其他机构	11840.91	8524.59	3738.72	35.31	107.21	10.30%
合　计	114821.70	105430.77	17893.89	2065.58	1620.84	100%

【财产保险】 全市财险公司保费收入67965.62万元，其中人保财险嵊州支公司承担风险责任总额3835.46亿元，缴纳税费1966万元；通过绍兴市级文明单位复评，被嵊州市委、市政府授予“优秀金融机构”“国企金融类纳税20强”称号。支公司推动人保财险绍兴市分公司与嵊州市人民政府签署战略合作协议。

【人寿保险】 全市寿险公司保费收入114821.70万元，个险占总保费的91.82%，个险销售从业人员达1632人。其中，中国人寿嵊州市支公司全市经营指标考核AAA级，太平洋人寿发展商业医疗保险，“越惠保”参保率连续两年在绍兴市范围内率先突破70%。

【赋能实体经济】人保财险为15家重点出口企业提供1.49亿美元的出口收汇风险保障，保障额度同期增加4900万美元。线上投标保证保险、农民工工资支付履约保证保险，分别为企业释放保证金34.61亿元、2048.7万元。累计为128家企业承担安全生产责任保险保障8.02亿元，为230家企业累计承担财产综合险保障68.94亿元。中国人寿发放保单借款1.09亿元，推广免息复效277件。

【助力复产生活】人保财险“智能水浸平台”有效化解一上市企业“7·25”短时暴雨涉水风险，2日内完成台风“梅花”期间重灾区农房的查勘统计工作。启动绿色理赔通道，简化理赔手续，及时拨付理赔款项，共处理台风“梅花”赔案59件，累计赔款支出46万元，为群众和受灾企业恢复生产经营注入“暖心剂”。

【助力乡村振兴】2022年，人保财险开展政策性农业保险品种13个，创新推出茶叶低温气象指数保险，为55户种植户共4403.8亩茶叶提供660.57万元的风险保障，赔付金额164.59万元。推进桃形李成熟期种植保险扩面，为50位种植户共4137.4亩桃形李提供1241.22万元的风险保障，参保面积同比增加2718.4亩，赔付金额210万元。三界镇落地首单叶菜成本价格指数保险，崇仁镇落地首单生猪价格指数保险，为18.81万户农房提供42.31亿元的自然灾害或意外事故风险保障。中国人寿深入开展农村小额保险，为32388人提供近36亿元意外保障，赔付金额112.54万元。

【推动社会治理】人保财险作为发起方之一，参加国企“帮促共富”党建联盟，并为市场主体提供60亿元的相关保险保障。开展统保政府救助保险创新项目，落地首单创新型“人才保险”，中标教体局2022—2024学年校方责任保险和公安局（交警）团体意外伤害保险服务项目，设立人保电动自行车登记上牌点3个，协助政府办理电动车上牌33188辆。中国人寿参与社会保障体系建设，承保专属商业养老保险，为3824名老年人承担意外保障，为1379名失独人员提供重大疾病保险保障，赔付金额55万余元。太平洋人寿建立困难群众高额医疗费用联合化解机制，为3名参保人员累计化解金额4.59万元，赔付总金额3757.75万元，赔付率80.17%。运用出险热力图分析及实地勘查，发现5处高风险路段，完成3处红绿灯安装，预防事故大案发生。

【服务客户】 人保财险打造“警保联动+在线理赔”一站式理赔服务平台，“警保联勤队”共处理案件7921件，服务客户10561人。

【防诈打假】 联合公安交警部门侦破车险诈骗案件34起，实现打假降赔475万元，助力破获接连11起人伤碰瓷案。

（保险行业自律小组 郑炜）

财政·税务

财政

【概况】2022 年，全市实现第一产业增加值 44.52 亿元，增长 3.5%；第二产业增加值 330.52 亿元，增长 5.5%；第三产业增加值 336.04 亿元，增长 2.9%。三次产业结构比为 6.3：46.5：47.2。按户籍人口计算，全市人均生产总值 99856 元，增长 4.8%。完成财政总收入 69.39 亿元，下降 13.3%。其中，一般公共预算收入 47.28 亿元，下降 9.1%，占地区生产总值的 6.6%，占财政总收入的 68.1%；税收收入 32.94 亿元，占一般公共预算收入的 69.7%。一般公共预算支出 104.19 亿元，增长 29.9%。全年财政收支平衡。

【组织财政收入】一是加强税源分析。深入分析经济税源形势，密切关注收入情况，及时掌握收入动态，加强对财政收入变化趋势的预判，提升财政收入预测的科学性，推进财政可持续发展。二是加强部门合作。协同税务部门做好增值税留抵税额大规模退税、中小微制造企业缓缴政策延续实施等政策的落实，以及对收入影响的分析与研究。加强与人民银行联系，做好库款调度管理，确保财政收支平稳运行。三是加强非税管理。推进政府非税收入电子化收缴改革和财政票据电子化改革，提高非税征管效率。利用国有土地出让收支管理信息系统（费源交互中心）、浙江省非税征管信息共享平台，及时掌握土地出让信息动态，审核、推送征收信息，跟踪、督促土地出让资金及时征缴入库。全年完成非税收入 111.91 亿元，增长 27.9%，其中纳入一般公共预算管理的非税收入 14.34 亿元，增长 15.8%。

【助力经济发展】一是加速资金兑现。落实疫情相关贷款贴息，对 1 万亿元央行再贷款财政贴息拨付资金进行 30%的财政贴息，全年累计支付贴息共计 674 万元，惠及 2953 户企业及农户，共计支付利息 1781 万元。全年兑现“5+4”政策资金 6.87 亿元，助力企业降本减负，增强市场竞争力。二是加快基金运作。一方面发挥政府产业基金引导和杠杆效应，运行 5 只子基金和 1 个直投项目（土地整理），母基金出资 9.80 亿元，在投 8.46 亿元。另一方面发挥产业发展转贷基金作用，破解企业“融资难、融资贵”问题，全年转贷额 83.98 亿元，帮助 1858 户纳税人降低融资成本。三是推进减税降费政策落地。全年留抵退税 7.39 亿元，缓缴税费 6.06 亿元，其中缓缴社会保险费 4342 万元。四是支持科技兴市和人才强市。安排各类科技支出 7.62 亿元，重点支持科技企业培育、厨具电器综合体建设和科创中心合作运营等。安排人才政策兑现资金 1.19 亿元，支持建设区域性人才中心和创新高地。五是支持政府投资项目建设。安排 2.66 亿元财政资金，用于老旧小区改造、城乡污水管网建设、污水零直排、污水处理、垃圾分类处置、未来乡村、高铁新城和未来社区建设等。加强项目资金管理,提升中央直达资金交通运输发展专项支付进度，其中“曹娥江清风船闸及航道工程”和“527国道嵊州甘霖至长乐段工程”项目,分别拨付9706万元和2.24亿元。

【保障民生事业】 全年用于民生领域支出65.38亿元，增长16.8%，占一般公共预算支出的62.7%。一是支持教育发展。全市教育支出16.33亿元，增长7.3%。学前教育专项资金由前年度的1200万元提高到1500万元；加大中小学校园安全防护、学校安保建设投入；保障落实“双减”政策，安排校内托管经费2130万元，解决小学生“放学早、接送难”问题。二是支持医疗卫生发展。全市卫生健康支出10.19亿元，增长25.5%。常态化疫情防控支出4.14亿元；加大公共卫生体系建设投入，增加重点“两慢”人群年度体检评估当量等当量资金；落实老年人康养服务扶持1439万元。三是完善社保体系。城乡居民基本医疗保险筹资标准由每人每年1550元提高到1650元、财政补助标准由每人每年1030元提高到1100元,城乡居民最低生活保障由每人每月890元提高到1050元；出台支持一次性扩岗补助、创业担保贴息等政策。四是支持乡村振兴。打造“现代田园”“农旅明山”“红色休闲”“云上茶集”等项目，安排财政投入1650万元，获省补资金2000万元。五是支持文旅发展。全市文化体育与传媒支出1.32亿元，提供越剧事业传承与创新发展专项资金700万元；落实中央及省拨基本公共文化补助资金1013万元，用于公共文化设施建设、运行、维护和管理。

【深化财政改革】 一是预算管理数字化。推进预算管理一体化系统，上线“浙里报”平台，公务出行、一般事项、公务接待、会议活动、采购订单等报销通过“浙里报”操作，全年全市190家上线单位完成报销单9564笔，完成支付金额3.41亿元。二是乡镇财政管理数字化。提升乡镇（街道）财政数字化治理能力，部分乡镇（街道）启用“浙里基财智控应用”。三是非税收入管理电子化。通过加盖电子签名或印章的电子凭证,实现资金网上划拨和对账,持续推进政府非税收入资金业务的电子化、数字化。推进“浙里捐赠”试点工作，通过平台捐款逾1.2万人次，金额139.14万元，分别列全省第2、3位。四是政府采购管理数字化。推广“政采云”平台应用，全面推进全流程电子化招投标，全年总交易10645笔，总交易额11.79亿元。五是国有房产管理数字化。为全面规范和加强全市国有房产管理，开发嵊州市国有房产管理系统。4月完成系统招标，年底完成系统开发。

【强化财政监管】 一是严控债务风险。做好隐性债务化解整改,依托全口径债务系统对国有企业融资进行监测，加大检查力度，每月开展对公司债券、项目贷款等融资资料审核；加强风险源头管理，对政府债务进行限额管理。二是严防资金运行风险。做好资金调度保障，及时向省厅申请临时调度资金13.4亿元、正常调度资金16亿元。重新拟定嵊州市市级行政事业单位公款竞争性存放管理办法，开展公款竞争性存放监督检查，全年重点检查15个乡镇（街道）、17个部门。三是加强财政监督。发挥财会监督职能，开展全市预决算公开情况检查，对市级各部门及下属单位开展2021年度预决算公开情况自查及线上抽查。开展“SG”经费检查，全市各乡镇（街道）、各部门、各单位对2020年1月至2022年8月“SG”经费安排使用情况开展自查。深入推进财政内控建设，修订内控基本制度和操作规程，防范“9+2”风险，强化审计问题整改，完善重点领域、重点环节的内控防控措施，完善内审工作机制，强化对财政核心业务、财政管理权力的监督制衡,有效防范业务风险和廉政风险。

【加强队伍建设】 一是坚持以学促教。制订《局党委理论学习中心组和全局党员干部理论学习计划》，开展党员学习教育。集中三个月时间，开展领导干部“识变、应变、求变”大讨论活动，以及专题调研、专题宣讲和专题讨论等活动。二是坚持干部培养。坚持公开、公平、择优的选人用人机制，做好事业人员招考工作，向组织推荐选拔副科级干部2名，提拔中层副职8人、正职3人，中层干部交流10余人。三是坚持严管厚爱。层层签订全面从严治党主体责任目标责任书，组织开展领导干部和中层干部作风建设和廉洁从政公开承诺29人次。深入开展正风肃纪专项行动，严格落实节日期间纠正“四风”工作，做好过节提醒和廉洁教育，筑牢党员干部拒腐防变思想防线。

（市财政局 陈津）

税务

【概况】 2022年，市税务局组织税收收入61.45亿元，同比下降13.27%，扣除留抵退税，税收收入68.84亿元，同比下降5.86%。一般公共预算收入34.58亿元，同比下降12.54%，扣除留抵退税，一般公共预算收入38.28亿元，同比下降5.91%。增值税25.47亿元，同比下降31.38%，扣除留抵退税和制造业缓缴因素，增值税37.51亿元，同比下降4.75%；企业所得税11.75亿元，同比下降2.98%；个人所得税7.7亿元，同比增长57.6%；房土两税5.42亿元，同比增长106.17%；契税5.66亿元，同比下降9.99%；制造业税24.02亿元，同比下降4.15%；建筑业税4.7亿元，同比下降18.71%；批发零售业入库税款2.79亿元，同比下降82.51%；房地产业入库税款8.34亿元，同比下降36.55%。从税种分析，增值税、土地增值税、城建税等10个税种出现下降，个人所得税、房土两税等7个税种实现增长；从产业分析，受留抵退税影响，第二、三产业税收增减不一。

【社会保险费和非税收入】 2022年，市税务局组织社会保险费收入45.90亿元，其中企业职工基本养老保险基金收入21.79亿元、职工基本医疗保险基金收入12.77亿元；组织非税收入77.30亿元，其中国有土地收益基金收入2.04亿元，土地出让价款收入72.24亿元，教育附加0.83亿元，地方教育附加0.54亿元、残疾人就业保障金0.55亿元。

【税收优惠】 做好制造业中小微企业延缓缴纳部分税费工作，持续抓好继续实施和新出台的税费优惠政策落实，服务经济社会高质量发展。2022年办理各项减免税28.06亿元，同比增长0.12%。其中累计征前减免27.04亿元，累计退库抵欠减免1.01亿元。累计留抵退税7.39亿元，办理制造业中小微企业缓缴税款10.87亿元，出口退税6.97亿元。

【税收征管】 推进税收征管改革，明确工作方案和任务分工，建立问题落实销号闭环。依法清理陈欠4228.79万元，压缩陈欠比21.98%。做好税收征管质量5C监控评价。金三社保费征管信息系统（标准版）上线运行，实现城乡居民自行向税务部门申报缴纳社保费。加强与自然资源部门协作，实现个人土地出让金缴纳信息互联互通。推进民营医院、旅游业企业等特殊行业发票电子化改革。强化发票代开作废、冲红中的规范操作，完成机动车开票软件升级，加强增值税发票管理，对D级纳税人的发票限额限量管理，降低发票限量145户，降低最高开票限额4户。做好印花税法实施首个征期准备，建立纳税人清册台账，开展专题培训辅导，完成模拟申报测试。有序推进土地增值税清算工作，完成退补税项目19个，完成清算审核45个项目。开展平台公司资产核查，加强房土两税管理，入库税款3664万元。核查堆场扬尘环保税企业115家，推进环保税纳税人扩围。定期获取非法占用耕地企业清册，补缴税款619万元。做好个人所得税综合所得汇算清缴，组织培训，提升申报率；制作退税审核指引，提升审核质效；滚动式复核退税审核记录，提升申报准确率。全年完成3622户企业的汇算申报辅导，合计申报69557人，补税1379.06万元，退税2358.56万元。

【依法治税】 聚焦个人所得税汇算清缴、现金税费专项审计等工作重点，开展专项督查自查9次。加强税院协作，人民法院代扣执行案件交易税费及参与分配27件次9044.19万元。全面推进三项制度建设，设置税务所全过程视频监控约谈室。通过法律职业资格1名，严格落实公职律师管理制度。完成6个稽查案件“一案双查”法治审核工作。坚持继承和发展新时代“枫桥经验”，将“四精”理念贯穿创建全过程，加强组织领导，制定实施方案，创新工作实践，全速推进“枫桥式”税务所创建，提升基层税务所治理能力。“流动办税”工程获评绍兴市税务局新时代“枫桥经验”创新实践点。

【税务监管】 建立多部门数据共享渠道，加强建筑业跨区域涉税管理风险核查和风险应对。落实出口退税“四个有人管”，综合运用各类风险指标和模型，强化出口退税风险管理。完成13家国有（平台）企业自查工作，入库税款2.56亿元。联动检察院开展油品零售企业税收风险自查，已查需补缴税款126.39万元。开展反避税工作，重新审定3户企业境外股东股权转让价格，调整转让所得5513.38万元，入库企业所得税230.4万元，个人所得税320.93万元。

【办税缴费服务】 持续开展便民办税春风行动，优化税收营商环境。成立“办问协同”智税中心，实现“问、查、办、宣”协同服务。在办税服务厅设立“不满意，请找我”岗位，落实“一窗口办理、一站式服务、一体化解决”闭环处置机制，并在全市税务系统推广。吸纳外语人才，组建成立“剡税联”外语团队，全方位服务国际税收。联合工商联举办政企恳谈会暨减税降费优化营商环境宣讲会，加强纳税人学堂建设，通过“线下+线上”方式开展政策培训。组织税情大走访活动，在加大走访进度、增强宣传辅导力度上双向发力；制发税企联系卡和宣传手册，掌握税情、融合感情。巩固不动产登记“一件事”改革成效，推动不动产“网上办”“掌上办”。打好预先服务、及时提醒、宣传辅导等组合拳，平稳有序做好数电发票受票工作。发挥出口退税政策效应，简化办税流程，推广“容缺办理”。（市税务局 杨修秀）

经济管理与监督

国有资产管理

【行政事业单位国有资产管理】 2022年，全市行政事业性国有资产共计253.35亿元，同比增长21.9%；负债总额18.62亿元，同比增长17.7%；净资产总额234.72亿元，同比增长22.2%。其中全市行政单位资产总额103.14亿元，占全市行政事业性国有资产总额的40.7%，负债总额12.06亿元，净资产总额91.08亿元；事业单位资产总额150.20亿元，占全市行政事业性国有资产总额的59.3%，负债总额6.56亿元，净资产总额143.64亿元。公共基础设施等行政事业性国有资产总额199.62亿元，政府储备物资等0.26亿元。2022年全市行政事业单位国有资产收益来源主要是报废报损资产残值变价收入、无偿调拨资产、出让资产和房屋及构筑物的租金收入，其中资产处置收入162.2万元，资产出租收入321.4万元。制定《嵊州市行政事业单位国有资产管理暂行办法》《嵊州市行政事业单位房产出租出借管理办法》等一系列规章制度，细化完善国有资产无偿调拨、有偿转让、对外捐赠、报废、报损等处置事项。按照省财政厅统一部署，推进资产云平台上线，迭代升级为资产云2.0平台，推进资产云与预算管理一体化系统对接，提升行政事业性资产管理水平。全面规范和加强全市国有房产管理，开发嵊州市国有房产管理系统，提升国有房产精细化管理水平。印发《关于开展全市国有资产专项清查工作方案》，组织全市乡镇（街道）、行政事业单位、国有企业开展资产清查，针对住宅小区配建设施管理不到位问题，梳理决策流程，明确从规划至移交使用管理各环节的责任单位。

【企业国有资产管理】 2022年，全市国有企业共计134户，资产总额1964.65亿元，同比增长28.2%；负债总额1291.42亿元，同比增长32.0%；所有者权益673.23亿元，同比增长21.5%；营业收入31.04亿元，同比下降0.6%；净利润5.88亿元，比上年同期（-2.52亿元）增加8.4亿元。2022年年末，全市市管直属国有企业负责人共27人，发放薪酬1037.7万元。完善国资监管制度，制定出台《嵊州市企业国有资产处置监督管理办法》《嵊州市市属国有企业违规经营投资资产损失责任追究暂行办法》，为国企资产处置提供指导和操作依据。规范国企对外投资审批，加强国企投资收益管理。严格执行国家财务会计制度，执行“同股同利同权”原则，所有投资事项在财务会计报告和国有资产年度报告中单独披露。以2022年4月30日为清查工作基准日，开展国有资产专项清查工作。经清查统计，全市市管企业共有土地638.4万平方米、房产227.3万平方米，合计价值288.51亿元，其中小区配建幼儿园3个、保障性住房1067套，房产面积8.4万平方米，价值4.36亿元。2022年7月，对交投集团、水投集团、南投公司、开投公司4家公司2021年度的资金存放情况和银行账户管理工作进行检查，发现问题及时发送整改通知，并跟踪落实。8月，开展国有企业降本降息专项行动，推进存量债务降本降息，分类严控新增债务融资规模及成本。截至2022年年底，累计压减融资成本2.93亿元。（市财政局 陈津）

自然资源管理

【概况】 2022年，市自然资源局坚持以习近平新时代中国特色社会主义思想为指导，深入学习贯彻习近平总书记考察浙江重要讲话精神，牢固树立争先进位意识，紧扣“优空间、护资源、保集约”工作主线和“讲政治、勇担当、走在前”工作要求，履行“两统一”核心职责，各项工作高效推进。

【国土空间规划体系构建】 完成嵊州市“三区三线”划定，额外争取新增耕地规划指标1400亩，划定成果于9月30日通过部级审批并正式启用，作为用地报批的主要依据。配合完成省发改委立项49项，将所涉地块的永久基本农田全部调出，保障项目落地。

【用地保障】 争取到省厅追加民生项目、存量盘活挂钩、省重大产业奖励以及消化批而未供土地奖励等各类新增建设用地指标奖励共计1762.36亩，通过开展土地综合整治，争取城乡增减挂钩指标1000余亩，保障全市重点项目用地需求。

【土地供应】 全年共出让土地72宗，面积3254亩，出让金59.92亿元，其中工业用地33宗，面积1565亩，出让金5.36亿元；经营性用地34宗，面积1680亩，出让金54.52亿元，保障市财政收入和项目落地。

【节约集约用地】 2022年，共盘活存量土地2055亩，实施低效用地再开发1106.5亩；累计消化批而未供土地5135亩，其中消化2009年至2018年批而未供土地1584亩。

【打造最佳营商环境】 加强与银行等金融机构协作，实现抵押登记“不见面办理”；通过“网上办、掌上办”实现不动产登记档案查询“24小时不打烊”；设立企业不动产登记专窗，实现“一窗办、一网办、立等可取”；按时办结各类业务，做到一般登记3个工作日、抵押登记1个工作日、一般商品房交易登记1个工作日办结；实施小微企业免收不动产登记费告知承诺制，严格落实小微企业免收不动产登记费制度。

【土地整治】 耕地后备资源调查评价和“十四五”土地整治（垦造耕地）规划初步成果上报上级自然资源部门，后备资源潜力12821亩，其中旱改水1201亩，土地开发11627亩；规划总面积7586亩，其中旱改水772亩，土地开发6814亩。5个全域土地综合整治与生态修复工程通过县级和市级验收。

【民生保障】 开展陆生野生动物致害公众责任保险，对野猪等陆生野生动物造成的人身伤亡和农作物损失，给予一定的经济补偿，减少群众损失；发展林业特色产业，加大政策扶持力度，引进科研工作站，拓展销售渠道，实现林业产业超53亿元，助推共同富裕；深入推进宅基地改革试点工作，全年累计发证2023宗，完成任务数的262%，位居绍兴第一。

【自然资源执法监察】 严厉打击自然资源领域违法行为，查处涉地案件2宗，涉矿案件12宗、涉林案件3宗，收缴罚没款560.79万元；累计收到部下发卫片图斑434宗，涉及违法用地8宗，均落实整改，其他图斑完成现场核查和系统上报。持续开展砂石资源专项整治集中攻坚行动，完成第一阶段110处非法加工点位整治，实现100%销号；累计拍卖工程余方27宗，创造收益3.64亿元。

【耕地保护】 全面推行耕地保护“田长制”，印发《关于落实最严格的耕地保护制度全面推行田长制实施方案》。落实各级田长350人，村级巡查员510人；设立15个乡镇级田长办公室，各乡镇（街道）分管负责人担任办公室主任，并落实专职人员1名。按照新增耕地“非农化”问题和生态红线内的图斑整改到位，存量耕地“非农化”问题妥善处置的要求，稳妥推进耕地“非农化”整改。全市共有耕地“非农化”面积9140.09亩，耕地“非农化”问题全部完成上报，并实现“非农化”100%整改。实施“千亩方”永久基本农田集中连片整治工程，2022年共立项整治项目6项，其中，崇仁镇、甘霖镇项目已实施完成，其余项目基本完成耕地功能恢复。

【平安建设】 做好重点时段森林防火工作，开展森林防灭火工作专项检查，组织2辆宣传车到15个乡镇街道巡回宣传森林防火政策，张贴宣传横幅500多条，实现全年森林火灾零发生；完成县级地质灾害“整体智治”三年行动，剡艇苑滑坡治理工程竣工并通过验收，实现全市地质灾害隐患点清零。行政复议应诉工作平稳有序，全年无败诉纠错情况，信访积案27件全部化解。

【数字化改革】 “不动产智治应用”首期子场景落地，完成与税务、公安、银监等部门业务协同对接和住建、教体、水务、燃气等部门的数据共享获取工作，完成商品房新购、二手房买卖、房地一般抵押等高频事项部署、对接、上线应用并完成省级不动产智治门户接入；“耕地智保”场景应用全面推开。安装高位视频监控218个并接入“耕地智保”场景应用，对全市38.7万亩三调耕地实行全方位监控，通过巡查和视频监控，共发现疑似问题108条，全部处置到位。开展场景应用业务培训指导，指导村级田长和巡查员开展耕地保护巡查。完成“风雨哨兵”智治应用地灾预警叫应子场景建设，实现地质灾害红色、橙色预警区域相关人员进行自动语音“叫应叫醒”，确保防灾措施及时有效落实。（市自然资源局 斯维婕）

市场监督管理

【概况】 2022年，全市共有市场主体78700家，同比增长19.20%。其中内资企业20400家，同比增长12.03%；个体工商户56716家，同比增长22.58%；农民专业合作社1194家，同比增长1.88%。外资市场主体276家，同比增加4.94%。企业数占市场主体数的27.93%。新注册各类市场主体12674家，同比增长41.64%；注销各类市场主体7637家，同比增长3.88%。全年共办结各类案件805起，其中大要案129起。主要类型案件：食品案件497件；质量类案件138件；无照案件29件，药械化案件34件，特种设备案件32件；传销案件4件。非税收入入库数1219.57万元。全年共办理消费者投诉举报6601件，其中政务平台3740件、全国“12315”平台2255件、嵊州市“枫桥式”协同治理平台606件；投诉2934件，咨询146件，举报2346件，其他信访件569件，联动警情606起，有效投诉举报办结率100%，为消费者挽回经济损失137.93万元。做好“双随机、一公开”监管工作，开展任务254个，其中跨部门任务134个，跨部门监管率52.75%，应用信用规则率100%，双随机抽查4700次，掌上执法率100%。

【企业注销“一件事”改革】 建立简易注销容错机制，实行注销风险预检，提升简易注销成功率。简易注销公告时间由45天减至20天。实现企业注销“一件事”全流程办理，包括核查社保费欠缴、社保登记注销、税务注销、营业执照、许可证注销。全年办理企业简易注销924家。对符合简易注销条件的破产企业无需注销公告，凭法院出具的终结破产程序裁定书，当日即可办结，为每家破产企业节约公告时间20天。

【“证照分离”改革】 持续开展减证便民行动，深化证照分离改革，推进“照后减证”和简化审批，提升政府服务能力，优化营商环境，激发市场活力。证照分离改革办件量累计24380件，2022年办件量7617件，同比增长9.6%，其中审批改备案843件，实行告知承诺1340件，优化审批服务5425件。

【企业开办便利化改革】 统一全省登记规范和审查标准，优化前置审批和企业登记办理流程，提升外资企业登记便利度。推行商事主体登记“智能办”、名称登记“智能报”、经营范围“智能包”、跨市迁移“智能迁”、主体登记“智能审”等应用场景，公章刻制、寄递服务由政府买单，实现企业开办零成本。推进电子营业执照、电子发票、电子印章同步发放及应用，压缩办理时间至平均4小时左右，达到极简批、极速批。全年企业开办209家，减免费用4.1万元。企业网上申报率、“证照分离”改革应用率均达 100%。

【“3·15”系列活动】线上、线下结合，开展系列活动。线上，通过嵊州融媒《新闻 1+2》电视节目专访，介绍消费维权年主题和消费维权知识；接受 FM93 浙江交通之声《全媒体连接》栏目采访，向听众宣传入选绍兴消费维权十大案例之一的嵊州市维权案例《集成灶安装不当炸伤消费者 消费者积极维权获赔十五万》；在《今日嵊州》报刊登 1 期 315 专版，公布消费维权典型案例，公开曝光违法经营行为；在本地媒体发布《选购化妆品需谨慎》《如何规避商家发货不及时》等消费提醒；在《嵊州发布》《嵊州新闻》等微信公众号发布日用品真假识别小视频；组织“食品安全 你点我检”活动，通过爱嵊州 App 征集消费者最为关注的食品类别进行抽样检测并公布检验结果，排查食品安全风险隐患；通过微信朋友圈推送消费维权年主题宣传页，营造消费维权氛围，弘扬消费维权正能量。线下，在全市大中型商场超市的电子屏上循环滚动播放“3·15”维权标语，营造“放心消费在嵊州”的良好氛围；开展“送法上门”服务，在各大农贸市场、商超、社区及防疫测温卡口分发《中华人民共和国食品安全法》《中华人民共和国消费者权益保护法》等法律法规宣传材料，以及食品药品安全知识宣传小册子、假冒伪劣商品辨识资料，增强消费者识假辨假能力和自我保护能力；组织开展 315 假冒伪劣商品集中销毁行动，现场销毁 2021 年度罚没的部分物资，共涉及违法案件 27 起，案值达 20 万余元。

3 月 15 日，市市场监管局开展“3·15”假冒伪劣商品集中销毁行动

【放心消费单位建设】全年培育各类放心消费单位 1850 家，其中无理由退货承诺单位 820 家、放心工厂 553 家、放心消费商圈 6 个、放心乡村 2 个，初步形成商店、工厂、商圈、乡村四位一体的放心消费创建格局。基础信息均录入放心消费智慧监管平台。

【市场主体清理】统筹开展长期停业未经营市场主体清理工作，完善与税务等部门的信息交换机制，推进长期停业未经营的企业和个体工商户有序退出，维护市场正常秩序。2022 年，共吊销长期未经营市场主体 217 家，强制注销市场主体 512 家，依职权注销个体工商户 1621 家。

【特种设备安全监管】一是推进数字化改革，聚焦数字化应用。推进特种设备“阳光工厂”全覆盖建设，完成电梯物联感知设备接入 800 台，强化浙产设备和在用设备件件赋码、时时赋码工作；持续推进“瓶安燃气”数字化改革，基本完成企业端、监管端、客户端的数字化应用平台建设，完成市区四个街道以及部分乡镇的整合配送，实现芯片瓶安装 11 万余个。二是严格监管执法，加强安全隐患治理。实现对重点监控单位、高风险、公众聚集场所等 240 家单位的常态化“双随机”检查，加强对叉车、起重机械“双限位”装置、城镇燃气、液化石油气瓶、工业气瓶等领域专项排查治理，加强特种设备安全隐患排查治理和行政执法有机衔接，开展特种设备安全隐患治理“亮剑”行动，出动检查人员 932 人次，检查单位 346 家，检查设备 474 台（套），排查安全隐患和各类问题 419 项，下达责令改正通知书 104 份，立案查处 28 起，隐患问题做到全闭环管理。三是坚持多管齐下，提高全社会安全水平。组织监察人员常规教育培训，提升监管能力；持续推进使用单位双重预防机制，提高企业安全管理水平；加大安全生产月等重要活动期间的宣传力度，提升公众安全防范能力。

【产品质量监管】深化工业产品（含食品相关产品）生产许可证制度改革，实施工业产品生产许可证告知承诺制，开展 2020 年以来食品相关产品等 4 类产品告知承诺审批改革绩效评估工作，以及省发工业产品生产许可证的现场审核和发证工作，加强和规范事中事后监管，年度检查100%，获证企业落实主体责任承诺100%。强化生产许可证产品管理，结合GM2D数字化改革，实施食品相关产品、重要工业产品"浙品码"赋码应用工作。深入推进"互联网+质量监管""双随机、一公开"等监管机制，组织实施产品质量监督检验、风险监测、专项监督检验工作，完成成品油、民用口罩、儿童及学生用品、电线电缆、化肥、电子商务集成灶等系列重点产品质量抽检611批次。推进电动自行车综合治理集成改革，全面开展备案非标电动自行车提前淘汰置换工作，全市共淘汰非标电动自行车119752辆。通过"浙江e行在线"，新国标车上牌94959辆，按照"合体登记"要求，全面推行数字化车牌应用，实现新上牌车、池100%赋码。

【质量提升与品牌培育】 推进厨具产业质量提升行动，开展质量调研、诊断、培训等工作，组织召开厨具质量提升专题培训和厨具产业质量诊断分析会议6期。加强厨具、领带产业质量基础"一站式"服务平台建设，其中厨具产业质量基础"一站式"服务平台获评省级示范点。开展2022年嵊州市市长质量奖评选活动，浙江钜丰科技有限公司、浙江板川电器有限公司、嵊州市金帝智能厨电有限公司三家企业获评嵊州市市长质量奖。推荐14项优秀QC成果上报，获得绍兴市优秀QC成果一等奖6项、二等奖5项、三等奖3项。加强"浙江制造"品牌培育，新增"浙江制造"标准4项、"品字标"企业7家。

【认证与检验检测监管】 引导燃气具生产企业应用"浙品码"信息管理系统。通过扫码知悉产品重要信息，反馈产品运输、安装、使用全过程的质量问题，实现多维贯通，形成政府监管、社会监督，企业生产、个人使用"四侧合力"；构建政府监管大数据，建立产品溯源管理制度，形成数字化追溯链，为GM2D全球二维码迁移示范奠定基础。嵊州105家燃气具生产企业实现"浙品码"赋码全覆盖，录入产品信息1400余条，赋码15万余条。8月25日，全省家用燃气具强制性产品认证监管数字化工作现场会在嵊州召开。推进小微企业质量管理认证提升行动，提升试点典型经验被国家市场监督管理总局收录。结合企情调研成果，分批分级确定厨具小微企业帮扶清单，实施2022年质量管理体系认证提升行动计划，形成"一企一策一档一提升"配套管理方案，全市扩面企业20家，收集问题250余条，拟定配套建议40条。聘请中国质量中心杭州分中心为扩面企业提供"送课进企""订单授课"等线下培训，首创国内厨具行业"A+B"认证（即根据厨具行业特征，有效结合强制性认证与体系认证）模式，厨具行业小微企业质量管理体系认证提升行动入选省级优良案例。开展计量惠民惠企活动，免费检定校准血压计、人体秤40台（件），发放电子秤、汽车加油等方面宣传资料1000余份。

7月13日，计评科工作人员指导浙江科恩电器有限公司浙品码赋码

【检验检测认证专项整治】 印发《2022年嵊州市检验检测认证市场专项整治行动的通知》，组织开展现场检查，完成检验检测机构18家，其中食品类1家、生态环境类2家、机动车类7家；完成燃气器具、电线电缆、电动自行车等重点强制性认证产品生产企业144家，燃气器具销售点1127家，自愿性管理体系获证企业8家。立案查处检验检测机构1家，结案1家，罚没款1.16万元；查处强制性产品认证企业9家，已结案8家，罚没款23.63万元。

【"乡村食安"强基工程】 完成农村食品从业人员食安专项技能提升培训颁证制培训1000人

次，完成食用农产品快速检测送检下乡 30 次，发放食安科普宣传资料 5 万份。

【“校食安”建设】 建成省内首家独立运行的校园食材第三方检测中心并投入使用,完成校园食材全流程 1500 名从业人员食安培训全覆盖，完成“食安”满意率 99%以上、检测合格率 99%以上、食材溯源率 100%、食材上链率 100%、预警处置率 100%、上岗培训率 100%的目标，并在“浙里办”上线。2022 年，嵊州校园食品通过“校食安”系统配送食材约 15.5 万批次，同步检测约 9 万批次，检测不合格食材 10 批次，销毁 622 千克，勒令退出食材供应商 3 家，建立校园食材应急保供市场 13 家，后备保供运输车 12 辆；“浙里办”总访问量超 50 万人次，日最高访问量突破 5.97 万人次。嵊州“校食安”打通浙江省市场监管局“浙食链”应用，将 44 家源头供应商数据全部纳入校园食材配送溯源管理，引导农户搭载“校食安共富班车”，利用系统大数据分析建立本地订单农业基地 5 家、合作社 15 个、农户 400 余户，精准对应校园食材 470 种 3190 吨的年供应量，利用农产品市场快速检测体系，建设“三品一标”优质农产品体系，通过规范生产经营，拓宽农户增收致富渠道，带动嵊州校园食材本地采购量的大幅提升。2022 年，本地农产品采购 4000 万元，同比增长 20%，纳入平台管理的农户户均增收约 5 万元。

5 月 15 日，“校食安”大屏应用展示

【食品安全科普】 6 月 27 日至 7 月 27 日，围绕“诚信做食品、理性看安全、全心助创建”主题，开展研学采风、网络餐饮“外卖封签”专项执法行动、社会监督员监督活动、食品安全宣传“五进”活动等系列活动。共制作“沁姐说食安”食品安全科普视频 2 部，组织开展专题讲座 26 场次，举办街头宣传咨询活动 31 场次，张贴海报近 7000 份，发放宣传资料 8 万余份，惠及群众 20 万余人。

【民生实事建设】 推进 4 项绍兴市民生实事和 2 项嵊州市民生实事建设,共培育“5S”现场管理食品小作坊 16 家，完成率 133.3%；培育“传递民俗和传承文化”食品小作坊 6 家，完成率 150%；全市食品小作坊登记建档 338 家，建档率达 100%；小作坊食品抽检 192 批次，不合格 2 批次，合格率 98.96%。

【食品生产企业专项检查】 开展白酒塑化剂、粮食加工品、炒货等专项检查，以及乳制品、肉制品、速冻面米（小笼包）质量安全提升“三项”行动，共检查食品生产企业 250 余家次，检查食品小作坊 265 家次，抽样 354 批次，不合格 2 批次，发现处置各类风险隐患 360 余处，立案查处违法行为 68 起（其中简案快办 38 起）。结合专项整治，对全市速冻小笼包、肉制品生产企业负责人及食品安全管理员分期进行培训，共培训考核 90 人次，推动 9 家速冻小笼包生产企业通过 HACCP、ISO22000 等质量管理体系认证。

【药械化妆品风险隐患整治】 开展医疗器械质量安全风险隐患排查整治、药品经营和使用专项检查等行动，整合落实药械化领域“除险保安”暨打假治劣“药剑”专项行动。累计检查零售药店 580 家次，批发企业 20 家次，医疗机构 400 余家次，连锁总部 16 家次，医疗器械经营单位 300 余家次；检查眼镜店 48 家次，立案调查 3 家次；检查口腔诊所 47 家次，立案调查 17 家次，警告 25 家次；检查医疗机构 18 家次，立案调查 3 家次，警告 5 家次；检查美容机构 22 家次，立案调查 2 家次。另发现其余规范性问题 300 余条。配合省市局落实各药械化生产企业的飞行检查，累计开展飞行检查 22 家次，发现并整改问题 152 个。

【药械化妆品使用安全宣传】 结合 315 消费者权益保护日、化妆品宣传周、医疗器械宣传周、用药安全月等特殊时间节点，把药械化相关法律法规送进社区、企业、学校和乡村，通过线上线下集中培训、媒体宣传等方式开展科普知识宣传，全年累计开展各类公益活动8次，参与人数1000余人，共发放宣传手册7000余份。

【民生药事工程】 全市10家“送药上山进岛”便民服务点共开展便民服务1.5万余次，完成送药4054单，惠及群众超1万人；24小时“网订店送”完成送药3.5万余单，销售额100万余元。全市7家民生药事服务站开展用药用械指导、免费测量血压、网订店送、中药切片打粉、代煎中药等10余项服务，累计开展各类宣传和讲座20场次，服务11万余人次。

【化妆品“百千万”美丽消费示范提升】 按照“以点带面、分类推进、社会共治”的原则，全市完成3个示范商场、73家经营示范店、1家放心工厂和1条示范街的创建工作。2022年代表绍兴迎接省局验收，实现化妆品全领域创建示范引领。

（市市场监管局 张宏业）

物价管理

【健全价格监测机制】 根据8月1日起施行的《浙江省定价目录（2022年版）》，市发改局对照新版定价目录，结合相关价格政策，全面梳理现行价格文件，按照“应废则废、应改则改、应立则立”的原则，完成定价文件“废改立”工作。遵循“定时、定点、定人”的三定原则，按期公布民生商品价格信息，针对市场价格热点问题，适时启动应急价格监测，分析把握重要市场价格变动趋势，发挥政府调控价格参谋助手作用。

【非居民生活垃圾处理收费标准调整】 为推进生活垃圾分类工作，兼顾工作成本和社会承受能力，规范环卫服务收费行为，根据国家、省、绍兴市文件精神，重新调整了非居民生活垃圾处理收费标准。

【管道燃气设施预埋和改造收费标准完善】 为有利于城市管道燃气事业发展，维护消费者和经营者的合法权益，根据《浙江省物价局关于进一步规范管道燃气设施预埋和改造收费的通知》精神，就管道燃气设施预埋和改造收费标准作了完善。

【农业水价核定管理办法】 为规范农业用水价格管理，促进农业节水，保障农田水利工程正常运行，根据省关于推进农业水价综合改革的有关规定，修改完善《农业水价综合改革成本监审和价格核定管理办法》，并根据办法核定2022年农业水价的补助标准。

【配套停车场停车收费行为规范】 为加强对公益性（单位）配套停车场车辆停放管理，规范停车服务收费行为，根据《浙江省物价局关于完善停车服务政策的指导意见》有关规定，制定了杭台高铁嵊新站换乘综合枢纽地下停车场、嵊州美食街等地停车收费标准。

【自来水原水结算价格核定】 根据《国务院办公厅关于印发实行最严格水资源管理制度考核办法》精神，对渔溪坑水库、上东水库和水投集团的原水结算价格进行了核准。

【价格监测】 密切关注粮油、蔬菜等民生商品和重要生产资料市场价格走势，加强民生商品和重要生产资料的定期监测，实行江滨菜场、世纪联华重要商品价格一日一报，农资、液化气价格每月逢5日（每月3次）上报《绍兴e价通》平台；在市广播电台《阳光物价、民生至上——嵊州发改民生价格信息平台》栏目中发布民生商品价格信息，2022年共计发布108期，保障消费者的价格知情权、监督权、选择权。做好节日市场、台风、疫情防控等应急监测的市场调查巡视工作，第一时间报告价格异常波动情况，紧盯突发性事件及苗头性、倾向性、潜在性问题。江滨菜场被绍兴市发改委评为2022年度优秀价格监测定点单位。

【成本监审】 遵循“补偿成本加合理盈利”原则，依法履行成本监审程序，规范成本监审工作流程和方法，力求政府定价更科学、更公信。开展城市供水定期成本监审，坂头、前岩、剡源、渔溪坑水库原水结算费成本监审，嵊州中石油昆仑燃气有限公司、三界天然气有限公司配气成本监审，杭台高铁嵊新站换乘综合枢纽地下停车场、嵊州美食街停车收费成本测算，老旧小区燃气管道改造成本测算等。

【降本减负】 根据《嵊州市新冠病毒肺炎疫情防控工作领导小组关于应对疫情加快企业复工复产的若干政策意见》，批零住餐、交通运输、文化、旅游企业的水、气到户价格下调 10%，2021年 12 月 1 日至 2022 年 3 月 31 日期间，共计下降用水用电成本 32.3 万元。根据《嵊州市全面落实稳住经济一揽子政策措施实施意见的通知》，对嵊州市小微企业和个体工商户实行气价水价到户价格下调 10%，全年共计减免水费 484.55 万元，减免天然气 120.45 万元。

【水电气领域涉企违规收费自查自纠】 根据《省发展改革委 省建设厅 省能源局关于开展水电气领域涉企违规收费自查自纠工作的通知》（浙发改价格〔2022〕186 号），开展水电气领域涉企违规收费自查自纠工作，共计清退违规费用 4.07 万元。

【规范行业协会商会收费】 全市 71 家行业协会商会在 2021 年自查的基础上，2022 年又按照三部委“回头看”通知明确的 15 项整治重点开展新一轮全面自查，全市行业协会商会收费基本仅限于会费，会费标准均经会员大会或会员代表大会表决通过，没有强制收费和违法违规收取费用现象。

（市发改局 冯蔚）

安全生产管理

【概况】 2022 年，全市共发生各类生产安全事故 6 起，死亡 4 人，与前三年平均数相比均下降 40%，其中建设施工事故 1 起，死亡 1 人，生产经营性道路交通事故 5 起，死亡 3 人。全年开展安全生产执法检查次数 391 次，检查处罚率 49.4%。

【责任体系全覆盖建设】 调整安委会组织架构（由原先的“1 个安委会+19 个专委会”调整为“1 个安委会+8 个专委会”），建立健全安委会牵头抓总、专委会分线推行的安全生产工作模式，要求重点领域（行业）相关责任部门对乡镇（街道）履行好监督指导职能。全面推进应急管理全覆盖责任体系建设，以市安委办为统筹，8 个专委会责任部门和 15 个乡镇（街道）联动，明确属地、监管和主体责任，组织培训会和跟班操作，运用移动数字化平台，做好各级责任人履职情况录入以及个人安全生产“履职一本账”工作。全年录入各级责任人 883 名，责任清单 4640 条，履职清单 9281 条。

【安全生产“除险保安”】 贯彻落实“1030”暗访督查工作机制，2022 年，省级检查发现 137 家单位（场所）存在隐患 301 处，全部完成整改。绍兴市级检查 5 次，共发现 24 家 77 处隐患，均完成整改。市级 7167 家单位（场所）开展自查，检查覆盖率 100%。各类检查共计排查问题隐患 236906 条，全部实施闭环管理。全年完成 38 处重大隐患挂牌督办，其中省级 3 处、绍兴市级 14 处、嵊州市级 21 处。完成 376 项安全生产综合治理三年行动重点工作任务。依据“七张问题清单”，向上级部门推送纳管问题 17 个，完成清单问题闭环销号。

【企业安全监管】 以“十有两禁”为导向，成立市化工园区“一园一策”整治提升工作领导小组，制定“一园一策”整治提升方案，园区风险等级降低为一般风险。推动危险化学品生产企业培训空间建设、双重预防机制数字化建设、危化品登记系统建设，提升危化品企业本质安全水平。加强工矿企业基础安全监管，有序开展三类“园区、企业、设施”专项整治。摸排“三类园区”即乡镇（街道）工业园、小微企业园、村级工业集聚园（点）19 个，排查“三类企业”即厂中厂、租赁厂房、“三合一”企业 908 家，“三类设施”即工矿领域仓储储罐、环保装置、改扩建建（构）筑物 1643 个。检查有限空间、涉爆粉尘、压力容器（储罐）企业共计 1064 家，整治“三合一”企业 8 家，排查整改一般安全隐患 1040 处、重大安全隐患 13 处，立案查处 20 家。完成涉环保设施企业验收 170 家，开通企业管道燃气 12 家。

【公正规范执法】 一是开展专项执法整治。

对危化、矿山、烟花爆竹、涉爆粉尘、有限空间等重点企业、重要领域开展专项执法检查，紧扣重要时间节点，开展安全生产“除险保安”系列专项执法及护航“二十大”安全生产大排查大整治6次。二是加大处罚力度。全年办理行政处罚案件193件，其中，委托执法168件，5万元以上重大案件19件，立案数同比上升73.9%，作出行政处罚189件，共处罚没款411万元。三是加强行刑衔接。会同公检法联合制定《嵊州市安全生产行政执法与刑事司法衔接工作联席会议制度》，加强安全生产“两法衔接”工作，依法惩治安全生产违法犯罪行为。全年移送司法机关处理3起3人，其中，涉嫌非法经营罪1起1人、涉嫌危险作业罪2起 2人。

【安全宣传教育】 抓住“安全生产月”、防灾减灾周、“国际减灾日”等安全生产主题节日节点，开展主题宣传教育，推进安全宣传“五进”活动。2022年，全市提前7个月完成年度培训任务，位列全省第一。全年线上培训15902人，线下培训18205人，总通过人数15775人，任务完成率171.5%。

（市应急管理局 陈思）

审计

【概况】 2022年共完成国家审计项目23项，查出主要问题金额21.93亿元，处理处罚金额5784万元；移送纪检监察和有关部门处理事项5件，处理人员3人；向市委、市政府主要领导报送《审计要情专报》22期，获市领导批示30余篇次，推动被审计单位整改问题414项，促进出台或完善规章制度20余项；向各类媒体报送审计信息130余篇，被市本级及以上媒体和刊物录用28篇，其中1篇被省委办录用并转报中办。2022年，市审计局获评绍兴市审计系统考核优秀单位、嵊州市共同富裕贡献奖（原市长奖）。1个审计项目获评全省审计项目质量最高奖——省优一等奖，获评嵊州市2022年第三批“奔跑奖”；报送的4个审计项目连续第5年实现绍兴市优“满堂红”。2篇审计报告获评绍兴市优秀审计报告。

【市委审计办工作】 2022年，市委审计办先后向市委审计委员会报送重要事项和重要文稿28篇，获市委主要领导批示4篇次，向上级审计委员会请示报送重大事项4项。4月，组织召开市委审计委员会第五次会议，审议年度项目计划、上年度项目整改等内容。7月，市委审计委员会书面审议2021年度市本级预算执行和其他财政支出情况审计报告。全年市委审计办与业务科室协同督查，推动23个项目中发现的审计主要问题整改到位。

【重大审计问题清单】 建立“每周向上对接”和“每周向市委主要领导汇报工作进展”的沟通机制，制定出台局内部工作机制和整改工作考核机制、全市重大审计问题整改督办管理办法等制度，形成重大审计问题清单制度框架。局领导带队赴省厅和绍兴市局对接清单工作10余次，实时掌握上级部署要求，组织开展重大审计问题清单专题培训8场，推动工作争先进位。建立专班，每季度下发工作任务分配表，通报“七张问题清单”工作得分情况，形成全局一盘棋，推动嵊州市级“七张问题清单”工作高质量运行。2022年，同步将2021年审计发现的247个问题作为“蓄水池”问题来源，其中18个问题列入省、绍兴、嵊州市重大审计问题清单，全部完成销号；撰写正面典型案例，1篇入围省示范榜案例评选，2篇入围绍兴市示范榜案例评选，其中1篇上榜。二季度清单指数排名居全省第11位。

【财政审计】 完成2021年度部门预算执行情况审计，促进各部门全面落实预算管理责任，推动各部门预算执行更加规范、有效，将政府过“紧日子”有关工作要求落到实处。实施市本级预算执行和决算草案审计，同步实施违规兴建楼堂馆所、招商引资和单一来源采购等5项专题审计，增强财政可持续性，保障财政资金运行安全。根据省审计厅安排，完成2022年“5+4”稳进提质政策中涉及的9方面内容10批次清单的核查任务，发挥审计推动稳经济大盘的作用。

【经济责任审计】 组织召开全市经济责任审计工作第25次联席会议，审议2022年度经济责任审计项目计划。聚焦领导干部权力运行和责任落实，完成领导干部任期经济责任审计项目 13 项，涉及主要领导干部 16 名，查出问题 212 个，涉及金额 1.89 亿元，提出意见建议 39 条，促进领导干部履职尽责、担当作为。配合完成全市 58 名领导干部的离任交接，实现审计监督常态化、全覆盖。在乡镇领导干部经责审中率先试点“五审五评”法，优化定责标准，统一定责尺度，干部履职评价更加全面立体；结合工作实践，完成省厅立项课题 1 篇，相关工作经验在省厅和绍兴调研会上作交流推广。

【投资审计】完成各类投资审计项目 460 项，涉及送审金额 65.14 亿元，核减及节约工程资金 6.9 亿元，核减率达 10.59%。完成备案项目抽审 42 项，对 50 家中介机构开展年度质量考核，处罚 1 家，规范中介机构执业行为。履行投资审计监督职能，组织召开全市工程建设领域突出问题专项审计调查动员会，对招投标管理、标后监管和应急库管理等 6 方面突出问题开展专项审计调查，规范工程建设领域项目全过程管理。高质高效完成白莲堂未来社区城改项目跟踪审计等各类交办任务 11 项，保障政府性投资项目高质量建设。

【计算机审计】 推进金审工程三期建设、大数据审计、审计大脑建设等重点工作，市审计局入选国家审计大数据中心浙江分中心试点单位，并完成审计分析网与审计分析室建设，争取到省“审计大脑”试点任务 2 项。开展保密与网络数据安全自查，加强网络和数据安全保护措施，提升保密与网络数据安全综合防护能力。组织开展金审工程三期实操培训、网络和数据安全管理实务培训，为“科技强审”提供人才支撑。1 名干部通过省计算机审计中级考试，1 篇金审三期应用经验做法在全省推广，2 个大数据分析方法入选省大数据分析方法。

【内部审计】 贯彻落实新修订的《浙江省内部审计工作规定》，有效发挥内部审计在推进审计监督全覆盖中的作用。一是持续将内审工作纳入市委、市政府对各乡镇（街道）、部门的目标责任制考核，强化对内审工作的重视度。二是到鹿山街道、市委巡察办等单位组织开展内审业务培训；结合审计项目实施，先后赴 10 余家单位开展内审指导，推动内审工作提升。三是紧扣社会民情热点，创新开展物业和业委会运行情况专项审计调查试点，推动出台市级层面制度 1 项。四是对 2021 年度内审先进工作单位及个人进行表彰，指导乡镇（街道）、部门、平台公司等 35 个单位完成内审项目 53 项。1 个内审项目获省表彰，2 个内审项目获绍兴市优秀，18 篇内审论文及案例在省、绍兴市获奖，农村集体经济债务专项审计做法和审计模式入选《全省内部审计项目建议库》。

【创新管理】2022 年，梳理近年来财政审计、投资审计、经济责任、行政事业、金融国资 5 个主要审计领域发现的 98 类共性问题，逐一分析问题表现、产生原因及解决建议，列出 111 个主要涉及法律条款，汇编嵊州市审计发现共性问题清单（2022 版），分发至全市各单位，提升各单位在经济和廉政等方面的防范能力，预防和减少问题发生，推动解决体制机制问题。

【党建引领】深入学习贯彻党的二十大精神，创新党建“矩阵式”管理工作法，推动党建与业务融合发展；完成党建实体阵地建设，打造审计发展历程长廊，厚植审计文化沃土；组织开展审计干部退休欢送活动、与农商行联合开展“七个一”党建联盟活动、“学习二十大、永远跟党走”党日活动等，深化现场教学；组织参与疫情防控、“红立方”、志愿献血、慈善一日捐、民情大走访等各类服务 300 余人次。1 名党员干部入选《全省审计机关百名优秀共产党员风采录》。

5 月 30 日，组织开展“说说‘审’里话”主题党日活动暨退休干部欢送会

【干部队伍建设】 一是强化干部培育。更新

完善内部考核制度2项，组织政治学习、业务培训等20余次，连续17年开展年终结报交流活动，招录引进审计干部2名，抽调3名审计干部参加巡察、交叉审计等工作。二是扩大审计宣传。编纂完成《嵊州审计在路上》，为学习嵊州审计发展史、改进和完善审计工作提供载体。三是深化清廉审计。签订全面从严治党责任书12份，更新廉政档案52份，开展日常谈话80余人次，逐级逐层压实责任，确保责任传导“通畅”；邀请“嵊州李强清廉宣讲团”团长作专题讲座，开展警示教育，确保廉洁教育“经常”；实施“审计组+党小组”工作法，班子成员带队深入审计现场监督10余次，确保干部监管“日常”。2022年局“建设清廉机关、创建模范机关”工作获评嵊州市“双建”工作五星荣誉。

【其他工作】 做好上级审计机关到嵊开展调研、专项调查等工作的对接联系、配合协调、服务保障。配合完成金砖国家新开发银行贷款嵊州项目审计、“4+1”省重大项目专项审计、绍兴市“5+4”稳进提质政策落实情况审计、“1+9”政策落实情况专项审计、消薄专项审计调查、楼堂馆所专项核查、招商引资专题审计等项目；做好省审计厅厅长毛子荣、总审计师叶青到嵊调研以及绍兴市局对嵊州市委宣传部开展的经责审等工作。

5月12日，省审计厅党组书记、厅长毛子荣（左六）一行到嵊州调研审计工作

（市审计局 刘浩斌）

统计

【概况】 2022年，市统计局围绕全市中心工作，坚持以数据质量为主线，以改革创新为动力，突出统计服务工作特色，做好各项统计调查工作，为建设更高水平“五个嵊州”，打造共同富裕县域样板，奋力谱写现代化网络型山水城市建设新篇章赋能助力。

【统计监测预警】 一是加强统计监测。完善区域经济发展统计监测体系，做好主要经济数据的月度、季度、年度监测和发布工作，适时分析研究全市经济运行情况，助力各级领导干部第一时间掌握发展动态，把握宏观走势，增强决策前瞻性和主动性。二是强化数据比对。实行五色图评价制度，针对全市亿元以上企业产值、用电、纳税销售、税收等基础指标和匹配指标，用“五色”标记分析数据质量，加强对每家在库企业的风险评估。每月报数前，会同发改、经信、商务等有关部门，及时预测全市工业、商贸服务业、投资发展趋势和增长区间，发现可能存在的数据波动风险。三是优化统计服务。及时做好统计监测数据的整理汇编和定期发布，包括《嵊州市国民经济和社会发展统计公报》《嵊州统计年鉴》《统计月报》《嵊州统计信息》等，做好“绍兴市公共数据资源门户”数据共享和“数据浙江”平台的数据归集工作。利用政府网站发布、设置专线电话等方式，为社会各界提供及时、高效、优质的统计信息咨询服务。

【统计调研】 结合深化“三服务”活动，就经济社会发展热点难点问题开展调研，撰写统计调研报告。对事关全局发展且需市委、市政府重视和关注的重大问题，及时编印统计（情况）专报供决策参考。全年撰写统计信息20余篇，统计分析10余篇，统计专报10余篇。

【统计基础】 一是开展统计培训，提升业务能力。全年组织各类统计业务培训和统计普法培训40余场，累计培训人数3000余人次。发挥市统计局“传、帮、带”作用，试行基层统计人员到市级统计机构跟班学习轮训。全年开展跟班学习10期38人次。二是走访调研，夯实基层基础。各分管领导带头，深入基层、企业开展调研走访、业务指导和问题帮扶，及时了解企业统计工作情况，现场指导统计台账设置、统计资料分类归档和统计原始凭证整理，帮助企业规范统计行为，提高统计数据质量，推进统计基层基础规范化建设工作。全年开展点对点指导500余次。三是宣传统计法律法规，增强法律意识。结合新增“四上”企业审批和“三服务”活动等工作，开展送《中华人民共和国统计法》等学习资料到基层、企业、社区活动。通过“9·20”统计开放日活动、发放宣传手册、上门入户调查宣传等方式，提升统计法律法规的社会知晓度。

【统计调查】 一是开展常规统计调查。主动适应经济高质量发展新要求，围绕全市主要经济社会发展目标，严格执行国家、省2021年统计年报和2022年定期统计报表制度，做好农业、工业、建筑、能源、固定资产投资、贸易、科技、劳动工资、综合核算等专业统计报表的数据收集、审核汇总、数据上报等任务，及时发布数据快报、统计月报、公报、概览等统计产品，全面客观反映嵊州市经济社会发展情况。二是推进专项调查统计。按照国家、省统一部署和要求，完成各项统计监测工作任务，包括能源消费统计监测、科技创新研发统计监测、规上工业经济效益评价与考核、特色小镇统计监测、低收入农户监测调查等。三是绍兴市基本单位清查工作。按照绍兴市统计局的统一部署，以2022年10月31日为标准时点，做好嵊州市基本单位清查工作。（市统计局　汤凯铭）

调查

【概况】 2022年，国家统计局嵊州调查队完成城乡住户、月度劳动力、农民工动态监测、农民工市民化、农产品生产者价格、粮食产量监测、主要畜禽监测、采购经理、消费品价格、工业生产者价格等13项专业统计调查工作。按照上级统计部门工作部署，开展全面从严治党民意调查、公民科学素质调查和民生实事项目民意调查等。接受嵊州市有关部门委托，开展嵊州市文明城市满意度调查。

【调查数据分析研究】 全年申报浙江调查总队经济类和制度方法类立项课题各1项，嵊州市立项课题2项，社会科学研究立项课题1项，参与市政协“依托义甬舟大通道开展甬绍合作先行区”课题，开展队内立项课题3项；参与浙江调查总队调研36次，开展快速调研66次；调查分析信息16篇、工作类信息71篇，被浙江调查总队内网录用。“嵊州集成灶产业发展研究”课题获副省长卢山批示，《共同富裕背景下缩小城乡差距问题研究》课题成果获评嵊州市2022年度一类优秀调研成果。

【调查资料整理】 按季编发《嵊州调查数据》，编印《嵊州调查》《嵊州队优秀信息分析》等统计调查资料汇编本。（嵊州调查队　陈燕萍）

区域合作与对口支援

综述

【概况】2022年，按照国家、省委省政府和绍兴市部署，认真开展区域合作与对口支援工作。东西部扶贫协作方面，开展与四川省产业合作、劳务协作、消费扶贫和社会帮扶等工作。山海协作方面，2022年，嵊州市继续与丽水市青田县结对，坚持以“八八战略”为引领，推动构建“山海”协同、高质量发展新格局，两地交流不断加深，关系更加紧密，合作范围不断拓展，协作成果持续显现，形成了“山海并利、山海共赢”的发展局面。对口支援方面，落实援助资金20万元，拨付重庆市涪陵区珍溪镇；与吉林省辽源市东丰县的交流合作进一步加强。（市发改局　姚胜江）

东西部扶贫协作

【产业合作】帮扶落实3家东部企业到四川地区投资兴业，完成投资2.2亿元。

【消费扶贫】由市商务局牵头动员企业向四川地区采购原材料，引导四川地区优势农特产品进商超，累计完成消费帮扶2914.64万元。

【劳务协作】市人力社保局出台就业优惠政策，鼓励、引导四川地区农村劳动力、脱贫人口到嵊州市就业，累计带动脱贫人口就业数61人。

【社会援助】拓展参与方式，动员社会力量，开展捐资助学、慈善公益、医疗救助和志愿服务等扶贫活动，累计捐赠四川省乐山市金口河区资金50万元、峨边彝族自治县物资价值250.54万元。

（市发改局　姚胜江）

对口合作

【合作机制】2022年，继续与吉林省辽源市东丰县开展对口合作，完善嵊州市—东丰县两地高层互访机制。

【产业合作】组织企业赴辽源市东丰县开展投资考察，推进产业合作和交流。提升“原产地　真好味”品牌影响力，在嵊州设立商场专区、线上专馆、超市专柜，推动辽源农特产品进嵊州。

【科技合作】加强双方科技与人才资源共享，支持两地科研院所强化合作，推动科技和人才项目的共同申报。

【旅游合作】利用两地旅游资源，鼓励嵊商在辽源市东丰县开发旅游路线，合力加强旅游宣传推介。（市发改局　姚胜江）

山海协作工程

【工作机制】2022年，嵊州市与青田县的山海协作继续坚持“政府引导，市场运作，生态优先，共享发展”的合作原则，形成了常务会议专题研究，任务及时分解，推进机制和考核机制持续完善的良性工作格局。

【落实资金】 拨付援建资金200万元，谋划建设援建项目6个，推动当地基础设施和社会事业发展。

【加强合作】 共同举办“山海相连石艳天下”2022 青田石雕大师精品嵊州展，推动两地文化交流和合作；成立青田首家文化驿站——爱越小站，加强两地文化资源互动整合、互利双赢；推进嵊州—青田“消薄飞地”建设，全年累计拨付300万元税收利益分成，助推青田县76个村完成消薄任务；两地人社局开展劳务技能培训5次，实现培训就业311人次；开展消费帮扶，通过“青货入嵊”，助力青田农产品销售，全年完成消费帮扶642.96万元。 （市发改局 姚胜江）

水资源利用与管理

综述

【概况】 市水利局围绕“嵊水安澜”全面打造幸福河湖，全年完成水利项目投资 6.18 亿元。创建省级美丽河湖 1 条（澄潭江田东至新市电站段）、美丽山塘 11 个、绍兴市级水美乡镇 1 个（谷来镇），月亮湖机埠、苦竹砩堰坝、坂头水库灌区、崇仁镇镇南村农民用水管理小组、崇仁镇赵马村入选全省农业水价综合改革“五个一百”优秀典型案例，农饮水工作获绍兴市水利局表扬。

水资源利用

【概况】 全市水资源总量 13.11 亿立方米，2022 年总用水量 2.43 亿立方米，其中农业用水量 1.32 亿立方米，工业用水量 0.30 亿立方米，生活用水量 0.39 亿立方米，人工生态环境补水量 0.09 亿立方米，水资源利用率 18.5%。全市水电站 111 座、总装机 59334 千瓦，全年安全发电 1.05 亿千瓦时，完成百丈岩电站、清潭水库电站报废重建。

水资源管理

【概况】 市水利局完成《嵊州市水资源节约保护和利用总体规划（报批稿）》，为全市今后一个时期水资源工作提供重要依据。完成全市 48 户自备水取水户取水口标准化改造，在线监控 34 家工业企业自备水，万元 GDP 用水量（可比价）36.84 立方米，创建节水标杆 4 家，节水型单位 9 家。建设大中型灌区渠首取水口在线计量设施 20 套，农业灌溉工程（泵站机埠、堰坝）33 座，完成农业水价综合改革 43.55 万亩。常态化开展河湖“清四乱”，排查销号“四乱”问题 104 起，查处全市首起生态溢流违规行为。

水利工程建设

【曹娥江流域防洪能力提升工程（东桥至丽湖段）】 列入省级重点水利项目，概算投资 75973 万元；可研报告（报批稿）通过省发改委可研批复，同步完成项目初步设计、施工图设计招标，完成房屋拆迁评估和签约，基本完成地上作物评估和签约。

【三溪水库工程】 列入省级重点水利项目，概算投资 22.04 亿元；可研报告获省水利厅出具行业审查意见，获绍兴市自然资源局出具规划选址和土地预审意见书，完成 6 个前置专题；8 月 1 日，省政府下达停建通告，项目区域内实物调查完成三榜公示。

【河湖库塘系统治理】 出台《嵊州市水库山塘系统治理实施方案（2022—2025 年）》和《嵊州市山塘报废工作实施方案》，推行“一库一策”，明确三类坝、二类坝清零的阶段式部署。全年完成小型水库系统治理 17 座，续建、新动建 16 座；完成重要山塘综合治理 20 座，新动建 21 座；完成机埠、堰坝水闸 33 个，完成中小河流治理 4000 米，完成水土保持治理 23 平方千米。

【中型灌区提升建设】 根据全市“非农化、非粮化”整治需求，启动南山水库灌区、坂头水库灌区、前岩水库灌区、上东水库灌区、剡源水库灌区、眠牛弄水库灌区、张村水库灌区、渔溪坑水库灌区、白柴爿水库灌区 9 个中型灌区改造项目，涉及农田 13.26 万亩。截至 2022 年年底，上东水库灌区率先完成 30%工程量。

防汛抗旱

【水旱灾害防御】 全市平均雨量 887.8 毫米，相比 2021 年减少 37%。梅雨不明显且短，出梅后持续 40℃以上高温天数超历史纪录，部分乡镇出现较严重旱情，台风“梅花”对下王、仙岩等东部乡镇造成较严重影响。面对旱涝双重考验，市水利局及时加强水资源统一调度和管理，组织实施引调提水工程、抗旱井、蓄水池等应急水源工程和应急送水。完成 15 个乡级、177 个村级山洪灾害防御预案修订，排查隐患 3581 人次、2857 处次，检查整改隐患 104 处；启动或提升水旱灾害防御应急响应 11 次，开展洪水预报作业 25 次，发布山洪预警 9 期，发送山洪预警短信 23376 条次，组织转移山洪灾害危险区人员 6825 人、扩面转移 430 人；精细调度水利工程 33 次，预腾库容 976 万立方米，合计拦蓄洪水 1980 万立方米，成功抢险金庭、仙岩、下王等地突发险情，确保市域江河湖库汛情平稳。

【智慧水利一张图】 围绕数字化智慧化赋能需求，完成嵊州市水管理平台建设，完善山洪灾害监测预警平台，新建小型水库水雨情遥测站点 88 个，升级改造小流域水位站 2 个，确保水雨情和水工程运行情况实时动态监测，有效解决预报预警、科学调度难点。（市水利局 赵岳正）

城乡建设与管理

综述

【概况】 2022年，全市完成老旧小区提升改造28.21万平方米，白莲堂未来社区完成征迁工作，4个未来社区、4个未来乡村、2个城乡风貌样板区入选省级试点。“一把扫帚”管保洁、“一把剪刀”管园林机制全面实施，“污水零直排区”建设实现三年任务两年完成。 （市住建局 骆梦薇）

城乡规划

【规划编制和审批】 2022年，市自然资源和规划局制定《嵊州市国土空间规划管理实施办法》《嵊州市国土空间规划管理技术规定》《嵊州市重要道路、河道两侧建筑退让管控技术指南》等规划管理政策文件；完成市区17个单元控制性详细规划及乡镇控制性详细规划的数据整合交汇工作；完成中心城区控制性详细规划图集（2022版）；会同属地完成高铁新城战略策划研究、高铁新城统筹规划、城北化工园区控制性详细规划、甘霖镇高端装备产业园控制性详细规划等详细规划编制工作；完成经济开发区、高铁新城、甘霖镇等5个控制性详细规划图则调整工作。完成嵊州市村庄规划评估工作，科学制定村庄规划管控全覆盖工作计划。完成浦口街道故江新村等25个行政村的村庄规划编制工作，获评2022年度全省自然资源系统改革创新优秀案例1个、省级推广案例（嵊州市驻镇规划师专题信息）1个、浙江省“乡村造梦师十佳优秀案例”二等奖1项、2022年度绍兴市十佳村庄规划 2个。

【土地出让规划条件编制】 全年完成出让土地规划条件编制48宗，用地共228.48公顷（3427.25亩）。其中经营性用地14宗，约52.15公顷（782.28亩）；工业用地30宗，约171.13公顷（2566.94亩）；公用基础设施用地4宗，约5.20公顷（78.03亩）。

【招商选资和土地推介】 配合开发区管委会、高铁新城管委会、招商投资中心等单位对艇湖区块、唐诗之城区块、高铁新城区块、小砩区块、章村路区块、白莲堂未来社区、省级化工园区等重点招商地块，推进规划编制和服务工作。

（市自然资源局 斯维婕）

测绘

【概况】 按照省和绍兴市要求，结合嵊州实际，制定测绘与地理信息工作年度计划，组织实施基础测绘项目，开展测绘与地理信息行业管理，促进地理信息建设和资源共建共享。

【测绘行业管理】 一是推进“多测合一”改革，印发《嵊州市工程建设项目综合测绘实施办法（试行）》，召开综合测绘推进会，开展综合测绘培训，指导各个测绘单位签订综合测绘合同。完成本市综合测绘机构基本名录更新，使用综合测绘示范合同文本项目 146 项。二是做好测绘行业安全生产工作，召开安全生产部署会，落实安全生产责任，在企业自查的基础上，完成本市 8 家测绘企业和 1 家市外企业在嵊项目的现场安全检查，全年未发生安全生产事故。三是开展测绘统计工作，完成 2021 年度测绘统计年报报送。四是加强测绘项目管理，查阅各测绘资质单位报送测绘项目 376 项。提供基础测绘成果共享服务，完成成果提供申请审批 7 项。五是加强地图管理，与市场监管局开展地图市场专项检查 1 次。六是充实应急测绘装备，购买应急无人机及相关航测设备，组织队伍参加绍兴市测绘应急演练，与市水利局联合开展应急测绘；开展测绘地理信息行业信用信息申报和更新工作，推进省级基础测绘成果核查工作，完成成果核查 81 项；开展测绘法宣传周活动和“国家版图意识宣传”进校园活动；配合绍兴市自然资源局开展测绘“双随机”抽查工作，抽查嵊州市测绘单位 1 家。

【测绘数据安全】 完成地理信息机房有关安全设备更新升级。加强测绘地理信息数据安全管理工作，抓好网络安全日常监管，参加浙江“护网 2022”网络安全演练。

【测绘成果服务】 为三界镇、剡湖街道、高铁新城、住建局、农业农村局、城投集团等镇街和部门提供数字线划图 6995 平方千米（1∶500 地形图 246 平方千米，1∶2000 地形图 6749 平方千米）、1∶2000 库体成果 1789 平方千米和影像成果 5367 平方千米（0.2 米分辨率 3578 平方千米，0.5 米分辨率 1789 平方千米），按市场重置价测算，节约资金约 6000 万元。为市疫情防控工作领导小组办公室编制 276 幅全市村（社）级影像地图，其中，依靠自身力量编制 73 幅；协助公安局编制全市疫情防控封控卡口分布图 17 幅；协助民政局编制全市社区调整方案图 5 幅；更新乡镇（街道）级影像地图 17 幅；编制全市乡镇（街道）工业分布图 12 幅；更新嵊州市地图 1 幅，节约专题地图编制费用 48.9 万元。依托数字嵊州地理信息公共服务平台 PC 端政务版，上传 2022 年编制并申请审图号的各类标准地图 16 幅，以及历史政区专题地图 7 幅，方便政府部门、乡镇（街道）使用下载；依托数字嵊州地理信息公共服务平台手机版，处理发布疫情防控网格、村（社）级界线及全市楼址数据，助力政府部门及社会公众疫情防控需求。运用低空航摄技术，采集杭台高铁嵊州新昌站、嵊州北站 2 处重要节点全景图，并在“天地图嵊州”发布。提供四个街道及社区范围、居委会、住宅小区、幼儿园、小学、初中、高中、卫生服务站、菜市场位置图及详细数据资料，支持市住建局编制城镇社区建设专项规划。

【基础测绘】 开展 2022 年数字嵊州地理空间框架数据更新，完成地理信息公共服务平台数据的更新融合，在“天地图嵊州”PC 端、移动端、政务端发布。开展地理国情监测，完成主城区和 10 个建制镇“一区两率”（城市建成区、绿地率和绿化覆盖率）监测。开展 1∶500 地形图更新测制，完成浦口、城北、甘霖镇等区块累计 30 平方千米 1∶500 地形图更新测制。开展嵊州市城市地下市政基础设施普查工作，完成地下管线普查 3857 千米，以及人防工程、地下公共停车场、地下通道等地下空间普查，于 12 月 14 日验收通过，是绍兴地区首个完成验收的县（市）。

（市自然资源局 斯维婕）

城市建设

【交通治堵工程】 2022 年，市住建局完成道路工程累计 6.45 千米，其中高铁新城启动区块道路工程（含坊前路改造）2.3 千米，茶坊路工程 1.51 千米，站前南路工程 0.52 千米，小硃区块市政配套设施项目 2.12 千米。完成公共停车位改造 1840 个。

【旧住宅区改造】 2022 年，综合改造龙会新村、南沿路、南马路、安吉里、东豪新村、绿都花苑、明心岭路 2 号、嵊州大道 269 号、东圃北路 71 弄 12 号、北门新村、东城楼 4 号、相公殿路

66—1号、文锦苑、市山路26号、江滨西路18号、城中小区、仙湖路289号、惠民街359号、环城北路68号、江滨东路156幢、东前街92幢等老旧小区，改造房屋242栋，受益居民6267户，投资额8000万元。全年完成老旧小区电梯加装30台。

【未来社区建设】 5月，白莲堂未来社区征迁工作正式启动，用时32天完成2043户签约，完成率99.9%。9月28日，完成腾空并进入集中拆除阶段。12月底，完成江南未来社区（省第四批未来社区）建设。2022年，丹桂社区、芷湘社区、捣臼爿社区、下中西社区共4个社区被列入省第五批未来社区创建名单。

5月6日，城市更新改造工作动员大会暨未来社区建设推进会召开

【城乡风貌样板区建设】 2022年，完成城市样板区（剡溪宜居城市风貌样板区）和县域样板区（剡中越韵县域样板）建设，其中，剡中越韵县域风貌区创建为绍兴市级样板区。新入选省级城乡风貌样板区试点2个，分别为三界—仙岩“水上诗路”县域样板区、长乐—石璜“剡西忘忧”县域样板区。

【雨污分流改造】 2022年，雨污分流改造工程总投资53737.98万元，完成地下管网137410米。第一阶段为文化新村及长丰路雨污分流改造，完成管网建设4532米；第二阶段14个点位，分6个项目实施，完成管网建设24896米；第三阶段为鹿山、剡湖街道未分流剩余区域，分6个标段，总计点位159个，完成管网建设107982米。

【老旧小区封闭式改造】 2022年，全市完成老旧小区封闭改造196个，其中全面封闭88个，局部封闭108个。（市住建局 骆梦薇）

城市管理

【市容专项整治】 3月，开展城市“三乱”专项整治；4—5月，开展户外广告及招牌集中整治；8月，开展小区车库车棚违规使用“回头看”专项行动；10月，开展党的二十大安保专项行动；11月，开展秸秆焚烧、垃圾分类专项整治。截至12月，共办理生活垃圾分类行政处罚案件1503件，办理秸秆焚烧案件127件。

【保障路面交通整洁】 市渣土办联合公安、路政、交警等部门，多次开展专项整治，共立案433起，罚款金额162.29万元。出台《嵊州市进一步规范工程渣土（泥浆）处置实施意见》，完善工程渣土闭环管控机制，做到科学规划、有序管理、综合利用，提升城市整体清洁度。

【省级示范街区创建】 市综合执法局确定嵊州大道（北艇路口至官河横路段）申报创建示范街，江晓丹桂街区（东至官河南路、南至丹桂路、西至芷湘路和环堤西路、北至兴盛街合围区域）申报创建示范街区。11月，上报创建工作情况，等待上级考核验收。

【停车秩序规范】 根据市区规划及市民出行需求，1—10月共划设常温漆非机动车位线1.3万余米，热熔漆机动车位1546个，热熔标线8463米，临时停车青蛙车位28个，标线清除2123.5米。

【推进“无违”工作】 累计完成“三改”面积33.43万平方米，其中旧住宅区改造28.21万平方米，旧厂区改造5.22万平方米。累计完成违建处置总面积29.52万平方米，其中拆除面积23.76万平方米，其他处置面积5.76万平方米。

（市综合执法局 束佳蔓）

市政公共设施

【城区道路管养】 市住建局全年共修补路面

约 24300 平方米；更换补充各类盖板 530 套；疏通管道 164 处约 1480 米；整修人行道块约 2900 平方米，清淤排水管网 170 千米，完成道路坑洞修复约 1000 处，新增无障碍设施 0.5 千米。完成城市道路起伏不平等病害点段整治 10.75 千米。办理挖掘手续 89 件；劝阻、查处各种损坏市政设施违章行为 2 件次。

【交安设施管养】 全年共更换护栏 1641 米、减速带 703 米，更换警示桩 1500 余套，漆画标线 30600 平方米，安装指示牌 338 套。

【路灯维修更换】 全年维修路灯 5763 盏，安装路灯 337 套，安装节能灯 1450 盏，安装电缆 7770 米，新安装监控终端 18 套，更换监控终端 6 套。

【桥梁维修养护】 全年开展 50 座桥梁的日常维修养护、桥梁定期检测等工作。完成 3 座桥梁健康监测系统布设；完成市区桥梁结构病害维修、前杨桥拆除填筑；完成浦口大桥、杨港路桥、禹溪立交桥等桥面修复；完成茶坊桥桥下空间整治改造。

【排涝设施维修养护】 完成水毁设施修复；完成兴盛街上三高速桥下、天乐路、阮彭公路桥下、长泰西路白鹭香溪小区后、雅石路长安桥周边等道路易涝点整治。开展全市排涝站设施设备全面检测，根据检测报告进行整修。

（市住建局　骆梦薇）

水的生产与供应

【概况】 2022 年，市城市自来水有限公司供水总量 4209 万吨，比上年增加 101 万吨；全年售水量 3508.2 万吨，比上年减少 488.2 万吨。落实全省水费优惠政策，全年为中小企业及个体工商户减免水费约 50.45 万元。供水区域面积 96 平方千米，用水人口约 33.25 万人。新增供水管道约 5 千米，供水管道总长度约 1524 千米。

【水质检测】 2022 年，市城市自来水有限公司水质自检 1.74 万项次，其中对城市管网 16 个监测点每月 2 次的检测 3840 项次；市疾控中心对出厂水、管网水、原水开展水质监控监测 996 项次；国家水质监测网绍兴分站对原水、出厂水、管网水开展的每月水质监控监测 330 项次。上述检测合格率均为 100%，一年两次的全分析 518 项次，达标率 100%。

【管网建设与改造】 2022 年，市城市自来水有限公司完成香湖明月、临江苑一期、嵊星湾二期 3 个房地产项目的给水新建工程，累计新增用户超 1090 户；完成嵊州市城市管网配套改造工程（二阶段）共计 30 个市政道路及老旧小区给水管网改造工程，改造给水管道总长约 60 千米，涉及用户 560 余户。

【管网抢修与维护】 全年到期轮换水表 12120 支，抢修各类管道 1345 起，其中 DN100 及以上管道抢修 150 起，修理破损阀门、水表及漏水表节，处理水压波动及用水故障等事项 3026 起，办结率 100%。

【一户一表安装与改造】 全年累计完成户表安装改造 4544 户，其中房地产新建小区安装 2456 户，居民一户一表改造 1554 户，农村一户一表改造 558 户，二次加压供水管网及户表改造 80 户，企业新装水表 143 户。完成官河府等 4 个新建小区的户表安装；完成八何洋等 2 个村的农村户表改造；完成白莲堂社区、下林村等拆迁拆表。

【二次加压供水设备管理】 全年累计接收管理二次加压供水泵房 15 处，受益用户 3494 户。其中，城区二次加压供水泵房 7 处，受益用户 2694 户；农村二次加压供水泵房 8 处，受益用户 800 户。

（市水投集团　盛贞贞）

环境卫生

【深化市场改革】 出台《嵊州市城区“一把扫帚”环卫保洁工作实施方案》（嵊政办〔2022〕26 号）。5 月 30 日，城区“一把扫帚”环卫保洁服务项目完成定标工作，浙江利东环境工程有限公司（负责三江街道、浦口街道）与浙江鑫煌环境工程有限公司（负责剡湖街道、鹿山街道）中标。保洁公司优化一线作业人员，更新作业车辆、作业工具，新增保洁人员 465 人，新增洒水车、扫地车 13 辆，新增八桶车 90 辆。

【疫情防控】 做好市区及各乡镇（街道）的涉疫危险生活垃圾收运处置，定时、定点、定车、定人员、定路线做好隔离垃圾转运，启动光大垃圾焚烧发电厂作为涉疫危险垃圾的应急处置场所。

【环卫设施建设】 7 月 7 日，城区 18 座公厕提升改造工程完成施工招标，嵊州市浙东建筑工程有限公司中标。7 月 26 日，进场施工。10 月底改造完成。优化男女厕位比，增设和完善第三卫生间，安装智能化设备，增加便民设施，打造集如厕、休闲、阅读等人性化服务于一体的城市公共服务驿站。11 月底，城南中转站迁移项目完成竣工验收；12 月底，正式投入运营，垃圾处理量最高为 100t/d。

【垃圾分类管理】 完成高标准分类示范小区创建 8 个；完成 44 个定时定点小区及 32 条定时定点商业街建设；完成 6 个省级垃圾分类示范村，5 个绍兴市级垃圾分类示范村，48 个分类准确村创建；推进执法工作，截至 12 月累计执法 2007 起，罚款 216350 元。加强生活垃圾分类宣传引导，累计在省、绍兴市级平台发布信息 137 篇，乡镇和街道开展宣传活动 86 场，入户宣传 29.5 万户，入户率 113%。9 月 30 日，鹿山街道、浦口街道召开深化生活垃圾治理暨“撤桶并点 定时定点”提质扩面启动仪式，现场分发垃圾分类宣传手册、讲解垃圾分类知识，提高群众知晓率。规范生活垃圾、餐厨垃圾、工业垃圾、建筑装修垃圾分类收运处置工作，截至 12 月底，光大垃圾焚烧发电厂累计焚烧生活垃圾 24 万吨、工业垃圾 9.8 万吨，餐厨垃圾处理厂处理餐厨垃圾 0.6 万吨，填埋场累计填埋不可焚烧垃圾 0.6 万吨，建筑垃圾处理厂累计处理建筑装修垃圾 4.1 万吨、大件垃圾 0.5 万吨。

【垃圾清扫清运】 根据城区“一把扫帚”环卫保洁标准要求，保洁公司每日出动 11 辆扫地车、15 辆洒水车，城区所有主次干道全年不间断循环机械化洗扫，以机械化清洗清扫为主、人工保洁为辅，形成“机扫和人保相结合”的环卫作业模式，确保城市道路机械化作业率达 70%以上，主干道机械化保洁率 100%。对 114 个小区生活垃圾采用“以桶换桶”清运模式，对 32 条商业街定时定点上门收集。

【保洁亮点打造】 以刘阮公园、文化广场为试点，推进“一把扫帚”“日扫夜洗”“人机结合”“快速巡捡”“加速维修”等作业模式，装备道路清污车、小型机扫车、油污清除车等作业车辆，提高公园内部、人行辅道、城市家具保洁作业的高效性、规范性和持续性，创建“席地而坐”精细保洁示范区。以市区北直街为保洁样板，逐步打造市区精品路段，完成 11 条道路的精品保洁。

【城乡环境提升】 完成 848 个农村生活污水处理设施标准化运维工作，出水水质达标率 75.58%；牵头指导督促 15 个乡镇（街道）73 个农村生活污水提标改造项目建设，累计完成投资 1.7 亿元，完成率 100%。截至年底，全市国家级传统村落 9 个，数量居绍兴各县（市、区）第一；省级传统村落 9 个，居绍兴第二。持续推进甘霖镇苍岩村、贵门乡楼村、石璜镇西白山村、长乐镇沃基村、谷来镇王院村的省级美丽宜居示范村建设，截至年底，全市省级美丽宜居示范村 22 个，数量居绍兴第二。

（市住建局 骆梦薇）

房地产业

【资质审批和发证】 深化“最多跑一次”改革，简化预售审批资料，优化预售审批流程，全年共发放商品房预售许可证 24 本。

【物业维修金保修金管理】 全年归集住宅物业保修金 2521.61 万元，住宅专项维修资金 10690.91 万元，退还住宅物业保修金 923.17 万元，支付使用住宅专项维修资金 486.14 万元。完成 4 亿元住宅物业保修金及住宅专项维修资金存放项目的招投标。

【住房保障】 全年发放公租房保障家庭租赁补贴 1167 户。新纳入住房保障体系 166 户，其中低保户及低保边缘户 74 户。出台《嵊州市公共租赁住房保障实施细则》（嵊政办〔2022〕53 号）

和《嵊州市保障性租赁住房项目认定暂行办法》（嵊政办〔2022〕54 号），建设筹集保障性租赁住房 385 套（间）。

【物业管理】 出台《关于全面提升城市社区物业管理工作的实施意见》（嵊政办〔2022〕97 号）。2022 年，完成小区业主委员会备案 11 件。开展住宅小区物业管理工作相关法规专项培训，共有 48 家物业服务企业、110 位物业项目经理或负责人参加。（市住建局 骆梦薇）

住房公积金管理

【创新改革工作】 改革以单位为中心的住房公积金个人账户管理模式，推行“无感化、智合并”住房公积金个人账户管理模式创新，实现职工住房公积金账户的资金自动转移和信息联动更新。全年累计账户合并 5862 笔，其中机关事业单位人员账户合并 458 笔，实现全覆盖；一般企业职工账户合并 5404 笔，实现存量待合并账户的动态清零。

【住房公积金制度扩面】 对接新入驻企业绍兴弗迪电池有限公司，为企业办理住房公积金缴存登记和汇缴手续，累计新开户 3259 人。走进特种电机、天脉导热、万丰奥威、帅丰电器、昂利康制药、双鸟机械、科恩电器等企业，发放宣传材料、解读住房公积金政策；借助政务服务网、微信公众号、LED 屏等平台，线上线下同时发力，扩大公积金影响力，加深企业负责人对住房公积金政策的知晓度；告知意向企业办理流程，协助办理缴存登记。全年新增缴存单位 99 家，缴存职工 12934 人，列绍兴市各县（市、区）第一。发挥金融部门的网络体系及其联系非公企业密切的优势，实现住房公积金扩面工作和银行业务共同促进、共同提高、共同发展。利用报纸、电台、网络等媒体手段，在电台开设“公积金百问百答”“公积金民情日记”专题栏目，在《今日嵊州》和“嵊州发布”“爱嵊州”App 开设公积金政策宣传专栏，全方位进行政策解读宣传。全年全市共归集住房公积金 10.41 亿元，同比增长 5.59%，累计归集余额达 25.98 亿元。全市批准职工支取住房公积金共计 7.81 亿元。

【住房公积金贷款】 开展“公转商”贷款赎回、调剂资金统筹归还工作，截至 12 月，全部赎回“公转商”贷款，并向绍兴市住房公积金管理中心归还调剂资金 2 亿元。提高公积金最高最低贷款限额和可贷计算比率，调整楼盘准入审核审批制度，缩短贷款审批发放时间。全市共批准发放住房公积金贷款 1780 笔，其中公转商赎回 867 笔；贷款金额 5.3 亿元，其中公转商赎回 2.17 亿元；贷款余额达 25.03 亿元，存贷比 96.34%。严格执行贷前、贷中、贷后各项操作规程，确保调查、审核、审批、跟踪各环节严谨规范。发挥贷审会的集体监管作用，加强对贷款楼盘的贷前风险评估、控制和贷后跟踪管理，规避市场风险。加强逾期贷款催收工作，规避信用风险，降低贷款逾期率，保障资金运行安全。住房公积金贷款逾期率 0.0008%，控制在较低水平。按照规范资金管理要求，做好 19500 万元增值收益竞争性存放工作。

（市公积金中心 钱城芳）

城市绿化

【口袋公园建设】 2022 年，确定市区越江府小区门口与南沿路转角处、江滨西路离长乐江转角处、原嵊县看守所 3 个点位，规划建设公园绿地，完成项目初步设计。

【园林绿化养护】 9 月 21 日，出台《嵊州市“一把剪刀”园林绿化工作实施方案》（嵊政办〔2022〕94 号）。截至 12 月，绿化养护总面积 612.63 万平方米，行道树 101698 株。全年共养护 34 次，月度养护考核 12 次，下发养护检查书面记录 30 份，养护检查通报 12 份，任务通知单 20 份，园林植保信息 4 期，园林绿化一体化监管通报 4 期。完成对建成区古树的现场勘察、拍照、测量、登记等，实地勘察古树 170 余棵，古树群 3 处，后备古树 11 棵，建立“一树一档”，构建古树名木巡查的常态长效机制。

【两湖水环境治理】 一是安装增氧泵。老东桥剡湖东侧增设增氧泵7台，湿地公园增设增氧泵1台。二是增种水生植物。完成剡湖及湿地公园荷花补种100余平方米，补种水生植物300余平方米，水草4500余株，改善水体质量，修复水体生态功能。三是增加鱼苗放养数量及种类。2022年春季，在剡湖水域放养鱼苗50000余尾。四是清理湖面垃圾。5月，利用橡皮坝塌坝，整体更换剡湖水体，全面清理湖岸垃圾。

【城市绿地系统规划修编】 市住建局委托浙江省城乡规划设计研究院编制《嵊州市城市绿地系统规划》，年底完成项目初稿。规划范围包括剡湖街道、三江街道、鹿山街道、浦口街道、黄泽镇和仙岩镇，总面积387.06平方千米；分2021年至2025年，2026年至2035年两个阶段；研究内容涉及城市规划、绿地数据获取、现状获取、规划衔接、案例借鉴等。

【绿道建设】 完成民生步道建设50.69千米，包括艇湖公园、月湖公园、原儿童公园、黄泽镇前良村至黄泽大桥和下王镇集镇等地段。完成城乡绿道建设6.6千米，包括金庭镇上东江江堤景观提升工程绿道、下王镇滨江景观提升改造工程绿道、市区白鹭香溪小区北侧提升改造项目绿道。

【绿化监察】 全年审批绿地开挖28件，处理交通事故毁绿23起，处理毁绿停车认定84件。处理智慧城管案件6714件。

【市区氛围营造】 在文化广场、世纪联华超市前、嵊州宾馆前、嵊新高铁站前、城北入城口、国际会展中心、市政府大楼前、人大和政协机关大院前、爱德学校前等节点布置春节小品；在嵊州大道、官河路、兴盛街、杨港路等主要路段悬挂亮化灯笼1020组；在北直街、江滨东路、东南路、市政府周边（领带园五路、丹桂路、仙湖路）、文化广场周边、爱德学校、市住建局等路段挂饰纸灯笼11960个。 （市住建局 骆梦薇）

美丽乡村建设

【概况】 2022年，市农业农村局贯彻落实中央和省、市实施乡村振兴战略的决策部署，稳步推进农业生产，优化农村人居环境，拓宽富民增收途径，盘活改革创新活力，健全乡村治理体系，乡村振兴各项工作进展顺利。

【美丽乡村建设】 2022年，创建4个省级未来乡村和7个乡村振兴先行村。开展“西白忘忧、卮山仙踪、鹿门访友、金庭问道”4条美丽乡村风景线项目建设，“美丽西白”入选省第三批共同富裕新时代美丽乡村示范带。

【农村人居环境整治提升】 巩固人居环境整治成果，健全长效管理机制和督查机制，出台《全市农村人居环境整治提升常态化考评办法》，每月进行考评督查；建立《关于实施农村人居环境提升七项工作制度》，推行农村人居环境“一把扫帚”工作机制；落实5000万元奖补资金，开展乱堆乱放清理、空倒房清理、公共厕所和公共绿化设施管护提升、“三线”序化、庭院美化等农村人居环境专项提升行动，全市农村人居环境明显改善。

【低收入农户保障】 2022年，市城乡低保边缘户认定标准由1.5倍低保标准放宽到2倍；自7月起，城乡低保标准从每人每月890元提高到1050元，特困人员基本生活费从每人每月1079元提高到1163元。落实党员干部“一对一”结对帮扶措施，全市共有结对干部1135名，结对覆盖率100%。继续开展低收入农户健康保险加保工作，赔付率90%以上。在确保涵盖农村最低生活保障对象、最低生活保障边缘对象和其他经济困难户的基础上，继续降低起付线到“0”，实行参保人员季度赔付机制和每月参保人员更新机制，最大限度实现低收入农户政策托底。2022年，全市低收入农户增收12.9%。

【“一庭园三基地”】 利用农村资源优势，挖掘一批环境优美、文化深厚、交通便利的村庄，引入工商资本，植入城市文明，打造一庭园一创业基地、一创新基地、一创富基地的“一庭园三基地”品牌，提升生态效益、经济效益和社会效益，以农村宅基地制度改革，带动村级集体经济增收、农户共富和企业发展的多赢局面。“深耕‘一庭园三基地’、共建农村共富之路”案例入选浙江省强村富民乡村集成改革典型案例，获评绍兴市乡村振兴最佳实践案例。

【宅基地制度改革试点】 推进农村宅基地制度改革“520”项目建设，形成改革试点有项目、有节点、有落实的格局。农村宅基地制度改革基础工作获农业农村部通报表扬；农村宅基地五个“一”全链条管理模式，获农业农村部宅改工作专报、浙江省委办公厅信息专报刊发推广。

【闲置农房激活】 2022年，市农业农村局升级打造“闲置农房激活”2.0版，推动农村闲置土地、山林、水域、文化、旅游等资源全面激活。全年吸引社会资本3.03亿元，激活农房901宗，石璜镇白雁坑村被评为2022年绍兴市农村宅基地盘活利用（含闲置农房激活）示范村。

【消薄工作】 持续推进集体经济薄弱村消薄工作，设计9条跑道谋划“一村一策”增收项目，开展市城投集团资金托管、大额资金竞争性存放和物业租赁，谋划“飞地抱团”模式，探索“两山”转化途径，培育特色产业。贵门乡GEP转化推进共同富裕，为全省首创。2022年，全面消除年经营性收入低于50万元的行政村。

（市农业农村局　魏莎娜）

五水共治

【概况】 2022年，市治水办按照省、绍兴市“五水共治”工作决策部署，统筹推进污水零直排区建设、美丽河湖创建、农业面源污染治理等专项行动，全市水质保持稳定达标，4个国家“水十条”断面（剡溪居家埠断面、澄潭江新市断面、黄泽江全化大桥断面、长乐江环城公路桥断面）水质均达到考核要求；15个县控及以上断面年度水质目标Ⅰ—Ⅲ类水比例和功能区达标率100%；15个“千人万吨”及以上水源保护区“划、立、治”工作全部完成；1个入海主要河流断面（曹娥江章镇上游断面）总氮控制达标。

【污水零直排】 2022年，4个街道完成“污水零直排区”建设项目172个，总投资4.36亿元。其中剡湖街道、鹿山街道为省级创建街道，浦口街道、三江街道为提档升级街道，剡湖街道、三江街道同时为省级标杆镇和绍兴市级标杆镇创建单位。全市改造雨水管网100.76千米，污水管网185.5千米，雨水井15436座，污水井17633座，“六小”行业364家，工业企业467家。

【美丽河湖】 坚持综合治理、管建并举、共建共享，推进“美丽河湖”建设，澄潭江创建成为省级“美丽河湖”；谷来镇创建成为绍兴市级“水美乡镇”，创建美丽山塘5座，完成中小河流治理4千米，完成河湖健康评价1条，修复河湖生态缓冲带3千米。

【河湖长制】 推行河湖长制工作联席会议制度，签发《关于嵊州市2022年全面深化“河湖长制”工作的通知》（总河湖长令2022年第1号）和《关于深入推进妨碍河道行洪突出问题排查整治行动的通知》（总河湖长令2022年第2号）。落实标准化管理，推行河湖长巡河“十必到十必看”，规范各级河湖长巡河工作，促进河湖长履职尽责。强化电子化管理，完善河湖长制信息化管理系统，用好河长通App，实行“一月一考评一通报一提醒”制度。推广全社会治水护水“绿水币”运作机制。全年累计完成巡河122704次，巡河率99.31%，发现问题2651个，整改完成2651个，整改率100%；全市完成碧水联盟注册36645人，整改各类涉水投诉问题1752个，完成1752个，整改完成率100%。

【农业面源污染治理】 深化“肥药两制”改革，推进农业绿色转型和面源污染防治，开展“配方肥替代平衡肥行动”，培育示范性统防统治服务组织，推广水产养殖尾水生态化、连片化、智能化治理模式，30亩以上规模水产养殖场尾水治理实现全覆盖。全年完成主要农作物取土测土量604个；完成主要农作物配方肥推广量0.95万吨/年；完成主要农作物统防统治面积10.8万亩；建成农田氮磷生态拦截沟渠系统1条；完成30亩以上规模水产养殖场尾水零直排100%。

【防洪排涝】 2022年，实施重大水利工程建设项目2个,三溪水库工程完成项目建设受理和规模论证;曹娥江流域防洪能力提升工程(东桥至丽湖段)项目可研报告通过,总投资7.8亿元,鹿山街道启动地上作物评估签约,三江街道完成地上作物评估。完成水库除险加固8座、整治病险山塘15座、水土流失综合治理面积23平方千米;新建、改建水文监测站60个。开展城市内涝治理攻坚行动,采取渗、滞、蓄、排等措施,提高排水防涝设施标准和能力。全年新建雨水管网9.5千米,排水管网清淤170千米,提标改造管网7.5千米,雨污分流改造管网9.5千米,增加应急设备能力500立方米/小时。

【保供抓节】 开展"保供抓节"行动,实施第三水厂和第四水厂续建项目,富西水厂开工建设。截至12月底,第三水厂完成总工程量的85%,第四水厂完成总工程量的80%,富西水厂完成主体工程量的31.5%。全年新建供水管网35千米,改造供水管网12千米,更新改造农村供水管网121.1千米,改造二次供水设施4个,再生水利用率23.65%(年度目标≥17%);城市公共供水管网漏损率7.86%(年度目标≤9%);提升改造农业灌溉设施17座,节水型社会建设达标率100%,改造节水器具500座,创建省级节水型单位(小区)3个,改造智能水表900个。

【督查行动】 贯彻落实省、绍兴市"五水共治"工作要求,围绕领导关注的重点要点、治水推进的难点焦点和群众反映的热点盲点,在全市开展"五水共治"督查行动,全域排查问题。经自查、互查和交叉检查,共发现问题1372个,均整改完成。做好上级督办交办的涉水问题整改工作,防止治理后反弹。

【宣传工作】 2022年,嵊州市"五水共治"工作在《光明日报》刊登1则,为9月24日《生态经济助力群众致富》;在央视2套栏目播出1条,为8月24日《第一时间》栏目《浙江嵊州:部分山村出现饮水困难,消防车及时送水》;在《浙江日报》头版刊登2则,分别为7月10日《城乡同网同质服务,嵊州构建全市"供水一张图"》、11月23日《黄建发在绍兴调研曹娥江河长制等工作,以"生态美"推动"共同富",打造美丽生态富民的幸福河流》在浙江卫视《浙江新闻联播》栏目播出1条,为1月14日《喜迎省两会·民生实事"浙"一年让秀水长清,打造家门口的"美丽河湖"》;在《绍兴日报》刊登《为美丽河道增色添姿》《眠牛弄水库:四明秀色入眼来》《嵊州全域推进污水零直排,全力创建美丽河湖,碧波清流漾剡城》等22则。 (市治水办 张永丰)

城市更新改造

【概况】 2022年,嵊州市城市更新改造中心围绕市委、市政府总体要求和工作思路,稳步推进涉及集体土地的更新改造项目,包括浦口街道无底井区块(含比亚迪珠溪村高窑山地块、比亚迪珠溪村二期)、剡湖街道漩泽区块、鹿山街道曹娥江流域防洪能力提升工程(双燕区块)共3个项目,完成签约351户,拆除建筑面积约12万平方米。市级集体土地征收团队(城改中心、浦口街道、剡湖街道、鹿山街道)获2022年度共同富裕贡献奖(嵊州市市长奖)。

【组织机构及工作机制】 嵊州市城市更新改造工作领导小组由市委书记、市长任双组长,分管副市长任常务副组长,10名市级领导任副组长,32个成员单位共同参与。嵊州市城市更新改造中心负责全市城市更新改造的组织、协调、指导、监督等工作,浦口街道、剡湖街道、鹿山街道等属地街道充分发挥责任主体作用;继续实行大兵团作战,挂帅市领导深入一线、靠前指挥,41个工作组(部门、乡镇工作组12个,浦口工作组20个,剡湖工作组3个,鹿山工作组6个)带组包干,形成全市上下齐心、众志成城的工作氛围。同时,根据市委、市政府统筹安排成立10个专项工作组,包括由两办牵头的综合协调组、市纪委监委牵头的监督检查组、组织部牵头的干部保障组、宣传部牵头的宣传舆论组等,专项工作组各司其职、相互协作、密切配合,保证各项工作科学、高效、合理、有序推进。

【房票工作实施情况】 2022年，全市共签发房票186户，房票金额3.03亿元，被拆迁人使用房票累计548次，在24个楼盘使用房票购置商品住宅264套，金额3.34亿元，房产公司申请结算支付房票金额9.85亿元（其中利息0.06亿元）。2015年至2022年，全市共签发房票7049户，房票金额131.29亿元，被拆迁人使用房票累计21651次，在74个楼盘使用房票购置商品住宅10279套，金额122.01亿元，房产公司申请结算支付房票金额112.35亿元（其中利息0.44亿元）。

【房票安置房源确定】 在本市范围内的房地产开发商自愿参与城市更新改造房票安置的，可以向市住建局和城市更新改造中心申请，其开发的楼盘已有预售许可证等要件，符合房票安置条件的，由房地产企业签订安置承诺书，在房屋质量、售价优惠等方面作出承诺，经批准同意后列入政府安置房源，并实行动态监管。2022年，全市共有安置房源楼盘29个，新增安置房源2560套，新增车位3497个。

【房票资金结算】 房地产开发企业凭与被征收人签订的购房合同、房票等资料，经申请后，按照“三三三一”的比例向市城市更新改造中心房票中心办理兑现结算手续。即房地产开发企业在与购房人签订合同时结算房票资金的30%，主体结构结顶后可申请结算房票资金的30%，交房后可申请结算房票资金的30%，余款在交房后一年内结清，并支付给房地产企业7%的年利率贴补。

（市城改中心　吕寒肖　张执斐）

生态环境

综述

【概况】 2022年，全市空气质量综合指数为3.11，同比下降0.32%；空气质量指数（AQI）为95.3%，细颗粒物（$PM_{2.5}$）平均浓度为26微克/立方米，均居绍兴市第二，获评“省清新空气示范区”。15个考核断面全年均值均达到Ⅲ类水质以上，水功能区达标率为100%，其中章镇上游、环城公路桥、南山水库出口等11个断面年均值达到Ⅱ类水质标准；南山水库、辽湾水库2个集中式饮用水源地各项水质指标年均值达到Ⅱ类功能区要求，达标率100%。全市土壤、地下水和农村环境污染防治工作有序推进，受污染耕地安全利用率达93%以上，废旧农膜回收处置率达92%，畜禽养殖资源化利用率达99.9%。环保督察反馈问题整改有力，没有发生重大环境污染事故和因环境引发的重大群体性事件。（市生态环境分局 黄小敏）

环境质量

【大气环境质量】 按照《环境空气质量标准》（GB3095—2012）评价，全市大气环境质量指标达到二级及以上的达标率为95.3%。降水酸雨监测结果显示，7月为非酸雨区，3、4、5、6、8、9、10、11、12月为轻酸雨区，1、2月为中酸雨区，降水pH年平均值5.18，酸雨率为74.1%。

表17 2022年嵊州市空气环境质量状况表

月份	有效监测天数（天）	空气质量级别分类（天）						空气质量达标率	主要污染物
		一级	二级	三级	四级	五级	六级		
1	31	8	17	6	0	0	0	80.6%	$PM_{2.5}$
2	28	16	11	1	0	0	0	96.4%	$PM_{2.5}$
3	31	13	18	0	0	0	0	100%	NO_2、O_3
4	30	9	20	1	0	0	0	96.7%	O_3
5	31	12	19	0	0	0	0	100%	O_3
6	30	18	11	1	0	0	0	96.7%	O_3
7	31	10	21	0	0	0	0	100%	O_3

续表 17

月份	有效监测天数（天）	空气质量级别分类（天）						空气质量达标率	主要污染物
		一级	二级	三级	四级	五级	六级		
8	31	9	22	0	0	0	0	100%	O_3
9	30	9	16	4	1	0	0	83.3%	O_3
10	31	18	13	0	0	0	0	100%	O_3
11	30	22	8	0	0	0	0	100%	$PM_{2.5}$
12	31	8	20	2	1	0	0	90.3%	$PM_{2.5}$
全年合计	365	152	196	15	2	0	0	95.3%	O_3

表 18　2022 年嵊州市酸雨监测评价结果表

月份	pH 月均值	酸雨频率（%）	质量等级	质量状况
1	4.67	100	Ⅱ级	中酸雨区
2	4.98	100	Ⅱ级	中酸雨区
3	5.45	57.14	Ⅰ级	轻酸雨区
4	5.35	60.0	Ⅰ级	非酸雨区
5	5.38	60.0	Ⅰ级	轻酸雨区
6	5.11	72.73	Ⅰ级	轻酸雨区
7	5.63	25.0		非酸雨区
8	5.42	66.67	Ⅰ级	轻酸雨区
9	5.24	100.0	Ⅰ级	轻酸雨区
10	5.29	100.0	Ⅰ级	轻酸雨区
11	5.41	60.0	Ⅰ级	轻酸雨区
12	5.39	75.0	Ⅰ级	轻酸雨区

注：以 pH 值是否低于 5.60 为划分酸雨的界限。

【地表水环境质量】 全市地表水水质监测结果显示，曹娥江章镇上游、南山水库出口、长乐江环城公路桥、澄潭江新市桥、里东江张岙、小舜江马溪、长乐江水竹桥、长乐江珏芝桥、黄泽江黄泽大桥、上东江金兰桥、黄泽江全化桥 11 个断面达到Ⅱ类水质；剡溪屠家埠、剡湖老东桥、剡溪新东桥、新昌江上岛 4 个断面达到Ⅲ类水质。

表 19　2022 年嵊州市地表水水质监测评价结果表

监测断面	执行标准	1 月	2 月	3 月	4 月	5 月	6 月	7 月	8 月	9 月	10 月	11 月	12 月
南山水库出口	Ⅱ	Ⅱ	Ⅱ	Ⅱ	Ⅱ	Ⅱ	Ⅱ	Ⅰ	Ⅱ	Ⅰ	Ⅱ	Ⅱ	Ⅱ
	超标项目												

续表 19

监测断面	执行标准	1月	2月	3月	4月	5月	6月	7月	8月	9月	10月	11月	12月
长乐江珏芝桥	Ⅲ	Ⅲ	Ⅱ	Ⅱ	Ⅱ	Ⅱ	Ⅱ	Ⅱ	Ⅱ	Ⅱ	Ⅱ	Ⅱ	Ⅱ
	超标项目												
长乐江环城公路桥	Ⅲ	Ⅱ	Ⅱ	Ⅱ	Ⅲ	Ⅲ	Ⅲ	Ⅱ	Ⅱ	Ⅱ	Ⅲ	Ⅲ	Ⅲ
	超标项目												
剡溪屠家埠桥	Ⅲ	Ⅲ	Ⅲ	Ⅲ	Ⅲ	Ⅱ	Ⅲ	Ⅱ	Ⅲ	Ⅱ	Ⅱ	Ⅱ	Ⅱ
	超标项目												
澄潭江新市桥	Ⅲ	Ⅱ	Ⅱ	Ⅱ	Ⅱ	Ⅱ	Ⅱ	Ⅱ	Ⅱ	Ⅱ	Ⅱ	Ⅱ	Ⅱ
	超标项目												
黄泽江全化桥	Ⅲ	Ⅱ	Ⅱ	Ⅱ	Ⅱ	Ⅱ	Ⅱ	Ⅱ	Ⅱ	Ⅱ	Ⅲ	Ⅲ	Ⅲ
	超标项目												
剡湖老东桥	Ⅲ	Ⅲ	Ⅲ	Ⅲ	Ⅲ	Ⅳ	Ⅳ	Ⅳ	Ⅳ	Ⅳ	Ⅱ	Ⅱ	Ⅱ
	超标项目					BOD_5 (4.8)	BOD_5 (5.9)CODcr(28)	CODcr(22)	BOD_5 (4.6)	DO (4.8)			
绿溪江水竹桥	Ⅲ	Ⅱ	Ⅱ	Ⅱ	Ⅱ	Ⅱ	Ⅲ	Ⅱ	Ⅱ	Ⅱ	Ⅱ	Ⅱ	Ⅱ
	超标项目												
上东江金兰	Ⅲ	Ⅲ	Ⅱ	Ⅱ	Ⅱ	Ⅱ	Ⅲ	Ⅱ	Ⅲ	Ⅲ	Ⅱ	Ⅲ	Ⅱ
	超标项目												
黄泽江黄泽大桥	Ⅲ	Ⅲ	Ⅱ	Ⅱ	Ⅲ	Ⅱ	Ⅱ	Ⅱ	Ⅱ	Ⅱ	Ⅱ	Ⅱ	Ⅱ
	超标项目												
新昌江上岛	Ⅲ	Ⅲ	Ⅱ	Ⅱ	Ⅲ	Ⅲ	Ⅲ	Ⅲ	Ⅱ	Ⅱ	Ⅲ	Ⅲ	Ⅱ
	超标项目												
剡溪新东桥	Ⅲ	Ⅲ	Ⅲ	Ⅲ	Ⅲ	Ⅲ	Ⅲ	Ⅱ	Ⅳ	Ⅱ	Ⅱ	Ⅱ	Ⅱ
	超标项目								BOD_5 (4.6)				
小舜江马溪	Ⅱ	Ⅲ	Ⅱ	Ⅱ	Ⅱ	Ⅱ	Ⅲ	Ⅱ	Ⅲ	Ⅱ	Ⅱ	Ⅱ	Ⅱ
	超标项目	COD_{cr}（18）					COD_{Mn}（4.2）		COD_{Mn}（4.1）				
里东江张岙	Ⅲ	Ⅰ	Ⅱ	Ⅱ	Ⅱ	Ⅱ	Ⅱ	Ⅱ	Ⅱ	Ⅱ	Ⅰ	Ⅰ	Ⅱ
	超标项目												
曹娥江章镇上游	Ⅲ	Ⅱ	Ⅱ	Ⅱ	Ⅱ	Ⅳ	Ⅱ	Ⅲ	Ⅱ	Ⅲ	Ⅱ	Ⅲ	Ⅱ
	超标项目					BOD_5 (5.4)							

注：BOD_5指五日生化需氧量；CODcr指化学需氧量。按照2022年常规地表水考核要求，屠家埠、环城公路桥、新市桥和全化桥采用国家采测分离数据，章镇上游采用省级采测分离数据，其余断面均采用嵊州市环境保护监测站的自动+手工相结合模式监测数据。

【声环境质量】 城区交通噪声监测共设监测点42个，监测道路总长97.08千米，平均路宽36.3米，平均车流量每小时295辆，等效声级加权平均值64.8分贝，在70分贝的控制值范围之内。城区区域环境噪声监测共设监测点128个，采用500米×500米的网格，测得其等效声级平均值55.2分贝，低于60分贝的国家标准。各种噪声中，交通噪声占28.9%，工业噪声占21.1%，建筑施工噪声占4.7%，生活噪声占45.3%。

（市生态环境分局 郑银萍）

污染防治

【大气污染防治】 一是完善机制。出台2022年大气污染防治行动方案和考核办法，健全日常巡查、问题交办等工作机制；将空气质量达标进位工作纳入市委、市政府年度目标责任制考核，重点区域空气质量达标进位工作完成情况与属地街道实施捆绑考核。二是巩固成果。全市环境空气质量稳定达到国家二级标准，基本消除重污染天气，年初创建省清新空气示范区。同时，大气污染防治工作在市委“晾晒赛马”争一流活动中获“单项冠军”。三是多措并举。坚持问题导向、靶向施策，突出整治扬尘源、工业源、移动源、城乡面源等污染问题。扬尘源方面，全面落实施工工地“8个100%”，成功申报创建绿色工地109个；依托300余名基层巡查员，通过“绍兴蓝天”小程序巡查打卡14.5万余次，发现并整改问题3455个。工业源方面，完成工业企业用电监控系统安装129家、企业低效设施升级改造38家、源头替代14家、整改挥发性有机物突出问题151个；督促昂利康、康牧等医化企业开展挥发性有机物泄漏检测与修复；围绕重点区域开展挥发性有机物走航监测，督促指导企业开展整改治理。移动源方面，全年共淘汰老旧柴油货车85辆、更新新能源非道机械34台、移动源低排放化改造87台、非道机械GPS定位安装联网700台；柴油货车常态化路检共查处超标车辆51辆，完成机械编码登记289台、抽测机械排气115台；处罚未报送编码登记信息的非道路移动机械8台，共处罚金8000元，处罚尾气超标5台，共处罚金2.5万元。城乡面源方面，加强露天焚烧监管，以网格化巡查为基础，综合应用85套高空瞭望系统，发现并处置露天焚烧600多起。

【水污染防治】 一是推进“污水零直排区”建设项目。投资4.36亿元，完成“污水零直排区”项目172个，创建“污水零直排”示范乡镇(街道)2个，提档升级2个，4个街道通过本级初验。完成浦口街道工业园区“污水零直排区”项目提升建设和11个工业园区回头看核查评估，并编制完成提质增效专项规划。二是应对屠家埠汛期污染问题。印发实施屠家埠国控断面汛期污染整改方案及试点方案，推进屠家埠断面汛期污染强度试点工作，屠家埠国控断面汛期污染强度退出全国前50名。三是提升饮用水水源地规范化建设。按季度开展323个农村饮用水水源地29项指标的水质监测，以及南山水库、辽湾水库和12个“千吨万人”饮用水水源地勘界定标工作。四是提升医疗机构污水处理能力。建立全市30家20张床位以上的传染病医疗机构“一策三清单”，集中整治问题清单；4家市属单位完成污水在线设备安装，并与绍兴市生态环境局、市卫健局联网。

【土壤污染防治】 推进全市土壤、地下水和农村环境污染防治工作，完成20家土壤污染重点监管单位的年度自行监测、17家企业监控视频安装和浙固码使用工作；开展涉及用途为住宅、公共管理与公共服务地块的土壤污染状况调查共3个；全市受污染耕地安全利用率在93%以上，畜禽养殖资源化利用率达99.9%。

【固体废物污染防治】 一是推进“无废城市”建设。调整“无废城市”建设工作领导小组和办公室，印发“无废细胞”创建方案，组织“无废细胞”培训和现场会，提高线上申报质量，打造“无废”宣传窗口。二是建设固废收运体系。2022年共签订小微危废收运合同836份，收运危险废物1056.82吨；签订一般工业固废收运合同175份，焚烧处置一般工业固废91313.46吨。三是提升固废处置能力。新建50吨/日厨余垃圾生产线，建成投运9万吨/年造纸废渣利用项目，基本解决全市造纸废渣“零填埋”出路问题；完成130万吨/年建筑垃圾和大件垃圾、园林垃圾及装修垃圾处理资源化项目整合提升。

（市生态环境分局 黄小敏）

行政审批许可管理

【环评审批管理与服务】 推行重大项目环评审批跟踪代办制度，全程引导项目审批，协调解决项目建设难点，在全市区域内化工行业排污总量不足的情况下，解决了贝达药业排污总量问题，并完成比亚迪新能源、盛泰服装集团、开发区污水处理厂等10个重大项目审批。扩大“最多跑一次”和“零上门”事项办理范围，实现快递送达服务，节约企业办事时间；推行容缺受理机制，对符合要求的重大项目实行即报即受理即转评估，对“区域环评+环境标准”改革区域内项目实行简化环评内容、降低环评等级。全年累计审批项目123个，其中审批降级环评登记表25个。深入企业帮扶指导，累计主动上门服务企业176家，在项目审批、污染治理和环境管理等方面，提供政策和技术指导，提升企业环保管理能力和水平，助力企业实现绿色发展。

【排污许可与排污权交易管理】 规范开展排污许可证办理、排污权交易和排污权抵押贷款业务，全市累计完成各类排污许可核发90余本，完成执行报告提交率审核148家、内容规范性审核46家、排污许可证质量审核92家，提交率、审核率和整改率均达100%。办理排污权指标交易63笔，交易金额3024万余元，办理排污权抵押贷款5笔，获得银行贷款1.94亿元。

（市生态环境分局 黄小敏）

节能减排

【概况】 根据上级要求，市发改局部署能耗“双控”工作，降低全市单位GDP能耗；开展高耗能落后机电设备淘汰工作；推进迎峰度夏电力保供工作，全面落实一手保电网、一手稳经济的基本方针，累计影响电量1472.79千瓦时。推进分布式光伏建设，全年分布式光伏累计并网10.81万千瓦；推进新能源汽车充电基础设施建设，全年累计新建公用充电桩137个。

（市发改局 毛鑫茹）

教育

综述

【概况】 2022年，全市共有各类中小学校、幼儿园165所，其中普通高中7所，职业高中3所，初中（含九年一贯制学校）26所，小学49所，幼儿园79所，特殊教育学校1所。在校中小学生62681人，在园幼儿15574人，全市有中小学、幼儿园教职工7665人，其中专任教师6255人。

【办学条件】 全年教体工程项目建设累计投资25.3亿元，马寅初小学等11个工程项目顺利完工，绍兴市十运会“两馆一场”、艇湖区块学校等9个工程项目按计划推进。新城实验学校、蛟镇幼儿园等4所学校（幼儿园）顺利开学，全年扩容优质学位近2700个。34所初高中校园安全防护提升工程完工，改造教室灯光500间，购置升降课桌椅5000套。镇海中学嵊州分校项目开工建设，浙江经济职业技术学院嵊州校区引进落地。绍兴市教育优质均衡示范乡镇提前两年完成目标任务。全市累计创建成省现代化学校5所，绍兴市现代化学校37所，应创率97%。公办义务教育学校教共体覆盖率100%，融合共建型教共体比例100%。全市学前三年儿童入园率99.8%，普惠性幼儿园在园儿童覆盖面95%，全市省等级幼儿园实现100%，省三级及以上等级幼儿园达100%，乡镇中心幼儿园省二级等级达100%。

【教育成果】 全市高考成绩一段上线2193人，上线率62.6%，高出全省平均2.6个百分点。3位学生成绩排名进入浙江省前100名，人数居绍兴市第1名，浙江省第5名。4名学生被清华大学、北京大学录取，2名学生被中国人民解放军空军航空大学录取，78名学生被上海交大、复旦大学等名校录取。高职本科上线46人，进入省专业总分前100名23人。竞技体育全年共获奖牌424.5枚，其中省级金牌37.8枚，全国奖牌14枚。艺术作品绍兴市级获奖96人次，科技活动绍兴市级获奖93人次，其中获一等奖15人次，开发劳动“36技”、诗意蓝染等精品课程78门。中职学生2022年就业人数730人，就业率达100%，专业对口率达89%，当地就业率达74%。（市教体局 俞益）

学前教育

【概况】 2022年，全市共有幼儿园79所，其中公办（含集体办）53所、民办26所，在园幼儿15574人，公办园占比67.1%，学前三年儿童入园率99.8%。省等级幼儿园79所，省等级幼儿园儿童覆盖面达100%；省二级及以上优质园47所，占比77.7%。全市普惠性幼儿园76所，占比96%；全市幼儿园有资格证教师1297人，持证率达100%，大专及以上学历比例达100%。

【教育调研】 4月11日，市政府专题召开全国学前教育普及普惠市创建动员部署会。5月11

日，绍兴市教育局副局长杨涛一行专题调研小规模幼儿园管理及“混龄教育”工作。5 月 27 日，市人大常委会主任孙海荣一行到三界镇中心幼儿园开展六一儿童节走访慰问。8 月 16 日，副市长王霞燕一行到仙湖幼教集团蛟镇园区调研指导。9 月 8 日，市委副书记、市长裘建勇一行到五爱幼教集团五爱园区慰问。9 月 21 日，绍兴市教育局党委书记、局长姚国海到嵊调研学前教育全国“双普”创建工作。

【学位扩容】 2022 年，新建、改扩建幼儿园 7 所。鹿山街道中心幼儿园 2 月初开园，新增学位 240 个；五爱幼教集团五爱园区完成整体搬迁，9 月 2 日开园，新增学位 180 个；嵊州市蛟镇幼儿园 9 月 2 日投用开园，由仙湖幼教集团设分园办园，新增学位 540 个。越江府小区配套越江幼儿园年底前完成装修工程，办学规模 270 个学位；浦口四季印象幼儿园（暂名）结顶，办学规模 270 个学位。

仙湖幼教集团蛟镇园区

【规范办园】 5 月中旬，《2022 年嵊州市城区公办幼儿园招生方案》公布。6 月，完成对 36 所民办幼儿园办学水平评估，其中优秀 9 所、合格 25 所、不合格 2 所。7 月，崇仁镇富润朵朵幼儿园、鹿山街道金色未来幼儿园、黄泽镇许宅幼儿园停办注销。省一等级复核的 7 所幼儿园通过网评考核。11 月，对乡镇（街道）幼儿园提质工作进行考评，其中优秀 11 所、良好 15 所。黄泽镇、金庭镇等 5 所农村幼儿园接受省教育厅委派湖州师范学院专家组专题调研。全市幼儿园未发生较大安全事故、未发生有违师德师风等事件。

【教育教学】 1 月 19 日至 20 日，全市幼儿教师参加“游戏 · 发展 · 成长课程”线上培训。1 月 21 日，在五爱幼教集团居家埠园区召开全市幼儿园男教师工作交流会。4 月，邀请省特级教师、上虞区幼教教研员董秋艳作课程建设专题培训。5 月，红旗幼教集团雅致园区、剡湖街道幼托中心召开全市幼儿园推广“安吉游戏”经验分享推广现场会。5 月至 6 月，在浙江省少儿体育大赛及绍兴市第九届中小学（幼儿）健美操、啦啦操、篮球比赛中，多个团队获团体一等奖、多人次个人项目获奖。9 月 1 日，罗星幼教集团许语彤获第二十六届中国少儿戏曲小梅花荟萃“小梅花”称号。同月，邀请省特级教师王芳、贾秋美到嵊州作《幼儿园保育教育质量评估指南》专题讲座，邀请浙师大教授吕耀坚作“幼儿情绪发展研究”的专题报告。红旗幼教集团游戏组获评省先进教研组，裘海燕获浙江省幼教特级教师称号。10 月 31 日至 11 月 2 日，开展 2022 年幼儿园教师综合素质比武活动。12 月，对 2021—2022 年城乡互助共同体工作进行考核，5 个一级核心园、5 个二级核心园获评优秀等级。

【普及普惠】 2022 年，嵊州市全面启动全国学前教育普及普惠市创建工作，11 月，省级评估验收通过。五爱幼教集团中心园区通过浙江省现代化学校（幼儿园）评估验收；红旗幼教集团城北园区、恒越幼儿园通过省二级幼儿园评估验收。

11 月 22 日，迎接“全国学前教育普及普惠市”创建督导评估汇报会召开

【媒体关注】 《浙江嵊州：努力让每个幼儿享受公平而有质量的学前教育》一文在新华社浙江平台上发布。 （市教体局 朱军良）

义务教育

【概况】 2022年，全市有小学49所，948个班，招生5264人，在校学生32892人。初中26所（含九年一贯制学校7所），427个班，招生4925人，在校学生15170人。小学、初中和“三残”少年儿童入学率100%。初中毕业生5068人，升入嵊州市高中4612人，升学率91%。

【学校建立、撤并、更名】 建立嵊州市新城实验学校，增挂嵊州鹿门书院牌子；撤销嵊州市鹿山街道小砩中学；撤销嵊州市长乐镇绿溪中心小学，并入嵊州市长乐镇中心小学。

【阳光招生】 完成“公参民”学校转制，继续实行公办民办学校同步招生，稳妥有序做好中小学招生工作。严格控制班额，全市所有起始年级班额控制在省定标准内。全面梳理招生各环节流程，打通各相关部门数据，积极推进“招生安”应用建设。“招生安”应用建设被省教育厅明确为教育领域数字化改革创新试点项目。

【特色教育】 市教体局继续开展特色学校、特色项目评估认定活动，评出特色学校2所，特色项目7个。完成仙岩镇九年一贯制学校“咏仙岩古诗词特色室”等10个特色室、功能室项目建设。崇仁镇中学被评为全国青少年校园足球特色学校。爱德小学、逸夫小学、金庭镇中心小学被评为浙江省青少年校园足球特色学校。甘霖镇中心小学被评为绍兴市第二批中小学书法教育特色学校。

【课后服务】 全面推行义教段放学后托管服务“5+2”模式，因地制宜开设晚自习服务项目，全市小学、初中学生参与率分别为93.06%、90.26%；教师参与率分别为97.88%，96.87%。开展暑期托管服务，帮助家长解除后顾之忧。建成“课后托管服务一件事”场景应用，为家长报名、缴费、选课、请假、评价提供全过程服务，满足学生和家长多样化、个性化托管需求。黄泽镇许宅小学的《牵住“劳动”牛鼻子，犁好“双减”责任田》获评浙江省“双减”优秀实践案例。根据《关于推进落实“五项管理”工作实施意见》，明确中小学生手机、睡眠、作业、体质、阅读五项管理工作要求，推动五项管理与“双减”同步进行。

【教共体建设】 根据浙江省政府2022年民生实事项目部署要求，与青田县组建跨地区教共体5个，在青田设立名师工作室10个，15名教师赴青田支教半个月，15 名教师和青田开展师徒结对，向受援学校共享线上拓展课程 5 门、开设示范课88节，两地开展教研活动80次、学生交流5批次。在省级、国家级主流媒体发表宣传报道8篇。出台《嵊州市城乡教育共同体建设实施方案》，实现公办义务教育学校教共体覆盖率100%，融合共建型教共体100%。各教共体依托“互联网+义务教育”工程，开设网上共享课堂。（市教体局 唐洪波）

特殊教育

【概况】 2022年，全市义务教育阶段持证适龄儿童少年210人，其中在特教学校就读59人，在普通初中、小学就读101人，送教上门33人，非义务教育安置14人，缓学3人，入学率100%。学前和高中段持证残疾学生分别为40人、91人，入学率 97.5%、93.4%。持续推进普通幼儿园、中小学校优先接收具有接受普通教育能力的残疾儿童少年就近入园、入学，特殊教育学校重点招收中重度残疾儿童少年入学，送教上门比率逐年下降。完成资源教室建设25个，其中小学11个，学前、初中、一贯制学校各4个，职高2个，实现学段和乡镇（街道）全覆盖。申报绍兴市第二批示范资源教室3个。组织嵊州市级特殊教育巡回指导师上岗培训、绍兴市级随班就读资源教师培训和绍兴市随班就读现场会。资源教师参加特殊教育论文评比获嵊州市级及以上奖项共12人次。规范使用省网络IEP平台，为全市义教段残疾学生制定个性化教育方案。

【特殊学校建设】 市育才学校投资 60 余万元，新增课程教学软件、教师智慧黑板、校园景观等设备，提升现代化办学水平。开展“创客教育”

特色活动，组织学生参加绍兴市及以上各类创客比赛，创客教学案例被评为 2022 年浙江省中小学新型教学空间优秀案例。培育“汽车美容”“智能种植”“嵊州小吃”等职业教育课程，提升服务技能，推进产教结合，促进特殊学生就业。职高班学生童昕被评为绍兴市第二届“十佳励志青少年”。

10 月 11 日，童昕（左一）获评绍兴市第二届“十佳励志青少年”

（市教体局 张永军）

普通高中教育

【概况】 2022 年，全市有普通高中 7 所，招生人数 2940 人，毕业人数 3354 人，在校学生 9343 人，其中女生 4732 人，在校学生比上年减少 474 人。省一级特色示范高中 1 所，省二级特色示范高中 5 所。当年有 3500 余名学生参加全国普通高校招生考试，嵊州中学高三（15）班郑思晨位居浙江省第 27 名、绍兴市第 2 名，嵊州中学高三（16）班芦锦森位居浙江省第 45 名、绍兴市第 5 名，嵊州中学高三（16）班钱欣淳位居浙江省第 88 名，绍兴市第 7 名。嵊州中学有 3 名学生被清华大学录取，1 名学生被北京大学录取。嵊州中学、马寅初中学各有 1 名学生被中国人民解放军空军航空大学录取。

【五大奥赛】 在五大奥赛中，获全国一等奖 3 人次，二等奖 19 人次，三等奖 32 人次；浙江省一等奖 7 人次，二等奖 30 人次，三等奖 42 人次。

【课程改革】 加强课程体系建设，推进《浙江省深化普通高中课程改革方案》。贯彻执行《嵊州市普通高中优质多样化发展专项经费使用管理办法》，完成普通高中优质多样化发展专项资金建设项目 9 个。

【招生政策】 嵊州中学、马寅初中学实施提前招生，两校合计招收 4 班，共 200 名。其中，嵊州中学招收 2 班，共 110 名（含 10 名信息学特长生）；马寅初中学招收 2 班，共 90 名。嵊州中学、马寅初中学根据中考成绩各招收实验班，每校 80 名。继续实行示范高中嵊州中学、马寅初中学部分名额定向招生，两所学校分配到各初中学校人数为 690 名。

【奖教奖学】 上海嵊籍同乡和杭州嵊籍同乡于 2010 年分别成立嵊州上海经济文化交流促进联谊会教育基金、杭州嵊籍同乡支持嵊州发展教育基金，自当年起实施奖教奖学。2022 年，嵊州上海经济文化交流促进联谊会教育基金共兑现奖励 95.7 万元，杭州嵊籍同乡支持嵊州发展教育基金共兑现奖励 55.5 万元。（市教体局 张国良）

职业教育

【概况】 2022 年，全市有职业学校 3 所，其中国家级职业学校 2 所（嵊州市职技校、嵊州市职教中心），特色艺术学校 1 所（嵊州越剧艺术学校），开设 8 大类 30 多个专业。2022 年招生 1672 人，毕业 1822 人，在校学生 5127 人。全市有省骨干示范专业 7 个，中央财政支持实训基地 2 个，省级实训基地 5 个，省级优秀校外实习实训基地 1 个，省级优秀农村预备劳动力培训基地 1 个，绍兴市高标准示范专业 9 个，绍兴市级示范专业 12 个，绍兴市级特色专业 3 个。

【专业建设】 全年投资新建面点、刀工、新能源汽车、物联网 4 个实训室。烹旅教研组、电子商务教研组、汽修教研组、“非遗+”史训超跨界融合创新教学团队被评为绍兴市先进教研团队。嵊州越剧艺术学校的戏曲表演（越剧）专业在省教育厅 2022 年双高建设中期验收中获优秀等级。

【高职考成绩】 2022 年，高职考本科上线 46 人，进入省专业总分前 100 名 23 人（文秘 13 人，机械 5 人，电商 4 人，财会 1 人），其中文秘专业 3 人分获全省第 2、第 6、第 10 名，机械专业 1 人获全省第 4 名。嵊州越剧艺术学校本科（浙江音乐学院 3+4）录取 18 人。

【技能人才培养】 市职技校杜沈坚、李健、沈凌锋三位学生获全国职业院校技能大赛中职组数控综合应用技术项目三等奖，市职教中心王梓阳获全国职业院校技能大赛中职组车身修理项目三等奖。绍兴市二等奖及以上获奖 64 人次。

8 月 8 日，市职技校杜沈坚、李健、沈凌锋获全国职业院校技能大赛中职组数控综合应用技术项目三等奖

【师资队伍建设】 以名师为引领，加强教师团队建设，打造高素质“双师型”教师。2022 年新增浙江工匠 2 人（张文炯、安吉），浙江青年工匠 3 人（钟亮、毛城萍、孙琪），浙江省第四批网络名师工作室学科带头人 4 人（黄亚东、俞良芳、吴铠波、安吉），绍兴市名师工作室主持人 1 人（蔡利锋），绍兴市学科带头人 2 人（安吉、魏霞）。市职教中心汽修团队获省教学能力大赛二等奖，英语、计算机、服装团队获省多彩课堂评比三等奖。史军益、安吉、张玲丽、严潇雨获绍兴市优质课评比一等奖。

【产教融合】 不断深化校企合作，健全校企对话机制，搭建产教融合平台，推进校企协同高质量育人。4 月，市职教中心“产教融合”案例入选教育部优秀案例。

6 月 15 日，市职教中心学生赴企业参观学习

【越剧文化传承】 1 月，嵊州越剧艺术学校师生参加杭台高铁嵊新站首发仪式，在列车上表演越剧唱段。2 月，嵊州越剧艺术学校被认定为绍兴市级中小学生研学实践教育营地。6 月，在 2022“新松计划”浙江省青年戏曲演员大赛中，嵊州越剧艺术学校学生郑惠文获银奖，鲍秋静获铜奖，许佳宝获优秀奖。7 月，嵊州市越承演出培训中心主办举行中国越剧戏迷越剧研学面授培训。8 月，嵊州越剧艺术学校和中国戏曲学院联合创排的教学剧目《许·仙》献演第五届中国越剧艺术节。10 月，嵊州越剧艺术学校建校 60 周年校庆系列活动之首场活动《越剧百年图说》首发式暨图稿展在问梅剧场启动。11 月 3 日，嵊州越剧艺术学校举办建校 60 周年纪念大会暨《甲子颂·我们迈上新征程》演唱会。12 月，在“绍兴有戏”2022 年绍兴市青年戏曲演员（演奏员）基本功大赛中，嵊州越剧艺术学校获文组金奖 3 个、银奖 1 个、铜奖 3 个，演奏员组银奖 1 个、铜奖 2 个，武组铜奖 2 个。

11 月 3 日，嵊州越剧艺术学校建校 60 周年纪念大会上，与会领导、嘉宾和“甲子颂·我们迈上新征程”演唱会演艺人员合影

（市教体局　邢轶军）

成人教育

【概况】2022年，嵊州市有社区学院1所，乡镇（街道）成人学校10所，覆盖率100%。全市录入学分银行学习成果数131246。全年社区教育服务农村文化礼堂、举办各类学习活动共计125次。各级成人学校完成各类培训98435人次，参与社区教育114511人次，双证制培训1146人，老年人经常性参与教育活动31703人次，老年人智能手机培训20100人。嵊州市社区学院选送的“嵊州市防电信诈骗”获绍兴市“智慧助老”优质工作案例；推送的“花枝修剪与插花艺术培训”获绍兴市终身教育品牌；嵊州市社区学院被省教育厅评为省社区教育示范基地。

嵊州市社区学院

【社会培训】2022年，各级成人学校把服务三农作为终身教育工作的重点。建立以社区学院为龙头、乡镇成人学校为骨干、村级成人学校为基础的三级网络，全市村级培训覆盖率94.7%。学习在线平台、“浙学通”成为市民终身学习的“立交桥”。线上、线下结合，开展家政服务员、育婴员、母婴护理员、养老护理员、物业管理员、保安员、家庭照护员、茶艺师、西式面点师、新媒体电商、农村电商、网络直播、手机摄影、图片美工设计、计算机办公软件应用、互联网+乡村振兴创业、食品安全管理员等培训。做好“越乡嫂”家政服务培训品牌，全年举办育婴员、母婴护理员、养老护理员、家务服务员、家庭照护员等培训班21期，培训学员1400多人。（市教体局 袁赛军）

素质教育

【德育教育】出台《关于在全市中小学开展“拥抱微笑·卓越成长”德育主题教育实践活动的通知》，围绕立德树人根本任务，以文明教育、心理健康教育、体育教育、美育教育和劳动教育为着力点，先后开展“文明守纪，从我做起”“明礼孝贤，代代传承”“争做最美学生”“社团展示周”“红色研学游”等活动50余场。印发《嵊州市“五好学生”评价指导性意见》，嵊州中学俞怀杰等12名学生被评为绍兴市“五好学生”。

【科普教育】在第38届绍兴市青少年科技创新大赛中，获一等奖3个、二等奖12个、三等奖20个。在绍兴市第八届“校园科学达人”比赛中，获一等奖（十佳校园科学达人）2个、二等奖（优秀校园科学达人）1个、三等奖（科学达人潜力奖）4个、优秀辅导员奖2人，嵊州市教育体育局获优秀组织奖。

【艺术教育】举办2022年嵊州市第十三届中小学幼儿园艺术节，评出一等奖128件、二等奖229件、三等奖358件。在绍兴市中小学生艺术节比赛中，获一等奖16项、二等奖35项、三等奖29项。在浙江省中小学生艺术节比赛中，获一等奖6项、二等奖17项、三等奖7项。在第二十五届中国少儿戏曲小梅花比赛中，共有3名学生获金奖，累计已有58人次获此奖项。组织100多人，开展准大学生越剧唱腔培训。

【心理健康】继续实施医教结合项目，嵊州市学生健康交流中心和嵊州市青少年身心健康服务中心为广大青少年提供身心健康咨询、指导、早期干预服务，全年接听热线电话350个，当面心理疏导326人次。城南小学、浦口中学、崇仁中学通过省中小学心理健康辅导一级站复评和验收。全市教师C证持证率达95%，有省中小学心理辅导一级站10个。（市教体局 唐洪波）

教育设施

【政府投资项目】2022 年，11 个政府投资项目完成投资 6.29 亿元，新增建筑面积 66704 平方米，其中幼儿园新增建筑面积 6856.6 平方米。

【工程改造维修】完成马寅初小学改扩建工程、城南新区（西港）职业教育中心、莲塘小学改扩建工程、马寅初中学图书馆（城市书房）项目、罗星幼儿园捣臼爿园区改造工程、艇湖教育培训中心、绍兴市十运会“两馆一场”改建项目、五里浦地块配套幼儿园项目、马寅初初级中学食堂改扩建工程、三界中学体艺馆建设工程、崇仁中学体艺馆建设工程等项目，均按计划完成形象进度。完成嵊州中学男生宿舍北楼内部维修工程、马寅初中学新建图书馆配套餐厅设备购置及原有食堂提升改造、长乐中学田径场维修改造工程等维修改造项目。

（市教体局　商夏东）

师资管理

【概况】2022 年，全市有中小学、幼儿园教职工 7665 名。其中专任教师 6255 名，全国优秀教师 2 名，全国青年岗位能手 1 名，浙江省特级教师 4 名，正高级及享受正高待遇教师 7 名，省教坛新秀 12 名，获省“春蚕奖”32 名，浙派名师名校长培养对象 51 名，绍兴市名士之乡特支计划人才 2 名，绍兴市名师 31 名，绍兴市教坛新秀 100 名，绍兴市学科带头人 99 名。

【人事改革】总结前两轮改革经验，完善第三轮“县管校聘”管理改革实施方案，深化中小学教师队伍管理体制改革，推进教师“县管校聘”交流轮岗机制常态化。9 月 13 日，《中国教育报》头版《夯实教育的中坚力量——浙江推进教师队伍建设工作纪实》中介绍了嵊州市“县管校聘”管理改革情况。

【师德建设】开展“立德树人”师德主题教育，继续实行师德考核、责任追究、长效建设工作机制，弘扬依法治教、廉洁从教、严谨治学、为人师表的师德正能量。全面开展有偿补课专项整治工作，以“零容忍”的态度向教师有偿补课“亮剑”，营造风清气正的育人环境。

【专业素养】开设市级培训项目 42 个。教师专业发展平台总选课 7960 人次，完成培训学分 427258 分，人均学分 74.07 分。参加国家级培训 9 人、省级培训 1202 人，选派 7 名优秀初中教师赴镇海中学学习。嵊州市教师进修学校被确定为 2022 年长三角中小学优秀管理干部挂职基地学校。设立名师工作室 10 个，开展带徒活动 46 次，开设示范课 60 余节，开展集体教研活动 60 余次。5 月，组织入职三年的 174 名新教师“两字一课”比武活动。个性化培养和名师工作室等精品培训项目有序开展。7 月，组织“卓越校长培养工程”学员赴武汉参加北师大举办的第四届“励耘好校长”暑期研修活动，构筑科学合理的学校优秀领导人才梯队。8 月，组织全市 1126 名普职高教师专业素养测试。

【评先评优】共推荐评选产生浙江省特级教师 2 名，省名师名校长培养对象 5 名；绍兴市最美教师 5 名，绍兴市教坛新秀 11 名，绍兴市改革开放创新发展突出贡献奖先进个人 1 名，绍兴市名士之乡特支计划高技能拔尖人才 1 名，教育拔尖人才 1 名；嵊州市模范教师 20 名、嵊州市模范班主任 20 名；嵊州市教坛新秀 105 名，嵊州市优秀教师 167 名，优秀班主任 112 名，优秀校长 10 名，优秀新教师 24 名，“越乡好教师”62 名。

8 月 24 日，嵊州市委书记徐建役为 2022 年获评省特级教师的裘海燕、周叶萍颁奖

（市教体局　韩国伟）

教育教学研究

【科研成果】逸夫小学《走读浙东唐诗之路："学科融合"研学范式探索》获2021年浙江省基础教育成果一等奖； 2项课题分获浙江省教育科学研究优秀成果二、三等奖，1项课题获浙江省教研课题成果三等奖；4项课题在浙江省教育科学规划2022年度一般规划课题中立项，4项课题在2022年浙江省教研课题评比中立项；4项课题获绍兴市教科规划课题优秀成果一等奖，8项课题获绍兴市教改类课题优秀成果一等奖。66项中小学生研究性学习成果在绍兴市评比中获奖，其中获一等奖12项。

【教学评比】2位教师被评为浙江省第十三批特级教师，2名教师在浙江省第四届青教赛小学教师综合能力比赛中获一等奖，1名教师在浙江省教学评审中获二等奖。5门课程获评教育部级"基础教育精品课"，11门课程获评浙江省级"基础教育精品课"。2个教研组被评为浙江省优秀教研团队。26篇论文在浙江省教学论文评审中获奖。12名教师在绍兴市"品质课堂"优质课评比中获一等奖。43篇论文获绍兴市一等奖。6门精品课程入选第十一届"绍兴市义务教育精品课程"，8门精品课程入选绍兴市第五批"精品课程群"。

【学生素养发展】5月，浙江省中小学教育质量综合评价测评结果公布，在本县区学生发展13项指数中，嵊州市10项指数超过绍兴市平均水平，在绍兴市县区学生成长环境14项指数中，嵊州市13项指数超过绍兴市平均水平。（市教研室）

后勤服务

【概况】2022年，市教体局围绕"学在嵊州、教在嵊州"理念，贯彻落实《学校食品安全与营养健康管理规定》要求，以《省、市校园食品安全守护行动方案（2020—2022年）》和《嵊州市深化十万学生饮食放心工程实施方案》为目标，以省、市《学校食堂现场管理提升三年行动计划（2022—2024年）》为重点，打造"智慧食堂"，完善校园食品安全保障和防疫体系，切实维护师生健康。

【综合实践活动中心】坚持"平安实践活动"原则，拓展实践项目，嵊州市青少年综合实践活动中心全年共接待学生40个批次，近万名学生参加综合实践活动，实现了"高接待量、高安全性"目标。

【学生饮食放心工程】投资2000多万元，新建食堂5家，改建食堂1家，剡城中学城关校区、未来城幼儿园、融信幼儿园、金湾幼儿园、三界镇中心幼儿园、综合实践活动中心等5所学校食堂创建为A级食堂，改造老旧食堂32家，灶具燃料改造8家，新增学校食堂消毒房5家。根据《嵊州市伙食改善专项资金使用办法》，下拨伙食改善专项资金657万元。食堂A、B等级比率100%；食材统一配送153所，定点采购18所，大宗食品统一配送率89.5%，统一配送和定点采购实现全覆盖；学校超市17所，品牌超市进校园比率100%；全覆盖实行校长陪餐制，中小学生饮食安全知识知晓率在95%以上；学校食品安全管理员配备率、专业化培训率、考核合格率100%；食堂从业人员健康证持证率100%。四个市区初中推行2~4个套餐自主选择制，饭后点心窗口设置人脸识别系统，保障学生个性化需求。全面推进"透明、廉政、健康、放心食堂"建设。

【大宗物品采购】指导各校做好各类采购工作，全年规范审批采购项目1212件。根据《嵊州市教体系统政府采购招标代理机构服务选定实施办法（试行）》要求，4月，开展教体系统政府采购招标代理机构服务选定督查。6月，举办全市学校采购专项培训。

【校（园）方责任保险】及时做好校（园）方责任保险投保及理赔服务工作，加强校园风险管理，保障师生合法权益，有效避免和降低学校安全责任风险。全年校（园）方责任保险理赔结案6起，理赔金额221681.86元。

12 月 11 日，开展第五届学校食堂员工厨艺比武

（市教体局 郭昊）

校园疫情防控

【概况】2022 年，市教体局根据校园防控政策和工作提示要求，落实疫情防控措施，构建校园防护安全墙。严守校门，校外人员非必要不进校。依照《校园防控新型冠状病毒感染的肺炎疫情卫生清洁与消毒指南（试行）》，定期开展校园清洁消毒，尤其是重点部位的清洁消毒。实行晨午晚检，完善外出管理制度，避免前往中高风险地区。从严落实校园疫情防控要求，持续关注省内外疫情防控形势。国务院优化疫情防控“二十条”措施出台后，根据疫情形势和学校实际及时调整防控措施。强化学校日常卫生工作，严防校园聚集性疫情。从营养饮食、规律作息、适度运动、日常防护等方面，研究制定感染师生康复期健康管理方案。重视寒假期间中小学心理健康工作，组织班主任、心理教师逐一对重点学生进行家访和谈心谈话，指导家长科学开展亲子交流，多渠道加强心理辅导。强化宣传教育引导，以师生喜闻乐见的形式开展防疫大思政，通过校园网、微信公众号等线上资源和公告栏、校园广播等线下资源，宣传防治知识和就诊流程。落实校地协同、部门协作的工作机制，争取属地卫健、疾控、经信等部门支持，畅通学校定点医院就医接诊通道。逐项梳理并研究解决开学前亟待解决的突出问题。

（市教体局 王太兵）

科学技术

综述

【概况】 2022年，嵊州市坚持人才强市、创新强市首位战略，科技创新指标稳健增长。全市规模以上工业企业研发费用 24.72 亿元，同比增长 27.8%；高新技术产业投资 69.15 亿元，同比增长 144.2%；高新技术增加值 92.38 亿元，同比增长 9.7%，占规模以上工业增加值比重达 61.83%。

【创新主体队伍】 实施科技企业“双倍增”行动，新认定国家高新技术企业 51 家、重新认定 51 家，新认定省科技型中小企业 161 家。

【主体综合创新能力】 新认定省级以上研发机构 12 家、绍兴市级研发中心 22 家，新认定绍兴市级新型研发机构和重点实验室各 1 家，新建校企共建创新载体 2 家。新入选省科技小巨人企业 1 家，列入省“领雁”重大攻关项目 2 项、绍兴市“揭榜挂帅”项目 2 项。

【标志性工程】主动融入绍兴科创走廊建设，打造“一城一室”标志性成果，剡溪创新带 12 个重点项目全年完成投资 65.18 亿元，艇湖未来科创城 5 个基础设施项目全年完成投资 10.6 亿元。巴贝重点实验室累计获批省部级以上科研项目 35 项，获得授权发明专利 46 项，制订省级行业标准 5 项，完成技术攻关 3 项。

【创业创新生态】 召开全市科技创新大会和市委科创委全体会议，举办 2022 第十五届中国（嵊州）电机 · 厨具展览会。科创中心、北航科创园等新增入驻企业 48 家、孵化 29 家，嵊州创新中心杭州研发“飞地”累计引进落户科技（人才）项目 16 个。制订《全社会研发投入三年攻坚行动计划（2022—2024 年）》，委托 2 家会计师事务所全面开展入企辅导。全年累计兑付市本级科技政策资金 5747 万元、省级补助资金 935 万元，均实现直达快享。

【2022 第十五届中国（嵊州）电机 · 厨具展览会】11 月 16 日至 18 日，2022 第十五届中国（嵊州）电机 · 厨具展览会在嵊州国际会展中心举行。展会以“绿色低碳，集成智能”为主题，通过“线下+线上”方式举行，线下共邀请 200 家省内外企业现场参展。现场展位近 1000 个，布展面积近 1.7 万平方米，展品包含集成灶、烟机灶具、水槽洗碗机、自动化设备、机器人、激光设备、电机等多个品类，亿田、帅丰、海康威视等一大批行业领军企业参展。展览会期间，还举办了直播电商分享会、云上展会等，吸引“客从云上来”。

（市科技局 李的幸）

科创平台建设

【概况】 2022 年，市科创中心被认定为国家级科技企业孵化器，为嵊州市首个，新增省级众创空间 3 家、绍兴市级 3 家；新引进浙理工嵊州创新研究院、湖州市国家级纤维质量检验检测平台，嵊州市浙工大创新研究院连续两年获绍兴市考评优秀。厨电省级产业创新服务综合体、巴贝省领军型创新创业团队通过省级验收。（市科技局 李的幸）

科技计划

【概况】 2022年，全市列入省级重点研发项目2项，省级众创空间项目3项，实施省级新产品试制计划项目150项以上。

【省重点研发项目】 浙江万丰科技开发股份有限公司的"轻量化大型一体化铝合金结构件绿色智能铸造关键技术与产线研发"项目、浙江海威汽车零件有限公司的"新能源汽车零部件的绿色智能压铸关键技术和装备研发"项目，列入2023年度省"尖兵""领雁"研发攻关计划立项项目。

【省级众创空间项目】 列入省级众创空间项目3项，分别为绍兴市民申信息科技有限公司的兆丰众创产业园、嵊州市兆丰装饰科技有限公司的聚星科技人才创业园、嵊州市优森浙东电商产业园发展有限公司的鸿森网红工场。（市科技局 孙孟龙）

高新技术产业

【概况】 2022年，全市新认定国家级高新技术企业51家、重新认定51家，合计102家，新增科技型中小企业数161家；省级重点企业研究院1家、省级企业研究院2家、省级高新技术企业研究开发中心9家。市科技创业中心入驻孵化企业13家。

表20　2022年嵊州市新认定国家级高新技术企业一览表

序号	企业名称	证书编号
1	绍兴君瑞新材料有限公司	GR202233002021
2	嵊州市力博锻压机械有限公司	GR202233011129
3	嵊州市三九灯具有限公司	GR202233008185
4	嵊州市新东方电声股份有限公司	GR202233003684
5	浙江巴尔电器科技有限公司	GR202233003645
6	浙江金冠制冷设备股份有限公司	GR202233002505
7	浙江慧玻科技有限公司	GR202233007302
8	浙江博尔德机械有限公司	GR202233010561
9	嵊州市久纯电器有限公司	GR202233010147
10	浙江东星纺织机械有限公司	GR202233009446
11	浙江卡卡自动化设备有限公司	GR202233000794
12	浙江磐瀚技术股份有限公司	GR202233010148
13	绍兴市英纳粉末涂料有限公司	GR202233010485
14	浙江华雷精密机械有限公司	GR202233004369
15	嵊州市索奥汽车零部件有限公司	GR202233008050
16	嵊州市金益工具有限公司	GR202233003367
17	嵊州市御笙电子科技股份有限公司	GR202233000441
18	嵊州市中晟电子科技有限公司	GR202233000922

续表 20

序号	企业名称	证书编号
19	嵊州市新起点焊接科技有限公司	GR202233010430
20	阿尔法智联（绍兴）电子科技有限公司	GR202233009573
21	嵊州陌桑高科股份有限公司	GR202233006338
22	嵊州市凯瑞泰灶具配件有限公司	GR202233006696
23	浙江百柯智能器械有限公司	GR202233003940
24	欧贝多物联科技（嵊州）有限公司	GR202233003373
25	嵊州市迪依尔电器有限公司	GR202233007244
26	嵊州市三吉电子有限公司	GR202233010118
27	嵊州市金狮弹簧机械有限公司	GR202233004999
28	浙江锦菲电子科技有限公司	GR202233005019
29	嵊州雅戈尔毛纺织有限公司	GR202233001084
30	中工新墙材（嵊州）有限公司	GR202233009381
31	浙江普森电器有限公司	GR202233006728
32	浙江金澜文化传媒股份有限公司	GR202233002562
33	浙江万丰精密制造有限公司	GR202233005473
34	嵊州市恒嘉机械有限公司	GR202233003710
35	浙江隆盛智控科技有限公司	GR202233007765
36	嵊州市科隆自动化设备有限公司	GR202233002740
37	嵊州市三凌动力科技有限公司	GR202233000593
38	浙江金豪制冷设备有限公司	GR202233002371
39	浙江广金智能科技有限公司	GR202233004389
40	嵊州市金霖机械制造有限公司	GR202233005129
41	浙江鸿宁轴承科技有限公司	GR202233005781
42	浙江中益机械有限公司	GR202233011104
43	浙江宝圣科技有限公司	GR202233001064
44	嵊州市博一机械有限公司	GR202233008291
45	浙江伟刚自动化设备有限公司	GR202233002506
46	明峰建材集团嵊州永磊水泥有限公司	GR202233002707
47	浙江长鸿生物材料有限公司	GR202233003360
48	嵊州市欣怡管业有限公司	GR202233010815
49	嵊州祺瑞体育用品股份有限公司	GR202233001736
50	嵊州市力辉电器有限公司	GR202233008279
51	浙江金仕文化用品有限公司	GR202233011442

表 21　2022 年嵊州市新增省级科技型中小企业一览表

序号	企 业 名 称	序号	企 业 名 称
1	嵊州市鼎盛电机有限公司	34	嵊州市宝马机械制造有限公司
2	浙江钰腾机械科技有限公司	35	嵊州市中和服饰有限公司
3	浙江硕业轴承有限公司	36	嵊州市海亮电器有限公司
4	绍兴市英纳粉末涂料有限公司	37	嵊州市天拓纺织有限公司
5	浙江冲之家精密机械有限公司	38	浙江金源汽车配件有限公司
6	嵊州市胜萱五金制品有限公司	39	嵊州市富绅机电有限公司
7	浙江古奇家具有限公司	40	嵊州竣泰建材有限公司
8	浙江巴贝纺织有限公司	41	嵊州市中恒针织服饰有限公司
9	浙江宝圣科技有限公司	42	嵊州市佳宁电器有限公司
10	嵊州市飞音电声有限公司	43	嵊州市奇能电机有限公司
11	绍兴市鼎丰电子科技有限公司	44	嵊州市欧昊电机有限公司
12	嵊州市正声达电声有限公司	45	嵊州市风力电器有限公司
13	嵊州市凯时捷电子科技有限公司	46	嵊州市恒力粉碎设备有限公司
14	嵊州市强音电声有限公司	47	嵊州杰能动力机械有限公司
15	嵊州市天力工具有限公司	48	嵊州市优优纺织有限公司
16	嵊州市昱龙电机有限公司	49	嵊州雅士林丝线有限公司
17	嵊州市博锐格精密机械有限公司	50	嵊州鑫昊电器有限公司
18	嵊州市创联传动机械有限公司	51	嵊州市恒华机械有限公司
19	嵊州市顺展机械制造有限公司	52	嵊州市南山湖电器有限公司
20	嵊州市鼎越锻压机械有限公司	53	嵊州市星凯电器有限公司
21	中工新墙材（嵊州）有限公司	54	嵊州市声佳电声有限公司
22	嵊州可尔纺织有限公司	55	嵊州市越兴瓶盖股份有限公司
23	浙江博尔德机械有限公司	56	嵊州市强力泵业有限公司
24	嵊州市盛梁电子有限公司	57	嵊州市天锋塑模有限公司
25	嵊州市万佳机电有限公司	58	嵊州市新日利纺织有限公司
26	浙江翎天科技有限公司	59	嵊州市科创电机有限公司
27	浙江华天再生资源有限公司	60	浙江晟达包装有限公司
28	绍兴塞压舒新材料有限公司	61	绍兴振宏机电有限公司
29	浙江东歌机械设备有限公司	62	浙江都绅领带服装有限公司
30	浙江长鸿生物材料有限公司	63	浙江雅士林纺织有限公司
31	浙江朗道网络科技有限公司	64	嵊州市欣力塑胶有限公司
32	浙江盛达机器人科技有限公司	65	绍兴威格隆泵业有限公司
33	浙江盛达智能装备有限公司	66	浙江东大生物科技有限公司

续表 21

序号	企 业 名 称	序号	企 业 名 称
67	绍兴正舜建材有限公司	101	锦尔迪润滑油（浙江）有限公司
68	绍兴声科科技有限公司	102	浙江精奥科技有限公司
69	浙江广金智能科技有限公司	103	浙江中建精密机械有限公司
70	嵊州市金攀电声有限公司	104	嵊州市腾越科技有限公司
71	浙江海威汽车零件有限公司	105	嵊州市壹炼五金制品有限公司
72	嵊州市名昂科技服务有限公司	106	浙江瑞联节能材料有限公司
73	浙江伟刚自动化设备有限公司	107	嵊州市国安机械有限公司
74	浙江晶越半导体有限公司	108	嵊州市耐金机械设备有限公司
75	嵊州市友诚机械有限公司	109	嵊州市祥顺印务有限公司
76	嵊州市东馨机械有限公司	110	绍兴蔚蓝新材料有限公司
77	浙江东雄机床有限公司	111	浙江壹锋建材有限公司
78	嵊州市天雄机械有限公司	112	浙江华明风机设备有限公司
79	浙江鼎新电器有限公司	113	嵊州市恒益电器有限公司
80	浙江柯茂机电有限公司	114	浙江易雪制冷设备有限公司
81	嵊州市俊浩电子有限公司	115	嵊州市锦森服饰有限公司
82	嵊州市丰利风机设备有限公司	116	绍兴叁讯科技股份有限公司
83	嵊州市舒力机械有限公司	117	嵊州市特吉电声有限公司
84	嵊州市瑞升电声有限公司	118	嵊州市昌和交通设施有限公司
85	浙江宝缔婴童用品制造有限公司	119	嵊州市普凌制冷科技有限公司
86	浙江瑞莱博起重设备有限公司	120	嵊州市东潮塑料助剂有限公司
87	嵊州市雄狮冲片有限公司	121	嵊州市嘉恒纸箱有限公司
88	嵊州市恒运电器有限公司	122	嵊州市威丝丹服装有限公司
89	嵊州市顺炯灶具配件有限公司	123	嵊州海益工具有限公司
90	浙江金仕文化用品有限公司	124	嵊州市欣越圣诞礼品有限公司
91	嵊州市新汇灵风机有限公司	125	浙江星派厨卫有限公司
92	嵊州市广星机械有限公司	126	嵊州市博声机械有限公司
93	嵊州市凯瑞泰灶具配件有限公司	127	嵊州小希智能科技有限公司
94	嵊州市科美电器有限公司	128	嵊州鼎森精密模具有限公司
95	国科绿奇（浙江）新材料有限公司	129	嵊州市合怡电子有限公司
96	嵊州市宜科电子有限公司	130	嵊州市越鑫塑具风机有限公司
97	嵊州市乐佳电子科技有限公司	131	绍兴亿点信息技术有限公司
98	嵊州丰硕机电有限公司	132	嵊州市昌隆铝业有限公司
99	浙江中吉新材料科技有限公司	133	嵊州市凯欣制冷设备有限公司
100	嵊州市森永精密机械有限公司	134	嵊州市舜谷包装科技有限公司

续表 21

序号	企业名称	序号	企业名称
135	浙江玄运通制冷科技有限公司	149	嵊州市铭盛电声有限公司
136	嵊州市声悦电声有限公司	150	绍兴市普兰科电器有限公司
137	嵊州政科日用品有限公司	151	嵊州市怡声电子有限公司
138	禾下土农业股份有限公司	152	浙江飞成通风设备有限公司
139	嵊州市天启电声科技有限公司	153	嵊州市联宏机械有限公司
140	嵊州市丰达电声有限公司	154	嵊州市强晨机械设备有限公司
141	嵊州市金马仪表电机有限公司	155	嵊州市洪通电器有限公司
142	嵊州市凯得电声有限公司	156	嵊州市众力机械有限公司
143	嵊州市茂盛电子有限公司	157	嵊州市森和工艺材料有限公司
144	嵊州市怀宏机械有限公司	158	嵊州市百图包装有限公司
145	浙江图锐环保科技有限公司	159	嵊州市新风制冷设备有限公司
146	绍兴市嵊丰电泳有限公司	160	嵊州市永盛工具有限公司
147	嵊州市菲尼科电子有限公司	161	浙江聚热太阳能科技有限公司
148	嵊州市平和电机有限公司		

【省级企业研究院】 全市新增省级企业研究院 2 家，分别为绍兴市希多电机有限公司的浙江省希多高效节能电机技术企业研究院、浙江湃肽生物股份有限公司的浙江省湃肽生物多肽合成技术企业研究院。全市共有省级企业研究院 19 家。

【省级高新技术企业研究开发中心】 2022 年，全市新增省级高新技术企业研究开发中心 9 家。全市累计达 70 家。

表 22　2022 年嵊州市新增省级高新技术企业研究开发中心一览表

序号	中心名称	依托单位
1	浙江省三鼎多功能耐用螺丝高新技术企业研究开发中心	绍兴三鼎工具有限公司
2	浙江省威可多环保智能厨电高新技术企业研究开发中心	绍兴市威可多电器有限公司
3	浙江省双港环保电机高新技术企业研究开发中心	嵊州市双港电器有限公司
4	浙江省斯科智能锁定系统高新技术企业研究开发中心	斯科智能五金（绍兴）有限公司
5	浙江省图森低甲醛环保木制品高新技术企业研究开发中心	图森木业有限公司
6	浙江省博仑高精冲压机械高新技术企业研究开发中心	浙江博仑高精机械有限公司
7	浙江省宏佳高效节能纺织机械组件高新技术企业研究开发中心	浙江宏佳精工机械有限公司
8	浙江省莎美功能型无缝内衣高新技术企业研究开发中心	浙江莎美实业股份有限公司
9	浙江省物产中大电机铁芯高新技术企业研究开发中心	浙江物产中大电机铁芯制造有限公司

【科创中心新增入孵企业】2022年，市科创中心新增入孵企业13家，分别为绍兴罘达电子科技有限公司、文京生物材料（绍兴）有限公司、宏维（嵊州）机电科技有限公司、鸿控（嵊州）机电科技有限公司、绍兴酷达电子科技有限公司、锐徕智能科技（嵊州）有限公司、嵊州雷象科技有限公司、嵊州匠琇科技有限公司、盛川（嵊州）智能装备有限公司、嵊州云信链科技有限公司、嵊州团元科技有限公司、嵊州市小针智能科技有限公司、嵊州手铺云计算有限公司。2022年年底在孵企业55家。（市科技局 孙孟龙）

科技合作与成果

【概况】2022年，嵊州市进一步深化政产学研合作，加强与浙江大学、浙江工业大学科技合作交流，引进科技成果项目，全年共建创新研究院1家（浙江理工大学嵊州创新研究院），产学研合作创新载体8项，签订科技合作项目17项。

表23 2022年嵊州市共建产学研合作创新载体一览表

序号	嵊州市合作单位	合作高校院所	合作项目名称
1	浙江新锐焊接材料科技股份有限公司	绍兴文理学院	铝钎焊用扁焊环技术研究开发中心
2	嵊州市科迪电子有限公司	浙江工业大学	科迪电子音盆技术研究开发中心
3	浙江博仑高精机械有限公司	浙江工业大学	博仑高精密压力机研究开发中心
4	绍兴市锐科锁业有限公司	绍兴文理学院	锐科锁业技术研究开发中心
5	绍兴佳宝纺织机械科技有限公司	绍兴文理学院	佳宝纺织机械技术研究开发中心
6	嵊州市维乐电子有限公司	绍兴文理学院	维乐电子技术研究开发中心
7	浙江博业制冷设备有限公司	浙江工业大学	博业制冷设备技术研究开发中心
8	浙江双鸟机械有限公司	绍兴文理学院	电动葫芦智能技术研究开发中心

表24 2022年嵊州市科技合作项目一览表

序号	嵊州市合作单位	合作高校院所、企业	合作项目名称
1	绍兴新锐大进焊接设备有限公司	中国机械总院集团宁波智能机床研究院	钎焊设备合作开发技术服务
2	嵊州市伏安特磁电科技有限公司	绍兴文理学院	四通道永磁转子磁场特性分析系统
3	嵊州市金帝智能厨电有限公司	杭州凸凹工业设计有限公司	集成灶G系1款-ID设计
4	浙江华发生态科技有限公司	绍兴文理学院	高强度PBAT淀粉生物降解母粒的制备及工艺开发
5	浙江钜丰科技股份有限公司	绍兴职业技术学院	定子智能打磨系统开发
6	浙江阿斯克建材科技股份有限公司	浙江大学材	水合硅酸钙凝胶体分析与控制技术
7	浙江昂利康制药股份有限公司	浙江和泽医药科技股份有限公司	头孢羟氨苄原料药质量研究

续表 24

序号	嵊州市合作单位	合作高校院所、企业	合作项目名称
8	浙江杰森厨具股份有限公司	杭州可米工业设计有限公司	集成灶及吸油烟机外观造型设计
9	浙江兰特电器有限公司	杭州大黄蜂工业设计有限公司	多向吸烟的智能集成灶产品的工业设计
10	浙江蓝炬星电器有限公司	广东东方麦田工业设计股份有限公司	R2203-蓝炬星集成灶工业设计项目
11	浙江美亚特精密机械有限公司	台州学院	EPS 蜗杆斜齿轮减速器设计制造技术研发
12	浙江双鸟机械有限公司	绍兴文理学院	电动葫芦智能控制系统的开发
13	浙江新锐焊接科技股份有限公司	南京理工大学	先进高性能 RoHS 钎焊材料研发
14	浙江湃肽生物有限公司	浙江大学	多肽原料药质量研究
15	浙江蓝炬星电器有限公司	浙江大学	集成灶直流电机研究
16	浙江昂利康公司	浙江工业大学	绿色制药装备技术研究
17	浙江森歌公司	浙江工业大学	研发中心

（市科技局　商韵）

防震减灾服务

【概况】2022 年，嵊州市科技局按照防震减灾相关职责，负责实施国家和地方的防震减灾政策、法规及综合管理工作，会同有关部门做好防震减灾宣传教育、安全性评价、监测预报工作，防震减灾综合能力得到提升。

【地震监测台站管理】按照《浙江省地震台站分级分类运维管理办法》，做好台站监测设施日常保护和地震监测设施、观测环境被破坏等突发事件的应对工作。嵊州地震监测站现有 1 种观测手段，涉及 1 个观测室的综合线路布设、8 套标识标志。

【防灾减灾科普宣传】5 月 12 日，在嵊州市逸夫小学开展“减轻灾害风险，守护美丽家园”防灾减灾公益宣传进校园活动，近 250 名学生和老师参加。通过讲解自然灾害和救援知识，发放《防震减灾宣读本》和防震减灾科普知识宣传卡片，增强了师生的防灾救灾意识。

【地震暨地质灾害应急演练】9 月 23 日，2022 年地震暨地质灾害应急演练在市中等职业技术学校开展。本次应急演练模拟嵊州市遭遇 4.5 级地震，发生房屋倒塌、人员受伤被困，道路和电力中断等险情，设置人员转移、灾民安置、救灾物资发放、被困和失踪人员搜救等科目。围绕地震及地质灾害应急处置的全要素、全环节、全过程，各参演单位高效联动、分工明确、配合密切，检验了实战能力。

（市科技局　吴菊）

气象服务

【概况】2022 年，市气象局共发布预警信息 220 条，重要天气提醒 250 条，受众达 175 万人次，开展“春运”“高考、学考”等活动气象服务保障，发布决策气象服务材料 68 期，各类公众气象服务材料 130 期。依托“村安工程”打造高密度站网监测体系，建成区域自动气象站 63 个、特种气象站 10 套，更新旧气象站 10 套，北斗通信系统 3 套。迭代升级“风雨哨兵”数字化应用，列入 2022 年浙江省气象数字化改革（重大应用）“一本账 S0”，入选国家预警信息发布中心“七周年”专题案例。推进“气象+保险”赋能乡村振兴，为全市 4403.8

亩茶叶提供660.57万元风险保障，桃形李成熟期种植保险扩面4137亩，护航特色农产品增产增收。做好人工影响天气服务，应对夏季持续严重高温干旱和秋冬连续旱情，共组织作业25次，发射火箭弹50枚，燃烟9次，累计增雨效益约1331.45万吨。

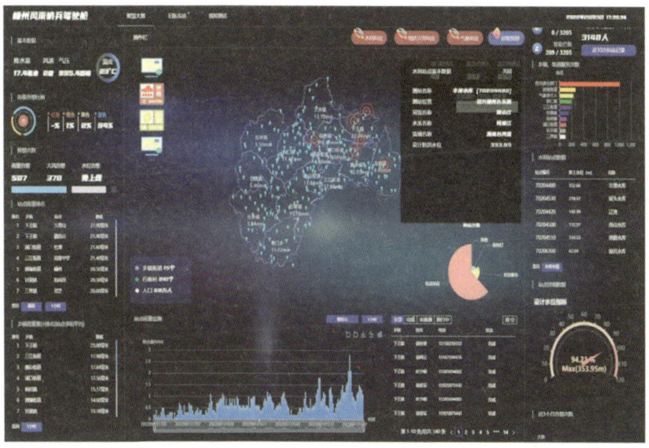

“风雨哨兵”应用平台驾驶舱界面

（市气象局 贾安琪 姚佳骏）

知识产权与专利申请

【概况】 截至2022年底，全市共有有效授权发明专利1633件，新增授权245件；全市高价值发明专利拥有量376件，每万人高价值发明专利5.57件；专利质押融资额11.7034亿元，办理企业52家，涉及专利108件，其中发明专利55件。

【知识产权服务机构】 4月，设立嵊州市人民法院共享法庭（知识产权局服务站），建立快速维权工作机制，提升保护效能。联合嵊州市知识产权人民调解委员会、嵊州市知识产权司法保护中心暨宁波知识产权法庭嵊州巡回审判点，推进“行政保护+司法保护”叠加赋能。5月，引入全市首家第三方知识产权服务机构——绍兴市寅越专利代理事务所（普通合伙）嵊州分所，进一步完善知识产权服务链，优化营商环境，推动知识产权高质量发展。（市市场监管局 张宏业）

文化·旅游·传媒

综述

【概况】2022年，市文广旅游局围绕加快建设现代化网络型山水城市目标，推进文化和旅游事业发展。一是传承创新越剧文化。创建省级越剧文化传承生态保护区；嵊州越剧入选第一批全国“一县一品”特色文化艺术典型案例；越剧现代戏《核桃树之恋》获省精神文明建设“五个一工程”奖；推出《中国好声音》越剧特别季活动。二是丰富群众文化生活。深化文化“三走进”，推进全民艺术普及，市文广旅游局在浙江省全民艺术普及工作推进会上作典型经验交流发言。建成15分钟品质文化生活圈100个、创建省级乡村博物馆4家，绍兴市级乡村博物馆12家。2022年度全市居民综合阅读率达92%，列绍兴各区（县、市）第一。三是深度推进文旅融合。嵊州市通过文旅产业融合试验区验收，获中国文旅融合创新典范城市、2022年全国县域旅游综合实力百强县等称号。

（市文广旅游局　支佳荧）

文化艺术

【文艺作品】嵊州首部越剧电影《汉文皇后》杀青，后期制作顺利推进。创作拍摄首映电影故事片《古镇来了旗袍队》，创排越剧小戏《一把手上门》《民情日记》，发布“浙江有礼·文明嵊行”主题歌《走在文明风景里》，创意改编《巴贝“逐梦”》《一起向未来》《核桃树下的等待》等文艺作品，累计创作歌曲、越剧小戏等文艺作品11部。《一把手上门》获评“李渔杯”首届全国清廉戏曲优秀作品展演活动“优秀剧目”获浙江省第十一届群众小戏大赛银奖。《越乡文化》获2022年度浙江省群众文化报刊金奖。越剧《村村都有俏花旦》在央视《一鸣惊人》栏目播出，并入围第十九届全国“群星奖”浙江省备选节目。

越剧电影《汉文皇后》概念海报

越剧小戏《一把手上门》剧照

【《核桃树之恋》全国巡演】2022年，累计完成《核桃树之恋》大型演出39场次，小型演出20余场次，跨重庆、宁夏、广西等9个省区市、14个城市，总行程超过12500千米，在全国范围内掀起“红色”热潮。该剧获评“年度浙产优秀原创舞台艺术作品”“浙江十佳红色经典剧目”。

《核桃树之恋》全国巡演·宁夏站演职人员合影

【“相约越乡”品牌】9月，2022“相约越乡”全国越剧票友擂台赛——新时代“越剧票友十姐妹”总决赛在嵊州市举办。本次赛事首次采用线上线下结合的方式，选手来自全国各地，还有两位澳大利亚选手进入决赛。胡焱、邢育琴、马蔚峰、罗海红、张晨洁、章海丽、马卫芹、裘若聃、郑叶波、赵雪萍获新时代“越剧票友十姐妹”称号。

【文耕艺作】3月5日至11日，新开设“文耕艺作”线上文化大讲堂《人文千秋话嵊州》系列讲座；新推出全民艺术普及特色项目——“文耕艺作”8号文艺咨询日活动；开展“文耕艺作”公益培训班，由市内文艺专家参与授课。9月8日，举办“文耕艺作”公共文化服务大提升——文化员、文艺骨干培训班。

【节假日线上品牌活动】开展2022云上《神虎献瑞·春节七天乐》文化系列活动；举办2022年庆五一特别节目《致敬劳动 你我同行》云上歌会，展播市文化馆原创优秀歌曲作品以及越剧作品；推出《国庆乐七天》优秀视频作品展演。

【“放歌二十大”群文系列活动】策划越剧版《领航》全民微视频大赛，组织短视频征集、评比和展播；开展《放歌时代·喜迎党的二十大》云上文艺演唱、《携手共富路 礼献二十大》文艺创作比赛、党的二十大精神文艺宣讲等活动；推出《党旗高扬·致敬党的二十大》文艺宣传巡回演出，创作献礼文艺作品越剧版《一起向未来》、越剧表演《二十大精神 辉煌启新程》。

（市文广旅游局 支佳荧）

中国戏剧梅花奖越剧演员参与演唱《一起向未来》

公共文化

【公共文化设施】2022年，市文旅局建成“15分钟品质文化圈”100个，城乡居民出门步行15分钟左右，即可到达至少1处必备公共文化场馆和2处公益性公共文化空间，享受基本公共文化服务。建成1家文化驿站——越剧博物馆文化驿站，定期提供形式多样、内容丰富的公共文化服务。市图书馆通过一级馆复评，新增1家城市书房——绍兴剡溪书房·寅雅馆，全市城区累计建成城市书房10家，新建崇仁、黄泽等集镇书房9家，新建鹿山、贵门等图书分馆7家，建成乡村图书馆5家，改造提升农家书屋17家，实现城市（集镇）书房、图书分馆乡镇（街道）全覆盖。市图书馆利用绍兴地区公共数字资源联合采购平台，共享28个外购商业数据库，1个自建数据库，实现全地区信息共享；整合线上资源，联合“博看微书屋”“贝贝国学”等线上阅读平台，推送5万册电子图书、6万小时有声读物、3600种电子期刊、3131集视频资源，提供线上免费阅读服务。

【公共文化服务】省级公共文化服务高质量

发展领航项目（打造越剧文化圈——高质量推进公共文化服务城乡一体化建设）通过中期评估。完善省级示范项目文化“三走进”，全年送戏下乡260场，送书9.32万册，送电影5000场，开展县域以上文化走亲20次。举办“文艺星火赋美”工程启动仪式，文艺志愿服务队走进社区、企业、学校、景区等地，开展艺术会演，让文艺走出剧场、走出围墙，助力文化繁荣和全民精神富有。开展“文化示范户”和“文化能人”评选活动，7户家庭获评绍兴市级“文化示范户”，15人入选绍兴市级“文化能人”。

【文化惠民】2022年，市文旅局共开展书画、摄影展览30多场。举办“琴心画韵”——吕如达八秩作品展和吕如达古琴演奏会、“共同富裕·携手共进”——绍兴市女画家2022美术作品展；承办2022第五届嵊州越商大会“越韵剡味”专场文艺晚会、马寅初研究院成立仪式、“百生进百馆”宋韵文化专题讲座《宋画与宋人审美》巡回演讲。组织“曲韵芳菲·相约越乡”浙江音乐学院戏剧系大学生暑期社会实践活动暨文化惠民演出和公益培训活动，网上流量达50万人次。

8月1日，2022（中国·嵊州）第二届国际肖像漫画展开幕，作品涵盖33个国家和地区

【阅读推广活动】 深耕特色阅读品牌“嵊图有请”，2022年度读者参与超过5万人次。“嵊图有请·诗路吟”推出谢灵运专题讲座，线上发布讲座视频，播放量超过8000次。“嵊图有请·小书房”结合“嵊图荐书”活动，打造“冲冲哥哥”“彩虹姐姐”等嵊图馆员IP，全年共推出荐书视频85期，播放量2万余次。“嵊图有请·老师好”更新名师资源库，面向社会招募优秀教师25名，全年推出讲座18场，现场参与读者600余人次，线上参与人数8500余人次；结合送书进学校活动，组织名师走进苍岩中心小学、爱德小学、城东小学等开展童诗教学课、绘本阅读讲座和科普实验培训。“嵊图有请·剡之韵”结合本地文化，推出“喜迎二十大 书香闹元宵”灯谜竞猜活动，选取嵊州方言、咏剡唐诗、嵊籍作者自编字谜等内容作为谜面，突显嵊州特色；举办《民族的号手——任光》广播剧品鉴会直播活动，在线观众超过1.5万人；开设袁氏宗谱专题讲座，系统梳理嵊州家谱现状及黄箭坂袁氏家谱特色。

【古籍与地方文献】 持续推进馆藏古籍文献数字化工作，完成57部、254册珍贵古籍数字化加工，共计22027页。获袁氏家族捐赠的2部珍贵古籍《史记》《资治通鉴纲目》高仿件。与国家古籍保护中心签署授权书，入选《国家珍贵古籍名录》的2部珍贵古籍书影在《国家珍贵古籍名录》知识库中发布，供读者免费使用；向国家版本馆移交《管子二十四卷》全套数字化稿，完成国家版本馆杭州分馆库展古籍征集任务；为诸暨市社科联提供《诸暨贤达传》底本高清扫描件，用于《诸暨文丛》再造出版；参与绍兴“於越缥缈——越中文脉典籍特展”，出借《管子》《石田稿》等馆藏珍贵古籍4部5册。

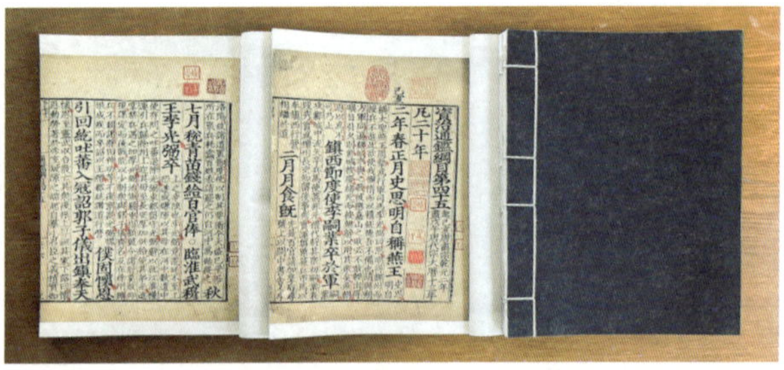

《资治通鉴纲目》（高仿件）

（市文广旅游局 竹睿韬）

博物馆

【博物馆建设】新越剧博物馆建设基本完成。藏品征集稳步推进，征集藏品426件，入库藏品447件。开展“越剧改革80周年对剧种发展的现

实意义”课题研究。

越剧博物馆新馆

【乡村博物馆】 中共浙江省工委机关旧址、王羲之家训馆、茶文化—茶壶陈列馆、东王村越剧诞生地陈列室入选浙江省第二批乡村博物馆名单。

（市文广旅游局 吴思悦）

非遗传承

【越剧传承】 举办“求索——纪念袁雪芬100周年诞辰主题展”等多个大型临展，完成“越耀剡溪 成就未来——纪念袁雪芬100周年诞辰暨致敬越剧改革80周年活动”等多场主题活动。创作拍摄“越剧记忆·嵊州精华五日游”等文旅推广片。运营中国越剧戏迷网网站及微信公众号，举办各类云端直播和推广活动，得到超500万的爱越人群关注。

【第五届中国越剧艺术节】 8月20日，第五届中国越剧艺术节闭幕式在越剧小镇举办。中国越剧艺术节四年一届，是由文化和旅游部、浙江省政府共同主办，永久落户浙江的国家级艺术节。本届艺术节从全国范围内遴选和邀请了45台优秀越剧剧目参加展演，展示近年来中国越剧艺术发展的新成果。其中，新创精品剧目15台，传统经典剧目20台，民营越剧院团优秀剧目10台。

【非遗基础设施建设】 建设非遗微型馆和非遗体验设施，其中，嵊州市山乘山根艺馆、嵊州市紫砂工艺厂、嵊州市崇仁镇溪滩村、嵊州市攀登工艺竹编厂、嵊州市魏和酱品观光园、嵊州市泉岗名茶开发有限公司6家单位被评为第三批绍兴市非物质文化遗产传承基地。

【非遗传播活动】 深入推进“非遗进校园”“非遗在社区”活动，嵊州市开发区幼儿园、罗星幼教集团、东圃小学、石璜镇中心小学、甘霖镇幼托中心5家单位被列入绍兴市非物质文化遗产教学性传承基地创建单位。举办非遗兴乡大巡游、非遗过大年等活动，绍兴市级非遗传承人魏明路运用非遗技艺助力乡村振兴、金庭高跷助推乡村振兴事迹被《人民日报》报道。组织嵊州越剧、嵊州竹编等非遗项目，参加第七届中国非遗博览会、大运河非遗博览会、江南客厅·长三角传统工艺生活美学设计展等。

【越剧教育教学】 2月，嵊州越剧艺术学校获评绍兴市级中小学生研学实践教育营地。6月20日，艺校学生郑惠文获2022“新松计划”浙江省青年戏曲演员大赛银奖，鲍秋静获铜奖，许佳宝获优秀奖。开展嵊州越剧艺术学校建校60周年系列活动。举行60周年纪念大会暨“甲子颂·我们迈上新征程”演唱会，以及“守正创新 越韵流芳”嵊州越剧艺术学校建校60周年建设与发展论坛；举办《越剧百年图说》首发式暨图稿展，教学和研学新书《中国越剧声腔教材》《品味越剧》首发式等活动。在“绍兴有戏”2022年绍兴市青年戏曲演员（演奏员）基本功大赛中，越剧艺校获文组金奖3个、银奖1个、铜奖3个，演奏员组银奖1个、铜奖2个，武组铜奖2个。

（市文广旅游局 吴思悦）

11月3日，嵊州越剧艺术学校建校60周年纪念大会暨“甲子颂·我们迈上新征程”演唱会举行

文化旅游产业

【文化资源普查】 启动文旅资源普查，完成三、四、五级资源评审，嵊州市五级资源单体3个，四级资源单体15个，三级资源单体61个。

【全域旅游】 浙东清风馆被评为绍兴市红色旅游教育基地。金庭镇被评为浙江省AAAA景区镇，浦口街道故江新村等13个村庄被评为省AA级景区村庄，三界镇八郑村等23个村庄被评为省A级景区村庄。全年新增“微改造、精提升”项目219个，完成投资2.22亿元。建立乡村旅游项目数据库，共计项目48项，投资1500余万元；完成乡村旅游基础设施项目建设14个，完成游步道建设8.46千米，建成景观平台3个，停车位300余个，旅游厕所4座。

【百县千碗·剡溪乡味】 举办“百县千碗·剡溪乡味”暨“一镇一宴”乡镇特色美食大比武活动，评选出“百县千碗·剡溪乡味”美食体验店8家，示范店5家。汇银宾馆、门溪山居被评为2022年“诗画浙江·百县千碗·绍兴佳肴”美食示范店，嵊浙宴、万豪大酒店被评为绍兴市级美食体验店。门溪山居、超级仟代、嵊州国际大酒店、嵊浙宴被评为2022年省级“百县千碗”美食体验店。

【文旅IP】 挖掘书圣文化和谢灵运“本地”文化，在“相聚剡溪 续写诗路”2022浙东唐诗之路系列活动中发布王羲之人物IP和谢灵运人物动漫IP，推出动画短片、表情包等文创商品。

【文旅夜间消费】 嵊州风情美食街被评为绍兴市级文旅夜间消费集聚区。

（市文广旅游局 周勇潭）

文化旅游市场管理

【评星晋级】 2022年，嵊州市广厦大酒店有限公司通过三星级旅游饭店复评；嵊州市长运旅游有限公司通过三星级品质旅行社复核；嵊州宾馆有限公司获评2022年度节水标杆单位（节水标杆酒店）。

【安全生产培训】 7月29日，嵊州市文旅行业安全培训暨2022年度应急演练在越剧艺术中心举办，邀请专业教官开展企业消防安全生产培训，并组织开展应急疏散、医疗救护、防爆反恐等科目的应急演练。9月23日，星级饭店、旅行社、娱乐场所疫情防控培训会议召开。

（市文广旅游局 汤旋旋）

文化旅游推广交流

【第十九届中国·嵊州书法朝圣活动】 6月8日，第十九届中国·嵊州国际书法朝圣活动在王羲之归隐地金庭镇举行。来自各地的文联、书协及王羲之后裔等代表齐聚一地，举行朝圣仪式，随后举行金庭笔会。同日，在甘霖镇独秀山举行卫夫人墓二期竣工典礼与祭拜仪式。第二届“卫夫人杯”全国书法篆刻大展、浙江省书法名家作品邀请展、2022中日韩兰亭书会国际书法展、第三届嵊州·兰山书法作品联展等书法作品展同步举办。

6月8日，第十九届中国·嵊州国际书法朝圣活动·金庭笔会现场

【2022浙东唐诗之路系列活动】 12月13日，“相聚剡溪 续写诗路”2022浙东唐诗之路系列活动开幕。作为浙东唐诗之路核心区，嵊州发布一批新的诗路文化成果和诗路文旅产品，进行创建“中华诗词之乡”动员部署，成立“剡溪智库研究室”并举行授牌仪式。此次活动通过图文、视频、直播

等形式报道，当天全网曝光率超 5000 万人次。"打卡诗路 剡溪起步"短视频征集活动同步启动，邀请全球拍客到嵊州，从诗路重大项目、文化保护传承、富民文旅产业、百姓诗意生活等角度，记录诗路景观和人文。

【"唐诗之路 嵊州风景"全省摄影大赛】举办"唐诗之路 嵊州风景"全省摄影大赛，共收到 198 名摄影爱好者的 3013 件摄影作品，最终评审出金质、银质、铜质、优秀收藏作品 97 件。

（市文广旅游局 单晶晶）

摄影大赛一等奖作品《看戏》

文物保护

【文物平安工程】 嵊州市崇仁村建筑群消防安全数字化应用平台入选浙江省文物安全应用场景建设试点"揭榜挂帅"项目，在浙政钉上线，先后被新华网、中国报道网、浙江在线、浙江文物网等媒体报道。省保越剧诞生地旧址安防工程、钱氏大新屋消防工程、瞻山庙消防工程、王羲之墓安防工程、马寅初墓安防工程等八个项目的设计方案通过省文物局审批。

【不可移动文物修缮及保护】 启动和实施国保崇仁村建筑群四期、华堂王氏宗祠和省保灵鹅王氏纯节坊等近 30 个文保修缮项目。做好商笙伯、袁雪芬、袁涤庵等名人故居和名人资源保护利用相关工作。申报省工委机关旧址、张伯岐故居为第八批省级文物保护单位，完成省级以上文物保护单位保护范围和建设控制地带划定情况调查评估、第三次全国文物普查登录文物全面复核及红色标语类革命文物调查工作。实施省保玉成桥周边环境整治、越剧诞生地旧址——八卦台门抢修加固工程，做好市保砥流桥、西鲍鲍氏宗祠、约和永福庙等各项修缮设计工作。

【小黄山遗址保护及申遗工作】成立由市委、市政府主要领导任双组长的申遗领导小组，组建多部门联动工作专班，起草《关于加快推进小黄山考古遗址公园建设暨上山文化遗址群保护和申报世界文化遗产实施方案》，并制定 2022—2025 年工作任务清单。启动小黄山考古遗址公园规划、保护展示工程、遗址工程范围测绘、遗址保护管理规划等工作。7 月 14 日，省文物考古研究所王海明、孙瀚龙一行到嵊启动小黄山遗址考古报告编撰工作。10 月 10 日，中国建筑设计研究院总规划师、建筑历史研究所名誉所长陈同滨到嵊州调研指导小黄山遗址保护和申遗工作。12 月 1 日，启动小黄山遗址区域边界考古勘探工作。完成遗址核心区环境清理和遗址入口、国保所周边、发掘区及主要通道的标识标牌设计安装，编写并制作宣传册页 2000 份，为上山文化申遗贡献嵊州力量。

【可移动文物保护及利用】 5 月 11 日，定窑白釉狮枕等 6 件宋瓷藏品参加绍兴博物馆《风雅宋——最是宋韵在绍兴》展览。8 月 18 日，精选古剡汉六朝画像砖藏品 47 件，与馆方合作在绍兴博物馆举办《会稽甓韵——汉六朝会稽砖精品展》。9 月 7 日，藏品西晋"出始宁"越窑堆塑罐、五代十国吴越《宝箧印经》参加省博《越颂——中华文物中的浙江传奇》展览。接收市公安局分 3 批次移交的涉案盗掘盗卖文物共 1374 件，其中三级以上文物 28 件。

【下方山及周边墓群考古发掘】 12 月 18 日，由省文物考古研究所和市文物保护中心联合实施的考古发掘项目——嵊州市下方山及周边墓群考古发掘，入选 2022 年度浙江考古十大重要发现。经过为期 7 个月的考古发掘，考古队在项目范围内发现不同历史时期的墓葬 150 余座，出土文物 1200 多件。

（市文广旅游局 倪云麒）

表 25　2022 年嵊州市主要著述书目一览表

序号	书名	责任者	出版社
1	乡下人家	陈醉云著	长江文艺出版社
2	古韵新风	蓝成东、许多顶、刘胜洪主编	团结出版社
3	凿光留痕：郑兴国根雕艺术精品集	浙江省博物馆编	浙江摄影出版社
4	陶集系年	潜苗金著	中国艺术出版社
5	越剧百年图说	宓风光绘	浙江人民美术出版社
6	金伯兴书法小品选	金伯兴著	湖北美术出版社
7	嵊州年鉴·2022	嵊州市地方志研究室编著	中国商务出版社

报纸

【概况】 2022 年，《今日嵊州》围绕市委、市政府中心工作，开辟“喜迎二十大 嵊州这十年”“深入学习贯彻党的二十大精神”“二十大精神在基层”等专版和专栏组织宣传报道，掀起学习宣传党的二十大精神舆论热潮。策划推出“开启高铁新时代”纪念特刊，配合宣传杭台高铁开通；开设越乡文化、“浙江有礼”嵊州故事、古村落、绘画作品赏析、“红色文物故事”“我们的节日”等专版和专栏 100 个，传承繁荣传统文化。开展暑假作文大赛、课堂作文大赛及“人社杯”绘画书法和摄影大赛等活动，吸引广大读者参与。

（市融媒体中心　袁维霞）

广播电视

【概况】 嵊州广播电视以《嵊州新闻》为主阵地，以其他专栏为重要载体，紧扣市委、市政府中心工作，开展主题宣传。开设“奋进新征程 建功新时代”专栏，报道嵊州在高质量发展、“三个年”活动、数字化改革、重点工程建设、共同富裕、民生实事等领域的举措和成效。推出“乡镇长面对面”“2022 我们都是答卷人”“2022 上市企业这么干”“稳进提质三十强”等系列访谈 60 篇，营造发展氛围。

【奖项】 嵊州市融媒体中心获评全省“融媒中心 20 强”，获浙江省电视对农节目服务工程建设考核优秀奖。6 件作品获浙江广播电视政府奖，其中纪录片《共富路上的沈红平》、播音主持作品《核桃树之恋》获二等奖，《大地春色》《“百年风云·和堂越色”文艺走基层融媒大行动》《冬瓜上山记》《嵊州 90 后小伙直播钓鱼 救起落水老人》获三等奖，另有 46 件作品在省、绍兴市等各级新闻奖评选中获奖。3 部纪录片入选浙江省优秀纪录片作品库。

【广播剧创作】 嵊州市融媒体中心牵头制作的原创广播剧《民族的号手——任光》获浙江省“五个一工程”奖。制作完成广播剧《核桃树之恋》，在“学习强国”学习平台等平台推送播出。

（市融媒体中心　俞丽姣）

网络媒体

【概况】 2022 年，嵊州市不断推进媒体深度融合，持续深化以“爱嵊州”App 为龙头的融媒传播矩阵建设，“爱嵊州”App 下载用户 32 万，微信公众号“嵊州新闻”“嵊州发布”“嵊广 1003”等新媒体影响力持续增长。

【“社区”建设】 依托“爱嵊州”App 建设的“社区”模块被浙报集团列入数字化改革“融媒通”项目县域场景试点，并获评江苏、上海、浙江、安徽四省广电局联合主办的长三角融合传播力典型案例。

【“三美嵊州”抖音号】 3 月 27 日上线，围绕国际国内社会热点，共发布抖音作品 1000 多个，粉丝 7.4 万人。　（市融媒体中心　俞丽姣）

新闻出版

【概况】2022 年，市委宣传部持续做好新闻出版工作，规范出版市场秩序。完成全市 121 家印刷企业、74 家出版发行单位的年检工作。持续抓好新风、净网、剑网、护苗、正道五大专项行动，确保文化市场安全。会同公安、文旅等部门开展专项整治，不定时进行网上巡查；开展冬奥版权、出版物市场、印刷行业、宗教场所、网吧市场等 24 次专项整治，共出动检查人员 256 人次，发现问题 11 个。申报全国挂牌督办案件 2 件。推进数字化改革，创新监管模式。推进“扫黄打非”进基层工作，鹿山街道被评为全省第六批“扫黄打非”进基层示范点；举办新时代文明实践活动 56 场、进校园活动 28 场次，发放宣传资料 4800 余份。推进软件正版化工作，召开推进使用正版软件工作培训会，增强正版软件使用意识；完成全市所有机关单位正版办公软件安装。

（市委宣传部 俞芊妆）

域外媒体看嵊州

【概况】2022 年，嵊州市宣传工作贯彻落实市委、市政府决策部署，坚持围绕中心、服务大局，加强与央国级、省级和绍兴市级重点主流媒体通联，做深做透对内对外宣传，不断巩固壮大主流舆论，推出一系列有深度、有力度、有温度的外宣作品，外宣传播力指数位居绍兴市第二，为推进更高水平“五个嵊州”、打造共同富裕县域样板、谱写现代化网络型山水城市建设新篇章提供强有力的舆论支持。一是借助各级党媒、新兴网媒平台，增加发稿密度，提高发稿质量，传播嵊州声音。全年在省级以上媒体发稿 7000 多篇，中央级各类媒体发稿 1000 多篇，其中《人民日报》刊出 16 篇，《新华每日电讯》11 篇，央视《新闻联播》7 条，《光明日报》12 篇，《经济日报》14 篇，《浙江日报》头版 25 篇，浙江卫视《浙江新闻联播》113 条。二是聚焦重大项目、重要节会主题做好宣传策划报道，会同有关部门开展杭台高铁开通、纪念《在延安文艺座谈会上的讲话》发表 80 周年暨刘文西“以人民为中心的创作”研讨会、纪念袁雪芬 100 周年诞辰暨致敬越剧改革 80 周年活动、纪念马寅初 140 周年诞辰、第五届中国越剧艺术节等重大活动宣传报道工作。杭台高铁开通相关报道登上央视《新闻联播》《新华每日电讯》《光明日报》《浙江日报》等 60 余家省级及以上主流媒体平台。围绕“共同富裕”、数字化改革、疫情防控等主题，对创新亮点做法进行调研、策划、深挖、采编，推出一批精品力作。“三界种粮队”做法登上《人民日报》《经济日报》和人民网等重要媒体平台；嵊州良种繁育场内 477 个水稻新品开镰收割的内容被央视《新闻联播》《晚间新闻》等多个频道专题播出；打造嵊州“国字脸”猴子的网络爆款效应，通过图文、短视频、直播等多元传播方式，全网阅读量 1.2 亿次；凌晨救火的送奶工等典型案例被央视新闻、《人民日报》等微信公众号头条报道宣传，《钱江晚报》持续 3 个版专题报道相关内容。挖掘抗疫正能量暖心故事，其中嵊州“80 后”小伙每天现做小笼包送上海独居老人的暖心举动被人民日报 App、人民网及《浙江日报》等 20 余家省级及以上主流媒体转载报道。

（市委宣传部 陶兆志）

表 26　2022 年嵊州市在中央级媒体部分刊播篇目一览表

录用日期	录用媒体	录用稿件标题
1 月 14 日	人民日报	浙江嵊州发力特色乡村游
1 月 17 日	人民日报	海外声音 中国首条民营控股高铁开通
2 月 15 日	人民日报	2021 年以来，各地政法机关优化公共服务体系，出台便民利民举措让群众遇事不烦办事不难
3 月 23 日	人民日报	用好文物资源 讲好红色故事（大数据观察）
4 月 6 日	人民日报	公共文化服务体系建设让人民群众得实惠
4 月 9 日	人民日报	乡村旅游 拔节生长（走进传统村落）
5 月 16 日	人民日报	金融发力 服务实体经济发展（邮储银行工作人员赴企业提供金融咨询）
5 月 19 日	人民日报	延续文化基因 推动传承发展（浙江省嵊州市黄泽镇通过发展骨木镶嵌等非遗项目）
5 月 19 日	人民日报	让优秀传统文化活起来、传下去（金庭镇高跷表演）
5 月 22 日	人民日报	赏绿水青山 忆浓浓乡愁（浙江嵊州黄泽镇依托“3 号剧场” 推动文旅兴旺）
5 月 30 日	人民日报	浙江嵊州鼓励农户外出种粮镇里走出种粮队 粮食种遍长三角
6 月 10 日	人民日报	点赞！他们凌晨灭火救了一家四口
6 月 21 日	人民日报	绍兴嵊州：在建设共同富裕的道路上跑出“加速度”
8 月 8 日	人民日报	第五届中国越剧艺术节开幕
9 月 7 日	人民日报	图片报道 甘霖镇殿前村，村民们在小乌溪江畔忙着晾晒榨面
9 月 22 日	人民日报	汇聚戏迷、传播越剧，浙江嵊州在全国建立 180 余个“爱越小站”——小站大舞台 聚拢爱戏人（护文化遗产 彰时代新义）
10 月 7 日	人民日报	重要领域和关键环节改革取得决定性成果 经济体制改革阔步向前（奋进新征程 建功新时代·非凡十年）
10 月 24 日	人民日报	三十年砥砺绘宏图 新征程扬帆启新航
10 月 25 日	人民日报	一支种粮队 走出致富路（经济聚焦）
1 月 9 日	新华每日电讯	改革探路破冰行 写在我国首条民营控股高铁杭台高铁通车之际
1 月 10 日	新华每日电讯	浙江民营经济：稳字当头加速奋进
1 月 14 日	新华每日电讯	高铁连通“浙东唐诗之路”，访天姥无须“梦游”
1 月 14 日	新华每日电讯	剡中闻越韵
1 月 14 日	新华每日电讯	南游“唐诗路” 杜甫和他的“间隔年”
1 月 12 日	新华每日电讯	浙江：“三把刷子”画大政治“同心圆”
6 月 30 日	新华每日电讯	这儿的蚕不吃桑叶吃“饼干”
7 月 9 日	新华每日电讯	增势稳健 韧性凸显 浙江绍兴工贸经济走访观察
8 月 18 日	新华每日电讯	多项数据破纪录，浙江想方设法应对“超常”高温

续表 26

录用日期	录用媒体	录用稿件标题
9 月 15 日	新华每日电讯	船回港，人上岸，固堤防 浙沪苏鲁等地积极防御应对台风“梅花”
12 月 1 日	新华每日电讯	AI 助力人人参与文明创建
1 月 8 日	中央电视台新闻联播	杭台高铁正式开通运营
7 月 4 日	中央电视台新闻联播	【奋进新征程 建功新时代·伟大变革】 聚天下英才 筑复兴之基
9 月 11 日	中央电视台新闻联播	浙江金甬铁路千石岩隧道贯通
5 月 23 日	中央电视台新闻联播	全国“村两委”换届工作全面完成
10 月 9 日	中央电视台新闻联播	[视频]【在希望的田野上】 秋收时节 五谷丰登粮满仓
11 月 29 日	中央电视台新闻联播	国务院联防联控机制发布会：落细落实防控措施 有效抓好疫情处置
12 月 6 日	中央电视台新闻联播	新建金甬铁路新昌江特大桥贯通
1 月 9 日	光明日报	杭台高铁正式开通运营
3 月 16 日	光明日报	浙江嵊州：“邻舍+”志愿服务温暖百姓心
4 月 4 日	光明日报	学者的坚守与操守
5 月 6 日	光明日报	百教不如一练 百练不如一演
5 月 11 日	光明日报	乡村里有了文化“加油站”
6 月 29 日	光明日报	探索节能减碳 实现绿色发展（国网嵊州市供电公司）
7 月 28 日	光明日报	铁路暑运助力美好出行
8 月 1 日	光明日报	多彩艺术 多样非遗（越剧小镇）
9 月 7 日	光明日报	越剧进校园
9 月 18 日	光明日报	【喜迎二十大】 浙江：实干争先锚定新发展
9 月 23 日	光明日报	安装太阳能光伏板
9 月 24 日	光明日报	生态经济助力群众致富
1 月 9 日	经济日报	首条民营控股高铁开通运营
5 月 25 日	经济日报	图片新闻：嵊州市双承纺织有限公司全自动设备车间
6 月 15 日	经济日报	图片新闻：三界镇长桥畈抢收夏粮
7 月 4 日	经济日报	图片新闻：嵊州市贵门乡茶园游客在体验采茶
7 月 24 日	经济日报	图片新闻：浙江细胞科技产业园（长乐）
8 月 13 日	经济日报	医保专员驻点“采药”打通医保管理服务“最后一公里”
9 月 4 日	经济日报	浙江省嵊州市长乐镇小昆村
9 月 9 日	经济日报	浙江省嵊州市下王镇： “卮山共富工坊”为共同富裕添活力
9 月 20 日	经济日报	中国银行绍兴市分行： 金融“活水” 普惠小微
8 月 19 日	经济日报	浙江嵊州农商银行： 金融“直通车”驶出助企“加速度”
10 月 12 日	经济日报	航拍浙江嵊州市良种繁育场的千亩稻种基地

续表 26

录用日期	录用媒体	录用稿件标题
11 月 17 日	经济日报	浙江省嵊州市崇仁镇赵马村的稻田里，收割机正在穿梭忙碌
11 月 25 日	经济日报	图片新闻（嵊州市贵门乡）
12 月 21 日	经济日报	浙江省嵊州市下王镇推进旅游节点高品质提升
12 月 24 日	经济日报	浙江嵊州以重大项目带动有效投资
1 月 6 日	CCTV-17	浙江：开展进口水果专项检查
1 月 6 日	CCTV-2	［天下财经］新冠疫情防控 进口火龙果检出核酸阳性 水果市场把好安全关
1 月 9 日	CCTV-11	《角儿来了》 20220109 “越”是故乡鸣
1 月 16 日	CCTV-11	《角儿来了》 20220116 “越”是故乡鸣
1 月 21 日	CCTV-11	［一鸣惊人］越歌《村村都有俏花旦》
1 月 23 日	CCTV-2	［经济信息联播］知名产地看年货 浙江嵊州：春节临近 小笼包迎来囤货热
1 月 23 日	CCTV-2	［经济信息联播］知名产地看年货 浙江嵊州：速冻小笼包热销全国 订单大增工厂扩产
1 月 30 日	CCTV-4	“就地过年” 保障群众温暖过节
2 月 9 日	CCTV-13	［新闻直播间］春运进行时 杭台高铁运营首月发送旅客近 20 万人次
3 月 25 日	CCTV-11	越剧《核桃树之恋》
3 月 28 日	CCTV-2	春茶迎来采摘高峰期 各地抓紧时间采制销售“明前茶”
4 月 3 日	CCTV-13	［新闻直播间］浙江 智能制造助推产业高质量发展
4 月 19 日	CCTV-17	西景山村茶正香 （24 分钟）
4 月 26 日	CCTV-4	浙江嵊州：春茶采摘季 多措并举助茶农稳生产
5 月 1 日	CCTV-11	越韵江南（二）“五一特辑”
5 月 1 日	CCTV-17	“动态清零”政策下的农民工就业调查
5 月 12 日	CCTV-4	浙江首座“茶光互补”电站累计发电超 1.2 亿度
5 月 27 日	CCTV-5	李轩豪首夺中国王中王围棋争霸赛冠军
6 月 10 日	CCTV-2	文化和自然遗产日 浙江嵊州：考古发现汉唐至明清墓葬带
6 月 10 日	CCTV-4	浙江嵊州：考古发掘出各个历史时期 140 余座墓葬
6 月 10 日	CCTV-13	让青春不被“刺痛”文身给未成年人成长带来何种影响
6 月 11 日	CCTV-13	文化和自然遗产日 浙江嵊州：考古发现汉唐至明清墓葬带
6 月 18 日	CCTV-4	浙江嵊州：中日韩书法作品集中展出
7 月 17 日	CCTV-17	振兴路上：我们村里的“贤人”（上）《嵊州贵门鹿门书院连线央视，做好清廉家训的传承》
7 月 19 日	CCTV-10	《味道》 我的家乡菜·嵊州篇（上）
7 月 29 日	CCTV-2	强对流天气来袭 浙江嵊州：轿车被困涵洞 民警紧急救援
8 月 13 日	CCTV-13	［新闻直播间］浙江嵊州 在希望的田野上 2.5 万亩桃形李成熟 助推乡村振兴

续表 26

录用日期	录用媒体	录用稿件标题
8 月 22 日	CCTV-2	[正点财经] 关注长三角多地抗旱战高温 江浙多地连日高温 人工增雨缓解旱情
8 月 23 日	CCTV-2	[正点财经] 抗干旱 保供水 湖北：两大水库加大下泄量 沿江各地多举措引水
8 月 25 日	CCTV-2	[第一时间] 抗旱保民生 浙江嵊州：部分山村出现饮水困难 消防车及时送水
9 月 11 日	CCTV-4	[今日环球] 浙江金甬铁路千石岩隧道贯通
10 月 9 日	CCTV-17	[中国三农报道] 浙江嵊州：477 个水稻新品种开镰收割
10 月 11 日	CCTV-10	《味道》 我的家乡菜・嵊州篇（下）
10 月 14 日	CCTV-13	[新闻直播间] 在希望的田野上 守护农田一分地也不能少
10 月 27 日	CCTV-2	[第一时间] 金秋“丰”景 浙江：多地晚稻开始收割 预计 11 月底前全部完成
11 月 4 日	CCTV-17	[中国三农报道] 浙江嵊州：及时烘干 提升谷物仓储质量
11 月 19 日	CCTV-4	[中国新闻] 浙江嵊州：全国最新电机厨具智能化产品汇聚
11 月 30 日	CCTV-17	[中国三农报道] 浙江嵊州：新鲜香榧迎来炒制上市期
11 月 30 日	CCTV-13	浙江 借力“一带一路” 让中国绿茶香飘世界
12 月 1 日	CCTV-1	“中国传统制茶技艺及其相关习俗”申遗成功
12 月 5 日	CCTV-2	简讯 浙江嵊州：新建金甬铁路新昌江特大桥全桥贯通
12 月 6 日	CCTV-13	浙江嵊州 金甬铁路新昌江特大桥全桥贯通
12 月 13 日	CCTV-2	[正点财经] 冬季“菜篮子” 浙江嵊州：持续低温 大棚蔬菜育苗防寒抗冻有保障
12 月 13 日	CCTV-2	冬季“菜篮子” 浙江嵊州：防寒补光 蔬菜大棚里来了“小太阳”
12 月 18 日	CCTV-2	冷空气来袭 浙江嵊州：无人机自主巡检 保障线路设备安全稳定

表 27　2022 年嵊州市在省级媒体部分刊播篇目一览表

录用日期	录用媒体	录用稿件标题
1 月 7 日	浙江日报	结束无“铁”时代，嵊新 120 万人民的期盼
1 月 9 日	浙江日报	国内首条民营控股的高铁 如何重构浙江区域经济地理
1 月 9 日	浙江日报	杭台高铁正式通车
1 月 9 日	浙江日报	国内首条民营控股高铁开通运营 嵊州新昌天台圆了铁路梦
1 月 19 日	浙江日报	民生“小幸福”牵引出改革“大场景” 嵊州 聚焦群众所需
2 月 8 日	浙江日报	“川越”千里打造东西部协作金名片
2 月 8 日	浙江日报	嵊州摄协摄影师连续 10 年下乡义务拍照，记者跟随打下手 这张全家福，拍出村民共富路

续表 27

录用日期	录用媒体	录用稿件标题
2 月 12 日	浙江日报	数字赋能闭环处置 群策群力高效解难 嵊州“企情日记”精准助发展
2 月 23 日	浙江日报	聚焦更高水平“五个嵊州” 打造共同富裕县域样板 嵊州：筑品质之都 绘共富蓝图
3 月 22 日	浙江日报	嵊州：全域打造“清廉站所” 让“清风”吹暖民心
4 月 10 日	浙江日报	筑好礼堂、唱响越剧、擦亮志愿服务金名片……总书记走访过的嵊州甘霖镇，全力谱写乡村文化建设新曲
4 月 19 日	浙江日报	浙江已连续出台 8 个专项政策—— 畅通物流 稳链畅链
4 月 25 日	浙江日报	门店突破三万家 年创产值百亿元 嵊州小吃做出大文章
4 月 26 日	浙江日报	嵊州：经济赋能“加速度” 富民产业添“热度”
4 月 26 日	浙江日报	浙江日报丨嵊州三界镇：新城活力足 共享富民果
5 月 1 日	浙江日报	抓住“四港联动”机遇加快转型升级 嵊州：“俊鸟”飞出加速度
5 月 6 日	浙江日报	推动新时代信访工作现代化 我省深入学习贯彻落实《信访工作条例》
5 月 9 日	浙江日报	浦口街道：经济活力旺 争当排头兵 剡湖街道：产业平台优 提档惠民生
5 月 19 日	浙江日报	三江街道：新城新气象 文化促发展
5 月 19 日	浙江日报	鹿山街道：推陈出新 一“鹿”向前
5 月 23 日	浙江日报	黄泽镇：努力建设均衡富庶发展典范小城镇
5 月 23 日	浙江日报	长乐镇：奋力打造四港联动节点枢纽型城镇样板
5 月 24 日	浙江日报	石璜镇：“红色文化+绿色生态” 描绘乡村振兴新画卷
5 月 24 日	浙江日报	甘霖镇：从“形”到“魂”书写富乐城镇新篇章
5 月 25 日	浙江日报	崇仁镇：智慧农业助农增收 美丽乡村宜居宜游
5 月 25 日	浙江日报	谷来镇：舜江源头生态美 香榧林下产业兴
5 月 27 日	浙江日报	仙岩镇：山水诗路意悠长 工业明珠面貌新
5 月 27 日	浙江日报	金庭镇：书礼小镇翰墨香 富民桃李满天下
5 月 27 日	浙江日报	昂首开新局 砥砺聚民心 ——绍兴市各区、县（市）特色实践巡展
5 月 31 日	浙江日报	贵门乡：茶旅之乡点绿成金 鹿门讲学文脉飘香
5 月 31 日	浙江日报	下王镇：念好生态发展经 描绘美丽新画卷
6 月 2 日	浙江日报	王浩在绍兴调研时强调 最快速度推动政策落地见效最大力度推动经济回升向好
6 月 15 日	浙江日报	嵊州克服疫情影响助企“云攻坚” 10 个月，130 亿元项目从拿地到投产
7 月 10 日	浙江日报	城乡同网同质服务，嵊州构建全市“供水一张图”
7 月 14 日	浙江日报	“一支队伍”赋新能 嵊州全力打造“大综合一体化”行政执法改革样板
7 月 20 日	浙江日报	嵊州经济开发区（高新园区）争创国家级经济开发区 打造高质量发展排头兵
7 月 22 日	浙江日报	今年浙江在全国率先全省域推进共青团基层组织改革 变革重塑，激活青春能量
8 月 2 日	浙江日报	戏剧专家绍兴纵论越剧的“坚守”与“突围” 纪念袁雪芬 致敬改革者
8 月 4 日	浙江日报	数字赋能搭建新时代下情上达的有效通道 嵊州民情日记：从小本子到大数据

续表 27

录用日期	录用媒体	录用稿件标题
8 月 8 日	浙江日报	这间会客厅，融汇法与情
8 月 15 日	浙江日报	嵊州开发区：不忘来时路 而立之年更奋蹄
8 月 16 日	浙江日报	韩“老湿”：记录少年蓬勃的时光
8 月 17 日	浙江日报	守护生态底色 描绘靓丽图景 嵊州：筑牢“幸福靠山” 共享生态成果
8 月 27 日	浙江日报	嵊州小蚕工厂共育模式助农提效增收 企业和蚕农接力养“金宝宝”
9 月 3 日	浙江日报	第七届浙江慈善大会在杭召开
9 月 5 日	浙江日报	枕戈待旦迎战超强台风 重返超强的“轩岚诺”将给我省带来更强大风暴雨，甬绍舟等地须严防地质灾害
9 月 13 日	浙江日报	台风“梅花”来势汹汹 我省启动防台风Ⅲ级应急响应
9 月 14 日	浙江日报	强台风“梅花”最大可能在三门到舟山一带沿海登陆 省防指提升防台风应急响应至Ⅰ级
9 月 15 日	浙江日报	王浩在省防指召开台风“梅花”防御研判会并深入西险大塘检查防台防汛工作 落实责任不惜代价全力以赴 交出防御台风“梅花”高分答卷
10 月 11 日	浙江日报	为森林“估价” 助生态价值转化 嵊州市交投集团：测算“生态家底” 扛起“绿色担当”
11 月 2 日	浙江日报	袁家军在县（市、区）委书记工作交流会暨全省经济稳进提质攻坚行动工作例会上强调 稳企业稳预期 增信心增动能 以真招实招推动经济质的有效提升量的合理增长
11 月 4 日	浙江日报	嵊州市打造“果安钉”数字化场景应用 结出“致富果”
11 月 12 日	浙江日报	越剧“小小花” 未来可期
11 月 14 日	浙江日报	嵊州：全力打造区域性人才中心和创新高地
11 月 17 日	浙江日报	浙江表彰见义勇为先进人物 袁家军王浩黄建发看望代表
11 月 20 日	浙江日报	嵊州聚焦高精尖，发展绿色经济 再好的项目也得先跨过绿色门槛
11 月 21 日	浙江日报	击鼓催征稳驭舟 义无反顾勇向前 绍兴数字化改革结出高质量“硬核”成果
11 月 21 日	浙江日报	嵊州 唱好数字化改革“重头戏” 书写变革创新“新篇章”
11 月 22 日	浙江日报	浙报亲历丨统筹 58 个经济薄弱村 打造嵊州美食街—— 你来吃 就是为乡村振兴助力
11 月 23 日	浙江日报	黄建发在绍兴调研曹娥江河长制等工作 以“生态美”推动“共同富” 打造美丽生态富民的幸福河流
1 月 8 日	浙江卫视	铁路投融资体制破冰 全国首条民营控股高铁通车运营
1 月 14 日	浙江卫视	（喜迎省两会·民生实事“浙”一年） 让秀水长清 打造家门口的“美丽河湖”
1 月 25 日	浙江卫视	袁家军王浩等看望“最美浙江人”代表 不断为浙江凝聚起更多干事创业的磅礴力量
2 月 6 日	浙江卫视	共同富裕新征程 新春走基层 嵊州：山里来了百亿“大项目”
2 月 12 日	浙江卫视	引进新品种推广新技术 各地春耕备耕紧锣密鼓

续表 27

录用日期	录用媒体	录用稿件标题
2 月 3 日	浙江卫视	连续降雪道路拥堵　各地全力以赴保畅通
2 月 12 日	浙江卫视	我省出台新政稳定粮油生产
2 月 12 日	浙江卫视	浙江仍将持续阴雨 多地降水量破历史同期纪录
2 月 17 日	浙江卫视	（联播快讯）嵊州大项目集中签约开工 总投资超 300 亿
3 月 17 日	浙江卫视	冷空气带来多地降雨　周末降温幅度将达 20℃
3 月 10 日	浙江卫视	我省投放淡季农资储备助力春耕备耕
3 月 27 日	浙江卫视	纪念袁雪芬 100 周年诞辰活动在嵊州举行
4 月 3 日	浙江卫视	短途游成主流 市民走出家门感受春日美景
4 月 15 日	浙江卫视	全民国家安全教育日，各地多种形式强化公民国家安全意识
4 月 11 日	浙江卫视	一季度全省水利建设完成投资增长 20.5%
4 月 11 日	浙江卫视	汛期临近 各地加快大型水利工程建设
4 月 17 日	浙江卫视	奋进新征程 建功新时代 共同富裕新征程 “浙有善育 共建共享 打造全周期优质公共服务”
4 月 17 日	浙江卫视	金甬铁路控制性工程东梅村隧道顺利贯通
4 月 27 日	浙江卫视	我省“国字号”科技企业孵化器数量破百
4 月 19 日	浙江卫视	（疫情防控）多地中小学校有序复课 防疫教学两不误
4 月 16 日	浙江卫视	（疫情防控）各地抢抓关键窗口期 快速切断疫情传播链
4 月 25 日	浙江卫视	全省春蚕种陆续发放
5 月 3 日	浙江卫视	亲近自然 露营野餐成“五一”假期出游新选择
5 月 6 日	浙江卫视	各地加快兑现纾困政策助力企业恢复生产
5 月 8 日	浙江卫视	奋斗者 正青春 周丹：“稻鹅套养”带领村民致富
5 月 8 日	浙江卫视	越剧现代戏《核桃树之恋》全国巡演
5 月 5 日	浙江卫视	（二十四节气之立夏）斗蛋称重特色宴 传统习俗迎立夏
5 月 21 日	浙江卫视	疫情防控轻旅游微度假流行，特色夜游带动景区回暖
5 月 28 日	浙江卫视	王中王围棋争霸赛在嵊州举行
5 月 29 日	浙江卫视	浙中北遭遇强降雨天气 多地发布暴雨雷电预警
6 月 12 日	浙江卫视	我省干部群众认真研读《干在实处 勇立潮头——习近平浙江足迹》
6 月 9 日	浙江卫视	嵊州考古发掘古墓葬 140 余座
6 月 14 日	浙江卫视	嵊州比亚迪新能源动力电池生产基地通线
6 月 22 日	浙江卫视	（联播“闪亮浙五年”拉滚三）省党代会主题+各地夜景（拉滚）
6 月 26 日	浙江卫视	（贯彻省党代会精神）各地创新宣讲　让党代会精神入脑入心
6 月 12 日	浙江卫视	我省迎来新一轮梅汛强降雨 各地需加强防范次生灾害
6 月 1 日	浙江卫视	王浩在绍兴调研时强调 最快速度推动政策落地见效　最大力度推动经济回升向好

续表 27

录用日期	录用媒体	录用稿件标题
6 月 23 日	浙江卫视	片尾拉滚：越剧小镇夜景
7 月 2 日	浙江卫视	新玩法加持夜经济 点燃市民消费热情
7 月 7 日	浙江卫视	（蓝媒视频）不一样的“暑假作业”
7 月 10 日	浙江卫视	14 个县市区气温突破 40℃ 未来十天将出现持续高温过程
7 月 15 日	浙江卫视	连续高温致局地旱情 各地多措并举保障农业生产
7 月 17 日	浙江卫视	多地开展人工增雨作业缓解旱情
7 月 17 日	浙江卫视	未来七天我省仍将持续高温天气
7 月 18 日	浙江卫视	时隔 39 年！双胞胎兄弟团圆了
7 月 24 日	浙江卫视	短时强对流天气缓解酷暑 未来三天最高温或将 40℃以上
7 月 27 日	浙江卫视	第五届中国越剧艺术节 7 月 31 日起在绍兴举办
7 月 28 日	浙江卫视	车陷水中遇险 民警砸窗救出四人
8 月 1 日	浙江卫视	第二届国际肖像漫画展在嵊州开展
8 月 3 日	浙江卫视	《诗画江南 活力浙江》的片尾拉滚报道
8 月 4 日	浙江卫视	首批“浙江有礼”为民办实事项目出炉
8 月 6 日	浙江卫视	宋韵文化点亮夜经济 释放消费新活力
8 月 8 日	浙江卫视	高温少雨 我省局地发布旱情蓝色预警
8 月 9 日	浙江卫视	甬金高速绍兴段改扩建工程全面启动
8 月 10 日	浙江卫视	嵊州越商大会签约 18 个项目
8 月 12 日	浙江卫视	持续高温少雨 送水专班为山区“解渴”
8 月 13 日	浙江卫视	关注高温 51 个县市区发布高温红色预警 40℃左右高温将持续至八月下旬
8 月 15 日	浙江卫视	伏旱连秋旱 多地农作物不同程度受灾
8 月 16 日	浙江卫视	明起部分地区有午后雷阵雨 54 个县市区将开展人工增雨作业
8 月 21 日	浙江卫视	学《足迹》走在前：掌握百姓需求新变化 拓展为民办实事新领域
8 月 21 日	浙江卫视	持续高温加剧旱情 各地保群众生活用水
8 月 21 日	浙江卫视	第五届中国越剧艺术节昨晚在嵊州落幕
8 月 23 日	浙江卫视	冷空气今晚终于要来了 降温幅度可达 10 度左右
8 月 23 日	浙江卫视	多地组织力量送水上门 缓解山区海岛群众吃水难
8 月 23 日	浙江卫视	省防指启动抗旱Ⅳ级应急响应
8 月 25 日	浙江卫视	金甬铁路大庄隧道今天贯通
8 月 28 日	浙江卫视	疫情防控 开学进入倒计时 错峰返校保障校园安全
9 月 4 日	浙江卫视	沿海地区和浙中局地迎来大风雨 党员干部冲锋一线守护平安
9 月 5 日	浙江卫视	“轩岚诺”正远离浙江 省防指将防台风应急响应调整为四级
9 月 11 日	浙江卫视	金甬铁路全线最长隧道贯通

续表 27

录用日期	录用媒体	录用稿件标题
9月10日	浙江卫视	联播快讯 第32届浙江电视“牡丹奖”揭晓
9月14日	浙江卫视	各地上线防台服务平台　24小时在线回应群众诉求
9月14日	浙江卫视	生命至上 浙江百万群众大转移
9月14日	浙江卫视	台风“梅花”今晚在舟山到北仑一带沿海登陆 各地全力以赴做好防御工作
9月18日	浙江卫视	台湾花莲县发生6.9级地震 我省多地震感明显
9月23日	浙江卫视	诗画江南，活力浙江——丰收节集锦之嵊州良种繁育场水稻田
9月30日	浙江卫视	长江下游水稻新品种大会在嵊州举行
10月1日	浙江卫视	喜迎二十大·祖国颂 各地举行国庆升旗仪式 共祝祖国繁荣昌盛人民幸福平安
10月1日	浙江卫视	国庆长假·出行 长假首日公路铁路民航均出现客流高峰 严防疫情不松懈
10月1日	浙江卫视	国庆长假·天气 建德武义出现39.4℃高温极值 8地发布高温橙色预警
10月2日	浙江卫视	联播快讯 嵊州越剧小镇举办国潮菊花艺术节
10月5日	浙江卫视	疫情防控 杭州嘉兴等地报告新增阳性感染者 均已落实管控措施
10月9日	浙江卫视	实战实效 稳进提质·破局亮新招 多跨协同联合攻坚 新技术赋能新模式推进农业高质高效
10月20日	浙江卫视	二十大时光·青年说 用年轻的声音讲述中国文化的精彩故事
10月22日	浙江卫视	二十大时光 感恩奋进团结奋斗 用实干业绩建功新时代
10月24日	浙江卫视	二十大精神在基层·青年说 创新宣讲形式 在实践中绽放青春光芒
10月30日	浙江卫视	线上线下齐发力 各地积极备战抢抓消费“黄金季”
10月30日	浙江卫视	《中国好声音》越剧特别季今晚20：30开唱
10月30日	浙江卫视	秋高气爽户外运动正当时 好天气下周持续昼夜温差将明显加大
10月31日	浙江卫视	传统经典创新表达 《中国好声音》越剧特别季热播收获好评
10月31日	浙江卫视	联播快讯 金甬铁路新昌江特大桥最后一联连续梁合龙
11月3日	浙江卫视	二十大精神在基层·青年说 走进基层 面对面讲好发展新故事
11月16日	浙江卫视	致敬！身边的平凡英雄
11月24日	浙江卫视	疫情防控 优化“五快”机制 精准阻断疫情传播链
11月24日	浙江卫视	疫情防控 疾控专家提醒：坚持做好“落地检”和个人防护十分重要
11月25日	浙江卫视	联播快讯 嵊州警方破获系列盗掘古墓案 追回文物1332件
11月26日	浙江卫视	疫情防控 创新优化保障机制 聚焦群众需求送上暖心服务
11月29日	浙江卫视	寒潮来袭 寒潮期间我省气温降幅达15℃ 浙中北山区将迎来今冬初雪
11月30日	浙江卫视	寒潮来袭 各地积极行动 多措并举防冻保暖
12月3日	浙江卫视	疫情防控 社区管控快封快解 减少疫情带来不便
12月4日	浙江卫视	持续低温 新科技助力农作物精准御寒
12月4日	浙江卫视	联播快讯 新一批“我们的村礼”项目清单出炉

续表 27

录用日期	录用媒体	录用稿件标题
12 月 5 日	浙江卫视	长三角轨道交通项目加快推进 全力冲刺“全年红”
12 月 15 日	浙江卫视	疫情防控 “第四针”加强疫苗开放 4 类人群可接种
12 月 16 日	浙江卫视	疫情防控 基层医疗机构暖心服务 守护防疫重点人群
12 月 16 日	浙江卫视	疫情防控 “战疫求助平台”为群众提供暖心服务
12 月 17 日	浙江卫视	全省完成新改建农村公路超 1884 千米 2022 年民生实事交通建设任务全面完成
12 月 18 日	浙江卫视	联播快讯 2022 年度浙江考古重要发现今天公布
12 月 19 日	浙江卫视	疫情防控 中小学幼儿园优化期末教学安排 全省幼儿园小学 12 月 23 日前离校
12 月 19 日	浙江卫视	绍兴用“真金白银”支持企业“双节”稳岗促产

表 28 2022 年嵊州市在地市级媒体部分刊播篇目一览表

录用日期	录用媒体	录用稿件标题
1 月 6 日	绍兴日报头版	市领导参加越城区 人大代表换届选举投票
1 月 6 日	绍兴日报头版	智治，争做市域社会治理标杆
1 月 8 日	绍兴日报头版	大道通衢今圆梦 嵊新开启“高铁新时代”
1 月 9 日	绍兴日报头版	嵊州新昌圆梦高铁 杭台高铁举行通车仪式
1 月 9 日	绍兴日报头版	施惠芳在嵊州、新昌调研时强调 确把握大势持续扬长补短 奋力交出高质量发展高分报表
1 月 8 日	绍兴日报头版	大道通衢今圆梦 嵊新开启“高铁新时代”
1 月 13 日	绍兴日报头版	履职为民 服务群众
1 月 13 日	绍兴日报头版	图片新闻 崇仁古镇玉山公祠写春联
1 月 15 日	绍兴日报头版	我市综合交通建设再掀新高潮
1 月 15 日	绍兴日报头版	奋力建设高水平“五个嵊州”
1 月 19 日	绍兴日报头版	聚焦“五个率先”助推共同富裕示范区建设
1 月 20 日	绍兴日报头版	当好“娘家人”办好贴心事
1 月 20 日	绍兴日报头版	越剧故里的“共富”新味
1 月 24 日	绍兴日报头版	图片新闻 花灯迎新年
1 月 24 日	绍兴日报头版	“五色”融合 绘美丽乡愁
1 月 27 日	绍兴日报头版	和美全家福 美美迎新春
1 月 29 日	绍兴日报头版	一场别开生面的民情对话
2 月 6 日	绍兴日报头版	乡村踏雪游 古城寻年味
2 月 8 日	绍兴日报头版	冬奥会带火本地“冰雪消费”
2 月 8 日	绍兴日报头版	春节消费市场“虎”力全开
2 月 11 日	绍兴日报头版	市领导集中调研全市重点项目

续表 28

录用日期	录用媒体	录用稿件标题
2月11日	绍兴日报头版	为乡村建设的“未来”探路
2月12日	绍兴日报头版	潮涌“三江”风帆劲
2月13日	绍兴日报头版	数字赋能闭环处置 群策群力高效解难“企情日记”精准助发展
2月16日	绍兴日报头版	跨境电商年出口首破百亿
2月16日	绍兴日报头版	守好激活一江春水——东溪江村级河长费剑巡河记
2月24日	绍兴日报头版	嵊州市：打造集群集聚智造高地
3月8日	绍兴日报头版	礼赞百年风华 凝聚磅礴伟力
3月10日	绍兴日报头版	重点工业项目建设加快推进
3月11日	绍兴日报头版	盛阅春在嵊州市调:激发主体活力打造功能节点建设基本单元 为网络大城市和共同富裕地注入新动力
3月17日	绍兴日报头版	盛阅春在全市生态文明示范创建工作动员部署会上强调:坚持生态塑韵 擦亮绿色本底 奋力开辟新时代美丽绍兴建设新境界
3月22日	绍兴日报头版	全市“弘扬‘胆剑精神’勇争‘五个率先’”工作交流会召开积极营造争先创优好氛围 奋力打响善治之城金名片
3月21日	绍兴日报头版	嵊州长乐新老产业错位发展同频共振“三城并进”加速融入义甬舟
3月25日	绍兴日报头版	检测后15分钟出结果
3月26日	绍兴日报头版	民间越韵“百花”香
4月2日	绍兴日报头版	施惠芳在参加嵊州代表团审议时强调 壮大产业优势 放大城市格局 努力成为网络大城市重要节点
4月10日	绍兴日报头版	全市愿检尽检点增设人手加强服务
4月13日	绍兴日报头版	谋深做实重大多跨场景应用 奋力打造绍兴全面深化改革“金名片”
4月12日	绍兴日报头版	我市大步迈向高水平交通强市
4月18日	绍兴日报头版	全域生态共建共富共享
4月18日	绍兴日报头版	季度全社会用电量同比增长9.07% 我市经济韧性活力持续显现
4月18日	绍兴日报头版	合同无纸化 签约数字化
4月24日	绍兴日报头版	全市近15万亩良田回归粮田
4月26日	绍兴日报头版	“老行当”打赢翻身仗 嵊州工业经济取得“开门红”
5月5日	绍兴日报头版	乡村音乐节、户外露营、网红点打卡…… “五一”假期，本地游玩出新花样
5月3日	绍兴日报头版	环环相扣“链”中寻机 嵊州打造集群集聚智造高地
5月7日	绍兴日报头版	“奋斗的青春最美丽”系列报道⑥ 完美交付每一笔订单——记“全国工人先锋号”浙江盛泰服装集团股份有限公司色织计划部
5月3日	绍兴日报头版	农村饮用水达标人口覆盖率99.9%
5月1日	绍兴日报头版	公共场所从严从紧防疫情

续表 28

录用日期	录用媒体	录用稿件标题
5 月 11 日	绍兴日报头版	施惠芳在嵊州调研时强调 狠抓产业项目建设 持续增强发展动能
5 月 14 日	绍兴日报头版	队伍建设和设备全面提档升级 消防安全提升工程加快推进
5 月 15 日	绍兴日报头版	共富路上，不让一个残疾人掉队
5 月 16 日	绍兴日报头版	香榧林下“开”出一条生态致富路
5 月 17 日	绍兴日报头版	嵊州三界上湾区经济快车 多元交通赋能“融湾强园”
5 月 21 日	绍兴日报头版	精准抓好“外防输入” 嵊州上线“区域协查管控”应用
5 月 23 日	绍兴日报头版	我市打造一批独具水乡韵味的城乡风貌整治提升成果 “江南风”与“国际范”交相辉映
5 月 23 日	绍兴日报头版	绍兴消防在曹娥江嵊州市剡溪三界段开展水域救援大练兵
5 月 23 日	绍兴日报头版	嵊州设立首个公益诉讼重点保护示范点 构建安全保障体系 守护小舜江水源地
5 月 26 日	绍兴日报头版	树“红旗” 晒“蜗牛” 赛比争先推动农村全域秀美
5 月 28 日	绍兴日报头版	嵊州市发布共同富裕行动计划 打造 10 个标志性成果
5 月 27 日	绍兴日报头版	我市各地落细落实防汛措施 打好安全度汛“主动仗”
5 月 27 日	绍兴日报头版	夏日夜空灯光秀（越剧小镇）
5 月 30 日	绍兴日报头版	数字赋能打造农业发展新引擎
5 月 30 日	绍兴日报头版	嵊州浦口深挖红色资源 红色旅游带动乡村致富
6 月 3 日	绍兴日报头版	农村宅基地资格权跨县有偿选位有了新探索 越城嵊州农民在柯桥买下宅基地
6 月 4 日	绍兴日报头版	厚培节日向心力
6 月 5 日	绍兴日报头版	绍兴产的这种油获联合国论坛点赞
6 月 6 日	绍兴日报头版	贵门：书韵茶香寄乡愁
6 月 10 日	绍兴日报头版	蝶变中的产业新城——嵊州经济开发区（高新园区）的新图景
6 月 12 日	绍兴日报头版	嵊州启用气象智能预警系统 “风雨哨兵”守平安
6 月 14 日	绍兴日报头版	图片新闻：抓抢工期 安全度汛
6 月 14 日	绍兴日报头版	嵊州：公交带货出深山
6 月 14 日	绍兴日报头版	记者手记：家门口的幸福
6 月 13 日	绍兴日报头版	崇仁做活“农”字文章
6 月 15 日	绍兴日报头版	比亚迪新能源动力电池生产基地项目通线
6 月 17 日	绍兴日报头版	首个项目 8 个月投产，追加签下两个项目 亚迪为何如此看好绍兴
6 月 26 日	绍兴日报头版	同心谋发展 奋进共富路 百企百会结对帮扶薄弱村
6 月 28 日	绍兴日报头版	重大项目发力 新兴产业扛鼎 我市工业投资持续释放强劲动能
6 月 28 日	绍兴日报头版	“校食安”的两本经
7 月 1 日	绍兴日报头版	柯桥诸暨嵊州成立跨区域党建联盟

续表 28

录用日期	录用媒体	录用稿件标题
7 月 4 日	绍兴日报头版	核桃树下的越剧宣讲
7 月 8 日	绍兴日报头版	嵊州市三江街道　垃圾分类积分抵现金
7 月 11 日	绍兴日报头版	把钱用在发展的刀刃上，嵊州乡村一“小算盘”做出振兴大文章
7 月 13 日	绍兴日报头版	图片新闻：乡村旅游正当时（石璜漂流）
7 月 14 日	绍兴日报头版	“大好高”项目纷至沓来　为高质量发展注入新动力
7 月 14 日	绍兴日报头版	图片新闻：“超级月亮”（月湖公园）
7 月 17 日	绍兴日报头版	政策输血 产业造血 服务活血 嵊州：“三驾马车”牢筑经济之基
7 月 18 日	绍兴日报头版	“圈”出多彩多元的幸福 我市大力推进“15 分钟品质文化生活圈”建设
7 月 18 日	绍兴日报头版	图片新闻：人工增雨（谷来）
7 月 19 日	绍兴日报头版	这几日“催雨”带来了凉爽，不少市民问——下一次人工增雨在何时？
7 月 28 日	绍兴日报头版	精准发力助企纾困
7 月 29 日	绍兴日报头版	我市全力筑牢经济“压舱石”　项目攻坚势如虹
7 月 31 日	绍兴日报头版	产业大脑引领发展方式转变
8 月 4 日	绍兴日报头版	嵊州工业增长实现弯道超车
8 月 4 日	绍兴日报头版	我市获省投资“赛马”激励
8 月 7 日	绍兴日报头版	鹿山街道：奔向城郊共富新生活
8 月 8 日	绍兴日报头版	嵊州市整合多个部门执法力量　数智监管时令蔬果产销
8 月 9 日	绍兴日报头版	线上线下并举 速度温度并重　嵊州招商引资全速奔跑
8 月 14 日	绍兴日报头版	嵊州市三界镇西杜村毛坪自然村海拔高，出现供水紧张。8 月 12 日，该市消防救援队送水入村
8 月 15 日	绍兴日报头版	“越快兑”兑出发展加速度
8 月 15 日	绍兴日报头版	数字赋能拓宽干群连心桥　民情日记步入大数据时代
8 月 17 日	绍兴日报头版	托起残疾人的幸福明天
8 月 18 日	绍兴日报头版	让更多孩子幸福“起跑”
8 月 21 日	绍兴日报头版	第五届中国越剧艺术节闭幕
8 月 25 日	绍兴日报头版	三界无界 始宁长宁
8 月 27 日	绍兴日报头版	努力打造具有鲜明辨识度的政协履职平台 我市新成立一家省政协委员会客厅
8 月 28 日	绍兴日报头版	联系服务群众常态化制度化　三界干部组团下村解难事
9 月 2 日	绍兴日报头版	备战台风　“轩岚诺”
9 月 4 日	绍兴日报头版	台风“轩岚诺”逼近浙江沿海　我市全力防范强风强降雨
9 月 4 日	绍兴日报头版	严阵以待
9 月 5 日	绍兴日报头版	嵊州市三界镇下市头文化广场和文化新村小区大雨积水，消防人员随即赶到开展抽水作业

续表 28

录用日期	录用媒体	录用稿件标题
9月5日	绍兴日报头版	昨天我市迎来近期最强降水 “轩岚诺”再增强 各部门严阵以待
9月5日	绍兴日报头版	在0.01分里找差距提能力 “三能指数”赋能高素质公安队伍建设
9月7日	绍兴日报头版	基本覆盖全市农业主导产业 产业农合联打造为农服务新模式
9月8日	绍兴日报头版	我市开展“互看互学互比”活动 项目为王稳增长 奋勇争先挑大梁
9月10日	绍兴日报头版	慰问
9月11日	绍兴日报头版	阔别32年的一家人中秋团聚 “今天的月饼，特别甜”
9月11日	绍兴日报头版	望月
9月14日	绍兴日报头版	最大可能于今天下午到夜里登陆我省 各地各部门积极防范应对“梅花”
9月14日	绍兴日报头版	水库溢洪
9月15日	绍兴日报头版	固堤护岸
9月15日	绍兴日报头版	盛阅春在检查指导防汛防台工作时强调 尽锐出战坚决守牢安全防线 全力以赴确保交出高分答卷
9月16日	绍兴日报头版	“走一线 看共富”全媒体新闻行动特别报道⑧一群农创客的共富梦
9月20日	绍兴日报头版	千桂竞香
9月21日	绍兴日报头版	以数字化改革牵引治理模式创新 我市两经验入选全国社会治理创新案例
9月25日	绍兴日报头版	长龙出山
9月28日	绍兴日报头版	嵊州全域推进污水零直排，全力创建美丽河湖 碧波清流漾剡城
10月3日	绍兴日报头版	国潮菊花艺术节在嵊州市越剧小镇举行
10月4日	绍兴日报头版	嵊州高铁新城：“四港”联动赋能产城融合
10月5日	绍兴日报头版	气象意义上的秋天来了 假期后半段凉感明显
10月9日	绍兴日报头版	加快中小企业数字化改造 我市三大行业入选省级创建名单
10月10日	绍兴日报头版	嵊州推动“海陆空网”四位一体联通 创建“四港”联动 枢纽节点城市
10月12日	绍兴日报头版	沿着总书记的足迹·诗路飞越 胆剑新篇⑨ 写好《民情日记》 增添幸福成色黄箭坂奋力打造新时代“富乐样本”
10月12日	绍兴日报头版	全方位守好“外防输入”关口 我市各地开展全员核酸检测
10月15日	绍兴日报头版	规划建设15个微型主题馆 崇仁古镇擦亮文化明珠
10月15日	绍兴日报头版	“党建链”串起“幸福链”——我市以党建统领现代社区建设综述
10月20日	绍兴日报头版	施惠芳在调研义甬舟嵊新临港经济区工作时强调 打造高能级战略平台 助推网络大城市建设
10月27日	绍兴日报头版	在共赴现代化新征程上发挥更强人大功效 梁黎明来绍调研基层单元建设情况
11月2日	绍兴日报头版	“超级工厂”
11月2日	绍兴日报头版	奋力开创新时代文化新辉煌 我市党员干部群众深入学习贯彻党的二十大精神

续表 28

录用日期	录用媒体	录用稿件标题
11 月 2 日	绍兴日报头版	盛阅春在全市党史工作会议上强调　扛起守好“红色根脉”使命担当　加快建设新时代党史工作强市
11 月 2 日	绍兴日报头版	促产业升级 为发展聚才　我市人力资源服务业发展驶入快车道
11 月 3 日	绍兴日报头版	团结奋斗把宏伟蓝图变为美好现实　我市党员干部群众持续深入学习贯彻党的二十大精神
11 月 7 日	绍兴日报头版	全面优化创新链空间布局　嵊州加速推进 剡溪创新带建设
11 月 9 日	绍兴日报头版	“剡溪之声”声声入耳　嵊州市党的二十大精神集中宣讲启动
11 月 12 日	绍兴日报头版	嵊州特色非遗项目大头荷表演
11 月 13 日	绍兴日报头版	前三季度增速全省第二　我市工业投资增势强劲
11 月 14 日	绍兴日报头版	赋能数字化 聚焦专精特　嵊州黄泽工业经济插上“飞翼”
11 月 18 日	绍兴日报头版	“90 后记者宣讲团在行动”融媒体报道③“团结奋斗，未来一定更幸福！”
11 月 21 日	绍兴日报头版	最是一年好“丰”景
11 月 24 日	绍兴日报头版	嵊州市启动疫情应急响应　首轮检测结果均为阴性
11 月 24 日	绍兴日报头版	盛阅春在全市疫情防控工作视频会议上强调　以快制快齐心协力打好疫情阻击战
11 月 25 日	绍兴日报头版	从“打一针”到“吸一口”　我市启动吸入式新冠疫苗接种
11 月 25 日	绍兴日报头版	盛阅春在研究部署高校疫情防控工作时强调　坚决筑牢高校疫情防控坚固屏障　确保师生健康校园安全秩序稳定
11 月 26 日	绍兴日报头版	一手抓防疫 一手抓保供　嵊州全力做好群众生活物资保障供应
11 月 27 日	绍兴日报头版	重点项目投资建设争先进位　嵊州：后发赶超实现新跨越
11 月 28 日	绍兴日报头版	多项举措全力应对　我市筑起疫情防控多道防线
12 月 13 日	绍兴日报头版	嵊州小笼包有了　“家用”冷链服务
12 月 20 日	绍兴日报头版	我市全力做好低温天气安全防范工作
12 月 23 日	绍兴日报头版	深挖文化内涵 打造特色村庄　我市 23 个村入选浙江省第二批未来乡村
2 月 3 日	绍兴新闻联播头条	一场别开生面的民情对话
2 月 9 日	绍兴新闻联播头条	服务解难题 助企“开门红”
4 月 11 日	绍兴新闻联播头条	从严从实打好疫情防控战 场所多措并举 严格疫情防控
5 月 25 日	绍兴新闻联播头条	用力纾困解难 增强发展韧劲
9 月 12 日	绍兴新闻联播头条	浦口街道：打造“产城人”融合新高地
9 月 23 日	绍兴新闻联播头条	丰收节里看“丰景”　我市各地农户喜获丰收
10 月 18 日	绍兴新闻联播头条	我市三农工作者热议二十大报告 凝心聚力接续奋斗 全面推进乡村振兴
10 月 20 日	绍兴新闻联播头条	学报告明方向　推进科技创新
10 月 22 日	绍兴新闻联播头条	党的二十大胜利闭幕 我市社会各界信心满怀向未来
10 月 23 日	绍兴新闻联播头条	收看收听二十届中共中央政治局常委同中外记者见面会
12 月 18 日	绍兴新闻联播头条	建设五星 3A 先行村 勾勒未来乡村新图景

卫生·体育

综述

【概况】2022年底，全市有各级各类医疗卫生机构449家，其中医院17家，分别为市属医院4家，人民医院鹿山分院1家，民营医院12家（含2家分院）。基层医疗卫生机构428家，分别为社区卫生服务中心4家，社区卫生服务站131家，乡镇卫生院17家，村卫生室125家，门诊部31家，诊所71家，企事业单位医务室、卫生所49家。专业公共卫生机构4家，分别为疾控中心1家，卫生健康行政执法队1家，急救中心1家，妇幼与老年健康服务中心1家。各类医疗卫生机构开放床位4052张，每千人拥有床位6张，其中公立医疗机构开放床位2543张，民营医疗机构开放床位1509张。各类医疗卫生机构有在岗人员6435人，其中卫技人员5168人，包括执业（助理）医师2052人、注册护士2174人；平均每千人拥有执业（助理）医师3.04人、注册护士3.22人。全年全市医疗机构总诊疗6314959人次，其中门、急诊6075572人次，出院107446人次，门诊均次费用173.6元，住院均次费用8179.6元。

2022年，全市本地户籍出生人口2909人，计划生育率98.80%，人口出生率4.09‰，人口自然增长率-5.24‰，年度出生人口性别比101。全年无孕产妇死亡，婴儿死亡率1.12‰。2021年居民平均期望寿命80.23岁。（市卫生健康局 谢炯）

表29 2022年嵊州市市属医疗机构情况表

单位	医院类别、等级	开放床位（张）	卫生技术人员数（人）			主要医疗仪器设备（台）							医院地址	电话
			小计	其中：执业（助理）医师	其中：注册护士	DSA	CT	磁共振	彩色B超	全自动生化仪	500mA以上X机	CR/DR		
人民医院	三级乙等综合性医院	1100	1326	440	685	1	4	2	21	3	1	0/7	三江街道丹桂路666号	0575-83032041
急救中心		25	0	0	0									
中医院	二级甲等中医院	500	680	251	294	1	2	1	8	2	1	0/2	剡湖街道医院路208号	0575-83031478

续表 29

单位	医院类别、等级	开放床位（张）	卫生技术人员数（人）			主要医疗仪器设备（台）							医院地址	电话
			小计	其中		DSA	CT	磁共振	彩色B超	全自动生化仪	500mA以上X机	CR/DR		
				执业（助理）医师	注册护士									
妇保院	二级甲等妇保院	80	197	66	100		1		4	1	0	0/1	剡湖街道艇湖路 261 号	0575-83110706
五院	二级乙等精神病专科医院	120	52	17	24				1	1	1	0/1	三江街道领带园二路 2 弄 1 号	0575-83373117
疾控中心		0	52	31	2				1	1	1	0/1	剡湖街道学院路 20 弄 14 号	0575-83370383
行政执法队		0	19	0	0								三江街道兴旺街 1 号	0575-83038078
妇健中心		0	9	5	1				2	1			剡湖街道越秀一路 5 号	0575-83279368
合计		1825	2334	805	1106	2	7	3	37	9	4	0/12		

表 30　2022 年嵊州市民营医疗机构情况表

单位	医院类别、等级	开放床位（张）	卫生技术人员数（人）			主要医疗仪器设备（台）						医院地址	电话
			小计	其中		磁共振	CT	彩色B超	全自动生化仪	500mA以上X机	DR		
				执业（助理）医师	注册护士								
沈氏眼科医院	眼科未评	60	53	13	24				1			鹿山街道东南路 989 号	0575-83202050
济德医院	综合未评	56	34	21	9		1	2	1		1	剡湖街道嵊州大道 312 号	0575-83129999
康复护理医院	康复未评	400	191	61	80	1	1	3	1		2	三江街道领带园三路 3 号	0575-83332000
三界康复医院	综合未评	48	27	13	10							三界镇南街村独山峧路东 16 号	0575-83831110
国泰医院	综合未评	265	164	50	94		1	2	1		1	经济开发区经发路 185 号	0575-83370892
新世纪医院	综合未评	102	45	19	14	1	1	1	1		1	嵊州市三江街道江三路 8 号	0575-83033111
心康医院	综合未评	60	35	9	11			1	1		1	鹿山街道东南路 1057 号	0575-83377013

续表 30

单位	医院类别、等级	开放床位（张）	卫生技术人员数（人）			主要医疗仪器设备（台）						医院地址	电话
			小计	其中									
				执业（助理）医师	注册护士	磁共振	CT	彩色B超	全自动生化仪	500mA以上X机	DR		
国医堂中医院	中医（综合）未评	20	22	11	7			0	1		1	剡湖街道官河路630号	0575-83598359
四季医院	综合未评	250	248	85	138	1	1	2	1	0	1	剡湖街道官河路228号	0575-83020111
嵊州邦尔骨科	骨科未评	101	93	33	51	1	1	1	1	1	1	三江街道四海路1306号	0575-83037120
仁和医院	综合未评	88	58	21	29				1		1	崇仁镇外溪滩路3号	0575-89307602
寿康护理院	综合未评	79	18	5	13			1			1	剡湖街道环北支路16号感恩楼	
合计		1529	988	341	480	4	6	13	10	1	11		

表 31　2022 年嵊州市乡镇街道医疗机构情况表

单位名称	开放床位数（张）	卫生技术人员数（人）			主要医疗仪器设备（台）						医院地址	电话
		小计	其中									
			执业（助理）医师	注册护士	CT	彩色B超	全自动生化仪	200mA以上X机	CR	DR		
甘霖镇中心卫生院	126	207	95	64	1	5	2		1	1	甘霖镇洪士桥路8号	0575-83798558
崇仁镇中心卫生院	138	186	63	70	1	2	3	1	1	1	崇仁镇镇南村环镇东路	0575-83988611
长乐镇中心卫生院	168	154	67	64	1	2	2			1	长乐镇锦绣大道5号	0575-83071061
三界镇中心卫生院	44	113	51	33	1	2	2	1		1	三界镇青春路60号	0575-83083006
黄泽镇中心卫生院	20	79	45	17	1	2	1		1	1	黄泽镇桥对岸村9号	0575-83506668
三江街道社区卫生服务中心	36	95	52	24	1	3	2		1	1	三江街道四海路1320号	0575-83349079
鹿山街道社区卫生服务中心	26	93	52	28		2	2			1	鹿山街道长宁路1160号	0575-83227995
剡湖街道社区卫生服务中心	32	131	59	41	1	2	1	1	1	1	剡湖街道剡城路168号	0575-83018022
浦口街道社区卫生服务中心	30	65	25	17	1	2	1			1	浦口街道浦南大道700号	0575-83277088
石璜镇卫生院	21	54	27	13		1	1	1		1	石璜镇镇西路1号	0575-83699995
谷来镇卫生院	14	54	20	9		1	1	1	1	1	谷来镇文卫路43号	0575-83901138

续表 31

单位名称	开放床位数（张）	卫生技术人员数（人）			主要医疗仪器设备（台）						医院地址	电话
		小计	其中		CT	彩色B超	全自动生化仪	200mA以上X机	CR	DR		
			执业（助理）医师	注册护士								
仙岩镇卫生院	5	21	10	5		1	2				仙岩镇仙岩村仙吉路8号	0575-83798958
金庭镇卫生院	43	82	38	23		3	2		1	1	金庭镇晋溪村506号	0575-83517899
下王镇卫生院	10	20	13	5		1	1				下王镇浮排路1号	0575-83190854
贵门乡卫生院	5	30	14	7			1				贵门乡贵门村97号	0575-83712251
合计	718	1384	631	420	8	29	24	5	7	12		

注：2022年年底，全市有万元以上设备5276台，其中50万元以下5081台，50万~90万元102台，100万元以上93台，万元以上设备合计总价值66659万元。

社区卫生服务

【基层卫生综合改革】 2022年，全市乡镇卫生院（社区卫生服务中心）年度总收入7.08亿元，同比增长19.80%，其中财政补助总收入2.49亿元，同比增长37.52%。三江、浦口街道社区卫生服务中心创建为社区医院；黄泽镇中心卫生院通过国家推荐标准验收。全市15家基层医疗卫生机构共创建社区医院3家，达到推荐标准4家、基本标准7家，达标率93.33%。新（改扩）建“规范化一体化民生实事”村卫生室5家，全市村卫生室规范化率达到87.20%，村级医疗机构紧密型一体化管理率94.53%。

【家庭医生签约服务】 实施签约居民慢性病连续处方政策，全年完成签约35.36万人，常住人口签约覆盖率52.37%，重点人群签约覆盖率94.69%，城乡低保五保和计生特殊家庭签约服务覆盖率100%。完成数字家庭医生服务管理系统建设，实现家庭医生（团队）与居民的点对点连接和互动。

【基本公共卫生服务项目】 2022年度，全市基层医疗机构提供基本公共卫生服务项目合计工作当量432.87万元，累计拨付购买资金5029.95万元。全市111家紧密型一体化管理的村卫生室提供基本公共卫生服务项目工作总当量76.27万，合计购买资金457.62万元。全市基本公卫项目人均经费80.71元。完成65岁以上老年人健康管理9.68万余人，健康管理率71.27%；居民健康档案建档率92.79%，健康档案开放率81.02%。项目绩效评价排名绍兴市第二、浙江省第八。

（市卫生健康局 裘丽）

预防保健

【传染病防治】 2022年，全市共报告甲乙丙类传染病17种7618例（乙类传染病11种769例、丙类传染病6种6849例），死亡5例，无甲类传染病报告，年发病率1121.57/10万。与2021年相比，甲乙丙类传染病发病率上升202.08%，死亡率下降0.59%；其中甲乙类传染病发病率上升1.52%，死亡率下降0.59%；丙类传染病发病率上升288.18%，无死亡病例报告。报告发病率居前5位的病种依次为：肺结核、梅毒、淋病、肝炎、新冠。

【突发公共卫生事件】 2022年，累计处置聚集性疫情60起，发热流感样聚集性疫情42起、急性胃肠炎疫情6起、手足口病聚集性疫情5起、疱疹性咽峡炎聚集性疫情2起，腺病毒聚集性疫情1

起，诺如病毒3起，水痘1起。其中红旗幼儿园和马寅初小学诺如病毒胃肠炎聚集性疫情各1起，嵊州中学水痘暴发疫情1起。重点散发传染病1例（发热伴血小板减少综合征1例）。

【国家免疫规划】 2022年，全市常住儿童建卡建证率100%，“八苗”报告接种率均达99%以上。开展麻疹类疫苗集中式查漏补种422人次，脊灰疫苗查漏补种补服409人次。为嵊州市户籍70岁以上老年人免费接种流感疫苗21805人。

【地方病防治】 2022年，全市开展查螺12个乡镇（街道）、120个村，有螺乡镇、街道12个，有螺村37个，有螺面积3.146万平方米，同比上升0.447%；累计药物灭螺面积157.19万平方米，查治病3390人，完成“四热”病人血检407例，完成布病监测207人。

【重点疾病防控】 2022年，结核门诊共登记结核病人267例，其中病原学阳性患者180例、病原学阴性67例、结核性胸膜炎29例。处置学校结核病散发疫情6起，聚集性疫情1起。新增艾滋病感染者/病人23例，管理感染者/病人253例。开展艾滋病抗体检测162997人次（占常住人口的24.13%），查出HIV阳性30例（1例为既往患者）。

【慢性病防治】 全市实际管理高血压患者96573人，管理率64.55%，规范管理率74.80%；管理糖尿病患者25696人，管理率62.23%，规范管理率74.75%。全年共报告慢性病12618例，四类慢病发病率分别为肿瘤653.77/10万、脑卒中541.68/10万、冠心病急性事件72.15/10万、糖尿病500.34/10万。2022年全市共报告嵊州户籍死亡个案6524例，死亡率916.16/10万。2022年民生实事项目（为嵊州市户籍50~74周岁人群筛查结直肠癌）覆盖30486人、高危人群结肠镜检查1545人。

【健康危害因素监测】 全年完成34家200吨以上农村供水工程水质监测，水样合格率65.96%。完成255家200吨以下农村供水工程水质监测，水样合格率52.14%。共监测城市水厂水样76份，水样合格率为100%。学校直饮水水质合格率为100%。2022年共计上报归属嵊州市各类报告卡18147张，其中用人单位信息卡187张，职业健康档案信息卡16962张，职业性有害因素监测信息卡872张，疑似职业病报告卡8张，农药中毒报告卡37张，高温中暑报告卡81张。

【精神卫生工作】 2022年年底，全市登记在册严重精神障碍患者3800人，报告患病率5.63‰；在管严重精神障碍患者3799人，管理率99.97%，规范管理率99.79%，服药治疗率98.18%。全年免费领药1710人，免费化验515人次，补助住院治疗18例，完成贫困重性精神病人规范化免费治疗499例，危险性行为应急处置57例；免费救治救助流浪肇事肇祸精神病人346人次，救助费用389万元。嵊州市综合指标考核得分381.12分，排名绍兴市第二。市精防办获绍兴市精神卫生知识竞赛团体三等奖。

【适龄儿童窝沟封闭】 为全市小学二年级学生免费开展窝沟封闭。共检查学生5359人，覆盖率100%，实际封闭学生总数1508人，实际封闭的牙齿颗数2414颗，封闭率98%，口腔复查牙齿4641颗，复查完好1704颗，完好率91.2%。

【重点疾病项目】 2022年，为65岁以上老年人免费开展阿尔茨海默病筛查22200人，完成精筛4400人，精筛检出阳性524人；为60岁以上老年人免费开展前列腺癌筛查32151人；为50~74周岁的嵊州市户籍居民开展结直肠癌筛查30000人；为65~74周岁的嵊州市户籍居民开展慢性阻塞性肺疾病筛查，共筛查重点人群6359人，免费肺功能检查2584人；为65周岁及以上的嵊州市户籍特困人员、低保对象、低保边缘对象等三类重点人群开展白内障筛查，完成免费白内障手术76例；为70周岁以上老年人免费开展流感疫苗接种21805人。

（市卫生健康局 裘丽）

医政管理

【整合型医疗体系建设】 市卫生健康局制定《关于进一步落实县域医共体建设任务加强监测

评价考核的通知》。2022 年县域就诊率、基层就诊率分别为 90.03%和 67.4%。全市各级医疗机构与上级医院开展院院合作 9 家，院校合作 3 家，重点合作学科 18 个。全年共有绍兴市级以上专家下沉 3843 人次，服务 4014 天，接诊患者 19710 余人次。深化浙一医院全面托管市人民医院机制，召开第六次医院管理委员会会议。

【医疗质量管理】 3 月，市人民医院通过三级乙等综合医院复评；6 月，市中医院完成三级乙等中医医院评审。10 月，嵊州市肿瘤诊治中心在市人民医院成立，肿瘤放射治疗科开诊，首台直线加速器投入使用。市人民医院 2022 年在三乙综合医院排名 CMI（1.0075）全省第 9 位，RW≥2 占比（0.60%）全省第 7 位，三四级手术数（4770）全省第 9 位，有 14 个病种、手术、操作进入三级医院重点专科能力 30 强。市中医院在二级甲等中医医院中 CMI（0.9221）全省第 6 位，RW≥2 占比（4.77%）全省第 2 位，三四级手术数（1471）全省第 4 位。

【院前急救】 截至 2022 年底，全市共有城乡急救分站 14 个，构建以市“120”调度指挥中心为核心、3 个市级医院急救分站为枢纽、11 个乡镇急救分站为基础的院前急救网络体系，提前三年实现城乡急救分站乡镇（街道）全覆盖。对接“浙里办”应用平台，实现网上“一键呼救”，平均急救反应时间为 13 分 29 秒，比浙江省考核要求快 1 分 31 秒。全年共开展院前医疗急救能力培训 4 次、应急演练 1 次，共培训 100 余人次。

【无偿献血】 2022 年度，全市无偿献血 4151 人次，采集血液 133.56 万毫升，临床用血 121.42 万毫升，无偿献血与临床用血之比为 110.00%，成分输血率 100%。全市免费用血报销共 91 人次，其中医院结算窗口直免办理 86 人次。

（市卫生健康局　裘良斌）

中医中药

【概述】 全市有公立中医院 1 家，民营中医院 1 家，中医门诊部 3 家，中医（综合）诊所 12 家，中医诊所 9 家。各级各类医疗机构中共有中医药人员 418 人，其中中医类别执业（助理）医师 350 人，中药人员（中药师）68 人；另有西学中人员 92 人。2022 年底，市中医院开放床位 500 张。

【中医药能力建设】 市中医院参加 2021 年度二级公立中医医院绩效考核，成绩“A+”，全国排名第 31 位。全市 15 个乡镇卫生院（街道社区卫生服务中心）全部建有中医药综合服务区，所有乡镇卫生院能开展 6 项以上中医适宜技术，社区卫生服务站和一体化村卫生室均能开展 4 项 6 类以上中医适宜技术。各乡镇（街道）65 岁以上老人和 0~36 个月儿童的中医药健康管理服务率分别达 70.95%、82.13%。2022 年公立医疗机构中药饮片处方 337732 张。　（市卫生健康局　裘良斌）

医教科研

【学科专科建设】 2022 年，全市通过与省、绍兴市级医院及院校合作建立名医工作站（室）26 个，专科联盟 18 个。4 月，完成第一轮 20 个嵊州市医学重点学科期末验收，其中 5 个学科获得优秀。11 月，召开嵊州市第二轮医学重点学科评审会，确定第二轮 20 个重点学科名单。全市 15 个名医基层工作室全年专家坐诊 550 天、门诊 7159 人次、查房 200 次、双向转诊 88 例、手术 49 例，授课 835 人，以师带徒形式培养基层卫生专业人才 16 人。

【医学科研能力】 2022 年，课题立项 47 项，其中省级 8 项，绍兴市级 10 项，嵊州市级 29 项；课题鉴定或验收 15 项。全年共发表论文 56 篇，其中发表 SCI 论文 24 篇，Ⅰ级论文 3 篇，Ⅱ级论文 23 篇。市人民医院开展新技术 9 项，新项目 22 项，市中医院开展新技术 11 项，新项目 7 项，均填补市内空白。

【人才队伍建设】 全市卫技人员参加各级进修 103 人，其中市人民医院选派赴上海、杭州等医院进修医护人员 50 名。市人民医院住院医师规范化培训基地在培生26人，其中全科8人，助理全科8人，内科9人，急诊1人。全市主办国家级继教2项，省级继教8项，市级继教60项；举办各类讲座、培训467场次，参会12142人次。

（市卫生健康局 裘良斌）

卫生监督

【概况】2022年年底，全市共有公共场所经营单位1088家，其中住宿197家，沐浴足浴152家，美容美发664家，游泳场所12家，其他场所63家；集中式供水单位12家，大中型宾馆二次供水5家，涉水产品企业5家，医疗机构453家，职业危害企业1708家，职业健康检查机构3家，学校87家，消毒产品生产企业32家，餐饮具集中消毒企业2家。全年开展专项行动30次，出动执法人员15000余人次，监督检查8000余户次。受理举报投诉42起，均及时查处并反馈。

【行政处罚】市卫生健康局共办结案件484起，其中一般程序374起、简易程序110起，大要案及听证案件21起，罚款83.158万元。全年未发生行政复议和败诉案件，无移送司法机关案件。

【“双随机”执法检查】全市共抽取检查678家，其中立案处罚185家，双随机任务完成率100%，检查结果移动执法终端录入率100%，双随机信用规则应用率100%。

【公共场所卫生监督】对公共场所“四小行业”常年开展新冠疫情防控“守小门”专项督查。开展公共场所量化分级管理，住宿场所和游泳场所量化分级率100%，美容美发场所和沐浴场所量化分级率100%。共评出A级单位1家，为住宿类；B级单位28家，包括住宿类16家、美容美发6家、游泳池6家。

【医疗废物污水处置】推进医疗废物智慧监管系统建设，市属医院、乡镇街道卫生院、民营医院、建成区门诊部等医疗机构医疗废物处置全部纳入智慧卫监监管平台。全市医疗废物集中处置率100%。完成302家医疗机构医疗废物和医院污水专项监督检查，乡镇（街道）卫生院及以上医疗机构、民营医院、建城区口腔诊所，均建立医院污水消毒处理设备。

【医疗卫生监管】对各级医疗机构常年开展新冠疫情防控“守小门”专项督查；开展打击非法行医、打击非法医疗美容、医疗乱象联合执法检查、医疗机构依法执业监督检查等专项行动，检查各类机构、场所1354家次，取缔非法行医6家。加强医疗机构放射卫生管理，完成放射诊疗许可校验52家，放射工作人员体检和培训82人。

【职业卫生监管】开展铸造行业专项整治、高温专项、示范企业创建等专项行动。全年对300余家用人单位、3家职业健康检查机构进行业务指导、监督检查，其中责令限期整改63家，立案处罚36家，其中一般程序16家（包含首违不罚10家）、简易程序20家，罚款25.55万元。

【其他工作】2022年，共检查集中式供水单位12家，二次供水单位5家，涉水产品生产企业5家；开展学校教学环境卫生监测，共检测学校22家；开展餐饮具集中消毒服务单位一季一次常态化督查和抽检，共抽取出厂餐饮具80批次，合格率100%。开展消毒产品生产企业监督抽检，共采样消毒剂和消毒器械样品5份，合格率100%。

（市卫生健康局 郭玉兰）

爱国卫生

【卫生城镇创建】2022年，嵊州市爱卫会制定《嵊州市城区病媒C级复评工作方案》，组织各街道、职能部门开展四害滋生地整治，顺利通过第二轮城区病媒防制C级复评。2022年，全市共有国家卫生乡镇3个，依据新管理办法申报创建国卫镇8个。各乡镇开展人居环境整治，逐步完善健康基础设施。截至年底，全市国卫乡镇建设量化分级良好率100%。

【改水改厕】截至2022年年底，全市有农户190724户，较2021年减少12000余户，非应改尽改户1172户。建立完善各行政村改厕“一村一档”

台账，完成省爱卫办年度改厕现场核查工作。完成年度饮用水监测，全年设置集中式水质监测点 79 个，城市及农村饮用水合格人口覆盖率均为 100%。

（市卫生健康局　郑溢峰）

健康嵊州

【健康嵊州建设】 2022 年，持续深化健康浙江行动在嵊州纵深实践，5 个行动典型案例入选绍兴市 2022 年健康浙江行动优秀案例汇编；深入实施“将健康融入所有政策”策略，开展公共政策健康影响评价工作。7 月底，省委省政府健康浙江建设领导小组办公室公布 2021 年度健康浙江建设考核结果，嵊州市再获考核优秀等次，位列全省第 8 名。2022 年度，嵊州市上报健康浙江年度分值为 997 分，达到优秀等次。

【健康教育与促进】 2022 年，全面启动浙江省健康县区创建工作，组织开展健康知识科普行动，引导群众形成良好的健康生活方式。全年共邀请省级专家开展健康素养大讲堂 2 次，绍兴市级专家 3 次；全市医疗单位开展健康讲座 780 场，受益人数 26480 人。推进健康细胞建设工作，全年新增健康促进学校（金牌）3 家，申报创建银牌学校 12 家、铜牌学校 18 家，全市健康促进学校创建率 90% 以上；2022 年度嵊州市居民健康素养水平为 38.48%，同比提升 4.32%。

（市卫生健康局　郑溢峰）

群众体育

【各类赛事】 2022 年，市教体局先后组织第三届“嵊州杯”中国王中王围棋争霸赛、绍兴市青少年田径锦标赛、绍兴市校园足球联赛（高中组）、绍兴市青少年武术散打锦标赛、绍兴市青少年武术套路锦标赛、绍兴市青少年柔道锦标赛等体育赛事 20 余项。

【群体活动】 嵊州市第七届市民运动会和嵊州市第五届健康运动节期间，先后举办了“奋进 2022”嵊州市“盛泰杯”全民迎新健跑（走）活动、嵊州市第七届市民运动会暨“凯栎杯”男子篮球超级联赛、嵊州市第四届机关“智慧运动会”及机关干部羽毛球联谊赛等活动。全年共举办各级各类群体活动 100 余场。

2022 年 8 月 7 日，嵊州市第七届市民运动会暨“凯栎杯”男子篮球超级联赛首赛举行

【设施保障】 推进各级体育类民生实事项目实施，全年新建百姓健身房 8 个（浦口街道桃源社区城市百姓健身房、三江街道忠铨村城市百姓健身房、剡湖街道里坂村城市百姓健身房、谷来镇二村农村百姓健身房、鹿山街道白沙地村新华农村百姓健身房、浦口街道东郭村农村百姓健身房、浦口街道花田村农村百姓健身房、剡湖街道碑山村农村百姓健身房）、体育设施进公园 2 个（剡湖街道八何洋村、三江街道彭山村）、体育公园 1 个（剡湖街道里坂村）、社会足球场 1 个（甘霖镇沙地村）、多功能运动场 1 个（浦口街道东郭村）、村级全民健身广场 1 个（崇仁镇七八村），全市人均体育场地活动面积达 2.77 平方米。（市教体局　谢力宇）

竞技体育

【概况】 2022 年，共获奖牌 424.5 枚，其中省级金牌 37.8 枚，全国奖牌 14 枚。

【浙江省第十七届运动会】 全市共有 198 名运动员参加田径、摔跤、皮划赛艇、足球等 27 个大项的比赛，其中女子足球、围棋、射箭、帆船、体操五个项目，由嵊州组队代表绍兴市参赛。共获实时金牌 8.3 枚，总金牌 27.3 枚，总计 455.27 分。

黄宇涵获国际象棋少年丙组男子第一名，史可可获自由式摔跤女子46公斤第一名，汪先铿获自由式摔跤男子乙组54公斤第一名，马亦鑫获古典式摔跤男子乙组 70 公斤+第一名，竺项怡获皮划艇女子甲组单人皮艇200米第一名，王田蕊获女子乙组单人划艇200米第一名，陈赛珑与队友合作，获男子甲组赛艇双人单桨2000米第一名，张佳雯获击剑甲组女子重剑团体第一名，足球女子乙组获第五名，足球女子甲组获第六名。

国际象棋运动员黄宇涵

国际式摔跤运动员史可可

【全国陆上赛艇锦标赛】 1月26日在湖北举行的2022全国陆上赛艇锦标赛中，嵊州籍运动员宋学智获得乙组陆上赛艇1000米接力第一名。

【世界陆上赛艇锦标赛】 2月25日至26日在湖北举行的2022年世界陆上赛艇锦标赛（中国站）中，嵊州籍运动员俞波获得男子激流划艇乙组U18陆上500米、乙组U18陆上2000米第一名。

【全国竞速皮划艇比赛】 3月26日至4月2日在湖北举行的2022年中国杯全国竞速皮划艇比赛暨春季冠军赛中，嵊州籍运动员裘艺获得女子竞速皮艇甲组水上2000米、甲组陆上赛艇30分钟、甲组陆上赛艇2000米第一名。

（市教体局 谢力宇）

体育产业

【概况】 2022年，嵊州市创建浙江省运动休闲旅游优秀项目1个(嵊州石林花海景区玻璃滑道漂流），绍兴市一类体育品牌1项（第三届“嵊州杯”中国王中王围棋争霸赛），绍兴市体育产业引导资金补助9项（第三届“嵊州杯”中国王中王围棋争霸赛、嵊州市晨曦体育用品有限公司、嵊州市壹柒柒体育器材有限公司、嵊州市健普森健身有限公司、嵊州市剡溪棋类教育培训有限公司、嵊州市凯瑞电子竞技有限公司、绍兴嵊州伯安体育文化有限公司、嵊州市快乐健身有限公司、嵊州石林花海景区）。全年体育彩票非税收入424.32万元。

【体育彩票】 2022年，全市乐透型彩票销售4015.75万元，其中大乐透销售2527.94万元；即开型彩票销售869.7万元，竞猜型彩票销售9987.79万元，销售总量达14868.25万元，比2021年增长4059万元。全市正常开机运行传统门店65家，行业渠道门店23家。

【“王中王”围棋争霸赛】 5月25日至27日，由中国围棋协会、绍兴市体育局主办，浙江省围棋协会、嵊州市人民政府承办，嵊州市教体局、嵊州市文广旅游局、嵊州市卫生健康局、嵊州市融媒体中心协办的第三届“嵊州杯”中国“王中王”围棋争霸赛在嵊州举行。柯洁、辜梓豪、杨鼎新、范廷钰、丁浩、芈昱廷、李轩豪、许嘉阳8名职业棋手参加本次比赛，李轩豪、范廷钰分获冠亚军。

5月25日，第三届“嵊州杯”中国王中王围棋争霸赛举行开幕式

（市教体局 谢力宇）

人力资源·社会保障

劳动就业

【稳岗稳就业】 2022年，市人力社保局强化稳就业、保就业各项政策举措， 开展“送岗位、送政策”就业援助月和就业“春心活动”“暖心行动”等专项活动，举办就业大篷车下乡专场招聘会、残疾人专场招聘会、三下乡人才招聘会等各类招聘活动80余场次，全市实现新增就业20010人，同比增长25%以上；城镇登记失业率控制在2.72%，零就业家庭实现动态清零。牵头组建专班，推进稳就业惠民生攻坚行动，落实“稳就业十条”助企纾困政策，共计为企业减负1.2亿元，涉及企业10428家次，惠及职工13.76万人次。开展公益性岗位提质扩容行动，开发公益性岗位100余个，创建绍兴市级高质量就业社区（村）16个，嵊州市级34个。新增绍兴市级创业孵化示范基地（大学生创业园）1家，嵊州市级2家。 （市人力社保局 姚毓岚）

人才工作

【人才招引】 围绕“青年强嵊”系列人才招引计划，共组织校企“云”牵手直播带岗招聘会、剡溪“越”你“申”“嵊”不息上海高校招才引智系列活动、“活力绍兴 智引全球”招才引智高校行春季与秋季专列等人才招聘活动200余场次。创新推出线上“无接触”招聘模式，打造优质人才服务生态体系。新引进大学生12798人，其中硕士272人、博士25人，兑现人才政策资金5587万元。新增省级博士后工作站5家，新进博士后24名，新增人力资源服务机构8家，新建见习实习基地62家。完成人事代理的考核晋升工作共38人，租赁补贴联审386人。完成安家补贴、人才公寓的嵊州场景设置，人才码激活数14795人，日活量保持在150以上，扫码场景商家188家，位居绍兴第二。

（市人力社保局 姚毓岚）

6月24日，剡溪“越”你 “申”“嵊”不息——上海高校招才引智系列活动启动仪式举行

社会保险

【概况】 2022年，市人力社保局全面落实未参保人员核查清理工作，推进全民参保计划，养老保险全民参保率99.42%。开展养老保险省级、全国统筹工作，推进浙江省企业职工养老保险全国统

筹信息系统切换上线。做好社会保险费阶段性缓缴工作,扩围 17 个困难行业阶段性缓缴社保费政策,受理 57 家困难企业的社保费缓缴申请,共计缓缴社会保险费 1900 万元。企业职工退休养老金实现“十八连增”,城乡居民基础养老金上调至 290 元/月,惠及全市 12.6 万名城乡居民退休人员。做好单位养老保险缴费比例调整余额退费工作,共涉及企业 10448 家,涉及金额 3672.59 万元。严格执行被征地人员参保新政,完成存量人员被征地数据上传工作。运用大数据比对,开展待遇领取人员认证,无感认证率达 99%以上。

(市人力社保局 姚毓岚)

职业能力建设和职业技术培训

【概况】 2022 年,市人力社保局实施“金蓝领”职业技能提升行动和新时代嵊州工匠培育工程,累计开展各类职业技能培训 16524 人次,培养技能人才 6487 人、高技能人才 2201 人、特色产业技能人才 333 人,使用电子培训券 5504 张,职业技能等级社会化认定 5807 人次,新增浙江工匠 6 名。嵊州市中等职业技术学校入选首批绍兴市市级高技能人才公共实训基地,嵊州市农民培训学校入选首批绍兴市特色技能培训共富基地(特色小吃),新增绍兴市级职业技能等级认定社会培训评价组织 1 家。推行职业技能线上培训工作,累计受理 40 家企业,3260 名企业职工备案参加纯线上培训。组织举办绍兴市钳工、嵊州市保育员、嵊州市木雕职业技能竞赛。 (市人力社保局 姚毓岚)

11 月 9 日,绍兴市首批特色技能培训共富基地授牌仪式举行

劳动保障监察

【概况】 2022 年,市人力社保局深化根治欠薪工作,开展清理整顿人力资源市场秩序、“安薪我先行服务浙共富”“安薪护航迎亚运”、风险隐患“大排查大起底大整治”、根治欠薪冬季专项行动等 8 次,受理群众来访 1054 批次,受理劳资纠纷 311 件,劳动保障监察案件结案率 100%。办理各类信访投诉举报 1614 件,依法作出劳动保障行政处罚案件 1 件,处罚金额 15000 元,拒不支付劳动报酬移送公安处理 1 件。利用浙江省欠薪联合预警指挥平台、嵊州市枫桥式联动治理平台、“业安薪”系统,加强对企业工资支付等情况的预警监管。

(市人力社保局 姚毓岚)

社会救助与福利

【城乡最低生活保障标准】 自 2022 年 7 月 1 日起,城乡低保标准从每人每月 890 元提高到 1050 元。截至 12 月底,全市共有低保对象 6200 户 7517 人,共发放低保金 7357.74 万元,低保边缘补助金 330.04 万元。全年困难群众探访关爱和幸福清单送达 39460 次。

【特困供养】 市民政局按照特困人员基本生活供养“不低于上年度当地城镇常住居民家庭人均生活消费性支出的 50%”的标准,确定嵊州市 2022 年特困人员基本生活供养标准为 1383 元/人·月。截至 12 月底,全市共有特困供养人员 376 人,全年共发放资金 874.03 万元。

【临时救助】 全年共发放临时救助金 144.61 万元,救助 263 户,其中乡镇(街道)直接发放临时救助金 5.52 万元。

【儿童福利】 提高孤儿、困境儿童保障标准,社会散居孤儿基本生活费标准提高到 1550 元,机构孤儿基本生活费标准提高到 1937 元。实行孤困儿童基本生活费补助资金社会化发放,按月发放到孤困儿童本人社保卡账户,全年共发放孤困儿童基本生活费2571人次，发放资金234.69万元。实施关爱计划，春节期间对在册196名孤困儿童发放慰问金共计9.8万元，六一期间对在册102名适龄孤困儿童发放节日慰问金8.16万元。开展孤儿助学项目，对11名孤儿按季度社会化发放助学金10.5万元。举办儿童督导员、儿童主任业务培训班，组织开展全市农村留守儿童和困境儿童政策宣讲，覆盖留守儿童、困境儿童及其父母和其他监护人共计3000余人。深化"书香陪伴·品格成长"关爱留守和困境儿童项目，开展每月入户访视陪伴，受益儿童25人。

【流浪救助】 完善救助管理工作体制机制，在照料服务、救助寻亲、街面巡查和综合治理、落户安置、源头治理、干部队伍建设等关键环节上，建机制、压责任、提质量、优服务，实现救助管理服务质量提档升级，推动构建更加成熟、更加定型的新时代救助管理服务体系。（市民政局 朱洁琳）

慈善救助

【《中华人民共和国慈善法》宣传】 以"9·5"中华慈善日为契机，市民政局联合全市社会公益组织、相关学校等开展大型广场宣传活动，通过文艺演出、《中华人民共和国慈善法》宣传与咨询、公益服务等，深入宣传人人慈善的理念。

【慈善助学】 持续开展"慈善圆你大学梦"慈善助学活动，全年共资助大学新生26名，发放助学金11.65万元，资助历届生30名，发放助学金17.35万元。

【"衣循环·爱循环"】 推动废旧衣服捐赠回收，全市设置回收箱360个，全年共收到捐赠2万余件，回收衣物556吨。衣服经过挑拣、消毒、整烫等处理程序，捐赠给贫困地区。

【东西部扶贫】 市慈善总会联合经信局，发动社会各界开展捐赠活动，向东西部捐赠援助物资300万元。其中市慈善总会向四川省乐山市金口河区和平彝族乡蒲梯村捐赠现金50万元，用于农村饮用水提升项目建设；向四川省乐山市峨边县捐赠援助物资132.73万元。

【四季慈"刿"】 开展四季慈"刿"活动，全年救助因病、因残、因灾等造成基本生活困难的群众34人，共支出救助资金6.5万元。

【暖巢行动】 开展暖巢行动，全年共支出项目资金31.37万元，改善43户贫困家庭青少年、儿童的学习和生活环境，促进青少年、儿童健康成长。

【第三轮留本冠名基金启动】 新光、迪贝、昂利康、亿田、帅丰、新中港、盛泰、森歌8家上市（拟上市）企业捐资设立嵊州市上市公司公益基金，总规模2亿元，每年捐资800万元，专门用于支持教育和医卫事业高质量发展。

【定向捐赠】 倡导全民慈善理念，引导企业、个人和社会各界积极参与公益慈善事业，由社会爱心人士和企业在市慈善总会设立小额基金5个，共计39.45万元；设立乡镇（街道）级慈善基金10个，共计334.86万元。（市民政局 朱洁琳）

医疗保障

【概况】 2022年，市医保局围绕"医保共富建设年、数字改革深化年、基金监管规范年、经办服务示范年"开展各项工作，建立全市统一的行业自律智能审核信息系统，实现事前预警、事中拦截、事后分析的全流程监管。出台《关于加强定点医药机构考核管理的通知》，强化晾晒通报、考核结果运用。设立医保签约服务激励资金，激励家庭医生注重疾病预防和前期干预。出台和完善癫痫、儿童孤独症、肺结核、重性精神障碍等门诊规定病种政策。全市职工医保参保26.73万人，居民医保参保总人数为37.92万人，2022年基金收入207946万元，基金支出189545万元，结余18401万元。全市现有定点医疗机构44家（其中新世纪医院暂停），定点零售药店106家。电子凭证使用率48.21%，居全绍兴第一。（市医疗保障局 李熔熔）

【医保政策法规】 一是做实基本医疗保险市级统筹。推进市级统筹下总额预算精细化管理，统一转外就医个人自理比例，职工为10%，居民为15%；退休职工普通门诊起付标准从400元降至

200元，多支出医保基金1941万元；企业退休人员个人账户从3%提高到5%，在职人员个人账户从1%提高到2%，多支出医保基金1.6亿元，实现待遇均等化。二是保障医保基金平稳运行。坚持“收支平衡 略有结余”原则，2021年，居民医保基金结余6744万元；2022年结余4865万元。医保基金运行总体良好，符合预期。三是持续推广“越惠保”。2022年度全市“越惠保”参保47.7万人，参保率72.14%，赔付率达93%，其中困难人员个人负担超过5万元部分全部予以化解，有效减轻大病患者医疗费用负担，防范因病致贫返贫。四是基层服务价格改革提质增效。3月，嵊州市医保信息系统接入省“智慧医保”平台，嵊州市医保局医疗保障信息化迈入“智慧医保”新阶段。10月，“医价通”集成监测应用上线，该应用被列入浙江省医保系统“一地创新、全省共享”应用项目。数字赋能医疗服务价格改革获浙江省综合医改2022年度“十佳典型案例”。五是助力疫情防控。及时落实降低新型冠状病毒核酸检测价格，做好每月疫苗及接种费用拨付，累计拨付疫苗费用和接种费用8495.63万元。助力企业纾困解难，阶段性缓交医保费用4400余万元。拨付公立医院周转金8989万元。为全市19.58万名60岁以上老年人发放防疫包，提供每人25元的资金保障。

（市医疗保障局　张明）

11月7日，“越惠保”工作部署会议召开

【医保基金】 出台《关于推进医疗保障基金监管制度体系改革的指导意见》和《关于建立打击欺诈骗保部门联动机制工作方案》，形成监管合力，共交互数据14194条，查实线索22条，追缴基金14.96万元。开展打击欺诈骗保专项整治工作，实地检查42家定点医疗机构和103家定点零售药店，实现检查全覆盖，共拒付和追缴违规医保基金959万元，罚款51.3万元。处理定点医药机构56家，暂停医保结算1家，行政处罚9家，处理医保医师22人，其中解除医保医师协议1人，处理参保人员63人。

（市医疗保障局　王春晓）

【医保经办服务】 打造“15分钟医保服务圈”升级版，引导群众实现医保服务网办、掌办、就近办，坚持宣传和服务并重，打响“医路嵊风，保您心安”医保服务嵊州品牌。将“基层医保事项办件率不低于50%”列入2022年度市工作目标责任制考核项目；配合政务服务中心，在26项高频事项下沉的基础上，持续推进5项医保参保事项完全下沉基层，让参保群众享受便捷贴心的服务。创设跨省异地就医结算“四式”优质服务，搭建医保服务微信交流群，对接市小吃协会和异地嵊州商会，累计备案4000余人次，远程指导办理参保和备案业务等，有效提高跨省异地就医直接结算率。

（市医疗保障局　周碧榕）

【党建工作】 发展新时代“民情日记”，深化“医保专员”工作，主动融入基层“1+3+N”网格治理，推动医保工作的精细化管理和服务。提升干部能力素养，加强医保队伍的业务能力水平。加强医保文化建设，以清廉机关、模范机关创评为契机，打造机关党建阵地，营造“党建凝聚力量 医保温暖人心”的医保党建文化。把思想政治建设放在首位，明确全面从严治党主体责任清单。坚持党建统领、系统理念、数字赋能，推动清廉思想、清廉制度、清廉规则、清廉纪律和清廉文化融入工作全过程，出台清廉医保十项行动，打造忠诚干净担当的高素质专业化医保干部队伍。

10月16日，集中收看党的二十大开幕会

（市医疗保障局　李熔熔）

社会事务

民政工作

【养老机构疫情防控】 3月12日，市民政局下发《关于从严从紧做好养老服务机构疫情防控的紧急通知》，暂停接待外来参访、外来人员培训、等级评定和志愿服务活动。严格落实疫情防控，从严从紧管理机构人员，除紧急就医或其他特殊情况外，科学调配工作人员。各乡镇（街道）、各养老服务机构和个人应严格落实“四方责任”。12月16日，下发《嵊州市民政局组织养老机构开展传染病疫情防控直播培训的通知》，帮助养老服务机构落实疫情防控安全主体责任，提高疫情风险防控能力，对全市养老机构开展疫情防控线上培训，提高疫情防控技能。同时，按照“保健康、防症状、遏病亡”要求，确保养老服务机构老人身体健康和生命安全。

【生活困难老年人家庭适老化改造】 全年共改造291户，户均改造费用8000元。改造分两个标段实施，于11月底前完成验收。

【民生实事项目】 新增认知障碍照护专区床位75张（计划数66张）；新增持证护理人员233人（计划数93人）；新增智慧养老院1家；全市15个乡镇（街道）居家养老服务中心均配备智能服务终端。

【居家养老服务星级评定】 组织剡湖街道等14个（乡镇）街道级居家养老中心参加绍兴市民政局组织的星级评定，均获得通过，其中，剡湖街道、仙岩镇居家养老中心为五星级，浦口街道、鹿山街道、三界镇、甘霖镇、崇仁镇、长乐镇、黄泽镇、谷来镇、金庭镇、贵门乡等12个乡镇（街道）为四星级。组织开展94个城乡社区居家养老服务照料中心星级评定，通过评定57个，其中三星级3个、二星级26个、一星级28个，共拨付运行补助资金235万元。

【老年人自理能力评估】 实施老年人自理能力筛查攻坚行动，完成初筛21万人，完成专业评估1.7万人，其中重度失能占比13.1%，中度失能占比10.1%，轻度失能占比35.8%。评估工作为后续购买养老服务补贴、入住养老机构等提供了数据支撑。

【殡葬改革】 开展乡镇（街道）节地生态安葬示范点建设，新增节地生态安葬墓700多穴；加强“三沿五区”日常巡查，处置殡葬来信来访9件，拆除违建坟墓155穴；落实惠民为民政策，对符合惠民殡葬政策规定的5155名对象，共计发放补助资金438.89万元。落实《绍兴市节地生态安葬奖励实施办法（暂行）》的通知规定，41名节地生态葬（草坪葬、壁葬、撒江）对象，共奖励补助18.2万元。

【社会组织管理】 2022年共有依法登记注册的社会组织702家，其中社会团体204家，民办非企业单位497家，基金会1家；在乡镇（街道）备案的城乡社区社会组织3043家，其中城市社区社会组织619家，农村社区社会组织2424家。开展“僵尸型”社会组织专项整治，引导“僵尸社会组织”办理注销4家、撤销登记5家，启动撤销登记程序3家。

【社会组织党建工作】 坚持党建引领，强化社会组织综合党委功能，做好社会组织党建工作兜底服务。开展拓展型、功能型党组织建设，摸清市民政局下属21家社会组织党员分布情况，新组建流动党支部1家、流动联合党支部4家，明确各支部书记。市两头门爱心志愿服务队成为绍兴市第四批“五星双强”两新组织。建立市委两新工委成员单位联系市级双重管理两新党组织制度，深入推进两新党建“三年创优、整体跃升”工程，帮助社会组织解决问题和困难，打造具有辨识度的嵊州两新党建金名片。

【社会组织评估】 开展2021年度社会组织评估，委托第三方机构信元会计师事务所加强指导和督导，经材料审核、实地考察初评和评估委员会评定，31家社会组织获AAA等级以上，其中嵊州市东圃幼儿园等5家获AAAAA等级、嵊州市湖都科技幼儿园等18家获AAAA等级、嵊州市三江街道江晓社区（社会组织）服务中心等8家获AAA等级。将嵊州市三江街道江晓社区（社会组织）服务中心等22家社会组织纳入承接政府转移职能和购买项目推荐目录，全市累计已纳入79家。

【“大爱嵊州”公益品牌】 全市公益组织在疫情防控、社会救助、公共服务、基层社会治理、文明城市创建等方面开展公益活动1600余场，参与志愿服务人数10000余人次，受益群众9.5万余人。

【移民安置和后扶】 根据直补资金实行“统一管理、逐年核定、分次发放”的原则，指导各乡镇（街道）和移民村复核后扶直补人口身份，全年共核减直补移民115人，重新登记5人，核定2022年发放直补资金人数9995人，因失联等原因暂停发放34人，实际发放9961人，共发放直补资金597.66万元。安排移民扶持项目49个，移民资金投入1604万元。竣工验收当年及历年项目共65个，拨付移民补助资金1690万元。

【道路命名】 根据《地名管理条例》，全年共命名东江路、江月路、艇溪路、闻溪路、棠溪路、江宁路、涧溪路、江桥路、梓荫路、雅张路、雅丰路、雅津路、雅新路、开雅路、青云巷、金蚕路、锦越街、光明路、双梅路、悦东路、秀山路、南桥路、滨昌路、文涛路、望江路、锦绣路、振兴路、邻里路、云水路、振兴北路、源深路、春风路、报本路、中心东路、丰泽路、镇北路、文泽路、镇南路等38条道路。

【婚姻登记】 全年共办理结婚登记4624对，其中复婚195对、补办2008对，离婚1122对，补发结婚证13775对，补发离婚证205人次，离婚申请1724对。全年办理婚姻家庭辅导4319件，其中婚前辅导2360件，婚姻关系辅导627件，家庭关系辅导200件，离婚调适辅导1132件，劝和204件，辅导满意率100%。

【数字化改革】 全面应用政务服务2.0办事系统，配置完善民政系统涉及11大类113项事项上线应用。开展低保、老年优待证等高频事项“掌办网办”“就近办”宣传推广活动，引导群众网上申报、就近办事。推进涉及民政领域13项政务服务事项下沉到乡镇（街道）办理，实现群众就近办事。民政窗口全年办件量12598件，即办件10641件，“最多跑一次”涉民生事项11711件，“一证办”事项8876件，“全城办”事项8171件，“网上办”10362件，上门办理65件。

（市民政局 朱洁琳）

退役军人事务

【概况】 市退役军人事务局依托各类红色教育资源，开展学习教育。利用“红色宣讲团”，讲好“红色故事”。组织年度嵊州市“最美退役军人”评选工作，重点宣传全国、省、市“拥军模范”“模范退役军人”和“最美退役军人”。举办“同唱一首歌”喜迎二十大活动，录制《退役军人之歌》

MV，引导广大退役军人永葆本色，始终成为党执政的可靠力量。

【退役军人服务保障体系建设】 一是建设退役军人服务站，全市乡镇（街道）服务站创建为全国“示范型”服务站，其中，11 个乡镇（街道）退役军人服务站创建为浙江省“枫桥式”退役军人服务站，9 个乡镇（街道）退役军人服务站创建为绍兴市“双示范型”退役军人服务站。二是增强社会化服务保障能力，推广“初心关爱团”“英雄健康档案”“关爱参战伤残老兵”等做法，嵊州市关爱退役军人协会筹集关爱资金。

【数字赋能】 “军人 e 家”数字化应用落地运行，完成嵊州特色模块“嵊查档”建设。市政务服务中心窗口和全市 15 个乡镇（街道）以及 275 个村（社区）退役军人服务站，共完成应用管理端账户注册 291 个，注册率 100%，点击率和使用频次逐步提升，实现退役军人档案数字化全覆盖和“一站式”查询服务。

【拥军优抚】 春节、“八一”期间，市四套班子领导看望慰问驻嵊部队官兵及军队离退休干部，举办“八一”慰问演出，慰问驻嵊部队官兵。截至 12 月，共发放各类优抚优待、安置培训、部队慰问、困难救助等资金，走访慰问上校以上现役军人家庭，慰问 72 集团军某部过境部队，慰问在嵊组织役前教育培训的全省女兵，为驻嵊州部队、嵊州籍现役军人子女办理就近入学。对 38 名荣立二等功、三等功现役军人家庭上门或集中送喜报，向武警退役老兵赠送退役特色礼品和纪念相册。全市各乡镇（街道）退役军人服务站档案信息录入率 98.84%。制定《嵊州市落实拥军优属十条措施意见》，出台实施免费乘坐公交车、免费参观旅游景点、组建“工商界拥军大联盟”、打造“永不褪色双拥商城”、建立军创产业园等“双拥十大项目”。

【移交安置】 接收自主就业退役士兵，完成退役军人一件事联办，接收营以下军转干部及符合政府安排工作退役士兵。组织转业军官、士官参加适应性培训和职业技能培训。

（市退役军人事务局　周楚歆）

城乡社区建设

【社区布局优化】 2022 年，全市新增城市社区 10 个、集镇社区 5 个。浦口街道新设月湖社区；剡湖街道新设安平社区、明心社区；三江街道撤销城东社区，新设天章社区、双塔社区、和悦社区、上塘社区、茳湘社区；鹿山街道新设长宁社区、明月社区、宸希社区；三界镇新设始宁社区；甘霖镇新设两头门社区、金霖社区；长乐镇新设剡西社区；黄泽镇新设丰泽社区。完成浦口街道桃源社区、剡湖街道龙会社区、三江街道慧民社区、鹿山街道长宁社区等 4 个示范社区建设。剡湖街道龙会社区、三江街道慧民社区分别列入省三星级、省四星级社区服务综合体名单。

【农村社区建设】 三界镇北街村、浦口街道故江新村、三江街道桥里村、甘霖镇亳岭村、长乐镇开元村、黄泽镇溪南村、仙岩镇舜皇村、金庭镇金庭村、贵门乡贵门村 9 个农村社区被评为第五批省级引领型农村社区。

【专职社区工作者队伍建设】 修订出台《嵊州市城市专职社区工作者管理办法》，办法明确专职社区工作者实行“市招、乡镇（街道）管、社区用”的三级管理机制，内容主要包括招聘录用、教育培训、日常管理、解聘和退岗、待遇保障、考核激励 6 个方面。2022 年全市共招聘专职社区工作者 235 名，完成 128 名专职社区工作者新任培训。开展城市社区工作领军人才的培育选树，三江街道江晓社区裘晓兰被评为 2022 年度浙江省社区工作领军人才，浦口街道桃源社区茹强刚被评为 2022 年度绍兴市第五届城市社区工作领军人才。

【社会工作考试】 市委组织部、市教体局、市民政局、市财政局、市人社局联合印发《关于做好 2022 年度全国社会工作者职业水平考试报名工作的通知》，组织全市 40 周岁以下的机关事业单位、城乡社区、社会组织（社工机构）等工作人员，参加 2022 年度全国社会工作者职业水平考试，报名参考 1300 人，成绩合格 412 人，为历年最多。

全市每万人社工数达到19.1人，位列绍兴市第二。

【专业社工服务机构】2022年，新增嵊州市七彩社会工作服务中心、嵊州市始宁社会工作服务中心、嵊州市启星社会工作服务中心等社工机构3家。

【社会工作人才培养】2022年，全市高层次社会工作人才培养取得突破，在浙江省第二批社会工作领军人才选拔中，嵊州市社会工作协会会长、嵊州市社会组织服务中心主任沈荣华位列其中，为绍兴市首位社会工作领军人才。

（市民政局 朱洁琳）

民族宗教事务

【民族宗教工作会议】1月25日，嵊州市委召开民族工作会议暨全市宗教工作会议。会议强调要不断加强民宗领域思想政治引领，强化思想教育；要持续助力共同富裕县域样板打造，理解把握共同富裕理念；要推进民宗领域数字化改革，强化互联网宗教事务管理；要多措并举促进民族团结，深入开展民族团结进步创建工作；要引导宗教与社会主义社会相适应，积极探索推进宗教中国化的路径。

【消防安全标准化】4月，部署开展宗教活动场所消防安全标准化创建活动，验收评定优秀场所17家。9月1日、2日，分教别组织召开佛道教和基督教领域“除险保安”推进会，并组织开展全市宗教领域消防灭火、应急疏散演练，提升宗教界消防安全应急处置能力。嵊州市基督教堂创建为2022年省级宗教活动场所消防安全标准化管理“百优争创”优秀单位。

【宗教事务管理法治化】实施宗教领域“十百千万”普法工程，组织宗教界举办各类普法活动、宣讲活动、应急演练等42场次，参与者超1万人次，嵊州市明心寺创建为省级法治宣传教育基地。规范互联网宗教信息服务，11家宗教场所申领互联网宗教信息服务许可证；推进宗教领域“大综合一体化”行政执法改革，宗教领域26项执法事项全部划转至综合执法局，完成公共场所非法传教活动行政处罚1起。

【民族团结进步促进会】9月25日，嵊州市少数民族联谊会第三次会员大会召开，嵊州市少数民族联谊会更名为嵊州市民族团结进步促进会，选举产生新一届领导班子，并开展“喜迎二十大·铸牢中华民族共同体意识”系列微党课巡回宣讲活动。

9月25日，嵊州市少数民族联谊会第三次会员大会召开

【主题教育】以社会主义核心价值观为引领，谋划开展“五教同行·奋进新时代”主题教育，分教别组织开展“永远跟党走·奋进新时代”“我看浙江新发展”等主题教育。贯彻落实《浙江省新时代宗教中国化示范建设场所实施意见》，嵊州市惠安寺、常乐寺创建为绍兴市级宗教中国化场所。11月，组织宗教界人士开展宗教中国化、中华优秀传统文化宣讲、崇俭戒奢主题研讨会等活动，组织举办“之江问道”嵊州市第八届汉传佛教讲经交流会。

11月3日，在中共浙江省工委机关旧址开展全市佛道教界“永远跟党走·奋进新时代”主题教育实践活动

【民族团结进步创建特色化】以“四融”工作法推进民族文化与地方传统文化深度融合，助推

民族团结进步创建工作提质增效，东方电机有限公司和谷来镇马溪村创建省级民族团结进步重点培育单位。春节期间，开展全市少数民族助学助困助业“三助”帮扶行动，发放助困助学款3.35万元。组织召开“铸牢中华民族共同体意识”座谈会，在“铸牢中华民族共同体意识”试点教育学校开展图书捐赠活动。围绕“之江同心·石榴红”品牌培育目标任务，打造“石榴红”家园、驿站、工作室、志愿服务队、宣讲团各3个。

【两棵树】 以《核桃树之恋》和阮庙学校师生共育“石榴树”事迹为原型，挖掘“两棵树”中蕴涵的“舍家为国”和“民族团结”精神内核，策划原创歌曲《两棵树》，于党的二十大召开前夕在“学习强国”学习平台刊出，并获评2022年度浙江统战宣传好作品。

【平安建设】 围绕“1+9”指标体系，常态化组织开展宗教领域平安巡查、消防大检查和建筑大检查，推进宗教领域安全生产“除险保安”大排查大整治行动，全年限期整改各类安全隐患504处；推进宗教领域数字化改革工作，贯彻落实“浙里民宗快响”“浙里宗教中国化在线”应用；推进嵊州市“七张问题清单”整改工作。9月，玉皇寺后方山体滑坡重大安全生产问题整改销号。

（市委统战部　叶科铭）

人口与生育

【概况】 全面落实《中共中央　国务院关于优化生育政策促进人口长期均衡发展的决定》《中华人民共和国人口与计划生育法》《浙江省人口与计划生育条例》精神，坚持计划生育基本国策，确保三孩生育政策及配套支持措施落实到位，提高人口数量和人口质量。2022年，全市出生人口2909人，人口出生率4.09‰，人口自然增长率-5.24‰，年度出生人口性别比101。

【转变人口观念】 市卫生健康局牵头各部门学习《浙江省人口与计划生育条例》，确保政策落地。召开全市乡镇（街道）、部门计生分管领导会议，部署三孩生育政策实施工作，会议要求将推进三孩生育政策实施作为健康嵊州建设的重要任务，坚持“一把手”负总责，分管领导具体抓；各级各单位要充分认识生育新政及配套支持措施的重要性，增强责任感和使命感，确保工作顺利推进；各媒体要加强宣传，提倡正确的婚恋观、家庭观、生育观、养育观，提高生育意愿。

【贯通生育政策】 取消社会抚养费制约措施，清理和废止与现行政策不符的地方性文件。聚焦生育周期群众办证多、多地跑等痛点，实行便民服务“一链直达”，推进“浙里办”App“婚育一件事”（结婚登记、生育登记、婚嫁户口迁移）与“出生一件事”（出生医学证明、儿童预防接种、户口登记、医保参保）联办，提升群众满意度。加强人口监测，实现数据互通共享。2022年省全员人口数据库出生登记覆盖率100%。加强公安、社保、民政、残联等部门数据互通和信息共享，提高及时性和准确性。部门联动，完善配套支持政策，合力破解“不愿生”“生不起”“养不起”等难题。严格落实产假、育儿假、税收、生育保险等政策，减轻家庭后顾之忧，更好释放生育潜能。印发《关于促进嵊州市房地产市场平稳健康发展的若干政策意见的通知》（嵊政办〔2022〕82号），制定二孩及三孩的优惠政策。团市委牵头组织越亲恋活动4次，参与青年达500人次，举办“即刻心动，青春飞YOUNG”秋季青年人才联谊、“不七而遇，夕望是你”、嵊新两地青年常态化交友联谊活动等。推进母婴室建设，截至12月，医疗卫生机构、高铁站、客运中心、大型商场、银行和学校等公共场所，共建有母婴室23处，其中四星级母婴室3家，三星级母婴室12家。

【优生优育】 全面落实妊娠风险筛查与评估、高危孕产妇专案管理、危急重症救治、孕产妇死亡个案报告和约谈通报等母婴安全五项制度。危重孕产妇救治中心和危重新生儿救治中心人员按规定开展专业复训、应急演练、孕产妇危重症和新生儿及5岁以下儿童死亡评审工作，不断总结经验，提升服务能力。2022年，5岁以下儿童死亡率1.68‰，婴儿死亡率 1.0‰。加强出生缺陷防控，强化婚前保健，推进孕前优生检查，加强产前筛查和诊断，推动围孕期、产前产后一体化管理服务和多学科协作。严格做好新生儿疾病、听力和先天性心脏病筛查，全市筛查异常儿童工作纳入社区卫生服务中心高危儿童管理，由社区儿保医生追踪随访，真正做到早发现、早诊断、早治疗。建立基层医疗机构“医防护”儿童健康管理中心，甘霖镇中心卫生院确立为绍兴市“医防护”三位一体儿童健康管理中心示范单位，统筹儿科、儿保资源，“一站式”为婴幼儿提供医疗、保健、预防接种、养育风险筛查、家访等服务。

【婴幼儿照护服务】 2022 年，全市共备案托育机构 38 家，托位 2621 个，每千人口拥有 3 岁以下婴幼儿托位数 3.81 个，居绍兴第一。出台《嵊州市高质量推进“浙有善育”民生实事项目指导意见》，增加托育机构运行补助，并对婴幼儿照护服务中心及实训基地建设和运行给予补助。卫健与教体联合推出“幼托一体化”模式，在 30 家幼儿园开展托育服务，共设托位 2040 个。鼓励社会化办托，卫健、住建、市场监管、政务服务、属地乡镇（街道）等联合上门指导，符合一家，备案一家，满足群众需求。

【计生家庭权益保障】 2022 年，符合两女户奖扶条件 39425 人，特扶条件 1541 人。认真落实奖扶政策和特扶三项制度，组织村嫂上门服务 20 多次，各乡镇（街道）按要求开展上门慰问活动。

（市卫生健康局 赵可儿）

居民收入与消费

【城镇居民收支状况】 据国家统计局嵊州调查队抽样调查显示，2022 年，全市城镇常住居民人均可支配收入 72865 元，比上年增长 4.6%。从收入的构成情况看，城镇居民人均工资性收入 37800 元，增长 5.2%；人均经营净收入 15426 元，增长 3.3%；人均财产净收入 8001 元，增长 3.9%；人均转移净收入 11639 元，增长 4.6%。城镇居民人均生活消费支出 35651 元，比上年增长 7.4%。其中人均食品烟酒消费支出 9819 元，增长 7.2%；人均衣着消费支出 2687 元，增长 5.0%；人均居住消费支出 9427 元，增长 11.8%；人均生活用品及服务消费支出 2144 元，增长 9.5%；人均交通通信消费支出 6112 元，增长 7.5%；人均教育文化娱乐服务消费支出 2879 元，受新冠疫情影响，下降 4.6%；人均医疗保健消费支出 1856 元，增长 7.0%；人均其他用品和服务消费支出 727 元，增长 13.9%。

【农村居民收支状况】 2022 年，全市农村常住居民人均可支配收入 40495 元，比上年增长 6.9%。从收入的构成情况看，农村居民人均工资性收入 16122 元，增长 6.1%；人均经营净收入 17333 元，增长 7.5%；人均财产净收入 874 元，增长 8.8%；人均转移净收入 6166 元，增长 7.2%。农村居民人均生活消费支出 23658 元，比上年增长 8.5%。其中，人均食品烟酒消费支出 7359 元，增长 8.1%；人均衣着消费支出 1279 元，增长 6.4%；人均居住消费支出 5217 元，增长 9.2%；人均生活用品及服务消费支出 1245 元，增长 14.5%；人均交通通信消费支出 4139 元，增长 12.8%；人均教育文化娱乐服务消费支出 1998 元，下降 2.2%；人均医疗保健支出 2205 元，增长 8.6%；人均其他用品和服务消费支出 216 元，增长 17.4%。

（嵊州调查队 梁思远）

流动人口管理

【概况】 截至 2022 年 12 月 31 日，全市在册流动人口 121619 人，登记居住出租房屋 18261 间，同比分别增长 33.9%、37.7%。全年累计新登记流动人口 177944 人，新登记出租房屋 6389 间，流动人口登记率 95.1%，信息准确率 96.7%，出租房屋登记率 97.8%，整改消防隐患 1323 个，发放消防安全宣传手册 13844 份。

【大数据查漏工作】 依托“浙里人口”全息管服等平台，实时交换公安、社保、民政、教育、住建等部门数据，动态开展信息碰撞比对，及时补录、完善流动人口数据信息，研判抓获在嵊州潜逃13年的外省命案逃犯1名。

【深化“最多跑一次”改革】 宣传推广浙江政务网、“浙里办”App公安专区、微信公众号、二维码门牌、企业远程申报系统等网上自主申报途径，全年流动人口自主申报率81.31%。4月，启动浙江省居住证互通互认改革工作，按照“统一内容、分级培训”原则，梳理核心业务，制定细化实施方案，对流动人口专管员和窗口工作人员进行业务、技术指导，累计发放电子浙江省居住证4207张，签注5464张，受理完成居住证互通互认1523起。

【流管宣传报道】 依托嵊州警方抖音、微信公众号、微博、今日头条等平台，推送流动人口政策法规、公共服务、证照办理等便民利民措施169期，解答外来务工人员各类咨询问题410余个。组织全警、网格员、流动人口专管员等力量，深入企业、出租房、村（社）开展各类宣教活动75场次，张贴宣传海报960余张，悬挂宣传横幅220余条。在各大新闻媒体宣传推介服务流动人口工作做法，全年宣传报道被省级媒体录用13篇。

（市公安局　徐春潮）

关心下一代工作

【自身建设】 召开2022年工作会议和“双先”表彰会议，制订全市关工委2022年度工作要点以及市教体局、乡镇（街道）关工委工作清单和关工委各成员单位责任清单，明确任务，强化责任。马寅初故居被省关工委命名为浙江省关心下一代教育基地，创建绍兴市标杆型基层关工委16个。

【主题教育】 全年开展各类主题活动230余场。5月27日，市关工委、民建嵊州市委会联合嵊州市佳歌电器有限公司在马寅初小学开展“强国有我　富乐童行”六一主题活动，市关工委心理健康讲师团的3名省级家庭教育讲师，与有关学生进行一对一心理咨询，指导学生缓解学习压力，引导他们积极向上、奋发有为。以学校为单位，开展优秀青少年评比活动，通过“国旗下讲话”、“六一集中表彰”、展板、广播等多种形式，宣传和表扬70余人，内容涵盖孝敬教育、社会实践、学习拼搏、公益慈善、自助精神等方面，在学生中树立学习榜样。

【马老精神宣讲】 利用马寅初140周年诞辰契机，开展“传承马老精神　争做强国少年”系列教育活动。组织马寅初小学马老精神宣讲队，参观马寅初故居和陈列馆，开展宣讲交流，挖掘马老故事，加强推广宣讲。会同市融媒体中心，由市关工委讲师团专家在纪念马老140周年诞辰直播间，为全市人民宣讲马老故事，宣传马老精神，点播量达4万余次。

【帮困助学】 组织开展2022年度困难大学新生资助工作，结对资金65万元。做好绍兴市励志奖学金、革命老区“爱心营养餐”工作，全年争取到绍兴市“天天向上”助学款14.3万元，涉及学校23所、学生80人。

【筑梦基金】 开展筑梦基金公益助学“暖冬”关爱专项行动，慰问资助青少年学生30名。

【教育基地】 参加青少年学生假期基地研学活动，动员农工党、团市委、检察院、“五老”讲师团、救援队、青少年宫、老师和大学生志愿者等各方力量送资下乡、送教下乡、送课下乡，全年共开展基地活动88班次，惠及全市660多户家庭。

（市关工委　杨新柯）

老龄工作

【概况】 截至2022年年底，全市共有60周岁以上老年人口214840人，占全市年末总人口的30.36%。

【老年人早期服务】 根据省、绍兴市文件精神，动态调整嵊州市城乡居民健康体检方案，为老年人提供一年一次免费体检。优化家庭医生服务项目，设立老年人高血压、糖尿病等专项服务包，提升服务质量。同时，为90%以上的老年人建立电子健康档案。2022年，新增阿尔茨海默病和前列腺癌免费筛查、慢阻肺免费检查以及特困老年人免费实施白内障摘除和人工晶体植入手术等民生项目。截至12月31日，为老年人免费接种流感疫苗6.52万人次、肺炎疫苗2.40万人次；累计筛查结直肠癌10.74万人次，镜检5848人次，共检出结直肠癌57例、癌前病变484例、其他良性病变2426例；筛查阿尔茨海默病22200人，精筛4440人，精筛阳性524人；筛查前列腺癌31700人，阳性3786人；慢阻肺免费检查2500人；免费实施白内障摘除和人工晶体植入手术76例。在达到“优质服务基层行”推荐标准的基层医疗机构，建设慢性病一体化门诊7家，提供诊前、诊中、诊后一站式管理，对发现的高血压、糖尿病等患者开展相应的慢性病患者健康管理。截至11月底，完成65岁以上老年人健康管理9.5万人，65岁以上老年人签约覆盖率94.99%。

【老年人服务体系】 市人民医院、市中医院均设置有老年医学科，培育老年医学专业人才，开展多学科联合诊疗服务。乡镇卫生院（社区卫生服务中心）设置康复、护理床位30%以上，开展康复医疗服务。根据绍兴统一部署，在市人民医院试点开展安宁疗护服务，创新服务模式，探索按床日付费的医保支付方式。建立健全医养结合联系制度，基层医疗机构与辖区内养老机构签订医疗合作协议，为40家养老机构提供基本医疗服务和老年心理健康服务，实现全覆盖。基层医疗机构为辖区内养老机构开通预约就诊绿色通道，结合责任医生签约服务工作，为入住老年人或残疾人提供及时的医疗问诊、保健咨询、预约就诊、急诊急救等服务。

【老年人服务手段】 一是开发慢病预警系统。通过集成患者个人信息、就诊记录（包括异地就医）、药房购药、健康体检等多源数据，智能分析并自动筛选存在慢病风险的对象，引导家庭医生开展主动、精准、便捷的健康服务，实现慢病早发现、早干预。截至11月底，共推送高血压、糖尿病等慢病预警提醒23498人次，新建高血压专项档案8228份，新建糖尿病专项档案3130份。二是拓展家庭病床服务。针对术后康复治疗、长期卧床等老年人患者，推出家庭病床服务模块，从建床、巡诊查房到撤床、费用结算等，均可在患者家里通过移动端完成，有效提升健康服务的可及性和患者的满意度。截至11月底，共建立家庭病床148张，提供上门巡诊1695人次，家庭病床次均结算费用2534.06元，病人及家属满意率100%。家庭病床服务项目被省老龄委评为“共同富裕与健康老龄化”优秀案例。三是深化老年慢病服务。以老年慢病全周期健康管理和签约服务等为重点，构建数字家庭医生场景应用，有效提升家庭医生工作效率和服务水平。累计推送“两慢病”预警提醒2.3万次，经核实后新建两慢病专项档案1.03万份，比实施前提高50.6%。高血压、糖尿病随访分别达96万人次、33万人次。

【老年友好型社会】 广泛开展“敬老月”、创建“敬老文明号”、举办老年健康宣传周、选树敬老养老助老模范人物等活动，营造全社会孝亲敬老氛围。2022年，新创建省级“敬老文明号”2家，2人获评省级敬老养老助老模范。市、镇、村三级老年电视大学及教学点创新文体活动形式，丰富老年文化生活，围绕“智慧助老”和“反诈防诈”主题，常态化开展“银龄跨越数字鸿沟”科普专项行动和老年人志愿帮扶服务、智能技术培训。优化老年人就医环境和流程，落实老年人医疗服务优待政策，提供老年友善服务，保障老年人合法权益，解决老年人在就医服务中遇到的各类问题。全年建成老年友善医疗机构17家。

（市卫生健康局 赵可儿）

消防

【概况】 2022年，嵊州市消防救援大队共接警出动561起，其中火警288起，未发生亡人和有影响的火灾事故，火警数同比下降40.2%，亡人数同比下降400%。在绍兴支队枫桥指数排名中，嵊州市消防救援大队于3月至4月、5月至6月、7月至8月连续三次位列绍兴市第一，半年度及三季度平安考核过程性指标位列绍兴市第一，省消防安全风险管控指数排名全省前列。

【防火工作】 2022年，围绕“除险保安”和“七张问题清单”，开展高层建筑、生产经营出租民房、7类重点工业企业等重点领域消防安全专项整治。一是高层建筑消防安全治理。全市高层住宅智慧防控“四套系统”建设和消防安全设施修复工程纳入民生实事项目。市消安委两批次下发问题督改清单，成立整治工作专班，市安委会、市消安委牵头主抓，属地乡镇（街道）为责任单位，市住建局、市综合执法局等部门参与。市住建局出台《关于进一步明确嵊州市高层建筑消防安全隐患整改物业专项维修资金使用的通知》，为整改工作开辟资金使用绿色通道。市政府督考办、市消安委组织4次专项督察，每月下发通报。常务副市长周尊隆约谈整改进度滞后的三江、浦口街道主要负责人，市纪委约谈整治不力的镇街分管领导6名，并下发通报。64个高层住宅小区完成消防设施整改，累计投入资金4000余万元。整治工作入选绍兴市第四季度“七张问题清单”示范案例。二是民房等重点领域消防安全治理。市委政法委、市公安局、市消防救援大队联合下发《嵊州市居住出租房屋安全隐患长效整治实施方案》，建立出租房消防安全管理长效机制，对三界镇、浦口街道黄塘桥村等5处居住出租房消防隐患突出区域开展集中整治。部署开展7类重点行业工业企业防范火灾爆炸事故、危险化学品等专项整治行动，排查全市404家重点行业工业企业1869处隐患清单，下发各乡镇（街道）督促形成整改工作闭环。三是护航党的二十大。坚持“大排查、大整治、大宣传”，高频次开展集中夜查和敲门入户系列行动，党的二十大期间，大队联合全市乡镇（街道）、派出所、市应急管理局开展集中夜查行动，督改隐患3796处，指导乡镇（街道）办理委托和授权执法18起，有效化解风险隐患。市委、市政府主要领导、分管领导带队督导全市15个乡镇（街道）安全生产和消防工作。大队与市纪委监委成立督导组，重点对消防安全集中攻坚行动落实情况开展督导检查，对发现的问题和隐患情况，市纪委监委累计下发专项通报16期，督促乡镇（街道）落实消防安全主体责任。

【基层消防安全体系建设】 15个乡镇（街道）成立应急和消防管理委员会及办公室，派驻12名辅助执法人员指导开展消防工作，与应急管理局联合探索村（社区）应急和消防管理体系建设。33个执法事项全面实行乡镇（街道）委托执法，19个执法事项赋权乡镇（街道），集中开展3轮委托赋权执法业务培训。2022年，乡镇（街道）共办理授权和委托执法343起。

【民生实事项目建设】 以绍兴、嵊州两级民生实事为载体，搭建嵊州市智慧消防·智能防控平台，完成64个高层住宅小区消防设施修复、智能防控设备安装；完成梯控系统安装1000套、老旧小区设施提升5个，农村取水口建设40个、农村民房电气线路改造750户、村级医务队和体检室提档升级90个。

【数字化改革】 大队与市大数据中心谋划开展消防安全数字孪生项目试点，数字孪生消防安全城市大脑指挥中心建设项目列入2023年政府投资项目。该项目主要基于城市综合体、消防安全重点单位、人员密集场所等应用场景，集成数字孪生可视化、消防预警、救援部署、人员实时定位、三维数字预案等多功能管理业务闭环流程，建设数字一体化、全方位的消防安全行业治理与综合救援管理指挥系统。

【消防宣传】 一是扩大宣传覆盖面。每周深入农村、小区、沿街商铺、企事业单位，开展防消联勤工作，联合网格员、村嫂、邻舍+等志愿服务力量，敲门入户传播消防安全知识，增强居民消防安全意识。发放宣传资料6万余份，受众群体20万余人次。二是拓展宣传载体。在《浙江法制报》、嵊州新闻网设置消防宣传专栏，电视台“八面来风”节目每月播报消防内容。宣传“送奶工凌晨灭火救一家四口”、“7·5”崇仁秀峰山绝壁救援等新闻事件，相关内容被央视新闻、《人民日报》《浙江日报》等媒体转载报道；借力楼宇电视、沿街LED显示屏等媒介阵地，刊播消防宣传标语10万余条，依托移动平台发送消防安全提示短信20万余条，每月组织消防宣传车、“消防宣传大篷车”进企入村，现场播放火灾警示教育片，体验模拟火灾逃生，营造消防安全宣传氛围。三是强化部门联动。市消安委办下发省内外火情通报22期，教育警醒乡镇（街道）吸取教训，举一反三；转发学习《夺命的店铺》、出租房消防安全提示等宣传资 料，借助应急广播、媒体宣传车、驻村指导员等，进行火灾警示教育，形成部门联动、齐抓共管的良好局面。

【后勤保障】 投入390万元，提升改造大队外立面、营区道路及绿化。设置“彩虹跑道”，营造青春、活力、健康的运动氛围。创建星级食堂，引入智慧餐饮AI物联云系统，可识别、可抓拍、可感测、可远程、可示警，实现验菜、加工、烹饪、库室管理的全过程管控，以及餐饮食品安全的现代化管理。（市消防救援大队 朱波）

平台建设

经济开发区（高新园区）

【概况】 嵊州经济开发区（高新园区）属于长三角经济区，东邻宁波，南接台州、温州，西连金华、义乌，北靠杭州、上海，属浙江省“一小时经济圈”，是“四港”联动、“一带一路”建设和义甬舟开放大通道中心节点区域。2022 年 9 月，嵊州经济开发区（高新园区）完成整合提升，面积精简至 168.18 平方千米，人口约 28 万，初步形成“双核驱动，三区统筹”的格局。拥有工业企业 2386 家，其中规模以上企业 388 家，亿元以上企业 95 家，上市公司 7 家，规模以上工业产值占全市的 70%以上，以领带服饰、厨电电器、机械电机三大主导产业和新能源、新材料、生命健康、新一代信息技术四大新兴产业双翼驱动的产业体系已具雏形。（增加）2022 年，全区规模以上工业总产值、规模以上工业增加值、制造业投资、新兴产业规模以上产值分别为 417.8 亿元、104.5 亿元、78.7 亿元、70 亿元，同比增长 12.6%、11.3%、96.3%、90.4%。在浙江省经济开发区综合考评中排名第 7，获评 2021 年度省级先进开发区、2022 年度省制造业四星级园区。

【招商选资】 2022 年，坚持招大引强“一号工程”不动摇，开展奔跑招商、乡贤招商、产业链招商，新招引亿元以上项目 24 个，总投资 282.2 亿元，其中 50 亿元以上项目 2 个、20 亿元以上项目 2 个、10 亿元以上项目 5 个，包括新能源汽车配套项目 5 个、5G 产业链项目 4 个、生物医药产业链项目 4 个、新材料项目 5 个、厨具产业链项目 3 个，新兴产业项目占比 85%以上。全年实际利用市外境内资金 52.9 亿元。申报绍兴“名士之乡”英才计划项目 9 个。

【项目建设】 2022 年，重点建设项目 69 个，新开工项目 22 个，新投产项目 14 个，完成固定资产投资、工业性投资分别为 96.7 亿元、78.7 亿元，同比增长 42.8% 、96.3%，助力嵊州市入选省 2022 年一季度投资“赛马”激励名单。比亚迪新能源动力电池生产基地项目从签约落地到建设通线，创造了“10 个月的开发区新速度”，获得绍兴唯一的全省产业类红旗奖。比亚迪新能源动力电池生产基地、贝达药业（嵊州）创新药产业化基地 2 个项目代表嵊州参加绍兴市重点项目晒比活动，在绍兴 18 个项目中分列第一和第二位。金达视讯屏显产业基地项目和金帝智能厨电“未来工厂”试点项目代表嵊州参加绍兴市“互看互学互比”活动。

6 月 14 日，比亚迪新能源动力电池生产基地项目通线仪式举行

【要素保障】2022年，整治问题企业193家，工业用地出让710.3亩，经营性用地出让768亩，存量用地盘活848.3亩。重点推进化工园区“一园一策”整治提升，城北化工园区通过省级安全风险评估复核。嵊州市经济开发区投资有限公司累计完成融资91.3亿元，出资1050万元与嵊州盛泰能源科技有限公司成立嵊州盛雅能源科技有限公司，涉足光伏、能源领域；发行非公开公司债券5.65亿元，创嵊州市同级别同期限所有信用债品种最低票面利率（票面利率3.28%）；争取政府专项债15.2亿元，占全市政府专项债发行额度的50.8%。

【产城融合】初步形成“一城四平台”的科创体系，“一城”即艇湖科技未来城，“四平台”即开发区创业创新产业园、中物·锐境科技园、嵊州漕河泾长三角协同发展产业园、北航投（嵊州）科创园。其中开发区创业创新产业园于6月结顶。中物•锐境科技园已入园孵企业26家。5月3日，巴贝集团与省农科院签署合作协议，围绕国家级重点实验室目标，推进“省蚕蜂资源利用与创新研究重点实验室”建设。6月30日，嵊州漕河泾长三角协同发展产业园正式揭牌。艇湖区块内，14个基础设施项目已完成固定资产投资28.7亿元，其中艇湖新兴产业园基础EPC项目完成总工程量的45%；艇湖教育中心完成行政楼、科学馆等8个单体基础工程；嵊州市妇幼保健院（嵊州市第二人民医院）及疾控中心异地新建工程于8月结顶。

【新能源装备万亩千亿新产业平台】2022年，规划总面积8.87平方千米的新能源装备“万亩千亿”新产业平台，聚焦新能源动力电池、氢能源、先进半导体器件等新能源装备重点产业领域，建设研发设计—创新成果转化—终端制造—示范应用为一体的产业生态，已集聚比亚迪、海威汽车等规上企业83家，主要涵盖动力电池系统、新能源汽车零部件等细分领域，全年规上工业产值突破88亿元，占全市工业总产值的14.17%。

【经济开发区成立三十周年】1992年6月，嵊州经济开发区成立。1994年7月，嵊州经济开发区升格为省级经济开发区。2022年12月25日，以“三十年砥砺绘宏图 新征程扬帆谱华章”为主题的嵊州经济开发区三十周年活动举行。商务部副部长盛秋平对嵊州经济开发区工作作出批示。国务院研究室原司长唐元出席大会并作题为《中国式现代化开发区如何实现高质量发展》的主旨演讲。中国开发区协会会长师荣耀发来贺信，省商务厅副厅长胡真舫发表视频致辞。会上发布嵊州·中国唐诗之城项目设计方案和艇湖未来科创城总体概念规划。11个重大合作项目签约，总投资达142.45亿元。（开发区 孙沛东 陶嘉豪）

高铁新城

【概况】高铁新城地处嵊州市和新昌县中心区，坐拥三江六岸，包括站前核心区、越剧小镇、新经济产业区和滨水魅力区四大片区，含三江街道、鹿山街道、甘霖镇各部分区域，总面积约28平方千米，杭台高铁、金甬铁路（在建）在此“十字”交会。

【片区开发】围绕打造“四港”联动枢纽节点城市核心区目标，深化TOD模式，加速开发建设，高铁新城站前核心区基本成型，丽湖片区、城西C街区等区块联动开发。嵊州市综合枢纽、萧山国际机场嵊州航站楼等项目正式投用，章村路大桥辐射东部乡镇（街道），屏峰山隧道联通越剧小镇，小砩桥实现老城与新区3分钟快通，片区内基础设施实现互联互通，新经济产业项目推进有力，铁路、公路、空港、信息港等联动优势逐步提升。

【招商选资】持续推进招商选资“一号工程”，创新方式开展奔跑招商，举办乡贤回归“越响行动”招商系列活动4场，围绕新经济新业态精准招商，完成内资招引10.6亿元，实现税收1.32亿元，签约新兴产业办公大楼、高品质商务楼等6个项目，总投资17.3亿元。

【项目建设】坚持“项目为王”，实施建设项目21项，其中基础设施项目16项；完成固定资产投资13.4亿元，其中基础设施投资10.9亿元。江南环球港商业综合体正式开建，嵊州开元名都大酒店建成投用，高铁新城规划馆建成开馆，新时代中心、城市阳台、三江口音乐水秀、小碶桥等地标建筑持续刷新城市形象。

【要素保障】 围绕资金、土地等关键要素加强保障，投资赛马、债券发行等工作获评市“奔跑奖”2次。拓宽渠道多元融资，南投公司新增融资52.48亿元，其中债券发行26亿元。公司债发行利率创绍兴市同评级企业债券历史最低，在公开市场取得“开门红”。围绕主营盘活挖潜，实施商铺租赁、广告招租、停车场运营等经营性项目，实现营业收入超1.5亿元；首次完成恺英网络项目股权投资，年收益率达9%。强化项目用地保障，完成低效用地再开发300亩。

【组织建设】 一是加强党的组织建设，以机关党总支为主导，联合央企、国企、职能部门及属地党组织，跨组织、跨区域、跨行业开展高铁新城党建联建，激活“红色引擎”，加快片区开发建设。6月，联合片区开发各项目公司开展2022年“喜迎二十大 永远跟党走”迎七一党史知识竞赛；11月，会同中铁十八局集团、三江街道、市住建局等单位开展党建联建三周年学践党的二十大活动。二是发挥党员示范作用，开展“平战结合”志愿服务、“两地报到、双岗服务”等活动，发动机关党员深入联系社区，开展新时代文明实践和疫情联防联控；坚持“支部建在项目上”，选派优秀党员干部联系重点在建项目，抓好安全生产、文明施工、疫情防控，推动项目建设提质提效。三是强化干部队伍建设，开展“青春共话二十大，同心共建新征程”大讨论、“突破超越，赋能成长”年轻干部砺剑比武、年轻干部上讲台等活动，多措并举选人用人，全年提任中层干部6名，交流任职2名。

【越剧小镇】 加快推进文旅二期项目，其中商业街二期项目进入招商阶段，绿城玫瑰园嘉兰酒店开业运营。强化景区运营管理，开展小镇中国年花灯节、小镇春日踏春、躺平音乐节、小镇森林秘境、“越来越有戏”艺术节、菊花艺术节等活动，承办中国越剧艺术节闭幕式，与浙江卫视合作举办《中国好声音·越剧特别季》节目。启动越剧小镇验收命名工作，统筹推进数字化平台建设、全域AAA景区化、问越路核心段景区化改造、越剧团体招引、实践基地设立等工作。全年接待游客20.6万人次，接待党政考察团209批次，被评为绍兴市文明旅游示范单位。　（高铁新城 盛珂炜）

乡镇街道

三界镇

【概况】 三界镇位于嵊州市、柯桥区、上虞区交界处，是嵊州市北大门，东北与上虞区接壤，西北与柯桥区相邻，距嵊州市区19千米，距绍兴市区45千米。镇域面积155.47平方千米，呈“五山四田一分水”地貌，辖19个行政村（103个自然村），1个居委会，17206户，户籍人口54182人。2022年，实现财政总收入2.4亿元，同比增长32.5%，其中一般公共预算收入1.4亿元，同比增长31.9%。

【综合实力】2022年，规模以上工业产值43.7亿元，同比增长9.7%；固定资产投资6.4亿元，其中工业投资5.1亿元，三产投资1.03亿元。批发业、餐饮业、限额以上社零业分别同比增长53.5%、39.6%、22.9%，嵊州市2022年首次“晾晒赛马”擂台比武和实绩比拼均获第一。新增省科技型中小企业16家，国家级高新技术企业新认定8家。人才招引持续发力，全年累计兑现人才政策奖励600余万元，入选“国家引才计划”3人，入选绍兴“英才计划”2人。10个总投资99.81亿元的重大产业项目加速推进，其中投产4项，完成主体建设3项。招引并落地项目6项，计划总投资额26.6亿元，其中20亿元以上项目1项。

【平台建设】 持续实施东扩西进战略，深入实施“融湾强园”工程，临杭产业园基本竣工投产，其中9家企业上规。出台项目标前、标后监督管理实施办法，有序推进总投资7.1亿元的三界片区基础设施建设工程、城乡风貌提升改造工程等7个项目。完成工业土地出让490亩，经营性土地出让70亩，低效用地盘活238亩，盘活存量土地85亩。完成高山头整村搬迁政策处理工作，推动多肽产业园建设。启动编制千年古城始宁与开发区（高新园区）三界片区产城融合发展规划。完成新增融资金额5.15亿元，平台公司综合实力不断提升。杭台高铁于1月8日正式通车运营，绍兴港嵊州港区三界作业码头交工验收，“浙江一小时经济圈”基本建成。

1月8日，杭台高铁（嵊州北站）通车仪式举行

【集镇建设】 深化第二轮省级小城市培育试点，加快完善集镇配套设施，助推完善小城市“15分钟精致生活圈”。开展集镇污水清淤、管网维修，推进城乡风貌提升改造工程，建筑面积4.7万平方米的新邻里中心进入装修阶段，建筑面积11万平方米的启航花苑项目基本完工，引入雷迪森运营团

队，对晶悦广场按三星级标准进行规划设计。成立工作专班，开展农贸市场和集镇环境大整治，农贸市场搬迁至新领里广场，成立“每日一巡查”管理队伍，深化“每周一抽查”工作机制，确保环境卫生长治长效。

【乡村建设】 加快“美丽公路”建设，实施大中修公路、共富路及亮化工程等项目，道路总长25千米，总投资2000余万元。对照“一分两清三化”（垃圾分类、清理乱堆放、清理空倒房、三线序化、庭院美化、公厕洁化）要求，推进农村人居环境整治。累计整治乱堆乱放9000余处，清理空倒房180余间；投资1000余万元，打造亮点、节点114个，项目动工率100%；建立赛马机制，每月会同第三方评估机构对19个行政村实行全覆盖检查，承办嵊州市人居环境整治提升工作现场会。实施“碧水一号”“碧水二号”治水行动，出台《三界镇农村生活污水管网运维办法》，规范农村生活污水管网运维。完成蒋镇村等农村饮用水提升改造工程7项，总投资1071.89万元。

【一产三产】 压紧压实“米袋子”“菜篮子”责任，完成粮食播种面积52300亩、粮食总产量21851吨。19家留存猪场恢复饲养，存栏10118头，出栏10717头。完成“两非”整治工作。投资205万元，完成下洋畈、八郑畈、白沙畈粮食功能区提标改造工程并通过验收。举行三界种粮大队出征仪式，《人民日报》、新华网等新闻媒体报道“三界种粮大队”相关经验。国家级农业产业强镇、浙江飞翼酒店式公寓等项目建设顺利推进，启航花苑、新邻里广场等商住楼盘销售形势平稳。着眼全

4月1日，三界镇春耕备耕服务月行动暨三界种粮大队出征仪式举行

域旅游高质量发展，推进千年古城创建，完成《全面推进三界镇千年古城复兴试点工作若干意见和任务清单（初稿）》。加快景区镇创建，石门岭古道修缮工程进场施工，星期八游步道（二期）启动立项。

【社会保障】 持续推进全镇19个行政村新时代文明实践站创建。实施文化惠民工程，结合传统节日、“文化三走进”等主题，组织开展志愿服务、文艺晚会等惠民活动。深化“最多跑一次”改革，梳理整合审批事项91项，累计服务群众30673次，“最多跑一次”实现率99%以上，窗口服务效能有效提升。立足于抓基础、抓制度、抓队伍、抓管理，召开嵊州市基层档案工作标准化建设试点工作现场会。超额完成“越惠保”参保工作。提升教育质量，创建绍兴市现代化学校1所。

【基层治理】 持续推进“县乡一体、条抓块统”改革，因地制宜撤销驻村指导中心，组建19个联村工作组。加快“一支队伍管执法”改革，挂牌成立三界综合行政执法队，率先完成赋权事项线上认领、执法证领取等工作，以三界镇名义办理一般程序行政处罚案件5起。开展信访积案“百日攻坚”行动，全镇信访积案实现动态清零，信访回流积案全部化解。开展党的二十大安保、综合治理三年行动、安全生产风险防范、安全生产大培训和安全生产月活动等工作，狠抓重点行业领域专项整治，严厉打击各类非法违法行为，全镇未发生重大安全生产事故。构建派出所“友苗有话说”调解室、法庭“义行工作室”民事案件调解室、司法所“始宁调解室”、民间社会和谐促进室（老娘舅）的镇级“5分钟调解圈”，调解化解矛盾纠纷218起，调解成功率98%。

【基层党建】 开展全镇19个行政村132名两委干部全面“体检”，构建四维评价体系，描绘“政治”画像。开展流动党员排查整顿，逐个支部过筛、逐名党员核查，共摸排出流动党员51名。开展非公企业“克难攻坚抓覆盖”专项行动，新建联建支部10个，单建支部2个，实现非公企业员工50人以上及规模以上企业党组织全覆盖。探索建立

纪委督查处理一条链工作运行机制，围绕中心工作开展各类监督检查22次，“第一种形态”处理67人次，党纪立案28件，办结25件，自办案件5件。

（三界镇 车佳辉）

表32 2022年嵊州市三界镇各行政村基本情况表

村名	书记、主任	户数（户）	人口（人）	耕地（亩）	园地（亩）	林地（亩）
灵运村	吴尧根	865	2684	2436	662	2507
江东村	王秋法	921	2720	3252	1405	8484
灵芝村	王雪君	1254	3641	2949	2378	1685
前岩新村	赵志军	983	2829	1854	1450	8500
福源村	周为军	697	2160	1890	490	6823
沈塘新村	沈友荣	1053	3309	4206	1138	520
西杜村	沈月峰	1189	3388	2354	1477	4801
友谊村	陈庆正	827	2386	2701	300	800
清水塘村	张志敏	803	2660	3129	306	753
蒋镇村	周祥富	1262	4050	3301	703	3206
大龚村	龚继明	623	2049	1833	150	1207
杜联村	杜国金	515	1724	1438	65	63
八郑村	郑吉义	909	2957	4181	345	5911
长桥村	郑亚新	1439	4818	5540	461	1760
上三村	何秋平	711	2431	2539	274	0
沈湖村	郑军江	629	2016	3181	0	3041
嵜浦村	金佳丽	773	2569	1440	135	3740
南街村	吴建光	1032	3482	2246	235	231
北街村	王国华	721	2309	1598	63	500
合　计		17206	54182	52068	12037	54532

浦口街道

【**概况**】浦口街道位于嵊州市区东北部，东接黄泽江，南邻新昌县，北靠四明山，西沿剡溪，黄泽江、四明江横穿境内，地势东北和南高、西低，面积102平方千米。下辖21个行政村（农村社区）和5个城市社区，常住人口约9万人，流动人口约5万人。全年实现财政总收入14.06亿元，一般公共预算收入8.21亿元。累计完成规模以上工业总产值240.1亿元，同比增长15.5%，完成工业有效投资12.4亿元，实现限额以上批发额63.3亿元，同比增长43.1%；限额以上零售额18.8亿元，同比增长68.6%；住宿业3446万元，同比增长162.8%。全年实现高新技术产业产值166.01亿元，同比增长15.2%；规上企业研发费用9.4亿元，同比增长33.5%；战略性新兴产业产值90.4亿元。全年获奔跑奖4次，“共同富裕贡献奖”3个，第一次和第三次全市“晾晒赛马”争一流先锋单位，

“半年红”争先进位单位，获评2022年度嵊州市先进集体。

【工业经济】 亿田、陌桑、海威汽车3个重点工业项目有序推进，累计完成投资8.3亿元。上市企业3家，森歌、图森等多家企业列入上市梯队。全市共5个经济发展特别功臣，浦口企业占4个（亿田、盛泰、森歌、帅丰），分别有全市30强、30优企业13家和8家。全年共完成小升规18家、下升上15家、股改6家、创新创业板块挂牌2家。完成陌桑、新起点焊接等40个企业数字化建设项目，新增工业机器人121个，新增国家高新技术企业37家，新认定科技型中小企业35家。板川电器获市长质量奖，亿田、森歌企业获绍兴市工业亩均效益“领跑者”称号。

比亚迪公司厂区

【基础设施】 故江至兰溪公路全线通车，坂青公路完工，周家坂至下洋棚、畈黄线上林至上屋2条农村道路完成路灯亮化。市妇幼保健院（嵊州市第二人民医院）及疾控中心异地新建工程开工建设。寅初小学、莲塘小学改扩建工程完工并投入使用，浦口街道中心幼儿园、绿地四季印象幼儿园完成项目前期工作，镇海中学嵊州分校加快建设，浙江经济职业技术学院嵊州校区落户浦口。

镇海中学效果图

【服务保障】 依托“重点办+各条线”联动的大兵团作战机制，完成政策处理19个区块共计3000余亩，累计拆除房屋14户、工业厂房1处，迁移坟墓240余穴，政策处理800余亩。完成无底井（高窑山）城市更新改造工作，累计拆除房屋126户，拆迁面积约3.5万平方米。组建助企网格15个，帮助企业解决困难140余个，兑现政策补贴415项共计约1.5亿元。申报返嵊补贴3611人次，留嵊补贴1461人次，涉及金额249.6万元；申报设备投资奖励共52家，涉及金额7266万元。街道层面兑现高质量发展奖励资金264万元。协助争游网络获得2021年度政策扶持资金172万元。

【人才引进】实施人才新政5.0版，全年新引入大学生2400余人，申报国家引才计划（创新+青年）28人，申报科技类国家海外引才计划3人，入选2人。共计上报省引人才（创新人才和青年人才）36人、创业人才4人，入选创新人才答辩2人、青年人才2人，申报绍兴名士之乡人才14人，入选答辩5人。

【环境提升】 实施污水零直排提档升级和沿线沿路环境整治等工程，获美丽城镇省级样板称号。桃源、城东2个社区被评为绍兴市级绿色社区。故江新村在嵊州市10月份人居环境测评中排名第一，获红旗村荣誉。故江新村被评为省AA级景区村庄、四明村被评为省A级旅游景区村庄。常态化推进违法建筑处置工作，累计拆违21000平方米。推行垃圾分类工作，玉兰花园、天章华府创建成省级高标准垃圾分类小区。专班化实施砂石资源监管，处置非法开采砂石等违法案件11起，清运砂石230余万吨，财政增收1.2亿元。

【平安建设】 开展安全生产、消防安全隐患消除活动，累计走访房屋、店铺、企业等4200余处，整改各类安全隐患4500余处，完成黄塘桥出租房消防隐患绍兴市挂牌点和14个高层住宅小区消防安全隐患整治工作，全年未发生较大以上安全生产事故和火灾亡人事故。推进办理群众来信44件、政务热线2352件，办结率均100%。推进行政诉讼出庭应诉制度，2022年街道行政诉讼案件共13件，出庭率100%，结案11件，胜诉率100%。一村社一法律顾问制度实现全覆盖，全年累计提供法律服务 468 次，其中接访咨询 324 次，出具法律意见书 12 次。

【民生事业】以浦口社区养老服务“爱心卡”试点和国泰养老中心康养联合体试点为契机，健全养老体系，完成适老化改造 17 户，初步筛查 15932 名老年人自理能力，其中 1454 名老人转入专业评估。完成退役军人建档立卡 2000 多人；完成东郭、桃源、花园 3 个村（社）百姓健身房和东郭多功能运动场建设，打造 15 分钟健身圈。组织开展马寅初 140 周年诞辰纪念活动，马寅初研究院挂牌。开展“携手共富美 放歌红色之旅”文艺作品线下拍摄线上展播、“百年风骨 云归故里”云直播、“放歌二十大”等大型文化活动 10 场，组织开展“我们的节日”、新时代文明实践等主题活动以及各类专题宣讲培训 500 余场。打造以马寅初故居、浦口英烈馆为主的“2+X”红色文化布局，全年接待各类群体参观学习 160 余批次。高标准农田建设项目完工，11 个补充耕地项目审核入库；农村生活污水提标改造项目 7 个标段、管网部分 6 个标段通过初步验收，珠溪、四明、大江村内管网改造基本完成，25 个终端开工；完成东方水库、浪网湾水库除险加固及大湾塘山塘综合整治水利基础设施修复工程，开展眠牛弄水库、王了坑水库整治提升工程及眠牛弄水库灌区改造项目。

马寅初故居

【组织建设】发挥街道人大议政会、政协民情月商会作用，开展人大监督活动 50 余场，提供康养讲座、义务问诊等暖心服务 22 场。发挥“浙里红色根脉强基工程”“浙里兴村治社”“浙里民情”等作用，累计走访 7201 户，打卡 4665 次，发布边走边晒 1737 篇，上报问题处置 203 件、“民情日记”7627 篇。创建“五星达标”村 2 个，桃源社区和花田村创建为 2022 年度示范型村社“四中心”。探索“支部建在小区上”，建立 19 个小区党支部，覆盖 2 个城市社区共 24 个小区，与农商银行、马寅初小学、中国电信市场部支部 3 家单位签订党建联盟协议，组建跨行业党建联盟。实现 155 家非公企业党建全覆盖，推进森歌等 4 家企业“五星双强”创建，助推东方电机成为 2022 年度省级、绍兴市级民族团结进步创建重点培育单位。

浦口街道学习贯彻党的二十大精神主题晚会举行

（浦口街道 唐雨纯）

表33 2022年嵊州市浦口街道各行政村（社区）基本情况表

村名（社区）	书记、主任	户数（户）	人口（人）	耕地（亩）	园地（亩）
三塘村	陈云江	1023	3233	1885	379
大江村	叶乃方	1155	3738	65	0
丰乐村	宋长财	1034	3119	2734	189
东郭村	孙益斌	1026	3473	0	0
四明村	叶春江	1096	3711	2547	763
多联村	茹永江	1227	3759	1719	0

续表 33

村名（社区）	书记、主任	户数（户）	人口（人）	耕地（亩）	园地（亩）
江桥村	王方良	715	2222	5	0
花田村	高　科	1011	3070	758	2
花园村	张贤荣	1233	3953	0	0
故江新村	袁静野	1200	3779	2023	808
珠溪村	孙明军	1438	4387	15	447
屠家埠村	屠孺永	1041	3573	1363	602
蒋林头村	陈伯虎	885	2954	85	14
新浦村	金晓南	901	2914	2048	98
下中西社区	尹锡仁	387	1178	0	0
上杨社区	杨金林	354	1095	0	0
莲塘社区	卢黎明	490	1387	0	0
浦口社区	张再明	656	1888	0	0
浦东社区	陆颂良	390	1189	0	0
棠头溪社区	吴锦雷	1154	3233	448	15
谢慕社区	金建钧	371	1170	0	0
桃源社区	茹强刚	1718	3916	0	0
月湖社区	杜海霞	829	2502	0	0
和悦社区	滕立永	3819	9950	0	0
天章社区	黄霞	7444	9614	0	0
双塔社区	张卓如	1868	5182	0	0
合　计		34465	90189	15695	3317

剡湖街道

【概况】剡湖街道成立于 2001 年 12 月 3 日，面积 38.2 平方千米，东至剡溪，和浦口街道相邻；南至长乐江，与三江街道接壤；西至工农村，同鹿山街道相连；北至禹溪村，跟仙岩镇毗邻，辖 13 个社区和 8 个行政村，共 27926 户、77024 人。2022 年，完成规模以上工业产值 79.21 亿元，同比增长 24.12%；规模以上工业增加值 24.91 亿元，同比增长 43.89%；完成固定资产投资 3.75 亿元，同比增长 29.39%；完成限额以上批发销售额 12.75 亿元，同比增长 38.71%；实现财政总收入 5.94 亿元，其中一般公共预算收入 3.19 亿元。

【党建引领】 深入学习宣传贯彻党的二十大精神，迭代升级以“七张问题清单”为牵引的党建统领工作机制，发扬党员干部先锋模范作用。一是增强党建在基层治理中的领导力。提升“红色根脉强基系统”应用场景，坚持党建+网格、党建+数字、党建+小区，配强“1+3+N”力量，新招 44 个社工专职网格员，入网 41 个共建单位、476 名工作人员和 1 万多名志愿者，探索现代社区建设，完善小区治理架构，运用“浙里兴村治社”“浙里民情”解决民情事项 3760 件。二是增强党建在基层治理中的创造力。以党建统领盘活村集体资源，通过产权租赁，完成332项招标，为各村增加集体经济收入2106万元；以党建统领联建7个共富工坊，发挥要素、产业、项目优势，提前一个季度完成8个行政村消薄任务，其中 4 个村集体经营收入超100万元；以党建统领“一支队伍”管执法，实行“大综合一体化”行政执法改革，覆盖6大领域，累计办理案件307起，处罚金额合计10.86万元。三是增强党建在基层治理中的凝聚力。开展“识变、应变、求变”大讨论活动和“强执行、快落实、不过夜”思想风暴，推进理论宣讲“六进”建设；完成100个支部规范整治；开展584名农村党员“年中点验”和先锋指数考评，评出优秀党员10名，先锋党员22名，合格党员552名，警示党员2名。牵头申报各类引才计划，入选国引2人，进入省引答辩2人，入选绍兴名士之乡人才2人。四是增强党建在基层治理中的生命力。全面推进党风廉政建设和反腐败斗争向村社基层延伸，严格落实“一岗双责”，用好监督执纪四种形态，保驾护航街道中心工作。立案审查违纪党员18名，开展正风肃纪检查34次，效能问责干部14名，查办违纪违法案件23件。强化三务公开，用好基层公权力平台，保障“小微权力”规范运行。

【经济发展】按照新一轮制造业“腾笼换鸟、凤凰涅槃”攻坚行动要求，以省级化工园区“一园一策”整治和工业全域治理2.0为抓手，打造百亿级生命健康产业板块。一是推进三大转型。以平台带动发展转型，突出城北省级化工园区功能定位，105宗总计3032亩土地纳入一码管地，整治问题企业138家，完成6家劳动密集型企业宿舍搬迁；以企业带动产业转型，突出“内育、外引、培优、助强”引领方向，完成村集体土地政策处理 260余亩，支持生命健康、新材料等产业扩大生产；以项目带动地块转型，突出化“散”为“聚”规模发展，清退低散企业19家，入驻金塔助剂、炫彩环旭、聚威科技等好项目。二是推进三区建设。打造医药产业金三角，完成漉泽区块197户村民100%签约、腾空，保障生物医药项目发展空间；提升传统产业培优区，完成股改2家、挂牌1家、小升规9家；筑好高端产业发展区，完成林溪大桥、林溪路交通工程所涉土地政策处理，新增科技型中小企业13家、高新技术企业6家。三是建立三套机制。落实专班推进机制，与市级相关单位、驻街道站所庭联建企业服务工作专班，形成专班指挥、线办配合、部门联动工作格局；落实服务评价机制，每周实行“统计一次、通报一次、评优一次、总结一次”工作法，形成服务闭环；落实数字智治机制，以驻企服务小管家上下衔接、左右协同，解决企业发展问题128个。

【城乡建设】 一是推进城市更新改造。合力开展白莲堂未来社区房屋征收工作，按照五大区块，组建66个工作组，配置“1+1+N”业务团队，完成签约、腾空2043户。持续深化“三改一拆”，累计拆除违建16633平方米，东豪新村创建为绍兴市无违建小区。二是践行生态文明理念。完成“污水零直排区”项目建设86个，7个排涝口水质明显改善，“今日聚焦”曝光问题核销通过初步验收，基本完成“污水零直排区”标杆镇街创建，入围2022年度全省“五水共治（河长制）”工作考核优秀乡镇（街道）推荐名单。持续推进“蓝天保卫战”，开展城北工业区废气治理，强化扬尘源头管控和秸秆焚烧执法，获评绍兴市生态文明建设突出贡献集体。剡艇苑、迎恩府创成省级垃圾分类高标准小区，建成垃圾分类定时定点投放点39个。三是发展社会公共事业。改造提升张墅至戴望等乡道23千米，实现全域15分钟进城；完成唐家坂水库等山塘水库综合整治，惠及1500多户；新建龙会社区、明心社区党群服务中心，新建、升级19个村、2个小区居家养老中心，投用里坂体育公园；文明创建常抓常新，保障 100 万元推进“六件小事”，实施示范小区、美丽楼道等系列引领行动，开展各类志愿服务1600多次；创建“15分钟”省级文化品质生活圈13个，获评绍兴市首批“枫桥式”乡镇（街道）社工站，茶文化博物馆入选浙江省标准化乡村博物馆。

【社会治理】坚持把矛盾纠纷化解在源头，社会风险整治在日常，结合“大综合一体化”行政执法改革、四个平台、“12345”热线等，全年调解矛盾纠纷143起，处理爆料线索5352件，8件信访积案无回流。筑牢安全生产屏障。强化城北园区安全监管，运营应急指挥中心管控平台，落实24小时值班，邀请中化协专家入驻。持续开展安全生产、消防安全隐患专项整治，共检查企业260多家、沿街店铺2051家、楼宇（小区）56处，发现并完成各类问题整改631个，完成11个高层小区消防隐患整治。办理安全生产违法案件8件，处罚违法企业11家，罚款金额16.45万元。全年未发生生产安全事故。（剡湖街道 丁逸楷）

表34　2022年嵊州市剡湖街道各行政村（社区）基本情况表

村（社区）名	书记、主任	户数（户）	人口（人）	水田（亩）	旱地（亩）	山林(亩)
禹溪村	钟　勇	454	1493	207	106	170
里坂村	童万钧	942	2730	337	293	50
八何洋村	宓梦君	488	1388	112	17	159
竹前村	竹秋桥	473	1426	702	353	95
漩泽墅村	尹　德	348	1104	96	119	286
大璋村	张文江	875	2478	2192	596	477
沙园村	张立云	408	1161	906	208	225
碑山村	黄绍军	807	2275	1238	926	2508
东浦社区	卢顺昌	2927	8531	0	0	0
北郊社区	李成城	4435	12470	0	0	0
越秀社区	俞秋果	1562	4303	0	0	0
相公殿社区	郑　连	2322	6223	0	0	0
龙会社区	马煜江	1548	4122	0	0	0
白莲堂社区	张　漫	1909	4766	0	0	0
江滨社区	孙君平	885	2287	0	0	0
工农社区	沈庆奎	1802	4884	0	0	0
城隍坊社区	蒋凌霄	1396	3517	0	0	0
新北社区	李武军	3692	10059	0	0	0
艇湖社区	李维正	653	1807	0	0	0
合　计		27926	77024	5790	2618	3970

三江街道

【概况】 三江街道位于市区南部，与新昌县接壤，上三高速、甬金高速、104国道贯穿全境，杭台高铁和金甬铁路十字相交并设综合场站。区域面积28.62平方千米，辖8个村（居）、10个社区，常住人口约10.3万人。2022年，实现财政总收入6.11亿元，一般公共预算收入3.42亿元，规模以上工业总产值54.86亿元，全社会固定资产投资3.24亿元，限额以上社会消费品零售额19.57亿元。

【经济建设】 2022年，辖区内有规模以上工业企业76家。全年新增规模以下工业非目录样本企业4家。迪贝智控、天蚕新材料、金帝智能厨电等17个重点工业项目有序推进，累计完成工业投资2.46亿元。全年批发业销售额24.46亿元，零售业销售额18.52亿元，住宿业营业额2668万元，餐饮业营业额2.36亿元，完成商贸服务业“下升上”19家，风情美食街、吾悦广场分别被评为绍兴市级文旅夜间消费集聚区和智慧商圈。

嵊州风情美食街夜市

【人才科技】 全年R&D投入2.73亿元，同比增长13%。累计实现战略性新兴产业产值23.11亿元，占比42.12%；高新技术产业产值38.19亿元，占比69.62%；新产品产值30.11亿元，新产品率54.89%。完成数字化改造企业12家，新增工业机器人35台，新认定国家级高新企业6家。兆丰众创产业园列入省级备案众创空间。入选省级引才计划答辩7人、绍兴市“名士之乡”英才计划5人、嵊州“剡溪英才计划”1人，获评嵊州“工匠”1人；申报各级人才项目数、新增本科及以上学历人数均实现两位数以上增长。

【城市品质】 完成仙湖幼儿园北侧房屋征迁，土地征收团队获“市长奖”。污水零直排建设持续推进，下元塘、仙人坑、爱湖渠、下南田、城南闸5个排涝口水质实现常态达标，“污水零直排”样板镇创建通过市级初验。垃圾分类全域推进，44个小区完成51个定时定点集置房建设，承办全市现场会。深入实施农村人居环境提升工程，整治各类环境卫生问题2929个。

【社会治理】 开展重大隐患大排查大整治行动，紧盯安全生产、消防、违建、道路交通等8大类隐患，全年累计检查沿街店铺1544家，完成19个公共高层和25个小区高层消防隐患整改，安装企业智慧用电系统130多套、智慧充电桩210余套。累计发放宣传资料20万余份，推进安全生产、消防、违建等隐患清零。

【基层党建】 开展党的二十大精神巡回宣讲活动，进社区、进农村、进学校，持续兴起学习贯彻热潮。坚持以党建推动网格智治和现代社区建设，配实115个网格、471个微网格人员。推进社区治理创新，选配全市首个“90后”社区书记，试行首个“824”社工管理细则，举办首届青年社工“民情大比武”活动。聚焦“一老一小”，强化社区“治理+服务”，江南智慧社区卫生服务站投入使用。全年累计培育社会组织69家，开展活动500余场，参与群众超3万人次。坚持抓党建促共富，创新党建联建“共富飨铺”，风情美食街“消薄”项目运营，“汇心向农直播工坊”入选全省首批电商直播“共富工坊”典型案例。

共富飨铺

（三江街道 马龙杰）

表 35　2022 年嵊州市三江街道各行政村（社区）基本情况表

村（社区）名	书记、主任	户数（户）	人口（人）	耕地（亩）	园地（亩）
下元塘社区	张成江	3661	15301	0	0
仙湖社区	刘王德	2997	9852	0	0
新越社区	竺新锋	3189	10547	0	0
慧民社区	程　远	1503	4067	0	0
江晓社区	袁一忠	4175	12480	0	0
江南社区	吴　超	3325	9026	0	0
江悦社区	宋卫祥	3498	9724	0	0
丹桂社区	沈　爽	4152	10131	0	0
杨港社区	周莲海	1652	3870	0	0
上塘社区	史嘉辉	1588	5261	0	0
茶坊居	汤礼江	836	2536	450	110
阮庙居	吴新军	371	1189	101	91
章村路居	章登峰	622	1846	123	45
桥里村	施益鸣	427	1263	28	20
上东潭村	王建平	395	1254	841	130
缸山村	章邦明	480	1621	497	218
圳塍村	高浩明	444	1359	50	220
忠铨村	石颂明	612	1855	290	159
合　计		33927	103182	2380	993

鹿山街道

【概　况】鹿山街道地处嵊州市区西部，东邻剡湖街道，南连三江街道，西接甘霖镇，北毗崇仁镇。区域面积 52.49 平方千米，辖 11 个行政村和 6 个社区，户籍人口 5.94 万人，常住人口 6.88 万人。下设基层党组织 140 个，其中党工委 1 个，党委 16 个，党总支 5 个，党支部 118 个；共有党员 3316 名，其中农村党员 1948 名，社区党员 840 名，两新党员 316 名，机关党员 137 名，流动支部党员 75 名。2022 年实现财政总收入 2 亿元，一般公共预算收入 1.1 亿元，同比增长 16.07%和 10.26%；完成固定资产投资 2319 万元，其中工业投资 1193 万元；限额以上批发业、零售业、餐饮业分别达到 25.97 亿元、3.79 亿元、2541 万元，同比增长 52.58%、77.75%、20.41%。

【工业经济】工业以服饰鞋帽、机械配件、电机制造为主导，拥有规模以上工业企业 10 家，规模以下工业企业 241 家，个体工业企业 427 家。全年规模以上工业总产值 5.02 亿元，同比增长 37.57%；新增“小升规”1 家、“下升上”2 家，完成股改挂牌企业 1 家；新认定高新技术企业 3 家，投入科技研发费用 1650 万元。组织开展工矿企业、沿街店铺集中整治行动，累计摸排隐患 4623 条，均已整改到位；街道自主处罚违规企业 8 家，罚没金额 9.1 万元。持续推进“百万员工”安全教育培训，定期组织大规模应急演练、企业安全生产集中学习，覆盖各类岗位员工 5000 余人次，实现企业安全生产零伤亡。

【现代农业】作为嵊州市重点农业产区，拥

有花木10000亩、水果3000亩、蔬菜6500亩，是“全国特色种苗基地”“浙江省花木之乡”“浙江省十强花卉乡镇”“浙江省农业特色优势产业强街道”“浙江省茭白之乡”。2022年完成大岭水库、铭家寺山塘等病险水库山塘除险加固工程；启动浦桥村渠道改造、孟爱桥重建等项目建设，筑牢农村防台防汛安全屏障。坚决遏制新增耕地“非农化”“非粮化”，粮食生产功能区非粮化整治82亩，完成旱改水110亩。扎实推进农村生活污水管网运行改造，完成里新联、江燕等5个行政村生活污水提标改造项目。

【重点项目】 沿用大兵团作战机制，推进环南路改造、嵊州市初级中学与剡溪小学临时停车场及配套建设、比亚迪输电线路工程以及曹娥江流域防洪工程等项目政策处理，全年完成政策处理1600余亩。快速处置小砩桥、丽湖大道、丽湖区块综合管廊等市级重点项目推进过程中遇到的政策处理问题，为项目无障碍推进提供有力支撑。

【城乡面貌】 立足完善城市功能，改善群众生活条件，完成24个老旧小区封闭改造，实现智能化设备安装和物业管理全覆盖。加快违建整治进度，共处置各类违建1.4万平方米，拆后利用率达98%以上。开展全省“两路两侧”违建专项整治行动，完成4个点位整改工作，提升交通干线和城市道路品质。优化社区布局，3个城市社区调整为6个，落实长宁社区、明月社区、高版社区办公场地，投资500万元打造长宁未来社区邻里中心，紧盯“九大场景”解决民生需求，发挥面上示范引领作用。

【生态环境】 推进城区“污水零直排”建设，涉及工业企业80家、六小行业251家、公建单位22家、住宅小区40个及近郊村3个，顺利完成验收，城区9个排水口水质全部达标。落实“蓝天保卫战”各项行动，对辖区内建筑工地及城改拆除区扬尘进行督查整改，阻止农村秸秆焚烧1000多起。开展全域环境整治行动，江夏、白沙地等5个村获评市红旗村。推进生活垃圾分类工作，建成生活垃圾分类定时定点投放点42个、垃圾中转站1个，实现所有小区“撤桶并点”。

【民生事业】 履行“保基本、兜底线”职责，用心用情用力做好优抚救助工作，推进社区居家养老服务，完成特殊困难老年人家庭适老化改造16户，街道居家养老中心通过绍兴市四星级评定。分批组织村、社退役军人及军人遗烈属建档立卡，为70名重点优抚对象发放补助160万元；创建东南、高版两个村级“全国示范型”退役军人服务站。加强低保低边动态管控，累计为436名在档人员发放生活补助380万元；多次组织残疾人送温暖活动，开展残疾人基本情况和需求信息调查，为756名重度困难残疾人发放各类补贴238万元，全面完成第三代残疾人证更换工作。

【社会治理】 落实街道党政班子轮值接访制度，全年接访160批331人次，办结信访件1600余件，动态化解省绍兴两级信访积案17件。常态化开展反诈反邪禁毒法治平安宣传活动，分发平安三率宣传单2万份，实现辖区常住居民彩铃短信通知全覆盖，做到平安创建家喻户晓。落实禁毒人员春晖家园App智能安装工作。做好常态化疫情防控工作，全年开展各类防疫知识培训6次、大规模应急演练5次，及时处置多次疫情。科学优化和调整防控措施，稳妥实施新冠病毒感染乙类乙管，确保有序转段、平稳度峰。

【基层建设】 实施“条抓块统、强村优格”综合改革，撤销原有3个工作片，由班子成员、工作团队直接联村联社，实现扁平化管理。推进“大综合一体化”改革，成立鹿山街道综合行政执法队，配齐执法装备和人员力量，及时高效开展综合执法，完成一般程序行政处罚案件75起。全面推进村企党组织阵地建设，新增“五星达标村”2个、“五星达标社区”1个，创建“五星双强”企业党支部1个。同步落实“支部建在网格上”要求，结合社区规模调整，实现30个小区、101个网格党支部全覆盖。推进市委巡察反馈问题后续整改工作，完成街道级问题整改3条、村级问题整改17条，整改完成率100%。 （鹿山街道 陈超权）

表36　2022年嵊州市鹿山街道各行政村（社区）基本情况表

村（社区）名	书记	户数（户）	人口（人）	耕地面积（亩）	园地面积（亩）
小砩	竹贤明	1185	3723	730	1105
新联	马浙峰	1069	3605	2302	1884
江燕	王悠忠	958	3080	2557	1321
新市	谢余军	1009	3194	3498	1872
碧溪	袁连军	1436	4299	2151	1967
雅致	丁朝黎	836	2386	943	1266
白沙地	周方勇	1014	3450	1956	1823
东大湾	李裕华	1147	3449	1420	3070
浦桥	史钱江	1371	3853	2902	3094
江夏	金君钦	947	3008	1936	1373
南田	赵烈钢	335	1181	414	81
捣臼爿社区	史小波	1521	3250		
高版社区	吴正锋	2828	7644		
东南社区	赵洋	1597	5086		
明月社区	应晓琳	1601	5203		
宸希社区	高小良	347	977		
长宁社区	史海燕	789	2039		
合　计		19990	59427	20809	18856

甘霖镇

【概况】 甘霖古称两头门，位于嵊州市西南部，离市区12千米，区域面积159.5平方千米，辖35个行政村、2个社区，共28751户，户籍人口79778人，是全国重点乡镇、省级中心镇、浙江省第三批小城市培育试点，也是全国环境优美乡镇、国家卫生镇、省级先进乡镇党委、省级文明镇、省级生态镇、省级文化强镇、省级特色农业强镇、省级体育强镇和省级东海文化明珠镇。2022年，实现全社会固定资产投资8.6亿元，规模以上工业总产值46亿元，同比增长1.8%。全镇限额以上批发业销售额18.4亿元，同比增长167.8%；限额以上零售业销售额1.4亿元，同比增长51.2%；限额以上住宿业营业额994万元，同比增长72.7%；限额以上餐饮业营业额1707万元，同比增长21%。实到外资409.7万美元。围绕建设“嵊州副中心、富乐示范地”目标，抓好经济社会发展和平安稳定工作，探索共同富裕先行示范的镇域发展道路。

【工业经济】 坚持“1+N”产业规划，扶持制冷、机械、纺织、电声四大传统产业，引育智能制造、电子信息（数字5G）、新材料等新兴产业。全年完成企业“小升规”19家，“下升上”2家，规模以上企业总数达到93家。工业企业复产率、一季度规模以上和规模以下增加值增速、6月底前完成全年股改、挂牌任务等工作获市通报表扬；一季度固定资产投资获2022年第一批“奔跑奖”。全年实现规模以上工业企业研发投入2.2亿元，高新技术投资3.6亿元，规模以上工业新产品产值2.4亿元，培育高新技术企业11家，省科技型中小企业31家，智管家备案企业3家。引进国家引才计划创新人才1人，绍兴“名士之乡”英才计划1人。紧盯“1212”招商选资目标，坚持招大引强、招新引优，总投资10亿元的新锐·万马（嵊州）产业园项目和总投资5亿元的浙江来福谐波传动股份有限公司生产线项目签约，其中万马产业园新增项目用地149亩，于15天内完成70户农户的政策处理工作。

【城乡建设】 建成集标准游泳馆、篮球场、羽毛球场于一体的全民健身中心。推进3条农村共富路建设，方便群众出行。推进嵊州市城乡风貌整治提升（甘霖段）项目建设，提升沿路沿线景致。常态化开展农村人居环境整治提升行动，35个行政村“脏乱差”现象得到改善。实施“富乐再提升”行动，对黄箭坂村、东王村进行整村规划。推进施家岙村“乡村振兴先行村”创建，打造乡村客厅。落实“一庭园三基地”新建项目，优化村庄环境，引进税源经济。

【现代农业】 长乐江孔村至黄箭坂村段治理工程、崇仁江甘霖段综合治理工程完工，石璜江综合治理工程甘霖段、集镇内涝综合治理工程有序推进。开展15个点累计1007亩补充耕地种植管护，亩均产量400~500公斤。推进粮食功能区“非粮化”整治，累计签约清理腾退6778亩，切实做好后期种植管护。发展红美人基地等休闲观光农业，集中力量培育水蜜桃、水果玉米、殿前榨面等特色农产品，打造农业品牌。推进乡愁产业项目——优质年糕水稻基地和生产线建设，发展精深加工，提升产业价值。

【社会事业】 蛟镇小学改扩建及蛟镇幼儿园新建工程顺利完工，蛟镇幼儿园于9月开园招生。全市首家村级老年大学教学点落户洋桥村，拓展老有所为、老有所乐新路径。稳步提升医疗卫生水平，出资1300万元添置甘霖镇卫生院医疗设备。标准化建设便民服务中心，一次办结事项增加到145项，全年共办理各类事项3.7万余件。因村施策，开展村级集体经济消薄工作，35个行政村经营性收入均达50万元以上，其中5个行政村达100万元以上。实施精准帮扶，建立涉及937名低保、30名低边和33名特困对象及残疾人的动态监测机制。举办第十九届中国嵊州国际书法朝圣节相关活动。打造“1+3+N”新媒体传播矩阵，开设“富乐甘霖”微信视频号，“越响直播间”常态化运营。打造多元化、特色化农村文化礼堂，实现35个村全覆盖，全年累计开展各类文化活动、志愿活动2000余次。

【平安法治】 优化以“五快”为核心的疫情防控七大机制，织密精密智控网格，保障群众生产生活，防止防控简单化、“一刀切”和层层加码。贯彻防疫精神，因时因势优化调整防控措施；开展走访活动，累计走访服务1700余次，发放防疫“爱心包”600余份。开展甘霖镇“除险保安”百日攻坚专项行动，“除险保安”工作晾晒全年共获流动红旗5次，排名同层面第一。治安形势持续好转，全年刑事治安警情同比下降20%，诈骗案件同比下降6.6%，受骗金额同比下降22.3%。推进“大综合一体化”改革，加快社会治理中心建设，打造嵊州乡镇标杆式综合治理平台。坚持把矛盾纠纷吸附、化解在基层，全年“12345”政务服务热线服务指数均值为92.8，位列同层面第一。

【党的建设】 聚焦红色根脉强基工程，用好“七张清单”照镜子机制，全年完成8个问题清单的审核销号。推进“共富工坊”建设，有效畅通村企“联姻”，带动群众稳就业、促增收。聚焦黄箭坂村、东王村“富乐再提升”行动，培育发展红色动能。以系统思维和数字化方式重塑基层党建工作机制，用好用活“浙里民情”“浙里兴村治社”等场景应用。深入推进“县乡一体、条抓块统”改革，撤销驻村指导中心，成立“八办一室一队”，提升基层治理效能。纵深推进党建统领网格智治，完善“1+3+N”配置，打造网格111个，微网格748个。出台《甘霖镇“一点霖希·青春领跑”年轻干部综合素质提升工程方案》，着力提升机关年轻干部综合能力。抓好农村干部队伍建设，每月召开不同主题的工作例会，提高村干部履职能力。压实全面从严治党主体责任，全年共签订全面从严治党目标责任书 66 份，开展日常谈话 178 人次，全年共党纪处分 36 人，第一种形态问责干部 104 人。

（甘霖镇 马一帆）

表 37　2022 年嵊州市甘霖镇各行政村基本情况表

村名	书记、主任	户数（户）	人口（人）	耕地（亩）	园地（亩）	林地（亩）	水面（亩）
蔡王村	郑华永	1143	3040	2652	1708	5800	
上路西村	张少华	811	2238	2334	906	3050	4
罗湖村	郑贤锦	450	1250	1257	526	400	
楼庄村	周立江	585	1546	1626	106	200	
沙地村	袁天乐	748	1925	2344	319	0	9
大王庙村	章哲东	1154	3056	2590	467	2794	3
孔村	黄良东	932	2450	3408	620	200	
上叶村	叶伟东	1235	3307	3010	587	2200	15
黄胜堂村	吕纪忠	737	2070	1986	416	3073	21
甘霖村	尹　伊	1006	2840	1056	76	692	
梅家村	张小良	463	1264	935	357	3820	13
雅沈村	沈　波	588	1939	768	85	395	38
尹家村	尹仲良	818	2287	2018	334	2187	26
蛟镇村	魏成明	687	2079	968	254	270	36
锦秀村	王哲锋	671	1970	496	194	789	33
东王村	金午荣	802	2362	769	437	1298	13
黄箭坂村	袁科伟	589	1791	1421	189	296	30
上高村	高　方	487	1454	365	217	544	7
苍岩村	俞正桂	1543	4576	4109	2373	6100	
亳岭村	陈利华	552	1504	984	1157	10900	
长安村	俞　森	749	2193	1448	1264	2500	
施家岙村	李千福	669	2007	1354	1500	4100	
石道地村	张高峰	724	2055	1136	1350	7800	
凤凰窠村	王柏祥	824	2266	1841	2349	6200	
殿前村	俞城均	675	1934	1095	833	3200	
剡北村	金国安	960	2799	2744	126	5	156
甲秀坂村	宋永军	689	1940	1613	285	0	
查村	邢韩婷	617	1730	2445	81	0	6
马塘村	吴荣华	820	2441	2672	93	30	
洋桥村	陈仲浩	792	2322	1484	304	0	105

续表 37

村名	书记、主任	户数（户）	人口（人）	耕地（亩）	园地（亩）	林地（亩）	水面（亩）
柳岸村	任卫东	827	2248	2112	302	40	
东溪村	董少强	729	2004	2244	172	35	
江田村	黄浙良	827	2421	1882	267	147	
小黄山村	章少鹏	920	2737	2453	161	8	
白泥墩村	沈孟舟	720	1971	1794	135	41	
合　计		27543	78016	63413	20550	69114	515

崇仁镇

【概况】 崇仁镇地处嵊州市西北部，离市区11千米，总面积179.63平方千米，辖32个行政村、3个居委会，总人口7.4万人，其中常住人口5.3万人，是中国历史文化名镇、小城镇环境综合整治省级样板镇、省文旅特色型美丽城镇样板镇、省级AAAA级景区镇、省森林城镇、省卫生镇和绍兴市“五水共治”工作先进集体、嵊州市文明镇。2022年，全镇上下深入学习贯彻党的二十大、中央经济工作会议精神，坚决贯彻落实上级各项决策部署，在加快建设现代化网络型山水城市进程中全力打造文旅古镇目的地，争创共同富裕样板镇。全镇实现财政总收入1.42亿元，一般公共预算收入8457万元，规模以上工业总产值19.29亿元，完成固定资产投资1.96亿元。

【工业经济】 围绕“工业强镇、实干兴镇”目标，搭平台、强产业、促转型、引外资，壮大经济实力。一是保质提标促发展。全年固定资产投资超额完成8445万元，投资增速3.4%；实现限上批发业销售收入1.02亿元，同比增长30.1%；实现自营出口额3.5亿元，同比增长44%。二是平台建设“腾笼换鸟”。全年新增规模以上企业6家，产值1亿元以上企业4家。禾下土、亿桦茶业、上禾家庭等农特产品加工标志性企业相继入园。智能机械与轻纺小微园成功入选省级小微企业园区。整治淘汰落后产能企业2家、“高耗低效”企业11家，腾出用地112亩、用能约0.31万吨标煤。三是招商引资提质增量。主职领导全年外出招商6次，接待来镇客商35批122人次，累计实到市外境内资金4亿元，落地亿元项目2项，计划总投资5.1亿元；新注册产值1亿元以上建筑业企业1家；在谈项目2项，总投资2亿元。四是企业培育再升级。分级构建“小升规—亿元企业—隐形冠军—上市企业”等企业梯队培育库，推动诗顿磨料、富景网络2家企业完成股改，阿斯克与财通证券签订北交所上市合作框架协议；博锐格、创联传动、鼎越锻压等12家企业成功申报科技型中小企业；恒泰电声、阿斯克成功申报“30优”企业；福星、恒泰、创益3家企业有序推进智能化改造。

【农业经济】 稳固农业基础，建设“嵊州粮仓”，入选绍兴市粮食安全先行乡镇。加速数字赋能，激发动能，推进乡村振兴。一是引领粮食数字化改革。建成全省首个粮食数字化平台“百亿崇粮”，完成线上全市1021个种粮大户入库，18万亩粮食功能区基础数据资源实现融会贯通，线下启动稻米文化展馆建设和崇仁年糕饺规范化营销工作，形成“百亿”粮食全产业链条。二是提升农业产业化水平。推进土地综合治理，“千亩方”永久基本农田集中连片整治总腾退面积约1700亩，粮食功能区“非粮化”清理腾退约7000亩，7433亩高标准农田建设项目完工验收；20个山塘水库整治提升工程陆续完工，1355亩补充耕地种植管护项目提前完成。三是探索共富多样化路径。提前完成村集体经济消薄年度目标任务，获评绍兴市乡村振兴突出贡献集体。莲珍农场采用“稻—鸭—虾”套种套养模式，提高农业“亩均效益”。推广“龙头带动+政府推动+农民联动”经营模式，依托现代农业产业园，发挥产业集成叠加效应，建立禾下土、上禾家庭等示范企业“共富工坊”，以订单农业保障农户增产增收。探索村企“党建+联建+产业”的“帮扶共富”发展模式，依托本地文旅资源，以镇村入股、集团引资等方式组建强村公司，投资4000万元，与绍兴文旅集团打造温泉花筑村文旅产业项目，保障村集体经济持续稳定增收，打造省级未来乡村。

【城乡建设】 整治区域环境，完善基础功能。一是“增色添彩”展现宜居画卷。提升浦溪线（温泉—古镇）沿线景观，打造西、南两个入口镇标，修缮樵溪台门、静轩台门等7处国保台门，获评全市首个（文旅型）美丽城镇省级样板镇。二是“水路两网”铺就生态通道。完成环镇路（一期）建设工程、农民街改造提升工程、崇仁“污水零直排区”项目；推进绍甘线—赵马、下安田—支鉴路、富润—义家桥、天竺—滕家岗4条道路施工建设，获评绍兴市“四好农村路”示范乡镇。三是“擦珠行动”靓化古镇形态。改造原卫生院，建设集邻里中心和文化活动中心等综合功能于一体的“小镇客厅”，补齐游客接待短板。古镇美食街开设店面50家，其中老字号小吃店10余家，节假日接待游客量突破2000人次/天，年销售额超3000万元。名人、书法、古玩、攀登等14家微型主题博物馆进驻落成，傅全香故居开馆。

【社会事业】 一是公共服务高效发展。镇人大代表联络站成为全市首个、全省首批人大践行全过程人民民主基层单元，依托“数字人大”应用场景，收集线上民生建议357条，答复率、满意率均为100%。加快教育强镇建设，2月，崇仁镇获评第十批绍兴市教育优质均衡示范乡镇。二是社会保障厚实有力。全镇城乡居民医保参保率达99%以上，全年发放低保、特困等保障金1040万元。中心卫生院慢性病一体化门诊投入使用，董郎岗智能健康小屋建设完成。镇级居家养老中心升级为绍兴市四星级居家养老中心，9个村级居家养老照料服务中心上星级。三是社会环境安全。11件省级重复信访件、2件绍兴市级信访件全部得到化解，获评绍兴市信访积案“百日攻坚”行动突出表现集体。信访指标大幅下降，人次同比下降72.4%；初信初访率同比下降4%；市长热线群众满意率94.2%，同比提升4个百分点。建成永富村和湖荫村2个村级矛盾调解中心以及“董大妈”“五梅花”等5个品牌调解工作室，反诈、反邪、禁毒等除险保安工作成效明显，全年打击查处各类违法犯罪人员147人。

【党建工作】 以党的二十大精神为指引，推进全面从严治党，把“党建+”作为原动力，融入发展、融入民生、融入群众，以高质量党建引领奋进新征程。一是强化意识形态工作。以学习贯彻党的二十大精神为主线，开展中心组学习25次，召开基层党支部大会400余次，党日活动800余次，解决群众和企业反映问题150余个，举办各类文化宣讲活动150余场，获评绍兴市文明镇。二是加强基层组织建设。撤片归办，打造“1+1+X”扁平化、组团式联村服务新模式。纵深推进“大综合一体化”行政执法改革，累计执法办案82件。组织志愿服务活动520次，服务群众超3万人次，处置各类民情1040条，发展党员29名。三是推进“清廉崇仁”建设。完善规章制度，推进规范建设，狠抓市委巡察反馈问题整改、领导干部经济责任审计整改等工作，追缴各类资金83万元。狠抓党风廉政建设，开展“一把手”日常谈话75人次，党政纪处分30人次，创建清廉村居4个。开展各类重点领域专项监督检查24次，发现并解决问题15项。

（崇仁镇　周伟）

表 38　2022 年嵊州市崇仁镇各行政村基本情况表

村名	书记、主任	户数（户）	人口（人）	水田（亩）	旱地（亩）	山林（亩）
镇南村	裘伟明	1073	3003	1323	98	57
崇仁四五村	裘凌华	580	1528	1073	85	141
杏花村	裘伯富	670	1888	1392	223	132
崇仁七八村	陈顺军	871	2566	1546	196	181
崇仁九十村	孙晓峰	974	2737	1721	155	223
赵马村	费子恒	1310	3650	2912	588	79
溪滩村	马国平	764	2101	1734	176	427
竹西新村	裘亦樵	773	1926	1629	108	1500
马仁村	费　剑	837	2256	1800	400	500
湖荫村	张军增	691	1935	1548	125	501
富金村	俞维洋	751	1919	1538	214	554
富四村	张居浪	688	1892	1380	150	256
富润村	赵玉燕	776	2068	2050	127	1096
富西新村	吴　玉	981	2545	2129	518	2194
支滨村	支科松	864	2119	2425	160	176
福安村	孙相军	515	1521	899	136	5834
前村	裘宇恒	811	2206	1398	115	3944
安江村	金　伟	836	2188	2047	114	827
范村	支　勇	831	2068	2303	162	236
张村	邹传富	841	2410	1128	466	9689
托潭坑村	张卫军	475	1320	593	125	7112
富竹村	吴海鹏	333	933	424	47	3807
永富村	李祥华	1053	3218	2579	94	3641
廿八都村	张生庆	898	2481	1670	122	3867
应桂岩村	张洪凡	1120	3157	1589	1405	1540
茶亭岗村	吕少平	761	2193	1804	445	3600
五龙潭村	张平良	1060	3068	1450	435	8700
岭头山村	李孟华	639	1649	809	339	4075
广利村	徐俊维	1104	3212	3057	482	826
逵溪湾村	马旭东	789	2100	1652	816	998
广明塘村	周孟达	1242	3227	2026	607	1862
温泉湖村	李剡军	1122	3242	3805	2129	3864
合　计		27033	74326	55433	11326	72439

长乐镇

【概况】 长乐镇位于嵊州市西南部，地接东阳、诸暨，甬金高速、527 国道和 37 省道、金甬铁路(在建)贯穿全境，距市区 25 千米，面积 204.78 平方千米，辖 27 个行政村、1 个居委会、1 个社区，共 24363 户、61310 人。是全国重点镇、国家经济综合开发示范镇、浙江省小城镇综合改革试点镇、浙江省小城镇环境综合整治第一批样板镇、浙江省中心镇、浙江省文明镇、浙江省生态镇、浙江省森林城镇、浙江省教育强镇和绍兴市小城市培育试点镇、浙江省美丽城镇、浙江省园林城镇。2022 年，全镇实现规模以上工业总产值 25.91 亿元，同比增长 4.12%；新产品产值 12.76 亿元，同比增长 5.27%；固定资产投资 4.4 亿元，完成率 142.38%；财政总收入 1.35 亿元，一般公共预算收入 0.83 亿元，分别增长 1.56%、1.06%。

【工业经济】 开展新一轮制造业“腾笼换鸟、凤凰涅槃”攻坚行动，规模以上、规模以下工业增加值分别增长 26.8%、4.8%。实施优势企业“长高长壮”培育行动，新增“小升规”8 家、“下升上”2 家，培育年销售额亿元以上企业 4 家，完成钜丰科技上市 IPO 辅导备案。力马电机、钜丰冲压、益鼎冲片等一批亿元以上重点工业项目全部实现投产。林江木业项目竣工，致威家具三期项目动工建设，浙江纳米抗体项目 2 号地块破土动工。开展招大引强“1330”迭代升级专项行动，引进亿元以上项目 3 项，万洋众创城项目实质性启动，祺瑞体育用品项目动工建设，昆山欣达半导体项目通过招商会审。

浙江钜丰科技股份有限公司

【科技创新】深入推进“鲲鹏行动 名士之乡”英才计划等引才工程，全年新增青年大学生 1100 人、硕博士 26 人，申报国家级引才计划 14 人、省级引才计划 16 人、绍兴市“名士之乡”人才 10 人。评选国家级人才 1 名，3 名省引人才完成答辩。新认定及重新认定高新技术企业 4 家，评定科技型中小企业 17 家，数字化改造 10 家，新增工业机器人 10 台，技改投资超 1.4 亿元，规模以上工业研究与试验发展（R&D）经费占营收比重创历史新高。开展乡贤合作，启动建设剡溪协同创新研究院。

【平台建设】 雅张工业园区新征土地 300 余亩，可津小微园区获评三星小微园、绍兴特色小微园，沃基园区项目竣工。金甬铁路长乐客货运站连接线一期工程全线贯通，项目三期动工建设，527 国道甘霖至长乐段基本成型，金甬铁路无障碍施工，客货运站纳入市政府重点规划。

【城乡环境】 开展“非粮化”整治工作，完成 4106 亩整治任务，建成高标准农田 2271 亩。常态化开展“美丽嵊州实践日”活动，统筹推进河湖长制、林田长制，$PM_{2.5}$年平均浓度保持在 20 微克/立方米以下，Ⅰ~Ⅲ类水质保持 100%。通过省级美丽城镇验收，完成省级园林城镇验收，小昆村获评省第二批避暑胜地。有序推进城镇更新，累计拆违 18256 平方米，整治卫片图斑 32 个。高压推进砂石资源整治，整治非法点位 10 处。

【乡村振兴】 推进村集体经济巩固提升三年行动，集体经济收入 50 万元以上行政村实现全覆盖，其中 100 万元以上 5 个。创新“政府主导、企业运营”山区共富模式，小昆星空露营、葛英云上营地项目带动周边 10 个行政村集体经济增收。乡村振兴小昆先行村建设开创全市 EPCO 总承包模式先河，并通过绍兴市验收。环西白山共富路太寺线—小昆、葛英—白术园—小昆两条道路开工建设。成功申报省级“一事一议”财政奖补支持打造共富乡村试点项目，争取资金 3200 万元。助力“西白忘忧”入选省第三批新时代美丽乡村共同富裕示范带、“剡西忘忧”入围全省县域风貌样板区试点。加快推动名人故居保护修缮和活化利用工作，商笙伯故居保护利用项目、刘文西故居整村提升改造项目顺利推进。

小昆星宿村

水竹村整村提升改造项目效果图

【社会事业】 如期完成市、县、镇三级政府民生实事，社保体系持续完善，养老保险、医疗保险参保率保持在 99%以上，“越惠保”任务完成率 103.65%。长乐水厂扩容提升，完成农饮水提升改造项目 29 个，涉及 12 个行政村，受益人口 17072 人。完成 12 个村级消防站建设、2 个高层小区消防整改、70 家农村独居老人消防设施改造。完成镇级居家养老服务中心无感智能服务终端配置。推进老年人自理能力筛查工作，完成健康调查 20683 人、专业评估 1962 人，低收入农户结对 715 户，发放各类救助资金 872.68 万元，利用“浙里救”线上平台，完成困难群众探访关爱和“幸福清单”送达，探访率和送达率达到 100%。全面开展低保和低保边缘家庭动态复核工作，覆盖面达到 100%。支持民生项目建设，实施 10 万元以下村级小额民生工程 95 个、10 万元以上 27 个。

【党建工作】 深入学习宣传贯彻党的二十大精神，开展“六学六进六争先”学习实践活动，持续兴起学习宣传贯彻热潮。坚持以“七张问题清单”为牵引，加快构建党建统领整体智治体系，解决问题 21 个，打造网格 73 个、微网格 691 个，“支部建在网格上”实现全域覆盖。

【基层治理】 深入开展“三驻三服务”活动，全年累计报送服务手记 1025 条，解决问题 252 个，平台问题办结率达 100%。全面推广使用“浙里兴村治社”“浙里民情”等数字场景，派发任务单 290 条，完成事项办理 6826 个。综合执法队挂牌成立，承接部门执法事项 1057 个，全年共处罚案件 141 件。开展安全生产大排查大整治专项检查工作，摸排整改问题 245 个。开展道路交通安全专项整治行动，交通事故亡人数同比下降 40%，绍兴市级挂牌交通安全治理重点乡镇摘帽，在平安绍兴工作会议上被授予先进集体称号。抓好安全生产工作，完成危旧房整治 320 户，整改工矿企业安全隐患 5090 处、消防安全隐患 360 处，消防出警 45 起，出警率同比下降 50.2%。公正廉风覆盖全域，全年开展正风肃纪检查 21 次、重点工作与重点项目督查 25 次，党纪立案 34 件，运用第一种形态 111 人次。完成经责审整改和巡察整改任务，累计挽回经济损失 1046 万元，问责处理失责干部 61 人。

【疫情防控】 严格贯彻落实上级关于疫情防控的决策部署，组建暖心小分队 67 支，发放 60 岁以上老年人防疫包 22139 份。（长乐镇 戴堋峰）

表 39　2022 年嵊州市长乐镇各行政村（居委会）基本情况表

村（居）名	书记、主任	户数（户）	人口（人）	水田（亩）	旱地（亩）	山林（亩）
曹溪村	商岳剑	722	1989	1964	199	2802
福全村	周孟松	1013	2833	2329	2912	3509
长乐一村	钱玉祥	941	2454	1055	640	2058
长乐二三村	钱国军	980	2400	2185	61	1686
长乐五四村	钱卫勇	1155	2994	230	185	2669
长乐六村	商伯灿	755	1951	1384	27	1294
南山湖村	过小南	1184	3104	3765	1706	4334
镇西村	钱幼炎	870	2325	3086	909	5269
沃基村	李凌伟	988	2584	3741	883	3790
太平村	邢晓波	795	1957	1744	1247	2386
坎流村	邢达军	694	1773	3097	914	2956
太白村	刘炎波	647	1733	3550	6218	15577
石碑村	刘中南	677	1638	1991	1257	3895
大昆村	麻志洪	624	1647	1584	4595	18246
西白村	钱幼平	596	1511	2594	2420	7248
小昆村	马立校	540	1372	1228	5056	12598
开元村	张志东	1978	4941	7315	1748	1133
雅张村	张达军	727	1864	3170	514	126
东园村	刘文军	1277	3386	4901	5189	10641
水竹村	刘仲尧	1205	3273	3757	3562	5359
岭丰村	刘科峰	605	1601	2218	1407	5035
山贝村	张卫平	392	1100	2060	1201	935
鹿苑村	钱国洪	975	2413	5017	1899	5238
山口村	钱武桥	872	2114	3858	4156	7666
剡源村	张东华	879	2102	3673	851	1479
郯城村	许丽华	436	1120	1616	443	655
留公田村	钱　斌	326	826	420	3666	5330
长乐居委会	周美英（负责人）	1510	2305			
合　计		24363	61310	73532	53865	133914

黄泽镇

【概况】 黄泽镇位于嵊州东部，是全市五大集镇之一，也是省级中心镇、省级可持续发展实验区、省级现代农业综合区、绍兴市重点培育小城市，行政区域面积 105 平方千米，辖 13 个行政村、1 个居委会，有 14508 户、41889 人。2022 年，全镇实现财政总收入 1.81 亿元，同比增长 4.7%；一般公共预算收入 1.04 亿元，同比增长 7.8%。规模以上工业总产值 40.59 亿元，同比增长 8.2%；规模以上工业增加值 8.88 亿元，同比增长 11%；固定资产投资 2.24 亿元，同比增长 38.2%，其中工业投资 1.74 亿元，同比增长 24.7%；新产品产值 20.15 亿元，同比增长 11.3%；自营出口 6.95 亿元；社会消费品零售总额 1.33 亿元。

集镇全貌

【工业经济】高标准推进工业园区全域治理，完成问题地块整治 59 宗、企业提升改造 119 家、治理面积 697.33 亩，腾出发展空间 117.7 亩，企业亩均税收增长 486.8%。2 个项目申报 1.45 亿元政府专项债。3 个重点工业项目顺利推进，招引亿元以上产业项目 3 个。实到外资 400 万美元，实现零的突破。4 家企业进入全市工业企业“30 强”“30 优”榜单。完成“小升规”9 家，“下升上”2 家。新增国家高新技术企业 5 家，省级科技型中小企业 10 家。双鸟机械被工信部评为国家级专精特新“小巨人”企业，云电商产业园成为全市首个省级跨境电子商务产业园。

【城镇融合】完善镇域控制性详细规划，“三区三线”得到优化。527 国道嵊州黄泽段（二期）正式通车，乡镇运输服务站启用，智慧文旅配套设施、邻里中心建设（二期）、集镇数字化管理软硬件等工程相继完工，黄泽江滨江路绿道改造完成。争取省级“一事一议”助推美丽乡村建设项目资金 1310 万元，黄泽镇家园村、明山村被列为绍兴市级未来乡村先行村。2022 年，黄泽镇 13 个行政村集体经济经营性收入 868.8 万元，同比增长 110%。

4 月 25 日，绍兴市委常委、组织部部长王琴英到家园村调研村级集体经济消薄工作

【综合整治】 通过省级健康乡镇、国家卫生乡镇复评验收。开展垃圾分类示范村、示范片区建设，黄泽镇顺富村创建为省级垃圾分类示范村。垃圾分类工作全面铺开，建成生活垃圾再生资源回收站点 14 个。全形态、全链条、全镇域推进污染防治，打赢蓝天保卫战，$PM_{2.5}$平均值下降至 16.5 微克/立方米，优于全市平均水平。保证粮食生产安全，粮食功能区清理腾退 2227 亩，黄泽镇甲青村千亩方永久基本农田集中连片达 2468 亩。

【民生实事】总投资 3500 余万元，建设水利工程 11 个，农田灌溉受益面积 9500 余亩，受益人口 5000 余人。居家养老中心智能服务终端完成建设，中心卫生院扩建工程启动实施，中心小学异地新建工程完成选址，养老、医疗、教育水平得到优化提升。黄泽镇入选绍兴市唯一的第三批浙江省戏曲之乡。黄泽镇获评绍兴市 2022 年度“枫桥式”法治乡镇，黄泽派出所被评为全省优秀公安基层单位。

【基层治理】 从严从紧筑牢防控屏障，以快制快扑灭散发疫情，精准、高效落实转段防控措施，组建防疫暖心服务小分队13支，派送“防疫爱心包”12103份。在全市率先启动“县乡一体、条抓块统”基层治理改革，创设“四平台、两模块”，撤销驻村指导中心，组建13个驻村工作小组，实现扁平管理、全员驻村。深化政务公开制度，累计公开各类政策条文、信息动态40余条。推进农村廉洁工程，处理三资宕账及现金清零400余万元，盘点农村资产2.02亿元。承办两次全市“大综合一体化”现场会，相关做法获省委办《工作情况交流》刊发，并在《浙江日报》上刊登。

7月19日，嵊州市乡镇（街道）综合行政执法队集中授牌仪式在黄泽镇举行

（黄泽镇 王之玲）

表40　2022年嵊州市黄泽各行政村数据基本情况表

村　名	书记、主任	户数（户）	人口（人）	耕地（亩）	山林（亩）
联丰村	高苏林	731	2267	470	723
溪南村	魏孝忠	1083	3274	2962	642
溪北村	唐海江	1738	5245	5958	3869
许宅村	丁学军	938	2827	2912	1699
甲青村	汪明卫	1277	3954	3832	15764
明山村	胡建云	1302	3864	3466	21613
家园村	董香火	841	2636	2996	1776
顺富村	许鑫耀	1286	3833	3656	3139
青石桥村	张超亮	950	2687	2698	2516
前良村	王炎明	805	2209	2149	352
七一村	屠建洪	1241	3373	2239	399
白泥坎村	魏东升	758	2187	2341	2976
光明村	李林江	775	2269	1102	0
居委会	韩国永	783	1264	0	0
合　　计		14508	41889	36781	55468

石璜镇

【概况】 石璜镇位于嵊州市西部，西白山东麓，辖1个居民区、16个行政村，区域面积131.95平方千米，人口31640人。2022年，全镇实现财政总收入3021万元，一般公共预算收入1697万元；实现限额以上零售业销售额3017.1万元，同比增长8.63%；限额以上社会消费品零售总额2698.4万元，同比增长10.23%；固定资产投资1.19亿元，同比增长42%；完成“小升规”“下升上”企业

各1家；规上工业总产值5.9亿元，同比增长7.78%。16个行政村村集体经营性收入均达到50万元以上，城镇和农村居民人均可支配收入同比稳步增长。2022年，石璜镇获评省级美丽城镇建设达标城镇、绍兴市农村宅基地盘活利用（含闲置农房激活）示范乡镇等荣誉。

【工业经济】 加强工业园区建设，完善产业链协作配套，重点扶持汽车零配件、新材料等先进制造业发展。推进技术改造，淘汰落后产能企业1家，完成高耗低效企业整治4家，腾出用地23亩，超额完成既定任务。推进浙江安加数字工厂改造项目（二期）等7个设备更新和技术改造提升项目，年度累计投资2680万元。2022年，18家企业申报春节稳岗补贴、交通补贴、招工奖励，4家企业获设备补贴奖励资金107.6万元，20家企业获市镇两级奖励资金64万元。

【农业经济】 建成数字茶园2个、数字香榧园2个，打造“西白茶集”综合体，搭建茶叶品质升级和农产品销售优质平台。开展惠农金融知识培训等各类为农服务活动，新建新型庄稼医院1家，钱潇家庭农场被评为2022年度乡村振兴成绩突出集体。完成粮食功能区第一批和第二批清理腾退任务352亩，“非粮化”整治取得阶段性成效。严格执行田长制，确保“耕地智保”场景应用全面实施，建成高标准农田3540亩，高标准农田提升工程1标段、2标段完工。

【美丽经济】 7月，嵊州市民情日记实践中心揭牌。8月，在绍兴市强村富民赛比暨未来乡村（先行村）建设工作推进会上，石璜镇排名第二，获优胜奖。12月，雅璜村创建为浙江省第二批未来乡村。推进白雁坑村油罗山“一庭园三基地”项目建设，完成油罗山自然村30户农户签约、腾空等前期工作，完成新区块规划设计、土地农转用和地上作物政策处理等工作，完成投资350万元的基础配套设施工程。对接乡贤资本，精细化改造和运营，打造高端民宿集群标杆。持续开展闲置农房摸排，支持农户与商业资本投资经营民宿农家乐，全年新增“榧竹”和“常相聚”民宿2家。加强党建联建，谋划布局片区组团发展，推进“西白忘忧”新时代美丽乡村共同富裕示范带建设，以雅璜、白雁坑、西白山三个村先行示范，带动全域提升。

嵊州市民情日记实践中心外景

建设中的油罗山“一庭园三基地”新区

【村镇面貌】 推进石璜江综合治理工程Ⅳ标段政策处理，做好527国道二期石璜段政策处理（三改）协调工作，完成6千米农村公路亮化工程和大中修项目，农村道路提升改造工程续建项目完工验收，雅璜—王院、三王堂—白雁坑、里大坑—山三线、廿亩头—董村4个新建项目进场施工，“内畅外联”的交通格局加速形成。系统改造学校、卫生院、文化站、应急管理站等公共设施，提升集镇功能、品质和管理水平。持续推进违建整治，全年拆违面积总计6200平方米，完成全年任务数的103%。完成宅基地审批16户、自建房安全隐患排查11266幢。做好城市文明指数测评迎检，开展集镇秩序专项整治行动等，推进“大综合一体化”改革，提升美丽城镇基层治理现代化水平。开展农村人居环境整治，每周一主题开展垃圾分类、公厕提升、四乱整治、三线序化、庭院美化等专项整治，共完成问题整改1万余个。

【社会治理】深化民情日记“一二三四五六”工作体系，开展“大宣讲、大走访、大提升”活动，进一步优化干部作风。发挥“党建+网格”统领作用，选优配强现有50个网格的“1+3+N”网格队伍，科学划分333个微网格，形成横向到边、纵向到底的工作格局。规范网格运行，完善巡查走访机制，累计处理网格上报事件8018件，其中三级事件5470件，调处率100%，办结率100%。深化镇村矛盾纠纷调解中心建设，运用“浙里民情+实地来访”，依托综合信息指挥室和四大平台，做好群众信息收集和流转，通过“调解室+实地调解”的方式，引导百姓合情合理合法看待纠纷，及时化解初信初访。2022年，在全市政务热线服务指数排名中，石璜镇6次列第一、3次列第二。

【民生事业】定期检查与随机抽查相结合，保障全镇中小学幼儿园食品安全，确保学生健康平安。全年病死动物无害化处理2659头。完成三溪村藤部湾山塘整治，启动溪西村石柱坪山塘整治，配合市水投集团做好嵊州市乡镇管网配套改造工程政策处理及资金自筹工作，完成寺新村下方山、石璜村水磨湾2个农村饮用水提升改造项目，建成投用全市首个数字化单村水厂。完成雅宅村和寺新村2个村级消防志愿队规范化建设，开展森林消防工作，组织宣传教育活动23次，共阻止违规用火100余人次，扑灭萌芽火情8次。全镇医保参保率99.91%以上，“越惠保”参保率103.56%。

【党建工作】巩固16个村级组织活动场所规范化建设成果，争创2个示范型四中心。做好浙里红色根脉强基工程应用贯通使用，组织开展系列活动300余次。打造星级共富工坊7个，助推共同富裕。组织村一肩挑书记参加市级“越乡头雁”赛比，形成比学赶超的良好氛围。健全年轻干部上下联动、跟踪关注的阶梯式培养链条，通过开展“应变、识变、求变”大讨论、民情大讲堂等活动，锤炼年轻干部能写、会道、肯干的能力和作风。选派67名线办干部组团服务16个行政村和9家规模以上企业，选派5名优秀干部参与“实践锻炼互换计划”，打造“忠专实”年轻干部队伍。贯彻落实中央八项规定和实施细则精神，严格执行廉洁自律准则，切实履行好“一岗双责”。镇党委签订全面从严治党目标责任书30份，定期开展“履职约谈”，签署作风建设和廉洁从政承诺85人次，开展日常谈话321人次，更新廉政档案266份。

（石璜镇　袁森楠）

表41　2022年嵊州市石璜镇各行政村基本情况表

村名	书记、主任	户数（户）	人口（人）	水田（亩）	旱地（亩）	山林（亩）
寺新村	张珂炎	921	2449	896	206	421
雅宅村	王琪江	643	1782	600	92	429
范油车村	范少彤	1147	3226	1250	335	120
白竹村	裘蔡安	731	2149	685	95	186
石璜村	周春位	1546	4249	1236	510	1105
夏相村	陈元	516	1395	773	371	153
溪西村	相忠	1000	2711	1152	528	13324
楼家村	钱国锋	801	2237	843	567	7209
雅璜村	朱光军	910	2343	612	386	20310
戴溪村	樊功城	356	956	203	108	6188
徐家培村	葛小兔	549	1650	184	267	10633

续表 41

村名	书记、主任	户数（户）	人口（人）	水田（亩）	旱地（亩）	山林（亩）
三溪村	刘侠宏	533	1412	278	188	12922
通源村	王南军	658	1638	189	420	16280
松明培村	斯江正	549	1650	151	181	12676
白雁坑村	斯伯荣	247	740	23	91	5153
西白山村	徐君钗	415	1053	331	1526	4734
合　　计		11522	31640	9406	5871	111843

谷来镇

【概况】 谷来镇位于嵊州市西北部，据南宋《嘉泰会稽志》引唐梁载言《十道志》记载“舜耕于此，天降嘉谷”，故名谷来。距嵊州市区 35 千米，镇域面积 164.37 平方千米，下辖 17 个行政村，总人口 32236 人。2022 年全镇财政总收入 1571.78 万元，农村居民人均收入 35960 元，是国家级生态镇、全国环境优美乡镇、浙江省果品强镇、省级生态示范镇、省级污水零直排达标乡镇、省级小城镇达标乡镇、省级森林城镇、省级 AAA 级景区镇、绍兴市“枫桥式”平安乡镇。

【特色经济】 谷来镇是嵊州市香榧、茶叶、毛竹的主产区，其中以香榧为支柱产业，是中国香榧之乡。香榧为世界农业文化遗产，具有食用、药用、油用、材用、观赏和环保等用途。谷来香榧种植历史悠久，种植面积达 5 万多亩，拥有千年以上古香榧 15 株，百年以上古香榧 15502 株，年平均干果产量 3000 吨。得益于重峦叠嶂、云海漂浮的高山气候条件，谷来镇也是生态优质茶叶产地。

【文化旅游】 开发“谷榧智富”数字化应用场景，探索运行“产业大脑+产业地图+未来农场”发展模式。11 月，举办谷来镇第十届香榧文化旅游节，网络直播观看人数超 20 万人，新浪网、浙江新闻、《绍兴日报》等 10 余家主流媒体参与宣传报道，累计实现线上销售 500 余万元。编制文旅、康养招商手册，引入企业 5 家，其中，产值超 1000 万元的菌菇企业为马溪村集体增收 12 万元；与省民盟合作设立省级乡村振兴实践示范点，开展榧药套种 500 亩，亩均产值 1 万元以上。

【生态保护】 总投资 2000 余万元，实施小舜江、谷来江、王院江等河道治理工程和山塘水库综合整治工程；投资 2240 万元，全域推进污水零直排建设，谷来段小舜江源头水质达到 Ⅰ 类水标准，创建绍兴市“水美乡镇”。推进生活垃圾全周期管理，再生资源回收点、站实现镇域全覆盖，创建省级除“四害”村 1 个。5 月，举办“守护舜江源，携手共富路”暨洁美共享、畅游谷来活动，人民网、新华网、浙江新闻等多家媒体转载报道。

【基层治理】 完善现代社区建设网格体系，印发网格信息手册“一本通”。以“香榧币”小程序为载体，打通线上线下责任闭环，打响“榧乡卫士”联防联治品牌。化解情况复杂的“三吴”信访积案，依法打击借反映村级财务问题而实施敲诈勒索的马某，省、市信访积案实现清零。

【民生福祉】 推进省民生实事工程，改建规范化卫生服务站 2 个。“民盟同心·名医服务站”落户谷来镇中心卫生院。深化“雏鹰·关爱之家”阵地建设，为留守儿童提供情感寄托、心理疏导服务。设立谷来镇育才共富基金，全年筹集基金 25.7 万元，完成奖教奖学助学 53 人。创建市图书馆分馆 1 家、乡村特色博物馆 2 家，建成 15 分钟文化圈 5 个。

【基础设施】 全年完成工程项目投资 1.8 亿

元，投资总量和规模创历年之最。投资8140万元的卫生院异地新建项目主体工程结顶。投资2000万元，创建美丽城镇省级达标镇。围绕“外联内畅”交通网建设目标，总投资1500余万元，推进2.7千米乡村振兴联网道路建设，完成农村道路大中修工程5.2千米、公路亮化工程1.1千米；总投资1370万元的铜坑湾至陶家农村道路提升项目基本竣工。

【党建工作】开展“四中心”建设，投资200万元，打造谷来二村党群服务中心，建成集服务、文娱、共富、办公等功能于一体的嵊州市级党建示范阵地。整合区域特色资源，建立“榧药”“舜农”“榧香”三大共富工坊，打造特色党建品牌。抓好年轻干部培养，持续举办年轻干部“谈谷论经”暨谷来镇“五好青年向未来”系列活动。落实党风廉政建设“一岗双责”，推进基层清廉单元和清廉文化建设，营造以清为美、以廉为荣的社会氛围。

（谷来镇　钱枫）

表42　2022年嵊州市谷来镇各行政村基本情况表

村（居）名	书记、主任	户数（户）	人口（人）	水田（亩）	旱地（亩）	山林（亩）
王院村	张金军	1017	2744	1290	2087	29978
丰田岭村	陈　达	779	2098	1041	1539	10415
护国岭村	蒋　超	714	2117	860	603	9026
一　村	王绍军	584	1745	694	363	8054
二　村	黄健均	754	2213	1020	613	7664
金石村	屠方军	868	2474	815	515	13154
竹溪村	钱红军	486	1412	615	312	7639
盛家坞村	张仁芳	407	1297	478	272	14027
舜源村	钱仕军	369	1035	444	272	10041
三　村	楼观富	691	2109	582	516	9603
显潭村	蔡良兴	449	1299	150	379	4693
马溪村	马志根	658	1886	557	664	9917
马　村	卞良元	1053	2971	318	758	11994
联谊村	马乐兴	306	1013	133	326	3994
双溪村		671	2046	329	617	10332
吕岙村	黄军良	606	2007	337	483	9758
榆树村	袁乐勇	378	1286	207	259	5062
居委会	黄永苗	350	484	0	0	0
茶林场				0	0	1392
合　计		11140	32236	9870	10578	176743

仙岩镇

【概况】仙岩镇地处嵊州市北部，距市区10千米，东邻下王镇，南靠嵊州主城区，西傍崇仁镇，北与三界镇接壤。旧名康乐乡、游谢乡，因“中国山水诗圣”谢灵运出生于始宁（治今三界镇）、袭封康乐县公而得名。镇内有嵊山、石门山、车骑山、画图山等名山，九曲剡溪南北横贯，自然景观秀丽，人文底蕴深厚。常台（上三）高速、104国道与剡溪平行穿境，地处曹娥江（剡溪）航道黄金段，距杭台高铁嵊州新昌站、嵊州北站车程均约20分钟，水陆畅通，交通便捷。镇域面积74.54平方千米，下辖9个行政村，总计5316户，户籍人口14553人。2022年，全镇实现财政总收入1.2亿元，其中一般公共预算收入6742万元；完成社会固定资产投资9104万元，其中工业性投资3186万元；实现规模以上工业产值27.99亿元，同比增长13.95%。

仙岩镇俯瞰图

【工业经济】以数智化改造为抓手，腾空间、提亩产、促转型，纵深推进园区工业全域治理。助力重点造纸企业开展设备升级和工艺改造，浙江华天再生资源有限公司年产20万吨白板纸技改项目投产运行，全年产值约6亿元。西格玛科技年产1500套光伏及半导体行业用碳复合材料项目通过市级审批。全年规模以上高新技术企业产值7.07亿元，同比增长34.2%，企业研发经费投入1.22亿元，同比增长23.2%，累计研发经费支出7666万元，科技创新红利持续释放。深化基层“三服务”2.0版，创新推出各类惠企助企政策，持续做好政策入企宣传和申报指导，全年共兑现镇级奖励资金120.4万元，申请并兑现上级奖励资金1400余万元。同步淘汰落后产能企业1家、整治“高耗低效”企业2家，完成“下升上”企业1家，新增高新技术企业认定2家，全镇22家规模以上企业有4家进入“2022年嵊州市工业企业30强”。调整各类营商资源要素，全年共腾出建设用地20亩、用能600吨标煤，完成开发区污水处理厂政策处理工作。

【农旅产业】深度挖掘各村特色资源，形成“仙岩九境”规划方案，率先打造云上舜皇“茶之境”，推动乡村振兴先行镇创建。5个行政村“15分钟品质文化生活圈”建设完成。4月中旬，举办仙岩镇第二届茶文化节暨“乡村振兴 共富未来”启动仪式，20多家媒体参与报道，网络浏览人数70多万。围绕“一统三化九场景”，推动总投资2800余万元的舜皇村未来乡村建设。截至年底，先行村建设总进度达70%。仙岩镇是嵊北名茶之乡，培育有“舜皇云尖”“叶王银针”“石壁精舍”等特色茶叶品牌，全年茶叶产值约1.5亿元，茶叶青叶收购量达773.3吨，茶叶产业成为村级集体经济壮大和农民增收致富的重要途径。

4月28日，仙岩镇第二届茶文化节启动仪式举行

【共富改革】依托特色茶叶产业，成立嵊州云茗贸易有限公司，助推集体经济薄弱村消薄攻坚。2022年，全镇9个行政村集体经济收入1870.1万元，其中经营性收入897.4万元，同比增长118%。制定碳中和无废乡镇创建实施方案，携手浙江大学打造碳中和无废乡镇；完成仙岩村、舜皇村垃圾分类招标，试点推进垃圾分类“双四分”模式；谋划

"智慧碳脑"数智化平台，赋能农业废弃资源循环利用，相关项目被列入绍兴市高质量发展建设共同富裕示范区首批试点。

【城乡建设】启动实施投资2500万元的美丽城镇建设工程，完成仙岩镇集镇道路和污水管网提升改造工程，实施仁村禹山线、县道清白线、老东兰线农村公路大中修工程。4月中旬，县道新东兰线通车运行，仙岩镇桥石头村经白茅庵隧道至浦口街道、经济开发区的车程缩短10分钟左右。剡溪村张岙—大地坪—鲍家庄农村公路建设项目开始施工。围绕舜皇村乡村振兴先行村建设，启动舜皇山—星期八休闲基地农村道路规划。聚焦农村住房保障，全年完成困难群众房屋改造5户、适老化改造19户。完成全镇32座单村水厂提升改造工程，总投资400余万元。花桃寺山塘综合整治工程、仙岩村大坑彭河道（II期）综合整治工程、仁村十八都江小流域整治工程等全部完工并通过验收。2022年，仙岩镇通过两轮省级专家评审，获"浙江省美丽城镇建设基本达标城镇""浙江省园林城镇"称号。

【基层治理】12月，随着新冠疫情防控政策的调整，组建暖心服务小分队，抓好农村防疫工作，共配发各类应急药物4920份，实现60岁以上常住人口全覆盖。组建成立镇应急管理委员会和应急管理站，构建"1+X"组织体系，开展防汛防台、地质灾害、消防安全等应急演练，组织安全生产"一月一检查"，整治违法水利项目、砂石资源堆放4项，有序开展"除险保安"和安全生产大排查大整治行动，上报隐患信息483条，均完成整改。发挥矛调中心实效，创建仙岩镇品牌调解室，配备专职人员，处理信访事项505件，化解矛盾纠纷43个。开展反诈工作，组织各类培训10余场，累计注册枫桥式反诈小程序10147个。

（仙岩镇 方可）

表43 2022年嵊州市仙岩镇各行政村基本情况表

村名	书记、主任	户数（户）	人口（人）	水田（亩）	旱地（亩）	山林（亩）
仙岩村	汪汉良	493	1320	427	76	3624
岩头村	王奕昌	538	1586	698	547	2785
西鲍村	王利明	661	1860	421	80	5512
天竺村	徐浙龙	424	1277	996	699	11110
舜皇村	李幼锋	566	1437	864	230	10920
仁　村	竹汝弟	513	1274	1703	1027	7523
剡溪村	俞法祥	905	2487	922	486	10476
桥石头村	俞世扬	776	1949	1339	235	18783
俞水村	张顺通	440	1363	923	112	8356
合　计		5316	14553	8293	3492	79089

金庭镇

【概况】金庭镇位于嵊州市东部，距市区19千米，西靠黄泽镇，北连下王镇，东接宁波市奉化区，南邻新昌县。镇域面积159.41平方千米，下辖14个行政村，共13617户、37895人。2022年，全镇实现规模以上工业产值4.4亿元；完成固定资产投资6021万元，其中工业性投资4273万元；实现财政总收入2081.78万元；一般公共预算收入

1244.17万元；农民人均可支配收入28700元。

【工业经济】重点项目建设稳步推进，签约引进瑞易机械、专致制冷投资3000万元以上项目2个，培育国家高新技术企业1家，浙江省科技型中小型企业2家，浙江省创新型中小企业1家；对接宁波企业，激活闲置厂房3处，共9875平方米。完成高耗低效企业整治2家，行业整治提升37家。

【农业经济】全镇村级集体经济总收入3265万元，经营性收入728万元，14个行政村均实现经营性收入超50万元，其中华堂村达104万元。继续实施“1150工程”三年计划和桃形李产业振兴工程，实现花木销售5000多万元，2.5万亩桃形李销售3亿多元；举办第21届“嵊州桃形李”擂台争霸赛，投资20万元实施嵊州桃形李绿色防控设施建设项目，带动果农增收致富；启动嵊州桃形李精品绿色农产品基地创建工作，致力扩大“嵊州桃形李”品牌影响力，推动形成生态农业产业链，提升农产品经济效益、社会效益和生态效益。

【文旅产业】一是华堂村创建成为乡村振兴先行村。投入1900余万元，完成周嵒丝厂修缮及周边环境提升、农贸市场改造提升、之字广场周边核心区块整体提升、嵊张公路沿线景观提升、旅游公厕提升等工程，文旅配套设施逐步完善。修缮居所堂，打造“华堂·墨问”精品民宿，10月正式营业。二是整合红色资源融入全域文旅。投入65万元，完成东林村“嵊新奉”红色游步道建设，将嵊新奉中心县委机关旧址东林祠堂、济渡革命烈士墓、王羲之家训馆等文化元素串点成线，打造“红色根脉”旅游路线和红色文化教育路线。三是依托绿色产业做活生态旅游。整合东山岗、清潭坑樱花基地、王可湾露营基地、灵鹅石鼓庙健身步道等旅游资源，打造四季花海观光休闲综合体验区。

【城乡建设】完成甬金高速金庭互通政策处理工作。投资1637.21万元，推进美丽城镇建设，完成华堂景观提升改造工程、邻里中心改造工程、上东江江堤景观带提升工程以及嵊张线、下溪线沿线花坛改造工程、晋溪村停车场和花桥坑整治工程等项目建设。投资2184万元，完成嵊张线—泗古坪—芦干庵农村道路提升改造。抓好“三改一拆”工作，共处置违建20处，拆除7138平方米。开展宅基地改革试点，后山宅基地01地块使用权完成竞价，成为农村宅基地数字化有偿选位全国第一单。推进水利基础设施建设，里牛水库、工农水库、外坑湾山塘、岩下山塘等5个水利项目和东坑小流域综合治理项目按期完工，大坑水库和石坦庙水库2个新建水利项目开工。投资2345万元，完成金庭、后山、新合等9个自然村生活污水提标改造。投资1204万元，完成新合水库除险加固工程，农村饮用水质量得到改善。健全农田建设机制，3359亩高标准农田建设项目完成验收。投资700万元，完成华堂市场提升改造工程和华堂影剧院内部改造工程。引进乡贤全额捐赠项目——华堂村公共服务中心建设。投入40万元，完成单村水厂终端及管网改造和物业化管理。投入50万元，完成东林村嵊新奉中心县委机关旧址提升改造工程。完成东林、济渡、小柏等村级文化礼堂提档升级。分级打造“农耕乡愁”东坑、“旮旯菜园”济渡、“水乡村落”新合五星达标村3个，并通过初验，其中培育村1个、先行村1个，完成2个“四中心”和1个党群服务中心标杆型建设，新增美丽庭院户70户。

【基层治理】一是发展科教文卫事业。提升教育水平，优化教育资源，金庭镇北漳中学获绍兴市现代化学校称号，嵊州农民培训学校打造为市级共富工坊孵化中心，4名教师获评市级优秀教师。投入200万元，完成金庭镇卫生院停车场扩建和院区内部提升改造。二是完善公共文化阵地。建成智慧礼堂1家、特色礼堂2家，新增越剧戏迷角1个、乡村博物馆1家、图书馆2家、打造剡溪书房金庭馆。三是健全社会保障体系。4家镇村居家养老服务中心实现社会化运行；投资60万元，扩建晋溪村养老院，增加床位30张。健全社会救助、社会福利、慈善事业和最低生活保障等制度，守住民生底线，新评定低边户15人、低保户76人、残疾人84人。四是创新基层治理。深化共享法庭建设，2022年被评为绍兴市“枫桥式共享法庭”，列入省高院重点培育项目；妥善处理工伤赔偿等案件220余件，到位金额约300万元，调解成功率达100%。全年赴京去省越级访数量分别下降100%和91%；总警情（群众报警数）同比下降15.69%，下降幅度居嵊州市第一；万人成诉率全市最低，“除险保安”专项活动中，连续7个月排名第一。

【自身建设】 一是基层党建工作。用好“浙里民情”、“浙里兴村治社”、“浙里干部之家”、红色根脉强基等数字党建应用场景。2022年全镇下派的268项任务完成率99%，村级上报的55个事项完成率82%；解决民生需求140个，开展线上民情议事会23次。完成农民培训学校“共富工坊孵化中心”创建，龙腾农场、小珍服饰、竺源竹编等7个共富点位建设快速推进，“越美桃李”“越医共富”联建品牌建设进展顺利。二是干部队伍建设。开办年轻干部大讲堂12期，举办擂台赛2期，开展户外拓展训练2期，培养中层干部6人。完成国千计划申报2人，推送省千人才4人，申报第26批绍兴名士之乡6人、入围答辩2人次，入选第25批绍兴名士之乡2人，引育大学生回乡创业就业200余人。三是全面从严治党。围绕干部效能和工作作风等问题加强监督，共开展日常谈话425人次，签订主体责任目标责任书40份，签订“爱嵊州 加油干”作风建设公开承诺60份。优化日常监督和专项监督，党纪立案13件，其中党内警告4人、严重警告6人、开除党籍3人。做好3件重复检举控告清零工作，其中“双满意”2件，签订息访承诺书1件。做深廉洁文化文章，王羲之家训综合馆被命名为绍兴市廉洁文化教育基地，华堂村创建成为绍兴市清廉单元建设示范单位。投资70万元，建成华堂村、金兰村清风议事厅。

（金庭镇 徐燕尔）

表44　2022年嵊州市金庭镇各行政村基本情况表

村名	书记、主任	户数（户）	人口（人）	耕地（亩）	果园（亩）	林地（亩）
后山村	竺建森	1036	2964	2601	1685	727
济渡村	张惠东	590	1624	1054	2032	10087
晋溪村	姚柏华	958	2685	2181	1269	902
高龙村	姚锡尧	587	1672	1322	1672	6889
金庭村	姚宏章	1328	4010	3773	3469	5234
灵鹅村	王高勇	773	2305	1495	4278	3834
华堂村	王东春	1870	5246	3129	5663	10598
新合村	虞国标	681	1945	1168	2445	12520
北漳村	吕华慧	1930	5153	3813	3733	19324
金兰村	俞申强	430	1159	764	933	10685
小柏村	竺　永	847	2264	2019	1506	15640
东林村	王安明	1220	3269	2936	3751	13352
东风村	王余良	797	2180	1897	2061	12818
东坑村	王学斌	570	1419	1130	1621	26030
合　计		13617	37895	29282	36118	148640

下王镇

【概况】 下王镇位于嵊州市东北部，距市区27千米，面积85.05平方千米，辖8个行政村，有4228户、11677人。全镇有水田10031亩，旱地4844亩，山林105974亩，茶园9095亩。

位于石溪村的入镇口景观

【经济发展】 主要指标稳中有进，全年实现规模以上工业总产值2.07亿元，同比增长34.85%；有效投资2530万元，同比增长12.39%；规模以下工业省级样本企业省级加权收入2273.6万元，同比增长48.94%；限额以上社会消费品零售总额303万元，同比增长106.12%；限额以上餐饮业413.5万元，超额完成年度目标任务。

【生态宜居】 一是打好“蓝天保卫战”，$PM_{2.5}$浓度平稳下降。省级森林城镇建设方案通过专家组评审，泉岗村获评省级生态文化基地和嵊州市第一批省级低碳示范村，小溪村获评省级“一村万树”示范村。二是推进农村人居环境整治提升工作，垃圾分类全面实施，镇级垃圾中转站完成前期工作，新建再生资源回收站、点9个，石溪村获评省级和绍兴市级农村生活垃圾分类示范村。三是美丽城镇焕发活力，完成小镇客厅等5个配套项目建设，总投资890万元的滨江景观休闲绿道提升改造工程顺利推进。小溪村获评省级美丽乡村特色精品村、泉岗村获评省级传统村落风貌保护提升优秀村庄和绍兴市美丽乡村特色精品村。总投资965.16万元，实施4个农村饮用水提升改造工程，受益人口3021人。完成总投资104.66万元的里白岙山塘综合整治。四是农村道路加快提升，投资3000余万元，推进6条农村道路提升工程，总长26.3千米，其中下庵线和岙社线全面完工，下庵线—平坑段共富路完成路基建设，坞坑—高彦岭项目进场施工，杨家宅—坞坑项目完成招投标。

泉岗村云海景观

【农文旅融合】总投资1000万元的十八都江旅游风景区游客接待中心项目启动；泉岗村、石溪村先行村建设方案完成设计；泉岗村共富综合体建设项目土地流转审批稳步推进。投资350万元，完成2个入镇口景观工程建设。打造樟家田百亩油菜基地，新增精品民宿2家，壮大乡村文旅产业。提前完成总投资330万元的1394亩高标准农田建设。以“公司+基地+农户”模式加快发展现代化农业，“前岗辉白”龙头企业发挥带动效应，统筹茶文化、茶产业、茶科技，引进新品种、新技术、新模式，稳步推进茶文化未来农场建设。

位于小溪村的入镇口鱼鳞坝

【民生实事】 优化镇级便民服务中心窗口功能，完成村级便民服务中心规范化建设，村级可代办事项90项。社保业务办理正确率、医疗救助受理率均为100%，居民医保参保率99%以上。建成下王镇卫生院急救分站，医共体建设不断加强。石溪村创建“博爱家园”。下王镇中心小学被评为第五批绍兴市现代化学校。组建防疫暖心服务小分队11支，派送老年人“防疫爱心包”4427份。做好防汛防台、防灾减灾等工作，完成基层防汛防台体系标准化建设。全力打赢“梅花”台风抗击战，转移安置 766 人，无人员伤亡。做好地质灾害防御和危旧房巡查整治。

【数字赋能】 深化“浙里兴村治社”和“浙里民情”场景应用，推进“碧水联盟”“掌上应急”等数字化应用，镇村干部工作效率和服务水平得到提升。以数字化改革为抓手，深化“最多跑一次”改革，依托“浙里办”，公共服务事项网上办、掌上办水平得到不断提高。做好智慧城管工作，结案 1057 起，结案率 99.9%。

【基层治理】 “信访工作五色图”得分居嵊州市第一，3 件省级信访积案全部化解，信访积案化解“百日攻坚”行动阶段性工作获市通报表扬。开展百村万户“敲门入户”行动，整治养老诈骗，安装推广全民反诈小程序。百万员工安全大培训完成率居全市第一。下王镇食安办创建为全市首家浙江省五星级食安办。

【党建引领】 发挥“都江青年”宣讲团、“团结讲堂”作用，自编自导的宣传片《初心不改仍少年》在浙江新闻客户端阅读量超 38 万人次。2 件作品被评为“喜迎二十大·携手共富路”群众文艺创作大赛三等奖。《筑牢红色根基 追梦共富石溪》在“学习强国”学习平台发布。发动党员干部开展“民情大走访”活动，帮助群众解决问题 384 个。清溪村党支部入选“战疫”一线第二批及时性表扬名单。大青山村创建为 AAA 示范村。“学习强国”学习平台活跃度持续位列全市（镇街）第一，入选绍兴好人 1 名。

（下王镇 周佳 章泽旦 寿宁静）

表 45　2022 年嵊州市下王镇各行政村基本情况表

村名	书记、主任	户数（户）	人口（人）	水田（亩）	山林（亩）	旱地（亩）	茶园（亩）
下王村	童国苗	981	2527	2655	20706	375	1500
上巅村	童亚忠	490	1447	1100	12468	1600	1800
小溪村	徐晓锋	603	1734	1593	9959	500	700
泉岗村	俞世荣	497	1163	1827	14449	226	1200
梅坑村	叶少明	416	1203	592	11974	157	1000
石溪村	任团结	457	1392	1183	10047	451	1200
清溪村	俞国云	323	974	830	11207	285	295
大青山村	徐杰松	461	1237	251	15164	1250	1400
合　计		4228	11677	10031	105374	4844	9095

贵门乡

【概况】 贵门乡位于嵊州市西南，古称鹿门。南宋淳熙元年（1174），吕规叔创建鹿门书院。淳熙九年（1182），朱熹赴嵊赈灾期间，造访吕规叔，讲学于鹿门书院，并题赠“贵门”两字。乡域面积 156.3 平方千米，辖 13 个行政村，有 7924 户、2.15 万人。是国家级生态乡、国家级卫生乡、浙江省森林乡镇、小城镇环境综合整治省级样板乡、省级美丽城镇达标乡。

【特色农业】 贵门乡是全市唯一的山区乡，有山林面积 16.9 万亩，耕地 1.6 万亩。其中茶园面积 36000 亩，占全市的五分之一，大青梅种植面积 2000 亩，香榧种植面积 6000 亩。贵门乡是名茶之乡，尤其以上坞山辉白、西景山有机茶为最佳，茶叶面积和产量为嵊州之最。西景山村通过有机茶销售认证，该村电商团队在嵊州市首届抖音直播带货比赛和绍兴市“云上茶博”直播带货中均获得冠军。2022年，全乡茶叶销售收入2.2亿元。玠溪腌肉、鹿门金樱子酒、隔尘香茶叶、八宿屋系列产品等特色农业品牌得到市场认可。与供销社、嵊州市超级大酒店合作订单收购，通过“供富车”服务，开拓高山萝卜、农家腌肉等农特产销售渠道，增加山区农户收入。

【宋韵文化】 高标准打造宋韵文旅品牌，实施宋韵文化传世工程，开展以“宋韵贵门传文脉，万亩茶园共富强”为主题的系列活动，举办2022贵门乡首届宋韵文化节暨第六届茶旅文化节，将鹿门书院建设成为传承理学文化、国学文化的培训基地，在贵门村完成宋韵元素节点布置。发布以朱熹访友、规叔（南宋理学家吕大棋）办学、李易（字顺之，南宋建炎二年状元）隐居为历史文化背景的“状元文创”和“宋韵贵门”系列文创产品，打造独具特色的贵门文旅品牌。

【美丽乡村】 紧扣“农文旅+”核心，围绕“宋韵贵门”主题，投资2000万元推进未来乡村和乡村振兴先行村建设。新建集乡村书房、碗窑体验、餐饮住宿于一体的特色精品民宿——观云居，打造艺术驿站及配套公园，建成融合旅游接待、休憩赏景、品茶体验等功能的乡村会客厅综合体。奖山村完成屏岫革命陈列馆提升改造工程，增设吴恩光烈士纪念馆。楼村被命名为省级AA级景区村庄，全乡实现省级景区村庄全覆盖。完成下陈溪江、小乌溪江河道整治，周西村完成健身公园和停车场建设，璞玉村共富大楼完成主体建设，楼村东坞自然村实现公交车通车。

【宣传工作】 承办农工党浙江省委会“喜迎二十大·助力共富路”建设高质量社会服务基地推进会，贵门乡成为农工党全省唯一的国家级社会服务基地。在杭州恒庐美术馆举办“贵门有约”写生书画展。央视、《人民日报》《经济日报》等中央级主流媒体，多次对贵门进行宣传报道，中央电视台《我的美丽乡村》栏目播出西景山村“茶正香”专题片，“鹿门讲坛”两次与央视开展直播互动，贵门品牌得到广泛传播。

【绿色发展】 立足森林资源优势，探索“森林碳汇+生态产品价值”转换途径，“牵手”浙江农林大学专家团队开展全域GEP测算，完成数据26万条、专题图69张。编制《嵊州市绿色共富项目（一期）》可研报告，获得省农发行融资审批，成为通过GEP核算推动森林碳汇价值转化的典型案例。贵门乡入围省级低（零）碳乡镇试点，入选绍兴市共富首批试点。

【生态环保】 推进农村人居环境综合整治工作，雅安村、周西村、璞玉村被评为嵊州市红旗村。统筹推进水污染治理、水生态修复、水资源保护，实施南山水库饮用水源地保护工程，全年开展“美丽嵊州实践日”活动8次，选聘“民间河湖长”6人，全乡水环境持续优化。常态化开展秋冬季秸秆露天焚烧巡查，乡综合执法队办理秸秆焚烧执法案件13件。雅安村获得2022年度省级“森林人家”称号，上坞山村、西景山村获评2022年度浙江“森林氧吧”。

【基层治理】 新设立贵门乡奖教基金，助推山区教育优质均衡发展。健全“一老一小”优享圈，落实养老服务机构星级评定工作，贵门乡敬老院被评为四星级养老院，贵门村和雅安村居家养老中心评为星级养老中心。打造“15分钟品质文化生活圈”，上坞山村获得绍兴市级文明村称号。完善重大风险防控，开展食品药品监管、打击整治养老诈骗、预防溺水等专项行动，抓好安全生产和应急能力提升工作，投资40多万元，完成乡应急救援站和2个村级微型消防站的规范提升工程。在全市率先构筑由政府出资为常住人口购买救助保险，应对突发灾害和事故的救助保障体系。

【党建工作】 打造“贵在坚持”“贵在未来”“和为贵”等党建品牌，深化“浙里民情”“浙里兴村共富”等场景应用平台，共记录民情日记6937篇，边走边晒发布1240篇。实施“红色根脉强基”工程，健全基层党组织“强基”常态化督查机制，规范村级组织工作，巩固提升基层堡垒，完成西景山村、玠溪村示范型“四中心”建设，推进党建联建，楼村与农商银行、瑞丰银行结对“帮促共建”。举办村“两委”干部培训班，集中“春训”，实现全体党员轮训，璞玉村党总支书记张科平在嵊州市首场“头雁话共富”活动中获金牌。深入开展作风建设年活动，全面落实党风廉政建设各项工作，将当地红色资源与廉政文化有机结合，以“九廉促久廉”活动为载体，打造“贵在清廉”廉洁文化品牌。

山水化境——宋韵贵门俯瞰图

贵门乡村会客厅——茶文旅综合展示

（贵门乡　陈超）

表 46　2022 年嵊州市贵门乡各行政村基本情况表

村名	书记、主任	户数（户）	人口（人）	水田（亩）	旱地（亩）	山林（亩）
贵门村	吕　永	629	1600	798	584	5484
上坞山村	张恩波	610	1498	944	450	9016
雅安村	吕小波	625	1512	1101	423	13378
叶村	赵华平	569	1611	630	431	7384
周西村	张良达	569	1600	724	712	8660
西景山村	蒋纪章	375	1069	313	951	5322
璞玉村	张科平	417	1023	503	215	8071
奖山村	王柏永	859	2351	703	602	39150
汉溪村	丁永胜	972	2847	1110	507	23407
八宿屋村	王秀荣	652	1889	591	486	16153
玠溪村	郑祝良	635	1762	739	599	15148
丰潭村	黄忠尧	544	1483	891	556	7550
楼村	楼志良	468	1303	445	453	7044
合　计		7924	21548	9492	6969	165767

附 录

文献

坚定扛起“两个先行”使命担当在高质量发展中加快建设现代化网络型山水城市

——在市委十五届三次全体（扩大）会议上的报告

市委书记 徐建役

（2022 年 8 月 12 日）

这次全会的主题是：高举习近平新时代中国特色社会主义思想伟大旗帜，全面贯彻省第十五次党代会和绍兴市第九次党代会、九届二次全会精神，坚定不移做“两个确立”忠诚拥护者、“两个维护”示范引领者，以绝对忠诚之心牢牢守好“红色根脉”，以感恩奋进之心忠实践行“八八战略”，坚定扛起“两个先行”使命担当，在高质量发展中加快建设现代化网络型山水城市，以优异成绩迎接党的二十大胜利召开。

一、深入学习贯彻省第十五次党代会精神，切实增强推进“两个先行”的思想自觉、政治自觉和行动自觉

省第十五次党代会是在迎接党的二十大的关键节点召开的一次具有政治意义的大会，是在迈入共同富裕和现代化新征程的关键节点召开的一次具有标志性意义的大会，是在百年变局和世纪疫情交织叠加的关键时期召开的一次具有战略性意义的大会。大会的主题是高举习近平新时代中国特色社会主义思想伟大旗帜，忠实践行“八八战略”，坚决做到“两个维护”，在高质量发展中奋力推进中国特色社会主义共同富裕先行和省域现代化先行。袁家军书记代表十四届省委所作的党代会报告，深入学习贯彻习近平总书记关于浙江工作的重要指示精神，系统回顾总结过去五年的历史性成就和规律性认识，明确今后五年的总体要求、奋斗目标、工作导向和重大任务举措，科学绘就了我省共同富裕和现代化的宏伟蓝图，是我省坚定不移做“两个确立”忠诚拥护者、“两个维护”示范引领者的政治宣言，也是我省推进中国特色社会主义共同富裕先行和省域现代化先行的行动纲领。全市各级党组织和广大党员干部要深刻领会、全面把握省党代会报告的核心要义、精神实质和实践要求，自觉用党代会精神统一思想、统一意志、统一行动，以感恩之心、笃行之志、奋进之姿推进“两个先行”，努力在以下七个方面走在前作表率。

一要深刻领会把握习近平新时代中国特色社会主义思想的真理力量，在坚定高举伟大旗帜、坚决做到“两个维护”上走在前作表率。省第十五次党代会最鲜明的政治特征，是高举习近平新时代中国特色社会主义思想伟大旗帜。习近平新时代中国特色社会主义思想实现了马克思主义中国化新的飞跃，是党和人民实践经验和集体智慧的结晶，是中国特色社会主义理论体系的重要组成部分，是全党全国人民为实现中华民族伟大复兴而奋斗的行动指南。浙江是习近平新时代中国特色社会主义思想重要萌发地，我们要坚定不移高举习近平新时代中国特色社会主义思想伟大旗帜，坚定不移做“两个确立”忠诚拥护者、“两个维护”示范引领者，沿着习近平总书记指引的方向阔步向前。

二要深刻领会把握习近平总书记对浙江的关怀厚爱，在牢记重要嘱托、感恩奋勇前行上走在前作表率。省第十五次党代会指出，党的十八大以来，习近平总书记5次亲临浙江，对浙江工作作出一系列重要指示，亲自为新时代浙江赋予光荣使命、擘画宏伟蓝图。特别是过去五年，习近平总书记赋予浙江赓续革命传统、守好“红色根脉”的特殊使命，赋予浙江“努力成为新时代全面展示中国特色社会主义制度优越性的重要窗口”的全新定位，赋予浙江高质量发展建设共同富裕示范区的光荣使命。我们要牢记习近平总书记对浙江的每一次关怀，深刻感悟习近平总书记对浙江发展的高度重视和殷切希望、对浙江人民及浙江大地的真挚情感和关心厚爱，怀着对习近平总书记的感恩之心、爱戴之情、捍卫之志勇扛使命，奋力开创美好未来、赢得更大荣光。

三要深刻领会把握过去五年的历史性成就和规律性认识，在汲取重要启示、把准发展规律上走在前作表率。省第十五次党代会深入研究过去五年浙江发展所开启的系统性变革、实现的历史性跨越、取得的历史性成就，凝练了“8个方面规律性认识”。历史性成就推动浙江站上新的更高起点、夯实了“两个先行”的实践基础；规律性认识是省委团结带领全省人民共同奋斗、共同创造的宝贵财富。我们要通过历史性成就和规律性认识，不断深化对“两个确立”决定性意义的领悟，从中汲取重要启示，增强底气信心，在“两个先行”新征程上建新功、创新业。

四要深刻领会把握勇扛浙江使命、心怀“国之大者”的指引遵循，在履行新使命、谱写新篇章上走在前作表率。省第十五次党代会深刻回答“国之大者”与浙江使命、理论与实践、战略与策略、目标与路径等基本问题，研究提出了“5大战略指引”和“11方面重要遵循”，这是推动习近平新时代中国特色社会主义思想在浙江生动实践、指引“两个先行”的行动指南，也是浙江发展的重要“密钥”。我们要准确把握好“5大战略指引”和“11方面重要遵循”的内在联系，以一往无前的决心、果敢坚毅的行动，自觉做“红色根脉”的坚定守护者、“八八战略”的忠实践行者、“重要窗口”的优秀建设者、共同富裕和现代化的先行探路者、干在实处走在前列勇立潮头的不懈奋斗者。

五要深刻领会把握“八八战略”作为统领浙江改革发展总纲领的实践伟力，在忠实践行“八八战略”、奋力打造“重要窗口”上走在前作表率。省第十五次党代会明确指出，“八八战略”在“5大战略指引”中是管总的。习近平同志在浙江工作期间从省域层面对坚持和发展中国特色社会主义进行了卓有成效的理论探索和实践创新，创造了弥足珍贵的理论成果、实践成果、制度成果。特别是亲自擘画实施的“八八战略”，为浙江量身打造了指路引航的总纲领总方略。我们要以“八八战略”实施20周年为新契机新起点，自觉运用“八八战略”蕴含的立场、观点、方法来解决改革发展实际问题，用实干和实绩彰显“八八战略”真理光芒、实践伟力和时代价值。

六要深刻领会把握在高质量发展中实现中国特色社会主义“两个先行”的时代命题，在推进共同富裕先行、加快县域现代化先行上走在前作表

率。省第十五次党代会确定的奋斗目标是，在高质量发展中实现中国特色社会主义共同富裕先行和省域现代化先行。“两个先行”锚定了浙江未来五年和更长时间的奋斗目标，标注了浙江新的历史方位和奋斗坐标。“8个高地”“5大工作导向”“10个着力”，是推进“两个先行”的具体目标和主要任务，是制胜未来的目标、战术、战法“组合拳”。我们要紧盯目标、瞄准跑道，全力打造浙江高质量发展建设共同富裕示范区县域样板，率先走出社会主义现代化的县域发展之路。

七要深刻领会把握以党的自我革命引领社会革命的本质要求，在加强党的全面领导、纵深推进全面从严治党上走在前作表率。省第十五次党代会明确今后五年要打造新时代党建高地和清廉建设高地，不断推进以党的自我革命引领社会革命在浙江的生动实践，充分体现了省委坚定不移加强党的全面领导和全面从严治党的坚强意志决心。我们要全面落实新时代党的建设总要求，大力弘扬伟大建党精神，严格落实管党治党政治责任，纵深推进全面从严治党，不断增强自我净化、自我完善、自我革新、自我提高能力，坚决守好“红色根脉”，为推进“两个先行”提供坚强政治保障。

推动省党代会描绘的宏伟蓝图在我市生动实践、落地生根，我们必须始终坚持以习近平新时代中国特色社会主义思想为指导，忠实践行“八八战略”、奋力打造“重要窗口”、牢牢紧扣“五个率先”，锚定现代化网络型山水城市建设总目标，坚定不移推进更高水平“五个嵊州”建设。**一是在构建现代化经济体系上发力先行。**以创新驱动引领高质量发展，坚定不移贯彻新发展理念，深化实施人才强市创新强市首位战略，着力构建现代科创体系、产业体系和金融体系。力争通过五年努力实现GDP达1000亿元、规上工业总产值超1000亿元、一般公共预算收入突破100亿元，奋力跻身经济发展第一方阵，加快打造创新引领智造之城，推动实力嵊州更高质量发展。**二是在建设网络型未来城市上发力先行。**以开放理念引领网络型布局，积极服务和融入新发展格局，更深层次融入长三角高质量一体化发展，持续深化“接沪融杭联甬”，构建“一心两副多节点组团式”的城市发展新格局。全面提升城市融合度、贸易开放度、消费活跃度、要素集聚度、通道顺畅度，建设外联内畅、区域协同、城乡一体的网络型城市，加快打造“四港联动”枢纽之城、宜业宜居活力之城，推动品质嵊州更大力度建设。**三是在绘就全市域美丽图景上发力先行。**以山水资源引领文生旅农融合发展，持续擦亮越剧、唐诗、小吃等文化金名片，不断打响美食、美景、美戏“三美嵊州”品牌，推进领带、围棋等博物馆群和刘文西、袁雪芬等名人纪念馆建设，着力推动全域文化繁荣全民精神富有。加快创建国家生态文明建设示范区、国家级全域旅游示范县市，加快建设越韵诗路魅力之城、全域花园美丽之城，推动美丽嵊州更靓颜值彰显。**四是在促进高水平民生优享上发力先行。**以优质共享引领普惠发展，坚定不移走以人为核心的现代化和全体人民共同富裕道路，全面提升社会建设战略地位，突出扩中提低、“一老一小”、全域均衡，统筹推进社会事业、社会保障、社会结构、社会单元和社会政策变革，大力提升高品质公共服务供给，不断擦亮“嵊有系列”民生优享品牌，推动幸福嵊州更好优质共享。**五是在推进数字化变革智治上发力先行。**以数字变革引领系统性重塑，扎实推进全民共享、引领未来、彰显制度优势的数字文明建设，构建“全域覆盖、上下贯通、整体智治”的党建统领县域现代化治理体系，建成“掌上办事之城”“掌上办公之城”“掌上治理之城”。一体推进平安建设、法治建设、清廉建设，全力打造全过程人民民主县域典范，加快建设和谐共享平安之城，推动数智嵊州更加活力迸发。

二、加快建设面向未来的现代化网络型山水城市，以城市发展带动经济社会发展，奋力谱写“两个先行”嵊州篇章

今年以来，面对“三重压力”叠加“两大变量”的复杂严峻形势，全市上下坚持以习近平新时代中国特色社会主义思想定向领航，认真贯彻落实“疫情要防住、经济要稳住、发展要安全”要求，高效统筹疫情防控和经济社会发展，坚持“三比三争”工作导向，深入推进“三个年”活动，奋力推动现代化网络型山水城市崭新开局，实现了一系列开创性历史性的重大突破。我们感到：**最令人鼓舞的是，**各级领导对嵊州越来越关心重视，省委省政府主要领导纷纷点赞我市工作，国家发改委、文旅部等领导相继来嵊州考察指导，斩获的百强县位次再创新高，位列高质量发展百强县第68位、服务业百强县第58位、长三角百强县第47位。**最令人振奋的是，**全市上下克服重重困难，交出了一份经济稳进提质的高分报表。1—6月，GDP增长3.4%，位列绍兴第二；18项GDP核算指标中10项位居绍兴前3位，规上工业增加值、制造业投资、高新技术产业投资、出口总额增速等位居绍兴第一，工业用电增幅连续22个月保持绍兴第一，稳进提质报表实现“两绿零红”，经济稳中向好的态势明显。**最令人欣慰的是，**全市上下始终把疫情防控作为头等大事，坚定不移贯彻“外防输入、内防反弹”总策略和“动态清零”总方针，不断深化落实“七大机制”和“五快循环”要求，持续开展疫情防控演练，创新开发区域协查管控应用，扎紧织密精密智控网格，牢牢守住了“外防输入”的严密防线。**最令人感动的是，**比亚迪新能源动力电池项目仅用不到10个月的时间就实现通线投产，创下了嵊州发展史上招引龙头项目单体投资最大、洽谈时间最短、推进速度最快的“三个历史之最”，获王浩省长高度肯定，王传福董事长盛赞“嵊州速度”是比亚迪项目建设史上的标杆，更发出了“山好水好人更好”的赞誉。**最令人自豪的是，**杭台高铁通车，嵊州迎来“高铁时代”，跨入了杭州、宁波“半小时经济圈”、上海“一小时经济圈”；与浙江经济职业技术学院签约，成功引进我市第一所高等院校，圆满实现了期盼已久的“高铁梦”和“高校梦”。

城市是人类文明的标志，城市建设与发展是现代化建设的重要引擎，是引领未来的新增长极。党的十八大以来，以习近平同志为核心的党中央高度重视城市工作，先后召开中央城镇化工作会议、中央城市工作会议等，对城市建设和发展作出重大部署。省第十五次党代会明确提出“支持绍兴融杭联甬打造网络大城市”。绍兴市第九次党代会和九届二次全会就高水平网络大城市建设作出全面系统部署，并将嵊州城市建设发展纳入绍兴“一核六心多节点”空间布局体系，为我们推进城市建设和发展提供了遵循、指明了方向、增强了信心。市第十五次党代会提出现代化网络型山水城市建设的总体战略，与绍兴网络大城市的战略布局一脉相承、高度契合。我们要深入贯彻上述会议精神，以多层级联动、多节点支撑、多特色互补、多空间拓展为基本形态，全面推行面向未来城市的开发建设管理模式，不断增强现代化网络型山水城市聚合力、吸引力、创造力、竞争力和影响力，带动经济社会发展各个方面系统优化、全面升级。

一要深刻把握“现代化”城市发展内涵。习近平总书记深刻指出“我们推进的现代化，是中国共产党领导的社会主义现代化”，强调“必须坚持以中国式现代化推进中华民族伟大复兴”。我们要深刻把握我国现代化是人口规模巨大的现代化、全体人民共同富裕的现代化、物质文明和精神文明相协调的现代化、人与自然和谐共生的现代化。要全面对标全省“八个高地”，牢牢紧扣绍兴“五个率先”，持续深入推进更高水平“五个嵊州”建设，加快打造一座彰显越乡气质、具有时代气息、走在发展前列的现代城市。

二要深刻把握“网络型”城市空间布局。围绕“一主聚能、三带辐射、一环美丽”全域发展战略，坚持以人为核心的新型城镇化发展方向，按照“多层次、多节点、网络型”发展要求，结合国土空间规划编制，分类引导城镇协调发展，构建“一心两副多节点组团式”的城市空间布局体系，形成疏密有致、分工协作、功能完善的城镇化空间格局和形态。

“一心”即以未来城市标准统筹推进浦口、剡湖、三江、鹿山四大街道中心城区建设，做强开发区、高铁新城“双核动力”，引领嵊州“四港联动”枢纽节点城市建设，打造网络型城市新中心，持续提升“一主聚能”的综合实力。支持浦口打造经济建设主战区、产城融合魅力区、基层治理标杆区、共同富裕先行区，打造成为嵊州经济最强增长极；支持剡湖创建省级一流化工园区、建设魅力现代人文之城，打造成为嵊州古韵人文、未来智居的“城北之光”；支持三江建设首位街道、城市窗口、活力三江，率先打造嵊州中心城区样板区；支持鹿山建设成为汇聚高端现代服务的产城融合之窗、展示未来城乡风貌的山水宜居之窗、擦亮共富基本单元的现代智治之窗。

“两副”即持续深化甘霖、三界小城市培育，打造“链接中心、辐射周边”的网络型城市副中心。支持甘霖推进“中国冷链物流设备制造基地”、越剧小镇建设，打造义甬舟开放大通道重要枢纽城镇；支持三界建设高水平嵊北新城，打造“共同富裕镇域标杆”。

“多节点”即以乡镇为重点，强化活力特色差异化发展，打造“服务周边、带动乡村”的网络型城市功能节点。支持崇仁全力创建省级现代农业示范园区，打造古镇旅游目的地、绿色农旅名镇；支持长乐以甬金铁路为纽带，承接金义甬产业优势，积极打造义甬舟大通道上的“嵊西重镇、电机之城”；支持黄泽建设均衡富庶发展典范小城镇，打造义甬舟嵊新临港经济发展区的重要纽带；支持石璜以“红色文化+绿色生态”为核心，推动产学研游融合发展；支持谷来建设水源保护高标区、旅居康养首选区、香榧产业引领区、基层治理先行区；支持仙岩打造乡村振兴先行镇、未来碳中和无废乡镇样板、浙东唐诗之路重要节点；支持金庭强工兴镇、强农兴村、强文兴旅“三强三兴”建设；支持下王建设农文旅深度融合的山区乡镇特色景区镇；支持贵门打造“两山”转换示范区、“双碳”实践先行区、宋韵文化样板区。

组团式即深化“一心两副多节点”之间的组团式发展，强化外联内畅。对内推动市域一体协同，提升“三带辐射、一环美丽”的发展能级。“一心”与三界、仙岩组团发展构建剡溪发展带，与甘霖、长乐、黄泽、金庭组团发展构建甬金发展带；甘霖、崇仁、石璜、谷来组团发展构建杭绍台发展带；石璜、谷来、金庭、下王、贵门组团发展构建美丽经济环。对外深化“接沪融杭联甬”，提升现代化网络型山水城市的位势能级。三江积极协同新昌七星街道共同打造嵊新协同发展的中心腹地；三界积极协同上虞章镇共同打造绍兴市区联结嵊州的新枢纽；长乐积极协同东阳巍山镇共同打造承接金义都市区的辐射地；黄泽—金庭依托临甬区位优势，打造甬绍一体化先行区桥头堡，并积极协同新昌沃洲镇共同打造嵊新奉特别合作区的重要板块；谷来积极协同柯桥王坛镇、平水镇共同打造嵊州链接绍兴“一核”的重要通道。

同时，突出提级、提质、扩能，统筹推进科创廊道、文创廊道、生态廊道建设，构筑现代化网络型山水城市的重要纽带。科创廊道以“剡溪创新带”为引领，重点打造“一城一室”创新策源格局。文创廊道以挖掘“百年越剧诞生地、千年剡溪唐诗路、万年文化小黄山”文化内涵为重点，积极参与浙东唐诗之路文化带建设，打造越韵诗路文化经济带。生态廊道以绿水青山为底色，推进四明山脉、会稽山脉、天台山脉以及剡溪、长乐江、澄潭江、黄泽江等风貌带整治提升，努力打造全国“绿水青山就是金山银山”实践创新基地。

三要深刻把握“山水”城市魅力特质。“蓝脉绿网”纵横交错、文化瑰宝星罗棋布是嵊州的独特优势和宝贵资源。我们要充分发挥“人文+生态”资源优势，突出全域共美、江南韵味，统筹提升自然山水意境、历史文化价值、城市功能品质，打造现代版“富春山居图”，建设成为一座依山傍水、青山绿水、显山露水的生态城市、人文城市、宜居城市。

围绕上述功能定位，按照“一年出成效、三年大变样、五年成典范”的时序要求，强化“点”的塑造、“线”的链接和“网”的完善，不断丰富现代化网络型山水城市的脉络体系和“四梁八柱”，提高全市域产业网络韧性、经济循环良性、幸福生活黏性、城市品质特性、治理体系弹性，确保实现2022年建设成效初步显现、2024年布局完善功能凸显、2026年基本建成现代化网络型山水城市的目标。具体抓好以下七方面重点任务：

1.打造集群发展现代产业链。全面提升产业基础高级化和产业链现代化水平，联动打造“3+4”产业发展体系，持续做强现代化网络型山水城市的发展支撑。**一要加快“链式攀升”**。深入实施数字经济“一号工程”升级版，打造智能厨电产业大脑数智引擎，大力发展数字5G、新材料、新能源、生物医药等战略性新兴产业，全力推动“163”产业集群向智能化绿色化高端化迭代升级，数字经济核心产业增加值每年增长10%以上。聚焦氢能与储能等前沿科技，实施未来产业孵化与加速计划，布局一批带动力强、经济效益显著的未来产业。**二要加快“链式集聚”**。实施“千亿”产业引领工程，全力推进新能源“万亩千亿”产业园建设，力争用五年左右时间培育1个千亿级产业。制定重点产业链发展规划图谱，精准开展产业链招商、乡贤招商、基金招商、以商招商，加快形成“千亿引领、百亿带动、十亿支撑、亿元集聚”的产业格局。实施企业“长高长壮”培育行动，一体推进“雄鹰”“凤凰”“雏鹰”和“专精特新”“隐形冠军”培育，形成大中小企业融通发展的雁阵式企业梯队。**三要加快“链式融合”**。深化现代服务业与先进制造业“两业”融合，科学制定支持培育“两业”融合发展专项政策。加快推进金融现代化，深入实施融资畅通工程升级版，为企业和项目提供全链条金融服务。大力发展高铁经济、总部经济、楼宇经济，加快开元名都大酒店和江南环球港商业综合体、希尔顿酒店、浦口城市客厅开发建设。大力发展线上消费、共享消费等多元消费业态，积极培育“创意经济”“流量经济”等新热点。

2.打造产城融合活力发展区。注重发挥“四港联动”枢纽节点作用，深化“接沪融杭联甬”，不断推进国家级经济开发区创建，持续增强现代化网络型山水城市的发展能级。**一要推动创新平台提效赋能**。加快推进“剡溪创新带”建设，推动艇湖未来科创城加速壮大发展，强化与清华、浙大、西安交大等大院大所的对接合作，积极引进深冷实验室、数字医疗与医疗机器人中心、微电子实验室等高能级重大创新平台。支持巴贝实验室争创国家级重点实验室，鼓励行业领军企业加强关键核心技术研发，高水平建设一批企业研究院、实验室。联动发展茶叶、蚕桑、小吃等“科技小院”，助力构建乡村现代产业体系。**二要推动开放平台提质扩面**。抢抓上海产业转移机遇，加快释放嵊州漕河泾长三角协同发展产业园吸附效应和发展活力，大力推进嵊新奉特别合作区和义甬舟嵊新临港经济发展区建设。用好RCEP红利，谋划建设国际产业合作园，深化自贸区绍兴联动创新区嵊新片区建设。**三要推动片区平台提档升级**。充分利用政策驱动、资本驱动、产业驱动，因地制宜突出科技服务、产业集群、文旅特色等开发导向，不断增强网络型城市的张力。艇湖未来科创城片区着力打造集高端制造、研发办公、生态休闲、商业娱乐、美丽宜居和配套完善于一体的产城融合区。新能源产业片区致力打造创新创业的科技高地、产业集聚的经济强区、生态优美的产业园区。高铁新城片区通过TOD模式，打造嵊州融入长三角一体化发展的开放窗口，建设成为“四港联动”和嵊新奉特别合作区的“桥头堡”、引领未来城市经济发展的“主引擎”。丽湖片区建设成为城市未来发展的核心片区，打造集文化、商贸、娱乐和行政办公等一体的美丽宜居先行区。越剧小镇片区建设以越剧文化为核心，休闲旅游为主导，农业产业为辅助，居住生活为基础的精品片区，打造特色鲜明、布局合理、交通便捷、生态良好的山水人文地、文旅康养城。经济开发区城北化工园区和城北化工园区（三界片区）、忘忧西白美丽片区、温泉湖旅游度假区片区等也要依托特色优势，明确功能定位，找准发展方向，科学布局建设路径。

3.打造嵊山剡水美丽风景线。立足山清水秀的生态禀赋，一体推进美丽城市、美丽城镇、美丽乡村建设，持续提升现代化网络型山水城市的独特气质。**一要持续推进“三江两岸”建设**。统筹市域总体规划、主体功能区规划、土地利用规划、生态带规划等，加快制定“三江两岸”生态景观概念规划，突出山水自然风光和人文历史相融合，做优做活城市水系，打造更有获得感的亲水空间，成为山水城市的重要景观生态走廊。**二要全力守护绿色生态格局。**全面实施“三线一单”生态环境分区管控制度，全力参与会稽山国家森林公园建设，打造生态廊道和生态绿肺，守住自然生态安全边界。大力推行林长制、田长制、河（湖）长制，健全“一把扫帚”管保洁、“一把剪刀”管园林、“一把闸刀”管亮化常态化管理机制，成功争创省级“无废城市”和国家生态文明建设示范区。持续拓宽“两山”转换通道，打造致富新增长极。**三要奋力打造全域景观城乡。**优化城市设计，做好“建景增绿、闲置覆绿、拆违还绿、墙面透绿”文章，加大口袋公园、慢行步道建设力度，着力打造人城相融的城市公园与休憩绿地系统。推进新时代美丽乡村建设，大力推进农村人居环境整治提升，依山就势完善村庄规划布局，推动美丽乡村串点成线、连片成景。

4.打造越韵诗路文化经济带。积极参与绍兴文创大走廊、浙东唐诗之路文化带建设，持续积聚现代化网络型山水城市的内涵底蕴。**一要构建剡溪文化产业带。**加快发展文化旅游、诗路文化、宋韵文化和演艺游乐、创意设计等文化产业，加速形成文化创意产业集群，不断放大中国越剧艺术节、国际书法朝圣节等节会效应，全面促进文化产业与科创、旅游、金融、体育、会展、探险等深度融合。支持三界申报千年古城项目，不断丰富剡溪文化产业带的历史风韵。**二要构建越剧寻根人文带。**深入推进越剧申遗，不断创新“越剧+”运作模式，串联东王村、施家岙村、越剧小镇、越剧艺校、越剧博物馆、越剧艺术城、全国小梅花培育基地等，优化“学越、看越、赏越、玩越、感越”的研学课程，打响“嵊州越剧寻根游”IP，不断拓展转化越剧的文化价值。**三要构建乡村旅游集聚带。**把绍兴温泉城、崇仁古镇、金庭书礼小镇、鹿门书院等景区串珠成链，加快打造忘忧西白、卮山仙踪、鹿门访友、金庭问道等4条美丽乡村风景线，构建唐诗之路、书圣文化、氧气休闲三大乡村旅游集聚带，联动拓展谢灵运、马寅初等名人寻访游线和小吃美食攻略，打造长三角健康养生福地和休闲文化旅游目的地。

5.打造共富共享优质生活圈。深入推进城乡现代社区建设，协同打造共同富裕现代化基本单元，持续擦亮现代化网络型山水城市的幸福成色。**一要健全“一老一小”优享圈。**坚持养老和托育服务体系同步实施、政府和市场同步发力、供给和布局同步推进，加强养老、幼托基本单元建设，推动社区养老全能发展、居家养老个性增能，持续扩大普惠性幼托服务和优质学前教育资源供给，打造“浙里康养”幸福养老服务体系和“浙有善育”育儿友好型城市嵊州样板。**二要健全公共服务便民圈。**建设全龄友好型公共服务基本单元，因地制宜建设科技、体育、文化等特色功能区。加快镇海中学嵊州分校和浙经院嵊州校区建设，持续提升教育集团化办学水平，全面建设“嵊有优学”教育现代化市。高标准建成投运新市妇保院和疾控中心，织密社会救助、社会福利、社会优抚兜底网络。**三要健全城乡社区生活圈。**未来社区要落地落细“一统三化九场景”，打造有归属感、舒适感、未来感的新型城市功能单元。集成“美丽乡村+数字乡村+共富乡村+人文乡村+善治乡村”，打造宜居宜业、宜游宜养的未来乡村共同体。坚持城乡风貌“微改造、精提升”，深入推进城乡风貌样板区试点建设，打造体现高颜值、充满亲近感、洋溢文化味的韵味城乡。

6.打造城乡一体基础设施网。加快推动城乡交通、供水、电网、通信、燃气等基础设施统一规划、统一建设、统一管护，持续畅通现代化网络型山水城市的运行脉络。**一要打造外联内畅交通设施网。**围绕对外立体“306090”通勤圈，积极谋划绍兴市域铁路S3线、诸嵊高速等项目，加快金甬铁路、甬金高速扩容、甬金高速增设金庭互通、萧山国际机场嵊州航站楼等项目建设。围绕“123快货物流圈”，推进建设长乐货运站物流中心、甘霖冷链物流园、黄泽供应链区域运营中心、三界水运物流园区等，构建集公共仓储、城际配送、冷链分销、信息服务为一体的智慧物流网络。围绕市域便利化“152030”交通圈，加快G527黄泽至新昌大市聚段、甘霖至长乐段建设和S312省道北仑至嵊州公路、S310省道奉化至桐庐公路嵊州段前期工作，高标准建设23条共富农村公路。**二要打造系统安

全水利工程网。扎实开展乡镇水厂和管网改造三年行动，全力推进“一湖一库六江百塘”水利系统工程，加快曹娥江流域防洪能力提升工程（东桥至丽湖段）、三溪水库、第三水厂、第四水厂等重大项目建设，谋划推动南山水库、辽湾水库联网联调。加强河堤岸达标、山塘水库除险加固、中型灌区续建配套与节水改造等，全面完成“污水零直排区”建设，积极创建“幸福河湖”。增强城市防洪排涝能力，加强城市地下空间开发利用，建设海绵城市、韧性城市。**三要打造全域覆盖信息能源网。**抢抓数字变革机遇，推进5G网络、人工智能、物联网、区块链、元宇宙等新一代信息技术基础设施布局建设，加快实现公共区域免费Wi-Fi全覆盖，倡导各类公共服务“数字无障碍”。探索建设智慧高速、数字港口，打造数字智慧通道。大力发展绿色能源，先行先试开展零碳氢能服务区、氢能社区、氢能园区等建设，加快实施城乡天然气一体化项目，打造智能安全、清洁低碳的能源供给体系。

7.打造互联互享治理共同体。全面构建治理协同、运行高效、便民惠民的智慧城市管理运行体系，不断彰显现代化网络型山水城市的现代气息。**一要让城市管理更智慧。**以数字化改革为牵引，做强做优“城市大脑”，推动城市管理手段、管理模式、管理理念创新，构建整体智治、高效协同的党政机关运行体系，一网通办、多端易办的政务服务体系，一网统管、协同共治的现代治理体系和数据集成、“大脑”辅助的决策支撑体系。**二要让城市运行更智联。**优化全市一体化数据资源体系，“物联、数联、智联”三位一体夯实智慧城市数字孪生底座，实现物联感知城市、数联驱动服务、智联引领决策。推进数据要素市场化配置改革，完善数据资源开放共享制度，探索数字化基础制度和标准规范，健全数据治理运营和产权保护机制，筑牢数字安全屏障。**三要让城市治理更高效。**持续深化“县乡一体、条抓块统”改革，迭代升级“141”工作体系，完善“四治融合”城乡基层治理体系。推进“大综合一体化”行政执法改革，持续优化“一支队伍管执法”。深入推进除险保安工作，统筹抓好疫情防控、安全生产、道路交通等工作，全域构筑“15分钟应急救援圈”，切实保障人民群众的身体健康和生命安全。

三、驰而不息推进全面从严治党，以党建引领聚合先行的澎湃力量

开创共同富裕先行和现代化先行新局面，必须始终坚持党的全面领导。要深入贯彻新时代党的建设总要求，大力弘扬伟大建党精神，以永远在路上的坚韧和执着，推动全面从严治党向纵深拓展，不断推进以党的自我革命引领社会革命在嵊州生动实践。

1.突出思想引领，赓续红色根脉，铸牢绝对忠诚的政治品格。坚持不懈用习近平新时代中国特色社会主义思想武装头脑，高标准高质量抓好喜迎党的二十大各项工作，深入学习宣传贯彻党的二十大精神。迭代升级以“七张问题清单”为牵引的党建统领工作机制，力争管控力指数迈进全省第一梯队。健全党总揽全局、协调各方的领导体制，全力支持人大、政府、政协和监委、法院、检察院依法依章程履行职能，完善大统战工作格局，充分发挥各民主党派、工商联、无党派人士职能作用，画好最大同心圆。关心关爱青年发展，加快建设青年发展型城市。全面落实意识形态工作责任制，做好舆情风险管控。落实党管武装政治责任，加强全民国防教育，筑牢维护国家安全的人民防线。

2.突出能力提升，精准选育管用，锤炼素质过硬的干部队伍。围绕增强“八项本领”、锤炼“五个过硬”、提高“七种能力”要求，分类推进一把手“增效”、副职干部“赋能”、年轻干部“铸魂”工程，常态化开展村社党组织书记擂台赛，建设变革型组织、提升塑造变革能力。全面构建部门与部门、部门与镇街高效协同、耦合联动的党政机关运作机制，形成步调一致、靠前落实的闭环作战体系。坚持新时代好干部标准，深入落实干部工作“一体系三机制”。坚持“三个区分开来”，完善综合考核评价体系，真正树起“有为才有位、有位更须有为”的鲜明导向。

**3.突出基层基础，发挥组织优势，打造坚强有

力的战斗堡垒。树立大抓基层重抓党建鲜明导向，深入实施村社“四中心”建设提升三年计划，全面提升各领域党组织标准化规范化水平。加快党建统领网格智治体系建设，夯实城乡社区建设的网格基底，切实提升基层治理能力。扎实开展“红色根脉”强基示范创建，深入实施党建统领低收入群体“共富同行”工程，高质量打造农村共富、城市共治、产业示范的全域党建联盟。持续拓展“民情日记”时代内涵，用好用活“浙里民情”，不断擦亮党建统领整体智治格局的金字招牌。

4.突出实干担当，点燃奋斗激情，激发干事创业的昂扬斗志。坚持“三比三争”工作导向，深入开展“作风提升年”活动，健全完善系统化推进、专班化运作、清单化管理的工作机制，倡导“案无积卷、事不过夜”的优良作风，最大限度提高工作效率、争取发展主动。昂扬“勇争第一，敢创唯一”的奋斗激情，强化机遇意识、拼抢精神，立足嵊州作更大贡献、置身省市争更高位次、放眼全国出更多亮点，真正跑出“两个先行”加速度，干出“县域样板”新高度。

5.突出正本清源，勇于自我革命，巩固风清气正的政治生态。坚定不移推进党风廉政建设和反腐败斗争，锲而不舍落实中央八项规定及其实施细则精神，持续整治群众身边的腐败问题和不正之风。加强对“一把手”和领导班子监督，一体推进不敢腐、不能腐、不想腐。坚持巡视巡察上下联动，高质量推进新一届市委巡察全覆盖，推动巡察整改常态化长效化。全域推进清廉嵊州建设，深化构建亲清新型政商关系，全面营造风清气正、政通人和的良好氛围。

同志们，奋斗铸就梦想，实干成就未来。让我们更加紧密地团结在以习近平同志为核心的党中央周围，在省委和绍兴市委的坚强领导下，知责于心、担责于身、履责于行，以奋进者姿态、领跑者风范、探路者气魄，加快建设现代化网络型山水城市，奋力谱写“两个先行”的嵊州篇章，迎接党的二十大胜利召开！

市委书记徐建役在市委十五届三次全体（扩大）会议结束时的讲话（摘要）

经过大家的共同努力，我们圆满完成了市委十五届三次全会预定的各项议程，达到了预期目的。本次全会高举习近平新时代中国特色社会主义思想伟大旗帜，全面贯彻落实省第十五次党代会和绍兴市第九次党代会、九届二次全会精神，深化落实我市第十五次党代会部署，进一步明确了方向、凝聚了共识。**一是进一步扛起了谱写“两个先行”嵊州篇章的历史使命。**我们着眼省第十五次党代会标定的政治坐标、战略坐标、精神坐标、奋进坐标和发展坐标，对标“5大战略指引”“11方面重要遵循”以及“8个高地”“5大工作导向”“10个着力”，进一步深化了7个方面的思想认识，增强了扎实推进“两个先行”的责任感使命感。**二是进一步明确了打造现代化网络型山水城市的方向路径。**我们认真落实绍兴市委九届二次全会部署，紧紧围绕绍兴加快建设高水平网络大城市的总体目标，科学制定《关于加快建设现代化网络型山水城市实施意见》，进一步找准了自身的发展定位，回答了嵊州在绍兴网络型大城市中处于什么样的地位、体现什么样的功能、展示什么样的风貌等问题。**三是进一步增强了推动嵊州高质量发展的信心和决心。**我们实事求是地总结了今年上半年嵊州经济社会发展取得的“五个方面”突出成绩，都是影响嵊州长远发展、值得我们振奋、自豪的大事要事，有效提振了信心，凝聚了人心。接下去，全市上下要把思想和行动统一到这次全会的决策部署上来，切实把本次全会确定的目标任务贯彻好落实好。

下面，我就学习贯彻全会精神，抓好当前工作，再强调三点意见。

一、充分肯定我市上半年工作，切实增强打造现代化网络型山水城市的信心和动力

今年以来，我们认真贯彻习近平总书记“疫情要防住、经济要稳住、发展要安全”重要指示精神，深入实施经济稳进提质攻坚行动，高效统筹疫情防控和经济社会发展，各项工作都取得了明显成效。

我们坚持精准施策、助企纾困，经济运行稳中有进。高规格召开全市民营经济高质量发展大会暨制造业高质量发展大会，严格落实减负降本措施，全面实施经济稳进提质十大攻坚行动，对标出台我市稳进提质“45 条”，以真金白银推动减税、降费、补助、贴息等政策集成落地、直达快享。1–6月，累计兑现“5+4”政策资金 4.96 亿元，完成降本减负 12.48 亿元，惠及企业 33.5 万家次。深化“三驻三服务”2.0，开展“企业服务月”“民情周”集中大走访活动，共解决堵点难点 2289 个。

我们坚持招大引强、加快转型，发展动能持续增强。迭代推进招大引强“1330”专项行动，赴上海隆重召开“融入长三角 携手向未来”招商推介会，圆满举办第五届嵊州越商大会，今年来已签约亿元以上项目 37 个。8 个省“4+1”重大项目投资完成率达 93%，比亚迪等 3 个重量级项目在绍兴市“晒比”中单项评价及综合评价均列第一。加快推进制造业数字化转型，智能厨电产业大脑入选省第二批工业领域行业产业大脑建设名单，获评国家级重点“小巨人”企业 1 家，入选省生产制造方式转型示范项目 3 个。

我们坚持改革创新、扩大开放，“四港联动”优势凸显。艇湖未来科创城启动建设，巴贝省级实验室与省农科院联合推进农村“小蚕工厂”，科创中心通过国家级科技企业孵化器认定。率先开通“在沪学生返嵊专线”，开展剡溪“越”你“申”“嵊”不息上海高校招才引智系列活动。加快“十网千亿”交通强市建设，杭台高铁正式通车，杭州萧山国际机场嵊州航站楼即将动建，诸嵊高速线位方案顺利通过评审。嵊州漕河泾长三角协同发展产业园成功挂牌并开工动建，承甬产业园主体结顶，临杭高端装备智能制造工业园全面投产，嵊新奉特别合作区框架协议顺利签订，签发 RCEP 原产地证书 716 份。

我们坚持生态优先、统筹协调，城乡发展齐头并进。坚决抓好中央和省委环保督察问题整改，投资 14 多亿元的“污水零直排区”即将全面完工，成功获评“省清新空气示范区”“中国文旅融合创新典范城市”，实现 15 个县级及以上考核断面水质达标率、跨行政区域河流交接断面水质达标率、县级以上集中式饮用水水源地水质达标率“三个100%”。江南环球港项目正式开工，高铁新城综合枢纽建成投用，开元酒店主体结顶，成为嵊新第一高楼；白莲堂未来社区建设全面启动，新入选省未来社区创建 4 个、省未来乡村 3 个。

我们坚持以民为本、强村富民，共同富裕扎实推进。推进强村富民改革，“三界种粮大队”模式获省领导批示肯定，“一庭园三基地”入选省强村富民乡村集成改革典型案例，上市公司共富（公益）基金成功设立，全市 88 个村经营性收入达到 50 万元以上，城乡居民收入比缩小至 1.85。镇海中学嵊州分校、市妇保院工程进展顺利，新城实验学校即将竣工，浙江经济职业技术学院嵊州校区签约落地。隆重举行“人口、经济和共同富裕”主题研讨暨马寅初诞辰 140 周年纪念活动、纪念袁雪芬 100 周年诞辰暨致敬越剧改革 80 周年活动，组织开展刘文西“以人民为中心的创作”研讨会。

我们坚持数字赋能、科学防范，智治水平不断提升。迭代升级“1612”体系架构，24 个数字化应用列入省级试点，非标油运输监督模型获全国检察机关大数据法律监督模型竞赛一等奖，区域协查管控已上线省精密智控平台并在全省推广，数字家庭医生入选全省数字社会系统“一地创新、全省共享”十大案例名单。大力开展“大综合一体化”行政执法改革，全市域推行“一支队伍管执法”，迭代升级“一中心四平台一网格”，市级社会治理中心实体化运作。圆满完成全国两会、北京冬奥会期间安保工作，硬核推进"除险保安""百村万户敲门入户"等专项行动，平安创建实现"十三连冠"。

我们坚持党建统领、变革重塑，党的建设全面加强。实施"强基富乐工程"，推进城乡现代社区建设，基本实现"支部建在小区上"全覆盖；"民情日记"实践中心揭牌成立，"浙里民情"2.0全域推广使用，党建统领网格智治体系加速形成。开展"作风提升年"活动，组织"识变应变求变"大讨论，实施"破梗提速"十大专项行动，评选"奔跑奖"项目5个、"蜗牛奖"项目3个。高质量抓好"七张问题清单"整改，管控力指数省级排名进入全省前三分之一。

在肯定成绩的同时，我们也要清醒地认识到，疫情防控的形势依然存在较大不确定性，企业生产经营总体还比较困难，保持经济稳进提质的良好态势仍面临压力；优质项目储备还不够多，重点项目要素制约矛盾仍较为突出；城乡基本公共服务供给仍有差距，生态治理的成效还未能完全显现；基层基础还比较薄弱，城乡社区现代化建设进度有待加快，安全生产、社会稳定等领域风险隐患不容忽视；少数党员干部"识变应变求变"意识不强，只争朝夕、勇争一流的责任感紧迫感仍显不足。此外，从绍兴目标责任制半年度模拟考核情况看，也暴露出我市加分少、失分多的问题。对此，我们必须认真对待，切实加以解决。

二、全面形成抓落实工作机制，推动现代化网络型山水城市建设美好蓝图落地落实

市第十五次党代会提出建设现代化网络型山水城市的奋斗目标，此次全会又作出进一步部署，并出台《实施意见》，接下去要全力抓好落实，确保完成提出的年度目标任务，为现代化网络型山水城市建设开好局起好步。当前重点抓好以下几个方面。

1.深化细化规划布局。此次全会围绕"一主聚能、三带辐射、一环美丽"全域发展战略，按照"多层次、多节点、网络型"发展要求，结合国土空间规划编制，提出要构建"一心两副多节点组团式"现代化网络型山水城市空间布局体系。同时着眼全市发展大局，明确了各乡镇（街道）在城市空间布局体系中的功能定位和目标。这是大的框架脉络，是战略性、导向性的。各相关部门和镇街要在此大框架下，坚持远近结合，紧密联系实际，推动思路再深化、目标再量化、措施再细化，列出时序计划，细化分解工作任务，把市委的总战略总要求变成具体的工作举措。

2.系统推进节点建设。"一心两副多节点组团式"现代化网络型山水城市空间布局体系的形成，最终要靠各节点协同发力来共同支撑。要强化系统思维，坚持统分结合，既立足大局，统筹布局经济、社会、生态三类城市基础设施，通过功能组合和系统构建，用好服务属性，放大溢出效应，又着眼实际，"一镇一策"精准补齐短板、充分彰显特色。尤其要突出硬核支撑，市级层面和乡镇层面，每年都要明确若干个重点建设项目，形成亮点突出的功能或产业体系，打造一批具有标志性的硬核成果，更好牵引现代化网络型山水城市取得实绩、看到实效。

3.健全开发建设机制。坚持有为政府和有效市场相结合，发挥国有平台公司开发主体作用，探索多元化、多渠道、多层次的投入机制，积极培育和引入具有丰富商业运作经验的开发运营公司，打造政府主导、市场调配、企业主体、商业化运作、规建管营一体化的开发建设新模式。要强化用地、资金等要素支撑体系，不断深化工业园区治理和全域土地综合整治，盘活土地资源，创新投融资模式，撬动社会资本参与城市开发，发挥好专项债资金作用。各部门和镇街要坚持要素跟着项目走，积极整合要素资源，因地制宜建立政策包、完善项目库，项目化、清单化落实现代化网络型山水城市建设任务。

4.完善工作推进体系。市委、市政府将成立领导小组，我和市长任双组长，领导小组办公室设在市住建局，组建实体化工作专班，承担领导小组日常工作。全市上下要坚持"一盘棋"工作格局，健全完善工作例会、赛马晾晒、定期通报、年度考核等工作机制，加快明确时间表、路线图，挂图作战、压茬推进、争先创优，建立起全市域协同、全方位推进的工作体系。

三、锚定年度目标不动摇，加快把全会成果转化为推动工作的强大动力和实际成效。

今年是党的二十大召开之年，也是落实省、绍兴以及市党代会目标任务的开局之年。要坚持稳中求进工作总基调，牢固树立“不浪费每一次危机、不错过每一个机遇、不拖延每一秒时间”的意识，狠抓“三季红”、冲刺“全年红”，奋力交出经济社会发展高分答卷，以优异成绩迎接党的二十大胜利召开。当前，要围绕全会部署，重点抓好以下7个方面工作。

1.把喜迎二十大放在首位。为党的二十大胜利召开营造良好环境是当前首要的政治任务。**一要持续发力造浓氛围。**紧紧围绕“喜迎党的二十大”重大主题，精心设计载体，谋划组织丰富多彩的各类活动，特别要把嵊州近年来的工作同贯彻落实总书记对省、绍兴以及嵊州的重要指示批示精神结合起来，讴歌在党的领导下嵊州争先创优取得的辉煌成就，展现全市上下团结一心、接力传承、创造美好生活的精神风貌。**二要毫不松懈防牢风险。**紧扣“六个零发生”目标，扎实推进除险保安百日攻坚行动，持续紧盯政治、信访矛盾、安全生产、消防安全、社会治安等重要方面和金融、房地产、道路交通等重点领域，滚动排查化解风险，坚决守住安全底线。抓好物资储备、人员队伍、值班值守以及消防设施设备的日常维护和检修等各项准备，全面提升基层应急处突能力。**三要千方百计促进稳定。**健全完善“141”规范化运行机制，加快党建统领网格智治体系建设，不断提升基层治理能力。围绕“一图一指数”继续加大纠纷排查化解和信访积案攻坚力度，严防积案回流，确保信访工作力指数稳步靠前。

2.全力推进经济稳进提质。把推动经济稳进提质作为对冲经济下行的关键抓手，深入实施稳进提质十大攻坚行动，以超常规思维、举措和力度不断巩固经济持续向好态势。**一要抓政策集成落地。**保持惠企政策的延续性和针对性，动态跟踪上级政策变化，不断丰富惠企政策“大礼包”。大力推行“全年常态即时兑现”，全力稳定民营经济发展预期。常态化开展“企业服务月”活动，用好“解决问题在先”等攻坚载体，全力助企纾困。**二要抓消费外贸提升。**财政补贴、减税、消费券等刺激政策要全面承接落实，大宗消费特别是房地产政策要有力度，住建局要把握“金九银十”销售黄金期，制定出台更有吸引力的刺激政策，全力拉动和繁荣消费市场。同时紧盯中秋、国庆等节假日，持续开展多形式促消费活动。大力挖掘农村市场，促进消费扩容提质升级。加快自贸区联动创新发展区嵊新片区建设，充分释放RCEP等政策红利。**三要抓市场主体培育。**建立健全重点企业和专精特新企业跟踪服务机制，实施稳链强链攻坚行动，推进“凤凰”“雏鹰”和单项冠军培育，培育产值亿元以上企业10家、10亿元以上企业2家，力争市值百亿级企业实现零的突破。关注规下企业和中小微企业生产经营情况，推动普惠小微企业、个体工商户和新型农业经营主体贷款扩面增量，留住经济发展的“青山”。

3.持续招大引强扩大投资。重大项目建设是稳经济的“关键一招”。要持续深化“项目推进年”活动，继续抓好重大项目引进跟进和落地落实，争取更多突破性进展、标志性成果。**一要深化招大引强“1330”工程。**围绕“3+4”集群培育目标，制定重点产业链招商图谱，加大与世界500强、大型央企、实力民企、外资企业、行业龙头企业以及异地商会的对接，抓好越商大会签约项目的启动工作，发挥比亚迪等重大项目边际效应，密切与行业协会以及上下游企业的联系，不断提升招商实效。**二要清单化节点化推进项目建设。**健全项目全生命周期服务机制，迭代“936”行动计划，今年9月要完成新一年政府（国企）投资项目谋划。加快省市县长项目、省“4+1”重大项目、专项债项目建设进度，抓好比亚迪（二期）、贝达药业、晶越半导体（二期）、蔚星科技等重点产业项目建设，争取固定资产投资和5个结构性指标增速居绍兴前列。**三要全力破解要素瓶颈制约。**继续打好“腾、挖、调、争”要素破解组合拳，积极挖掘存量、争取增量，深入推进新一轮“腾笼换鸟、凤凰涅槃”行动，抓紧抓实开发区（园区）工业全域治理和全域土地综合整治，坚决完成年初既定任务。

4.稳中有进推动转型创新。发挥科技创新在构建现代化产业体系中的关键核心作用，推进创新链与产业链深度融合，加快形成以创新为支撑的经济体系和发展方式。**一要抓实“一城一室”创新策源格局**。集中精力推进艇湖未来科创城建设，不断细化板块规划，加快动建数字化未来展厅，强化与清华、浙大、西安交大等大院大所的对接合作，积极引进深冷实验室、数字医疗与医疗机器人中心，全力打造具有示范引领效应的创新高地。支持巴贝省级重点实验室开展多学科协同研究，扎实推进“小蚕工厂”建设，积极争取入选“科技小院”，全面提升企业创新能力。**二要突出数字化转型发展方向**。坚定不移把数字经济作为转型发展的重要抓手、关键变量，全面实施数字经济“一号工程”升级版，围绕“产业大脑+未来工厂”核心场景，分类推进大中小企业数字化改造，高标准推进智能厨电产业大脑建设，确保数字经济核心产业增加值增长10%以上。**三要加快建设区域性人才中心**。以重大引才计划为抓手，迭代推进人才新政5.0版，多维度拓宽引才育才的渠道和平台。优化人才全生命周期管理，加大产业人才专项服务力度，深化人才评价和项目管理机制改革，提升人才链与创新链、产业链的匹配度。

5.深化改革打造硬核成果。推动全面深化改革、共同富裕示范区重大改革和数字化改革一体融合，不断放大改革效应、释放改革红利。**一要加快形成一批数字化改革成果**。统筹数据平台和各大系统应用开发，全面提升数字化改革实战实效。迭代升级“浙里民情”“非标油运输”监督模型、“风雨哨兵”、小吃共富等多跨应用，争取更多应用进入上级改革试点盘子，瞽夺一批“最”系列。**二要加快打响一批重点改革品牌**。坚持“一本账”全周期管理，承接落实好29项省、绍兴市牵一发动全身改革项目，全力抓好16项市领导领衔改革领跑计划项目，并滚动推进一批改革跟跑行动，努力打造一批具有嵊州辨识度的改革品牌。**三要加快推行一批优化营商环境创新招法**。对标一线城市标准以及“比亚迪速度”和“比亚迪模式”，大力推行“拿地即开工”“竣工即验收”等，不断优化政务服务、健全信用体系、完善市场监管、落实惠企政策、加强融资支持、强化权利保护，从市场主体满意度出发，打通营商环境堵点难点痛点，全力打造能办事、快办事、办成事的“嵊利办”。

6.稳扎稳打推进共同富裕。深入推进“共富建设年”活动，坚持以人的全生命周期美好生活需要为导向，加快构建居民幸福共同体，争创共富建设最佳实践案例。**一要加快推进“扩中提低”**。联动实施“强村富民”和“强社惠民”集成改革，深化推进集体经济“9+1”增收路径和富民增收“六大行动”，确保所有村年经营性收入达50万元，城乡居民收入比缩小至1.80以内。聚焦九类重点群体，制定实施专项政策和激励方案，实行党建统领低收入群体“共富同行”工程，开展干部、企业“双结对”低收入群体活动，推动更多低收入群体进入中等收入行列。**二要着力服务民生优享**。着眼群众急难愁盼，高质量抓好省市县三级民生实事，特别是要聚焦“一老一小”，着力打造高水平“浙里康养”新标杆和“浙有善育”金名片，加快实现社区养老和托幼服务全覆盖。加快推进镇海中学嵊州分校、市妇保院等工程，启动浙江经济职业技术学院嵊州校区建设，支持和规范民办教育发展，创成全国学前教育普及普惠市。**三要建强共富现代单元**。有序推进城乡风貌整治提升和未来社区、未来乡村建设，全面完成白莲堂未来社区征迁工作，加快老旧小区改造提升，创建省级城乡风貌样板区2个以上。

7.毫不松懈抓实党的建设。要全面落实新时代党的建设总要求，纵深推进全面从严治党，为高质量发展提供更加坚强有力的政治保障。**一要抓紧抓实“七张问题清单”**。不断完善问题主动发现机制、量化闭环管控机制、共性问题解决机制、立体评价机制、举一反三建章立制机制，加强面上优秀案例的挖掘推动，争取每张清单都有2个省市优秀案例，争取管控力指数达到五星。**二要持续深化“强基富乐工程”**。继续守好“红色根脉”，推进城乡现代社区建设，抓实融合型大社区大单元党建以及区域化共建、小区党建、全域党建联盟建设，试点推进产业园区、商务楼宇、商圈市场等重点区域党建，提高基层党建质量和整体水平。**三要压紧压实管党治党责任**。坚持以党的自我革命引领社会革命，坚定不移正风肃纪反腐，全面落实全省巡视巡察工作会议暨十五届省委第一轮巡视动员部署会精神，扎实做好我市巡察工作，涵养风清气正的政治生态。

此外，近期还要抓好以下五件大事。

1.抓好常态化疫情防控工作。当前，部分地区包括周边地区出现疫情反弹，防输入的压力仍然很大。我们要坚决克服麻痹、侥幸、松劲的心态，特别要抓好“三区”划分和“三区”内企业闭环生产演练等各项工作，切实把精密智控抓得更紧、常态防控把得更牢，牢牢守住长周期不发生疫情的底线。

2.抓好绍兴半年度“互看互学互比”活动。半年度“互看互学互比”活动，是对全市重点项目建设的一次集中检阅。我们务必高度重视，精心组织，全力做好点上布置，抓好考察点及周边环境综合整治，优化提升考察线路，全方位展示我市经济社会发展的良好成果。

3.抓好省委环保专项督察迎检。坚决落实习近平生态文明思想，对照省委督察重点，逐项查漏补缺，特别是污水入河、固体废物（危险废物）处置、污泥处理能力等重点关注问题，要全面检查审视，做好有效应对准备，确保经得起检验。

4.抓好全国文明城市复评迎检。要全面落实全市深化创建全国文明城市工作推进会的部署要求，精准对标全国文明城市测评体系，以最高标准、最严要求、最强决心做好测评迎检各个环节、各项工作，不断提升文明创建水平。

5.抓好高温少雨极端天气应对。当前持续高温少雨天气，部分地区已经出现饮用水紧张情况，影响群众生产生活。广大干部要主动靠前，用好“浙里民情”，积极回应群众诉求，及时发现并解决群众关切问题，切实做好极端天气下的应对工作。

总之，大家要坚定地把思想和行动统一到全会精神和市委决策上来，凝聚“精气神”、打好“攻坚仗”，以决战决胜的气势奋战三季度、夺取全年红，奋力开创现代化网络型山水城市建设新局面，确保在“两个先行”新征程中走在前作表率。

《关于加快建设现代化网络型山水城市的实施意见》

为深入学习贯彻习近平总书记关于城市工作的重要论述，全面落实省第十五次党代会关于“支持绍兴融杭联甬打造网络大城市”、绍兴市第九次党代会关于“建设高水平网络大城市，打造新时代共同富裕地”、绍兴市九届二次全会关于“在高质量发展中加快建设高水平网络大城市”以及市第十五次党代会关于“奋力谱写现代化网络型山水城市建设新篇章”等决策部署，现就加快建设现代化网络型山水城市制定如下实施意见。

一、总体要求

1.指导思想

坚持以习近平新时代中国特色社会主义思想为指导，全面贯彻党的十九大和十九届历次全会、省第十五次党代会、绍兴市第九次党代会和九届二次全会精神，忠实践行“八八战略”、奋力打造“重要窗口”、牢牢紧扣“五个率先”，认真落实市第十五次党代会决策部署，以“五个文明”协调发展的中国式现代化道路为指引，率先走出社会主义现代化的县域发展之路。坚持体系推进和关键落子并重，以多中心、多层级、多节点、开放型的网络型城市群结构特征为基本形态，以“山水”为底色，以特色片区、高能平台、多元廊道等为重要载体，以未来社区、未来乡村、城乡风貌样板区等为基本单元，全面推行面向未来城市的开发建设管理模式，不断增强现代化网络型山水城市聚合力、吸引力、创造力、竞争力、影响力，为全国全省探索实践县域现代化先行、县域网络型城市建设等提供嵊州经验。

2.基本原则

——坚持面向未来、先行示范。按照宜居、韧性、创新、智慧、绿色、人文的未来城市建设理念，创新突破，先行先试，积极探索现代化网络型山水城市建设，努力打造县域实践样板。

——坚持统筹规划、城乡融合。实行全市域空间规划建设、功能布局“一盘棋”，优化网络型空间结构、产业布局、城市功能及资源协同配置。强化内聚外联，打造城乡融合发展、全域深度开放的新格局。

——坚持整体智治、高效协同。推进城市精细化智慧化建设、管理、服务，提升一体化智能化公共数据平台功能，推动全市更高层级高效协同，形成纵向扁平化、横向网格化的多主体参与治理格局。

——坚持以人为本、共富共享。认真践行“人民城市人民建、人民城市为人民”理念，坚持以人的全生命周期美好生活需要为导向，突出扩中提低、城乡协同、全域均衡，注重叠加共享属性，构建高水平一体化的公共服务体系，在现代化网络型山水城市建设中打造新时代共同富裕示范区县域样板。

3.工作目标

按照“一年出成效、三年大变样、五年成典范”的时序要求设定发展目标：

2022 年，搭建形成现代化网络型山水城市的“四梁八柱”，明确总体布局、功能节点、重要片区、基本单元，构建完善县域协同工作体系，推出一批先行区块，建设成效初步显现。

到 2024 年，现代化网络型山水城市布局完善、功能凸显、形成内聚外联的城市空间体系，集聚和配置高端资源要素的能力显著增强，城市综合竞争力和治理能力现代化水平显著提高。

到 2026 年，现代化网络型山水城市基本建成，实现更高水平的实力嵊州、品质嵊州、美丽嵊州、幸福嵊州、数智嵊州。现代产业体系基本确立，打造成为创新引领智造之城，建成“四港联动”枢纽节点之城、宜居宜业活力之城，成为长三角城市群和绍兴网络大城市的重要枢纽节点。建成越韵诗路魅力之城、全域花园美丽之城、和谐共享平安之城，数智嵊州活力更加强劲，率先走出社会主义现代化县域发展之路，打造成为浙江高质量发展建设共同富裕示范区县域样板。

二、县域现代化先行

（一）经济高质量发展

1.加快构建现代产业体系。围绕“经济体量翻一番，再造一个新嵊州”的目标，联动打造“3+4”（即三大传统产业和数字 5G、新材料、生物医药、新能源四大战略性新兴产业）产业发展体系。加快形成“千亿引领、百亿带动、十亿支撑、亿元集聚”的产业格局。聚焦“集群+产业链+企业+项目”产业生态，深入实施“163”产业集群培育行动，推动传统优势产业、战略性新兴产业和服务型制造业协同发展，支持三大传统产业加快向更高水平“中国丝高地”“中国电机之城”“中国智能厨房”跃升。实施“千亿”产业引领工程，全力推进新能源“万亩千亿”产业园建设，力争五年内培育 1 个千亿级产业。聚焦氢能、储能等前沿科技，实施未来产业孵化与加速计划，谋划布局一批带动力强、经济效益显著的未来产业。加快制定氢能产业规划，谋划组建氢能产业研究中心、重点实验室、产业技术创新联盟等研究平台，构建氢能产业高质量发展技术体系和产业格局。深化“亩均论英雄”改革，加快推进资源要素优化配置，纵深推进新一轮制造业“腾笼换鸟、凤凰涅槃”攻坚行动，全面实施开发区（园区）工业全域治理。严格“两高”项目管理，坚决完成能耗“双控”目标。

2.提升产业链供应链现代化水平。深入实施制造业产业基础再造和产业链提升工程。按照“一链一图”思路，制定全市重点产业链条发展规划图谱。加快打造影响力大、竞争力强、产出效率高、发展后劲足、辐射带动强的高能级产业链，推动全市产业迈向中高端。实施企业“长高长壮”培育行动，一体推进“凤凰”“雏鹰”“专精特新”“隐形冠军”“小巨人”培育，形成大中小企业融通发展的雁阵式现代企业梯队，持续做强产业链。鼓励企业积极融入全球产业分工合作，向生产、供应、销售等环节进行延伸，不断延长产业链、完善供应链、提升价值链。深入实施招大引强“1330”工程，加大力度推进产业链招商，引进高端资源龙头企业和平台企业，补强产业链高端环节和关键缺失环节。依托城北化工园区平台，用好贝达药业、昂利康等资源，引育龙头项目、创新团队、科创基金，大力发展生命健康产业，形成百亿级产业；紧盯比亚迪新能源项目实现整机制造，带动现有产业提档升级，力争关键零部件本地配套实现更大突破。

3.大力发展数字经济。深入实施数字经济“一号工程”升级版，以产业数字化为主攻方向，围绕“产业大脑+未来工厂”核心场景，充分利用智能厨电产业大脑和亿田“未来工厂”试点建设的先行优势，积极发展“智能工厂”“未来工厂”，着力构建“大企业智能化、中企业轻量化、小企业批量化”的数字化产业格局，争创国家中小企业数字经济创新发展示范区、细分行业中小企业智能化改造省级示范县。未来五年数字经济核心产业增加值每年增长 10%以上，数字经济核心制造业年均增长15%。加快数字经济与产业集群深度融合，推动大数据、云计算、物联网、人工智能、区块链等数字技术应用。高度重视数字新基建，加快 5G 网络布局和基站覆盖，累计建设 5G 基站 3000 个以上，打造 5G 工业应用示范城市。

（二）共同富裕

1.加快推动“扩中提低”。进一步壮大中等收入群体规模。加快完善灵活就业保障制度和就业服务体系，优化创业创新生态，推动以创业带动高质量就业。健全工资合理增长机制，完善企业薪酬调查和工资指导信息发布制度，稳步提高劳动收入占比。拓宽城乡居民财产性收入渠道，减轻中等收入家庭在住房、教育、托幼、医疗、养老等方面的支出负担，提高政府财政支出中用于扩大中等收入群体的比例。全面实施乡村振兴促进农民增收，健全农村集体经济收入稳定增长机制，实施村级集体经济巩固提升三年行动，持续推进农业农村现代化建设行动，高质量发展小吃、茶叶、香榧、有机果蔬等特色富民产业，构建现代农业产业体系、生产体系和经营体系，发展新型农村合作经济。以“520”模式推进农村宅基地制度改革，盘活农村宅基地、农用地、集体经营性建设用地，有序推进宅基地改革管理、农村土地承包经营权流转，探索实施农村集体经营性建设用地入市配套制度，保障进城落户农民土地承包权、宅基地使用权、集体收益分配权。深化农村集体产权制度改革，完善农村产权流转交易市场体系，发展新型农村合作经济，加快培育新型农民。深入实施“两进两回”行动，推动城乡资源要素平等交换、双向流动，增强农业农村发展活力。深入实施“党建引领·金融惠农”行动，持续抓好村级集体经济发展和农旅产业、电商网商等新兴业态的金融供给，鼓励银行面向低收入群体推出低息“共富贷”，为实施共同富裕提供金融保障。充分发挥第三次分配作用，改善收入和财富分配格局，实施乡贤“慈善”反哺惠民工程，建设“慈善嵊州”。

2.全域构建优质共享民生保障网。持续深化户籍制度改革，完善“人地钱挂钩”激励性配套政策，推行“电子居住证+互认转换”集成改革，推动农业转移人口全面融入城市。以人的全生命周期需求为导向，健全多层次共富型大社保体系，加强普惠性、基础性、兜底性民生建设和布局，健全为民办实事长效机制，更高质量推进公共服务均等化、数字化、社会化。全面打响“嵊有系列”民生优享品牌。加快完善婴幼儿照护服务体系和学前教育服务体系，构建“嵊有善育”育儿友好型城市。全面提升全市义务教育均衡优质化水平，基本实现城乡公共教育服务均等化，争创全国义务教育优质均衡发展市，建成“嵊有优学”教育现代化市。深入实施“嵊有健康”医疗保障行动，进一步完善医疗服务体系、疾病预防控制体系、医疗保障体系、公共体育服务体系等。完善市、乡镇（街道）、村（社区）

三级养老服务设施系统，探索普惠型养老和互助型养老服务，打造软件硬件相匹配、居家社区机构相协调、医养康养相结合的“嵊有颐养”幸福养老服务。健全住房保障体系，促进房地产市场平稳健康发展，打造“嵊有安居”品牌。深化实施全民参保计划，健全覆盖全民、城乡统筹、权责清晰、保障适度、可持续的“嵊有温暖”多层次社会保障体系。

3.推动全域精神共富。积极探索全民精神富有实现机制和路径，打好红色基因赓续、上山文化挖掘、越剧文化展示、非遗文化传承、文明实践示范、公共文化富足共享等“精神富有”系列组合拳。以争创国家级越剧生态保护区实验区为契机，加强越剧原生地保护，深化推进越剧事业体制机制改革，加快越剧申报人类非物质文化遗产代表作步伐，高质量完成《核桃树之恋》全国巡演，争创省、国家“五个一工程奖”。深化运用文化基因解码工程成果，建设小黄山遗址公园，扮靓剡溪唐诗路，加强宋韵文化遗址遗存保护利用，深入提炼嵊州吹打、竹编、根雕等非遗项目的时代内涵，建设一批非遗工坊、非遗超市、非遗集市、非遗民宿，切实保护历史遗存、塑造文化符号、延续城市文脉，打造富有影响力和感召力的新时代越乡文化标识。大力开展公共文化服务“富乐行动”，建好用好“四馆合一”、城市书房、乡村图书馆、名人纪念馆等文化设施，推动数字文化馆列入全省公共文化服务示范项目，打造一批公共文化服务“富乐”行动品牌，加快建成“15分钟品质文化生活圈”，全面推进省级公共文化服务领航项目，推行全民科学素质行动计划、公众人文素养提升和全民艺术普及计划，深化文化“三走进”“越剧文化进礼堂”“市民运动会”等系列活动，大力倡导全民阅读，争创省级“书香城市”示范县。以创建全国文明典范城市为引领，深化全国文明城市常态长效管理，迭代发挥数智文明创建等场景应用实战实效作用，推动新时代文明实践中心提标扩面，深入开展“浙江有礼·文明嵊行”系列文明实践活动，构建志愿服务精准触达机制，深化“红立方”“邻舍+”“村嫂”等志愿服务品牌。培育具有嵊州辨识度的文明成果。建设具有强大凝聚力引领力的主流意识形态，全面提高人的文明素养和社会文明程度。

三、网络型城市

（一）空间格局

围绕“一主聚能、三带辐射、一环美丽”全域发展战略，按照“多层次、多节点、网络型”发展要求，结合国土空间规划编制，分类引导城镇协调发展，构建“一心两副多节点组团式”的现代化网络型山水城市空间布局体系。

1.做强“一心”。全面实施以人为核心的新型城镇化战略，以《关于推进以县城为重要载体的城镇化建设的意见》为指引，一体构建城乡规划建设体系，促进县乡功能衔接互补。到2026年，常住人口城镇化率达到72%。“一心”即以未来城市标准统筹推进浦口、剡湖、三江、鹿山四大街道中心城区建设，做强开发区、高铁新城“双核动力”，引领嵊州“四港联动”枢纽节点城市建设，做强嵊州网络型城市新中心，打造成为绍兴网络大城市次级中心。浦口、剡湖、三江、鹿山四大街道中心城区以“城产人文”融合为引领，持续深化城市更新、老城活化、城市风貌和园林街景建设。实施老旧小区“微更新”，保护性开发历史文化街区，优化城市景观、城市阳台、绿道休憩、地上交通路网及地下综合管廊等现代城市基础功能，集聚数字、科创、教育、医疗、现代商贸、金融等高端要素，支持浦口街道打造经济建设主战区、产城融合魅力区、基层治理标杆区、共同富裕先行区，打造成为嵊州经济最强增长极；支持剡湖街道创省级一流化工园区、建魅力现代人文之城，打造成为嵊州古韵人文、未来智居的“城北之光”；支持三江街道建设首位街道、城市窗口、活力三江，率先打造嵊州中心城区样板区；支持鹿山街道建设成为汇聚高端现代服务的产城融合之窗、展示未来城乡风貌的山水宜居之窗、擦亮共富基本单元的现代智治之窗。加快开发区、高铁新城产城人融合、协调发展，实现规模和质量提级扩能，做强支撑引领和示范带动双强的网络型未来城市“动力核”。

2.培育“两副多节点”。“两副”即持续深化甘霖、三界小城市培育，打造“链接中心、辐射周边”的网络型城市副中心。支持**甘霖**推进“中国冷链物流设备制造基地”建设、越剧小镇建设，打造义甬舟开放大通道重要枢纽城镇；支持**三界**建设高水平嵊北新城，打造“共同富裕镇域标杆”。“多节点”即以乡镇为重点，强化活力特色差异化发展，打造“服务周边、带动乡村”的网络型城市功能节点。支持**崇仁**全力创建省级现代农业示范园区，打造古镇旅游目的地、绿色农旅名镇；支持**长乐**以甬金铁路为纽带，承接金义甬产业优势，积极打造义甬舟大通道上的“嵊西重镇、电机之城”；支持**黄泽**建设均衡富庶发展典范小城镇，打造义甬舟嵊新临港经济发展区的重要纽带；支持**石璜**以“红色文化+绿色生态”为核心，推动产学研游融合发展；支持**谷来**建设水源保护高标区、旅居康养首选区、香榧产业引领区、基层治理先行区；支持**仙岩**打造乡村振兴先行镇、未来碳中和无废乡镇样板、浙东唐诗之路重要节点；支持**金庭**强工兴镇、强农兴村、强文兴旅“三强三兴”建设；支持**下王**建设农文旅深度融合的山区乡镇特色景区镇；支持**贵门**打造“两山”转换示范区、“双碳”实践先行区、宋韵文化样板区。

3.支持乡镇特色发展。**三界镇**重点发展高端装备制造、新材料等产业集群，打造接轨湾区经济的桥头堡。**甘霖镇**重点建设高端装备产业园，做精做细越剧小镇，打造高水平“宜居宜业宜商宜游”的幸福小城市升级版。**崇仁镇**围绕“一园两镇四区”建设规划，坚持智慧兴农、科技富农，高标准建设嵊州（崇仁）现代农业产业园，以千年古镇、温泉小镇为核心，重塑乡村振兴文化IP，形成集生态旅游、文化旅游、乡村旅游为一体的多元业态。**长乐镇**重点发展高端电机产业，依托金甬铁路长乐客货运站建设，提升金义甬产业外溢承接能力。**黄泽镇**重点加快旧城有机更新，完善集镇商贸、电子商务等功能，壮大仿古家具、戏服等特色产业，创新开发文旅产品，弘扬小吃特色文化。**石璜镇**重点推动农旅融合，推动茶叶、香榧、花木等主导产业，丰富红色文化、绿色生态乡村旅游内涵，建设“美丽西白”，打造4A级旅游镇。**谷来镇**重点加快建设游客集散中心、舜江源旅游网红村等项目，培育香榧产业，凝合“嘉谷文化”，打造乡村振兴谷来模式。**仙岩镇**重点发挥唐诗文化、谢灵运文化优势，串联诗画剡溪、嵊山等山水资源，融合发展文化旅游、特色农业，打造诗路文化节点镇。**金庭镇**重点培育书礼小镇，保护性开发华堂古村、王羲之故居等，打响“书法朝圣”品牌，发展桃形李等特色农产品。**下王镇**重点发挥“十八都江”景区优势，发展体验式旅游，积极参与四明山国家森林公园休闲体验区建设等。**贵门乡**重点保护和传承鹿门书院等历史文脉，发挥辉白茶等农业产业优势，发展户外休闲运动，打造嵊州“南山花园”。

4.组团式发展协同增效。深化“一心两副多节点”之间的组团式发展，强化外联内畅。**对内**推动市域一体协同，提升“三带辐射、一环美丽”的发展能级。“一心”与三界、仙岩组团发展构建剡溪发展带，与甘霖、长乐、黄泽、金庭组团发展构建甬金发展带；甘霖、崇仁、石璜、谷来组团发展构建杭绍台发展带；石璜、谷来、金庭、下王、贵门组团发展构建美丽经济环。**对外**深化“接沪融杭联甬”，提升现代化网络型山水城市的位势能级。三江街道积极协同新昌七星街道共同打造嵊新协同发展的中心腹地；三界积极协同上虞章镇共同打造绍兴市区联结嵊新的新枢纽；长乐积极协同东阳巍山镇共同打造承接金义都市区的辐射地；黄泽—金庭依托临甬区位优势，打造甬绍一体化先行区桥头堡，并积极协同新昌沃洲镇共同打造嵊新奉特别合作区的重要板块；谷来积极协同柯桥王坛镇共同打造嵊州链接绍兴“一核”的重要通道。

5.加强对外开放合作。在构建“一心两副多节点组团式”空间布局体系基础上，以区域开放构筑一体化先行区，提升网络型城市区位能级。要在绍兴网络化大城市建设格局中，持续深化嵊新协同发展，充分发挥嵊新两地产业优势、交通区位优势，共同打造高能级的战略平台，做实做强绍兴网络大城市东南部重要支点，提升与绍兴市区、诸暨之间的紧密度。要在长三角一体化发展格局中，进一步深化融杭接沪联甬，释放漕河泾长三角协同发展产业园和临杭高端装备智能制造工业园开放效应，不断拓展合作空间，承接更多上海、杭州及长三角区域溢出产业和资源转移，强化与长三角城市群产业链供应链协同。推进甬绍一体化合作先行示范区建设，加强与宁波在产业、文旅等各领域的协同，推动设立嵊新奉特别合作区，全力打造义甬舟嵊新临港经济发展区。要在服务国内大循环新发展格局中，通过缔结友好城市，促进与友好城市的信息互通、客源互流、文旅互融、市场互供、节庆互动、资源互享、产业互兴和发展互促。以异地嵊州商会为纽带，加强城际间产业合作共赢。念好新时代“山海经”，不断拓展迭代山海协作方式，在产业协作、社会帮扶、乡村振兴等领域积极开展深度合作、载体和内涵。

（二）主要载体

1.建设精品特色片区。充分利用政策驱动、资本驱动、产业驱动，按照近、中、远时序安排，实行片区开发封闭运作、分期实施，推动基础设施片区化，实现全生命周期资金平衡，形成片区融资、投资、建设、运营良性循环，增强网络型城市张力。重点建设艇湖未来科创城片区、新能源产业片区、经济开发区城北化工园区、经济开发区城北化工园区（三界片区）、高铁新城片区、越剧小镇片区、丽湖片区、忘忧西白美丽片区、温泉湖旅游度假片区等 9 个重点片区。**艇湖未来科创城片区**着力打造集高端制造、研发办公、生态休闲、商业娱乐、美丽宜居和配套完善于一体的产城融合区。**新能源产业片区**致力打造创新创业的科技高地、产业集聚的经济强区、生态优美的产业园区。**经济开发区城北化工园区和经济开发区城北化工园区（三界片区）**重点推进生物医药、新材料等现代化工业建设，打造区域特色明显、产业协同集聚、产业带动突出、示范作用显著、制造水准高端的新型工业园区。**高铁新城片区**通过 TOD 模式，打造嵊州融入长三角一体化发展的开放窗口，建设成为“四港联动”和嵊新奉特别合作区的“桥头堡”，引领未来发展的“主引擎”。**越剧小镇片区**建设以越剧文化为核心，休闲旅游为主导，农业产业为辅助，居住生活为基础的精品片区，打造特色鲜明、布局合理、交通便捷、生态良好的山水人文地、文旅康养城。**丽湖片区**建设成为城市未来发展的核心片区，打造集文化、商贸、娱乐和行政办公等一体的美丽宜居先行区。**忘忧西白美丽片区**突出西白山乡村旅游核心，践行绿水青山就是金山银山理念，以实现片区组团、共建共享、共富共美，多节点组团推进乡村振兴，致力打造成为绍兴生态后花园，山区共富示范区。**温泉湖旅游度假片区**整合人文景观、生态资源，打造具有养生、文化体验、旅游观光等综合性功能一体的温泉小镇。

2.构筑高能级平台。提升战略平台发展能级，加快国家级开发区创建步伐，重点布局并打造新能源万亩千亿产业园、生命健康产业园、艇湖未来科创城、数字经济产业园，加快建设嵊州漕河泾长三角协同发展产业园，有序布局 5G、新能源、科创研发、总部办公、绿色经济等高新业态。提升开放平台发展能级，深入对接绍兴综合保税区、跨境电商综试区、市场采购贸易试点三大“国字号”开放平台，深化自贸区绍兴联动创新区嵊新片区建设，助力企业开拓巩固“一带一路”、RCEP 市场，逐步提高新兴市场在外贸中的比重。坚持合作共赢，打造形成覆盖城乡、畅达迅捷的电商网络，积极推进电商产业园建设。提升国内消费平台能级，加快发展消费新模式新业态，持续培育文化旅游、体育、养老育幼、数智生活、绿色消费、农村消费等消费热点，发展本土特色消费；实施数字生活新服务行动，培植直播经济、云上会展、数字医疗、数字景区、数字专业市场等新形式，支持发展网红经济、体验经济、共享经济等，大力发展“夜间经济”，高标准建设现代活力商圈，加快完善全市商业体系，全面融入国内消费大循环。提升投融资平台能级，全力打造“嵊利办”营商环境品牌，创新投融资体制机制，实施融资畅通工程升级版，持续完善金融服务体系，有效发挥金融顾问工作室等重要载体作用，推动金融赋能实体经济发展。

3.打造立体多元廊道。统筹推进科创廊道、文创廊道、生态廊道建设，构筑现代化网络型山水城市的重要纽带。**科创廊道**以“剡溪创新带”为引领，积极对接G60、杭州城西、宁波甬江三大科创走廊，主动融入绍兴科创大走廊，探索杭甬沪深四大创建基地，高水平建设更具带动力和辨识度的剡溪创新带。加快构建“一城一室”创新策源格局，高水平推进艇湖未来科创城建设，打造全市创新主引擎。强化与清华、浙大、西安交大等大院大所对接合作，引进深冷实验室、数字医疗与医疗机器人中心、微电子实验室等高能级重大创新平台，加快动建数字化未来展厅，推进双创大楼科技园，谋划艇湖实验室建设。支持巴贝“蚕蜂资源利用与创新研究重点实验室”开展多学科协同研究，推动巴贝省级重点实验室争创国家重点实验室，打造“世界一流家蚕研究院”。联动推进茶叶、蚕桑、小吃等“科技小院”建设，助力构建乡村现代产业体系。迭代升级人才新政，大力实施“鲲鹏行动”，布局海内外引才工作站和人才“飞地”，加快引进顶尖人才、科技领军人才、海外工程师和国际一流团队。积极引导嵊籍人才回归，加强重点领域拔尖创新人才、基础研究人才培养。实施“青年强嵊”系列人才招引计划、百名博士集聚行动、“学子归巢”专项行动等系列活动，打造科技创新生力军。深化实施企业家“领航工程”，创新型企业家培养计划和新生代企业家“双传承”计划。实施新时代工匠培育行动、知识更新工程、“金蓝领”职业技能提升行动，加强职业技能校地合作，加快建设浙江经济职业技术学院嵊州校区，壮大高水平工程师和高技能人才、青年技能人才队伍。推进人才服务综合体建设，推动人才政务服务一体化，实现人才引育指数级增长。**文创廊道**以挖掘“百年越剧诞生地、千年剡溪唐诗路、万年文化小黄山”文化内涵为重点，积极参与浙东唐诗之路文化带建设，积极融入浙东唐诗之路文化带产业布局，重点突出越剧文化、书法文化、宋韵文化、诗路文化、非遗文化、小吃文化等代表性文化，高标准打造水上唐诗之路剡溪旅游线，推动越剧小镇、中国唐诗之路、绍兴温泉城、金庭书礼小镇、崇仁古镇等景区串珠成链，放大中国越剧艺术节、国际书法朝圣节、唐诗之路主题活动等节会影响力，争创国家级全域旅游示范市，全面打响美食、美景、美戏“三美嵊州”品牌。加快发展新型文化形态，推进文化数字化转型，以文化产业化、产业文化化理念高质量推进文商旅融合发展，打造空间交融、产业联动、功能贯穿的越韵诗路文化经济带。**生态廊道**以绿水青山为底色，推进四明山脉、会稽山脉、天台山脉以及剡溪、长乐江、澄潭江、黄泽江等风貌带整治提升，努力打造全国“绿水青山就是金山银山”实践创新基地。

（三）基本单元

1.建设高品质时尚未来社区。突出高品质生活主轴，以人本化、生态化、数字化为导向，以党建统领网格智治，扎实推进现代城乡社区建设，有序推进未来社区建设，以江南未来社区为建设试点，有序推进白莲堂社区、丹桂社区、芷湘社区、捣臼爿社区、下中西社区、浦口社区、高铁新城社区等未来社区建设，三江街道按照全域未来社区的目标进行打造，新出让地块按未来社区“一统三化九场景”相关要求进行规划建设。强化邻里活动、养老托幼、健康管理、社区治理、商业服务等公共服务，打造15分钟社区生活圈，重点关注“一老一小”，构建网络化、无障碍、功能复合的公共生活网络，坚持把城市基础设施项目纳入社区规划体系，统筹规划建设区域交通网络、供排水、燃气、污水处理、园林绿化等设施体系，因地制宜推进海绵城市、韧性城市和地下综合管廊工程，打造有归属感、舒适感、未来感的新型城市社区功能单元。

2.建设精致韵味未来乡村。统筹推进未来乡村和“五星3A”迭代升级，坚持规划先行，片区化、组团式统筹未来乡村建设，彰显嵊州山水气质辨识度。积极培育农村新业态，大力引进各类乡村经营主体，发展各具特色的乡村主导产业，做强乡村产业品牌。优化区域性公共服务空间，实现农村基础设施共建共享。联动实施“强村富民”和“强社惠民”集成改革，积极推广运行强村公司，探索创建“共富工坊”示范点，推动村企合作助力扩中提低、帮促共富，探索实践“9+1”增收路径，做深做实

"富民增收六大举措"，持续拓宽富民增收渠道。加快数字技术与未来乡村建设深度融合，实现乡村整体智治。集成"美丽乡村+数字乡村+共富乡村+人文乡村+善治乡村"，重点打造温泉湖村、贵门村、雅璜村、王院村等24个宜居、宜业、宜游、宜养、宜学的未来乡村。

3.打造气质独特的城乡风貌样板区。坚持城乡风貌"微改造、精提升"，深入推进城乡风貌样板区试点建设。围绕"烟火剡城，山水越乡"的总体风貌特色定位，聚焦城乡空间立体性、平面协调性、风貌整体性、文脉延续性，坚持示范创建和普遍提升相结合，打造整体风貌协调、地域文化突出、空间体验丰富、功能活力十足的城乡风貌样板区。在县域层面，依托美丽城镇、美丽乡村串珠成链、联动发展，打造甘霖—崇仁（剡中越韵）、三界—仙岩（水上诗路）、长乐—石璜（剡溪忘忧）三个县域风貌区，重点建设"一路一乡"文化主题名片、打造剡溪文化景观廊、保障山水林田分项维育、"360° 全景山环"绿道线等。在城区层面，依托诗画剡溪绿道、嵊新高铁站、白莲堂未来社区、中国唐诗之城等特色空间，重点建设文化氛围突出的公共节点、"一环一带"的都市生态游憩空间、彰显"山环水穿"的景观格局等，打造剡溪宜居、高铁新城、老城印象、唐诗之城四个城市风貌样板区。

（四）"四港联动"基础设施

1.畅通对外连接通道。全面升级"306090长三角通勤网"。建成运行金甬铁路，推动绍兴市域铁路嵊州段、嵊州至宁波城际铁路、甬绍金高铁、金甬高速扩容、诸嵊高速、527国道长乐至东阳段、北仑至嵊州公路等项目落地建设，加快萧山国际机场嵊州航站楼建设，推进曹娥江中上游航道及船闸改造工程建设，谋划建设城关作业区码头，高效推进嵊州港区航道开发、码头建设等，对接宁波舟山港建设内陆中转港基地。形成"1主3专"县级物流园区格局，加快建成嵊州市物流产业园；依托经济开发区，引入菜鸟裹裹、顺丰快递等企业，配套建设具有运输、仓储、信息、金融等综合型功能的黄泽物流园区；依托金甬铁路长乐客货站，引入京东物流等龙头物流企业，建设服务于高端仓储、承接义乌物流功能溢出的长乐物流园区；依托嵊州港区三界作业区，配套建设具有装卸、运输、仓储、公水联运等功能的三界物流园区。谋划建设嵊新综合性物流园，支持高铁快运、电商快递班列、多式联运班列发展，加快构建"123快货物流圈"，构建集公共仓储、城际配送、冷链分销、信息服务为一体的智慧物流网络，打造辐射长三角综合型枢纽节点。高标准打造嵊新高铁综合客运枢纽。

2.优化城乡交通网络及设施。实施市域畅通工程，扩容改造拥堵路段，推进断头路联通和低等级路建设，加快建设甬金高速连接线等城市道路工程。嵊州市经济开发区至高铁新城形成进出城区的快速通道。高水平建设"四好农村路"，实现行政村10分钟到公交站比例达到80%，城区公交站点300米半径覆盖率达到70%。持续提升机动车、非机动车、行人通行条件，健全配套交通管理设施和交通安全设施。大力发展城市公共交通，建设以配建停车场为主、路外公共停车场为辅、路内停车为补充的停车系统。推进公共交通领域新能源、智慧化建设，优化公共充换电设施建设布局，加快建设充电桩。建设公共交通场站，优化公交站点布设，完善公路客运站公共服务功能，加强公路客运站土地综合开发利用。大力推进游运一体发展，结合浙东唐诗之路核心区文化旅游发展规划，谋划建设游艇游船客运集散中心，打造曹娥江（剡溪）美丽交通长廊。

3.打造系统安全水利工程网。统筹实施"一湖一库六江百塘"水利系统工程，努力打造"河清湖晏、饮水安全、堤固洪畅、岸绿景美、水利智管"的嵊州现代水网。加快推进"一湖一库"即曹娥江流域防洪能力提升工程（东桥至丽湖段）和三溪水库工程等重大项目建设。实施"固堤""强库""扩排"等三类防洪工程建设，通过江河治理骨干工程、平原排涝工程、堤防提标加固及生态化改造工程、水库除险加固及山塘整治工程等，加快建成各级保护区防洪封闭圈，不断提高流域、区域的防洪减灾能力。实施澄潭江、长乐江、黄泽江、新昌江、崇仁江、石璜江等六江综合治理工程，建设安全流畅、水清景美、人文彰显、人水和谐的幸福江河。通过大中型水库联网联调联供、规划水库工程、大中型灌区配套提升工程和农村饮用水达标提标工程等，提高区域安全供水能力和饮用水品质，优化水资源配置格局。梳理现代治水理念和价值观，探索构建水利数字化管理应用场景。

4.构建智慧高效信息能源网。完善智慧互联信息设施网，统筹推进骨干网、城域网和接入网建设，持续推进光纤入户和无线城市建设，实现无线局域网（Wi-Fi）建设和免费开放全覆盖，完善公众移动通信5G基站站址布局，加快5G基础设施建设，实现全市域5G网络连续覆盖。推进智能建筑、市政物联、交通物联、广域物联等应用场景的感知设施部署，扩大城市感知网络应用率。建设智路、智车、智杆、智桩等智慧技术设施体系，提升城市运行管理和服务智能化水平。优化能源设施布局和利用结构，扎实推进碳达峰碳中和战略，系统推进能源、工业、建筑、交通、农业、居民生活等重点领域绿色转型。积极推动能源结构调整，严控高碳能源消费，有序开发风能、太阳能、生物质能等新能源，推进煤炭清洁高效利用，提高新能源和可再生能源利用比例，实施全域能效综合创新行动，加快推进电网、气网、油网、光伏、抽水蓄能等能源基础设施和能源领域新型基础设施建设，创新探索氢能应用，构建清洁、低碳、安全、高效的能源供给体系。

（五）城市治理

1.一体推进数字化改革、全面深化改革和共同富裕示范区重大改革。围绕共同富裕场景重塑政府、社会、企业与个人关系，按照全省“1612”体系构架，整合全面深化改革和数字化改革两套运行机制，做好与省级平台贯通、应用贯通和体制机制贯通，推动牵一发动全身重大改革落地见效，深化改革需求分析，强化综合集成，加快打造一批具有嵊州特色的标志性改革成果。推动“1612”体系与“141”体系全面衔接贯通，加快打造高效协同、整体智治的基层治理体系，全域推进“县乡一体 条抓块统”县域整体智治改革，加快“141”基层治理体系迭代升级，打造一体化县级社会治理中心，优化基层治理四平台和村社网格体系。

2.推动城市治理数据互联共享。完善一体化数据资源体系，推进算法、模型、视联网等数字资源全量覆盖，迭代完善业务协同和数据共享网关。构建数字孪生城市，打造“物联感知城市、数联驱动服务、智联引领决策”的城市数字“新底座”。推进数据要素市场化配置改革，健全数据治理运营和产权保护机制，加快培育数据要素市场，推进政府数据开放共享，提升社会数据资源价值，加强数据资源整合和安全保护，促进公共数据资源深度开发利用。

3.推动城市运行管理精密协同。优化升级一体化智能化公共数据平台，数字赋能城市治理，广泛运用大数据、云计算、区块链、人工智能等前沿技术推动城市管理手段、管理模式、管理理念创新。科学精准做好疫情防控，用好精密智控平台，健全“平战一体化”高效智慧决策机制。推进公共服务“一网通办”、城市运行“一网通管”、社会管理“一网共治”协同发展，实现城市运行管理各类事件及时发现、快速响应、高效处置。全面构筑“15分钟应急救援圈”，将应急救援服务延伸至“最后一公里”。深化“大综合一体化”行政执法体制改革，全面推广“一支队伍管执法”，推动行政执法流程再造、系统重塑。

四、山水特质

（一）全力打好生态环境巩固提升持久战

以争创成为国家生态文明建设示范区为目标，深入实施蓝天、碧水、净土、清废四大行动，显著增强生态系统安全性、稳定性。严格落实“林长制”“田长制”“河（湖）长制”，构建空天地一体化环境监测体系，坚决抓好中央和省委环保督察问题整改，全面提升生态环境质量。建立健全大气监测监管机制和联合执法长效机制，实施扬尘、工业废气、秸秆焚烧等精细化治理，PM2.5年均浓度控制在26微克/立方米以下，巩固提升省清新空气示范区建设成果。强化水资源、水环境、水生态“三水统筹”和市域“五水智治”，全面完成“污水零直排区”建设，地表水考核断面水质全面达到或优于Ⅲ类水，誓夺“大禹鼎”。强化土壤污染管控和修复，扎实推进生活垃圾分类，加强固体废物污染治理和低碳化资源化综合利用，高标准建设“无废城市”，贯通用好“无废大脑”。深化国土绿化行动，以四明山脉、会稽山脉、天台山脉为基底，全面实施“三线一单”生态环境分区管控制度，全力参与会稽山国家森林公园建设，有效保护森林资源，推动全市森林覆盖率稳步提高，完成省市下达的目标任务，创成国家森林城市，争创全国绿化模范县。构建绿色制造体系，全面推行清洁生产，大力发展循环经济、低碳经济。

（二）持续打造全域共美格局

聚焦山水城市特质，联动建设美丽城市、美丽城镇、美丽乡村，绘好现代版“富春山居图”。统筹市域总体规划、主体功能区规划、土地利用规划、生态带规划等，加快制定“三江两岸”生态景观概念规划，突出山水自然风光和人文历史相融合，做优做活城市水系，打造更有获得感的亲水空间，成为山水城市的重要景观生态走廊。优化城市设计，科学规划城市园林绿地系统，建成区公园绿地服务半径覆盖率达到 90%以上，全力争创国家级生态园林城市。在三界镇农业特色型、甘霖镇县域副中心型等美丽城镇省级样板镇的基础上，提升全市美丽城镇集群化建设品质；谋划启动新一轮三年行动，推动美丽城镇建设持续迭代升级。大力开展新时代美丽乡村标杆县、示范乡镇、特色精品村和美丽庭院建设，不断做大美丽单元、做强美丽乡村圈，围绕“一环三线”即环西白山、沿小乌溪江、沿十八都江及沿黄泽江，打造“忘忧西白、卮山仙踪、鹿门访友、金庭问道”等 4 条美丽乡村集成示范带。深入实施农村人居环境整治提升行动，精细化推进农村生活垃圾、厕所、污水“三大革命”，强化农房设计管控，切实保护传统特色村落和乡村特色风貌。

五、工作保障

1.建立健全工作体系。坚持和加强党的全面领导，成立嵊州市现代化网络型山水城市建设领导小组，领导小组办公室设在市住建局，组建实体化工作专班，承担领导小组日常工作，统筹协调推进全局性工作。全市上下要坚持“一盘棋”工作格局，健全完善工作例会、赛马晾晒、定期通报、年度考核等工作机制，加快明确时间表、路线图，挂图作战、压茬推进、争先创优，建立起全市域协同、全方位推进的工作体系。

2.加快工作机制创新。建立健全项目化清单化落实推进机制，不断完善重大项目库。坚持有为政府和有效市场相结合，发挥国有平台公司开发主体作用，探索多元化、多渠道、多层次的投入机制，积极培育和引入具有丰富商业运作经验的开发运营公司，打造政府主导、市场调配、企业主体、商业化运作、规建管营一体化的开发建设新模式。各乡镇（街道）、平台充分发挥各自优势，坚持资源共享、优势互补，强化特色功能和个性特点，打造一批有辨识度的建设亮点。

3.加强要素支撑保障。强化用地、资金等要素支撑体系，不断深化工业园区治理和全域土地综合整治，盘活土地资源，创新投融资模式，撬动社会资本参与城市开发，发挥好专项债资金作用。各部门和镇街要坚持要素跟着项目走，积极整合要素资源，因地制宜建立政策包、完善项目库，项目化、清单化落实现代化网络型山水城市建设任务。

附件：1.全市重点片区和基本单元建设时序表
　　　2.全市综合基础网络建设时序表

附件 1

表 47　全市重点片区和基本单元建设时序表

建设时序	一年（2022 年）	三年（2024 年）	五年（2026 年）
重点片区	6 个：艇湖未来科创城片区、新能源产业片区、经济开发区城北化工园区、经济开发区城北化工园区（三界片区）、高铁新城片区、越剧小镇片区	3 个：丽湖片区、忘忧西白美丽片区、温泉湖旅游度假片区	
未来社区	6 个：白莲堂社区、江南社区、丹桂社区、芷湘社区、捣臼爿社区、下中西社区	2 个：鹿山街道长宁社区、三江街道江悦社区	3 个：杨港社区、江晓社区、惠民社区
未来乡村	4 个：崇仁镇温泉湖村、贵门乡贵门村、石璜镇雅璜村、谷来镇王院村	10 个：长乐镇小昆村、仙岩镇舜皇村、石璜镇西白山村、金庭镇华堂村、黄泽镇家园村、下王镇石溪村、甘霖镇毫岭村、长乐镇福全村、崇仁镇崇仁七八村、黄泽镇明山村	10 个：贵门乡上坞山村、甘霖镇孔村、石璜镇白雁坑村、下王镇泉岗村、三界镇嵂浦村、贵门乡璞玉村、谷来镇竹溪村、长乐镇南山湖村、仙岩镇西鲍村、谷来镇马溪村
城乡风貌样板区	2 个：剡溪宜居城市新区风貌区、甘霖—崇仁（剡中越韵）县域风貌区	3 个：三界—仙岩（水上诗路）县域风貌区、长乐-石璜（剡溪忘忧）县域风貌区、高铁新城风貌样板区	2 个：老城印象传统风貌区、唐诗之城风貌样板区

注：中远期名单根据实际情况动态调整。

附件 2

表 48　全市综合基础网络建设时序表

建设时序	一年（2022 年）	三年（2024 年）	五年（2026 年）
交通设施	金甬铁路、527 新昌至黄泽段、527 甘霖至长乐段、曹娥江（剡溪）清风船闸及航道工程、农村公路三年亮化工程、农村公路大中修工程、经济开发区浦南大道（浦南三路——景路）综合改造工程、高铁新城基础设施配套工程	诸嵊高速、甬金扩容、北仑至嵊州公路、城关作业区码头、甬金高速金庭互通工程、开发区至高铁新城快速通道、农村道路提升改造工程（舍姆岗村至甘霖丽湖村）	曹娥江（剡溪）清风船闸及航道工程、527 国道长乐至东阳段、“1 主 3 专”县级物流园区

续表 48

建设时序	一年（2022 年）	三年（2024 年）	五年（2026 年）
水利设施	曹娥江流域防洪能力提升工程（东桥至丽湖段）、澄潭江（苍岩段）堤防防洪能力提升应急工程、崇仁江综合治理工程、坑口等 18 座水库整治提升工程	曹娥江流域防洪能力提升工程（东桥至丽湖段）二期、三溪水库工程、小舜江幸福河建设工程、梅溪湾等 16 座水库整治提升工程、9 个中型灌区干渠输水能力改造工程	石璜江综合治理工程、长乐江干流综合治理工程（堤防加固）、黄泽江干流综合治理工程、城区排涝工程、黄泽江流域幸福河建设工程、富润江幸福河建设工程、嵊州市中型灌区改造工程、96 座山塘综合治理工程
信息设施	累计建成 5G 基站 2000 座	累计建成 5G 基站 2800 座	累计建成 5G 基站 3500 座
能源设施	开发区电力配套及三线入地项目、陌桑高科项目配套蒸汽管道工程、嵊州市 36.2 兆瓦分布式光伏项目、辽湾水库等 2 座电站生态示范区项目	桥南区块电力管网配套建设项目	丰潭抽水蓄能电站项目、城乡天然气一体化项目、长丰等 6 座电站生态化建设项目、百丈岩等 16 座电站生态化改扩建工程

注：中远期名单根据实际情况动态调整。

政府工作报告

——在嵊州市第十七届人民代表大会第二次会议上

（2023 年 3 月 8 日）

（代理市长　潘超英）

一、2022 年工作回顾

2022 年是本届政府的开局之年，也是嵊州发展史上极具压力、极不寻常的一年。我们从党的二十大精神中汲取奋进的智慧伟力，在市委的坚强领导下，在市人大和市政协的监督支持下，紧紧围绕市第十五次党代会各项决策部署，团结依靠全市人民，坚定信心、顶风前行，有效实现“疫情要防住、经济要稳住，发展要安全”多目标动态平衡，较好完成了市第十七届人民代表大会第一次会议确定的目标任务。全市地区生产总值达 711.08 亿元，同比增长 4.1%，增速高于全国、全省 1 个百分点以上。一般公共预算收入 47.28 亿元，增速居绍兴第二。完成固定资产投资 265 亿元、增长 15.3%，增速居绍兴第一。社会消费品零售总额达 298.13 亿元，增长 4.5%。城乡居民人均可支配收入分别达 72865 元和 40495 元，分别增长 4.6%、6.9%。全国高质量发展百强县进位至第 68 位，重返全国综合实力百强县。具体来说，主要抓了以下六方面工作：

1.突出稳进提质，综合实力更加雄厚。聚力攻坚提效，全面开展经济稳进提质十大攻坚行动，6 个晾晒指标进入全省前 10%，绿牌数量绍兴第一。出台特色惠企政策 36 个，顶格兑付政策资金 13.27 亿元、兑现率绍兴第一，累计为企业降本减负 13.84 亿元。金融机构存贷款余额双超千亿，总量达 2399.64 亿元、增长 18%，政府性融资担保费率降至 0.5%。**聚力产业提质，**规上规下工业增加值、工业投资、工业产值、工业用电量、自营出口等指标增速全年领跑绍兴，规上工业亩均税收和亩均增加值增速分别达 15.05%和 25.34%。农林牧渔业增加值增长 3.5%、增速居绍兴第一；完成“非粮化”整治 7.93 万亩，陌桑高科入选省首批未来农场十强，建成省级数字农业工厂 2 家。网络零售额增长 11.9%，增速列绍兴第一。市场主体提档升级，新增产值亿元以上工业企业 24 家、国家级专精特新“小巨人”企业 6 家，完成“小升规”99 家、“下升上”45 家。**聚力项目提能**，完成亿元以上项目签约 52 个、开工 35 个、投产 30 个，新签约项目总投资 262.4 亿元，3 个市县长项目全面落地，省重大项目开工率全省第一位，特别是投资 130 亿元的比亚迪项目一期顺利投产，被王传福董事长盛赞“浙江速度”。新增能耗指标 29.65 万吨标煤、建设用地指标 1628.35 亩。全面实施“169”项目管理计划，建立“单双月例会”“三色预警”“容缺审批”等机制，在绍兴率先上榜省投资“赛马”激励。

2.突出改革创新，内生动力更加强劲。共同富裕压茬推进，强村富民和强社惠民集成改革联动实施，“9+1”增收路径不断深化，“三界种粮大队”获省领导批示肯定，集体经济经营性收入 50 万元以下薄弱村全面消除。创新开展“林权碳汇”省级试点，获农发行全省首单 GEP 授信贷款 9.5 亿元。**数字政府变革重塑**，3 个场景（应用）列入全省重大改革（重大应用）“一本账 S2”，一体化智能化公共数据平台获省“五星”好评，获得省委省政府领导批示肯定 7 次，数字化“民情日记”首次在中央层面推荐。**科技创新动能强劲**，高新技术产业投资增长 144.2%、增速居绍兴首位。新引进浙江理工大学嵊州创新研究院，新认定国家高新技术企业 50 家，科创中心获评国家级科技企业孵化器，成为省首批中小企业数字化改造县域试点。新入选国家引才计划 10 人，新增海外院士 2 名，新引进高技能人才 2201 人、高校毕业生 12798 人，新建省级博士后工作站 5 家。

3.突出开放融合，内外循环更加通畅。网络型格局初具雏形，列入全省首批“四港”联动交通强国试点县市，杭台高铁正式通车，金甬铁路基本贯通，527 国道黄泽段建成通车、甘霖至长乐段基本成型，三界码头正式建成，萧山国际机场嵊州航站楼建成投用。普通国省道路况指数位居全省第四，获评“四好农村路”省级示范县。**大平台能级加快提升**，嵊新奉特别合作区框架协议正式签订，漕河泾长三角协同发展产业园成功挂牌，嵊新临港经济区列入省首批义甬舟开放大通道综合性战略平台，城北化工园区通过省级复核。完成全域治理企业 1738 家，腾出用地 2000 亩，挖掘能耗 3.2 万吨标煤。**开放型经济加速构建**，自贸区绍兴联动创新区（嵊新片区）建设成效初显，外贸出口和 RCEP 出口额分别增长 42.0%和 66.2%，进出口增速连续 7 个月位居绍兴第一。

4.突出全域和美，嵊山剡水更加靓丽。城市品质全面提升，完成更新改造 4 个区块 12.5 万平方米，提升改造老旧小区 28.21 万平方米。开元名都大酒店盛装开业，新时代中心、城市阳台、三江口音乐水秀惊艳亮相。“一把扫帚”管保洁、“一把剪刀”管园林、垃圾分类定时定点模式深入推进。**乡村气质全面凸显**，创成省级美丽乡村示范乡镇 1 个、未来乡村 4 个，培育乡村振兴先行村 7 个。“西白忘忧”上榜省新时代美丽乡村共同富裕示范带，“一庭园三基地”入选省强村富民集成改革典型案例。“水上诗路”“剡西忘忧”入围省县域风貌样板区试点，“一路嵊风”项目获评部级农村物流服务品牌。**生态特质全面优化**，编制全市“供水污水两张图”，第四水厂正式通水，完成三界水厂、长乐水厂扩容提升；砂石资源整治取得突破。提前完成“污水零直排区”建设任务，城区 21 个排水口水质全部达标，创成省级美丽河湖 1 条，完成山塘水库整治 37 座。$PM_{2.5}$年均浓度 26 微克/立方米，获评“省清新空气示范区”。实施山海协作产业项目 15 个。

5.突出共同富裕，百姓生活更加殷实。民生保障有力有效，全面完成 144 项省市县三级民生实事，民生支出同比增长 7.5%。新增就业 2 万人。城市社区每万人社工数达 18 人。**文旅融合出新出**

彩，高规格成立马寅初研究院，傅全香故居建成开馆，《中国好声音·越剧特别季》广受好评，越剧文化传承生态保护区通过省级验收。小黄山遗址纳入上山文化遗址群保护名单，获评中国文旅融合创新典范城市。**公共服务优质优享，**成立规模2亿元的上市公司公益基金。浙经院嵊州校区成功签约，镇海中学嵊州分校高中部主体结顶，新城实验学校、蛟镇幼儿园建成开学。获评省特级教师2名，4名学生被清华北大录取。人民医院二期正式动建，中医院通过三乙中医医院评审，妇保院及疾控中心项目主体结顶。数字赋能医价改革获列省综合医改“十佳典型案例”。**社会大局和谐和睦，**因时因势优化调整疫情防控措施，高效打赢“11·22”疫情阻击战，挺住了疫情感染高峰的冲击和考验。圆满完成党的二十大维稳安保任务，刑事、治安、电诈等警情持续下降，建成全市“15分钟应急救援圈”，生产安全事故起数和死亡人数较前三年平均数均下降40%，顺利夺得平安创建“十三连冠”。

6.突出自我革新，执行落实更加高效。高质量办结人大代表建议和政协委员提案410件，满意率均达100%。深入开展“八五”普法，获评省合法性审核与行政裁决“最佳实践”，行政案件败诉率降至2.9%。政府效能持续优化，出台“提高政府执行力十条”，“强执行、快落实、不过夜”和“深入干、带头干、盯着干”优良作风深入人心。强化“七张问题清单”整改，获绍兴示范案例2个。“大综合一体化”行政执法改革全面推进，“一支队伍管执法”黄泽经验获省领导高度肯定。强化财政审计监督，获评省优秀审计项目一等奖。严格落实中央八项规定及实施细则精神，“三公”经费持续下降。统计、老干部、气象等工作取得新成绩；人民武装、民族宗教、外事侨务、对口支援等工作得到新加强；慈善、红十字、工青妇、残疾人、档案、关心下一代等工作取得新进展。

各位代表，上述成绩的取得，是上级党委政府和市委正确领导的结果，是市人大、市政协监督支持的结果，是全市各级干部真抓实干、克难奋进的结果，是全市人民勠力同心、奋力拼搏的结果。在此，我代表市人民政府，向全市人民和广大建设者，向各位代表、委员，向各民主党派、工商联、人民团体和社会各界人士，向所有关心、支持和参与嵊州建设发展的各界朋友，表示最衷心的感谢！

奋斗蕴含艰辛，经验弥足珍贵。过去一年发展历程启示我们：**只有提高站位、找准方位，才能变“压力”为“动力”。**面对“三重压力”叠加“两大变量”的超预期影响，我们坚决维护市委总揽全局、协调各方的领导权威，以“爱嵊州、加油干”的奋斗姿态，围绕“三个年”活动载体争先创优、大抓落实，多项工作走在绍兴前列，为未来发展积蓄了澎湃动力。**只有实干当先、奋勇争先，才能变“优势”为“胜势”。**面对难得的发展机遇和激烈的区域竞争，我们不等不靠不拖，主动出击招项目、争要素、优服务，列入省级重点项目数量、获批用地指标和新增能耗指标均创历史新高，在绍兴市年度项目评价中五个单项和总评均位居第一，为未来发展赢得了硬核优势。**只有勇于担难、攻坚克难，才能变“痛点”为“亮点”。**面对市民对城市品质和美好生活的更高追求，我们动真碰硬，制定了两轮25项攻坚任务和175项重点任务清单，完成了单体最大的白莲堂未来社区国有土地房屋征收，完成了6000多亩重点项目土地政策处理任务，完成了多次搁浅的仙湖路商品房征迁，一批积存多年的重大隐患、重点矛盾和历史遗留问题拔钉清障，为未来发展腾出了宝贵空间。**只有坚守初心、情系民心，才能变“短板”为“样板”。**面对发展基础较为薄弱和民生欠账较为普遍的客观现实，我们始终把人民对美好生活的向往作为奋斗目标，以优良的作风、扎实的工作、忘我的精神，全力以赴惠民生、顺民意、解民忧，高铁梦、高校梦成功圆梦，共富路、先行村再谱新篇，为未来发展打下了坚实基础。

当然，我们也清醒地看到，全市经济社会仍面临不少问题和挑战：**经济稳健增长基础仍不牢固，**产业结构还不够优，企业竞争力还不够强，研发投入强度、亩均效益还需持续提高，土地、资金、能耗等要素“瓶颈”客观存在，地区生产总值、财政收入等经济指标未达预期。**城市形象仍缺少辨识**

度，城市规划整体性不够，基础配套历史欠账较多，城乡环境不够整洁，风貌建设不够精致，重建设轻管理现象客观存在。**民生领域仍有不少短板**，共同富裕途径还需拓宽，教育、医疗、就业、养老、供水等公共服务供给还有不足，消防安全、建设工地等领域隐患不少。**政府治理能力和服务意识仍有不足**，部分干部的能力水平、理念方法与高质量发展、数字化变革要求还不相适应，工作执行力、落实力和“破难力”还缺“临门一脚”，党风廉政建设还需常抓不懈。对于上述问题，我们一定高度重视，强化责任，认真解决。

二、2023 年工作思路

2023 年，是全面贯彻落实党的二十大精神的开局之年，是“八八战略”实施 20 周年，也是“十四五”规划承上启下的关键之年，做好今年工作责任重大、意义深远。站在新的历史起点，彩虹和风雨共生，机遇与挑战并存，既有大开放格局提升带来的区位优势，也面临大都市“虹吸”导致的潜在压力；既有“头部”企业招引形成的集群优势，也面临投产效益延后带来的“长尾”效应；既有干部执行力提升激发出的发展活力，也面临“后疫情”时代社会矛盾引发的现实问题。面对这样的宏观大势和微观趋势，我们一定要坚定信心、凝心聚力，迎难而上、踔厉奋发。

今年政府工作的总体要求是：高举中国特色社会主义伟大旗帜，坚持以习近平新时代中国特色社会主义思想为指导，全面贯彻落实党的二十大和中央经济工作会议精神，按照省、绍兴和市委决策部署，坚持稳中求进工作总基调，完整、准确、全面贯彻新发展理念，忠实践行“八八战略”、奋力打造“重要窗口”，大力弘扬“四敢”精神，突出创新深化、改革攻坚、开放提升，扎实推进三个“一号工程”，全面开展“五拼五比”和“三个年”活动，确保中国式现代化嵊州实践开好局起好步。

在具体工作中，我们要牢固树立“六个导向”：

——牢固树立工业强市、项目为王的发展导向。坚持内育外引抓项目，以大项目带动大投入、大产出推动大发展，不断加快产业转型升级和新旧动能转换，全力增创嵊州制胜未来新优势。

——牢固树立科技赋能、人才兴业的创新导向。坚持科技创新和人才强市首位战略，推动创新平台提能造峰、主体多元集聚、生态质优蝶变，真正让创新成为嵊州最鲜明特征和最强大动力。

——牢固树立区域融合、大气包容的开放导向。坚持“跳出嵊州看嵊州”，更深层次融入长三角一体化，更好利用两个市场、两种资源，实现更强劲、更稳定的可持续发展。

——牢固树立简政放权、破题攻坚的改革导向。坚持用改革破解深层次体制机制障碍，不断塑造变革性实践、突破性进展、标志性成果，全力构建“亲”“清”新型政商关系。

——牢固树立生态优先、共富优享的民生导向。坚持以人民为中心的发展思想，树牢生产发展、生活富裕、生态良好的民本理念，加快实现环境保护、地方发展和百姓增收的多方共赢。

——牢固树立争先创优、敢为人先的实干导向。坚持“不在上游就是下游，不争第一就是落后”的理念，勇担重任、勇毅前行、勇于争先，全方位提升嵊州核心竞争力和综合软实力。

三、2023 年主要工作

综合考虑各方面因素，建议 2023 年全市经济社会发展主要预期目标为：地区生产总值增长 7.5%；一般公共预算收入增长 10%；固定资产投资增长 15%；社会消费品零售总额增长 8%；城乡居民人均可支配收入高于经济增长，且城乡收入比不断缩小；持续抓好节能减排推动绿色转型。重点抓好八方面工作：

1.做强工业主引擎，推动实体经济大发展。深入实施数字经济创新提质“一号发展工程”、地瓜经济提能升级“一号开放工程”，真正让嵊州高质量发展的根系扎得更深、脊梁挺得更直。

构筑高能级开放平台。牢牢把握义甬舟开放大通道建设契机，加快特色产业集群集聚，不断增强产业平台承载力。**全力争创国家级经济开发区**。优化片区资源整合，加强园区基础配套，**嵊州**漕河泾产业园承接融合项目 5 个以上。持续做大三界湾区产业园，支持“三界—章镇”融合发展。谋划设立驻甬孵化飞地。**全力打造新能源装备“万亩千亿”**

新产业平台。积极招引高级辅助驾驶系统、智能三电系统以及整车关键零部件等产业项目，谋划建设新能源、碳化硅等研究院，争取列入省"万亩千亿"新产业平台培育名单。**全力建设义甬舟嵊新临港经济区**。加快建设两大高速环线，加快推进市物流产业园建设，构建以三界大宗货物港、黄泽内陆无水港、长乐联义港、甘霖冷链云仓、崇仁智慧粮仓为枢纽的物流网络，新增物流规上企业2家以上。

加快全行业数字化改造。出台数字经济发展规划，以"产业大脑+未来工厂"为牵引，完成企业数字化改造150家以上，新增省首台套装备2台、省级智能工厂和数字化车间2家以上，数字经济核心产业增加值增长20%以上，技改投资增长12%以上。启动厨电行业"N+X"数字化改造试点，建成投用智能厨电产业大脑，实现厨电行业规上企业数字化改造全覆盖。迭代升级一体化智能化公共数据平台，组建国有数字产业公司，实现数据资源全域归集共享。

培育集群化优势产业。积极培育"4173"产业集群，争取"浙江制造天工鼎"。实施制造业企业"长高长壮"三年行动计划，新增产值亿元以上企业10家、10亿元以上企业2家，新增"小升规"60家、"下升上"30家，新增国家级和省级单项冠军各1家、专精特新中小企业15家、"小巨人"企业1家，上市辅导报会企业3家。实施亩均税收、规上工业增加值提升三年行动计划，确保规上、规下工业增加值分别增长12.5%、5.5%以上，规上工业亩均增加值增长8.5%、亩均税收19万元以上。加快城北化工园区劳动密集型企业转型，整治高耗低效企业100家以上。加快新型建筑工业化，装配式建筑占25%以上，争创"钱江杯""鲁班奖"。

2.厚植创新驱动力，推动新旧动能大转换。更加突出创新深化，启动"1155X"科技创新体系建设工程，着力打造长三角重要科技创新成果转化区。

做大人才蓄水池。深入推进"鲲鹏行动""名士之乡"英才计划等引才工程，实施"嵊籍院士回归"行动。引育省级以上领军人才10名以上、省领军型创新创业团队1个以上，新引入大学生1万名，新增博士后工作站3家、"剡青e站"3个。加强新时代工匠培育，新增高技能人才1500人以上、人力资源服务机构3家。

建强创新主阵地。围绕产业核、科创芯、智慧城目标，加快剡溪创新带建设，推动艇湖科技未来城集聚创新要素。加强艇湖科技城与锐镜科技开发合作，引育企业15家。科创中心、北航（嵊州）科创园、驻杭研发飞地新增入驻企业25家、孵化8家，真丝·领带、厨电省级产业创新服务综合体完成技术创新10项，新建校地合作共建研究院2个。

催化企业活力源。持续推进科技型企业"双倍增"，净增国家高新技术企业40家、省科技型中小企业80家以上。鼓励龙头企业组建创新联合体，加快建设浙江理工大学嵊州创新研究院，组建厨电"产学研"融合联盟，助力推进巴贝省级重点实验室技术攻关，新建省级及以上企业研发机构8家。推进全社会研发投入三年攻坚行动计划，力争规上工业企业研发活动覆盖率80%以上，研发经费占营收比超3.0%，全社会研发投入强度2.85%以上。

3.紧抓项目牛鼻子，推动有效投资大跃升。坚持以项目看发展论英雄，抢抓政策窗口期机遇期，加快形成大规模优质投资增量，持续夯实经济稳进提质基本盘。

健全项目全方位招引机制。深化招商选资"1330"行动2.0版，完善全员全域、共招共享招商体制，制定产业招商行业目录、行动指南和招引路径，组建专业招商小分队，下大力气引育新能源、新材料、生命健康、新一代信息技术等优势产业项目，确保全年招引10亿~20亿元项目4个，20亿~50亿元、50亿元以上项目各2个以上，实到外资1亿美元、市外境内资金50亿元以上。招引上市（后备）企业、总部经济、独角兽企业2家以上。

优化项目全生命周期管理。全面开展扩大有效投资"135"行动，严格落实项目管理"936"计划，争取列入省"千项万亿"工程7个、省级重大项目10个以上，确保省市县长项目落地率100%，工业投资、高新技术产业投资、制造业投资分别增长20%、20%、15%以上，争取省投资"赛马"激励。开展工程竣工验收结算清底，深化招投标领域系统治理，抓严项目事中事后监管。

加强项目全要素联动保障。实施优支出、稳基金、稳融资、争税源、争收入、争资金六大专项行动，加速政府隐性债务化解，优化国企产业布局，拓宽营收渠道，实现营收40亿元以上。推进融资畅通，金融机构存贷款余额同比增长10%以上，确保政策性融资担保余额4亿元以上。狠抓“四未一低”土地消化利用，腾出用地指标1000亩，再开发低效用地500亩，确保出让工业、经营性用地2000亩以上，挖掘能耗3万吨标煤以上。

4.打响改革攻坚战，推动营商环境大优化。紧扣“打造营商环境最优市”目标，扎实推进营商环境优化提升“一号改革工程”，合力擦亮“嵊利办”品牌。

聚力优化政务环境。完善政企对话“三个直通”系列，开展“爱企行动”。实体化组建政务服务管家团队，建立企业全生命周期数字化档案。推进“大综合一体化”行政执法改革，打造执法监管一件事全流程闭环，力争跨部门“综合查一次”事项达20%以上。强化镇村政务服务中心规范化建设，新增“跨省通办”22项，“浙里办”“浙政钉”办件“一网通办率”保持90%以上。精准高效兑现“1+9+X”惠企政策，降本减负10亿元以上。

聚力优化市场环境。健全企业投资项目审批联动机制，推进重大项目“定制化”、一般项目“容缺+承诺制”审批改革，小型项目审批保持“最多15天”，企业开办时间压缩10%以上，力争市场主体增加至8.1万户。规范政府采购行为，推广应用电子签章互认、远程异地多点评标。实施企业上市合法合规证明“一件事”改革，全覆盖打造集成式金融服务工作站。

聚力优化人文环境。大力弘扬新时代嵊商精神，精心呵护嵊州企业家队伍，加强企业家协会建设。健全乡贤暖心关爱机制，高标准建成市级乡贤馆，实施青年乡贤培育工程。完善社会信用红黑名单管理办法，全面开展第五次全国经济普查，加快推进信用城市建设。深化军地军民融合改革，创成“省双拥模范城”。

5.建好“十运”展示窗，推动城市能级大提档。办好一个会、提升一座城，开展“喜迎十运会、环境大提升、全域共美丽”整治行动，提升城市活力，秀出精致容颜，打造最清洁城市。

构建内联外畅大交通。动建甬金高速扩容工程，建成金甬铁路嵊州段、527国道甘霖至长乐段，金庭互通、清风船闸及航道工程分别完成工程量40%、65%以上。完成诸嵊高速、527国道三期、312省道工可批复，加快推进余虞嵊新高速、310省道等前期研究。动建启航路东延、甘南线等工程，嵊州南互通西接线北延、开发区至高铁新城快速通道均完成工程量30%以上。新改建农村共富路26公里，争创“四好农村路”国家级示范县。

赋能片区开发新未来。立足以县城为重要载体的城镇化建设，推进“多规合一”，完成新一轮城市总规和县乡级国土空间规划编制。加快推动“9+1”片区开发建设，争取建成“引领型”片区1个。高标准建设高铁新城CBD，江南环球港项目建筑主体完工，华汇新经济产业园加快引进元宇宙项目。实质性启动丽湖区块建设，构建滨水生态景观线，招引金融信息、绿色低碳等新经济产业，打造产城融合、宜业宜居的“未来城市之窗”。分步推动带领园区转型发展，引育研发设计、智慧仓储等“2.5产业”，打造集生活、数智、科创于一体的“未来城市邻里中心”。

扮靓城市风貌高颜值。动建白莲堂未来社区和东前街历史文化街区，新建成未来社区6个，改造老旧小区17个，打造标杆性邻里中心2个以上。启动“金角银边”工程，实施城隍山游步道工程（二期），建成口袋公园30个、健身绿道60公里以上。围绕“三江六岸三路一体提升、绿化亮化渠化一体管理”目标，片区式推进城市道路渠化改造，建成城市灯光总集平台。发挥智慧城管作用，高压推进小区违建整治，创建高品质示范街区2个。

融通内需外贸双循环。实施服务业高质量发展“5653”行动，引导吾悦广场、开元广场、浦口城市客厅、环球港四大商圈错位发展，开展车博会、电商直播节等促消费活动，繁荣发展社区新零售、城市夜经济，引进汽车4S店2家。围绕小吃产值

“市内市外双百亿”目标，继续实施统标工程，培育小吃产业园 3 个。实施外贸“1213 工程”，深度参与绍兴三大“国字号”开放平台建设，加快建设跨境电商服务中心，谋划设立海关监管场所和进口商品展销区，不断优化进出口结构，新培育省市出口名牌 4 个，争取市场采购贸易出口额超 1 亿美元，确保外贸出口增长 15%。

6.深耕共富主战场，推动强村富民大突破。深入推进“富乐行动”，高标准打造“共富工坊”，加快构建“千村未来、万村共富、全域和美”美丽乡村新格局。

促进农业提质增效。完成耕地功能恢复和农田整治提升 5.5 万亩，提升改造中型灌区 13.26 万亩，打造“百千亩方”农田 2 万亩以上，确保粮食播种面积稳定在 31.1 万亩、产量稳定在 13.11 万吨以上。深化农业“双强”行动，打造全程机械化应用基地 2 个、省级数字农业工厂 1 家。推进农业标准地改革试点，深化“肥药两制”改革，星级庄稼医院实现镇街全覆盖。培育推广市农产品区域公用品牌“嵊情家味”，打造“农生文旅”融合未来农场 4 个。

促进农村宜居和美。深化农村宅基地制度改革，开展农村乱占耕地建房（住宅类）专项整治试点，探索农村宅基地跨村有偿选位、有偿退出等机制，加快形成“一庭园三基地”示范效应。启动全域和美乡村建设，20%以上村达到和美乡村标准，争创省级和美乡村 6 个，培育景区村 10 个，实施崇仁温泉·花筑共富项目。扎实推进村级集体经济巩固提升三年行动，力争 30%以上行政村集体经济经营性收入达 100 万元以上。

促进农民致富增收。组建市级农业发展公司，探索“土地托管”“代耕代种”等新型耕种模式，力争低收入农户人均可支配收入增长 12%以上。深化“两进两回”行动，推进“千万农民素质提升工程”，培育“薪农人”、农创客等高素质农民 200 人、农村实用人才 1500 人以上，支持三界种粮大队抱团经营。培育低收入农户共富基地，开发公益性岗位 100 个以上，打造星级“共富工坊”50 个以上，力争省级共富试点和最佳实践零的突破。

7.擦亮文旅金名片，推动山水人文大融合。立足剡中大地秀美山水，展示诗路越韵亘古魅力，促进“生态+文旅”有机融合，打造令人向往的“诗和远方”。

传承弘扬越乡文化。加快小黄山申报世界文化遗产步伐，完成遗址保护总体规划，通过国家文物局评审。实施不可移动文物保护五年行动，刘文西艺术馆、商笙伯故居建成开馆。积极创建国家级越剧文化（嵊州）生态保护区，新越剧博物馆、袁雪芬故居建成开放，越剧小镇二期竣工营业，争创国家 4A 级旅游景区。举办傅全香诞辰 100 周年纪念活动，摄制发行越剧电影《汉文皇后》。深化文化“三走进”活动，推进宋韵文化传世工程，加快王羲之文化园落地，投用文化传媒中心，创成中华诗词之乡。

做精做优全域旅游。完成省级全域旅游复评，围绕“一山一水”提升县域景观风貌。“一山”是打造“西白忘忧”省级共富美丽乡村示范带，动建西白山滑雪场及配套工程，建成环绕小昆、葛英、三王堂、白雁坑的“西白云路”，培育“云海茶香”“昆仑之家”等精品游线业态。“一水”是打造浙东唐诗之路水上游线，中国唐诗之城文旅工程主体结顶，温泉湖项目重启开发，市旅游集散中心建成开放。完成“微改造、精提升”项目 70 个以上。积极培育优质旅行社，持续提升游客接待人次和旅游收入。

巩固提升生态质量。围绕创成国家生态文明建设示范区、誓夺“大禹鼎”目标，升级“治水大脑”，开发区污水处理厂场平完成 50%，城东污水主管网复线完工，甘霖、长乐、崇仁污水处理厂二期主体工程竣工，提标改造农村生活污水管网。建成投用第三水厂，富西水厂完成工程 60%，新建农村供水管网 250 公里。三溪水库启动建设，黄泽江、曹娥江（剡溪）丽湖段综合治理分别完成工程量的 30%、35%，整治山塘水库 100 座。强化砂石资源管理，建成渣土消纳场 2 个、垃圾分类示范小区 3 个，创成省三星级“无废城市”。打赢蓝天保卫战，空气质量优良率保持 95%以上，$PM_{2.5}$ 实现年控目标。加快生态价值变现，完成长乐镇、石璜镇等 7

个乡镇 GEP 核算，争取 GEP 授信 50 亿元以上。

8.聚焦群众新期待，推动民生福祉大改善。坚持人民至上，坚守初心使命，用心用情用力解决群众“急难愁盼”问题。

打响“服务优享”品牌。全力办好省市县三级民生实事，新增财力三分之二以上用于民生。强化就业优先政策，加强困难群体兜底帮扶，新增城镇就业 1 万人。支持教育优先发展，通过全国学前教育普及普惠县复评。建成镇海中学嵊州分校、五里浦幼儿园，浦口、崇仁中心幼儿园异地新建工程主体完工。浙经院嵊州校区项目完成桩基，争创省中高职一体化人才培养改革试点。推动全民健身，高标准举办山水挑战赛和王中王围棋争霸赛，力争省级及以上奖牌超 40 枚。深化健康嵊州建设，新妇幼保健院及疾控中心工程完工，人民医院（二期）项目主体结顶，启动金庭卫生院异地新建，黄泽卫生院扩建主体工程完工，谷来卫生院建成投用，创成全国中医药工作示范县、省健康县区，争取基层医疗服务价格改革全省推广。启动市幸福颐养中心建设，建成示范型居家养老中心 5 家，托位增至 2800 个。打造“扶弱助残联合体”，完成市残疾人康复托养中心工程量 30%。

提升“整体智治”水平。建好“城市大脑”，实现管理运行一屏呈现。深入践行新时代民情日记“六民”精神，打造“民情日记”实践中心标杆阵地，创建全国市域社会治理现代化最佳创新案例。加强现代社区基层单元建设，健全“社区+业委会+物业公司”协同治理体系，打造现代社区“一街道一样板”。有机整合村（社）活动场所，新建村（社）示范性“四中心”15 个。巩固全国文明城市创建成果，持续深化“村嫂”“邻舍+”等特色品牌。推进婚俗殡俗改革，创建国家 5A 级婚姻登记中心，启动殡仪馆改扩建工程。

守牢“平安嵊州”底线。完善新冠疫情“乙类乙管”各项措施，提升常态化防控能力。扎实推进平安护航亚运专项行动，开展“835”常态化安全隐患治理行动，打好食药、消防、应急等安全组合拳，防范金融、网络、劳资、环保等风险，新建乡镇应急消防站 7 个，确保安全生产事故起数、死亡人数双下降，夯实平安创建“一星金鼎”基础。坚持发展新时代“枫桥经验”，持续深化矛盾纠纷调处，进一步做优“九斤姑娘”“羲之”等“嵊里调”区域人民调解金口碑，矛调成功率 98%以上，力争创成省级无信访积案县。

四、加强政府自身建设

各位代表，新形势、新任务、新使命，我们要更好结合有效市场和有为政府，坚持整体智治、唯实唯先，努力建设人民满意的服务型政府。

一是变革争先、科学理政。坚持创优提能，常态化开展部门镇街“亮晒赛马”争一流活动，提高运用数字化理念、变革性思维解决问题的能力水平。坚持系统观念，突出基层首创，锻造“善作善成、善思善行”干部队伍，推进镇街和部门间干部合理流动，提高政府治理现代化水平。坚持共建共治，充分发挥工青妇、科协、工商联、文联、红十字等群团组织作用，广泛动员社会力量，切实做好国防动员、老干部、民宗、外侨、气象、档案等工作。

二是政令畅通、担责勤政。弘扬“大格局、高标准、强协同”工作作风，迭代升级“提高政府执行力十条”2.0 版，全面形成“市长围着企业转、局长围着项目转、科长围着问题转”的良好氛围。全力做好“七张问题清单”整改落实，切实提升政府督办刚性和效率。深化重点工作专班化运行机制，力争省政府督查激励有新突破。

三是公平公正、依法行政。深入践行习近平法治思想，高标准推进“八五”普法，严格落实重大行政决策法定程序。坚持政府常务会议学法，培育“枫桥式”法治镇街 2 个。坚持柔性执法和包容审慎监管，建立行政诉讼案件领导包案化解机制，行政机关负责人出庭应诉率保持 100%，行政案件败诉率控制在 5%以内。依法接受人大监督，自觉接受政协民主监督，主动接受监察和舆论监督，加强审计、司法和统计监督，竭尽所能办好人大代表建议和政协委员提案，让权力在阳光下运行。

四是恪守底线、廉洁从政。扛稳全面从严治党主体责任，严格落实中央八项规定及其实施细则精神。坚持政府过“紧日子”、过更紧日子，强化财政预算绩效管理，建立节约型财政保障机制，压减非刚性支出和经常性项目，深化同类批量集采，保持“三公”经费持续下降。健全行政权力监督制约机制，强化重点领域和关键环节监管，确保干部清正、政府清廉、政治清明。

各位代表，奋斗路正长，行者方致远。让我们更加紧密地团结在以习近平同志为核心的党中央周围，在市委的坚强领导下，紧紧依靠和团结全市人民，担当新使命，展现新作为，勇攀新高峰，为加快建设现代化网络型山水城市、勇闯中国式现代化县域实践新路子而团结奋斗！

组织机构名录

市级主要机构及负责人

中共嵊州市第十五届委员会

书　记：徐建役（12月免）
副书记：裘建勇
　　　　屠　强
常务委员：徐建役（12月免）
　　　　裘建勇
　　　　屠　强
　　　　潘启富（1月免）
　　　　孔志刚（1月免）
　　　　邓　伟
　　　　余　丹（女）
　　　　周尊隆
　　　　史向俊（1月任）
　　　　赵伟龙
　　　　周　勇
　　　　李英豪
　　　　商肖城（1月任）

嵊州市第十七届市人大常委会

党组书记、主　任：孙海荣
党组副书记：俞仲兴（3月免）
　　　　潘启富
党组成员：赵祥军（3月免）
　　　　孔志刚
　　　　俞忠毅
　　　　竺理文
　　　　张小文
　　　　王建祥
副主任：俞仲兴（2月免）
　　　　潘启富（2月任）
　　　　赵祥军（2月免）
　　　　孔志刚（2月任）
　　　　夏春燕（女）
　　　　俞忠毅
　　　　竺理文
　　　　张小文（2月任）

嵊州市十七届市人民政府

党组书记：裘建勇
市　　长：裘建勇（2月任）
党组副书记：周尊隆
党组成员：赵伟龙
　　　　李剑光
　　　　蒋　明（12月免）
　　　　宁　春（女）
　　　　郭伟锋
　　　　马晓洲
　　　　陈　禧（7月任）
副市长：钱群飞（女）（2月免）
　　　　史向俊（2月免）
　　　　李剑光
　　　　蒋　明（12月免）

宁　春（女）
郭伟锋
章晓东（12月提名）
王霞燕（女）（2月任）

政协嵊州市第十六届委员会

党组书记、主席：柴理明
党组副书记：商肖城（兼）
党组成员：李香富（3月免）
杨　军（3月免）
张科卿
裘庆军
朱国清（1月免）
孙益林（1月任）
副主席：袁辉尧（2月免）
李香富（2月免）
杨　军（2月免）
张科卿
钱群飞（女）（2月任）
史　萍（女）
裘庆军
卢秋桢（女）（2月任）
秘书长：孙益林（2月任）
朱国清（2月免）

纪律检查委员会

书　　记：李英豪
常务副书记：王煜锋
副书记：陈永胜

监察委员会

主　任：李英豪（2月任）
副主任：王煜锋
陈永胜

市委办

主任：陈云海（3月任）
张小文（3月免）

人大办

机关党组书记、主任：王建祥

市人大监察和司法委员会

主任委员：孔志刚（2月任）
赵祥军（2月免）

市人大财政经济委员会

主任委员：潘启富（2月任）
俞仲兴（2月免）

市人大社会建设委员会

主任委员：张小文（2月任）
夏春燕（女）（2月免）

监察和司法工作委员会

主任：宋建平（3月任）
俞建华（3月免）

财政经济工作委员会

主任：竹贵光（3月任）
姚政良（3月免）

城乡建设与环境资源保护工作委员会

主任：马　鸣（3月任）
吴达贤（3月免）

农业与农村工作委员会

主任：吕勇进（3月任）
汪建江（3月免）

教育科技文化卫生工作委员会

主任：沈祖飞（3月任）
刘　明（3月免）

代表工作委员会

主任：吴学刚（3月任）
滕苗富（3月免）

社会建设工作委员会
主任：陈　君（3月任）
石永平（3月免）

市府办
党组书记、主任：马晓洲

政协办
主任：楼珍仙（女）（3月任）
劳江海（3月免）
机关党组书记：孙益林（1月任）
朱国清（1月免）

提案委员会
主任：马鹏军（3月任）
薛晓红（女）（3月免）

文化文史和学习委员会
主任：劳江海（3月任）
钱树军（3月免）

经济委员会
主任：裘炳良（3月任）
王　炜（3月免）

科教卫体委员会
主任：周　瑛（女）（3月任）
裘炳良（3月免）

农业与农村委员会
主任：王锦超（3月任）
钱继红（3月免）

港澳台侨委员会
主任：沈益民（3月任）

社会和法制委员会
主任：吕天嵊

城建环保交通委员会
主任：田　震（3月任）
卢向明（3月免）

政协委员工作委员会
主任：丁学东（3月任）
郑志钧（3月免）

组织部
部　　长：周　勇
常务副部长：黄　景

宣传部
部　　长：史向俊
常务副部长：赵国栋（7月任）
钱杭栋（3月任，6月免）
沈祖飞（3月免）

统战部
部　　长：商肖城
常务副部长：章晓明（3月任）
丁学东（3月免）

政法委
书　　记：屠　强
常务副书记：余雨松（3月任）

改革办
主　　任：屠　强
第一副主任：周尊隆
常务副主任：郑海果（3月任）
金其超（3月免）

编办
主任：竹冠坚（3月任）
沈益民（3月免）

巡察办
主任：张夏良（3月任）

信访局

局长：郭叶飞（3月任）
　　　张　涛（3月免）

老干部局

局长：周宇鸿（3月任）
　　　钱佳校（3月免）

法院

党组书记：方　艳（女）
院　　长：方　艳（女）（2月任）

检察院

党组书记：黄宇峰
检 察 长：黄宇峰（2月任）

总工会

主席：竺理文（3月任）
　　　李香富（3月免）
党组书记、副主席：阮德显（10月任）
　　　　　　　　　徐有敏（3月免）

团市委

书记：王浙东（1月任）

妇联

党组书记：应九莲（女）
主　　席：应九莲（女）（3月任）
　　　　　赵品月（女）（3月免）

科协

党组书记：邢向农
主　　席：马　颖（女）（3月任）
　　　　　邢向农（3月免）

工商联

党组书记：庞　伟（3月任）
　　　　　章晓明（3月免）
主　　席：王哲峰（3月任）
　　　　　卢秋桢（女）（3月免）

文联

党组书记、主席：王　哲（女）

残联

党组书记、理事长：单祖华（9月任）
　　　　　　　　　沈传定（9月免）

红十字会

会长：王霞燕（女）（3月任）
　　　钱群飞（女）（3月免）
党组书记、常务副会长、执行委员会主任：
　　　夏洪汀（12月任）
　　　陈　勇（12月免）

开发区（高新园区）

党工委书记：赵伟龙
主　　　任：沈文武

高铁新城

党工委书记：赵伟龙
主　　　任：罗川龙（3月任）
　　　　　　金国勇（3月免）

发改局

党组书记、局长：钱凯丰（3月任）
　　　　　　　　陈云海（3月免）

经信局

党委书记、局长：张小东

教体局

党委书记、局长：金其超（7月任）
　　　　　　　　周　瑛（女）（7月免）

科技局

党组书记：朱华权（3月任）
　　　　　孙益林（1月免）
局　　长：朱华权（3月任）
　　　　　王霞燕（女）（3月免）

公安局

党委书记、局长：蒋　明

政委：裘冬晓（12月任）

范黎阳（12月免）

民政局

党组书记、局长：张　涛（3月任）

吴学刚（3月免）

司法局

党组书记、局长：范奇军（3月任）

陈炎根（3月免）

财政局

党委书记、局长：王春江（3月任）

商肖城（3月免）

人力社保局

党委书记、局长：汪正浩（3月任）

陈　君（3月免）

自然资源和规划局

党委书记、局长：徐有敏（5月任）

王锦超（5月免）

住建局

党委书记、局长：李　纲（3月任）

俞　铮（3月免）

交通运输局

党委书记、局长：俞　铮（3月任）

钱凯丰（3月免）

水利局

党委书记、局长：方伟浩（3月任）

马　鸣（3月免）

农业农村局

党委书记、局长：汪美芳（女）

商务局

党委书记、局长：谢　岗（3月任）

郑国达（3月免）

文广旅游局

党委书记、局长：孙赛英（女）（3月任）

汪正浩（3月免）

卫生健康局

党委书记、局长：斯学军（3月任）

宋建平（3月免）

退役军人事务局

党组书记、局长：缪功明

应急管理局

党委书记、局长：张　奎（3月任）

范奇军（3月免）

审计局

党组书记、局长：黄李箐（4月任）

黄皎昀（4月免）

市场监管局

党委书记、局长：余建生（10月任）

陈炎根（3月任、10月免）

田　震（3月免）

金融办

党组书记、主任：吕炉君（3月任）

黄李箐（3月免）

统计局

党组书记、局长：葛哲明

医保局

党组书记、局长：陈　肖（女）（3月任）

竹贵光（3月免）

综合执法局

党组书记、局长：陈炎根（10月任）
阮德显（10月免）

生态环境分局

党组书记、局长：张义明

政务服务中心

党委书记：周尊隆
主　　任：张　品（3月任）
朱华权（3月免）

档案馆

党组书记、馆长：沈伟明

党校（行政学校）

校　　长：周　勇
常务副校长：郑国达（3月任）
周宇鸿（3月免）

说明：2022年5月，建立中共嵊州市委党校（嵊州市行政学校）校务委员会，撤销中共嵊州市委党校委员会。

融媒体中心

党委书记、主任：过丹樑
总编辑：张　元

党史室

主任：楼向前

供销社

党委书记：夏洪汀（12月免）
主　　任：过峰艳（女）（12月任）
夏洪汀（12月免）

机关事务中心

党组书记、主任：李伟民（3月任）
丁纪祥（3月免）

城改中心

党组书记、主任：骆　馨（3月任）
李　纲（3月免）

大数据中心

党组书记、主任：章展波（9月任）
黄柏才（9月免）

招商投资中心

党组书记、主任：刘景山（10月免）

社会治理中心

主任：

说明：2022年8月，社会治理中心机构升格为市委直属的正科级事业单位，10月，原主任魏伟同志任副主任。

投控（国资）公司

党委书记、总经理：支浩权（3月任）
谢　岗（3月免）

城投集团

党委书记、董事长：刘良波（7月任）
总经理：邢良军

交投集团

党委书记、董事长：刘　波（9月任）
刘良波（7月免）
总经理：蒋化荣（3月任）
支浩权（3月免）

水投集团

党委书记、董事长：周　锋

商投集团

党委书记：刘　波（9月免）
董事长：刘　波（3月任、9月免）
总经理：张建尧（3月任）
刘　波（3月免）

开投公司
总经理：蒋烨娜（女）

南投公司
总经理：金甜甜（女）

高发公司
总经理：相 峰（3月任）

惠民融资担保公司
总经理：许晓波

农工党嵊州市委员会
主委：王霞燕（女）

民建嵊州市基层委员会
主委：卢秋桢（女）

民盟嵊州市基层委员会
主委：马 颖（女）

民革嵊州市支部
主委：姜 青（女）

乡镇（街道）党政正职名单

三界镇
党委书记：王浙锋
镇长：张 波（1月当选）

浦口街道
党工委书记：姚 兵
主任：江 凯（9月任）
徐升东（9月免）

剡湖街道
党工委书记：毛永伟
主任：王东方（3月任）
张 剑（3月免）

三江街道
党工委书记：陈 禧（7月任）
马春波（3月免）
主任：李永卓（9月任）
章展波（9月免）

鹿山街道
党工委书记：徐东升（9月任）
单祖华（9月免）
主任：竹相国

甘霖镇
党委书记：余 丹（女）
镇长：余建生（10月免）
行政负责人：裘恒炯（10月任）

崇仁镇
党委书记：楼美芳（女）
镇长：周 锋（1月当选）

长乐镇
党委书记：金光明
镇长：邱梁锋（1月当选）

黄泽镇
党委书记：童 年
镇长：宋 亮（1月当选）

石璜镇
党委书记：俞浙峰
镇长：李梦爽（女）（1月当选）

谷来镇
党委书记：陈红涛
镇长：高 科（1月当选）

仙岩镇
党委书记：刘景山（10月任）
裘张洁（女）（10月免）
镇长：吴 谦（1月当选）

金庭镇

党委书记：钱冬凌

镇长：张　羿（1月当选）

下王镇

党委书记：郑风雷

镇长：孟超峰（1月当选）

贵门乡

党委书记：金张乐

乡长：童小芳（女）

统计资料

2022年嵊州市国民经济和社会发展统计公报

嵊州市统计局　国家统计局嵊州调查队

2022年，在市委和市政府的坚强领导下，全市上下坚持以习近平新时代中国特色社会主义思想为指导，深入贯彻党的二十大精神，积极落实各项决策部署，科学统筹疫情防控和经济社会发展，坚持稳中求进工作总基调，各项经济指标保持较快增长，经济基本盘总体稳固，发展质量稳步提升，民生保障持续改善，为全力推进浙江高质量发展建设及人民共同富裕打下了坚实基础。

一、综合

综合实力稳步提升。据绍兴市统计局初步核算，2022年，全市生产总值实现711.08亿元，按可比价计算增长4.1%。其中，第一产业增加值44.52亿元，增长3.5%；第二产业增加值330.52亿元，增长5.5%；第三产业增加值336.03亿元，增长2.9%，三次产业增加值结构为6.3∶46.5∶47.3。全市人均生产总值为99856元（按常住人口计算），按平均汇率计算折合14846美元。

二、农业和农村建设

农业生产稳定增效。我市以农业“双强行动”为抓手，以乡村振兴战略为主要载体，加强“三农”谋划，创新工作举措，全力打好改革赋权、农业转型、富民增收组合拳，不断深化农业供给侧结构性改革，努力打造嵊州特色乡村振兴县域范例。2022年，全市实现农林牧渔业总产值63.27亿元，同比增长3.7%。其中，农、林、牧、渔总产值分别增长0.5%、-0.5%、21.6%和-2.9%。据粮食监测数据推算，全年粮食播种面积28.50万亩，粮食总产量10.40万吨。年末生猪存栏60.56万头；出栏18.19万头；猪肉产量1.51万吨，能繁育母猪存栏6.43万头；年末家禽存栏1051.25万只；出栏1094.54万只；全年肉类产量3.48万吨。

三、工业和建筑业

工业发展提质向好。2022年，全市672家规上工业企业累计实现产值620.37亿元，同比增长11.2%；累计实现工业增加值149.38亿元，同比增长10.7%。发展动能加快释放，2022年，全市规上工业装备制造、高新技术、战略性新兴和数字经济核心产业分别增长7.7%、10.4%、22.3%和24.8%，占规上工业增加值的比重分别为47.4%、61.8%、36.5%和9.3%。积极推进比亚迪（弗迪电池）、长鸿生物等优质大项目落地投产，两家全年实现产值42.59亿元，拉动全市产值增长7.6个百分点。围绕高端化、智能化、绿色化，继续做强领带服饰、智能厨电和机械电机高端装备等优势产业，成功申报“中国集成智能厨房产业转型先行区”（国内唯一称号）。

建筑产业增长稳定。2022 年，全市建筑业省内总产值实现 144.84 亿元，同比增长 10.7%；建筑业总产值实现 196.68 亿元，同比增长 1.0%。

四、固定资产投资

投资领域增势稳健。深入推进“项目推进年”活动与“169”行动，打好招商选资、政策处理、要素保障、项目建设、企业技改“五大会战”。依托“扩投资优结构攻坚行动”“赛马”活动，全力跑出项目建设加速度，持续推进扩大有效投资成效显著。2022 年，全市完成固定资产投资 264.87 亿元，同比增长 15.3%。分产业看，第二产业完成投资额 99.38 亿元，同比增长 65.6%；第三产业完成投资额 164.93 亿元，同比降低 2.4%。重点领域看，民间投资完成投资额 185.14 亿元，同比增长 7.4%；交通投资完成投资额 37.50 亿元，同比增长 8.0%；生态环保和公共设施投资完成投资额 26.98 亿元，同比降低 2.7%；高新技术产业投资完成投资额 69.15 亿元，同比增长 144.2%。

房产销售承压向前。2022 年，全市房地产开发投资实现 75.10 亿元，同比降低 8.4%。全年商品房销售面积实现 67.16 万平方米，同比下降 39.6%，商品房销售额实现 66.42 亿元，同比下降 38.8%。

五、城乡建设

城乡建设崭露新颜。以“微改造”促进城区人居环境“精提升”，加快美丽城区建设，不断改善城乡风貌环境，有效提升居民的获得感和满意度，全年完成老旧小区综合改造提升工程包括改造 20 个小区以及 14 个零星点位。紧盯“建设新时代美丽城镇”，推进未来社区建设，完成白莲塘房屋征迁工作；累计完成投资 2.5 亿元，打造 1 个剡溪宜居城市新区风貌区、1 个“剡中越韵”县域风貌区，共计 13 个项目；开展口袋公园建设，提升公园绿地服务半径覆盖率。

六、国内贸易

消费市场持续回暖。从四大行业来看，限额以上批发业实现销售额 160.88 亿元，同比增长 29.5%；限额以上零售业实现销售额 56.66 亿元，同比增长 23.5%；限额以上住宿业实现营业额 2.71 亿元，同比增长 14.1%；限额以上餐饮业实现营业额 4.18 亿元，同比增长 18.4%。从商品分类销售情况来看，比重占前七大类的商品中，呈“四增三降”态势。其中石油及制品类同比增长 36.3%，书报杂志类商品同比增长 4.0%，汽车类商品同比增长 12.2%，中西药品类同比增长 15.7%；粮油食品饮料烟酒类同比降低 31.8%，家用电器和音像器材类商品同比下降 21.5%，服装鞋帽针织类商品同比下降 80.1%。

商品市场保持活跃。中国领带城、江滨市场和浙东农副产品批发市场三大亿元以上市场合计成交额 42.54 亿元，同比降低 2.2%。其中浙东农副产品批发市场 31.81 亿元，成交额居首位，江滨市场和中国领带城分别实现成交额 5.62 亿元和 5.11 亿元。

七、对外经济

对外贸易形势良好。加大稳外贸各项政策支持，发展外贸新业态新模式。实施外贸主体培育工程，创新开拓国际市场，建立涵盖“龙头企业”“潜力企业”和“种子企业”三个层级的外贸企业培育库，实现外贸主体培育提质增效。全市自营进出口 104.09 亿元，同比增长 42.0%，其中出口 101.50 亿元，同比增长 42.0%，进口 2.59 亿元，同比增长 45.2%。加工贸易进出口呈现良好发展态势，全年加工贸易进出口总值 3.01 亿元，同比增长 18.8%，其中出口 2.59 亿元，同比增长 25.6%，进口 0.43 亿元，同比降低 10.4%。

八、交通和旅游

交通事业持续推进。金甬铁路、527 国道超额完成年度任务，甬金高速扩容项目中的嵊州南互通叠加南出口方案得到了省厅领导及专家组的认可和支持。开发区至高铁新城快速通道已确定线位方案；527 国道三期嵊州长乐至东阳段工程计划于今年上报；2 条规划省道（S310 奉化至桐庐公路〈嵊州段〉、S312 北仑至嵊州公路〈金庭至黄泽段改建工程〉）已完成项目建议书编制，全力争取列入省重点项目清单。启动 2022 年嵊州市共同富裕农村公路建设，共涉及道路23条，里程84.4公里，总投资约8亿元，持续打通农村物流最后一公里，“一路嵊风”农村物流体系逐步完善。

旅游事业蓬勃发展。推进全域旅游建设，目前全市在建文旅重大项目28个，年度计划投资34.09亿，全年完成文旅重大项目投资37.95亿。持续推进“诗画浙江·百县千碗”工程，推广嵊州美食，丰富嵊州百县千碗美食地图，嵊州风情美食街被评为绍兴市级文旅夜间消费集聚区。打造王羲之文旅IP和谢灵运文旅IP。开展旅游业改造提升，实施旅游业“微改造、精提升”五年行动计划，全年新增项目147个，竣工项目61个。做好文旅宣传工作，成功举办第十九届书法朝圣活动；持续开展越剧现代戏《核桃树之恋》全国巡演；推动浙东唐诗之路核心区建设，统筹解决土地挂牌、摘牌工作后，唐诗之城项目正式“落地”，逐步由规划步入实际建设阶段；越剧博物馆建设任务基本完成，展陈工作校审确认中，计划于2023年初试运营。

九、财政和金融

财政收支总体平衡。2022年，全市财政总收入完成69.40亿元，比上年降低13.3%。一般公共预算收入完成47.28亿元，扣除留抵退税因素后下降4.1%，自然口径下降9.1%。转移性收入82.56亿元。收入合计129.94亿元。2022年全市一般公共预算支出104.19亿元（含上年结转、省级拨款），比上年增长29.9%。剔除一般债券因素影响，比上年增长26.0%。转移性支出25.65亿元。支出合计129.84亿元。

金融市场增长显著。2022年底，全市金融机构本外币存款余额为1321.03亿元，同比增长17.6%；金融机构本外币贷款余额为1078.61亿元，同比增长26.5%。全年分别新增存款和贷款197.41亿元和168.20亿元。

十、科学技术和教育

科技事业硕果累累。实施新一轮高新技术企业和科技型中小企业“双倍增”计划，今年共申报国家高新技术企业108家，已新认定省科技型中小企业第一批64家、第二批已推荐103家；已申报绍兴及以上研发机构14家（其中省级研发中心9家、省级企业研究院2家、省级重点企业研究院1家、绍兴市重点实验室1家、绍兴市新型研发机构1家）。继续做强领带服饰、智能厨电和机械电机高端装备等优势产业，加快集群升级，全力打造“中国丝高地”“中国智能厨房”和“中国电机之城”，成功申报“中国集成智能厨房产业转型先行区”（国内唯一称号）。

教育事业实现攀升。高考成绩高位突破，全市一段上线2193人，一段上线率62.6%，高出全省平均2.6个百分点。3位学生进入浙江省前100名，人数居绍兴市第1名，浙江省第5名。4名学生被清北录取，2名学生被中国人民解放军空军航空大学录取，78名学生被上海交大、复旦大学等名校录取。高职本科上线46人，进入省专业总分前100名23人。软实力建设不断增强，名师名校长培养实现突破，2名教师被评为浙江省特级教师，5人列入浙派名师名校长培养对象。全年涌现省春蚕奖4人，绍兴市教坛新秀11人，绍兴市最美教师5人。2人获浙江省教育技能比武一等奖，教师获绍兴市级以上荣誉达15人。“双减”高效推进，全面推行放学后托管服务“5+2”模式，小学、初中学生参与率分别为93.06%、90.26%，教师参与率分别为97.88%，96.87%。学科类培训机构成功清零，体育科培训机构全部纳入“绍信培”平台管理，招生、报名、预收费收缴实现全程监管。截至年底，全市有小学61所，在校生32892人，专任教师2174人；初中26所，在校生15170人，专任教师1503人；普高7所，职高3所，在校生合计14470人，专任教师1325人。

十一、文化、卫生和体育

越剧事业全面发展。原创越剧现代戏《核桃树之恋》持续开展全国巡演，目前巡演已横跨9个省、13个城市，总行程超25000里，在全国范围内掀起了一股“红色”热潮，“核爆”剧场，反响热烈，已完成省级精神文明建设“五个一工程”奖项目申报，并被省委宣传部推荐参评全国“五个一工程”奖。拍摄嵊州首部越剧电影《汉文皇后》，目前已圆满杀青。越剧折子戏《穆桂英挂帅》成功入选杭州亚运会节目库。联合中国戏曲学院、嵊州越剧艺术学校创排教学剧目《许·仙》，成功献演第五届中国越剧节。

卫生事业行稳致远。聚焦疫情防控，抓好新冠疫情常态化防控。市人民医院急诊综合楼（二期）建设项目按计划如期开工；市人民医院放疗中心建设项目已建成，于10月18日试运行；市妇幼保健院（嵊州市第二人民医院）及疾控中心异地新建工程超额完成年初制定的目标。2022年末，全市有正常经营的各级各类医疗卫生机构447家，其中：医院17家（二级及以上公立医院4家），社区卫生服务中心（站）135家，卫生院17家，村卫生室123家，门诊部31家，诊所71家，企事业单位医务室、卫生所49家。全市共有卫生技术人员5168人，其中：执业医师和执业助理医师2052人，注册护士2174人。全市共有医疗卫生机构床位4052张，其中：医院3309张（二级及以上公立医院1800张），社区卫生服务中心124张，卫生院594张。

体育事业蓬勃发展。组织全市23个训练点，29个训练项目进行寒、暑假集训，集训人数达1200余人。全年共引进优秀射箭教练1名，安置省队退役优秀运动员4名。获浙江省第十七届省运会金牌实时金牌5枚（摔跤3枚、国际象棋1枚、女足1枚），150名运动员代表绍兴市参加7个大项角逐。全年在绍兴市及以上重要赛事中共获奖牌445.5枚，其中国家级金牌5枚，省级金牌10.5枚。体育中考实现“考务工作无差错、考生考试无违纪、考后零投诉”的工作目标。“2021中国嵊州‘浙东唐诗之路’山水挑战赛”入选2022年绍兴市一类品牌赛事。

十二、资源与环境

节能降耗有效推进。2022年，全市规模以上工业企业综合能耗57.54万吨标准煤（当量能耗），增长14.81%（当量能耗）；当量万元产值能耗0.0928吨标准煤/万元，上升3.3%；规模以上单位工业增加值能耗上升1.1%。

全社会用电量持续回升。全社会用电量达39.69亿千瓦时，同比增长12.7%。全年累计工业用电量24.62亿千瓦时，同比增长9.8%。

环境质量优化明显。全力打好污染防治攻坚战，2022年我市PM2.5年均浓度为26微克/立方米，AQI优良率为95.3%，排名均位列绍兴市第二。深入推进“污水零直排区”建设，全市15个县级及以上考核断面、跨行政区域河流交接断面、县级以上集中式饮用水水源地的水质达标率均为“100%”。开展城北化工园区地下水污染专项调查和耕地土壤污染“源解析”工作，推进建设用地管控和修复“一件事”改革，全力推进农村环境整治。召开工作推进会、“无废细胞”培训会，创建无废细胞57个。

十三、人口、人民生活和社会保障

人口规模略有下降。据市公安局人口年报统计，年末全市总户数254487户，户籍总人口709739人。其中男性人口361700万人，女性人口348039万人，分别占总人口的51.0%和49.0%。在总人口中，城镇人口311156人，农村人口398583人。全年出生人口2870人，出生率为4.04‰；死亡人口6637人，死亡率为9.35‰，人口自然增长率为-5.31‰。

居民收入保持增长。全体居民人均可支配收入达59111元，同比增长5.1%。从收入来源看，人均工资性收入27005元，同比增长5.3%；人均经营净收入15805元，同比增长3.7%；人均财产净收入6987元，同比增长5.3%；人均转移净收入9314元，同比增长6.8%。城乡居民人均可支配收入分别达到72865元、40495元，分别同比增长4.6%和6.9%，两项增速均跑赢了GDP。城乡居民收入比1.80，比上年缩小0.04，收入差距不断减小。

社会保障全面覆盖。2022年，全市新增城镇就业20010人，城镇登记失业率2.72%。全市户籍人口养老保险总参保率保持在99%以上。成功上线企业职工基本养老保险国家统筹系统。完成企业职工基本养老保险和机关事业养老保险退休人员养老待遇调整工作，调整提高全市城乡居民基本养老保险基础养老金，11.45万退休人员受益，其中企业退休人员实现养老金18连涨。

注：

（1）公报中全市生产总值和各产业增加值绝对数按现价计算，增长速度按可比价格计算。

（2）规模以上工业企业指年主营业务收入在2000万元及以上的工业企业。限额以上批零住餐企业指批发业年主营业务收入2000万元以上、零售业年主营业务收入500万元以上、住宿业年主营业务收入200万元以上、餐饮业年主营业务收入200万元以上的法人单位及个体户。

（3）全市固定资产投资口径为总投资500万元及以上投资项目（含房地产开发投资）。

（4）公报中数据均为快报数据。

（市统计局 傅斌超）

统计图表

表49　2022年嵊州市街道（镇、乡）基本情况表

街道（镇、乡）	行政村（个）	年末人口（人）	固定资产投资（万元）	财政总收入（万元）
高新园区（三界镇）	19	55117	58641	24273
浦口街道	14	35985	123513	140593
剡湖街道	8	77024	39353	59429
三江街道	5	78374	32442	61119
鹿山街道	11	57741	2318	20006
甘霖镇	35	79778	86359	18988
崇仁镇	32	72967	19235	14207
长乐镇	27	60311	44208	13466
黄泽镇	13	41889	20955	18110
石璜镇	16	31913	11938	3021
谷来镇	17	31030	10078	1572
仙岩镇	9	14123	9104	11959
金庭镇	14	38992	6091	2082
下王镇	8	11807	2530	115
贵门乡	13	20943	6043	149

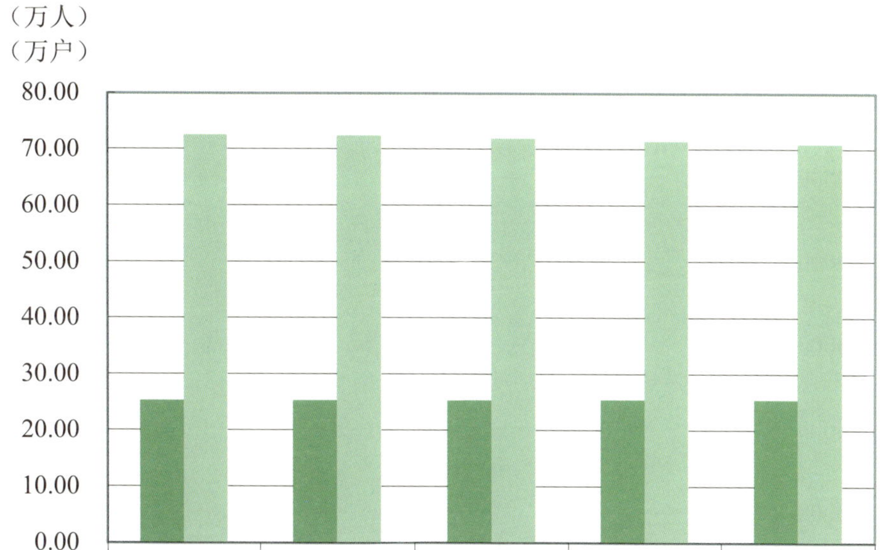

	2018年	2019年	2020年	2021年	2022年
年末总户数	25.37	25.37	25.37	25.45	25.45
年末总人口	72.63	72.41	71.94	71.45	70.97

图 1　2018—2022 年嵊州市年末户籍人口示意图

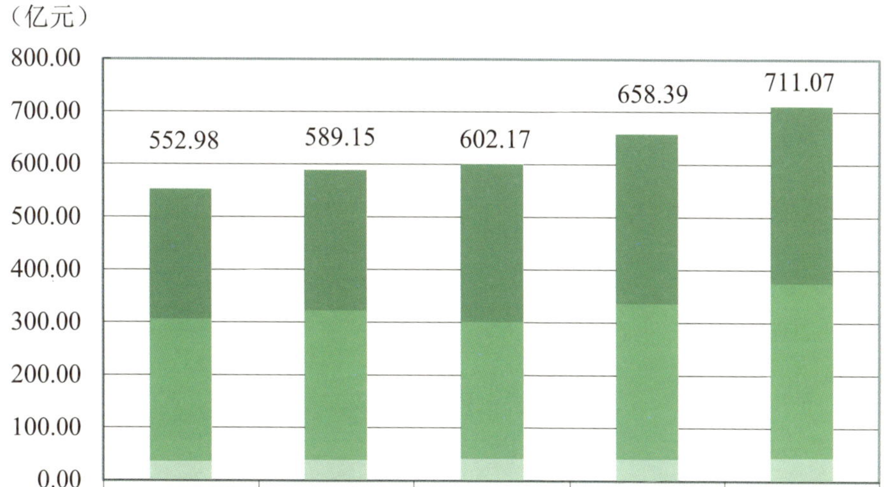

	2018年	2019年	2020年	2021年	2022年
三产	246.43	266.28	299.88	321.94	336.03
二产	269.95	283.67	259.37	294.64	330.52
一产	36.60	39.19	42.02	41.81	44.52

图 2　2018—2022 年嵊州市生产总值及产业构成示意图

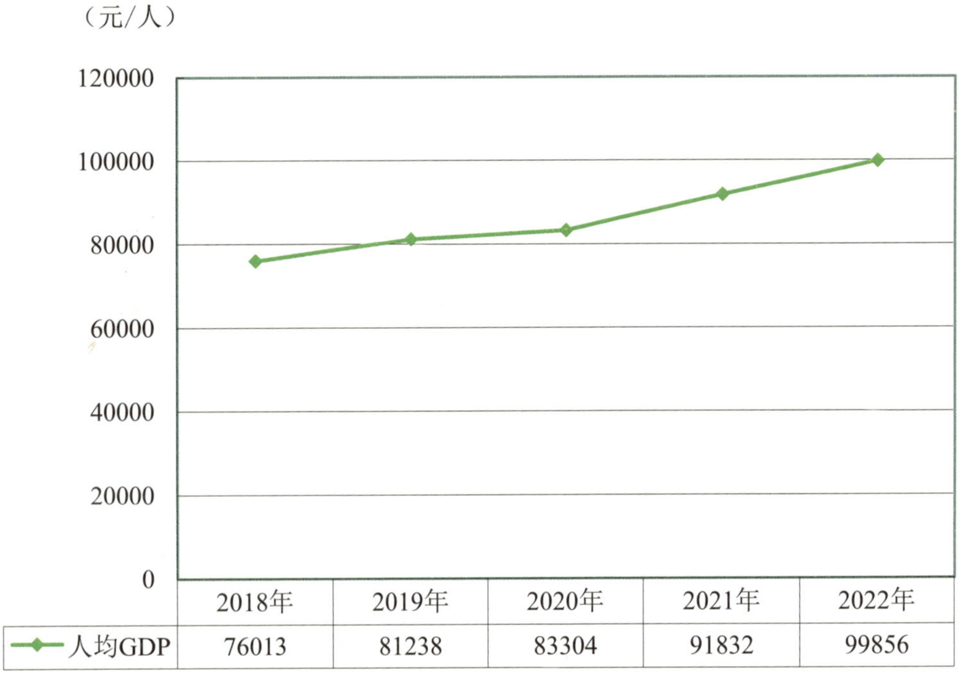

图 3　2018—2022 年嵊州市人均 GDP 示意图

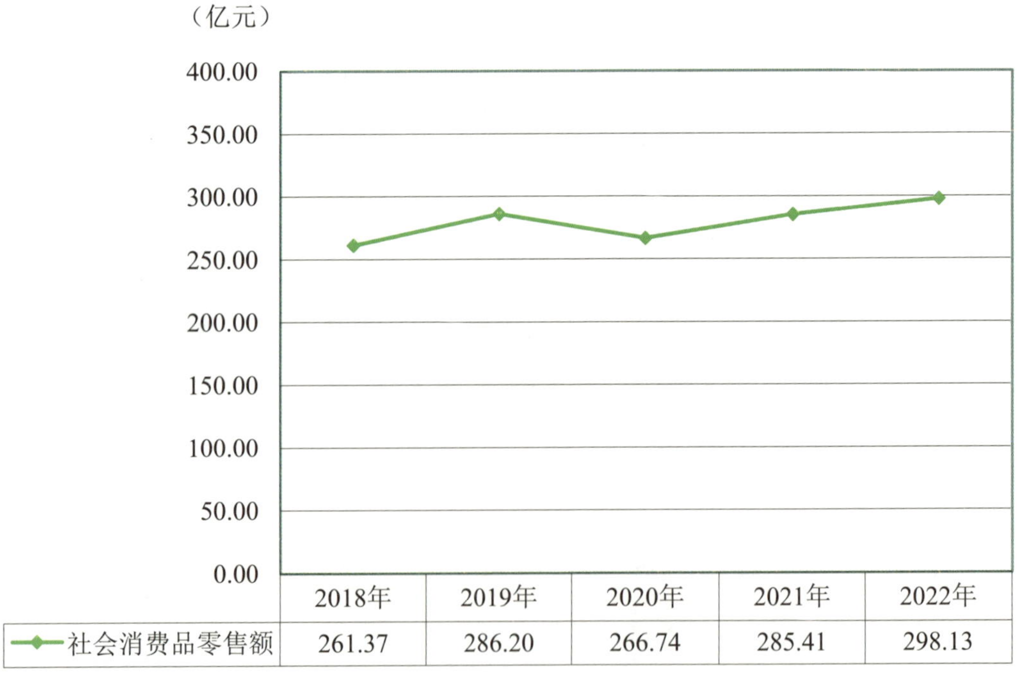

图 4　2018—2022 年嵊州市社会消费品零售额示意图

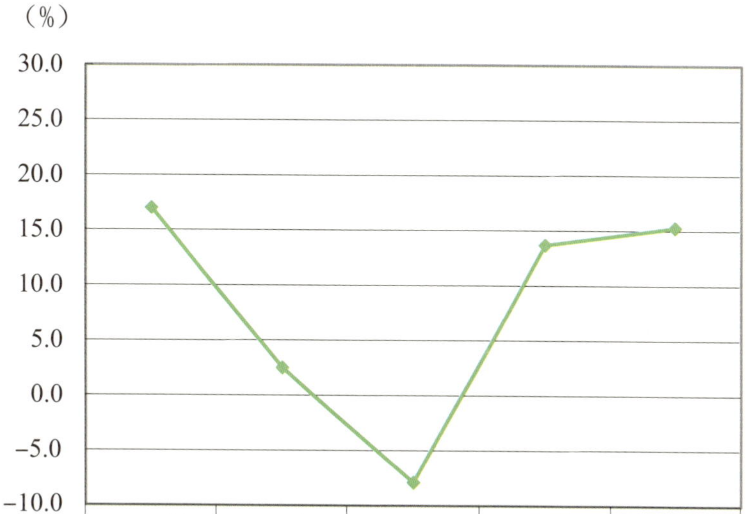

	2018年	2019年	2020年	2021年	2022年
全社会固定资产投资增速	17.0	2.5	-7.9	13.7	15.3

图 5　2018—2022 年嵊州市全社会固定资产投资增速示意图

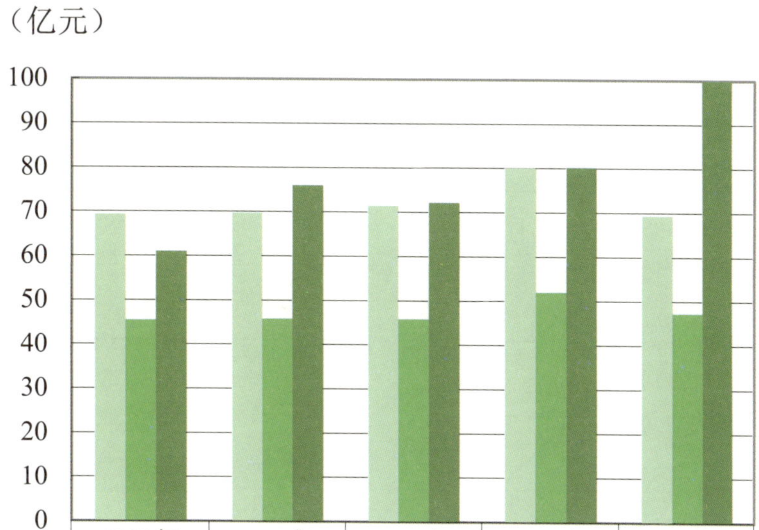

	2018年	2019年	2020年	2021年	2022年
财政总收入	69.32	69.67	71.46	80.06	69.40
一般公共预算收入	45.49	45.76	45.82	52.03	47.28
一般公共预算支出	61.01	75.95	72.18	80.21	104.19

图 6　2018—2022 年嵊州市财政收支情况示意图

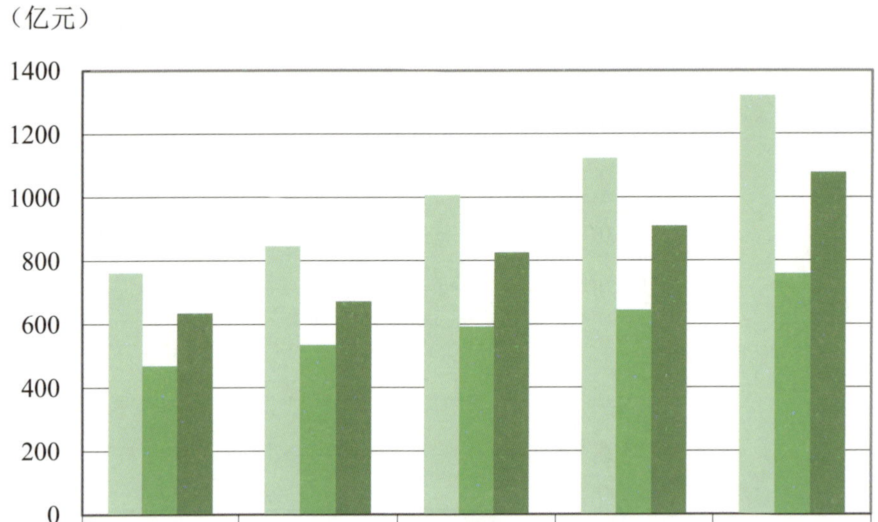

	2018年	2019年	2020年	2021年	2022年
金融机构存款余额	762.81	846.41	1007.38	1123.62	1321.03
#住户存款	468.75	534.39	592.94	644.44	759.07
金融机构贷款余额	635.57	672.33	825.14	910.41	1078.61

图 7　2018—2022 年嵊州市金融人民币存贷款余额示意图

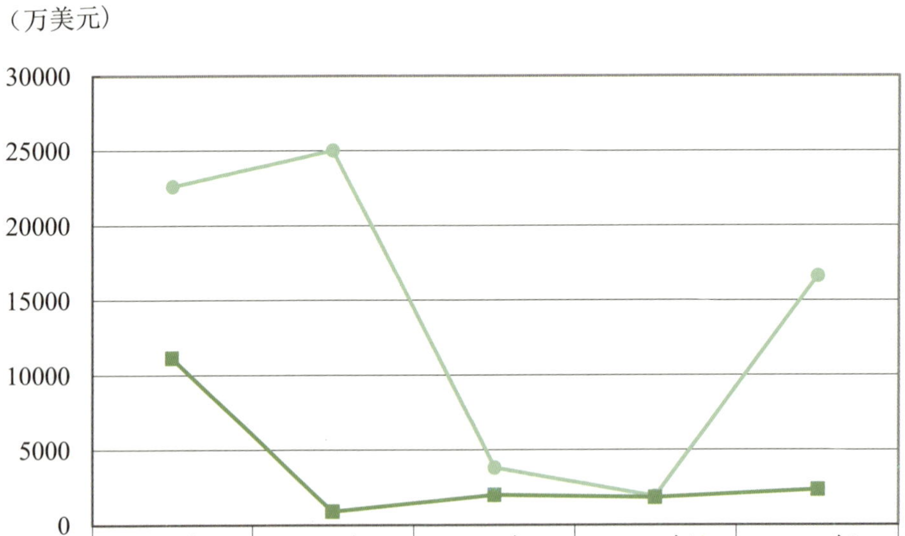

	2018年	2019年	2020年	2021年	2022年
合同利用外资	22608	25020	3829	1912	16632
外商实际投资	11170	921	2008	1829	2358

图 8　2018—2022 年嵊州市利用外资情况示意图

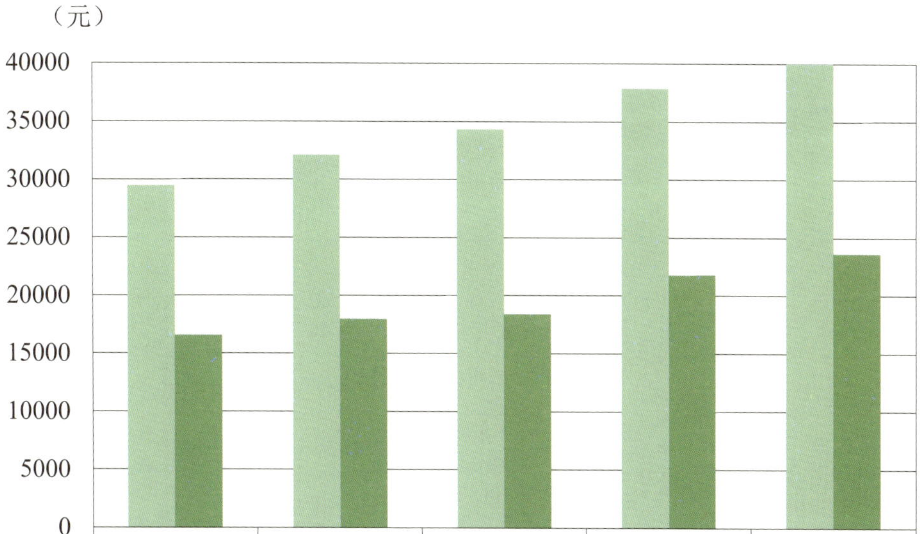

	2018年	2019年	2020年	2021年	2022年
农村居民人均可支配收入	29459	32131	34367	37876	40495
人均生活消费支出	16577	17969	18420	21804	23658

图 9 2018—2022 年嵊州市农村居民人均收支情况示意图

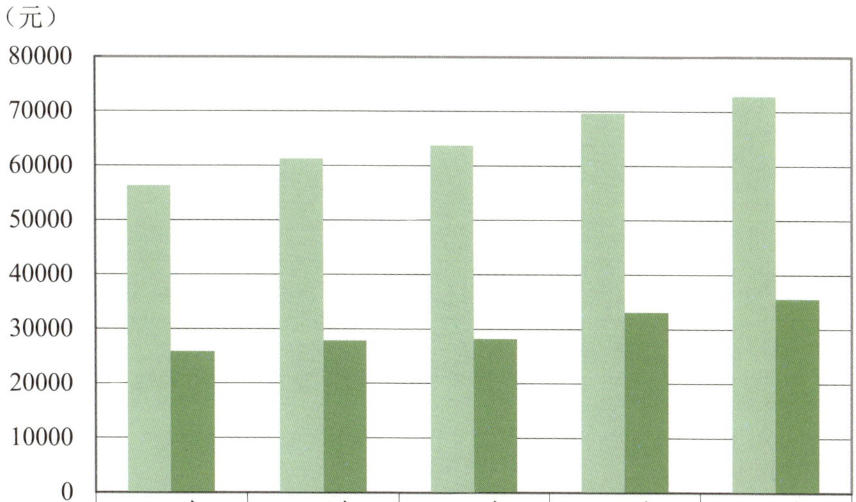

	2018年	2019年	2020年	2021年	2022年
城镇居民人均可支配收入	56360	61271	63748	69692	72865
人均生活消费支出	25892	27900	28280	33182	35651

图 10 2018—2022 年嵊州市城镇居民人均收支情况示意图

表 50　2018—2022 年嵊州市国民经济主要指标表

指标名称	单位	2018 年	2019 年	2020 年	2021 年	2022 年
年末总户数	万户	25.37	25.37	25.37	25.45	25.45
年末总人口	万人	72.63	72.41	71.94	71.45	70.97
1. 非农业人口	万人	—	—	—	—	—
2. 农业人口	万人	—	—	—	—	—
出生人数	人	5278	4863	3801	3090	2870
死亡人数	人	5542	4864	6592	5989	6637
自然增长率	‰	−0.36	0.00	−3.87	−3.86	−5.31
地区生产总值	亿元	552.98	589.15	601.27	658.39	711.07
1. 一产	亿元	36.6	39.19	42.02	41.81	44.52
2. 二产	亿元	269.95	283.67	259.37	294.64	330.52
3. 三产	亿元	246.43	266.28	299.88	321.95	336.03
全社会工业总产值	亿元	923.75	982.91	—	—	—
全社会农业总产值	亿元	54.80	59.65	61.94	61.66	63.07
社会消费品零售额	万元	2613725	2862029	2667414	2854106	2981273
全社会固定资产投资	万元	2282024	2338255	2020168	2297590	2648654
财政总收入	万元	693247	696663	714644	800644	693992
一般公共预算收入	万元	454858	457590	458205	520270	472840
财政总支出	万元	610104	759482	721798	802139	1041889
年末金融机构存款余额	亿元	762.81	846.41	1007.38	1123.62	1321.03
#储蓄存款	亿元	468.75	534.39	592.94	644.44	759.07
年末金融机构贷款余额	亿元	635.57	672.33	825.14	910.41	1078.61
全社会用电量	万千瓦时	293570	301521	301596	352042	396924
#工业用电	万千瓦时	189326	191787	184639	224349	246240
生活用电	万千瓦时	59200	61095	66176	68324	83560
公共图书馆藏书量	万册	54.90	60.33	65.56	70.43	75.49
农村居民人均可支配收入	元	29459	32131	34367	37876	40495
城镇居民人均可支配收入	元	56360	61271	63748	69692	72865
人均地区生产总值（户籍）	元	76013	81238	83304	91832	99856

表 51　1978—2022 年嵊州市生产总值情况表

年份	GDP	GDP 发展指数	人均 GDP	人均 GDP 发展指数
1978	17490		257	
1979	21990	115.1	321	114.2
1980	25246	111.9	366	111.2
1981	28136	104.8	406	104.2
1982	31399	112.1	450	111.2
1983	32101	100.8	457	100.2
1984	37202	112.7	527	112.2
1985	49805	122.3	704	122.0
1986	57169	109.5	805	109.1
1987	68439	118.9	958	118.2
1988	86501	111.4	1204	110.7
1989	93557	100.3	1294	99.7
1990	99845	102.4	1373	101.8
1991	121725	127.0	1666	126.4
1992	159414	123.9	2174	123.5
1993	244980	122.2	3333	121.9
1994	328929	109.1	4468	109.0
1995	447045	121.5	6066	121.4
1996	528410	115.0	7160	114.8
1997	560393	105.9	7589	105.8
1998	597305	110.6	8093	110.7
1999	651447	111.0	8828	111.0
2000	701619	108.0	9494	107.9
2001	782167	111.2	10581	111.3
2002	877807	112.1	11895	112.3
2003	1000405	112.7	13586	113.0
2004	1191027	114.6	16286	113.1
2005	1422972	114.8	19380	114.9
2006	1662396	113.2	22653	113.3
2007	1949633	119.2	26569	119.2
2008	2198680	109.8	29957	109.8
2009	2334763	109.0	31811	109.0

续表 51

年　份	GDP	GDP 发展指数	人均 GDP	人均 GDP 发展指数
2010	2749039	112.3	37453	112.3
2011	3299273	110.2	44922	110.1
2012	3652937	109.8	49727	109.5
2013	3979508	107.7	54206	108.2
2014	4197639	107.5	57235	107.6
2015	4359680	107.1	59576	107.4
2016	4687938	107.6	64203	107.8
2017	5089699	107.8	69791	107.9
2018	5529791	108.0	76013	108.2
2019	5891476	106.3	81238	106.6
2020	6012738	102.7	83304	103.2
2021	6583908	107.2	91832	107.9
2022	7110757	104.1	99856	104.8

表 52　2018—2022 年嵊州市人口基本情况表

乡镇（街道）	2018 年		2019 年		2020 年		2021 年		2022 年	
	总户数（户）	年末总人口（人）	总户数（户）	年末总人口（人）	总户数（户）	年末总人口（人）	总户数（户）	年末总人口（人）	总户数（户）	年末总人口（人）
总计（全市）	253686	726304	253678	724124	253719	719436	254511	714469	254487	709739
剡湖街道	27237	76980	27387	77155	27507	77124	27783	77193	27926	77024
鹿山街道	19577	58123	19559	58149	19626	58235	19659	57889	19696	57741
三江街道	22502	65718	23733	68586	25136	71739	26942	75328	28491	78374
浦口街道	11741	36461	11727	36484	11718	36429	11692	36155	11647	35985
甘霖镇	29744	83795	29464	83081	29214	81990	29042	80934	28751	79778
长乐镇	25151	64307	24878	63414	24588	62390	24363	61282	24067	60311
崇仁镇	28062	78192	27818	77185	27512	75711	27290	74260	27005	72967
黄泽镇	14975	43798	14871	43516	14773	43022	14650	42466	14508	41889
三界镇	17896	58387	17818	57811	17711	56849	17630	55987	17453	55117
谷来镇	8190	24761	11324	33687	11266	33251	11201	23919	11452	31030
石璜镇	9109	25119	12305	33778	12180	33043	12073	32447	11960	31913
北漳镇	6132	16590	—	—	—	—	—	—	—	—

续表 52

乡镇（街道）	2018 年		2019 年		2020 年		2021 年		2022 年	
	总户数（户）	年末总人口（人）	总户数（户）	年末总人口（人）	总户数（户）	年末总人口（人）	总户数（户）	年末总人口（人）	总户数（户）	年末总人口（人）
下王镇	4483	12745	4443	12549	4407	12324	4364	12020	4305	11807
仙岩镇	5439	15122	5403	14930	5363	14726	5307	14377	5261	14123
金庭镇	8811	25582	14851	41670	14698	40885	14573	49127	13938	38992
通源乡	1947	5501	—	—	—	—	—	—	—	—
雅璜乡	1329	3544	—	—	—	—	—	—	—	—
王院乡	1875	5186	—	—	—	—	—	—	—	—
竹溪乡	1312	3956	—	—	—	—	—	—	—	—
贵门乡	3626	9570	8097	22129	8020	21718	7944	21295	7832	20943
里南乡	4548	12867	—	—	—	—	—	—	—	—

表 53 2018—2022 年嵊州市农业资源及基础设施情况表

指　标	2018 年	2019 年	2020 年	2021 年	2022 年
年末耕地面积（千公顷）	44.93	—	—	—	—
#有效灌溉面积（千公顷）	39.89	—	—	—	—
农业机械总动力（万千瓦）	37.50	35.50	29.35	30.21	31.38
建成水库（座）	141	141	141	141	141
蓄水工程总库容（万立方米）	25197	25197	25197	24912	25069

表 54 2018—2022 年嵊州市农林牧渔业总产值情况表

指标名称	2018 年	2019 年	2020 年	2021 年	2022 年
合计：	548033	575130	619426	616649	630715
一、农业	410293	409632	407180	445016	444764
其中：谷物	32419	35028	4111	34619	23894
豆类	5740	6337	4233	5683	5637
薯类	7345	5593	8259	8826	15398
油料	4056	4051	4791	3463	3547
棉花	80	83	94	110	96
麻类	23	22	23	4	3

续表 54

指标名称	2018 年	2019 年	2020 年	2021 年	2022 年
甘蔗	966	950	982	823	797
烟叶	3029	2990	3186	2098	1919
药材	12165	4383	6205	5261	5117
食用菌	4064	1772	4292	3331	3443
花木	69970	72102	42000	52472	53429
蔬菜、瓜类	136887	140134	143869	141213	146532
茶叶	73875	73540	74206	94769	91894
桑叶	554	438	108	24	0
水果	37218	37598	37989	49762	54484
其他农作物	1643	1743	21	495	1290
二、林业	53913	56982	57186	48577	47680
三、牧业	69360	93089	138666	105365	120228
四、渔业	10912	11293	11704	12071	11759

表 55　2018—2022 年嵊州市历年规模以上工业企业主要经济指标表

单位：万元

指　标　名　称	2018 年	2019 年	2020 年	2021 年	2022 年
企业单位数（个）	612	719	606	660	715
#亏损企业（个）	138	193	148	142	208
工业总产值（现价）	4699448	4929359	4638331	5585679	62006471
工业销售产值（现价）	4528206	—	—	—	—
#出口交货值	724142	—	—	—	—
工业增加值（生产法）	1021027	1044662	991790	1364536	—
资产合计	5117255	5476293	5692737	7177428	93961557
应收账款净额	871626	—	—	—	—
产成品存货	255173	232990	206578	261027	2535981
流动资产合计	2939936	3123758	3213795	3830768	48046301
固定资产合计	—	—	—	—	—
固定资产原价	1964125	2204555	2412791	2921099	34565913
累计折旧	909703	1002787	1033574	1170694	13378080
固定资产净值	1054419	1151783	1184501	1451083	20606826
负债合计	3200338	3423139	3371290	3993342	56894087
#流动负债	2979749	3168121	3042514	3853157	51404839

续表 55

指　标　名　称	2018 年	2019 年	2020 年	2021 年	2022 年
所有者权益	1916917	2053152	2308218	3068964	37067443
主营业务收入	4467311	4605338	4259224	5190902	59345135
主营业务成本	3690621	—	—	—	—
主营业务税金及附加	35036	—	—	—	—
管理费用	343948	267986	2313462	286636	3308111
财务费用	75664	76528	78323	79468	762586
营业利润	184177	212830	180099	280877	1702470
利润总额	212085	2601558	200257	320432	2024387
亏损企业亏损总额	42605	53561	59533	41065	1088290
利税总额	424847	445062	359768	506234	3374295
应付工资总额	456954	485893	453259	581794	6629731
应交增值税	176948	147470	134310	154099	1010950
全部从业人员年平均人数（人）	69499	72813	67185	71774	76847

注：2011 年起，规模以上工业企业口径从主营业务收入 500 万元以上改为 2000 万元以上。

表 56　2018—2022 年嵊州市房地产开发投资主要指标表

单位：万元

指　　标	2018 年	2019 年	2020 年	2021 年	2022 年
房地产开发投资额	1022116	870705	815130	820254	750955
按资金来源分					
国家预算内资金					
国内贷款	122610	205221	67316	49920	161812
利用外资					
自筹资金	383102	142092	186879	117162	108293
定金及预收款	12633	277606	538436	523047	325393
个人按揭贷款	540610	35483	324376	183307	67683
其他到位资金	335264	297685	42643	112822	148947
按构成分					
建筑工程	405875	516035	583018	546002	463496
安装工程	26173	38160	29307	30864	5295
设备、工器具购置	3149	18825	9652	2904	2054
其他费用	586919	297685	193153	240484	280110
按用途分					

续表 56

指　　标	2018 年	2019 年	2020 年	2021 年	2022 年
住　宅	678023	660400	616387	596324	522275
办 公 楼	3507	730	7092	18431	10766
商业营业用房	74790	106894	65975	59834	25771
其　他	265796	102681	125676	145665	192143
新增固定资产	48608	523515	369112	892382	45175
竣工房屋价值	44893	419274	292124	536283	41640
房屋建筑面积（万平方米）					
施工面积	530.21	600.60	548.87	540.4	4020982
#住宅	369.00	431.23	392.75	391.6	2815864
竣工面积	19.17	164.34	93.91	134.3	123264
#住宅	11.36	113.06	60.51	97.2	77548
商品房销售面积（万平方米）	145.56	87.25	130.05	111.1	671648
商品房待售面积（万平方米）	42.86	50.62	50.31	38.9	283306
商品房销售额	1229758	701378	1145837	1084581	664173

表 57　2018—2022 年嵊州市邮电业务主要指标表

指标名称	2018 年	2019 年	2020 年	2021 年	2022 年
邮政业务收入（万元）	9833	10485	11379	12534	14922
电信业务收入（万元）	57798	57475	62511	65807	67086
固定电话期末户数（万户）	11.42	12.56	11.19	10.28	7.14
其中：住宅电话	5.85	6.58	5.72	5.32	—
移动电话总数（万部）	85.21	76.33	74.30	70.82	75.42

表 58　2018—2022 年嵊州市社会消费品零售总额情况表

单位：亿元

指　　标	201 8 年	2019 年	2020 年	2021 年	2022 年
社会消费品零售总额	261.37	286.20	266.74	285.41	298.13
按销售单位所在地分					
1.城镇	249.27	271.00	159.28	168.87	177.13
其中：城区	139.59	159.28	122.69	130.52	136.73
2.乡村	65.95	74.18	107.46	116.54	121
商品交易市场成交额	104.35	108.00	100.13	79.89	—

表 59　2018—2022 年嵊州市对外经济情况表

指　　标	2018 年	2019 年	2020 年	2021 年	2022 年
历年累计总投资额	434654	462131	466126	469519.7995	489186
合同利用外资（当年）	22608	25020	3829	1912	16632
实际利用外资（当年）	11170	921	2008	1829	2358
进出口总额（当年）	173395	125042	116920	113445	156094.56
自营出口额（当年）	166779	120153	114407	110686	—

表 60　2018—2022 年嵊州市财政金融情况表

单位：万元

指　　标	2018 年	2019 年	2020 年	2021 年	2022 年
财政总收入	693247	696663	714644	800644	693992
#一般公共预算收入	454858	457590	458205	520270	472840
一般公共预算支出	610104	759482	721798	802139	1041889
年末存款余额（人民币）	7569952	8412413	9998486.249	11236187	13210289
# 城乡居民储蓄	4666645	5324298	5911634.353	6444363	7590704
非金融企业存款	1798695	1742495	2332470.532	3025997	3782999
年末贷款余额（人民币）	6316306	6722903	8246251.915	9104103	10786073

表 61　2018—2022 年嵊州市学校教育基本情况表

指　　标	2018 年	2019 年	2020 年	2021 年	2022 年
学校数（所）	86	85	92	84	85
#高中	7	7	7	7	7
职高	3	3	3	3	3
初中	26	26	32	25	26
小学	50	49	50	49	49
在校生（人）	66201	65174	63775	63016	62532
#普高	10271	10250	10161	9817	9343
职高	5843	5776	5872	5440	5127
初中	17753	16835	15730	15392	15170
小学	32334	32313	32012	32367	32892

续表 61

指　　标	2018 年	2019 年	2020 年	2021 年	2022 年
专任教师（人）	5091	5112	5064	5074	5422
#普通中学	2506	2509	2462	2734	2820
职高	397	403	406	402	428
小学	2188	2200	2196	1938	2174

注：普通中学包括高中和初中。

表 62　2018—2022 年嵊州市用电量及分行业用电情况表

单位：万千瓦时

指标	2018 年	2019 年	2020 年	2021 年	2022 年
全社会用电量	293570	301521	301596	352042	396924
#居民生活用电	59200	61095	66176	68324	83560
# 城镇居民	27780	28915	31508	28669	27950
农村居民	31420	32180	34667	39655	55610
行业用电合计：	234369	240427	235421	283718	313364
一、农林牧渔业	2984	3169	3346	3183	4905
其中：排灌	253	256	239	251	299
二、工　　业	189326	191787	184639	224349	246239
1. 采矿业合计	1209	1056	1211	2148	1840
2. 制造业合计	167089	168473	163882	197076	217636
（1）食品、饮料业	4384	4473	4410	4478	3668
（2）纺织业	41016	43006	35887	36773	36916
（3）造纸及纸制品业	17770	15976	16129	15418	20054
（4）炼焦、煤制品业	79	29	22	37	33
（5）化学原料及化学制品	1186	1180	1762	1704	1799
（6）医药制造业	3002	3145	3760	4719	5369
（7）橡胶及塑料制品业	4590	5135	5402	6055	4945
（8）非金属矿制品业	7705	8702	9016	9562	9185
（9）黑色金属冶炼及压延加工业	0	0	1116	1144	619
（10）有色金属冶炼及压制加工业	3858	3986	4060	3882	3609
（11）金属制品业	20234	18336	15586	19580	19046
（12）通用及专用设备制造业	12759	11306	11878	12611	15193
（13）交通、电气、电子设备制造业	26274	27826	32805	41422	53485
（14）工业品及其他制造业	2825	3879	2307	2640	2886

续表 62

指标	2018 年	2019 年	2020 年	2021 年	2022 年
3. 电力生产和供应业★	21028	22258	13906	19415	26764
三、建筑业	6682	7553	7362	8891	7717
四、交通运输、仓储和邮政业	1393	1461	2064	3157	5547
五、信息传输、计算机服务和软件业	2772	2850	3356	3879	4227
六、商业、住宿和餐饮业	13499	14510	14695	17598	18730
七、金融、房地产、商务及居民服务业	6878	7730	8274	9512	7931
八、公共事业及管理组织	10835	11365	11684	13148	15328

注：2015 年开始，制造业合计中其他制造业口径变为工业品及其他制造业，“#”为分项标志。

表 63 2018—2022 年嵊州市城镇居民人均可支配收入表

单位：元

指 标	2018 年	2019 年	2020 年	2021 年	2022 年
可支配收入	56360	61271	63748	69692	72865
1.工资性收入	28822	31281	32815	35932	37800
2.经营净收入	12355	13399	13548	14933	15425
3.财产净收入	6312	6899	7092	7703	8001
4.转移净收入	8871	9692	10293	11124	11639

表 64 2018—2022 年嵊州市城镇居民家庭人均生活消费性支出表

单位：元

指 标	2018 年	2019 年	2020 年	2021 年	2022 年
生活消费性支出	25892	27900	28280	33182	35651
一、食品烟酒	7325	7829	7860	9157	9819
1.食品	4971	5068	5055	5728	—
（1）谷物	869	1156	1153	1198	—
（2）薯类	42	33	32	36	—
（3）豆类	149	63	63	70	—
（4）食用油	120	111	108	115	—
（5）蔬菜和食用菌	673	511	515	592	—
（6）肉类	853	917	1022	1233	—
（7）禽类	151	287	251	282	—
（8）水产品	568	501	508	604	—
（9）蛋类	125	115	121	146	—
（10）奶类	284	253	261	294	—

续表 64

指　　标	2018 年	2019 年	2020 年	2021 年	2022 年
（11）干鲜瓜果类	828	744	644	737	—
（12）糖果糕点类	180	143	152	172	—
（13）其他食品	129	234	225	249	—
2.烟酒	1021	1232	1189	1285	—
（1）烟类	832	1068	1018	1086	—
（2）酒类	189	164	171	199	—
3.饮料	180	115	134	206	—
4.饮食服务	1153	1415	1482	1938	—
（1）食堂用餐	80	114	112	130	—
（2）其他在外饮食	1062	1295	1363	1796	—
（3）食品加工服务费	11	6	7	12	—
二、衣着	1922	2076	2167	2559	2687
1.衣类	1588	1759	1802	2044	—
2.鞋类	334	318	365	515	—
三、居住	6288	6754	7315	8434	9427
1.房租及维修管理	1261	1701	1922	2215	—
2.水电燃料及其他	1225	1427	1563	1821	—
3.其他	3802	3626	3830	4398	—
四、生活用品及服务	1401	1499	1689	1958	2144
其中：1.家具及室内装饰品	92	79	89	132	—
2.家用器具	101	118	133	157	—
3.家用纺织品	126	103	116	135	—
4.家庭日用杂品	381	436	491	564	—
5.个人用品	619	648	730	807	—
6.家庭服务	76	115	130	163	—
五、医疗保健	1301	1423	1473	1735	1856
六、交通通信	4662	5042	4750	5683	6112
1.交通	3469	3602	3236	3984	—
2.通信	1193	1440	1514	1699	—
七、教育文化娱乐	2525	2779	2486	3018	2879
其中：1.文化娱乐用品	895	1032	848	1227	—
2.教育	1626	1747	1638	1791	—
八、其他用品和服务	468	498	540	638	727

表 65 2018—2022 年嵊州市农村居民可支配收入表

单位：元

指标	2018 年	2019 年	2020 年	2021 年	2022 年
可支配收入	29459	32132	34367	37876	40495
1.工资性收入	11682	12694	13768	15195	16122
2.经营净收入	12761	13916	14573	16124	17333
3.财产净收入	621	680	735	803	874
4.转移净收入	4395	4841	5291	5754	6166

表 66 2018—2022 年嵊州市农村居民家庭人均生活消费性支出表

单位：元

指 标	2018 年	2019 年	2020 年	2021 年	2022 年
生活消费性支出	16577	17969	18420	21804	23658
一、食品烟酒	5372	5730	5825	6808	7359
1.食品	3488	3674	3787	4229	—
（1）谷物	509	637	656	670	—
（2）薯类	68	24	25	39	—
（3）豆类	123	90	82	91	—
（4）食用油	110	121	124	126	—
（5）蔬菜和食用菌	419	405	417	432	—
（6）肉类	839	900	937	1085	—
（7）禽类	221	272	280	332	—
（8）水产品	376	331	348	429	—
（9）蛋类	120	100	104	124	—
（10）奶类	137	130	133	172	—
（11）干鲜瓜果类	320	405	417	439	—
（12）糖果糕点类	114	104	107	119	—
（13）其他食品	132	153	157	171	—
2.烟酒	1307	1505	1477	1782	—
（1）烟类	1011	1168	1125	1298	—
（2）酒类	296	337	352	484	—
3.饮料	159	132	146	187	—

续表 66

指　　标	2018 年	2019 年	2020 年	2021 年	2022 年
4.饮食服务	418	420	415	610	—
（1）食堂用餐	18	37	39	46	—
（2）其他在外饮食	372	372	359	546	—
（3）食品加工服务费	28	10	17	18	—
二、衣着	858	934	999	1202	1279
1.衣类	648	698	611	767	—
2.鞋类	210	236	388	435	—
三、居住	3397	3722	4094	4779	5217
1.房租及维修管理	623	815	917	1220	—
2.水电燃料及其他	722	891	952	1054	—
3.其他	2052	2016	2225	2505	—
四、生活用品及服务	828	899	926	1087	1245
其中：1.家具及室内装饰品	119	335	345	372	—
2.家用器具	229	273	282	363	—
3.家用纺织品	99	52	49	62	—
4.家庭日用杂品	278	158	142	192	—
5.个人用品	63	44	56	55	—
6.家庭服务	36	36	52	43	—
五、医疗保健	1488	1599	1711	2031	2205
六、交通通信	2883	3170	3043	3670	4139
1.交通	1984	2246	2070	2636	—
2.通信	899	924	973	1034	—
七、教育文化娱乐	1623	1772	1668	2043	1998
其中：1.文化娱乐用品	263	318	313	391	—
2.教育	1358	1454	1355	1652	—
八、其他用品和服务	128	143	154	184	216

重要文件目录

中共嵊州市委及办公室重要文件目录

表67 2022年嵊市委发文件一览表

发文日期		发文字号	文件标题
月	日		
1	5	嵊市委发〔2022〕1号	关于同意召开政协第十六届嵊州市委员会第一次会议的批复
1	27	嵊市委发〔2022〕6号	关于表彰嵊州市抗击疫情优秀共产党员和先进基层党组织的决定
1	28	嵊市委发〔2022〕7号	关于推行作风建设正负清单保障更高水平"五个嵊州"建设的实施意见
1	30	嵊市委发〔2022〕8号	关于表彰2021年度乡镇（街道）、市级部门（单位）先进集体和优秀领导干部的决定
2	7	嵊市委发〔2022〕9号	关于表彰2021年度嵊州市经济发展突出贡献奖的通报
2	16	嵊市委发〔2022〕14号	关于明确市委常委分工的通知
2	19	嵊市委发〔2022〕15号	关于印发嵊州市2021"作风建设年"活动方案的通知
3	4	嵊市委发〔2022〕20号	关于印发嵊州市2022"项目推进年"活动实施方案的通知
3	10	嵊市委发〔2022〕21号	关于印发嵊州市2022"共富建设年"活动实施方案的通知
3	18	嵊市委发〔2022〕24号	关于印发市委理论学习中心组2022年学习计划的通知
3	21	嵊市委发〔2022〕25号	关于同意召开嵊州市工商业联合会（总商会）第九次代表大会的批复
4	12	嵊市委发〔2022〕28号	关于公布嵊州市工商业联合会（总商会）第九届执行委员会第一次会议选举结果的通知
4	24	嵊市委发〔2022〕29号	关于全面实施"强基富乐"工程高水平打造新时代基层党建高地的意见
5	6	嵊市委发〔2022〕30号	关于对2021年度优秀公务员（参照公务员法管理单位工作人员）进行奖励的决定
6	1	嵊市委发〔2022〕34号	关于同意召开嵊州市供销合作社联合社第七次社员代表大会的批复
6	27	嵊市委发〔2022〕41号	关于同意召开嵊州市人民对外友好协会第二届理事会第一次全体会议的批复
7	4	嵊市委发〔2022〕42号	关于追授徐中华同志"嵊州市优秀共产党员"称号的决定
7	8	嵊市委发〔2022〕44号	关于同意召开嵊州市红十字会第三次代表大会的批复
7	21	嵊市委发〔2022〕48号	关于同意市人大常委会拟就加强越剧文化生态环境保护区建设作出决定的批复

续表 67

发文日期		发文字号	文件标题
月	日		
8	10	嵊市委发〔2022〕49 号	关于公布嵊州市红十字会第三次代表大会及嵊州市红十字会第三次代表大会第三届理事会、监事会第一次会议选举结果的通知
8	16	嵊市委发〔2022〕50 号	关于聘任市委法律顾问的通知
9	15	嵊市委发〔2022〕52 号	关于公布嵊州市供销合作社联合社第七次代表大会及嵊州市供销合作社联合社第七届理事会、监事会第一次会议选举结果的通知
10	8	嵊市委发〔2022〕54 号	关于同意设立中共政协嵊州市委员会党员委员履职临时党委的批复
10	17	嵊市委发〔2022〕55 号	关于同意召开嵊州市残疾人联合会第八次代表大会的批复
10	25	嵊市委发〔2022〕56 号	关于同意嵊州市残疾人联合会第八届主席团、执行理事会人事安排的批复
11	3	嵊市委发〔2022〕57 号	关于公布嵊州市残疾人联合会第八次代表大会及嵊州市残疾人联合会第八届主席团第一次全委会选举结果的通知
11	14	嵊市委发〔2022〕59 号	关于公布嵊州市总工会第十七届委员会第六次全体会议选举结果的通知
11	30	嵊市委发〔2022〕61 号	关于同意召开共青团嵊州市第二十一次代表大会的批复
12	1	嵊市委发〔2022〕62 号	关于表彰嵊州市共同富裕贡献奖—服务业高质量发展突出贡献奖的通报
12	5	嵊市委发〔2022〕63 号	关于同意召开嵊州市第十七届人民代表大会第二次会议的批复
12	6	嵊市委发〔2022〕65 号	关于同意召开政协第十六届嵊州市委员会第二次会议的批复
12	10	嵊市委发〔2022〕66 号	关于表彰嵊州市共同富裕贡献奖——慈善奖的通报
12	20	嵊市委发〔2022〕69 号	关于同意三界镇行政村党组织设置调整的批复
12	19	嵊市委发〔2022〕70 号	关于同意浦口街道行政村党组织设置调整的批复
12	19	嵊市委发〔2022〕71 号	关于同意剡湖街道行政村党组织设置调整的批复
12	19	嵊市委发〔2022〕72 号	关于同意鹿山街道行政村党组织设置调整的批复
12	19	嵊市委发〔2022〕73 号	关于同意崇仁镇行政村党组织设置调整的批复
12	19	嵊市委发〔2022〕74 号	关于同意甘霖镇行政村党组织设置调整的批复
12	19	嵊市委发〔2022〕75 号	关于同意长乐镇行政村党组织设置调整的批复
12	19	嵊市委发〔2022〕76 号	关于同意黄泽镇行政村党组织设置调整的批复
12	19	嵊市委发〔2022〕77 号	关于同意石璜镇行政村党组织设置调整的批复
12	19	嵊市委发〔2022〕78 号	关于同意谷来镇行政村党组织设置调整的批复
12	19	嵊市委发〔2022〕79 号	关于同意仙岩镇行政村党组织设置调整的批复
12	19	嵊市委发〔2022〕80 号	关于同意金庭镇行政村党组织设置调整的批复
12	19	嵊市委发〔2022〕81 号	关于同意下王镇行政村党组织设置调整的批复
12	19	嵊市委发〔2022〕82 号	关于同意贵门乡行政村党组织设置调整的批复
12	20	嵊市委发〔2022〕83 号	关于同意共青团嵊州市第二十一届委员会委员、候补委员、常委、书记、副书记候选人的批复

表 68 2022 年嵊州市委文件一览表

发文日期		发文字号	文件标题
月	日		
1	21	嵊市委〔2022〕1 号	关于印发徐建役同志在中国共产党嵊州市第十五次代表大会上的报告的通知
1	21	嵊市委〔2022〕2 号	关于切实加强自身建设的决定
5	5	嵊市委〔2022〕5 号	关于印发 2022 年嵊州市工作目标责任制考核实施意见的通知
8	16	嵊市委〔2022〕6 号	印发《关于加快建设现代化网络型山水城市的实施意见》的通知
8	16	嵊市委〔2022〕7 号	关于忠实践行“八八战略”坚决做到“两个维护”在“两个先行”新征程中走在前作表率的决议
8	16	嵊市委〔2022〕8 号	关于印发徐建役同志在市委十五届三次全体（扩大）会议上的报告的通知

表 69 2022 年嵊州市委办文件一览表

发文日期		发文字号	文件标题
月	日		
4	20	嵊市委办〔2022〕1 号	关于调整办公室工作分工的通知
6	18	嵊市委办〔2022〕3 号	关于印发《2022 年党风廉政建设和反腐败工作组织领导与责任分工》的通知
8	29	嵊市委办〔2022〕4 号	关于印发《市委十五届三次全会报告任务分解表》的通知
12	20	嵊市委办〔2022〕7 号	关于调整办公室工作分工的通知

表 70 2022 年嵊州市委办发文件一览表

发文日期		发文字号	文件标题
月	日		
1	5	嵊市委办发〔2022〕1 号	关于认真开好市级领导班子党史学习教育专题民主生活会的通知
1	5	嵊市委办发〔2022〕2 号	关于开展 2022 年领导干部公开接访群众活动的通知
1	7	嵊市委办发〔2022〕3 号	关于召开中国共产党嵊州市第十五次代表大会的通知
1	10	嵊市委办发〔2022〕4 号	关于开好党史学习教育专题民主生活会的通知
1	21	嵊市委办发〔2022〕5 号	关于调整开发区（高新园区）、高铁新城纪检监察机构设置的通知
1	27	嵊市委办发〔2022〕8 号	关于 2021 年工作目标责任制考核结果的通报
3	2	嵊市委办发〔2022〕9 号	关于印发《嵊州市全面推进“大综合一体化”行政执法改革实施方案》的通知

续表 70

发文日期		发文字号	文件标题
月	日		
2	18	嵊市委办发〔2022〕10 号	关于开展“三比三争”活动健全工作落实机制的通知
3	4	嵊市委办发〔2022〕11 号	关于开展“村企携手 共促共富”活动的通知
3	14	嵊市委办发〔2022〕14 号	关于印发《市委十五届二次全会报告任务分解表》的通知
3	17	嵊市委办发〔2022〕15 号	关于印发《2022 年全市干部教育培训工作要点》的通知
3	18	嵊市委办发〔2022〕16 号	关于印发《领导干部“识变、应变、求变”大讨论活动方案》的通知
3	18	嵊市委办发〔2022〕17 号	关于成立嵊州市国家生态文明建设示范县（市）创建工作领导小组的通知
3	20	嵊市委办发〔2022〕18 号	关于进一步完善和落实劳动模范医疗补助待遇的通知
3	22	嵊市委办发〔2022〕19 号	关于印发《嵊州市营商环境“嵊利办”品牌建设硬核行动 3.0 版实施方案》的通知
3	28	嵊市委办发〔2022〕22 号	关于印发《中共嵊州市委　嵊州市人民政府　政协嵊州市委员会 2022 年度协商工作计划》的通知
3	28	嵊市委办发〔2022〕23 号	关于印发《关于进一步加强和规范重点工作专班管理的意见（试行）》《关于进一步加强和规范机关事业单位临时借调人员管理的意见（试行）》的通知
4	13	嵊市委办发〔2022〕24 号	关于印发《2022 年全市人才工作要点》的通知
4	14	嵊市委办发〔2022〕25 号	关于印发《2022 年嵊州市国家生态文明建设示范县（市）创建工作推进方案》的通知
4	20	嵊市委办发〔2022〕27 号	印发《关于加强市级机关各部门及有关单位与市政协专门委员会对口联系工作的意见》的通知
4	21	嵊市委办发〔2022〕28 号	关于印发《2022 年度嵊州市党委信息工作考核办法》的通知
4	22	嵊市委办发〔2022〕29 号	关于印发 2022 年市领导联系工作安排表的通知
4	24	嵊市委办发〔2022〕30 号	印发《嵊州市关于开展公共文化服务“富乐行动”的实施意见》的通知
4	25	嵊市委办发〔2022〕31 号	关于加快推进慈善事业高质量发展的实施意见
4	27	嵊市委办发〔2022〕32 号	关于印发《进一步强化安全生产责任落实　坚决防范化解重大安全风险的实施意见》的通知
4	28	嵊市委办发〔2022〕33 号	关于印发《加快建设新时代人才高地的若干政策》补充意见的通知
4	29	嵊市委办发〔2022〕34 号	印发《关于村（社区）“四中心”建设提升三年行动计划（2022—2024 年）的实施意见》的通知
5	6	嵊市委办发〔2022〕35 号	关于印发《嵊州市“大综合一体化”行政执法改革推进方案》的通知
5	7	嵊市委办发〔2022〕36 号	关于进一步完善红黄牌警示督办机制的通知
5	11	嵊市委办发〔2022〕38 号	关于成立嵊州市事业单位推行管理岗位职员等级晋升制度实施协调小组及工作专班的通知
5	13	嵊市委办发〔2022〕39 号	关于印发“5+4”稳进提质政策体系有关意见的通知（民营经济高质量发展、文化产业发展、三农高质量发展）

续表 70

发文日期		发文字号	文件标题
月	日		
5	21	嵊市委办发〔2022〕40 号	关于印发 2022 年嵊州市重点工作、共性工作考核细则的通知
5	24	嵊市委办发〔2022〕41 号	关于印发《开展“六大行动”促进农民增收共同富裕实施意见》的通知
6	4	嵊市委办发〔2022〕43 号	关于印发嵊州市深入实施促进经济高质量发展“凤凰行动”计划（2022—2026 年）的通知
6	7	嵊市委办发〔2022〕44 号	关于成立嵊州市现代社区建设领导小组的通知
6	18	嵊市委办发〔2022〕46 号	关于坚持发展新时代“民情日记”全面推进党建统领风格智治的实施意见
6	20	嵊市委办发〔2022〕47 号	关于社会矛盾纠纷调处化解中心更名的请示
7	10	嵊市委办发〔2022〕48 号	印发《关于深化“县乡一体、条抓块统”的改革推进基层智治系统建设的实施意见》的通知
7	14	嵊市委办发〔2022〕49 号	关于印发风险防范攻坚专项行动工作方案的通知
7	10	嵊市委办发〔2022〕53 号	关于全面推进三界千年古城复兴试点工作的若干意见
7	21	嵊市委办发〔2022〕54 号	转发市人大常委会《关于推行代表联络站“三三一”工作体系、打造践行全过程人民民主基层单元的实施意见》的通知
7	29	嵊市委办发〔2022〕55 号	关于印发《嵊州市村级集体经济发展基金管理办法》的通知
8	2	嵊市委办发〔2022〕57 号	印发《关于深入实施党建统领低收入群体“共富同行”工程的意见（试行）》的通知
8	12	嵊市委办发〔2022〕61 号	关于做好 2022 年度重点帮扶村社党组织整转提升工作的通知
9	3	嵊市委办发〔2022〕63 号	关于印发《嵊州市公务员转任管理办法》的通知
9	15	嵊市委办发〔2022〕65 号	关于印发《嵊州市事业单位管理岗位职员等级晋升工作实施办法（试行）》的通知
9	30	嵊市委办发〔2022〕67 号	关于印发《嵊州市重点建设项目“百日攻坚”行动实施方案》的通知
9	30	嵊市委办发〔2022〕68 号	关于印发《嵊州市事业单位人员交流管理办法》的通知
9	30	嵊市委办发〔2022〕69 号	关于印发《嵊州市党政机关办公用房管理实施细则》的通知
10	10	嵊市委办发〔2022〕70 号	关于调整开发区（高新园区）纪检监察机构设置的通知
10	25	嵊市委办发〔2022〕72 号	转发市人大常委会《关于推进嵊州经济开发区（高新园区）、高铁新城人大工作的方案》的通知
11	8	嵊市委办发〔2022〕73 号	关于印发《嵊州市人民建议征集工作办法（试行）》的通知
11	24	嵊市委办发〔2022〕75 号	关于印发《嵊州市城市专职社区工作者管理办法》的通知
11	30	嵊市委办发〔2022〕76 号	关于印发《嵊州市机关事业单位规范编外用工管理实施办法》的通知
12	20	嵊市委办发〔2022〕78 号	关于印发嵊州市 2023 年“抢开局、稳增长”十二项举措的通知
12	26	嵊市委办发〔2022〕80 号	关于印发《嵊州市推进高质量发展建设“浙里康养”工作方案（2023—2025 年）》的通知

表 71　2022 年嵊州市委办传文件一览表

发文日期		发文字号	文 件 标 题
月	日		
4	8	嵊市委办传〔2022〕1 号	关于做好《嵊州年鉴（2022）编纂工作方案》的通知
4	22	嵊市委办传〔2022〕2 号	关于开展“五一”节前安全生产大检查工作的通知
5	11	嵊市委办传〔2022〕3 号	关于调整嵊州市城市更新改造工作领导小组成员的通知
5	11	嵊市委办传〔2022〕4 号	关于印发《2021 年城市更新改造工作行动方案》的通知
5	25	嵊市委办传〔2022〕5 号	关于印发《2022 年中共嵊州市委与党外人士专题协商计划》的通知
6	12	嵊市委办传〔2022〕7 号	关于明确有关指挥部组成人员的通知
6	17	嵊市委办传〔2022〕8 号	关于征集电话号码的通知
7	6	嵊市委办传〔2022〕9 号	关于进一步完善政府部门与各民主党派、工商联对口联系制度的通知
8	10	嵊市委办传〔2022〕10 号	关于调整嵊州市“无废城市”建设工作领导小组及工作专班的通知
11	4	嵊市委办传〔2022〕11 号	关于切实做好 2023 年度党报党刊发行工作的通知
12	30	嵊市委办传〔2022〕12 号	关于做好 2023 年元旦春节期间工作的通知

嵊州市人民政府及办公室重要文件目录

表 72　2022 年嵊州市政府文件一览表

发文日期		发文号	文 件 标 题
月	日		
1	4	1	人武部通报
1	4	2	关于撤销甘霖生猪定点屠宰点的通告
1	11	3	关于上报 2021 年度土地征收成片开发方案的请示
1	11	4	关于批准公布“十四五”期间森林采伐限额的通知
1	11	5	关于要求发布《禁止在嵊州市三溪水库工程占地和淹没区新增建设用地和嵌入人口的通告》的请示
1	17	6	关于印发《嵊州市妇女发展“十四五”规划和嵊州市儿童发展“十四五”规划》的通知
1	19	7	嵊州市教育体育事业发展“十四五”规划
1	26	8	嵊州市人民政府关于土地征收的请示
1	28	9	关于申请 2021 年长江经济带生态环境问题“举一反三”大排查大整改问题清单销号的报告

续表 72

发文日期		发文号	文　件　标　题
月	日		
1	26	10	关于印发《嵊州市卫生健康事业发展“十四五”规划》《嵊州市突发公共事件应急管理“十四五”规划》的通知
2	10	11	关于提请批准《2022 年嵊州市重点建设项目计划》的报告
2	14	12	关于要求承办 2022 浙江省龙井茶手工炒制技能大赛的请示
2	22	13	关于公布嵊州市新增综合行政执法事项同意目录的通知
3	10	14	关于表彰 2021 年度征兵工作成绩突出单位和个人的通报
3	10	15	关于调整乡镇（街道）财政体制的通知
3	23	16	关于上报《嵊州市 2021 年度耕地保护责任目标执行自查情况》的报告
3	29	17	关于表彰在 2021 年度抗击新冠疫情防控工作中优秀企业的决定
4	2	19	关于要求审核《浙江省绍兴市嵊州市崇仁镇全域土地综合整治试点实施方案》的请示
4	12	20	关于明确市政府领导分工的通知
4	14	21	关于土地征收的请示
4	18	22	关于将部分市级部门行政处罚权交由黄泽镇人民政府等 6 个乡镇（街道）行使的公告
4	18	23	关于申请追加使用林地定额的请示
4	20	24	关于申请跨省域国家统筹补充耕地指标的请示
4	29	25	关于落实《浙江省安全生产委员会办公室关于加快化工园区安全整治提升的督办函》的报告
4	29	26	关于实施科技强农机械强农行动大力提升农业生产效率的实施意见
4	22	27	关于落实省审计厅（浙审金便函〔2021〕38 号）通报整改情况的报告
5	10	28	关于印发《嵊州市新一轮制造业“腾笼换鸟，凤凰涅槃”攻坚方案》的通知
5	28	29	关于 2021 年绍兴市食品药品安全工作评议考核问题的整改情况报告
5	30	30	关于公布《嵊州市综合行政执法事项扩展目录》的通告
5	31	31	关于下达 2022 年嵊州市国民经济和社会发展计划的通知
6	7	32	关于要求批转《浙江嵊州经济开发区（嵊州高新产业园区）整合提升工作方案》的请示
6	13	33	关于对白莲堂未来社区范围内房屋实施征收的决定
6	13	34	关于将部分市级部门行政处罚权交由三江街道办事处等 9 个乡镇（街道）行使的公告
6	14	35	关于申请追加使用林地定额的请示
7	15	37	关于报送《嵊州市三溪水库工程建设征地移民实物调查工作大纲（报批稿）》的请示
7	15	38	关于提请将上三高速公路嵊州服务区增扩建项目等 175 个项目纳入《嵊州市国民经济计划和社会发展第十四个五年规划》和《嵊州市 2022 年国民经济计划和社会发展计划》的报告
7	18	39	关于提请审议批准《嵊州市 2022 年地方债务限额和地方政府新增债券使用方案》的报告

续表72

发文日期		发文号	文件标题
月	日		
7	18	40	关于嵊州市2021年财政收支决算草案的报告
7	19	41	关于申请调整2022年嵊州市重点建设项目计划的报告
7	27	42	关于印发《嵊州市屠家埠环城公路桥国控断面水质提升工作方案》的通知
7	15	43	关于上报2022年土地征收成片开发方案的请示
8	22	44	关于嵊州市青云巷等道路命名的通知
8	30	45	关于2021年度国有资产管理情况审议意见落实情况的报告
8	31	46	关于上三高速公路嵊州服务区增扩建项目土地征收的请示
	31	47	关于上三高速公路嵊州服务区增扩建项目用地的请示
9	5	48	关于小型水库（重要山塘）系统治理情况时差一件落实情况的报告
9	16	49	关于调整嵊州市2022年政府、市管国有企业投资项目情况的报告
9	8	50	关于表彰2022年度嵊州市见义勇为三等功的决定
9	28	51	关于绍兴市国家食品安全示范城市创建暗访反馈问题整改情况的报告
10	10	52	关于印发《嵊州市创建浙江省健康县区实施方案》的通知
10	10	53	关于印发《嵊州市监看赣县区建设发展规划（2022—2023年）》的通知
10	10	54	关于印发《嵊州市健康影响评价工作实施方案》的通知
10	14	55	关于印发《嵊州市开展省第二批婚俗改革试验县（市、区）试点工作的实施方案》的通知
10	19	56	关于印发《嵊州市屠家埠国控断面汛期污染强度较大问题的整改方案》的通知
10	27	57	关于对仙湖幼儿园北侧（东桥至嵊州大桥）道路与堤坝提升工程项目范围内房屋实施征收的决定
10	31	58	关于2022年上半年国民经济好而社会发展计划执行情况报告及财政预算执行情况报告审议意见处理落实情况的报告
11	1	59	关于2021年度本级财政预算执行和其他财政收支审计工作报告审议意见整改落实情况的报告
11	4	60	关于申请追加使用林定额的请示
	4	61	关于上报2022第二批土地征收成片开发方案的请示
11	4	62	关于嵊州市金蚕路等道路命名的通知
11	4	63	关于双梅路等道路命名的通知
11	14	64	关于要求对嵊州市殡仪馆改扩建工程进行资金补助的请示
11	18	65	关于嵊州市和诸暨市行政区域界线联合检查工作情况的报告
8	24	66	关于2021年度生态环境状况和环境保护目标完成情况人大审议意见落实情况的报告
11	22	67	关于嵊州市金庭镇后山村全域土地综合整治与生态修复工程通过市级验收认定的通知
11	23	68	关于申请嵊州市2022年度盘活第一批建设用地土地征收的请示
11	25	69	关于全市重点项目建设情况视察意见处理落实情况的报告

续表 72

发文日期		发文号	文 件 标 题
月	日		
12	3	70	关于公布《嵊州市新增综合行政执法事项同意目录（2022 年）》和《嵊州市综合行政执法建设领域调整事项目录》的通告
12	7	71	关于申请嵊州市 2022 年度计划第二批次建设用地土地征收的请示
12	7	72	关于申请嵊州市 2022 年度计划第三批次建设用地土地征收的请示
12	7	73	关于申请嵊州市 2022 年度计划第四批次建设用地土地征收的请示
12	8	74	关于申请嵊州市 2022 年度计划第五批次建设用地土地征收的请示
12	12	75	关于调整 2022 年度财政预算的报告
12	12	76	嵊州市 2022 年市场监管领域部门联合“双随机、一公开”甲钴胺工作自查报告
12	15	77	关于市人大常委会对落实“双减”政策、促进学生全面健康发展情况报告审议意见的落实情况的报告
12	16	78	关于嵊州市望江路等道路命名的通知
12	20	79	关于提请批准《2023 年嵊州市重点建设项目计划》的报告
12	30	80	关于申请嵊州市 2022 年度计划第八批次建设用地土地征收的请示
12	30	81	关于公布《嵊州市第四批历史建筑名录》的通知

表 73　2022 年嵊州市政府办文件一览表

发文日期		发文号	文 件 标 题
月	日		
1	5	1	关于印发《甘霖生猪定点屠宰点撤销工作方案》的通知
1	11	2	关于全市补充耕地项目整改情况的通报
1	14	3	关于印发《嵊州市开展开发区（园区）工业全域治理 加快“腾笼换鸟”实施意见》的通知
1	26	4	关于印发嵊州市极端天气“村安工程”实施方案的通知
1	27	5	关于做好 2022 年政策性农村住房保险工作的通知
1	27	6	关于印发嵊州市一季度重大项目重点企业重要指标“早准备、抢开局、稳增长”行动方案的通知
2	9	7	关于要求核拨 2021 年度嵊州市经济发展突出贡献奖——市长奖的请示
2	16	8	关于下达嵊州市 2022 年重点建设项目计划的通知
2	16	9	关于下达嵊州市 2022 年政府、市管国有企业投资项目计划的通知
2	18	10	关于调整《嵊州市电子商务进农村综合示范工作方案》有关内容的通知
3	1	11	嵊州市集中开展补领婚姻登记证工作实施方案

续表 73

发文日期		发文号	文件标题
月	日		
3	4	12	深化“三位一体”改革打造“星级庄稼医院”为农服务体系实施意见
3	3	13	关于公布市政府及市政府办公室行政规范性文件清理结果的通知
3	9	14	关于印发《嵊州市企业国有资产处置监督管理办法》的通知
3	15	15	关于印发《嵊州市提高政府执行力十条意见》的通知
3	21	16	关于印发《2022 年政府工作报告任务分解表》的通知
3	24	17	关于全面开展城镇燃气领域风险隐患及相关底数排查工作的通知
3	28	18	关于印发嵊州市山洪灾害防御预案的通知
4	7	20	关于印发《嵊州市全国学前教育普及普惠市创建工作实施方案》的通知
4	8	21	关于明确正副主任分工的通知
4	13	22	关于建立嵊州市 2022 年项目推进双月例会工作制度的通知
4	15	23	关于印发《2022 年城乡交通平安畅通综合治理工程方案》的通知
4	19	24	关于公布 2022 年度市政府依法行政决策事项目录的通知
4	21	25	关于印发《嵊州市 2022 年度投资项目“169”行动方案》的通知
4	26	26	关于印发《嵊州市城区“一把扫帚”环卫保洁工作实施方案》的通知
5	7	27	关于印发 2022 年度嵊州市政务信息工作考核办法的通知
5	7	28	关于印发全市农村“一把扫帚”环卫保洁工作实施方案的通知
5	10	29	关于印发《金融支持激发市场主体活力的意见》的通知
5	11	30	关于印发《嵊州市市属国有企业违规经营投资资产损失责任追究暂行办法》的通知
5	13	31	关于印发嵊州市 2022 年地质灾害防治方案的通知
5	16	32	关于开展第三次全省城镇房屋调查登记工作的通知
5	16	33	关于印发加快推进工业经济高质量发展若干政策等五个政策的通知
5	16	34	关于印发《嵊州市工程建设领域突出问题专项审计调查工作方案》的通知
5	18	35	关于印发第三届“嵊州杯”中国王中王围棋争霸赛方案的通知
5	18	36	关于印发《嵊州市第五届健康运动节方案》的通知
5	18	37	关于公布 2022 年度嵊州市重大火灾隐患整改单位的通知
5	20	38	关于印发《嵊州市促进建筑业高质量发展若干政策》的通知
5	24	39	关于进一步规范工作流程提高执行效率的实施意见
5	24	40	关于印发《2022 年度嵊州市政务公开工作考核办法》的通知
5	24	41	关于印发《嵊州市自建房安全专项整治实施方案》的通知
5	24	42	关于另一部做好 2022 年政策性农业保险工作的通知
5	26	43	关于王冲等同志职务任免的通知
5	26	44	嵊州市城区工业企业水平衡长效管理机制方案
5	26	45	2022 年度嵊州市金融支持地方经济发展考评办法

续表 73

发文日期		发文号	文件标题
月	日		
5	27	46	关于启用“嵊州市人民政府国有土地上房屋征收确权专用章”印章的通知
6	7	47	关于印发《关于建立嵊州市推进行政诉讼“双下降、双提升”八项机制的实施意见》的通知
6	7	48	关于加强国家调查工作的通知
5	31	49	关于公共投资项目配套电力工程管理指导意见（试行）
6	8	50	嵊州市人民政府办公室印发《公共投资项目配套电力工程资金池管理指导意见》的通知
6	4	51	关于印发《嵊州市林地保护利用规划（2010—2020 年）局部调整方案》的通知
6	16	52	关于印发《嵊州市政府及国有资金投资项目全过程工程咨询管理指导规则（试行）》的通知
6	24	53	关于印发《嵊州市公共租赁住房保障实施细则》的通知
6	24	54	关于印发《保障性租赁住房项目认定暂行办法》的通知
6	10	55	关于印发《嵊州市地方政府性债务风险应急处置程序》的通知
6	17	56	印发关于加强计生特殊困难家庭保险工作有关规定的通知
6	28	57	关于要求报废处置部分资产的请示
6	19	58	关于印发《优化要素保障攻坚行动工作方案》的通知
6	19	59	关于印发《强化政策集成落地攻坚行动工作方案》的通知
7	9	60	关于印发 2022 年嵊州市政务公开重点工作责任清单的通知
6	19	61	关于印发《稳就业惠民生攻坚行动方案》的通知
7	13	62	关于《招大引强攻坚行动方案》的通知
7	14	63	关于要求调整“十四五”时期循环化改造园区中浙江嵊州经济开发区（嵊州高新技术产业园区）批次的请示
7	14	64	嵊州市稳企业强主体（助企纾困及腾笼换鸟）攻坚行动方案
7	14	65	嵊州市稳外贸稳外资促消费攻坚行动方案
7	14	66	嵊州市城区商超酒店废水排放管理机制方案
7	14	67	嵊州市畅循环稳工业（稳链强链）攻坚行动方案
7	14	68	全市农村人居环境专项整治提升行动实施方案（暂不发）
7	15	69	关于调整《嵊州市常态化疫情防控与经济社会发展双赢攻坚行动方案》的通知
7	15	70	关于印发《扩投资优结构（项目推进）攻坚行动方案》的通知
7	15	71	关于要求缴纳事业人员绩效工资调节金的报告
7	18	72	关于做好住户调查大样本轮换工作的通知
7	25	73	关于印发《嵊州市住宅小区违法建筑专项整治工作方案》的通知
7	27	74	关于印发《嵊州市粮功区“非粮化”清理腾退集中攻坚行动实施方案》的通知
7	30	75	关于扶持律师业发展的若干政策意见

续表 73

发文日期		发文号	文件标题
月	日		
8	11	76	关于贯彻落实《国务院办公厅关于推进医疗保障基金监管制度体系改革的指导意见》的通知
8	12	77	关于印发《2022 年嵊州市“五水共治”（河湖长制）督夺“大禹鼎”工作方案》的通知
8	3	78	关于印发《越剧文化传承生态保护区总体规划》的通知
8	10	79	关于印发《嵊州市整治提升文物安全攻坚行动计划》的通知（规）
8	18	80	关于印发《嵊州市高标准农田建设“十四五”规划》的通知
8	22	81	关于要求追加办公经费、资料费等经费的请示
8	26	82	印发《关于促进嵊州市房地产平稳健康发展的若干政策意见》的通知
8	29	83	关于进一步完善医疗救助工作长效机制的通知
9	6	84	关于要求调整三公经费、会议费预算限额的请示
9	2	85	关于修改《嵊州市 2022 年松材线虫病防治方案》的通知
9	14	86	《嵊州市政府及国有企业工程建设项目标后监督管理实施办法》（试行）
9	14	87	关于印发《嵊州市人民政府与嵊州市总工会联席会议制度》的通知
9	15	88	关于建立《嵊州市统一社会保险费征收模式工作协调机制》的通知
9	15	89	关于印发《嵊州市重要道路、河道两侧建筑退让管控技术指南》的通知
9	15	90	关于印发《嵊州市国土空间规划管理实施办法》的通知
9	17	91	关于戚赛锋同志晋升职级任免的通知
9	19	92	关于印发《嵊州市“六小”服务行业废水规范排放管理办法》的通知
9	21	93	关于印发《城北化工园区纺织、印染等劳动密集型企业搬迁方案》的通知
9	21	94	关于印发嵊州市“一把剪刀”园林绿化工作实施方案的通知
9	28	96	关于印发《嵊州市林地保护利用规划（2010—2020 年）局部调整方案》的通知
9	30	97	印发《关于全面提升城市社区物业管理工作的实施意见》的通知
10	8	99	关于印发《2022 年市府办党风廉政建设和反腐败工作组织领导与责任分工》的通知
10	10	100	关于印发《嵊州市粮功区“非粮化”清理腾退第二批集中攻坚行动实施方案》的通知
10	10	101	关于印发《嵊州市创新券实施细则》的通知
10	10	102	关于支持民营企业转贷资金管理意见（修订）
10	17	103	关于成立嵊州市国有资本投资基金管理委员会的通知
10	19	104	关于加强食品安全示范创建迎检期间宣传工作的通知
11	1	105	关于聘请市政府法律顾问的通知
11	1	106	关于调整嵊州市人民政府残疾人工作委员会组成人员的通知
11	1	107	关于印发《关于进一步做好稳就业工作的通知》补充意见的通知
11	7	108	关于印发《嵊州市林地保护利用规划（2010—2020 年）局部调整方案》的通知
11	8	109	关于进一步规范嵊州市涉矿工程余方管理的通知

续表 73

发文日期		发文号	文　件　标　题
月	日		
11	10	110	关于《嵊州市加快现代服务业高质量发展若干政策》的补充意见
11	14	111	关于印发嵊州市深化基层卫生健康综合改革实施方案的通知
10	28	112	关于印发《嵊州市政府投资项目代理建设管理办法（暂行）》的通知
11	18	113	关于印发《嵊州市粮功区“非粮化”清理腾退集中攻坚行动实施方案（2022—2023 年）》的通知
11	18	114	关于成立经济监测专班的通知
11	18	115	关于印发《嵊州市林地保护利用规划（2010—2020 年）局部调整方案》的通知
11	30	116	关于做好补充耕地后期管护资金申请的通知
11	30	117	关于贯彻落实《绍兴市居家养老服务条例》的实施意见及 2023—2025 年重点工作清单
11	30	118	关于印发《嵊州市林地保护利用规划（2010—2020 年）局部调整方案》的通知
12	5	119	关于印发《嵊州市进一步规范工程渣土（泥浆）处置实施意见》的通知
12	8	120	关于印发《嵊州市水库山塘系统治理实施方案》（2022—2025 年）的通知
12	8	121	关于印发《嵊州市山塘报废工作实施方案》的通知
12	9	122	关于印发《嵊州市全域“无废城市”建设实施方案（2022—2025）》的通知
12	15	123	关于印发《绍兴市嵊州市水域保护规划》的通知
12	19	124	关于印发《嵊州市屠家埠排涝站、浦口排涝站管理范围、保护范围划界方案》的通知
12	21	125	关于印发《嵊州市全民健身实施计划（2023—2025 年）》的通知
12	21	126	关于印发《嵊州市“4173”产业集群培育实施意见》的通知
12	22	127	关于高质量推进人工影响天气工作体系建设的通知
12	26	128	关于印发《嵊州市全域幸福河湖建设规划》的通知
12	27	129	关于印发《加快商品交易市场提升发展的实施意见》的通知
12	30	130	关于印发《嵊州市工业增加值规上占比提升三年行动计划（2023—2025 年）》的通知
12	30	131	关于印发《嵊州市推进亩均税收提升三年行动计划（2023—2025 年）》的通知
12	30	132	关于修改《关于加快推进全市排水许可证发放工作的实施方案》的通知
12	31	133	关于印发《嵊州市基本建设项目竣工财务决算管理暂行办法》的通知
12	31	134	嵊州市行政事业单位公共竞争性存放管理办法

主题索引

说　明

一、本类目设条目索引、表格索引两个分目。

二、条目索引采用分析索引方法，中文条目按第一字汉语拼音（同音字按声调）顺序排列；第一字相同，按第二字音序排列，以此类推，其中标点符号忽略不计。数字开头的条目按数字0—9顺序排列。

三、表格索引按表格前后次序排列。

四、本卷年鉴的“特载”“专记”“大事记”“附录”部分均未做主题索引。

条目索引

E

F

K

L

X

图表索引